启真馆 出品

After Babel

Aspects of Language and Translation

巴别塔之后

语言与翻译面面观

［美］乔治·斯坦纳 著 孟醒 译

ZHEJIANG UNIVERSITY PRESS
浙江大学出版社

献给扎拉
'eyn 'ahereth

致　谢

　　虽然这本书在很大程度上需要规划并开拓出自己的领域，但它还 v
是建立在大量相关著作的基础之上。因此，书目和脚注便是最真挚的
感谢。这部作品缘起于我在 1966 年编辑的《企鹅现代诗歌译丛》（后
以"从诗到诗"为题重刊）。托尼·理查森是我在该项目中的亲密合
作伙伴，他的不幸早逝留下了无法弥补的空白。如果他还在世的话，
他肯定是第一个发现本书不完备之处的人。关注翻译的诗人和学者越
来越多，在撰写过程中，与他们及其他译者的交流让我获益匪浅。以
下仅为其中几位：罗伯特·菲茨杰拉德、罗杰·沙塔克、唐纳德·卡
恩·罗斯、威廉·阿罗史密斯、内森尼尔·塔恩、约翰·弗雷德里
克·尼姆斯、克里斯托弗·米德尔顿、奥克塔维奥·帕斯。本书中一
些理论和实践问题首次出现于哈佛大学、耶鲁大学和苏黎世大学举行
的研讨会上，因此那些学生给予我的恩惠相当可观。而我个人对列
维－斯特劳斯与艾·阿·理查兹的兴趣也让我在诸多方面收获颇丰。
托马斯·西比奥克对当代语言研究领域的通晓可能无人能及，他同样
是一位优秀的倾听者。诺姆·乔姆斯基在私人通信中毫无保留地提出
了异议（我先前的一本书《领域之外：文学和语言革命论文集》展示
了这些观点的碰撞）。丘吉尔学院的罗宾·安德森先生阅读了前三章的
初稿，并在技术层面提出了意见和建议。在研究初期，我从古根海姆
纪念基金会得到了宝贵的支持；与其他许多作家和学者一样，我也感
到基金会主管戈登·雷教授是一位至关重要的盟友。至于我的助手，
E.萨瑟恩女士，对她的感谢我很难一言以蔽之。

vi 　　乔恩·斯塔沃西及其在牛津大学出版社的同事之倡议，直接催生了这本书，并明确了它的讨论范围。他们的耐心和批评都是不可或缺的。伯纳德·多德先生和尼古拉斯·巴克尔先生是最为审慎的编辑，他们提供了非常大的帮助。斯塔沃西本人也是一名诗人兼译者，这更是我的福气。

　　在这个标题之下，感谢家人和身边的朋友圈是惯例，在为期很长的一段夜以继日的工作当中，他们对我或是容忍或是热心。不过这种话不免有些虚伪，我又给他们留了什么选择的余地？又，这些献词也很难表达我全部的感情。

乔治·斯坦纳

1973 年 10 月于剑桥

第三版序

翻译的理论和实践一直处在变动和辩论当中。本书第二版出版五 年后，出现了很多重要的进展。

东欧的新局面在英语和其他相关语言的翻译界掀起了一股名副其实的巨浪。捷克语、波兰语、匈牙利语和罗马尼亚语文学正在走向以英语为母语的读者。另一方面，西方文本结束了长期的被禁，得以传入东欧。语言之间转换的标准、翻译的历史，以及比较文学和文化研究各方面中译者的"精准技艺"，都成为研究和教学的对象。此外，英美世界有越来越多的大师（尤其是诗人）从事翻译工作，这虽显荒谬但又不无裨益。仿佛他们那占世界主导地位的语言对全球的统治，要求他们为受压抑民族的传统和感情所创造的财富负起更大的责任。从俄语到日语再到葡语，不管是作为目的语还是作为中介语，英美作家正在对所有语言进行翻译。

在我们的学校中，古希腊和古罗马语文和经典的式微加剧了对翻译，尤其是对非学术性翻译的需求。《巴别塔之后》在 1975 年所描述的潮流已经形成一股洪流：我们最优秀的诗人——谢默斯·希尼、泰德·休斯、德里克·沃尔科特——正在试图翻译或隐喻式地"摹写"荷马、奥维德、卡图卢斯和塞内加的作品。托尼·哈里森与克里斯托弗·洛格是二次创作的巨匠，作品入木三分。晚期经典作家如但丁，正从我们诗界最鲜丽的嗓音中吸引越来越多的歌喉为之演唱。不过拉辛的宝库仍然亟待开发。

对各种模式的机器翻译和机器辅助翻译的研究仍在继续。人们已经取得了一些"贝立兹"级——在旅游或商务旅行有限的词汇和句法上——的喜人成果。机器语汇和基础的文本转换已经可以在某些技术和法律通信上提供粗浅的辅助。但是诞生于 20 世纪五六十年代，对自然语言乃至文学进行机器翻译的说法正在销声匿迹。语义环境的变幻莫测（如同本书所展现的那样）极有可能让这样的念头成为黄粱一梦。

近期有关"翻译理论"的论断也呈现出可喜的谦卑态势。《巴别塔之后》试图说明，严格或负责地讲，不可能存在这样的"理论"。能够作为该理论基础和解释的译者的脑部活动显然是外人不得而知的。我们最多能对翻译实践（*praxis*）进行叙述。这也是该领域最有用处的期刊正在关注的方向。越来越多的从业者允许别人一窥自己的工作，阅读经他们不断增删的草稿和校稿，这也是他们（半）成品的来源。令人欲罢不能的不仅是语际交流，还有我们对其丰饶的复杂性能产生何种实质性的认识。《巴别塔之后》如果能起到抛砖引玉之作用的话，将是我的荣幸。

不管是在 1975 年还是在 1992 年，我都认为，虽然英语作为"世界语"正在对世界进行大清洗，但未来还是多语言的，实际上英语本身也在产生各种同质却区域化的变体。汉语仍然是一个可畏却内向的对手。西班牙语正在文化和人口上高歌猛进。更"小"而孤立的语言，尤其是非洲南部和亚马孙地区的语言，正在和与它们密不可分的独特生活及生态环境一同消亡。因此，人们很可能会认为科学、技术政治、国际贸易、大众传媒会让英语的霸权地位得到长期稳固，计算机语言也能反映并强化这种优势。不过现实通常比人们的猜测更加微妙而反讽。巴别塔的阴影很可能还会继续发挥创造性的作用。

乔治·斯坦纳

1997 年 8 月于剑桥

第二版序

这本书是在某种困境中完成的。彼时，我在学术界正愈发被边缘
化，也非常孤立。不过这并不一定是束缚。如今，终身教职，专家同
行的认可，以及他们所赠予的帮助和光环只反映出投机和平庸的守旧
并不稀奇。有价值的作品可能面临被排除、被孤立的境遇。科学研究
和科技进步方面出现了大量成果，也达成了理论方面的重大合作。反
观人文领域，在依靠直觉行文的学科里，委员会、研讨会和会议构成
的循环却成为灭顶之灾。琐碎文字下方的脚注对学界同仁和支持者
一一致谢，没有什么比这更荒唐了。在诗学、哲学和解释学领域，进
行有价值的工作通常会与环境产生龃龉，甚至被边缘化。

然而危险仍然存在。《巴别塔之后》试图开拓一片新领域，开创
一片新的论证空间。从塞内加到瓦尔特·本雅明和威拉德·冯·奥
曼·蒯因，都提出过关于翻译及其现象学和哲学层面的真知灼见（虽
然数量很少）。翻译从业者（虽然数量也很少）留下了对自己手艺的
记述。西方文明赖以延续和传播的文学、历史、哲学翻译也为系统分
析和思考留下了材料。但在《巴别塔之后》以前，没有作品试图把修
辞学、文学史、文学批评、语言学和语言哲学相互关联并投以全面的关
注。没有人试图把翻译置于人类交流的中心进行有序而详尽的探讨，也
没有作品试图发掘翻译的局限和语言间转换的潜力，与哲学对意识和意
义之义的探究之间最直接、最紧张的关系。

这种新颖的综合性尝试之脆弱是无法避免的。如今，那些为人称
许的学术研究业已分化成了细碎的专业知识，甚至在某种程度上可以

说是对常识的藐视。每一项教学任务和每一笔研究拨款都会缩小治学范围。只有微观视角能获得认可。学术期刊和学术出版社发表的东西越来越多，话题却越来越少。注释是让人眼花缭乱的细枝末节，是关于某个并无实际意义的论点的层层评论堆积成的倒金字塔。专家带着仇恨鄙夷"通才"或"多面手"。而他们在自己那一亩三分地上的权威和技术支配力也确实展现了一种信念，一种无可指摘的谦卑，这是比较研究者——那些（或拙劣或武断地）跨越不同领域门限的人所不具备的。

妄图全面把握翻译中的诗艺已经够莽撞了，如果同时还孤立无援，没有来自大学其他部门具有同理心的读者所提供的支持，那无疑要陷入窘境。《巴别塔之后》的第一版有错误和不准确之处。有些遣词并不精确，尤其是在提到日后被称为转换生成语法的理论时。在讨论闪族语和印欧语句法中的时间性这个重要问题时，行文也不清楚。关于这些错误没有什么好辩解的，只能感谢那些指出了它们的人（尤其是爱德华·乌伦多夫教授一篇极为严肃的评论文章）。不过学界对《巴别塔之后》的恶评并不源于对其细节的反对；本书表露出对某种宏大视角——哲学问题、诗性感触和语言学之间在形式化的、技术层面的结合——的深刻忧虑。而对罗曼·雅各布森，对威廉·燕卜荪的《复杂词语的结构》，以及对肯尼斯·伯克而言（他是语言研究领域一位未被重视的大师），这种结合显然是解释学的必要条件。在 20 世纪 70 年代中期，专业知识间的鸿沟让人们沉醉在一个关于"科学"状态的伪命题中。集邮的人并不总是喜欢写信的人。

比直接抨击更有特色的方式是对这本书"在沉默中一笔带过"（passage under silence）。这个策略完美地体现在最近一篇关于哲学和翻译的（非常有见地的）论文的脚注中："《巴别塔之后》被认为明显是翻译研究及其所涉及的哲学问题相关领域中最重要的文本。"此后再无提及和引用。问世之后，《巴别塔之后》就遭到了模仿和剽窃，通常连致谢都不予提及。首次出现在该书中的一些主题已经衍生出了大量二手文献。更让人难以置信的是，这本研究翻译，强调翻译之难，坚持不同语言间的特异性，从诗歌中旁征博引的书，本身都被翻译成了从罗马尼亚语到汉语的各种语言。我要怀着敬畏向那些承担了这项充满苦难的任务的人们表示感谢。每一次翻译都给原书中的基本命题打上了高光。不过，虽然《巴别塔之后》一直在重印，但对学院派的语言学家，对那些要将翻译理论化或自命为翻译教师的人来说，它仍是在背的芒刺，是一个局外人目无法纪的妄动。

正因为如此，我十分珍视牛津大学出版社发出的再版邀请。错误已经得到了最大限度的更正，论述中松散或模糊的地方也得到了修改，脚注得到了增补或扩写以涵盖 1974—1975 年后出版的材料。书目——对本书怀有敌意的人都认为它是无价之宝，还加以盗用——也得到了更新。这项工作得以完成，很大程度上要归功于一所（在比较文学领域最古老的）欧洲大学中的教职所提供的有利环境。我现在可以动用资源，与同事交换批评意见，并在研究中得到帮助，这些都是我当初撰写本书时无法得到的。我要特别感谢同事兼助手阿米纳达夫·戴克曼（Aminadav Dyckman），他是一名语文学家、语言学家，也怀着极度的严谨性研习着斯拉夫语诗学。

然而即便是得到了修订，我仍然感觉《巴别塔之后》还会继 xii 续被语言学研究及语言和分析哲学界当作应被忽略的流言或**怪论**（*monstrum*）。本书中的核心观点要么仍被蓄意误解，要么仍是危言耸听。下面让我不知悔改地对它们进行总结。

《巴别塔之后》认为，翻译以正式且实用的方式隐含在**各种**交流行为中，隐含在每种模式的意义的每次收发中，不管是最广义的符号学层面的意义，还是更加具体的词语交流。理解即破译，听取意义即翻译。因此本质上，翻译行为在结构和执行上的方法和问题完全呈现在言语和写作行为中，呈现在每种语言形象的编码之中。哪怕只涉及一种语言，这种人类言语的基本设置和模式也仍然存在，而语际翻译只是其中一种特别的应用。这个大前提被人们广泛接受。很多人试图跨越历史时空、社会阶层、文化背景、专业认识在同一种语言内进行交流，他们所遭遇的种种困难被我用来阐明上述论点。具体来说，我希望人们思考语言习惯、有声无声、男性女性之间的极端差异所造成的翻译不足之困境。这不是社会语言学、心理语言学，甚至也不是人类学（虽然它最具启发性）。这是诗人、剧作家、小说家本能的探索，他们试图发掘深埋的传统，说明男人与女人、女人与男人之间，以爱恨为名的交流中所出现的误会。这个主题对我们了解自己和社会有至关重要的作用。近来一些女权主义和"女性研究"潮流将这些纤细的证据妖魔化，把细节变得复杂。就我个人判断，这本书设下诸多诱饵，得到追逐的却寥寥无几。

虽然我们在用母语交流或接受信息时无时无刻不在"翻译"，但明显还是在两种语言相会时，翻译才会以更加重要且惯常的意义出现。存在至少两种不同的语言，在这个不起眼的星球上曾有过（粗略估计）逾两万种语言，这就是所谓的巴别塔问题。为什么人科人属智人种在基因和生理的各方面都十分相似，面对着同样的生物‐环境限制和进化可能性，却说着上万种彼此不能相互理解的语言，有些甚至相距只有数里？只用一种语言所带来的物质、经济和社会优势显而易见；不能相互理解，需要学习第二或第三语言但语音让人望而却步，语法难以把握且很"奇怪"，它们所造成的障碍也是有目共睹的。这是个基础且根本的难题，但大多数学院派语言学家认为它既无形又无法回答，因而置若罔闻（甚至人类语言起源这个著名的问题在不久之前都还被排除在"科学"的门庭之外）。

《巴别塔之后》援引有机物种之多样性，以进行达尔文式的类比。亚马孙的一隅中有上万种昆虫，亚马孙雨林的同一片地区或印度次大陆上的语言数量让人惊愕，二者之间是否有结构上的可比性？这个类比在首要层面上是失败的。达尔文的模型体现进化优势。不同的生命形式相互竞争着出现，但不管它们之间如何分化，如何不同，在环境中都占据不同的生态位。它们的繁衍增加了精确适应和生物演化的机会。而相互不能沟通的语言所呈现的无序多元状态并不能带来这种好处。恰恰相反，若一种语言分化成不同的单元（即亚当语事件 [the Adamic motif]），彼此之间成为杂音而无法沟通，那就没有人会觉得这不是灾难，不是神对堕落的人类内部潜伏的骚动和傲慢之惩罚。即便是在表面上，成千上万种"巴别塔后的喁唧"为经济、政治和社会带来的困扰也是尽人皆知的。

但在第二个层面上，我们能从达尔文的模型中发掘出一条富有生命力的启示。《巴别塔之后》认为，语言的创造力能够帮助人理解世界，这一点在人面对其命定的生物限制——死亡时是至关重要的。语法神 xiv 奇的（我就是要用这个词）能力能创造出反事实语句、假设条件句以及将来时态，这给我们这个物种带来了希望，以触及个体消亡后的未来。我们忍耐着，带着创造力忍耐着，因为在面对现实时，我们有着不可或缺的说"不"的能力，我们能虚构出其他可能（alterity），构造出梦想、意愿和期待中的"他者"（otherness）来为我们的意识提供栖身之所。在这个意义上，句法便具有了乌托邦和弥赛亚的形象。

每种人类语言都以不同的方式描画世界。生活在匮乏而贫瘠的物质和社会环境中的人（比如澳大利亚原住民和卡拉哈迪人）所使用的语言语法极为复杂，其中蕴含了对生命力的补偿。每种语言——并不存在"小"语种或次要语种——都构建了一套可能世界，塑造了用来记忆的结构。过去式用其令人眼花缭乱的多变造就了历史。因此，虽然全球语言数量过剩让人不知所措，但在人类精神资源和精神生存层面，有一套庞大而积极的"达尔文式"逻辑。一种语言灭亡时，一个潜在世界也随之灭亡。适者生存的概念在此并不适用。哪怕只被一小撮人使用，只被遭到毁灭的群体中残存的遗民所使用，语言自身还是包含无尽的可能，可以探索发现，可以重构现实，可以阐述梦想，而这些被我们理解为神话、诗歌、形而上的构想以及律法。与《巴别塔之后》共存的是全球范围内语言的加速消亡，以及所谓"主要语言"的清洗式统治，其强劲的效力来自大众营销、技术政治和传媒在全球范围内的扩散。

奇怪的是，转换生成语法的原理体现了相当强的同一性，但乔姆斯基的政治理论却是极端反帝国主义的。对人脑中天生的普遍深层结构（虽然从未得到定义，也确实被排除在理性探究之外）的基本假设，必然会导致对偶然和表面现象的轻视、对语言多重性和差异性的淡化。对转换生成理论的异议贯穿于《巴别塔之后》中，其关注点一是这种语法没能在自然语言中发掘足够多的例子以证明其"普遍"，二是乔姆斯基的图景与诗学和解释学在本质上毫无关联。如今，生成语法几乎完全退到了形式化层面，变成了某种抽象分析和元数学抽象算法，几乎不能涉及各种真实的"言语世界"与它们之间充满活力的差异。而惹人注目的是，诺斯特拉（Nostratian）理论取代了生成语法的"集权主义"，它试图寻找一种源语言（Ur-language）或原始语言，其他语言都由此派生而来。是否有证据能证明存在这样一种普遍的语言暂且不谈；但让诗人关切不已，让学着理解的人们心醉神迷而又无所适从的，反而是威廉·布莱克所谓的"精妙个例的神圣"（the holiness of the minute particular）。

可能这确实是我的错；但据我所见，多种语言的丰富性在人类精神领域不可或缺这一"达尔文式"的观点还没有得到阐明或论述。它是《巴别塔之后》的核心。

在这本书与目前学术经典和优秀期刊（虽然两者通常很不幸的是一回事）对它的接纳之间，存在着"理论"问题。精密科学和应用科学有其理论，它们具有预测意义，能得到严格的检验也能被证伪。能够展现更优秀理解力和应用性的理论会取代先前的理论。但这些标准完全不适用于人文领域。对哲学或美学素材的组织或分类没有任何预测效力。对美学和哲学的判断也不存在可信的实验证明或证伪。在关乎直觉的学科中，在对感触的热烈回应中，在构成人文学科的理解和解答的技艺中，没有哪种范式、哪个学派的判断能消灭其对手。温克尔曼没有抹杀或取代亚里士多德；柯勒律治没让约翰逊博士过时；T.S.艾略特对雪莱的评论也不能证明马修·阿诺德是错的。

因此我认为遍布在当前诗学、解释学、美学文章和标题中的"理 xvi
论"这个词是虚假的（我怀疑在社会科学中亦然）。它并没有任何实
际地位，也严重抹杀了文学和艺术上的观点、论述和发现中主观而又
有创造力的先验（借用康德的术语）旨趣（在音乐分析中**诚然**存在真
正的理论要素，当然这是说它们是"可形式化"的）。不存在"文学
理论"也不存在"批评理论"。这样的标签是虚妄的装腔作势，或者
是一种借用，明显来自人文在面对科学和技术那令人艳羡的境况和大
步流星地前进时的自怨自艾。而最确定无疑的是——还请现在列位细
枝末节上的大师**恕罪**——不存在"翻译理论"。我们所做的只是对翻译
过程的合理描述。我们能发现并找寻到的最多不过是对体验和经验的
清晰叙述，对未完成工作的启发性或示范性的明确批注。这些都不具
有"科学"地位。我们赖以感知的手段并不是科学意义上的、可证伪
的理论或运作假设（working hypothesis），而是我所谓的"运作暗喻"
（working metaphor）。最精致的翻译不需要从最基础的（数学）图解或
自封的理论家所推行的流程图中获得启示。翻译现在是，以后也会是
维特根斯坦所谓的"一门精确的艺术"（an exact art）。

《巴别塔之后》所论述的翻译行为中，解释学运作的四步模式——
"最初的信赖—侵入—合并—互惠或偿还"——也不是什么"理论"，
而是对过程的描述。其效力来自翻译从业者，来自他们的记录，来自
他们屈指可数而又不常开放的工坊。"偿还"即恢复原文和译文之间
的、容易遭到翻译本身破坏的平衡，这个概念也引出了极为复杂的伦
理问题。在《巴别塔之后》问世后，有人试图进行阐释。但与我的寥
寥数语一样，它们仍显不足。如果要重写这本书的话，我最想着力探
讨的问题有二：一是由翻译引起的挪用的道德问题；二是我称为"变
形"的现象——译文本身的重量和光芒掩盖了原文。这个问题在我看
来十分重要，尤其是在这个解构批判横行、自卖自夸的学者把文本贬 xvii
为"前文本"以便恣意取用的年代里。

在我撰写《巴别塔之后》时，英语作为"世界语"正在逐渐统治

这个星球，其趋势明显且看似不可逆。很大程度上看，现在亦是如此。科学、技术、商业、世界金融或多或少说着美式英语。侵略式的晚期资本主义和大规模营销理念如果对世界格局造成了任何改变的话，那它们肯定会继续强化"美式"言语的语言霸权地位。在大多数欠发达地区，这种言语似乎是唯一一座能让经济平步青云的天梯。更有甚者，计算机"语言"，电子通信的元语言编码和算法，这些正在给知识和生产、信息和规划的方方面面带来天翻地覆变化的东西，是建立在一种潜台词之上，建立在语言"史前"的基础上的，它本质上是英语（如同我们可以说天主教及其历史在本质上具有拉丁语属性一样）。计算机和数据库说的是以英语为母语的"方言"。

xviii　　　不过现在的情形不似原来那般清晰了。激进的伦理和区域复归运动正在复萌。部落、区域、民族热切追寻着身份认同感，这些语言的决定因素正愈发强烈地抵制理性化趋势，对同质化和技术形式化益处的排斥也出乎人们的意料。为统一化所做的艰苦努力也都无疾而终，印度和东南亚便是例子。东欧剧变和苏联解体带来了一股近乎狂热的隔离（*apartheid*）意愿，以在邻近语言间确立自己的语言为本土语（在乌克兰、高加索和整个巴尔干都是如此）。另外，西班牙语和汉语正在发挥其领地和人口的能量，可能会动摇英美的主导地位。这个问题，以及未来语际翻译的功能，都是悬而未决的。

　　　与第一版一样，修订过的《巴别塔之后》希望能够引起语言学哲学学者、思想史学者、诗学学者、音乐和艺术学者、语言学学者——当然最明显的还是译者——的重视。但它同时也恳切地期盼着一般读者，包括所有热爱语言，认为语言经验构成了自己人类属性的人的目光。最后，它也希望从诗人处得到反馈。也就是说，它欢迎所有让语言鲜活起来的人，所有知道在巴别发生的事对人类来说既是陨灭（disaster），又是天降洗礼（这也是"陨灭"这个词的语源）的人。

1991 年 7 月于日内瓦／剑桥

Der Mensch gebärdet sich, als sei er Bildner und Meister der Sprache, während doch sie die Herrin des Menschen bleibt. Wenn dieses Herrschaftsverhältnis sich umkehrt, dann verfällt der Mensch auf selt-same Machenschaften. Die Sprache wird zum Mittel des Ausdrucks. Als Ausdruck kann die Sprache zum blossen Druckmittel herabsinken. Dass man auch bei solcher Benutzung der Sprache noch auf die Sorgfalt des Sprechens hält, ist gut. Dies allein hilft uns jedoch nie aus der Verkehrung des wahren Herrschaftsverhältnisses zwischen der Sprache und dem Menschen. Denn eigentlich spricht die Sprache. Der Mensch spricht erst und nur, insofern er der Sprache entspricht, indem er auf ihren Zuspruch hört. Unter allen Zusprüchen, die wir Menschen von uns her nie zum Sprechen bringen dürfen, ist die Sprache der höchste und der überall erste.

MARTIN HEIDEGGER, '…Dichterisch Wohnet der Mensch…',1954

Ningún problema tan consustancial con las letras y con sumodesto misterio como el que propone una traducción.

J. -L. BORGES, 'Las versiones Homéricas', *Discusión*, 1957

La théorie de la traduction n'est donc pas une linguistique appliquée. Elle est un champ nouveau dans la théorie et lapratique de la littérature. Son importance épistémologiqueconsiste dans sa contribution à une pratique théorique del'homogénéité entre signifiant et signifié propre à cette pratique sociale qu'est l'écriture.

HENRI MESCHONNIC, *Pour la poétique II*, 1973

人的所作所为俨然是语言的构成者和主宰，而实际上，语言才是人的主人。一旦这种支配关系颠倒过来，人便想出一些奇怪的诡计。语言成为表达的工具。作为表达，语言得以降落为单纯的印刷工具。甚至在这样一种对语言的利用中人们也还坚持言说的谨慎。这固然是好事。但仅只这样，决不能帮助我们摆脱那种对语言与人之间的真实的支配关系的颠倒。因为真正地讲来，是语言说话。人只是在他倾听语言之允诺从而应合于语言之际才说话。在我们人可以从自身而来一道付诸言说的所有允诺中，语言乃是最高的、处处都是第一位的允诺。

海德格尔，《"……人诗意地栖居……"》，[1]1954

没有任何问题会像一次翻译提出的问题那样同文字和它小小的神秘性具有特定的关系。

博尔赫斯，《荷马作品的译文》，《讨论集》，[2]1957

因此，翻译理论并不是一种应用语言学。它在文学的理论和实践中都是全新的领域。其认知重要性在于它能为同质性，为能指与所指间自然结合的"理论性实践"做出贡献。对于我们称之为写作的这项社会事业来说，这种同质性是允当的。

亨利·梅肖尼克，《诗论·二》，1973

---

[1] 中译取自孙周兴译本（《演讲与论文集》，北京：生活·读书·新知三联书店，2005年，第 199 页）。——译注
[2] 中译取自王永年、徐鹤林等译本（《博尔赫斯全集·散文卷·上》，杭州：浙江文艺出版社，1999 年，第 172 页）。——译注

目　录

第一章　理解即翻译

一

《辛伯林》的第二幕以波斯邱默斯的独白结束。在相信义阿基摩确
实占有了伊慕贞后，波斯邱默斯悲愤地斥责女人：

> Is there no way for man to be, but women
>
> Must be half-workers? We are all bastards,
>
> And that most venerable man, which I
>
> Did call my father, was I know not where
>
> When I was stamp'd. Some coiner with his tools
>
> Made me a counterfeit: yet my mother seem'd
>
> The Dian of that time: so doth my wife
>
> The nonpareil of this. O vengeance, vengeance!
>
> Me of my lawful pleasure she restrain'd,
>
> And pray'd me oft forbearance: did it with
>
> A pudency so rosy, the sweet view on't
>
> Might well have warm'd old Saturn; that I thought her
>
> As chaste as unsunn'd snow. O, all the devils!
>
> This yellow Iachimo, in an hour, was't not?
>
> Or less; at first? Perchance he spoke not, but
>
> Like a full-acorn'd boar, a German one,
>
> Cried 'O!' and mounted; found no opposition

But what he look'd for should oppose and she

Should from encounter guard. Could I find out

That woman's part in me—for there's no motion

That tends to vice in man, but I affirm

It is the woman's part: be it lying, note it,

The woman's: flattering, hers; deceiving, hers:

Lust, and rank thoughts, hers, hers: revenges, hers:

Ambitions, covetings, change of prides, disdain,

Nice longing, slanders, mutability;

All faults that name, nay, that hell knows, why, hers

In part, or all: but rather all. For even to vice

They are not constant, but are changing still;

One vice, but of a minute old, for one

Not half so old as that. I'll write against them,

Detest them, curse them: yet 'tis greater skill

In a true hate, to pray they have their will:

The very devils cannot plague them better.

　　男人要生孩子，除了和女人合作就没有别的办法了么？我们都是私生子；都是，我在母亲肚里细缊成胎的时候，我喊做父亲的那个最可敬的人究竟是在什么地方，我并不得而知；不知是哪一位铸造者用他的家具铸成了我这块赝币；而我的母亲却好像是当代的戴安娜；我的妻也正是现代圣洁无比的人物哩。啊！报复，报复；她总是限制我的名正言顺的欢乐，时常求我节欲；那一派娇羞的神态，就是老迈的农神看了也会要生出了怜爱之意；所以我以为她是没有被太阳照耀过的白雪一般贞洁。啊！所有的魔鬼！这个狡猾的义阿基摩，在一小时之内——是不是？也许不到一小时——第一次的时候？——也许他一言未发，像是一只饱食橡实的野猪，而且是日耳曼的肥大的野猪，喊一声"啊！"就扑了上去；除了他料到的在遭遇中她不能不有的躲躲闪闪之外，没有受到任何抵抗。但愿我能发现我的身体有哪一部分是女人给我的！因为我可以断言，一个男人之罪恶的动机，一定是发生在属于女人的那一部分；例如说谎，你注意吧，是女人的习气；谄媚，女人的；欺骗，女人的；肉欲和淫念，女人的，女人的；报复，女人的；野心，贪婪，随时变化的虚荣，骄慢，希奇古怪的欲望，诽谤，反复无常，一切男人所能列举的，不，地狱所曾包涵的，唉，女人的；部分的，或是全部的；毋宁说是，全部的；即使是做坏事，她们也是三心二意，一种罪恶干不了一分钟就要换另一种，结果干不了半分钟又要换。我要斥责她们，厌恶她们，诅咒她们。

> 最高明的痛恨她们的手段
>
> 莫过于让她们称心如愿；
>
> 魔鬼都不能有比这个更彻底的惩治她们的办法。[1]

当然，这只能部分反映莎士比亚所写的内容。《辛伯林》首版出现在1623 年的"对开本"中，而莎士比亚的"手稿"与首印文本间的差异，仍然在耗费学者的心智。事实上，我并没有转录"对开本"中的文本。我引用的是 J. M. 诺斯沃西编辑的阿登版，这版的波斯邱默斯独白综合了他个人的判断，文本的可能性以及先前的学术和编辑工作。这个校订版考量的是 20 世纪中期受过教育的一般读者的需求和学识。与"第一对开本"相比，其标点、分行、拼写、大写都不尽相同。视觉效果与1623 年版相比尤为不同。在某处，编者用他和先前学者认为最好的修订替代了他眼中有讹误的解读。在此，编者的任务完全是解释性、创造性的。

---

[1] 中译取自梁实秋译本（《莎士比亚全集 36·辛伯林》，北京：中国广播电视出版社，2001 年，第 105-107 页）。——译注

关于波斯邱默斯的暴怒，其精神指向和主要修辞表达不会有误。但只有细细品读才能发现其中牵涉的细节和多重表达力。首先要处理的是那些有特征的词的含义——在 1611 年，这部剧可能的创作年代，它们的意义可能是什么样的。这就不容易了，因为当前的意思可能不是或不完全是莎士比亚的。况且，莎士比亚的同代人中理解其文本的又有多少？个体和历史环境都非常重要。

3 我们可以从 *stamp'd*（绷缊成胎），*coiner*（铸造者），*tools*（工具）和 *counterfeit*（赝币）这组富于表现力的词入手。[1] 多种意义和韵味交融在一起。这些词关系到性和钱，使人想起人类意识领域中，二者间既牢固，又往往十分隐秘的联系。赝品铸造者铸成劣币（The counterfeit coiner stamps false coin）。*counterfeit* 的一个意思是"装作另一个"，这适用于义阿基摩。《牛津英语词典》（简称《牛津》）引用了 *counterfeit* 在 1577 年的一次意为"掺假"的用法。词汇通过相互关联的力量和暗示展现其复杂的生命力，而将掺假（*adulteration*）和通奸（*adultery*）混同则体现了莎士比亚对这一情况十分敏感。*tools* 有粗鄙的性暗示；而我们是否可以相信 *stamp* 这个词也有一些隐含意？——虽然很罕见，但《牛津》提供了1598 年的一个例子："捣杵时的一击。"明确有关联的是 *stamp* 的这些意思："在纸上留印记"（意大利语：*stampare*）——真真假假的书信在《辛伯林》中起着非常重要的作用——以及"羞辱"。后者尤为有趣：《牛津》与莎士比亚的词汇将我们引向了《无事自扰》。很明显，《无事自扰》的第四幕第一景中克劳迪奥对女性的谴责是波斯邱默斯之愤怒的前奏。

pudency（娇羞）这个词相当不寻常，《牛津》援引《辛伯林》解释该词明确的通用含义："容易感到耻辱 [的属性]。"娇羞的神态（rosy pudency，直译为"玫瑰色的娇羞"）即是羞愧得脸红；但其色情的联想

---

[1] 本书正文中的引文（不包括独立的引文段）若以楷体标出，如本句中的"绷缊成胎""铸造者""工具""赝币"，表示该引文译法出自他人译作；若未变更字体，则为本书译者自译。——编注

也非常明显，这也是剧中炽烈的淫猥气氛的一部分。女阴（*pudenda*）一词也不能不加以考量，它最早出现在 1398 年，但直到 1630 年后才被广泛使用。*pudic* 一词兼具"羞耻"和"让人羞耻的性场合"两个因素，而卡克斯顿于 1490 年从法语借用该词，意为"贞洁"。莎士比亚在三行之后就动用了 *chaste*（贞洁）这个词，并配以 *unsunn'd snow*（没有被太阳照耀过的白雪）这个惹人注目的意象。他可能在提到老萨图尔努斯（old Saturn，老农神），也即寸草不生的严冬之神时，心里感受到无情的寒冷。狡猾的（*yellow*）义阿基摩同样醒目。其下作的意味明白无疑。但它又蕴含着什么？尽管更常附属于嫉妒的是"绿"（green），但米德尔顿曾在 1602 年用 *yellow* 表示"受嫉妒影响"。在《冬天的故事》这部与《辛伯林》同时期的作品中，莎士比亚采用了相似的手法；而在《温莎的风流妇人》（第一幕第三景）中，"黄色"意指"嫉妒"（难道其背景中有什么错误的语源，将两个词关联起来？）。义阿基摩**确实**嫉妒，嫉妒波斯邱默斯的贵族地位，嫉妒他有好命能享受伊慕贞的爱与忠贞。但是波斯邱默斯知道这些吗？抑或是这段谩骂的戏剧表现力恰恰在于他超出了波斯邱默斯的认知界限？在很久以后的美语隐意中，*yellow* 既表达胆怯又表示欺骗——所谓"黄色出版物"[1]。尽管"胆怯"与"欺骗"这两种妙用与义阿基摩完美契合，但就我们现在所知，莎士比亚对此当然无从知晓。这个词和这个颜色中存在任何种隐含意，能够产生后来的贬义用途？莎士比亚仿佛从词语或短语内部"偷听"到了它从自身发展史的未来传来的回响。

很容易发现 *encounter*（遭遇）这个词"情色的搭讪"（参考《维洛那二绅士》第二幕第七景）的意义；这个词在《无事自扰》（第三幕第三景）中的使用与当前讨论内容的关系尤为密切。伊丽莎白时期特有的淫猥，暗示着它近乎是一个苦涩的双关语。而 *motion*（抵抗）一词则需要详尽的分析。在这里该词明显意味着"冲动"，而它向现代"情绪"之意演变的过程，构成了一段认识和选择模式的发展史。*change of prides*（随

---

[1] "黄色"在此兼具"下流"和"不实"的含义。——译注

时变化的虚荣）让编者焦头烂额。其表面意思生动而紧实。但我们是否应该将 *prides* 与"华丽的衣装"联想在一起，继而衍生出影射含义？《浮士德博士悲剧》中明显有这种联系。在"对开本"中，Prides（虚荣），Disdaine（骄慢），Slanders（诽谤），Mutability（反复无常）和 Vice（坏事）都是大写，这将我们引回了都铎王朝寓意剧以及克里斯托弗·马洛和莎士比亚都很熟悉的寓言剧中人格化、象征性的习语。这些寓言剧中的许多传统也在文人加工后，以反思的形式出现在了莎士比亚晚期悲喜剧中。现代的文本把这些名词小写后，牺牲掉了明显的图画 - 感觉效果。"对开本"印的是 *Nice-longing*（希奇古怪的欲望）。这可能是莎士比亚的创造，也可能是印者的解读。在波斯邱默斯对 *nice* 的使用中，莎士比亚发掘了这个词明显的不稳定性，利用了氛围的模糊。这个词可以随意变动，可以指优雅精致，可以指有教养的八面玲珑，也能指虚弱的衰败，享乐的放纵。在这里，或许可以通过对元音进行精准的处理，让

5　*nice* 产生令人不快的特别效果，让"浪荡"和"淫乱"之意呼之欲出。

　　与 *motion* 一样，*mutability* 一词也需要特别关注。从乔叟的《特洛伊罗斯与克丽西达》，到未完成的《仙后》第七部，*mutability* 这个概念的历史令人着迷。它体现了宇宙变幻无常的哲学概念，或许还有些占星术色彩，体现了人类命运集合中一个无序的变量。但在乔叟那里，以及更早的利德盖特的《特洛伊全书》（1412—1420）中，这个词与加罪于女性的不贞有强烈的联系："他们说变化和反复无常 / 是女人的属性。"[1] 波斯邱默斯接二连三的谴责在 *mutability* 一词加入之后达到了高潮。如果伊慕贞从了义阿基摩，生活中所有的信任都会崩塌，地狱近在咫尺。

　　列出这些词语，力求对词语、历史元素进行详细探讨也只不过是初步工作。全面阅读的下一步是关注文段的句法。对莎士比亚语法的研究本身就是一个很广博的领域。在后期剧作中，他似乎想创造出一套简略的句法；正常的句子结构受到强烈的戏剧表现的压迫。论述和情感经常

---

[1]　原文：They say that chaunge and mutabylyte / Apropred ben to femynyte.——译注

在正常语法关系或从属关系完成前就喷涌出来。这确实非常具有戏剧效果（《考利欧雷诺斯》中的例子尤为丰富）。在行为被加剧的情况下，我们聆听着话语。词语会带着其内在的连贯，在成为强弩之末前立即向我们"袭来"，略过"正规的"公共演说浪费时间的传统。但是这种连贯与一般语法的连贯并不相同。在波斯邱默斯的责骂中，有两处（英文第19、27行）似乎打破了正常的顺序和关系。因此有些编者会解读为"一切人所能列举的，地狱包含的错误"（All faults that may be named, that hell knows）；另一些则愿意保持"对开本"的文本，认为波斯邱默斯前后矛盾的错误是刻意为之的戏剧手法。义阿基摩在性上如此轻松就遂愿，这个场面让波斯邱默斯感到恶心，让他忘掉了自己说话的思路；在他的句法和盛怒的头脑里，义阿基摩和伊慕贞一时混为一谈。

继续进行语法分析很有必要且应深入下去，但词汇和句法只是手段。对于"全面的读者"而言，首要任务是尽可能明确波斯邱默斯独白的全部意图——首先是在本剧中，其次是在所谓的莎士比亚和伊丽莎白时代的戏剧传统中，而最后也最难的则是在 17 世纪早期言语习惯的大背 **6** 景中。这里涉及的是解读过程的核心。在追求对波斯邱默斯言义的理解，以及他与这种意义的关系时，我们试图确定相关的"调值"（tone-values）或"估值"（valuations）。我用这些术语是因为对发挥作用的整体行文背景没有更加严格的指称。我希望这些术语的定义能够随着本书探讨的继续而显现出来。

波斯邱默斯"就是这个意思"（这本身就是一种充满了语言学和心理学假设的口语表达）吗？他是相信自己所说的，还是只在某种程度上相信？我们的回答有多少可信度？答案部分来自我们对波斯邱默斯这个角色的"解读"。但这个角色只是由语义构造的，是词语和动作符号的集合。他易怒易绝望；也许我们会从他的修辞中发现他有夸张和言过其实的倾向。他的痛斥在直观的舞台设置中有多重要？格兰维尔－巴克认为，它是在后台说出的，然后波斯邱默斯再到前台来。义阿基摩和菲拉利欧处在能听见的范围内。这样的话，它就只是一个半独白，其陈词至少有一部分意在向外部交流，此处是向义阿基摩。这是否能够解释其语法的紧缩，解释独白中段关注点的明显不确定？抑或是，波斯邱默斯实际上是独自一人，但使用着自言自语的传统，有意让整个观众群"偷听"？

我认为，在看这些文字时，我们会被某些风格和节律中的元素所震撼，被其颠覆所有最终决断。在《无事自扰》中，作为其目光短浅的表现，克劳迪奥那滑稽的愤怒并不完全与《辛伯林》无缘。波斯邱默斯连篇累牍的控诉无疑带着严肃和厌恶；但重复出现的"女人的"（hers）对愤怒幼稚的堆积，创造出一种精妙的反作用。"我要斥责她们"（"I'll write against them"；直译：我要写东西反对她们）几乎有喜剧效果。事实上，它给段尾带来轻佻和打油诗的感觉，若干编者甚至认为，最后这行是狗尾续貂的伪作。是否有可能，在掷地有声的话语所表明的意图下方不远的某处，波斯邱默斯不相信，不能完全相信义阿基摩的谎言？如果他真的毫无保留地相信了他们，他还配和伊慕贞破镜重圆吗（自取灭亡的盲目要尽可能得到限制，这是悲喜剧的精髓）？另外，正如学者们所指出的，波斯邱默斯的抨击几乎在所有场合都是传统的；他对堕落女人的观念平淡无奇（*locus communis*）。我们大概能从以下文本中找到与之非常相似的情况：阿里奥斯托的《疯狂的罗兰》（二十七），哈灵顿译本；《失乐园》第十部分；马尔斯顿的《谀臣》；以及詹姆士一世时代多名讽刺作家、道德作家 [的作品]。这种已经形成风格的构造又提醒我们，波斯邱默斯真实的自我和愤怒的陈词间确实存在距离。反观奥赛罗沉痛的发言，从性方面的震惊到全宇宙的混乱景象，再看《冬天的故事》中莱昂特斯无根据的歇斯底里，它们与波斯邱默斯的愤怒有着完全不同的基调。

确定调值，确定波斯邱默斯话语带来的完整语义结果，尝试领会这些词的完整意义——词语本身，以及其对其他角色、对观众的意义——都是在不断地将同心圆扩大。以第二幕末尾的波斯邱默斯为起点，我们进一步论及《辛伯林》全剧，然后是莎士比亚的其他作品以及它们所依托的文化和文学环境。但在这些宏大而复杂的观察外，还有感触这一层，同样能给人以启迪。从某种角度看，它最为重要却又最少得到发掘。对于内心的历史，对于某个文明中观念的曲折变幻，我们知之甚少。不同文化和历史时代的人如何使用语言，他们如何在词语和对象，在言义和文字表现之间确立多重联系，并让这些联系得到广泛接受？伊丽莎白时代的行文语义如何，而我们又能援引什么证据来证明自己的回答？"言语信号"（speech signals）与现实之间的差距，在《圣经》希伯来语或日本宫廷诗歌中，与在詹姆士一世时期的英语中是不同的。但是我们能够信心满满地划清这些重要的界限吗？还是说我们对波斯邱默斯责骂的解读不管在词语研究上多么详尽，在编辑判断上多么审慎，也只不过是创造性的猜想？

而关联的界限又在何处？就莎士比亚可能受到的影响而言，他之前和同一时代的任何文本都不能被先验地（*a priori*）排除。伊丽莎白时代的文化和欧洲文化的各个方面，都与莎士比亚文章的整体背景有理论上的联系。对语义结构的探索很快就变成了一系列无止境的问题。维特根斯坦询问过，在何时何处，有什么通过理性建立的标准，能确定精神分析中具有潜在关联和意义的自由联想走到了终结。寻求"全面解读"的行为可能也是无尽头的。我们还会回到这条奇怪的真理上来。它触及了语言的本质，触及一种缺失——关于"语言是什么"这个问题，没有任何令人信服或能得到普遍赞同的答案。

简·奥斯汀的《理智与情感》问世于《辛伯林》两个世纪后的 1813 年。看一看第二卷第一章中，埃莉诺·达什伍德在知道爱德华·费勒斯订婚后的思考：

The youthful infatuation of nineteen would naturally blind him to everything but her beauty and good nature; but the four succeeding years—years, which if rationally spent, give such improvement to the understanding, must have opened his eyes to her defects of education, while the same period of time, spent on her side in inferior societyand more frivolous pursuits, had perhaps robbed her of that simplicity, which might once have given an interesting character to her beauty.

If in the supposition of his seeking to marry herself, his difficulties from his mother had seemed great, how much greater were they now likely to be, when the object of his engagement was undoubtedly inferior in connections, and probably inferior in fortune to herself. These difficulties,indeed, with a heart so alienated from Lucy, might not press very hard upon his patience; but melancholy was the state of the person, by whom the expectation of family opposition and unkindness, could be felt as relief!

十九岁时幼稚的迷恋当然只会让他看到她的美貌和好脾气，而看不到别的；但是以后连续四年——这四年，如果合理地度过，正是可以大长见识的岁月，一定会使他张开眼睛，看出她教养上的种种缺点的：而这一时期，她那方面却消磨在出身低下的人中间，做些无聊琐事，那一度曾给她的美貌增添一份惹人喜爱特点的纯朴天真，大概都已丧失殆尽了。

如果说，他想娶自己，来自他母亲方面的种种阻力看来很大的话，那么他现在的订婚对象，在亲属方面无疑比她的地位要低，也许财产也不如自己，那他母亲的阻拦可能要大多少呀！当然，由于他心灵方面跟露西很疏远，这些困难也许不至于压得他耐不住；但是一个人竟能把家庭的反对和冷漠看成是一种宽慰，他的心境总是可悲的呀！[1]

这似乎比莎士比亚晚期风格的喜剧诗歌好把握得多。确实，从表面上看，奥斯汀的无韵行文符合她一贯的作风，推敲起来不甚费力；它具

---

[1] 中译取自武崇汉译本（《理智与情感》，上海：上海译文出版社，2010年），第二十三章。——译注

有明晰的"开放性"。那我们是不是在逃避困难？我认为不然，虽然障碍的产生可能是让"经典"保持鲜活的一个原因。而且这些看似平淡的，几乎是信笔挥就的段落，很可能比波斯邱默斯的修辞更难得到完整的定 9 位、全面的释义。

奥斯汀小姐城市风格的用词颇具欺骗性。与亨利·詹姆斯相似，她用自己的风格强力侵占了一片领地，为之划定边界并治理得井井有条。奥斯汀小说中的世界极为依赖语言：全部现实都被一套独特的习语"编码"。编码之外的一切，都在简·奥斯汀认可的想象标准之外，更明确地说，在她所认为的"虚构中的生活"法定范围之外。因此其词汇和语法具有排他作用。人类存在的全部层面——政治、社会、情色、潜意识——都缺席了。在政治和工业革命进行得如火如荼、哲学活动风起云涌的十年中，奥斯汀小姐创作的小说几乎在历史的域外，不过它们的时代和地点还是能得到很好的推定。《理智与情感》和《傲慢与偏见》中的世界是一种精明世故版的"田园牧歌"，是一种18世纪中晚期的复杂精致的、与摄政时期风格的关注点略有不同的构想。在她之前，没有哪个虚构场面能更加巧妙地、有表现力地用隐含的方式不停地涉及道德问题。忽略的筛网掠过后，剩下的东西得到了敏锐的评判。这也是奥斯汀的不言之言所面对的独特压力的来源。

埃莉诺·达什伍德对爱德华以及"无知（illiterate）、狡黠（artful）而自私（selfish）"的露西·斯蒂尔忧心忡忡的揣摩，似乎无须词语分析，不过第二段的句子结构却引人注目。该段有两个句子，都略显笨重。反观前一段，尽管也很显眼——只由一个长句构成，但却是在一种精心设计的交替而顺畅的顿挫中展开的。第二段的第一个分句，"如果说，他想娶自己（埃莉诺）……"[1] 有些笨拙。"herself"（她自己）[2] 在这个句末的

---

[1] 该句直译为"如果说在他寻求与她自己结婚这个前提下……"，武崇汉和孙致礼译本可能出于通顺考虑未进行直译，其他译本未详。——译注
[2] 武崇汉版该处译为"自己"；孙致礼版译为"她"。——译注

重复更强化了我们对它纠结、别扭的印象。下一句的两个部分都很笨重，也不容易被迅速理解。人们可能会揣测，这个叹号[1]是否意在为其叙事节奏带来明确的简化和更新。这种语法上的模糊用意很明显。臃肿的句子旨在涵盖埃莉诺自己都不会坦然面对的发自真心而混乱不堪的情绪，并将其纠缠起来。她在努力为自己激越的、震惊的回应赋予理性的形式。同时，她也明白无疑地卷入由她的自负所假设的情境之中，市侩的评判显而易见。具有全盛时期[2]文学特色的段落、段落中充斥的抽象名词、从属短语和条件短语营造的"套娃"效果，都造就了微妙的戏剧气氛。小说家明显以俯视的角度观察着这份受挫的情愫和虚荣带来的小小烦躁。在后面的段落里（"她这样左思右想的时候，不觉为自己，倒不如说是为他，悲叹起来……"）[3]，怪异诙谐的意味演变成了适度的反讽。

但是就这段文本而言（这也是时常发生在简·奥斯汀文本上的），详尽地阐明其句法并不能解决主要问题。难点在于关键词和短语的流转所形成的基调和累积效果，在它们直观的外表之下，隐藏着一个语义和道德价值观构成的复杂领域。为了对达什伍德小姐的思想进行彻底的注释，我们不仅要处理当时用词的问题，还要知道简·奥斯汀用各种方式采纳了两个先前的语言传统：复辟时代的喜剧和理查森后的感伤小说。难度在于，很多决定性的词语都有一种"不受时间影响"，可以被立即识别的外形。但事实上，它们牢固地根植于一个过渡性的、半人为的认知规则中。

对于"好脾气"（good nature），对于"合理地度过"（rationally spend）的时间，我们应该用哪种语调来读，应该怎样标注"强调符号"？nature（脾气），reason[4]，understanding（见识）既会出现在日常言语中，

---

[1] 两个译本都有两处叹号，原文只有一处。——译注

[2] Augustan，英国文学的一个阶段，具体时间为 18 世纪上半叶（约 1700—1750）。——译注

[3] 原文：As these considerations occurred to her in painful succession, she wept for him more than for herself...——译注

[4] 引文中无此词，似为原文的"rationally"的名词性，意为"理性、理由"。——译注

也是哲学词汇。它们之间的相互关联隐含在全句中，为某种个性和正确的行为陈词。奥斯汀小姐精简化的处理，预设着她自己、她的角色、她的读者之间能对这些抽象词语的"往来"形成理解和共识，预设着他们对基督教经典语汇和流行的洛克心理学有相当程度的了解。在 1813 年，这样的组合既不是不言自明的，也不是广为人知的。在世易时移后，奥斯汀拒不强调**应有**的共识，体现了隐蔽而强劲的说教态度。"教养上的种种缺点"（defects of education）、"出身低下"（inferior society）、"无聊琐事"（frivolous pursuits）布下了另一种陷阱。现代词语中找不到与它直接的对应语。贬损的真实程度建立在一套独特的社会和教育的细微差异之上，只有钻进奥斯汀小姐的小说，才能判断露西·斯蒂尔有多不完美。另外，鉴于说出它们的是一个沮丧的竞争者，这些词语有可能是夸大其词，只能捕风捉影。这让我们很难做到客观，其难度不亚于处理《辛伯林》的选段。为了理解一段文字，充分必要的文字背景、必需的前期材料的数量都是问题，有些语言学者为此创造了一个术语"前提信息"（pre-information）。我们需要了解多少前提信息，才能精准地分析 *simplicity*（淳朴天真）和 *interesting character*（惹人喜爱［的］特点），并将它们与露西·斯蒂尔的 *beauty*（美貌）联系起来？这个句子经典的韵律，以及它略显牵强的市侩，都不禁让人考虑它作为一种温和讽刺的可能性。埃莉诺的假想依托于感伤小说的时髦语汇，反映了艾迪生和哥尔德斯密斯之后道德文章的普遍格式。在此，它显示出了微弱的时间性、地域性色彩。同时，埃莉诺感情中痛苦的敏锐毋庸置疑。如果 *simplicity* 意味着"不具诈伪"（像《牛津》里引用的卫斯理 1771 年所写的美妙文字那样），它也同时具备"村"和"粗野"的感觉。而前一句中并列的"无知"和"狡黠"明显体现了埃莉诺评价的多重性。但我们该如何解读后面的"给她的美貌增添一份惹人喜爱［的］特点"（an interesting character to her beauty）？在马尔萨斯和李嘉图功利实用的语汇中，"喜爱"（interest）曾被颠倒词义，指"引起感伤的事物""吸引人怜爱、善意同情的事物"。斯特恩 1778 年创作的《感伤旅行》尽管措辞有变形，但通常被视作奥斯汀文字效果的来源；在该作中，叙述者表明自己更支持"惹人喜爱"（interesting）而不是端庄大方（handsome），"惹人喜爱"象征着美丽怡人的灵魂。18 世纪晚期的常用语"她是个有心的年轻姑娘"[1]中的心（heart）应与引文中的 *heart*（心灵）同源。只有在这样搭配后，我们才能说淳朴天真能给美（貌）带去惹人喜爱［的］特点，只有注意到埃莉诺发言主旨中的做作与落魄，我们才能了解它的阴狠之处，知道它暴露了埃莉诺的不能自已。但是"时代气息"的某些方面——体现在第二段的 *alienated*（疏远）和 *melancholy*（可悲）中——以及习惯性的表达方式所指涉的对象，仍然难以捕捉。

但丁·加布里埃尔·罗塞蒂关于"'从海怪口中获救的安吉利卡'，安格尔作，卢森堡藏"（"'Angelica rescued from the Sea-Monster'[2], by Ingres；in the Luxembourg"）的十四行诗，给精确解读设置了另一种障碍：

> A remote sky, prolonged to the sea's brim:
>
>   One rock-point standing buffetted alone,
>
>   Vexed at its base with a foul beast unknown,
>
> Hell-spurge of geomaunt and teraphim:
>
> A knight, and a winged creature bearing him,
>
>   Reared at the rock: a woman fettered there,
>
>   Leaning into the hollow with loose hair
>
> And throat let back and heartsick trail of limb.
>
> The sky is harsh, and the sea shrewd and salt.
>
>   Under his lord, the griffin-horse ramps blind
>
>   With rigid wings and tail. The spear's lithe stem
>
> Thrills in the roaring of those jaws: behind,

---

[1] 原文：She was a young woman of heart (*elle avait du cœur*).——译注

[2] 原文中写作"by the Sea-Monster"，似有误。——译注

The evil length of body chafes at fault.

She does not hear nor see—she knows of them.

遥远的天空，延伸到海的边缘：

　　孤岩独受波涛的冲击，

　　无人知名的秽兽咆哮石底，

土占师与神像的形迹从地府涌现：

有翼神兽载着骑士来到眼前，

　　高涨旁伫立的：是位被缚的女子，

　　她徒倚空寂秀发散披

修颈后仰玉臂在哀恸中拖牵。

昊天不吊，海水汹涌而咸涩。

　　主人髀下，狮鹫马腾跃如狂

　　翼尾坚挺。长枪柔敏的杆

震颤在怒吼的獠牙间：坠落，

　　邪恶的长躯擦破深壑坠入彼方。

　　而她却不闻不见——她深知其然。

　　罗塞蒂的《为绘画而作的十四行诗》（"Sonnets for Pictures"）于 1850 年刊登在《萌芽》上，标题不明。这些诗是否是向弗拉芒、意大利、法国大师的致敬，是敬畏或喜悦的回应？还是对诗人在布鲁日和巴黎所见的画作，用语言形式进行的转写和再现？它们是否表现出对绘画视觉层面的参考？最有可能的情况是，以上种种联系方式都存在。

　　诗句中的动词"呼之欲出"，强烈表明安格尔的《安吉利卡》就在叙述者眼前（在这样的场景里，后面的内容一时就显得怪异而含混）。阅读的视线——它同时"阅读"诗作和画作——先从海平面移到狂涌的海水，再回到赤身的安吉利卡；该形象受到达·芬奇所画的丽达的姿势影响，安格尔将风暴中的光芒聚焦其上。实际上，画作非常明确，它通过　　13

坚实的外廓线展现了昏暗而狂暴的涌动。它汲取了古典和文艺复兴肖像画的营养,优雅地表达了某种程度上可以预见的主题——感官刺激与骑士信行。而罗塞蒂的再创作又反映了什么?除了凑韵,"邪恶的长躯擦破深壑"(The evil length of body chafes at fault)还承载着什么?安格尔笔下的裸体,在图画处理上坚实丰满,是新古典主义的典范,又如何"拖牵"(trail)着手臂? *hell-spurge*[1](地府涌现)很是古怪。作为一种常见植物的名字,这个词还可能喻指所有"[发]芽"或"生长"。某些人猜测这一应用实例来自它与 *surge*[2] 在音形上的相似。在 1870 年的《诗集》版中,这个短语被改写成了 *hell-birth*[3]。*geomaunt*(土占师)和 *teraphim*(神像)是个罕见的组合。《牛津》把罗塞蒂的十四行诗作为"土占师"(geomant 或 geomaunt)这个词的参考文献:精通"土占术"——通过观察地形或者撒一把土并解读其图形来占卜未来——的人(土占术也见于毕希纳的《沃伊采克》:受折磨的沃伊采克通过苔藓和菌类的形状看到了凶险的未来)。罗塞蒂这个玄秘的词语很可能源于但丁的作品:

quando i geomanti lor maggior fortuna

veggiono in oriente, innanzi all' alba,

surger per via che poco le sta bruna…

(*Purgatorio*, XIX. 4–6)

这时,土占者在黎明之前,

从东方望见他们的"最大福星"

正通过那短时间依然黝黑的路径,出现在天空。

(《炼狱》,第十九篇,第4-6行)[4]

---

[1] spurge 本意是大戟树。——译注
[2] 意为"[名/动]汹涌,大浪"。——译注
[3] 字面译为"地狱-出生"。——译注
[4] 中译取自黄文捷译本(《神曲·炼狱篇》,南京:译林出版社,2011年,第195页)。——译注

surger（出现）紧接着 *geomanti*（土占者），说明罗塞蒂十四行诗的这一部分更像是在纪念但丁，它可能与但丁的诗而不是安格尔的画更相近。*Teraphim* 自然来自希伯来语，在钦定版《圣经》里就出现过。它既指"小偶像"也指作为占卜手段的这种偶像。它有明显的异教色彩，在 1641 年的《论主教制》中，弥尔顿用这个词时带着严肃的斥责态度。这两个名词和海怪，和安格尔作品右下方这只可悲的海兽有什么关系？如果有的话，关联或许在于这些掷地有声的生僻词是"关于下界（土地）的，世俗（土地）的"。*the spear's lithe stem*（长枪柔敏的杆）也很难与安格尔画中坚挺得近乎粗暴的惹人注目的对角线联系起来。在安格尔画于 1819 年，旨在描摹《疯狂的罗兰》第十篇中一个著名情节的《罗格营救安吉利卡》与罗塞蒂作品之间，乌切洛笔下的圣乔治形象似乎暧昧地介入进来。 14

　　而这些问题当然都是不该问的。

　　安格尔的画不过是罗塞蒂练笔的对象。画的存在是必要的，但也不尽然。它让这首十四行诗不用背负完全与原作相符的重担。前拉斐尔派诗歌的一种典型表现方式是，其语言陈述会通过另一种媒介（音乐、绘画、织物、装饰艺术）得到确证。有了依靠，罗塞蒂便能在其引人入胜的标题下随意发挥。这又意味着什么？不存在严格教条要求它们相互关联：诗并不试图模仿画作的风格和视觉效果。罗塞蒂的诗体现了短促的跳跃：狮鹫、盔甲圣骑士、翻腾的海水、阳具般的岩石上一个昏厥的形象，它们引起了一连串的"诗意"。在我们能够观察到的范围内，这首十四行诗的生命来自对格式化符号的使用（玉臂在哀恸中拖牵，海水汹涌而咸涩，腾跃如狂）。我用"格式化"这个词指某些高深和浑厚的部分，它们的重点不在于诗歌本身，而在于外部的、流行的传统——例如，在前拉斐尔派看来，"诗意"与伪中世纪的、济慈式的语汇等同。"土占师与神像的形迹从地府涌现"（Hell-spurge of geomaunt and teraphim）这种毫无关联的宏伟场面只能加重无意义的内容造成的损害。而"咆哮石底"（vexed at its base）这个短语，则通过对动词精准的、拉丁语般的驾驭，提供了一种补偿。事实上，整个第三行都暗示着前拉斐尔派与叶芝的亲缘关系。

这首景点介绍般的十四行诗不值得我们大费周章，但我认为，它所体现的有关准确回应的问题颇具代表性。以 20 世纪中期的诗歌标准看，"获救的安吉利卡"很少出现，我们很难把它与安格尔画作之间的偶然联系当作诗歌的主题。这十四行诗句事实上什么也没说，也没有满足什么表现上的需求。从多种角度看，它都是一段意在填补空白的装腔作势的旋律。以我们现在的感受方式来判断，罗塞蒂的诗也只是空洞的炫技。

15 总之，我们所处的历史阶段对感情和词汇的认知，让我们很难"一窥"《为绘画而作的十四行诗》的真意。它们的词印在纸上，学者和文本评论家能够给我们提供各种所需的词汇和句法指导。但对我们中的大多数人来说，唯一可能的理解方式只是一种人为设计——它弃置了自然的反应，却以某些说教的、论争的或稽古的目的为旨趣。

基本上，面对前拉斐尔派和颓废诗时，我们是"词盲"。这是由感性习惯的重大转变导致的。我们现在对诗意的认识，我们在判断比喻性言语的真伪时不经检验的假定，都来自对末世（*fin de siècle*）思想的有意否定。正是因为现代主义运动抵制维多利亚和后维多利亚时代审美情趣，趋于收敛的新态势及对可证结构的坚持才能蔚然成风。我们暂时剥夺了自己综合解读许多作品的能力，不仅是罗塞蒂的大量作品，还有史文朋、威廉·莫里斯、奥伯利·比亚兹莱、厄内斯特·道森、莱昂内尔·约翰逊及理查德·勒·加里恩的韵文和散文。道森的诗作《辛娜拉》（"Cynara"）或亚瑟·西蒙斯的《爪哇舞者》（"Javanese Dancers"）几乎可以作为范例。即便是用 20 世纪 90 年代早期的冷峻目光加以审视，真正的诗歌的暗流还是毋庸置疑地存在着。有一些至关重要的事物，自身具备权威性，在我们能触及的范围之外运行。这些事物远不只是潮流的变化，也不只是指新闻业界和学界对一套由艾兹拉·庞德和艾略特选定的英语诗歌正典的接受。这套正典已经遭到了质疑；约翰·邓恩的时代可能结束了，勃朗宁和丁尼生正在冉冉升起。认为德莱顿与杰拉德·曼利·霍普金斯之间乏善可陈的文学观点明显只是浅见。更为顽固的问题则是，我们如何阅读前拉斐尔派和（19 世纪）90 年代其他诗人的作品。我们的精神究竟出现了怎样翻天覆地的变化，让我们把目光转向了一块色彩和故事更加明净的土地——

In a region of shadowless hours,
Where earth has a garment of glories
And a murmur of musical flowers...?

一个白日没有阴云的地区，
那里大地披着荣耀的华服
弥漫着乐律之花的低语……?

我们仿佛真的丢失了一种语言，或者一套密码的译码。

最难确定调值的，莫过于那些看上去"中立"的文本，那些不能立刻引起词典编撰者和语法学者重视的用词。诺埃尔·科沃德（Nöel Coward）的《私人生活》中，一段耳熟能详的段落是如何体现自身时代的？

Amanda. And India, the burning Ghars, or Ghats, or whatever they are, and the Taj Mahal. How was the Taj Mahal?

Elyot. Unbelievable, a sort of dream.

Amanda. That was the moonlight I expect, you must have seen it in the moonlight.

Elyot. Yes, moonlight is cruelly deceptive.

Amanda. And it didn't look like a biscuit box did it? I've always felt that it might.

Elyot. Darling, darling, I love you so.

Amanda. And I do hope you met a sacred Elephant.They're lint white I believe, and very, very sweet.

Elyot. I've never loved anyone else for an instant.

Amanda. No, no, you musn't—Elyot—stop.

Elyot. You love me, too, don't you? There's no doubt about it anywhere, is there?

Amanda. No, no doubt anywhere.

Elyot. You're looking very lovely you know, in this damned moonlight. Your skin is clear and cool, and your eyes are shining, and you're growing lovelier and lovelier every second as I look at you. You don't hold any mystery for me, darling, do you mind? There isn't a particle of you that I don't know, remember, and want.

Amanda. I'm glad, my sweet.

Elyot. More than any desire anywhere, deep down in my deepest heart I want you back again—please—

Amanda. Don't say any more, you're making me cry so dreadfully.

阿曼达：还有印度，发烫的石阶，抑或是石级，无碍了；泰姬陵。泰姬陵如何？

艾略特：难以置信，如梦似幻。

阿：这就是我想要的月光，你定然已见过月光下的它。

艾：是啊，月光会忍毒地欺人。

阿：它看上去不似食盒，对吧？我原以为它可能会像。

艾：亲爱的，亲爱的，我爱你至深。

阿：真希望你看看圣象。它们色如丹朱，非常可人。

艾：对别人我从未像现在这般一见钟情。

阿：别这样——艾略特——别。

艾：你也爱我，对不？此事处处断然无疑，对不对？

阿：是啊，毋庸置疑。

艾：在这可厌的月光里，你看来甚是可爱。你柔肌清透冰洁，双眸炯炯，每刻凝视，都让我觉得你更加动人。亲爱的，你于我而言毫不神秘，你介意吗？要知道，你没有分毫是我所不知，所不愿的。

阿：我很欣喜，亲爱的。

艾：在我最深的心底我希望你再回来，求你，比任何时候任何场合的愿望都要强烈。

阿：不要再说下去了，你让我泣涕如雨了。

这段对话清脆而精妙，其内在的细节之完美与威廉·康格里夫和马里沃的类似场景不相伯仲。它还无疑具有"时期性"。它不只是具有 1930 年的感觉，更将其确实地表现出来了。

不过要说明这种"时期性"却非常困难。当然，有可以用来追查日期的提示："biscuit box"（食盒），以及更加隐晦的"lint white"（丹朱）。虽然 1992 年的人们能够清楚并迅速地想象出它们，但是主动想起它们的色彩，哪怕只是偶尔，也会是一件怪事。"damned moonlight"（可厌的月光）是过时的说法（*passé*），虽然也很难说明为什么。"particle"（分毫）[1] 这个词在 20 世纪 40 年代晚期后有了更加专业的、不祥的含义。"you're making me cry so dreadfully"（你让我泣涕如雨了）带着一股悠远的薰衣草香；我认为我们不会这样使用这个副词 [2]，或者至少不会像阿曼达那样重读它。其他的提示则更为细微。对感觉的定位与我们不同："anywhere"（处处）带有大量充斥于文段中的辛辣的假正经感觉。"more than any desire anywhere"（比任何时候任何场合的愿望都要强烈）意思很

17

---

[1] 直译为"微粒"。——译注
[2] 指 dreadfully，意为"严重地，可怕地"。——译注

清楚，却无法释义；它的精确性和顿挫的通用性来自已经不再完全属于我们的言语习惯。"cruelly deceptive"（忍毒地欺人）同样显眼而陈旧。但它与月光的组合，用我们 20 世纪 90 年代的眼光看，似乎有些偏离焦点，仿佛一张模糊的老照片。

然而，时代感主要来自诺埃尔·科沃德行文的韵律。作为演员兼词作家，他对语言的处理明显带有音乐感；音高和抑扬得到了详尽的标示。场景中对"and"的应用与同时代的海明威的散文一样有特色。这个词有时就像分隔线；在艾略特的示爱里，它创造出了令人窒息的、脆弱无据的冲动的效果。逗号的分布也有特别作用：用现在的标准看，这段话标点过多，但每次"无声"或省去停顿（比如在"deepest heart"［最深的心底］之后）都带来了突出的戏剧效果。《私人生活》中的急板和行板就像狐步舞一样受时间限制，仿佛有个与我们现在的分句节奏完全不同的节拍器在打点。此外，让角色在词后给出特别的重音是科沃德的特技。即便只是印在纸上，这些重音都在诱惑读者转变语调，锐化某些元音，迫使人们采用爵士时代后期的流行言语方式。人们不禁会猜测这是格特鲁德·劳伦斯和诺埃尔·科沃德的风格，哪怕没有亲眼看过他们默契的对手戏（pas de deux）。而我们现在常有的感觉却已演变为另一种调子。

二

18　　举这些例子只是为了说明一点：对过去的母语和母语文学文本进行透彻的阅读，是一种多重的解释行为。在绝大多数情况里，这种行为很少上演，甚至得不到清醒的认识。一般读者最多只会把书里的脚注或词汇表顺手拿来当拐杖。在阅读约 1800 年后的所有英语散文和大多数韵文时，一般读者会默认纸上印的这些词（除了个别的"困难"或古怪的例外）所指的意思与自己习语中的相同。在读诸如笛福和斯威夫特等人的"经典"时，这个假设的时间还可能会被推回到 18 世纪早期，大概是德莱顿的时代。当然，这都是幻觉。

语言的变化从未止息。亨利·西季威克在 1869 年谈及克拉夫（Arthur Huge Clough）时说道："较之 1859 年，他的观点和思路在 1869 年的英格兰就显得不那么独特了；若与 1849 年相比，这点就更为明显。我们一年比一年内省而自知：现在的哲学让我们可以近距离地、耐心地、公正地观察和分析我们的精神状况；我们越来越能坦率地写下自己真实的想法和感觉，而不是我们想要去想或应该感觉到的。"普遍看来，西季威克的评论适用于任何充分记录下英国言语和精神之历史的年代。然而很多时候，描绘语言变化的图表需要以比十年短得多的时间来做单位。语言——这也是某些现代语义学学派的核心观点之一——是赫拉克利特式流变的最典型例子，它每时每刻都在变化。每次新的语言活动不仅能够增加语言活动的总数，还能为其制定标准。出现在不同时间的陈述不可能完全相同；它们只是同质的，会相互作用。在对语言进行思考时，我们思维的客体就会在这个过程中变动（因此专业用语或元语言可能会对通用语言产生巨大的影响）。总之，只要我们以线性进程进行体验和"认识"，语言就和时间密切相关——它们会动，飞矢不会停留在一个位置。   19

当然我们也能看见，在某些实例中这种运动会被遏止或得到极大减缓：某些神圣和巫术的语汇会在人为的静止条件里得到保存。但日常语言在每一刻都经历着变异，其形式有很多。新词进入，旧词消逝。在习语用法或文化秩序的压力下，语法习惯发生变化。可用表达和禁忌用法之间的对抗永远在此消彼长。在更深的层面，言意和言外之意的相对界限和强度也在变化。这绝对是个核心话题，虽然我们对它的理解很少。不同文明、不同时间不一定会创造出相同的"言语总和"（speech mass）；某些文明相对寡言，某些群体的感触重视缄默和省略，还有一些则嘉许冗文赘述和语义修饰。内向的话语有自己复杂而很可能无法追述的历史：在不同文化和语言发展的不同阶段，我们对自己说的话和用来与别人交流的话在量和内容上都不相同。文艺复兴后，西方的感觉习惯中愈发强调对潜意识的解说，这种对语言总量的"重新分配"导致了天翻地覆的变化——公共言语只不过是九牛一毛。鉴于语言是世界的镜像或对立命题，或者更可能地，它是在一个我们未能提供合格形式化模型的"交界面"上，反思和创造的相互渗透，因此语言变化之迅速和多样，正如同人类的经验本身。

语言变化的速率是多少？为回答这个问题，一个研究分支"词汇统计学"应运而生。但还没有得出任何一般性的答案，也没有理由认为存在适用的普遍规则。在《语言论》中，布龙菲尔德宣称"语言变化比生物的变化要快得多，但是比人类社会的其他制度的变化也许要慢些"[1]。我怀疑，是否真正可能把语言和其他机制割裂？毕竟那些机制很大程度上都要靠语言来知会，而它们的变化本身也通常由语言描述来确证。我们所有的例子都是区域性的，但它们也非常多元，足以反驳最可信的猜想。在任何语言或语言群体的历史中，变化的速率是完全不同的。[2] 举一个教科书式的例子：印欧语言单数、双数、复数的模式或许能追溯到印欧语言历史的开端，现在在英语中也有残存：*better of two*（两个中更好的），*best of three or more*（三个或更多个中最好的）。然而阿尔弗雷德王时代的英语，虽然大多数特征在时间上更接近现在，但事实上仍无法解读。在某些时候，语言会以惊人的速率变化；它们贪求着词汇和语法的新鲜血液，以可见的速度抛弃陈腐的单位。这一现象发生在 16 世纪 60 年代至该世纪末的英语上，文学可以提供可靠的证明。而 1570 年到马莱布和路

20

---

[1] 中译取自袁家骅、赵世开、甘世福译本，《语言论》，北京：商务印书馆，1997 年，第十七章。——译者注

[2] 词汇统计学和"语言年代学"（glottochronology）提出了一个计算相关语言从共同祖先分化出来后，所经过的时间（t）的公式：

$$t = \frac{\log c}{2 \log r}$$

其中，c 代表同源成分的百分比，r 代表一千年的分隔后，残存同源成分的百分比（t 的单位是千年）。这个方法与已故的莫里斯·斯瓦迪士（Morris Swadesh）的研究有很大关系，它仍然存在争议。参考 R. B. 利斯的《语言年代学基础》（"The Basic of Glottochronology", *Language*, XXIX, 1953），以及 M. 莱昂内尔·本德（M. Leonel Bender）的《语言不确定性：为什么无法重构"原人"》（"Linguistic Indeterminacy: Why You Cannot Reconstruct 'Proto-Human'", *Language Sciences*, 26, 1973）。

易斯·巴尔扎克出现之间的法语文学用语的变化也有相似的速率，虽然其趋势是变得更加严格和规范。赫尔德与克莱斯特相隔不到一代，但是19世纪20年代的德语，与18世纪70年代或80年代早期的德语相比，完全是另一种语言，是另一种认识载体。电影、幽默作品新闻和小说也让人们发现，现在的美式英语，正处于恣意吸收的状态，但也有一定的不稳定性，而英式英语可能正在丧失其灵活性。词语和价值观的转变速度之快令人瞠目结舌。

而在另一些时候，语言也可以非常保守。例如，虽然法国浪漫派作家宣称自己是反叛者和先驱，但后笛卡儿句法还是对他们有约束作用，他们用传统的亚历山大体写自己的剧作，几乎不改变法语散文的基本结构。在18世纪60年代，英语散文似乎达到了一个自满的、都市化的高度。它拒绝革新，还把自己的威严延伸到了诗歌创作中；全盛时期晚期诗歌在语言的自鸣得意上独树一帜。保守思想，或者说对上古传统的刻意保留，是汉语史上好几个时期的特点，这也是老生常谈。战后意大利语虽然面对着写实主义（*verismo*），以及其他媒体（比如电影）中现代派有意为之的压力，但却毫无活力，令人费解；不过加达（Carlo Emilio Gadda）兼收并蓄的平民化立场是个反例。试图将政治和语言变化相联系也是无济于事。法国大革命和布尔什维克革命在语言上都是保守的，其修辞近乎学院派。反观法兰西第二帝国时期，法语诗歌和习惯中感性的重点和追求都发生了重大的变化。而且在语言历史中的大多数阶段，创新和保守趋势都是并存的。弥尔顿、安德鲁·马维尔和德莱顿是同时代人。罗伯特·弗罗斯特在他的"旧式风格"中也借鉴了富有活力的言语潮流，甚至包括艾伦·金斯堡使用或始创的。语言的状况就像达·芬奇画的水流和旋涡的素描一样，拥挤混杂，充满对抗的力。

当我们问自己熵的概念是否适用于语言时，更加困难的问题出现了。语言会衰退吗？语言的塑造能力会对衰退做出反应吗？有没有语言减缓或丢失了至关重要的精确性？这种问法的危害十分明显：用机体上的、时间性的术语来思考语言的生灭可能会沦为动物学者的空想。语言完全成为强加关联（arbitrary）的信号组合和约定俗成的信物。我们的确不会把感觉和某些神秘的自发存在当作棋子棋局，虽然国际象棋大师塔塔科维不这么认为。不过语言与生命力之间的隐喻，以及随之而生的语言衰退的提法，还是让人难以割舍。为思考语言本质和言语与社会关系殚精竭虑的人们，比如德·迈斯特、卡尔·克劳斯、瓦尔特·本雅明、乔治·奥威尔，都有意无意地用生机论的暗喻进行论述。在某些文明的某些时期中，句法会僵化，鲜活的感知和重述所提供的可用资源会枯竭。词语似乎在神圣化的用法下渐渐失去生命；陈腐的用词、粗疏的比喻、破败的转义越来越多，产生的僵化效果也愈演愈烈。语法和词汇不再像活体的薄膜，反而成为阻碍新感觉的屏障。文明被囚禁在语言所划定的轮廓中——语言不再适合现实多变的图景，或者只能反映某些仪式性的、强加关联的内容。拜占庭祷文上的希腊语被用来限定人类应答的方式，而不是作为加快人类应答速度的媒介，由此出现了停滞。玛雅文化灭亡的谜题中，有没有语言因素？我们推断这种语言词法中很大一部分都是稳固的、圣化的，那么这种语言是否无法再提供合用的、丰富的反映世界的模型？"词语，意义的守护者，并不是不朽的，不是无敌的，"阿达莫夫在1938年的笔记中写道，"有些会存留，有些无药可救。"战争爆发后，他又补充道："破损、腐旧、锉平，词成了词的尸骸、词的幽影；每个人都在用自己的齿颌沉闷地咀嚼、反刍着它们的声音。"

相反的情况也可能发生。历史相对论指出，可能不存在什么开端，人类行为都有先例。这一后知后觉可能是错误的。古希腊语和希伯来语对人类可能性天才般的展现，以及其后的西方传统中再没有言语能如此全面而有创造力地表述对生活的感受，这两个事实毋庸置疑。荷马的作品，《伊利亚特》和《奥德赛》呈现了西方重要观念中的大多数——我们像阿喀琉斯一样急躁，像涅斯托尔一样苍老，我们的回归正与奥德修斯一样——这反映出了一种语言具备的能量。（我个人认为《伊利亚特》编校和《奥德赛》创作的时间，正是写作"新式的不朽"出现的时间，也是口头文学向书面文学过渡的时间。）埃斯库罗斯可能不仅是最伟大的悲剧作家，也是这个类型的鼻祖，是他首先在对话中加入了极高强度的人类冲突。《以赛亚书》中预言的语法展现了一种深沉的、形而上的冒犯——将来时态的魄力，语言在时间轴上的延伸。而反方向的发展则成就了修昔底德的活力；他的作品明白地展示了过去是一种语言建构，动词过去式是历史的唯一卫士。柏拉图对话中令人神往的轻快，把论辩术作为追求知识的途径，都源于这样一个发现：词语如果得到严格的检验，就像格斗中的招式、舞蹈中的设计，能够催生新型的理解。谁是第一个讲笑话，用言语引人捧腹的人？

在这种种实例中，语言都是"新鲜的"；或者更明确地说，诗人、历史学家、哲学家给人类行为和当时的心智体验赋予了一种前所未有的"第二生命"——他们很快认识到，这个生命比人类的生物和社会存在都更坚韧，更能穷究意义。这个既令人欢欣又令人悲哀（诗人知道自己创造的虚构人格会比自己更长命）的见解，一次次地在荷马和品达身上得到证实。很难想象《俄瑞斯忒亚》的创作，是在剧作家初次意识到他自己、他的角色和人终有一死三者之间存在悖论般的关系后，过了很久才写就的。只有这部经典是全面革命：他是第一个不再坠入那片沉默之海——与人类完全共域的语言——而闯入符号表达、类比、隐喻、明喻和反讽的无名之地（*terra incognita*）的人。我们有大屠杀的历史，也有关于欺骗的历史，但没有关于暗喻的历史。我们不能准确地想象出第一个比较海的颜色与幽暗的葡萄酒的人，第一个从人的面庞上看到秋天的人，他们彼时究竟有什么样的心思。这样的景象是世界的新投影，它们对我们在现实中的居存进行了重组。当流行歌曲抱怨道，没有新的方式能表达我坠入爱河或她的眼睛闪烁星光时，这实际上触及了西方文学的中枢。这反映了希腊和希伯来表述的贪得无厌，自它们之后，原创增补和新发现凤毛麟角。被命运背弃莫哀于约伯，控诉尘俗莫怨于安提戈涅。贺拉斯看到了日之将尽时家中壁炉里的火光，卡图卢斯几乎穷举了性欲。西方文学艺术有很大一部分是在有限主题上的各种变体。因此，后来者才会有打破秩序的悲鸣，才会有达达主义无可指摘的逻辑——它声称只有废除了语言，感觉和认知上才能出现新动力。"更新一切"，这是革命分子的呼号，但这些用语与底波拉的歌或赫拉克利特残篇一样古老。

为什么某些语言对现实的掌控能够更加持久？希伯来语、希腊语、汉语（这可能也与书写的历史有一定关系）有特别的智谋吗？还是说我们实际上正在询问某些文明的历史，而这些历史在语言中得到反映，从语言中得到活力，其方式之多样，其内部联系之复杂，让我们无法给出可信答案？我觉得一种语言对暗喻的接受能力是关键。这种接受能力差别很大，比如，民族语言学家能告诉我们，墨西哥的塔拉斯坎语（Tarascan）不欢迎新的暗喻，而巴拿马的库那语（Cuna）则热衷于此。喜爱词语和文字游戏的雅典人会出名，通常还会被整个地中海世界效仿。巴勒斯坦的"字都"（Qiryat Sepher），叙利亚比布鲁斯的"书邑"，都是远古世界绝无仅有的称号。相比之下，某些文明似乎更加"寡言"，或者至少像古埃及那样，没有完全认识到语言创新和改变的力量。在很多文化里，盲瞽是命运无以复加的缺陷和背弃；但在希腊神话中，诗人和先知都是盲人，这样他们才可能通过对言语的探查看得更远。

有一件事很明确：每个语言行为都有一个时间限制，没有永恒的语义形态。使用一个词，就是在其先前的全部历史中发出一个回响。一段文本属于某个特定的历史时期，它具备语言学家所谓的历时结构。全面的阅读即是竭尽所能地重估其直接价值，重现言语产生时的真实意图。

所幸我们有章可循。一个真正的读者不会放下词典。他知道从博斯沃思的《盎格鲁－撒克逊词典》到库拉斯和库恩的《中古英语词典》再到必备的《牛津》，英语得到了尤为完备的照顾。（格林的《词典》和利特雷的作品也是无价的，但德语和法语的历史以及某位天才的心血都不能完全体现、凝聚在一本词典中。）罗塞蒂的 *geomaunt*（土占师）将我们引向了希普利（Joseph T. Shipley）的《早期英语词典》，它告诉我们"这个主题被涵盖在愚信（*moromancy*）——一个 17 世纪的词，囊括所有愚蠢的占卜形式——之中"。斯基特（Walter W. Skeat）的《语源学词典》和《英语词源学原理》是人们迈向对词语生命的理解时不可或缺的第一步。然而每个时代都有其独特的境况。在人们阅读斯凯尔顿和马维尔时，斯基特和梅休的《都铎王朝和斯图亚特王朝用语词典》是必不可少的。若没有H. 尤尔爵士和A. C. 伯内尔的《霍布森－乔布森》[1]，没人能够真正深入吉卜林的世界，或解决吉尔伯特和沙利文的某些难题。格言词典与地名－人名词典更是不可或缺的。在公共话语的表象背后，有着一片俚语和禁忌言语滋生的复杂多变的土地。如果没有拉扎尔·塞尼扬（LazareSainéan）的《远古隐语》（L'Argot ancien）与埃里克·帕特里奇的词语地下用法等工作开山辟路，从维永到热内的西方文学重要元素都只能得到部分解读。

　　在这些主要的分类之外，还有相对专业的领域。一名阅读18世纪中叶诗歌非常仔细的读者，会参考皇家园艺学会的《园艺词典》。S. 威廉·贝克的《织物商词典》能解答复辟时期喜剧中不少色情的谜语。福克斯－戴维斯的《纹章谱》和其他关于族徽的记录既能在《温莎的风流妇人》开篇，又能在瓦尔特·斯科特爵士诗歌的解释性段落里提供帮助。一个真正的关于莎士比亚的图书馆，本身便能几乎囊括人类的所有事业。它应该包括驯鹰和航海手册、法律和医药指南、性事和玄术秘典。《哈姆雷特》中的一个核心意象是关于羊毛染色的（羊毛要在那肮脏的猪栏上用野猪的脂肪涂抹或油渍[2]）；从《驯悍记》到《暴风雨》，几乎每一部莎士比亚剧作都广泛用到伊丽莎白时代音乐术语中的词汇，以对人的动机和行为做出关键性的叙述。只有掌握了有关摄政时代写字桌和寄信方式的不易察觉的知识，才能理解简·奥斯汀的某些情节。狄更斯世界堆积的物理效果，舞台戏剧般的结构，促使他运用了广泛的技术用语。《荒凉山庄》和《董贝父子》里简直包含了一部维多利亚时代的法律和金融词典。海军部的《海军对应词词典》以及维多利亚时代蒸汽

26

---

[1]　全称《霍布森－乔布森：源自印度的英语词汇词典》（*Hobson–Jobson: The Anglo-Indian Dictionary*）。——译注

[2]　相关中译取自梁实秋译本；原文分别是 *over the nasty sty* 与 *enseamed*。——译注

涡轮机制造手册帮助人们厘清了《德意志号的沉没》（"The Wreck of the Deutschland"）中最生动而晦涩的比喻。

但这些都只是皮相功夫。对文本全面透彻的把握，对其生命形式的深入探索和再造式的理解（*prise de conscience*），是一种只有靠感觉才能实现的活动，几乎无法解释或系统化。这是柯勒律治（他本人就有令人震惊的理解能力）所谓的"思索工具"（speculative instruments）的任务。对相关语言历史全面而热忱的认识是不可或缺的；关于能将句法变为社会存在之记录的感觉，对其转换能力的意识也是必不可少的。一个人必须能够熟知手头文本在时空中的位置，知道其中最独树一帜的诗意表达在周遭习语间的停靠之处。对作者的熟悉是一种难以实现的亲密关系，这要求对作者所有作品有所了解——最好的和最糟的、初出茅庐时的和行将就木时的——它们都能对理解某一点有所助益。阅读莎士比亚和荷尔德林事实上只是在为阅读他们做准备。然而博学和勤奋都不能代替洞察力，只有它能让人通过直觉直入中心。"细心阅读，正确思考，不漏任何相关信息，绝非易事"，A. E. 豪斯曼在伦敦的就职演说上说道，但还需要更多，"对文字准确的感知，与作者意气相投，多年研习获得的经验，以及从母亲腹中带来的天资。"约翰逊博士在编辑莎士比亚时则更进一步：推测性批评（conjectural criticism）——他用这个词指读者和文本的最终互动，即读者可以对作者进行修正——"需要超人的资质"。

在竭尽所能地进行彻底解读时，在我们的感触把握对象，同时又维护、促进了该对象自主的生命时，一个"原创重复"（original repetition）的过程便发生了。在我们自身次要却能得到片刻升华，且有所凭据的意识中，我们重现艺术家的创作。在创作绘画之人和沿着隐约小径前行之人的形象中，我们回溯诗的具现。最优秀的鉴赏是一种有限的模拟（*mimesis*）：画作或文学作品可以借此得到更新——虽然这个被柏拉图赋予了"模仿"概念的词明显带有映射、从属的含义。再创造［与原作］的近似程度不一。音乐表演的再造之功是个极端的例子。音乐的每次重现都是一次新的造化（*poiesis*），都与同一曲目的其他表演不同。它与原谱和其他先前的演出在本质上具有两层联系：它既是复制又是创新。未被演奏的音乐在何种意义上存在？而在各种演出之后，作者的真正意图又在何处？修复画作的人则在再创造范围的另一端：不管探究多么巧妙，任务总是复原。其目的是将艺术作品自然而多变的活力控制在独特而静止的真实可信的虚构当中。不论如何，用爱来比拟虽不中，却也不远矣。伟大的解读者身上会带着一种阴柔，在剑拔弩张的应接中，他会屈从于创造。与诗人一样，演奏大师或评论大家可以说"我是另一个人"（*Je est un autre*）。我们会看到，精神的两种重要运动的汇合：对"内在特性"的把握（*Einfühlung*，即共情），是语言和情感的双重活动。

在动用"思索工具"时，批评家、编者、演员、读者都在一条阵线上。他们用自己各不相同的关注点和志趣相投的需求，让写在纸上的语言的生命得到了延续。他们，用埃兹拉·庞德的话说，是让文学成为新闻，且一直保持为新闻的人。演员尤其具备形象上的功能。每次上演《辛伯林》，波斯邱默斯的独白就成了多重"编辑"的对象。演员可以选择用人们心目中的伊丽莎白时代英语发音来说出"对开本"上的这些话。他可以用更加折中，但基本上属于19世纪的肃穆音调和颤音（*vibrato*）（这与维多利亚时代珍贵的牛皮装订本相符）。他可以通过控制停顿和元音音高来营造现代感。他——作为制造者——对戏服的选择也是一种批评实践。罗马式的波斯邱默斯代表着对伊丽莎白时期不顾年代或滥用该时代符号的习惯的修正——这些传统背后的情感可能也是我们无法完全领会的。詹姆士一世时期的着装指出了该戏在一个特别的集合中的位置：它强调，对于《辛伯林》而言，莎士比亚的作者身份是最重要的事实。现代服装仿佛在宣称一种"永恒的相关性"；不管詹姆士一世时期的用语多么特别，波斯邱默斯盛怒的"意义"在此时此刻都能发人深省。但是，《辛伯林》也可能（也确实有过）披着全盛时期的、拜伦式的或爱德华时期的衣装。它们都体现了对文本独特的评论，都用自己的方式赋予文本生命。诗作也能被重铸，例如我们可以将耶罗尼米斯·博斯的主题，维多利亚式的色情，达利的涂画拼贴在一起，再把罗塞蒂的十四行诗放在中心。它会顿时迸发出奇异的热情，但这样的生命之光是虚假的。只有伟大的艺术才会招徕并经受住苛刻而恣意的解读。

"解读"——正是它不顾声音消散或墨色褪干，赋予了语言超越时空的生命——是我想要探究的。法语词 *interprète*[1] 凝聚了所有相关的价值。演员是拉辛的**解读者**（表演者），钢琴家会为贝多芬的奏鸣曲给出**一种解读**（演奏）。批评家会成为蒙田和马拉美的**解读者**——赋予作品生命的表演者。鉴于英语词 *interpreter*（解释者，翻译者）并不涉及演员的世界，且只能通过类比与音乐家相关，因此其意义较弱。不过在另一个重要的方向，它却和法语一致：*interprète* / *interpreter* 经常被用来指**翻译者**（*translator*）。

我相信，这是一个至关重要的开端。

在我们听到或看到任何来自过去的语言陈述（不管是《利未记》中的还是去年畅销书中的）时，我们会翻译。读者、演员、编者都是超越时间的语言翻译者。翻译的模式是：一条来自源语言的信息通过变形过程变成接收语言。很明显，困难在于语言彼此不同，在于只有出现解读性的转变（这种转变有时会被错误地描述为编码和解码），信息才能"传达"。同样的模式（这点很少得到强调）也适用于同一语言内部。但在此，源头和受体之间的屏障或距离则是时间。正如我们所见到的，在两种操作中用到的工具是相关的：不管是"外语"还是"本语"翻译/解读，都需要词汇，历史语法知识，特别时期、职业、社会环境的专业词典，隐喻词典和技术术语手册。两种情况中，深入文本的途径都是知识、熟悉和再创作的直觉三者复杂的混合体。同样，我们会看到它们也都有各自的盲点和遗漏。某些元素会从人们全面理解或复兴的尝试中逃开。时间障碍可能比语言之间的不同更加棘手。在两种语言间周旋的译者都知道"假朋友"这个现象——同形词（诸如法语的 *habit* 和英语的

---

[1] 意为"翻译者，解读者，表演者"；该词也是动词 *interprèter* 的某些变位形式。——译注

habit[1]）可能偶然会有相同的意思，但几乎不可能完全对应；还有不能互译的同源词，比如英语的 *home* 与德语的 *Heim*[2]。"语内译者"要对付的则是更加狡猾的对手。词语很少通过外在表现展示出意义的变化，它们只有在完全确定的语境中才能显示出自身的历史。而当段落的历史过于久远时（比如乔叟），语内翻译就有变成语际翻译的趋势：译者的耳目时刻准备进行必要的破译。语言看上去越标准化——语言的现代外貌在德莱顿之后愈加迅速地成形——用来追踪语义时代的信号就越隐蔽。我们读起来，就仿佛时间停顿了一样。因此大量的戏剧，以及我们现在对文字的认识，有很大程度都建立在偷懒的翻译上。接受到的信息被削弱并扭曲了。不过这种情况还是在语际翻译时更加严重。

母语内部的历史翻译过程从不停息，我们几乎是无意识地进行这 **30**
项活动，所以我们很少停下来，正式地关注其复杂性，关注它在文明的存在中起到的关键作用。目前，我们对过去的体验中最大的一部分来自词语的构建。历史是一种言语行为，是对过去式有选择的使用。诸如建筑和历史遗迹这种实际的遗存也需要被"阅读"——在它们能真正展示给世人之前，要通过词语得到认识和配置。哪种真实存在的物质所拥有的历史在语言之外，在我们对语言记录解释性的信念之外（沉默不知历史）？当蛀虫、伦敦大火、强权统治抹杀了这些记录，我们对过去的认识就变成了空白。我们没有全面的历史，没有历史能被确定为客观真实的，因为它包含的是过去的文字总集。要记住过去的一切无异于痴人说梦。我们的文化记忆和个人记忆都来自在强调、简化和遗漏上的惯例。过去时所描绘的图景、记忆的语义组织，是受到风格影响的，不同文化有着不同的编集。中国人画的花园、人物和普桑的不会一样。对过去的不断重构形成了一个多股螺旋体，想象的编年史盘绕在"真实的"物理时间构成的中立主干周围。瓦尔特·斯科特所体验到的中世纪与前拉斐尔派

---

[1] 大意分别为"衣装"和"习惯"。——译注
[2] 大意分别为"家，[人或物的] 居住地"和"家，小旅馆，避难所"。——译注

模仿的中世纪不同。全盛时期的人眼中的罗马，是一种主动的虚构，是一种"被赋予生命的解读"，这与伊丽莎白时期的本·琼森或塞内加式悲剧作家的观点相似。但这两种模式也是大相径庭的。从马尔西里奥·费奇诺到弗洛伊德，从对希腊文学、历史、哲学前仆后继的翻译中得到的希腊形象，在西方人的感觉中引发了一些重要的变动。然而每次解读、每次翻译都不同，每次都是在独特的视角下完成的。文艺复兴时期的柏拉图主义和雪莱的不同，荷尔德林的俄狄浦斯不是弗洛伊德所谓的"每个人"，也不是列维 – 斯特劳斯所谓的跛足萨满。

为了接近古人，得到精确的回响，每一代人都会出于这种强烈的冲动重译经典，所以每一代人都会用语言构筑起与自己相谐的过去。在迫于历史压力时，关于"真正过去"的神话就会如雨后春笋般四起，它们的观点完全不同却同时存在，界限边缘也变得模糊。今天[1]，七十多岁的人会对 1914—1919 年这一时期有印象（*figura*）；对于不惑之年的人来说，1914 年只是现实模糊的先兆，对他们来说现实始于 20 世纪 30 年代末的危机；而在"婴儿潮"中出生的人能体验到的历史最早不过 1945 年，这之前只不过是关于远古幻象的预言。在最近年轻人的动乱中，一种阿尔托（Antonin Artaud）和雅里（Alfred Jarry）曾预见到的，超现实的句法正在发挥作用：过去时态要被排除在政治的语法和个人意识之外；历史必然是"程式化的"，其价值观也有选择性，这让它成为统治阶层的工具；现在时能被允许是因为它能立刻变成确定的未来。一旦开始回忆就有坠入失望的危险；"存在"（*to be*）的过去时态必然意味着死亡这个现实。

这种对瞬间的形而上认识，这种摔上历史意识的长廊大门的做法，情有可原。它是严重的无知，但也体现了另一种回归伊甸园，回归时间开始之前的田园生活的渴望（在苹果离开枝头前没有秋季，堕落 [the Fall] 之前无秋天 [fall]），而 18 世纪的人一厢情愿地认为在南太平洋所谓的静态文化里可以找到它。但是它毕竟是无知的，既会损害文明，又

31

---

[1] 该时间点基于本书初版刊行之时，即 1975 年前后。——编注

（因为二者的共通）会损害文字的言说。没有对历史真实的虚构，没有对被选定的过去不间断的复活，我们就只是魍魉。文学，其精髓来源于艾吕雅所谓的"强硬的坚持欲"（*le dur désir de durer*），它如果离开自身语言内部持续不断的翻译，便没有生存的可能。依托传统惯例，艺术才能被解读，它的语义陈述才能被代入我们自己的习惯语汇中，比如，教会我们如何重新解读巴洛克作品的人就延伸了我们的感觉能追溯的边界，如果我们丢失或忽略这些传统，艺术就会灭亡。没有解译（这个词有多重含义，但它们本质上是统一的）就不会有文化，我们所拥有的就只是天地初开般混沌的静寂。总之，艺术和文学的存在，一个群体所感受到的历史事实，都有赖于一种永不止息的内部翻译行为，虽然人们通常意识不到它的存在。因为学会了如何跨越时间进行翻译，我们才拥有文明，这绝不是危言耸听。

三

自索绪尔起，语言学家就开始区分历时（垂直）和共时（水平）两
种语言结构。这个划分也适用于语内翻译。如果文化要依赖意义跨时间的传播——德语的 *übertragen* 准确地具备"翻译"和"通过叙述传达"两层含义——它也同样依赖意义在空间上的传递。

语言中有种离心力。跨越广阔区域的语言会衍生出地区性的风格和方言。在广播和电视标准化的侵蚀作用出现之前，指出一个人是出身于美国边境州还是英国北部农村，是语音学家的拿手好戏，精确度可以在方圆十几英里[1]之内。诺曼底人说的法语和都兰人或卡马格人是不一样的。高地德语和低地德语区别十分明显。事实上，在很多重要的语言中，方言之间的区别分化程度极高，仿佛我们面对的是不同的语言。汉语言

---

[1] 1 英里约等于 1.61 千米。——译注

不同分支之间无法相互理解（比如粤语和吴语）是尽人皆知的。米兰人会在理解附近贝加莫人说的意大利语时遇到障碍。在这些例子中，理解对翻译的要求越来越靠近语际交流中对翻译的要求。威尼斯方言、那不勒斯方言、贝加莫方言都有自己的词典和语法。

区域、方言的不同很容易察觉。当任何一个复杂群体同时说同一种语言时，都会因更加微妙的不同而产生隔膜，这些不同与社会地位、意识形态、职业、年龄和性别有关。

不同的阶层，拥有不同的社会地位的人，使用的习语不同。18 世纪的中国蒙古地区是个著名的例子。宗教语言是藏语，地方政府用满语，商人说汉语，传统蒙语是书面习语，本地土话是蒙语喀尔喀方言。在很多例子，比如祖尼印第安人的宗教言语中，这种区分被严格规范化了。

33 祭司和新教徒所用的词语和格式与日常语言不同。[1] 不过有些特别的语言——古埃及僧侣体、共济会用语、愚比语[2]、文言文、军队活动站或兄弟会活动中的半隐语——不会对理解造成实质性的障碍，虽然需要翻译这点是不言自明的。更加重要且变化多端的，是对声调、语法结构的使用和对词语的选择——不同的社会阶层和种族群体借此明确自己的身份并与外界相对立。某个经济和社会群体内部言语的这种心照不宣的功能要超过它在真实交流上发挥的作用。通览这本书我们会发现，语言隐藏掩盖和内向消解的部分，可能比它向外传达的多。不同的社会阶层、种族民族之间是在互相含沙射影，而不是直面交流。

上流社会英语的措辞、锐化的元音、元音省略、特别的连读，既是一套用于相互认同的代码——口音就像纹章——又是用于排外的工具。

---

[1] 关于秘密言语形式的经典研究，可参考米歇尔·雷里斯，*La Langue secrète des Dogons de Sanga (Soudan Français)*(Paris, 1948)。该研究中，特殊、隐秘语言的产生既出于神秘事务上的原因，又来自男女的区别。另可参考 M. 德拉福斯，"Langage secret et langage conventionnel dans l'Afrique noire" (*L'Anthropologie*, XXXII, 1922)。虽然年代久远，但范·杰内普的"Essai d'une théorie des langues spéciales" (*Revue des études ethnographiques et sociologiques*, I, 1908) 仍有价值。

[2] 参考阿尔弗雷德·雅里的《愚比王》。——译注

这是一种自上而下的话语，它将真正的信息单位（通常是命令式的或客套善意的）罗织在多余的语言质料组成的网络里。不过这种烦冗自身也具功能性：只有在相同地位的人能听到时，一个人向比他地位低的人说话才会说得最完整——这种言语行为最能表现地位、暗示和权力。与对售货员或来访者说话时相比，在对同僚和同一会所会员说话时，会更多地使用装饰性的无关语素和带有省略的含沙射影，因为后者能从这些信号里发现默契。萨克雷和伍德豪斯在传达贵族语义学的这种双重焦点上是大师。在普鲁斯特的分析中，夏吕斯说的话就像一道定位精准，却因经过棱镜的散射而变模糊的光束；仿佛是象征性地轻摇折扇给听者送去的习习微风。而对下层社会来说，言语无异于武器和报复。词语会被挪用、被收编，它们或是被给出了隐秘的含义，或是在错误的意义上得到模仿（在部落战争中，被俘虏的偶像神会与先前的拥有者为敌）。莫里哀和吉夫斯[1]对"下仆"用语学究式的装饰是一种谐仿。在不存在真正亲密关系的时候，在权力关系决定会面状况时，语言交流就变成了决斗。劳动人民的支吾，伦敦平民话语上笼罩的迷雾，黑人回话时恭敬的拖长音，都是巧妙的佯攻。底层骑兵和建筑工人的目不识丁是豪猪的刺，他们刻意用它来维护内心的安宁，并对外界做出回击。在沉默背后，在近乎自说自话的粗鄙言语背后，在一字一顿的单音节词背后，是被颐指气使、被欺凌压迫之人的隐忍。[2]

34

---

[1] 吉夫斯为作家 P. G. 伍德豪斯笔下著名的男仆形象。——编注
[2] 社会分层以及言语在社交上的策略性用法，参考以下研究：菲利克斯·M. 基辛与玛丽·M. 基辛，*Elite Communication in Samoa* (Stanford University Press, 1956)；J. J. 甘柏兹与查尔斯·A. 弗格森编，*Linguistic Diversity in South Asia* (University of Indiana Press, 1960)；克利福德·格尔茨，*The Religion of Java* (Illinois, 1960)；巴兹尔·伯恩斯坦，"Social Class, Linguistic Codes and Grammatical Elements" (*Language and Speech*, V, 1962)；威廉·拉博、保罗·科恩与克拉伦斯·罗宾斯，*A Preliminary Study of English Used by Negro and Puerto Rican Speakers in New York City* (New York, 1965)；罗宾斯·布尔林，*Man's Many Voices: Language in its Cultural Context* (New York, 1970)；彼得·特鲁吉尔，*The Social Differentiation of English in Norwich* (Cambridge University Press, 1974)。

我认为，这造就了上下阶层语言习惯中最大的差异之一。占优势地位的人向更广阔世界说话时，与跟内部人说话一样，他们明显挥霍着音节、分句和介词，就像他们占据着更多的经济资源，居住在宽敞的空间里一样。下层男女跟他们的主子和敌人说话时，与他们之间相互说话不同，他们把丰富的表达留在内部。对于上层或中层社会的听者来说，楼梯下面、普罗大众家里文字游戏的真正含义，比任何会所的圈子都难以打入。黑人和白人交换词语，就像前线士兵扔回没爆炸的手雷一样。地主与房东之间的对话、收费站员工和卡车司机晨间的打趣，在这些伪装的礼貌对答之下，潜伏的是威胁和空洞。看看热内的《女仆们》，女主人和女仆之间的话语在礼貌的外表下，是剑拔弩张的潜台词。言词之少，"言意"之多，让翻译者几乎无所适从。

35

一词多义——同一个词能指不同的事物——中意义变动的幅度可以小到相差毫厘，大到完全对应，这是政治思想界语言的特色。马基雅维利意识到，在公共演说中可以混淆词意，以制造政治混乱。对立的意识形态很少创造出新的术语。肯尼斯·伯克和乔治·奥威尔在谈到纳粹使用的词汇时发现，他们会窃取并篡改通行词汇。与代议民主的语汇一样，法西斯的习语中，"和平""自由""进步""人民意愿"这些词也占据很高的地位。但是它们的意义则截然不同。敌人的词被窃取，又被丢回。当相反的含义被加诸一个词上（奥威尔称之为"新话"），当词语概念的界限和估值被政令所改变时，语言就失去了可信性。一般意义上的翻译变得无从谈起。把一份关于和平或自由的纳粹文本，用古已有之的词汇翻译成非纳粹的表述，是给词汇造成混乱，是对它们价值的否定。现在，政治界、社会异见者、新闻界的言语中充满了生搬硬套，词语被扔来扔去，表达着矛盾的意义，或者根本就没有意义。只有在政治幽默这个层面，这些不知所云的话才有意义。当外国的坦克驶入一座自由城市，宣称这是"这是自发的，受到热烈欢迎的，保护民众自由的行动"（《消息报》，1968 年 8 月 27 日）时，"自由"这个词只有在秘密的笑话词典里才能保留其通行含义。

这种词典很可能在儿童的语言里起重要作用，其中历时和共时结构重叠了。在一个特定时期的某社群或某段语言历史中，话语会根据代际不同而有所调整。按心理语言学家的说法，所有已知原理都存在"年龄梯度现象"。儿童言语的问题艰深而令人着迷。同样，在不少语言中，这36些言语被正式区分出去了。日本儿童使用自己的一套词汇来指称事物，并在到达一定年龄前都使用它们。更加普通，甚至可以说普遍的，是儿童用成人社会的词汇和句法资源雕刻自己的语言－世界。儿童，作为受压迫的、反抗的阶层，会像无产阶级或少数种族群体一样盗用压迫者的词语，把他们的修辞、禁忌和规范的习语做成笑话。幼儿园或胡同里下流戏谑的歪诗可能具有社会学意义，而不是精神分析学意义。孩提时代有关性的鄙语通常基于对真实性事神秘化的解读，而不是生理上的了解，这反映了儿童对成人领地的入侵。像欧皮夫妇[1]发现的那样，支离的词语、被漠视的语法规范，构成了儿童认知、记忆、秘密言语的重要部分，它有反抗的目的：通过在一定时间内拒绝接受成人言语的规则，儿童意在让世界为属于自己的、看似前无古人的需求保留可能性。在自闭症的例子中，儿童和成人的言语战争达到了你死我活的地步。被无法理解或有敌意的现实所包围，自闭儿童切断了语言接触。他们似乎选择用沉默维护自己的身份，但也许他们还希望更进一步——以此消灭假想敌。像冷峻的考狄利娅一样，儿童知道沉默能击垮另一个人。或者，像卡夫卡一样，他们记得，有少数人从海妖塞壬的歌声里幸存下来，但没有人从他们的沉默中生还。

对儿童言语的人类学（或按照现在的叫法：民族语言学）研究仍然处于初步阶段。我们对亚马孙地区语言的了解要丰富得多。成人惯于把儿童语言视为他们自己语言的一种初生的、次要的变体，而儿童则要维护自己的保留地。最早开拓这片领域的是 19 世纪后半叶的小说家，而他们背后也潜藏着某些牢固的 18 世纪观念。狄德罗提到过"儿童，这些小

---

[1] Opies。指英国民俗学家，儿童文学研究学者 Iona Opie 和 Peter Opie。——编注

野蛮人"（*l'enfant, ce petit sauvage*），他对年方垂髫的孩子和南太平洋土著进行比较观察。朦胧的伊甸园感觉（这也隐含着语言的淳朴和直观）
笼罩在我们对儿童的印象上：我们仍然在谈论幼儿园（*Jardin d'enfants*）。从刘易斯·卡罗尔的作品中，我们能看到由过渡阶段到探索阶段的转变。《爱丽丝梦游仙境》描述了儿童在语言世界中的游历和他们独特的逻辑，就像格列佛游历的是启蒙时代的旅行文学世界一样。它们都颠覆了常识，也表达了局限性：它们告诉旅者，他最终必定会发现自己具备什么，也会发现自己的探索图上总有未标记的空白。

亨利·詹姆斯是一位真正的先驱。他敏锐地探索了儿童和成人言语交锋的前线。《学童》将成人习语中的真值函项与儿童句法二者的对立进行了戏剧化的处理。儿童也有自己处理真伪的习惯，但与成人的不同。《螺丝在拧紧》的场景本身就仿佛一个被污染的伊甸园，无法协调的语义系统阻挠人类的沟通，让人们无法发现真实。这个残酷的故事至少在四个语言层面展开：叙述者临时钥匙般的语言，它能开启所有可能，但却没法使它们确定下来；女教师流利的语言，它好奇大胆，有着戏剧般的华美（*bravura*）；以及仆人们反映自己内心贪婪的言语。这三种语言包围、限制、蒙蔽了孩子的语言。不完整的句子、偷到的信件、被偷听而误解的言语片段，交织成了一个无法翻译的噩梦。"我说过一些话。"迈尔斯在被逼到忍耐的边缘时承认。这种赘语是他聪明却无法被理解的用语所能给出的唯一回答。而女教师感到了"难以描绘的矛盾"[1]。剩下唯一直白的陈词便只有死。《未成熟的少年时代》和《梅西所知道的》关注的都是处在童年边缘的人，青春期的他们即将步入成人的语言领地，但他们和成人之间的交流还是充满了唐突的揭露，也会爆发争吵。

陀思妥耶夫斯基醉心于儿童和青少年的言语。这种语言极端的率真，成长中的儿童有意的模棱两可，都在《卡拉马佐夫兄弟》中得到了重现。

---

[1] 相关译文参考袁德成译本（《螺丝在拧紧》，成都：四川人民出版社，2001年），第二十四章。——译注

圣方济各与鸟沟通的能力在阿辽沙对郭立亚和男孩们的理解上得到了清晰的再现。[1] 尽管詹姆斯和陀思妥耶夫斯基小说中的儿童鲜活真实，他们很大程度上仍然是"小大人"。他们展现出的神鬼莫测的洞察力，如同弗拉芒艺术作品中"成年"的婴儿基督。马克·吐温对儿童秘密和公共用语的记录更加透彻。善于洞察接受的才能让哈克·费恩和汤姆·索亚的旅程充满活力。他们语言巧妙，有自己表达侮辱或亲密的仪节，玩弄隐含意义的把戏和成人的修辞一样复杂。不过这些话语无疑带有儿童的娱乐感。如果和与之相似但有着完全不同的"幼稚性"的黑人言语进行比较，各自的特点就更加分明了。这是西方文学中儿童的语言领土第一次得到描绘而不是忽视。有了马克·吐温，才有后来的儿童心理学和皮亚杰（Jean Piaget）。

与年轻男孩女孩说话时，我们会用简单的词语和语法；通常我们还会用孩子用过的词语来进行回答；我们会向他们靠拢。而与成人说话时，儿童使用的分句、含义和姿势则与他们跟自己（儿童语言的浩瀚烟海）或跟其他儿童说话时使用的不同。这些都是用来翻译的手段。J. D. 塞林格向我们展现了这种行为：

> 西比尔放开了她的脚。"你看过《小黑人萨姆博》吗？"她说。
>
> "你问我这个太有意思了，"他说，"巧的很，我昨天晚上刚看完。"他伛下身去再次捏住西比尔的手。"你觉得这书怎么样？"他问小姑娘。
>
> "那些老虎全绕着那棵树跑吗？"
>
> "我认为它们从来没停下过。我从来没有见到过那么多老虎。"
>
> "拢共只有六只呀。"西比尔说。
>
> "**只有**六只！"年轻人说。"你还说是**只有**？"

---

[1] 译名参考荣如德译本（《陀思妥耶夫斯基文集·卡拉马佐夫兄弟》，上海：上海译文出版社，2004年）。——译注

"你喜欢蜡吗？"西比尔问道。

"我喜欢什么？"年轻人问。

"蜡。"

"非常喜欢。你不喜欢吗？"

西比尔点点头。"你喜欢橄榄吗？"她问。

"橄榄——喜欢的。橄榄和蜡。我不管什么时候走到哪里都要带上它们的。"

……

西比尔不吱声了。

"我喜欢嚼蜡烛。"最后她说。

"又有谁不喜欢呢？"年轻人说，把脚泡湿了。[1]

39　　这是个"逮香蕉鱼的**最佳**日子"，是从圣灵降临节[2]的喧嚣向寂静的迅速转变。故事的主人公西摩，在弃世之前翻译得毫无瑕疵。这个任务通常会更困难，我们不知道的太多。儿童在历史中一直处在比不识字的人和受压迫的人还要边缘的地带。他们无所不在，但留下的记录寥寥，空白很多。比如，群体的划分是如何跨越年龄梯度的？目前在性话题上的语言革命是否完全是属于中产阶级的现象，最直接露骨的关于性的话语是否一直都是工人阶级的孩子在用？有一件事是清楚的。儿童完全进入成人的视野，他们脆弱而有创造力的独特状态受到高度关注，是近些年来的重要收获。布莱克的诗歌中常出现的对儿童声音的扼杀已经不再是普遍情况。此前没有哪种社会像我们这样挖空心思去聆听儿童的真正语言，去接收并解读它的信号而不是将它扭曲。

　　在历史上大多数社会里，女性的地位和儿童相似。这两个群体都处

---

[1] 中译取自李文俊译本（"逮香蕉鱼的最佳日子"，《九故事》，北京：人民文学出版社，2007年）。——译注

[2] 犹太教、基督教节日，又称"五旬节"。在该日圣灵会附在使徒身上，让他们用自己不能理解的语言传达、解释福音。——译注

在劣势地位，他们都遭受着明显的压迫（性、法律、经济上），同时又被宣传为受到了特别的照顾。因此，维多利亚时代对妇女和儿童美德的感伤化，与形式粗暴的性爱和经济上的压迫屈服是同时发生的。在社会和心理压迫之下，这两种少数群体都发展出了内部的交流和防卫机制（虽然在战争或其他特殊环境因素影响下，妇女和儿童的数量可能多于群体中的成年男性，但他们抽象上的"少数"地位是不言自明的）。与儿童一样，女性也有自己的语言世界。

在此，我们要接触的是最重要的，同时又最不了解的一种生物和社会存在。情欲和语言的交织无处不在。交媾（intercourse）和交流（discourse）、连系动词（copula）和连理（copulation），都是无处不在的沟通的次级分类。它们源于自我对向外接触和把握（这个词既指"理解"又指"控制"）另一个人的生物性需求。性是一种深刻的语义行为。社会传统、既定规范、累积先例的塑造力也会对性产生影响，这与语言对性的作用相似。交谈和做爱都是在实践一种独特的双重普遍性：对于人类的生理和社会进化，这两种交流都是普遍的。人类的性爱和言语很可能是在紧密的互惠关系中发展的。在两者的共同作用下，产生出了自我认识的历史，它可能已经发展了几千年，也有不胜枚举的倒退，而我们也因此构造出了自我和他者的概念。所以，现代人类学关于乱伦禁忌是公共生活组织的根源这个论点，也与语言的演化密不可分。我们只能阻止我们能冠名的事物。亲属关系，这种为社会生存而对性进行的编码和分类，与句法相似。而生殖和语义功能分别决定着人类生活的基因和社会结构。它们共同构成了存在的语法。

性的互动和语言的互动伴随着我们的全部生活。不过这些中心地带同样有很多部分还未得到探索。如果性交可以被设想成对话，那么自慰似乎与独白或自言自语的冲动相关。似乎有证据证明男性在手淫中的性释放程度要高于交媾。我觉得决定性因素是清晰详尽的程度，是进行尤为生动的想象的能力。对于能言善辩的人来说，词语－精神能量的流动是向内的。神经和腺体的机能控制着性和排泄功能，而人们长久以来都

40

知道（至少在大众观念和淫秽知识中如此），言语缺陷同这些机能的衰弱存在多重、复杂的联系。"喷"[1] 既是生理概念又是语言概念。性无能和语言障碍，早泄和口吃，遗精和梦呓，这些现象的两两关联似乎将我们带回至人类最根本的心结。精液、排泄物、词语都是"交通"产物。它们是个人内部向外在现实发送的信号。它们的象征意义，它们引发的仪式、禁忌、妄想，社会对它们在使用上的控制，这些问题在最深的深处盘根错节。我们对此了然于胸，但却把握不住它们所隐含的内容。

在何种程度上，性变态可以与不正确的言语进行对比？有些诗人和逻辑学家沉溺于寻找某种"私人语言"——一种专属于使用者需求和认知的语言系统，他们的如饥似渴与病理性的色情冲动存在关联吗？现代语言理论（尤其是维特根斯坦早期的理论）将交流视为强加关联的映射的概念，其中是否可能存在同性恋因素？萨德（Marquis de Sade）的地位是否来自他极端的多言，来自他不由自主的洋洋洒洒百万言？在某种程度上，性虐的产生可以说与语言有关。施虐者将他所折磨的人抽象化；他对生命施以他全部的、明确的妄想，通过这种方式，将生活的言辞化推到极致。萨德不能自已的语流，是否像通常被归于老年人的多话那样，在心理－生理层面上替代着丧失的性功能（色情文学的以文代性）？

问题都集中到了一点。关于人的科学（*science de l'homme*）中，没有哪一层比这更揭示或接近核心。但是在柏拉图那业已遗失、不分阴阳的统一体的神话之后，我们又获得了多少可确信的知识？

虽然关键，但男女言语的区别只是语言和情欲关系的一个方面。民族语言学家发现在不少语言中，男女使用不同的语法形式和部分不同的词汇。有人对科瓦萨提（Koasati）语——路易斯安那州西南的一种穆斯科吉（Muskogean）语中男性和女性的言语进行了研究 [2]，发现它们的区别主要在语法。在养育男孩时，女性了解了男性话语，而男性也会在讲

---

[1]　ejaculation，意为"射精"和"突然说出"。——译注

[2]　见玛丽·R. 哈斯，"Men's and Women's Speech in Koasati"(*Language*, XX, 1944)。

故事引用女性的话时使用她们的格式。在很多例子中（这点尤其有启发性），女性的言语要比男性的更有古风。同样的现象也发生在另一种克里克印第安语言——希奇蒂（Hitchiti）语中。男女言语在形式上的二重性也显露在爱斯基摩语言、加勒比语（Carib，一种南美印第安语言）和泰语中。我猜测所有语言在演化中的某些阶段都会具备这种区别，而由性别决定的词汇和句法的区别还有很多印迹是我们没有察觉的。不过有些语言形式上的区别还是容易指出并描述的，比如日语和彻罗基的"儿童言语"。而男女对同一词语和相同语法结构的不同使用是个重要得多的普遍现象。

没有哪个男女终其一生都无法发现性别角色强插在对话中的强烈而微妙的障碍。在亲密关系的中心（也许也就是这里最为严重），语言映像的差异产生阻碍。男女所使用的语义轮廓——表达方式的综合——是不同的。他们在输出和吸收词语时的视角是不同的。透过不同的动词时态，时间被折射成独特的形状和幻象。粗略估计，女性在表达欲望和未来情形时比男性语言更丰富，在古希腊语和梵语中这被称为希求式；女性言语中表达出的合适的决定和隐蔽的承诺，范围似乎更加宽泛。欧洲语言中，女性使用虚拟语气给重要的事实和关系带来特有的震颤。这并不是说她们会对世界迟钝顽固的构造撒谎：她们增加了事实的方面，她们强化了形容词，让它获得了名词性质，而男人通常会对此感到不安。男性对第一人称代词的使用有某种最后通牒、独立宣言的感觉；而女人的"我"则暗示着更加忍辱负重的耐心，至少在妇女解放前是这样。这两种语言模式就如罗伯特·格雷夫斯的格言所说：女人身体，男人力行。

说到言语习惯，相互责备的主题可以追溯到天地初开。所有已知文化中，男人都指责女人多言，疯狂地挥霍词语。女人七嘴八舌、口若悬河、捕风捉影，泄密的长舌妇、骂街的泼妇、满嘴漏风的没牙老太婆，这些都比童话故事还久远。尤维纳利斯在第六首讽刺诗中描绘了一幅关于女人唠叨不止的噩梦：

　　　　语法学家向她屈服；修辞学家仆倒；整个

　　　　人群的声音都被压过。律师，拍卖师都不能插上一语，不
能；也没有

　　　　其他女人能做到。她的言语瓢泼而下势不可当

　　　　让你觉得锅钵钟磬被同时敲响。不需再有人

　　　　吹响号角、撞击铙钹：一个女人自己制造的噪声

　　　　足以从天狗口中救出月亮。

　　事实上，女人是否更爱挥霍言辞？男人对此的执着超过了统计数据所支持的范围。它似乎与远古时期对性别差异的认识有关。或许多言这个指控掩盖了男性对女性"挥霍"自己取得的食物和原料的恨意。但是尤维纳利斯提到月亮，则表明一种内向的忧虑，正是它将男性和女性某个核心的方面隔开。女人的言语倾斜、词语的滔滔不绝，这些臆断可能象征着男性对女性月经的忧惧，虽然他们的认识通常反映着无知。在来自男性的讽刺中，女人生理的这种不知所以的流动和释放，是长存的主题。本·琼森将语言间断和性不持久两个主题在《沉默的女人》中统一了起来。"她就像个导管，"寡欢先生（Morose）这样说他的假冒新娘，"再打开的话她会带着更大的力喷出东西来。""导管"蕴含着污物和排空的含义，十分粗鲁。整个戏剧都是如此。高潮部分再次把女性的多言和邪秽联系起来："噫，吾心！汝碎邪？汝碎邪？地狱最毒最毒的把戏中最忍毒的莫过于此！娶一个娼妇，如此聒噪！"

　　相反，当女人的声音甜美轻柔时，男人又会觉得愉悦。"秀美的口
44　吻"[1]，如《雅歌》中所说，是女人的华彩。而更好更称心的美是沉默。寡言的妇女／少女这个形象给《俄狄浦斯在科罗诺斯》中的安提戈涅，或欧里庇得斯笔下的阿尔刻提斯赋予了独特的悲情，而沉默是她们贞洁、牺

---

[1]　译文参考吕振中译本。其他译本（如和合本、新译本）多译为"秀美的嘴"。
　　——编注

牲和优雅的象征。一个男性神祇残忍地霸占了卡珊德拉和她的言语，她倾吐的言语其实是他的；她似乎完全远离了语言，被摧残殆尽。虽然用来描述无生命的物件，济慈"没有被凌暴的沉静新娘"[1]精确地表达了对女性寡言品质古已有之的联想。这些价值观凝结在了考利欧雷诺斯对维吉利亚的致意中："我的可爱的静默的人儿。你好！"[2]这句话的乐感和韵味都很神奇，而它的戏剧效果也同样精妙。莎士比亚精确地表达了男人——一个充满自负的阳刚之气的角色——的偏见。女人不会这样与情人打招呼。

不过女人在反唇相讥上也毫不迟疑。埃尔维拉的声音响彻历史。

> 别让他再说一个词；
>
> 他的双唇会撒谎……[3]

男人一直是骗子。他们用言语掩盖自己唇舌带有性侵略的真实功能。女人知道在性兴奋的驱使下，男人的声音会变化，抑扬顿挫会变得密集，语言会变得更流利。她们一年四季都能听到男人的言语变得平缓，声音变得懒散——这是高潮的后果。在女性关于言语的传说中，男人不仅是色欲熏心的公狮子，还是不可救药的吹牛大王。在女人的传闻和私下的嘲笑里，男人永远是"吹牛军人"（*miles gloriosus*），自吹自擂，用语言掩盖自己在性和事业上的无能，掩盖自己幼稚的需求，掩盖自己在身体遭受痛苦时的脆弱。

在堕落之前，男人和女人可能说的是同一种语言，他们能完美地相互理解。然而没过多久，言语就让他们产生了龃龉。弥尔顿描述了那个时刻，还有它无尽的后果：

---

[1] 出自《希腊古瓮颂》(*Ode on a Grecian Urn*)。——译注

[2] 译文译名取自梁实秋译本（《考利欧雷诺斯》，北京：中国广播电视出版社，2001年，第二幕第一景）。——译注

[3] 出自莫扎特歌剧《唐·乔万尼》第一幕第三场。——译注

他们二人这样互相斥责

浪费时间，谁也不责备自己，

他们无益的争论似乎没个完。[1]

45　　　当然，他们的差异很大程度上来源于社会经济方面。两性言语的分化衍生自劳动分工，同一群体中男女的义务和休憩构造不同。在很多例子中，比如瓦哈卡的马萨特克印第安人只有男性会使用哨语（whistle speech），男性会通过为自己保留某些交流形式来体现自己在社会和生理上的"优越性"。"妇人在集会中应当缄默"（*taceat mulier in ecclesia*）是犹太教、基督教和伊斯兰文化中的规定。不过某些语言区别确实存在生理基础，准确地说，其基础是介于生物和社会的中间地带。在这个地带中，语言习俗和认知过程之间的关系问题尤为困难。在语言编辑、构造一个概念化的世界之前，是否存在由生物条件所决定的，对感觉材料（sense data）的理解？我们还会回到这个问题。E. H. 勒纳伯格（E. H. Lenneberg）说："关于性别差异我有些数据，某些颜色在女孩那儿会被称作甲，但到男孩那儿却被无一例外地称作乙。"F. G. 伦斯伯里（F. G. Lounsbury）动用了人类学材料："我确定女性在颜色上的词汇比男性丰富。"[2] 这些观察都必然有社会基础和生理–心理基础。男女语言习惯差异的结果，是产生了两种用言语适应世界的方式："究竟，"马克白夫人否认马克白能看见班珂的鬼魂这个残酷的事实，"你看到的不过是一把椅子。"[3]

　　　不管原因为何，它所引起的翻译任务都是持续不断而没有完成的。

---

[1] 中译取自朱维之译本（《失乐园·第九卷》，上海：上海译文出版社，1984 年，第 359 页）。——译注

[2] H. 霍耶尔编，*Language in Culture* (University of Chicago Press, 1954)，第 267 页。

[3] 译文译名取自梁实秋译本（《马克白》，北京：中国广播电视出版社，2001 年，第三幕第四景）。——译注

男女在永不停息的调整中进行交流。这门技术像呼吸一样是下意识的；它与呼吸的相似之处还在于，它也会遭受阻碍，遇到自杀性的暂停。憎恨、厌倦和突如其来的恐慌的重压，会撕开巨大的裂痕。他们仿佛是第一次相见，带着彼此憎恶的信念认为他们没有共同语言，他们先前的理解仿佛都建立在一些杂七杂八的事务上，没有触及意义的核心。线路戛然中断，神经脉冲裸露在互相的不理解中。斯特林堡是把握这种破裂场景的大师。哈罗德·品特的戏剧则专注于此后的冷战。 46

迄今为止，绝大多数艺术和历史记录都是男人留下的。"性别翻译"或语言交流中断的过程基本上都是由男性视角观察的。相关的人类学（这个词本身就带有雄性意味）会把证据扭曲，就像白人旅游者处理本地人提供的消息时那样。有极少数伟大的艺术家向我们展现了女性言语中的天才，也发现了双方翻译的不完美或不坚持所造成的损害。拉辛丰富而专注的作品来自他能"听到"两性在对话中的对立。他的重要剧作中都存在翻译危机：在极端的压力下，男女都向对方宣称自己是绝对的存在，到头来只发现他们对情欲和语言的不同体验早已将他们"阴阳两隔"。与其他剧作家不同，拉辛[1]不仅写出了女性措词的精髓，还让我们感觉到男人的惯用语中有某些东西，昂朵马格、费德尔、伊菲革涅亚只能理解为虚假或恐吓。因此，位于他戏剧核心地位的**听取**（entendre）上的模糊便具有双重意义：这些说话的大师能够听清彼此，但无法相互听懂。我认为在戏剧文学中，没有哪部作品比拉辛的《蓓蕾尼丝》在穷尽人类冲突的各种可能上更加完备。该作品述说了男女共存中的宿命，必然被有关言语的词汇所主导（对话 [parole]、言说 [dire]、词语 [mot]、听取 [entendre]）。莫扎特也从这种奇妙的双重性中有所得（这与莎士比亚构成人物性格的、两极分化的动力不同）。埃尔维拉、唐娜·安娜、泽琳娜都有极强的女性气质，但音乐明确地划定了她们性格不同的"音程"和

---

[1] 拉辛作品译文译名均取自齐放、张廷爵、华辰译，《拉辛戏剧选》，上海：上海译文出版社，1985年。——译注

"音调"。《费加罗的婚礼》中女伯爵和苏珊娜的区别也得到了同样精巧的处理。而且在此剧中，再和"双性"角色凯鲁比诺具有男性特征的声音进行比较，这种区别显得更加精确，更加戏剧化。列维-斯特劳斯认为，在社会生活的语法中，女人作为交流媒介的作用堪比词语，而公爵的这名童仆则是一个形象的例子。司汤达是莫扎特歌剧的一个细心的学生。他的学习在《巴马修道院》中得到了体现，对法布利斯和桑塞维利纳夫人[1]的处理反映出他对男女言语世界的深入了解和公平对待。如今，虽然人们在性上的坦率前所未见，但矛盾的是这种公平却更加稀有了。女性小说家和诗人并不是更好的"译者"，她们只是发出了自己久被压抑的声音。

我所说的是一个意义和影响通常得不到检验的真理。

任何交流模式同时也都是翻译模式，是对意义的纵横传递。没有哪两个历史时期、社会阶层、地点用词语和句法表达完全一样的事物，发出同样的用于估值和推断的信号。对两个人来说亦然。每个人都会或刻意或出于习惯地使用两套语言：能够反映其文化水平的时兴语汇和一套私人语汇。后者无疑是他下意识的一部分，是他能言表的记忆的一部分，也是他独一无二、不可磨灭的身心特性的一部分。每个语言行为的方方面面都是独特、个别的，这在某种程度上可以回答是否存在"私人语言"这个著名的逻辑难题。这些语言行为的方方面面构成了语言学家所谓的"个人方言"（idiolect）。每种交流姿态都存在私人的残留。每个人的"个人语汇"必然规定了他们在公共言语中所使用的定义、隐意和意义流动。"一套普通而标准的习语"这一概念只是统计上的虚构（虽然我们也会看到，它可能真实存在于机器翻译中）。一个群体的语言，不管从外形上看有多么统一，都是无穷个言语原子的多重聚合，它们归根结底都是不能再拆分的个人语义。

语言中的私人元素，造就了一种重要但不甚被人了解的语言功能，它能将翻译研究与语言理论联系起来。我们说话明显是为了交流，但也

---

[1] 译名取自郝运译本（《巴马修道院》，上海：上海译文出版社，1979年）。——译注

是为了掩盖，为了留下无言之言。从直接撒谎到沉默不语，人类具备用各种方法误导别人的能力。这种能力基于话语的双重结构：我们外向的言语"背后"同时存在一股明确的意识。"对话存在于社会，"奥特加·伊·加塞特说，"思考存在于个人。"[1] 在大多数惯常的社会交流中，这两种言语交流只有部分是和谐一致的——存在口是心非。戏剧里的"旁白"便是这种隔阂的朴实写照：说话的人把未对其他角色说出的话明白地告诉自己（和观众）。当我们与另一个人很亲密时，我们通常会从对方轻微改变的重音、语速或语调中"听"出无声而清晰的真实意图。莎士比亚对这种双重性有清楚的认识。德斯底蒙娜在甫一察觉奥赛罗信任动摇的端倪时就问道："你说话怎么这样无精打采的？"[2]

因此，一个人在接受来自另一个人的言语信息时，就会开始进行名副其实的翻译活动。时间、距离、观点差异或预设指称的差异，让这项活动多少有些困难。当困难足够严重时，这个过程需要的就不仅是反应，更需要有意地动用技术。而熟识，不论是源于恨还是爱，都可被认为是一种可信的、半直接的翻译。词语信号在贝克特笔下的流浪汉、亲密的侍匹之间来回弹跳，像杂耍人的抛件一样；日复一日，年复一年，他们可以像彼此渗透一样相互理解。在熟稔的作用下，外在的通用语和内在的私人语会变得愈发一致。私人层面很快就会渗透并取代公共交流这一惯常形式。成年情侣间如婴儿与毛绒玩具交流般的交谈反映了这点。随着衰老，翻译的动力会消退，指称的线索会变得内向。老年人听得更少，且主要是听自己说话，他们的语汇越发接近自己的私人记忆。

我一再试图说明基本而重要的一点：这本书主要关注语际翻译，但这本身也是探究语言的一种方式。在适当的理解下，"翻译"是一种特别 的交流，同一语言中所有成功的言语行为都要被纳入它的穹顶之下。在语际层面，翻译会造成密集的、看上去无法解决的问题；但同样的问题

---

[1] 原文：Al conversar vivimos en sociedad, al pensar nos quedamos solos.——译注
[2] 译文译名取自梁实秋译本（《奥赛罗》，第三幕第二景）。——译注

在语内也是不胜枚举，只不过它们更隐蔽，更容易被忽略。"发送者到接收者"的模式代表所有符号的、语义的流程，它本质上与翻译理论中"源头语言到接收语言"的模型是一样的。两者"中间"都会进行译读性的解码，都有个进行编译－破解的函数或突触。当两种或多种语言存有明确的关联时，其间的障碍会显得更加突出，人在理解这项任务时也会更加注意。但，借用但丁的说法，其"灵魂的移动"是极为相似的。我们还会发现，这些障碍也是误解与翻译错误（两者是一回事）最常见的原因。总之：**不论是在语内还是语际，人类交流等于翻译。**研究翻译即研究语言。

我们渺小星球上的人们说着或说过成千上万种不同的、彼此无法理解的语言，这个事实将人类个体性这个深埋的谜团形象地表现了出来，从生物－基因和生物－社会角度为"没有两个人完全相同"的观点提供了佐证。发生在巴别的事确证了永不停息的翻译任务——它只是将任务外在化，而并非这项任务的创始者。从逻辑上讲，没有什么能够确保人类可以相互理解，确保个人方言能够融合成某种在一定程度上得到一致认可的言语形式。从生存和社会凝聚力的角度看，这种融合可能是人类演化初期的一种戏剧般的优势。不过，如威廉·詹姆斯所说，"有效交流的自然选择"可能得花费巨大代价才能实现。这不仅意味着完全个人化语言的理想状态、个人表达方式与其对世界的观念独一无二的"契合"（这正是诗人所追求的）要被抛弃，还意味着所有其他"鲜明的响动"——非语言的表达方法，嗅觉、姿势等感觉形式，动物般纯粹的叫声，乃至超感觉的交流方式（这也是詹姆斯特别提到的）——都只能从人类的选项中消失。言语优势巨大，但它也是一种缩减，它是广泛的符号可能性中的一个狭隘的进化选择。一旦它被"选定"，翻译就不可避免了。

因此，不管语际翻译的本质和其中的诗意带来怎样的启发，它同时也会对广义的语言研究有所裨益。这个科目不仅艰深而且还定义不明。在谈到将中国哲学概念翻译成英语的可能时，艾·阿·理查兹说："我们所面对的可能真的是迄今为止的宇宙演化中，产生的最复杂的一类事情。"[1] 他或许所言不虚。但语言的这种复杂度和它的影响范围，在人类说出第一句话那一刻就已经得到显现了。

---

[1]　理查兹，"Towards a Theory of Translating"，见于芮沃寿编，*Studies in Chinese Thought* (University of Chicago Press, 1953)，第 250 页。

第二章　语言与灵知

一

翻译因人类语言不同而存在。事实上，这条真理根源于一种极为神秘的情形，而这种情形引起了令人百思不得其解的心理和社会 – 历史问题。为什么人要说千万种不同的、互相不能理解的语言？我们生活在一个多重语言的框架中，在历史记录的开初我们就已然如此，而这种混杂的持续也让我们觉得理所当然。只有当我们对它进行思考，把这个事实从眼前混乱的环境中分离出来，人类语言秩序中这种怪异、"不自然"才会让我们惊讶。可能在对人类大脑和社会进化的研究上，还有更加核心的问题；不过哪怕只是提出相关的疑问，或表现出震惊，也会让这些事实更为人所知，但震惊与疑问也难得一见。形式化的"硬"语言学与对真实语言的人类学探究之间的区分，更是把这个话题推到了形而上思辨的无果深渊中。

如果一个言语行为的模型或一种语言生成和习得的理论，没有把这个拥挤星球上的人们所使用的语言那令人困惑的多重性和多样性当作问题的核心，那么这一模型或理论或许在形式和实质上就不应被认为是紧凑合理的，也不具备任何证明和证伪的能力。在给莫里斯·斯瓦迪士遗作《语言的起源与分化》撰写的前言中，戴尔·海姆斯写道："语言被发明、被调整，其多样性是生活中一个显著的事实，值得给予理论关注。语言理论家越来越难于靠将可能的等价物与真正的多样性相混淆过活。"这是语言学家在 1972 年之前很久的时候就形成的共识，也是亟待他们解决的问题。语义理论、普遍的转换式语法结构，都没有为语言的丰富（新几内亚就有一千多种语言）提供实质性的说明，它们很可能不可信。我认为列维－斯特劳斯所谓的人类学的"最高谜题"（*le mystère suprême*）更应该用在这里，而不是用在形容旋律的发明与理解问题上（虽然这两个问题可能很相似）。

全世界智人的消化道都以相似的复杂方式演化和运作，正统科学告诉我们，其生化结构和进化潜力基本上具有普遍性；而社会演化的各个时期中人们大脑皮层上精巧的沟回也十分类似——为什么这样的一致没有让这种特殊的哺乳动物使用**一种**通用语言？人在生命进程中要吸进同一种元素，否则就会死去。人能有相同数量的牙齿和椎骨。要知道这些情况有多么特别，我们需要稍微跳出自己想象和询问的框架，从外部观察。从解剖学和神经生理学角度看，人具有普遍性，那么只使用同一种语言也是很合理的。如果我们在生活中只用某种语言，那再多出哪怕一种语言都会显得很古怪。它会显得神秘古奥，就像科幻小说里的无氧生物和反重力生物一样。但还有另一种模式的"自然"。一个不会说话的聋哑外星人在观察了人类的外观和生理行为后，很可能会认为人类会说几种不同而相关的语言。他给出的估数可能会不到十种，还有一些从属的、容易辨识的方言变体。这个数字与人类多样性的其他指标一致，极具说服力。根据不同的分类标准，人种学家把人类分成四到七个种族（尽管"种族"这个术语不过是差强人意的方便叫法）。对骨骼结构和大小的比较解剖研究归纳出了三个种类。对血型的分析——这本身也是一个非常复杂且具有历史意义的话题——表明大约有六个人种。虽然很明显，每个个体在基因上都是独特的，但这些基本数字似乎能概括人类最显著的区别。如果地球上发展出了五六种主要语言，再加以一些衍生的、中间的方言或混杂语，这会与我们肤色的变化和混合相似，我们所想象的外星访客也会觉得这个情况很自然，是个必然的模式。生活在这个模式里，我们也会觉得它非常合逻辑，并把它当作比较解剖学、生理学和种族划分的佐证，或至少可用作类比。在时间和历史的压力之下，这不到十种主要语言可能会产生很大的分歧。不过使用者应该仍然能意识到深藏的一致性，并能达到某种程度的相互理解——像罗曼语族内部可以相互理解一样。

当然，现实完全不同。

我们说的不是一种语言，也不是五六种，不是二三十种。目前正使用的语言大概有四五千种，这还是保守的数字。迄今为止，没有哪张语言地图可以说自己穷举了所有语言。而这四五千种现存语言本身也不过是过去更多语言的遗存。每年都有所谓的稀有语言（孤立的、消亡中的种族群体所说的话语）灭亡。如今，很多语族都残存在几个行将就木的人的记忆中（因为人数稀少，很难互相校对），或者被录成磁带后再无人问津。几乎在每一刻，都会有些久远而丰富的语言表达无法挽救地归于静寂。这在美洲印第安语言方面尤为严重。对于语言灭绝的程度，人们只能猜测。人类曾经创造并使用过的语言数量至少是我们现在记录在册的两倍，这似乎是个合理的判断。真正的语言哲学和关于言语行为的社会心理学必须探究这个现象，探究人类"发明"并保留五千到一万种不同语言的原因。对翻译的研究应该为这个现象在进化、精神上的要求或条件提供见解，不管这种偏题多么困难和宽泛，因为正是它让翻译成为必需。为了严肃地探讨翻译，我们必须先考虑"巴别"可能具有的各种蕴意，和这些蕴意在语言和心智上的内在性。

只要浏览一下梅耶的标准编目 [1]，或者印第安纳大学托马斯·西比奥克（Thomas Sebeok）教授主持编纂的另一份晚近的、尚未完成的清单，就能发现复杂与分化的程度有多么严重。在地球上的很多地方，语言地图就像一幅每粒石子（有些非常微小）色彩、质地都不尽相同的马赛克。虽然比较语文学和分类学研究已经进行了数十年，但还是没有语言学家能够确定高加索地区——从西北部的柏耶杜格语，到阿塞拜疆鞑靼人区

54

---

[1] 梅耶（A. Meillet）与科恩（M. Cohen），《世界语言》(*Les Langues du monde*) (Paris, 1952)。

域的卢塔语和列兹金语——的语言地形。在安迪和克依苏河流域，语言学家尝试性地辨认并区别出三种语言：第都语、克瓦西语、卡普钦语。但除了本地使用者外，它们几乎不被人知晓。亚契语是一种拥有独特语音和语形结构的语言，在 1970 年前后，只有一个村里的约 850 人使用它。尤比克语曾经是黑海沿岸的一种广为流传的语言，而现在只被阿达帕扎勒附近地区的少数土耳其人使用。属于古西伯利亚语族的语言也体现了这种多重性和多样性。在 19 世纪受到俄语的侵蚀后，勘察达尔语，这种拥有毋庸置疑的丰富资源和传统的语言，只残存于科里亚克区沿海的八个小村落中。1845 年，一名旅行者遇到了五名说拉格万语的人，但现在已经再无这种语言存活的痕迹。[1] 俄罗斯控制前的古西伯利亚文化和

55   移民的历史大多不为人知，但关于其语言复杂性和丰富性的证据却是不容磨灭的。古西伯利亚语言拥有一种直观精确的语法，它可以表达各种行动的细微差别——可能、或然、确证、必然。但我们对这些语言的产生，以及它们和其他主要语言族群的亲缘关系知之甚少。

　　黑海地区，乃至西伯利亚地区都是广为人知的；它们存在于历史的记录中，也与技术的传播密切相关。相比之下，从美国西南部到火地群岛的语言地图则满是空白和猜测。人们对根本上的划分不甚了了，比如犹他－阿兹特克语族派生出的繁杂枝节与玛雅语系有何关系？仅墨西哥和中美洲地区，就有 190 种语言记录在册。不过这个名单是不完全的，还有语族整个被标为未分类或可能已灭绝，更有语言只能通过口耳相传，

----

[1] 此处作者所使用的拼写或定名与现在通行名称有别，有些可能非英语拼法。为方便查询，特注明对应通行英语拼写（或别名）如下：柏耶杜格语（Bžedux）是柏耶杜格族人使用的一种阿迪格语（Adyghe）方言；卢塔语（Rut'ul）为 Rutul；列兹金语（Küri）为 Lezgian；克依苏（Koissou）为 Koysu；第都语又名蔡兹语（Tsez）；克瓦西语为 Khwarshi；卡普钦语为 Kapucha，又名贝日塔语（Bezhta）；亚契语为 Archi；尤比克语为 Ubykh；阿达帕扎勒（Ada Pazar）为 Adapazarı；勘察达尔语（Kamtchadal）又名伊捷尔缅语（Itelmen）；科里亚克（Koriak）为 Koryak；拉格万语为 Lagwan。书中出现的多数语言名称的英文原文可在索引中"语言"词条下查询，此后不再另作说明。——译注

或作为其他语言的引文和外来语而得到辨识。谁要是面对这个局面而不觉头晕目眩，那他的心理素质一定非常之好。

在最近一次，也即1770年前后的记录中，内华达山脉南麓有大概一千个说特巴特拉巴语的印第安人，而现在我们知道的只有这种语言和周围相邻的语言截然不同。库佩尼奥人的语言坚持到了18世纪晚期，但此后其领地逐渐收缩到了圣路易斯雷河源头附近。它更为辉煌的过去是怎样的？关于人类相似性和文化决定因素的理论，又如何解释为什么16世纪还在富埃尔特河流域使用的辉特语，与包围着它的属于霍皮语族的多种卡西塔语变体[1]截然不同？16世纪中叶，旅行者发现马塔加尔帕语流通于西北尼加拉瓜和现属于洪都拉斯的部分地区。如今，只有住在马塔加尔帕和埃斯特利地区附近城镇的屈指可数的家庭知道这种语言。在墨西哥北部和太平洋沿岸，纳瓦特尔语以及后来的西班牙语消灭了十数种远古的、不同的语言。托玛特卡语、卡科玛语、库查雷特语都已成为亡魂。难以捉摸的需求和能量再一次涌现出来，不禁让人心生波澜。[2]

56

亚马孙盆地和热带草原的广大土地上，遍布着语言地理学的空白和问题。据最近统计，民族语言学家分辨出了109个语族，很多还有多个次级分类。但还是有大量的印第安语言没有得到辨识，或者不能被纳入任何一个范畴。最近发现于伊塔皮库鲁河流域的一种巴西印第安人所说的语言，似乎就与既存的所有分类都没有联系。人们给逾百万平方英里内的移民和濒危民族所使用的语言和方言冠以普埃尔切、古埃诺阿、阿塔卡玛以及其他十几个名字，但它们的历史和语形结构却几乎没有得到记录。其中很多语言恐怕在基础的语法或词汇得到抢救之前就要坠入万劫不复的深渊。而每种语言都贮藏着一套认知体系。[3]

---

[1] 卡西塔语似应属于塔拉卡西地（Taracahitic）语族，该语族与霍皮语族同属于犹他 – 阿兹特克语系。未详孰是。——译注

[2] 本段专名对应通行拼写（或别名）如下：特巴特拉巴为 Tübatulabal；库佩尼奥（Kupeño）为 Cupeño；卡西塔为 Cáhita；纳瓦特尔（Nawa）为 Nahuatl。——译注

[3] 本段专名异名：伊塔皮库鲁（Itapucuru）为 Itapicuru。——译注

语言目录始自阿巴语，一种鞑靼人使用的语言；终于齐良语，一种见于乌拉尔地区和北冰洋沿岸的芬兰－乌戈尔语族语言。它无疑显示出人类这种语言动物难以置信的多变和浪费。与之相比，对不同恒星、行星、小行星屈指可数的分类不免相形见绌。[1]

怎样才能解释这种疯狂的混杂？人类，出身于同一个种族，居住在同一片地区，体验着相似的气候和生态环境，还很可能具有同样的社会组织形式，拥有相近的体系和信仰，却说着完全不同的语言，这个事实我们当如何理解？有些村落只相距数里，或只被侵蚀已久的低矮山岗分隔，而这些村民的语言却不能互通，在语形上毫不相关，我们又能从这个现象中得出什么深意？我反复询问是因为长久以来，熟视无睹让人们对这个极为重要而困难的问题置若罔闻。

达尔文式的框架——渐进式演化和分化，适应变异和适者生存——看起来是合理的，很多语言学家都有意无意地用它做类比。然而这只会掩盖真正的问题。虽然真实演化过程的许多细节还不清楚，但达尔文论点的合理性有赖于明显可见的效率以及适应机制的特异性；生命的变异似乎无规律而多样，但它们的生存取决于能否适应自然环境。我们可以在很多物种身上看到，灭绝确实与未能对环境做出回应或准确回应相关。而语言的多重性并不能和这些可见的、可证的标准真正对应起来。没有标准（连猜想也很难）能确定哪种人类语言在本质上优于其他——这种语言存续是因为它更能满足人类情感和生理存在的要求。我们没有合理的论据能证明，语言灭绝是因为它们没有达到使用者的要求，只有最全面或拥有最丰富语法表现的语言经受住了考验。恰恰相反，很多消亡的语言明显展现了人类非凡的智慧。很多太古语言比其后代更为精妙清晰，更加"先进"。另外，一个群体语言的繁荣和其他资源也不存在联系。精致而美妙绝伦的言语会和极为原始、惨淡的生存方式并行。通常，物质

57

[1] 本段专名异名：阿巴语（Aba）又名索尔语（Shor）；齐良语（Zyriene）为Zyrian。
　　——译注

生活匮乏的文化似乎会把自己的贪欲和虚荣延伸到词汇和句法层面。语言上的丰富，似乎是一种补偿机制。时常忍饥挨饿的亚马孙印第安人可能会比柏拉图拥有更多的动词时态以供挥霍。

在庞大的数量这个重要问题上，达尔文式的类比也不适用。动植物的巨大数量并没有表现出随机性或浪费。如达尔文所言，这种数量的庞大是进化式繁衍、杂交和竞争选择复杂关系中的一个直接因素。考虑到生态可能性的范围之大，物种的多样性可以说已是非常精简。然而没有语言适用于这种情况，也没有语言与某种特别的地理－物理环境相谐。只要加一些新词和外来语，所有语言都能在任何地方发挥效用；爱斯基摩句法可以适用于撒哈拉。人类语言的数量和种类繁多，它们之间又不58能相互理解，这不仅不经济，不能表现出优势，还成为这个物种物质和社会进步的巨大障碍。我们以后还会讨论语言分化是否可能在灵性、诗意上带来某些益处这个关键问题，但它们为人类发展带来的各种障碍有目共睹。人口拥挤、经济贫困的菲律宾诸岛被比科尔语、查瓦卡诺语、艾米塔语、他加禄语、瓦瑞瓦瑞语[1]割裂（这还只是三十多种语言中最显眼的几种），其中有四种语言是美国就业局只能找到一名合格翻译的，这似乎没有任何好处。许多文化和群体都因语言"让位"而退出了历史舞台，这并不是因为它们的语言不好，而是因为这些语言无法与主流的智识和政治力量交流。不计其数的部落社群只能闭门自守，它们与最近的邻居都存在语言障碍。随着时间的推移，语言的不同以及人类在相互理解上令人欲哭无泪的无能，催生了恨意和相互鄙夷。对于听而不闻、不能理解的人来说，邻近民族的话语，听起来是胡言乱语，或有辱骂之嫌。非洲、印度、南美洲广阔的土地被语言分成碎块，人们不能聚集能量对抗外来入侵或经济停滞。虽然有时候他们使用一种通用语言（比如斯瓦希里语），但他们对彼此亲缘关系和共同需求的认识仍然不是发自内心

---

[1] 本段专名异名：查瓦卡诺语为 Chavacano；艾米塔语为 Ermitaño；瓦瑞瓦瑞语为 Waray–Waray。——译注

的，深层的回应还是根植于语言的割裂。被征服者和现代文明剥夺了语言后，许多有待发展的文化再不可能恢复自己身份的同一性。简而言之，纵观人类历史，语言是外人的无声带，是产生割裂的刀锋。

为什么会出现这种有害无益的烦冗？

斯瓦迪士和佩（Mario Ardrew Pei）之外，当代很少有语言学家对这个现象表现出应有的好奇心。偶有答案，也是用进化论的语汇随意给出的：存在很多不同语言，是因为经过时间的洗礼，社会和文化分离开来，而独特经历的堆积让人们进化出了属于自己的本地言语习惯。这个解释过于玲珑，未免让人担忧：它没有明确探讨某些哲学和逻辑上的核心问题，这些问题源于人所共识的人类心智结构的同一性，源于语言隔离对经济和历史产生的消极甚至毁灭性的影响。让我们反过来看这个问题：人类如果只使用一种语言或只用几种相关的语言，其自然之处和益处何在？显然，用当前的事实进行**事后归因**（post hoc）的证明肯定是不能服人的，答案在更深处。而自 19 世纪早期的威廉·冯·洪堡以后，鲜有语言学家怀着历史感对这个问题进行不懈的思考。反而是洪堡以前的语言学家，对翻译所依附的这个多语言谜团更有热情，他们为此不遗余力地动用自己宗教和哲学上的想象力。

没有哪个文明没有自己版本的巴别塔传说——关于语言在上古分化的神话。[1] 在通过隐喻解决这个谜题时，人类主要有两种猜想、两种尝试。一种，人类犯了某些严重的失误，偶然之间引起了语言混乱，这是潘多拉盒子的模式。另一种，也是更普遍的是，人类的语言状况，这种令人忍无可忍的无法沟通，是一种惩罚。一座疯狂的高塔被竖向群星；泰坦巨人相互杀戮，他们的残躯形成了语言不通的侏儒；像坦塔罗斯那样偷听了神的碎语后，凡人只能像白痴一样，忘却了关于自己原初通用

---

[1]　关于此话题最伟大的著作，也是智识史上最优秀的著作之一，是阿诺·博斯特（Arno Borst），*Der Turmbau von Babel, Geschichte der Meinungen über Ursprung und Vielfalt der Sprachen und Völker* (Stuttgart, 1957–1963)。

语言的全部记忆。这些神话来自古人无法平复的困惑，它们逐渐变成了哲学的、玄秘的猜测。哲学家、逻辑学家、光照派（*illuminati*）殚精竭虑地解释人类语言之混乱，这些思想本身就是人类想象中动人的篇章。但它们很多都是臃肿之物，论点中满是狂想和错综复杂的扭曲。对词语的思辨必然源于词语本身，它关注的是词的镜面和回声，语文学隐喻和晦涩的传统让它无法触及人的常识。然而，通过神秘的形象和卡巴拉式的、象征性的建构，通过古奥的语源学和怪异的解读，对巴别塔问题的探索会被引导出真知灼见，毕竟哥白尼和开普勒关于天体运动的毕达哥拉斯式的假说也带有部分占星术性质。从对人与人之间言语疏离的整体情况的震惊之中（这也是正当反应），诞生了语言神秘主义和哲思式语法的传统，它们触及直觉，潜入探索的深渊，我认为这正是当前的论争所缺乏的。如今，我们行走的土壤更干硬，但也更浅薄。 60

　　从毕达哥拉斯派到莱布尼茨再到 J. G. 哈曼，他们的猜想中的关键意象和线索反复出现在语言哲学中。它们告诉我们人类的本质与语言密不可分；言语的谜题是人类这种存在的特征——从无生命之物到所有造物的最高级，人类处于中间位置。语言肯定是物质性的，因为它需要肌肉和声带的运动；但它也是无形的，虽然处在时间的流动中，但铭刻和记忆都不受时间影响。我想在下一章系统地讨论这种悖反和辩证关系，它确证了人类肉体和精神双重存在的相互交融。神秘学传统认为，在我们现在的不谐背后，在宁录的高塔崩塌及随即突然出现的语言龃龉背后，存在一种原初语言，一种源语言（*Ur-Sprache*）。这种亚当语不仅能确保人类的相互理解，轻松交流，还或多或少象征着原道（original Logos）——神正是用这种语言创造的力量"说出了这个世界"。伊甸园中的语言包含着（虽然可能是以无言的方式）一种神圣的句法：其陈述和指称的力量可以与神的语言相匹，言说一件事物就是它成为现实的充要条件。人的每一次说话都是对创造的唯名论机制的演出和模仿。因此，61亚当为所有生物命名之举便有了寓意："那人怎样叫各样的活物，那就是它的名字。"同样，这也是为什么人能够理解神的话语并给出能被理解的对答。

　　拥有着直接而神圣的语源，源语言与现实更为协调，这是在巴别塔倾圮之后——或者用加勒比印第安人的神话：在蜷曲的世界巨蛇被肢解后——的任何语言都无法媲美的。其词语和对象契合如榫卯。用现代认识论学者的话说，语言与事物的实质、真相之间存在完备的、点对点的映射。每个名字，每个命题，都是一个等式，它使得人类认知和事物真相之间存在独一而完备的解。我们的言语介于理解和真相之间，像一扇蒙尘的窗户，一面哈哈镜。而伊甸园中的话语则是一块无瑕的玻璃，完全理解的光芒可以透过它。因此，巴别事件便是第二次堕落，在某种程度上它像第一次一样令人悲戚。亚当从园中被驱逐；而现在人类又兄弟阋墙，有如丧家之犬。他们永远告别了把握现实并与之沟通的能力。

　　语言理论家和形而上学家试图淡化这第二次放逐的影响。在圣灵降临节，圣灵倾注在使徒身上，使他们可以说多种语言，这难道不是某种程度的救赎吗？人类语言的全部历史，难道不是像某些卡巴拉信徒所认为的那样，一直处在艰辛的摇摆——一边是巴别，一边是某些语言复归于统一而理解得到恢复的救赎时刻——之中吗？最后，关于源语言本身，它真的已经离我们而去，无法挽回了吗？在此，猜测围绕着亚当语言的本质展开。它是希伯来语，还是世系可以远溯到群星和传说中的河流之名的某种早期迦勒底语？犹太灵知派认为，《摩西五经》[1]中的希伯来语是神的用语无疑，尽管人类已经不能完全理解其奥秘。其他探询的人——从帕拉塞尔苏斯到17世纪的虔敬派——虽然接受希伯来语独特而优越的地位，但却认为它本身也被堕落所腐化，只能模糊地解释神圣的存在。从婆罗门教到凯尔特故事再到北非人的传说，几乎所有关于语言的神话都一致相信，原初的语言破碎成了72块，或72的倍数块。[2] 哪些残片是

62

---

[1] 又名《妥拉》。——译注
[2] 虽然博斯特在这个问题上费尽了心思，但这个数字的来源仍然不确。6×12 的因数说明它可能与天文或季节有关。

原初语言留下的？如果它们能被识别出来，再加以悉心搜索的话，我们就会在其中发现人在乐园中所失去的语言的词汇和句法遗迹，它们被愤怒的神平均散布开来；而对它们的重建就像重拼一幅破碎的马赛克，可以把人们带回到亚当语的普遍语法中。如果这些碎片确实存在，那么线索也应该很隐蔽。人们应该将它们搜索出来，这正是卡巴拉派的信徒和熟习至尊赫尔墨斯的人的所作所为，他们细细解读字和音节中隐藏的配置，他们倒置词语，使用远古的名词，尤其是造物者的各种命名，他们的算式之复杂堪比相术和占星。然而诱惑也是无量的。如果人能够打破分散而浑浊的言语所形成的图圄（倾塔残垣），就可能再次接触现实的奥秘，就能在言说中得到真知。而人与他人的隔阂，人类在呕哑和含混中的放逐，都会终结。世界语这个词本身，就毫不掩饰地表达着远古而热切的希望。[1]

从《创世记》第二章第二节到维特根斯坦的《哲学研究》或乔姆斯基早年间关于希伯来语形语音的未出版论文，犹太思想在有关语言的秘术、学术、哲学中发挥着鲜明的作用。对于犹太人和异族人来说，《摩西五经》文本所具有的揭示意义是后来的任何语言所不具备的。因此希伯来语在历史中不断被当作是切工刀具的钻石锋刃。犹太传统中的一些话题构成了有关人类语言本质及其神秘解离的西方论述的主要线索。标准文本的每个元素都衍生出了一套对犹太神秘主义和拉比学术（rabbinical scholarship）的研究传统。[2] 对每一个希伯来语词汇和语法单元，乃至字母，都有相关的语文学解读和灵知。在默卡巴神秘主义（Merkabah mysticism）中，每一个书写字符都可能体现着无所不在的造物设计；人类的所有经历，也就是人在末世来临前的全部言语，都潜藏在一个个字母的图形里。这些字母的组合构成了神的 72 个名字，如果人对其意义隐

---

[1] Esperanto 词根为 -spe-，意为"希望"；另可参考 desperate（绝望的，孤注一掷的）。——译注
[2] 此处我大量参考了哥舒姆·舒勒姆的 *Major Trends in Jewish Mysticism* (Jerusalem, 1941; New York, 1946)。

秘的核心进行探索，它们就会褪去神秘，揭示宇宙的构造。同样，卡巴拉派预言式的教义发展出了自己"关于字母组合的科学"。通过对字符组合（这些组合本身不需要具备意义）进行自我催眠式的冥思，信徒可能一睹神的尊号——它显现在自然的轮廓中，却被通用的言语所包围蒙蔽。虽然希伯来语可能与神更加亲近，但卡巴拉信徒知道所有的语言都是神秘的，最终都和神的语言相连。

对德国的哈西迪派（Hasidism）来说，最为重要的莫过于词语（而非字母）的隐意和不朽的贮存功能。损毁《摩西五经》中的任何一个词，或者打乱词的顺序，都有可能损害堕落的人类和神圣的存在之间本已薄弱的联系。《塔木德》说："添加或遗漏一个字母可能引起整个世界的毁灭。"某些光照派成员更进一步认为，抄写员在听录神授圣谕时，可能出现了一些错误，它们虽然微小，但足以给世界带来黑暗和骚乱。而出现在《光明篇》及其注解当中的神智论则会使用神秘的双关语和文字游戏来证明自己的某些核心教条。神威（*Elohim*），即神之名，将某人（*Mi*）这个隐藏的主体，与神迹（*Eloha*）这个隐藏的客体统一起来。[1]

64 主体和客体的分离正是尘世的不稳固之处。只有在他的名号中，我们才能发现终极统一的可能，人才能从历史的论辩与杂言中得到解脱。简而言之，神的言语，即亚当所知的用语，在巴别塔之前都是由人类共享的；人们可以从深层次的希伯来语，乃至诞生于那次大分散的其他任何语言中，将它破译或部分破译出来。

这些玄奥的语义解读所展示出的情感路径在我们看来既陌生又古怪，不过语言灵知论还是触及了关于语言和翻译合理性理论的一些重要问题。

---

[1] Eloha（又作 Eloah，希伯来语：הולא）/Elohim（希伯来语：םיהלא）意为"神"或"神的概念"；后者的词尾（-im）虽然在希伯来语中常用作复数，但在经文中指称犹太教的神时都作单数使用。其中 Elohim 强调的是神的力量、权威；Eloha 强调的是神的奇妙。Mi（希伯来语：ימ）是疑问代词和关系代词，意为"谁"。《光明篇》中，以利亚撒拉比（R. Eleazar）说 Elohim 这个词来自 Eloha 和 Mi（倒写）的组合，暗示着对"谁创造这一切"的回答。——译注

存在一种并非现代人首创的分层：被口语掩盖或被时间掩埋的意义的深层结构，以及被表达出来的表层结构。人们也敏锐地知道文本掩盖的可能比传达的更多，这无论在语内还是语际，都是各种交流的根本。总之，无论是斯宾诺莎还是维特根斯坦，都清楚地知道人在语言中的生活神秘而可疑。

灵知派猜想中的很多元素（通常会涉及希伯来语），都显现在欧洲语言哲学的传统中。这一系列可见的信念和猜测从 14 世纪早期的艾克哈特大师（Meister Eckhart）延伸到 1660—1670 年左右安格鲁斯·席勒休斯（Angelus Silesius，原名约翰·舍夫勒）的学说，从未断裂。对地方语言的多样和分裂的好奇也长久不衰。帕拉塞尔苏斯在 1530 年左右的作品中认为，某天，神圣的眷顾无疑会恢复人类语言的统一。与他同时代的卡巴拉学者阿格里帕·冯·内特斯海姆（Agrippa of Nettesheim）围绕着 72 这个数字编织了一张神秘的网；希伯来语，尤其是在《出埃及记》中，对神的 72 种称呼充满了魔力。总有一天，其他的语言会回到这个源泉。同时，对翻译的渴求，就像该隐的记号一样，见证着人类被流放出和谐世界（*harmonia mundi*）。柯勒律治知道，没有人比雅各·波墨（1575—1624）更沉醉于对语言的想象[1]，他的感触时时刻刻关注着言语的炼金术。 65
与早先的库萨的尼古拉（Nicholas of Cusa）一样，波墨也认为原初语言并非希伯来语，在巴别塔的灾难发生时，它就被从人类的双唇间夺去了，它无法被追回，与所有现存的言语都有隔阂（阿格里帕曾认为亚当的真正语言是阿拉米语）。所有语言都是不正常的集合，它们都有同样的短处；它们中没有哪个能表述关于神的全部真理，或者向说着它的人揭示存在的意义。翻译者都是在同一片雾霭中相互摸索的人。在语言的混乱中，宗教战争和对所谓异端的迫害是无法避免的：人会误解并扭曲各自的意思。然而，有一条路能指引人走出阴霾：波墨称其为"感觉式的言

---

[1]　见亚历山大·柯瓦雷，*La Philosophie de Jacob Boehme*（第二版，Paris, 1971），第456-462 页。

语"（sensualistic speech）——这种言语发自本能，无须教导，脱口而出，它是自然界、自然人的语言，是在圣灵降临节时赐予使徒的语言，而使徒们也不过是卑微人类的成员。如果我们去倾听，神的语法就会响彻自然界。

开普勒同意原初言语被分离的观点，但是这些原始而鄙陋的粗糙言语中，并不能发现神圣授意的星火。它只存在于数学与和声学（和声学研究器乐和天籁，本质上也是数学性的）的无瑕逻辑之中。音乐宇宙（music of the spheres）与毕达哥拉斯的和声表现的正是神圣言语的隐秘构造，而日后歌德也在《浮士德》的开篇中重述了这点。席勒休斯的沉思将波墨的隐喻发挥到了极致，他重新回到了艾克哈特的神秘主义，宣称神自天地开初起就只说过一个词。这次发言蕴含了全部真实。没有任何已知语言中能找到这个宇宙发言的影子；巴别后的语言也不能复归于此。人类声音的散乱多样而神秘，它让人们互为聋哑，它屏蔽了道（Logos）的声音。除了寂静别无他途。因此席勒休斯认为，所有活人之中，唯聋哑人最接近于失落的伊甸园中的语言。

66   18 世纪的环境让这些灵知的幻想逐渐消退，但是我们仍然能在三名现代作家的作品中发现已经转变为理论模型和暗喻的它们。似乎正是这些作家最能向我们揭示语言和翻译的内向流动。

本雅明的《译者的任务》始作于 1923 年。[1] 虽然受到了歌德在《西东合集》注记中对翻译的评论，以及荷尔德林对索福克勒斯的评论之影响，本雅明的论文还是源于灵知传统。本雅明认为，那些"理解了"文本的人很大程度上误会了其实质上的意思。而在他作为注释者的优异精审的再创造工作中，作为"分享"诗人意图的"秘密"的人，他贯彻了自己的理念。欠佳的翻译会传达过多。它们表面上的精准只限于原文结构中不重要的部分。本雅明对可译性问题——一部作品究竟能否被翻译？

---

[1]   此文的英译可见于 *Delos, A Journal on and of Translation*, 2 (1968)；詹姆斯·辛德与 E. M. 瓦克译。

如果可以，给谁看？——的探讨是卡巴拉式的：

> 比方说一个生命或一个瞬间是不能忘怀的，尽管所有人都把它们遗忘了。如果这个生命或瞬间的本质要求我们永远记住它，这个要求并不因为人们的遗忘而落空，而是变成了一个人们未能满足的要求，同时也向我们指出了一个满足了这一要求的领域：上帝的记忆。以此作类比，语言作品的可译性即使在人确实无法翻译的时候也应给予考虑。严格说来，任何作品在某种程度上都是无法翻译的。我们应该在这个意义上问，一部文学作品是不是在召唤翻译？因为这种想法是正确的：如果翻译是一种样式，可译性必须是特定作品的本质特性。[1]

本雅明的观点与马拉美相似，但其用语明显来源于卡巴拉和灵知传统。他把自己的翻译形而上学地建立在了"普遍语言"的概念上。翻译既可能又不可能，这种二律背反分明就是神秘主义的论调。其事实根源是，已知语言都是残片，它们的根（这个字既表达其数学含义又表达其语源学含义）只能存在于"纯粹语言"（*die reine Sprache*）中，它们的效力也来源于此。这种"纯粹语言"——在其他著作中，本雅明会称其为"道"，它赋予言语意义，但并不被任何一种语言所包含——就像一条暗泉，在不同的语言构成的淤塞沟渠中冲击出自己的水道。在"它们的历史终结，弥赛亚降临之时"[2]（这又是卡巴拉或哈西迪式的说法），所有分裂的语言都会复归共同的源头。而在它到来之前，翻译所承担的任务则具有深刻的哲学、伦理和魔法的意义。

从语言甲翻译到语言乙会让第三种存在的影响活现出来，它会展示

---

[1] 中译取自张旭东译本（《译者的任务》，《启迪：本雅明文选》，北京：生活·读书·新知三联书店，2008 年）。——译注

[2] 此处张旭东译作"直到它们寿命的尽头"；本雅明原句为"Wenn aber diese derart bis ans messianische Ende ihrer Geschichte wachsen"（Benjamin 1980:14）。——译注

出"纯粹语言"的样子，既优于二者，又是二者的基础。在真正翻译的召唤下，那个一致紧凑的图案会显示出自己模糊却无疑的外形，它正是巴别塔之后人类言语嘈杂碎片的来源。通过引起疏离感，路德版《诗篇》与荷尔德林翻译的品达《皮托凯歌·三》（Third Pythian Ode）[1] 表明了需要引入一种"源语言"这个事实，它让德语－希伯来语和德语－古希腊语得以交融。这种融合可以存在，也必须存在，因为人类**意味**着同样的事物，人类的声音源于同样的希望和忧虑，虽然他们**说出**的词不同。换言之，劣质的翻译中充斥着表面上相似的话语，但是忽略了意义的联系。语文学中对道的热爱[2] 高于对不同词干的科学探求。路德和荷尔德林让德语向后"退"了一些，使它更接近那个万语由来的源头。不过为了实现这种魔术，译本必须与自身的语言保持一定的疏离感，保持相异，这是至关重要的。荷尔德林的《安提戈涅》几乎不"像"日常德语；玛丽安·摩尔译笔下的拉封丹仿佛带刺的树篱，与美式英语口语相距甚远。译者让源头语言渗入并调整自己的语言，从而使它更加丰富。然而还不止于此：他还要扩展自己的本土语言，使它触及隐蔽着的绝对意义。"如果真理的语言真的存在，如果终极的真理能和谐甚至是静静地落座（所有的思想都在为此奋斗），那么这种语言就是真正的语言。它的预言和描写是哲学家所能希望的唯一的完美形式，但这种形式只隐藏在译作的专注而密集的样式中。"卡巴拉派希望从字母和词语的组合中找到神玄奥设计的样式，而语言哲学家则希望从翻译——它包括的和遗漏的内容——中看到原初意义的微光。本雅明的总结直接来自神秘的传统："一切伟大的文本都在字里行间包含着它的潜在的译文；这在神圣的作品中具有

68

---

[1] 在本雅明《译者的任务》一文中提到的这篇品达凯歌，标题存有多种中译：张旭东译本作"第三首达尔菲阿波罗神殿颂歌"；陈永国译本作"第三女巫颂"。然而该作实为品达为歌颂叙拉古僭主希爱荣（Hieron of Syracuse）而创制，后者曾是皮托运动会单骑赛的优胜者。——编注

[2] 语文学英语为 philology，其中 philo- 意为"爱"，-logy 意为"话语"（与"道"[Logos]同根）。——译注

最高的真实性。《圣经》不同文字的逐行对照本是所有译作的原型和理想。"[1]

卡夫卡忠诚于捷克语和德语，而他的感触则不时归向希伯来语和意第绪语，这让他沉溺于语言的模糊性。他的作品可被看作是关于人类真正沟通之不可能性的不间断的寓言，或者如他在 1921 年给马克斯·勃罗德的信中所说，是关于"不写之不可能、用德语写之不可能、用其他语言写之不可能。几乎可以加上第四种不可能性，即写之不可能"[2]。卡夫卡通常将后者扩展，使其包括言语的幻象。《约瑟芬，女歌手或耗子的民族》中叙述者问道："使我们心醉神迷的，是她的歌唱呢，还是她那细弱的噪音（声）周围的肃穆的宁静呢？"而在《在流刑营》[3] 中，卡夫卡展现了他对文字不人道的终极本性的暗喻式反思中，或许是最绝望的一面：他把出版业比作一套刑具。巴别塔的主题挥之不去：他的每一篇重要小说似乎都会提到它。他还仿照哈西迪和塔木德注释的方式，给出了两次明确的评论。

第一次评论出现在他创作于 1917 年春的关于中国人修建长城的故事（《中国长城建造时》）中。在叙述中，两个建筑被联系起来，虽然"根据人类的计算"，修建长城的目的与修建那座无礼高塔的目的正相反。一名学者撰写了一本奇怪的书，宣称巴别塔毁坏的原因并不如人们所想的那样：宁录的宏伟工程只是因为地基有缺陷才倒塌的。这名智者还认为长城就能作为新塔的底座。而叙述者承认他对此很困惑：城墙最多不过是半圆，怎么能作为塔基？不过这怪异的提议中必然存在一些合理的成分：虽然很模糊，但塔的建筑图被包括在了长城的建筑图中，而

69

---

[1] 本段相关中译取自张旭东译本（《译者的任务》，《启迪：本雅明文选》，北京：生活·读书·新知三联书店，2008 年）。——译注

[2] 中译取自叶廷芳主编《卡夫卡全集·第七卷·书信》，石家庄：河北教育出版社，1996 年，第 421 页，第 340 篇。译者未详。——译注

[3] 中译（以上两篇及篇名）取自洪天富译本（《卡夫卡全集·第一卷·短篇小说》，石家庄：河北教育出版社，1996 年）。——译注

关于所需要的劳动力和民众人数也有详细的提案。人群的聚集还出现在《城徽》（"Das Stadtwappen"）中，这是一篇作于1920年秋的简短寓言，也是卡夫卡极难以琢磨的文本之一。第一句话表明工地附近有译员（*Dolmetscher*）的存在。鉴于没有哪代人指望自己能够完成这座高塔，而工程技术也一直在发展，因此人们有大把的时间可以浪费。越来越多的经历被放在了建设并美化工人住房上。工地上来自不同族群的人之间发生了激烈的争吵。"第二代人或第三代人业已认识到建造通天塔的荒谬（*die Sinnlosigkeit*），但是，由于大家彼此已紧密地联系在一起，以致谁都不愿离开这座城市。""……传说和歌谣，都充满了对一个预言之日的渴望，到了那一天，这座城市将被一只巨大的拳头连续迅击五下而粉碎。所以，这座城市的市徽也是一只拳头。"[1]

如果认为卡夫卡对巴别的运用只有一种解译方式，或其意义只存在一种等价物，那都是愚蠢的。他充满隐意和寓意的小故事并不是这样运作的。《塔木德》中说，一个得到启示的文本必须被辨识出四十九层含义，这也正是卡夫卡所参考的典范。不过很明显，卡夫卡从高塔及其倾颓中看到了一种戏剧性的表达方式：关于人类的语言状况以及该状况与神的关系，这种表达可以给出确切（虽然并不透彻）的暗示。塔是必要的：它源自人类意志和智慧中一些无法平复的需求。**通天塔**（*Himmelsturmbau*）这个词显示出一种令人不解的双重性：据《创世记》称，它是对天界的冒犯（*Sturm*）；但它同时也是雅各的巨大石梯（*Turm*），人类可以顺其攀登，找到自己的创造者。反抗和崇拜交织在一起，纠缠不清，就像言语既把人引向真实又让人远离它。塔的基础比塔本身更吸引卡夫卡的注意。他的最后一篇小说《地洞》，无疑也是一篇关于作者与语言和现实间关系的评论，它展示了塔内部结构可能的样子——一条盘旋上升的长廊。因此便有了卡夫卡在一条笔记中诡谲的评

[1]　中译取自洪天富译本（《卡夫卡全集·第一卷·短篇小说》，石家庄：河北教育出版社，1996年）。——译注

论:"我们正在挖巴别塔的地基。"不过高塔和长城有什么相似之处,能让卡夫卡常常把它们当作摩西律法的象征?我们又当如何准确地理解《城徽》最后一句中时态的转变:传说"已经从城中传出"(came from the city),这可能有很久了,但"城市刚(has)用一只拳头做市徽"?布拉格的市徽不是一个拳头,而是两座塔。这种种表述,都暗示了语言的危害以及它神秘的割裂状态。卡夫卡在巴别塔这个意象中凝注了悖谬矛盾和对立统一,在另一条笔记中,他对其范围和悲剧性给出了最近乎结论的评述:"如果人能够建造巴别塔又不登攀的话,那这座塔就可能被允许建成了。"如果人能够使用语言,而不在绝对的禁区探索意义,那人们可能还在说着一种真实而统一的语言。然而,使用语言却不翻译,不探索律法的隐意,不仅不可能,或许还是不被允许的。存在于卡夫卡行文中的,是人类不能相互理解所造成的充满矛盾的情形。他游走其中,仿佛身处一个迷宫。

迷宫、环形废墟、走廊、巴别塔(或巴比伦)是我们第三位现代卡巴拉信徒的艺术中的常客。[1] 我们能在博尔赫斯的诗歌和小说中找到卡巴拉派和灵知派神秘语言中的种种主题:世界作为秘密音节之联结的形象;绝对语言或宇宙字母的概念(A 或 א[2])——它是人类支离破碎的语言之基础;以及如下猜想:存在一本终极书卷,它记录着各种字母所有可能的变体,预示着人类的全部知识和经验。博尔赫斯将这种玄奥的信仰又推进了一步,他用诞生于我们言语和深不可测思维能力中的协调而多重的现实,将日常可感时空与其他的可能宇宙交织在一起。一般的因果论不适用于他故事中的逻辑。灵知派和摩尼教的鉴识[3](这个词本身就蕴

71

---

[1] 见海梅·阿拉兹拉齐, *Borges and the Kabbalah, and Other Essays on his Fiction and Poetry* (Cambridge, 1988),第一章(第 3–54 页)。

[2] alpha 和 aleph,分别为古希腊语和希伯来语首字母。——译注

[3] 原文 speculation("猜想、思考"),词根 -spec-,意为"看",也能构成与镜子有关的词,如 speculum("反射镜")。——译注

含着镜子的功能）[1]为博尔赫斯提供了至关重要的"对立世界"（counter-world）隐喻。时间和关系的逆流就像狂风，它无声地扫过我们无常的栖居地（它本身可能都是想象的产物）。我们的存在是"他处之梦"，我们只是他人话语中的字词，回荡在那独一无二的、不得而知的、浩瀚无垠的人声附近（波墨正是在这里听到了道的声音）——没有哪个诗人像这样倾尽生命，描摹上述可能。博尔赫斯在《罗盘》中写道：

> 一切事物都是某种文字的单词，
>
> 冥冥中有人不分昼夜，
>
> 用这种文字写出无穷喧嚣，
>
> 那就是世界的历史。

> 纷纷扰扰的迦太基、罗马、我、你、他，
>
> 我自己也不了解的生命，
>
> 难解之谜、机遇、密码的痛苦，
>
> 还有通天塔的分歧不和。[2]

卡夫卡有时会感觉到语言的多样性令他如鲠在喉。而博尔赫斯则有猫一般的狡黠，他在西班牙语、祖传葡萄牙语、英语、法语、德语之间闪转腾挪，乐此不疲。他对这几种语言都有诗人的敏锐。他给古英语——"文明初始时期的纯净语言"写了一首诺森伯里亚吟游诗人般的临别歌。[3]《贝奥武甫》那"粗硬费力的语言"在他"成为……博尔赫斯之前"原

---

[1] 博尔赫斯的《谜的镜子》（"The Mirror of Enigmas"，载于 *Labyrinths*, New York, 1962）论述了灵知派哲学与昏蒙的镜子（*speculum in aenigmate*）的特殊联系。译者按：中文版见于《博尔赫斯谈艺录》，黄锦炎译。

[2] 中译取自王永年译本（《博尔赫斯全集·诗歌卷·上》，杭州：浙江文艺出版社，1999 年，第 237 页）；英文译者为理查德·威尔伯（Richard Wilbur）。——译注

[3] 即《开始学习盎格鲁－撒克逊语语法之时》，相关中译取自林之木译本（《博尔赫斯全集·诗歌卷·上》，杭州：浙江文艺出版社，1999 年，第 192–193 页）。——译注

本就属于他。《德意志安魂曲》[1] 不仅仅是对纳粹和犹太人之间杀与被杀关系暗喻性的认识；其表达和叙述的主旨就像黑森林一样极具德国特色。博尔赫斯的西班牙语经常是带有个人风格的阿根廷式的，他醉心于这种特别的语言，也沉迷于把他的诗歌和"塞内加使用 [的] 拉丁语"[2] 联系起来的永恒不变之物。然而博尔赫斯对每种语言不可磨灭的独特属性也很敏锐，本质上，他的语言体验是同时的、（借用柯勒律治的概念）网状的——数种语言和文学相互交织。博尔赫斯会使用引文和文字－历史参考资料（通常是他自己编造的）来表明自己的诗歌和故事至关重要的、独一无二的发生现场。这些语汇和传统——卡巴拉、盎格鲁－撒克逊史诗、塞万提斯、法国象征主义、布莱克和德·昆西的梦——水乳交融，构成了一幅图画，一处风景，它专属于博尔赫斯的认知，但又像睡眠一样为人熟识。博尔赫斯的多种语言向一个统一而隐秘的事实（在卡洛斯·阿亨蒂诺房子地下室第十九层台阶上瞥见的阿莱夫[3]）流动，就像《虚构集》最为神秘的故事中"宇宙图书馆"里的字母表上的每个字母所做的那样。[4]

《通天塔图书馆》（"The Library of Babel"）[5] 作于 1941 年。这个幻想故事的每个元素都能在卡巴拉的"唯文字论"中找到源头，同样被借鉴的还有灵知派与玫瑰十字会图像，其中世界被描画为唯一而巨大的书卷（马拉美对此也很熟悉）。"宇宙（别人管它叫图书馆）由许多六角形的回廊组成，书目不能确定，也许是无限的。"它是皮拉内西笔下的蜂巢，更是——如标题所示——巴别塔的内景。"图书馆包罗万象，书架里包括了二十几个书写符号所有可能的组合（数目虽然极大，却不是无限的），或

---

[1] 见《博尔赫斯全集·小说卷》，杭州：浙江文艺出版社，1999 年，第 247–253 页。——译注

[2] 见《永恒（二）》（"Ewigkeit"）（《博尔赫斯全集·诗歌卷（上册）》）。——译注

[3] 见《阿莱夫》（"The Aleph"）（《博尔赫斯全集·小说卷》）。——译注

[4] 见《通天塔图书馆》（《博尔赫斯全集·小说卷》）。——译注

[5] 相关中译取自王永年译本（《博尔赫斯全集·小说卷》）。——译注

者是所有文字可能表现的一切。一切：将来的详尽历史、大天使们的自传、图书馆的真实目录、千千万万的假目录、展示那些虚假目录的证据、展示真目录是虚假的证据、巴西里德斯的诺斯替教派（即灵知派）福音、对福音的评介、对福音评介的评介、你死亡的真相、每本书的各种文字的版本、每本书在所有书中的插入……"能被想象出的所有字母组合都已经被藏书所预示，且必然在某种秘密的语言里"含有可怕的意义"。没有无意义的言语行为："任何一个音节都充满柔情和敬畏；在那些语言里都表示一个神的强有力的名字。"在地洞或环形废墟里，人们相互不解地叽叽喳喳；然而这不计其数的词语，却在说话的人不知道的情况下，构成了业已丢失的宇宙音节或神之名号。这便是语言分化背后浩渺无界的统一。

可以说《〈吉诃德〉的作者皮埃尔·梅纳尔》（1939）是对翻译工作最为敏锐和专注的评论。本书所包含的对翻译的研究，可以用博尔赫斯的方式，说成是对他的评论的评论。这篇简短的小说因其显而易见的天才设计而广为人知。然而——它看上去也像是博尔赫斯挖空心思掉书袋的又一次胡拼乱凑——某些细节还是被忽略了。梅纳尔的作品列表很吸引人：两篇专论——分别关于"诗歌词典"的编纂和笛卡儿、莱布尼茨、约翰·威尔金斯的"联系和相似"，涉及 17 世纪的人为设计一套符号术（*ars signorum*）——一套通用的表意文字系统——所付出的努力。莱布尼茨设计的通用文字（*characteristic universalis*）[1] 就是这种构想的一个产物，梅纳尔本人也对此进行了探讨；威尔金斯主教 1668 年的《论一种真实文字和哲学语言之可能》则是另外一个。它们都是为扭转巴别塔灾难而进行的尝试。梅纳尔"有关乔治·布尔的象征逻辑[2] 的一篇专论的两份草稿"则表明他（以及博尔赫斯）知道 17 世纪对哲学文段内部语言的追求与现代符号逻辑和数理逻辑的"通用性"之间存在联系。梅纳尔还把保尔·瓦莱里的《海滨墓园》从十音节体转写成亚历山大体，这是对翻

---

[1] 小说中译本译为"普遍特性"。——译注
[2] "象征逻辑"似应译为"符号逻辑"。——译注

译概念有力却又古怪的延伸。虽然**有损**这名作者的威仪，但我愿意相信，对克韦多直译的圣弗朗西斯科·德萨尔斯作品的直译本 [1]，确实存在于梅纳尔的文稿当中。[2]

当然，梅纳尔真正的杰作包括"《吉诃德》的第一部的第九章、第三十八章以及第二十二章的片段"。（有多少读博尔赫斯的人发现，[《堂吉诃德》的] 第九章提到了从阿拉伯语翻译成卡斯蒂利亚语；第三十八章里有个迷宫；第二十二章包含一种纯粹是卡巴拉式的唯文字论等式——是 [sí] 和非 [no] 字母数量相等？）梅纳尔并不想创作另一个简简单单的《吉诃德》（another *Quixite* which is easy），"——而是创造正宗的'吉诃德'。[3] 毋庸赘言，他从未打算机械地照搬原型；他不想模仿。他的值得赞扬的壮志是写出一些同米格尔·德·塞万提斯逐字逐句不谋而合的篇章"。（这是詹姆斯·E. 厄比的译本。安东尼·邦纳则解读为"这样做容易得很"[which would be so easy]，他省略了"一些"[a few]，删掉了这条杜撰的评述中明显多余的部分。）[4]

为了实现全面翻译——或者用化身（transubstantiation）这个词可能更为严谨——梅纳尔要做的第一步是彻底模仿。不过，只通过跟摩尔人作战，复兴天主教信仰，忘记 1902—1918 年间的欧洲史就**成为**塞万提斯实在是雕虫小技。更有趣的做法是"继续做他的皮埃尔·梅纳尔，通过皮埃尔·梅纳尔的体会而达到吉诃德"，即，将自己从心底里与塞万提斯的人物协调，与其存在形式协调，仿佛要去一丝不差地重演他所有的认

[1] 原文作："a literal translation of Quevedo's literal translation" of Saint François de Sales。——编注

[2] 此处小说中译本似意为"梅纳尔的藏书中没有克韦多直译的德萨尔斯（Saint François de Sales）作品"，与本书引述内容不符；而小说英译本与本书引述一致，故未取中译。——译注

[3] 据英译本，此处直译为"而是创造《吉诃德》本身"。——译注

[4] 见 "Pierre Menard, Author of the Don Quixote"，Anthony Bonner 译本，载于 *Fictions* (New York, 1962)。以及同一文章的 James E. Irby 译本，载于 *Labyrinths*。编者按：王永年中译本似与安东尼·邦纳译本译法一致。

识和表现一般。这种演出之劳神费力，令人头晕目眩。梅纳尔承担起了这"神秘的责任"（我认为邦纳译本正确地援引了"契约"的概念），他尽心竭力、大张旗鼓地重构塞万提斯的创作过程，而这对后者来说是自发而无意识的。虽然塞万提斯能够自由地写作，吉诃德的"自然性"却只属于彼时彼地，其必然性现已荡然无存。这就给梅纳尔造成了第二个无法逾越的障碍："在17世纪初期撰写《吉诃德》是合情合理的、必要的，甚至不可避免的工作；在20世纪初期撰写却几乎是不可能的。三百年不是白白过去的，这期间发生了许多十分复杂的事情。只要提其中的一件就够了：《吉诃德》本身。"（邦纳译的是"同一个《堂吉诃德》"[the same *Don Quixote*]，既复杂又削弱了博尔赫斯的暗示。）换言之，至少从某种角度看，任何真正的翻译行为，都是一种明显的荒谬，是费力地沿时间长梯向下爬行，发自肺腑地让某次偶然的精神活动再上演一次。而梅纳尔的支离破碎的《吉诃德》"比塞万提斯的《堂吉诃德》微妙"。能够清晰地表达异于自己所处时代的感觉、思想、决定，能够为与自己寻常感觉不同的情感找到独一无二的妥帖词语，梅纳尔的技艺令人叹为观止：

> 塞万提斯和梅纳尔的文字语言完全相同，然而后者丰富多彩的程度几乎是前者望尘莫及的。（诽谤他的人会说他含糊不清，但含糊不清也是丰富多彩的一种表现。）

> 把梅纳尔的《吉诃德》同塞万提斯的《堂吉诃德》加以对照是大有启发的。举例说，后者写道（《堂吉诃德》，第一部第九章）：

> > ……历史所孕育的真理是时间的对手，事件的储存，过去的见证，现在的榜样和儆戒，未来的教训。

> "外行作家"塞万提斯在17世纪写的这段综述只是对历史的修辞的赞扬。与之相反，梅纳尔写的是：

……历史所孕育的真理是时间的对手，事件的储

存，过去的见证，现在的榜样和儆戒，未来的教训。

　　孕育真理的历史，这种想法令人惊异。梅纳尔是和威

廉·詹姆斯同时代的人，他给历史下的定义不是对现实的探索

而是现实的根源。对他说来，历史的真实不是已经发生的事情，

而是我们认为已经发生的事情。结尾的句子——现在的榜样和

儆戒，未来的教训——是明目张胆的实用主义。

　　风格的对比也十分鲜明。梅纳尔的仿古的文风——他毕竟

是外国人——有点矫揉造作。他的前驱则没有这种毛病，挥洒

自如地运用他那一时代的流行的西班牙语。

　　梅纳尔如愚公移山一般。"他殚精竭虑、焚膏继晷地用一种外语复

制一部早已有之的书。草稿的数量越来越多；他顽强地修订，撕毁了成

千上万张手稿。"用一门不相干的语言复制一部业已存在的书，便是译者 76

"神秘的责任"和工作内容。这种不可为之事必须被为之。克尔凯郭尔认

为，"重复"这个概念令人困惑，它将因果律和时间的流动置于无地。创

作一个与原文逐字相同的文本（把翻译变成完美誊写）难于上青天。译

者要战胜时间，重修巴别塔，在要拨云见日之时，他又会踏入镜子的国

度，《博尔赫斯和我》[1] 对此有所描述。译者也必须"寄身于博尔赫斯"

（或者另外哪个他所选定的作者），"而不是我自己（假如说我还是个人物

的话），不过，跟他的著作相比，我倒是在别的许多人的著述里或者甚至

是在吉他的紧拨慢弹中更能找到自己的踪迹"。真正的译者知道，自己的

辛劳要归于"忘却"（每代人必然都要进行重译），或者"归于别人"，归

于那引起他、促成他、荫蔽他的人。他不知道"我们俩当中是谁写下了

---

[1]　相关中译取自林之木译本（《博尔赫斯全集·诗歌卷（上册）》）。——译注

这篇文字"。在这种"化身的懵懂"（transubstantial igorance）中（我找不到更加简单轻便的词了），蕴藏着翻译事业的悲哀，但也隐含着我们修复倾塔的方法。

我们还会回到尼姆的皮埃尔·梅纳尔博学的朋友撰写的这篇纪念亡友的文章上来，探寻其中暗含的卡巴拉主题和各种翻译模式。厄比用"明快"（merry）来形容梅纳尔用以焚稿的篝火；邦纳的用词则是"亮丽"（gay）。这是两种心态，两种圣诞节，也是对异端和凤凰涅槃的两种看法。

二

语言神秘主义经由莱布尼茨和 J. G. 哈曼进入到现代的、理性的语言研究潮流中。他们二人都与卡巴拉派和虔敬派思想有密切的关系。

语言学理论对能否进行翻译（尤其是语际翻译）这个问题有至关重要的影响。语言哲学中有两种大相径庭的看法。其中之一认为语言的深层结构是普遍的，适用于所有人。人类语言的差异本质上是表面现象。翻译完全是可以实现的，因为这些深藏的普遍性来自基因、历史和社会，所有人类语言中发挥效力的语法都来源于此，都能被定位和识别，其特异和古怪只是表层形式问题。翻译即是潜入两种语言外在的差异之下，探索其相似之处，发掘最深层的普遍原则。神秘主义者相信存在某种原初或范本式的语言，上述普适论论调与此十分接近。

相反的观点可被称之为"单子论"（monadist）。它认为普遍的深层结构或是对逻辑和心理研究来说深不可测，或是一种因过于抽象和普遍而沦为冗谈的规律。比如，所有已知的人类都操持某种形式的语言；所有我们能够理解的语言都可以给能够被感知的客体命名，都能够表示动作——这些毋庸置疑是真理。但是它们就像"人这个物种的所有个体都需要氧气才能存活"这类说法，除了具有最抽象、最形式化的意义外，不能给研究人类言语的真实运作带来任何启迪。语言运作的多样，展现了一种错综复杂、令人摸不着头绪的离心式发展史，它的经济和社会功能是研究中亟待攻克的痼疾，而普适论模型最多不过是无关紧要，甚至还可能让人误入歧途。而极端的"单子论"立场（有很多伟大的诗人都持有此观点），必然会引人相信翻译是不可能的。翻译所留下的不过是相近的比拟，粗糙的模仿，只有在两种语言或文化同源时才能够被容忍，而一旦涉及的语言过于疏远，牵扯的感触遥不可及时，便彻头彻尾是虚假的。

在这两种极端论点之间，有众多中间的、合情理的看法。几乎没有什么人严格坚持着两个极端。罗杰·培根和波尔·罗亚尔（Port Royal）一派语法学者的普遍语法，乃至乔姆斯基的转换－生成语法中都有相对主义的影子。纳博科夫认为，最基础的语际翻译也不过是骗局，是对彻底不可能之事巧妙的遁词，但他本人却是在两种语言间游弋的能手。而且，这两种披着现代外衣的论点都有一个共同的源头。

1697年，在意图美化并订正德语的小册子里，莱布尼茨提出了一个至关重要的看法：语言并非思想的载体，而是决定思想的媒介。思想是内化的语言，我们在特定语言的驱使和允许下进行思维和感觉。而语言的分化和民族分化一样严重。它们都是单子，是"万事万物的活镜子"，每一个都按照自己独特的视角和思路反映着——或用我们现在的话说——构建着经验。同时，莱布尼茨也具备普遍论的理念和希望。与1661年写出《符号艺术》的乔治·达尔加诺和1668年出版了著名的《论一种真实文字和哲学语言之可能》的威尔金斯主教一样，莱布尼茨也对能否构建一套所有人都能迅速理解的通用语义系统有浓厚兴趣。这种系统与数学的符号体系相似，极具效力，其根本原因是数学运算的规律根植于人类理性的构造，且能够独立于所有特异的变体存在。它也类似于汉语的表意文字。一旦人们在一套表意符号的意义上达成了共识，不论接收者操持哪种语言，所有信息都能被立即读取，巴别的灾难也至少能在文字的意义上得到补救。如今我们能发现，数学符号和汉语文字几乎是隐含在所有关于普遍语法和翻译的讨论中的模型。

与莱布尼茨一样，维科的"语文学"中，普适论和"单子论"的线索也同时存在。语文学是历史科学的精华，是《新科学》的关键，因为对语言演化的研究就是对人类思维本身演变的研究。维科知道（这也是他的远见卓识之一），人通过语言规划和构造的力量，才能主动掌控意识，积极认识现实。每个人都如是做，所以在这个意义上，语言，尤其是暗喻，便是一种普遍的事实，一种普遍的存在形式。在人类精神诞生

79　的过程中，所有民族都跨过了语言使用的相同阶段——从直观、感官到抽象。而维科对笛卡儿的反对，对笛卡儿理性主义中亚里士多德式逻辑之延伸的反对，让他成为第一个名副其实的"语言历史学家"、相对主义者。他敏锐地察觉到了各种语言自成一派的天才和历史色彩。所有的原始人都试图通过"想象中的普遍物"（*generi fantastici*）来进行表达，但在不同的语言中，这些普遍物很快就得到了完全不同的设定。"近乎无限多的特异物"组成了不同语言的句法和词汇集合，它们催生并反映不同民族和文化的不同世界观。"无穷的特异性"深不可测，以亚里士多德或笛卡儿－数学模型为基础的语言普遍逻辑只能是错误的演绎。只有通过对某个语言－世界（比如荷马的古希腊语和《圣经》希伯来语）进行审慎的、诗性的再造或翻译，神话和历史的"新科学"才有希望追溯人类认识（用"**各种认识**"可能更为精确）的发展。[1]

　　在 1787 年 3 月的一条著名评论中，歌德把哈曼和维科进行了比较；而哈曼在十年之前得到了一本《新科学》也是毋庸置疑的事实，但这似乎对他也没有什么直接的影响。哈曼的语言和文化理论始于 18 世纪 60 年代早期，它源于他非凡才智意义深远的胡思乱想，以及他对神智论和卡巴拉派思想的熟稔。哈曼的思考通常是断章式的；与布莱克的思想相仿，它们通常被描述为"光辉的黯淡"。但他思考语言时展现的原创性和远见则让人（尤其在今天看来）匪夷所思。

　　自 18 世纪 50 年代起，"语言和观念相互影响"（l'influence réciproque

---

[1]　见斯图亚特·汉普希尔，"Vico and the Contemporary Philosophy of Language"，载于 G. 塔利亚科佐编，*Giambattista Vico, An International Symposium* (Baltimore, 1969)。

du langage sur les opinions et des opinions sur le langage）的问题开始流行。哈曼在 1760 年的《对一个学术问题的探讨》（*Versuch über eine akademische Frage*）中思考了这个问题。他认为一个群体思维和感觉的方向与其"言语的轮廓"有决定性的一致。大自然为不同种族提供了不同 80 形状和颜色的眼睛；同样，人们的唇、舌、颚也有微乎其微但至关重要的差异。这些差异便是语言的扩散和多样的源头。（这种生理学假设并不新奇，哈曼参考了英国解剖学家托马斯·威利斯。）语言对某一文明实质的展现不亚于其衣装和社会习俗。每种语言都是特定历史－文化形态的"显灵"或明确展示。希伯来语的动词形式与犹太习俗中的细致和守时密不可分。而语言所揭示的某个群体的独特财富，也正是语言自身所塑造和决定的。这个过程是辩证的，一个文明语言的化运之力会向内外两个方向推动。

1761 年，哈曼在这些观念的引领下对法语和德语的语法和词汇进行了比较研究。《杂评》（*Vermischte Anmerkungen*）夸张而乖僻，但也孕育着天才之见。虽然自认为参考了莱布尼茨，但哈曼关于语言和金融交流相似性的论述，以及对语言理论和经济理论能相互佐证的自信断言，不仅极富原创性，甚至在很大程度上能概括列维－斯特劳斯的结构人类学。哈曼能够做出这样的论述，是因为他已经在思考有关意义符号的普遍理论，试图建立一种现代意义上的符号学。哈曼和莱布尼茨相信在所有语言的表层结构下，都潜伏着一系列的隐意和启示，支撑这种信念的，则是神秘主义注释学——阅读即解译，言说"即翻译（转意）"。两种技巧都是对符号或重要象形物的解码，而生命则通过这些符号按照意识行动。哈曼认为"行动"（*Handlung*）就是"动态的语言姿态或结构"（*Sprachgestaltung*），这是肯尼斯·伯克一整套"动机语法"的先驱。任意一种语言生来就会拥有专属于它自身的决定性力量，而哈曼反对给它冠以康德式普适的、唯心的先验分类。语言有别必然会让人生成不同的心智乃至 81 感觉结构，语言会产生出特定的认识。1772 年的《语文学思想和疑问》（*Philologische Einfällr und Zweifel*）虽然在格式上杂乱而神秘，但仍值得严肃对待。哈曼抛出的建议是萨丕尔和沃尔夫语言相对主义的先声。他似乎在说，"感觉海洋"的潮汐无差别地洗刷着人类感触，而让人从中做出不同选择的，正是不同的语言。语言专属于这个物种，却在不同民族间变化万千，它塑造现实，又被人类各不相同的体验所改造；哈曼认为，笛卡儿普遍的、演绎的坐标系和康德的唯心论都不能解释语言在塑造与被塑造时所经历的有创造力的、非理性的、多种多样的过程。

让人对临场感更为敏锐，在我们对地理和历史特异性的理解中注入特别的强调，是浪漫主义的成就之一。赫尔德醉心于地方感。他的"语言哲学"（*Sprachphilosophie*）把哈曼灵动的狂想，翻译成了19世纪早期发展出的货真价实的比较语言学。我认为赫尔德可能被过誉了。他在1772年的著名论文中提出了语言的自然或神圣起源的谜题，后来也一直对此念念不忘。所有的证据似乎都表明，人类言语拥有着一种本能的、演化式的起源，这正是卢克莱修和维科曾提出过的。然而，发自本能的、模仿性的言语－发声，与成熟语言的绝妙，二者之间的鸿沟似乎是不可逾越的。因此赫尔德的思想里便常常出现关于某种特殊天赋之神圣作用的理论。与莱布尼茨相仿，赫尔德对人类经验的独一性有鲜明的认识，每种文化、每套习语都是独一无二的晶体，都以特别的方式反映着世界。新兴的民族主义和民族语汇为赫尔德提供了现成的焦点。他呼吁建立"一种从语言看民族的通用相术"。他坚信每种语言都有不可化约的精神特性，尤其是德语，它始自远古的表现力一直沉睡着，现在又具备了新时代的光彩，也拥有创造世界级文学的潜力。民族特性被"烙印在语言上"，相应地，它也被打上了语言的印记。因此，对一个民族来说最重要的莫过于语言的健全；如果语言被污染，被混杂，国民的品质和福祉也会衰败。赫尔德深信此道，以至于怪诞的地步。他在《断片》（*Fragmente*）中称，一种语言会从保卫"自己不受翻译"中获得巨大的收益。这种说法与神秘主义语法学者从译作中保护圣典的企图十分相近。赫尔德认为，不被翻译的语言能保持自己至关重要的纯洁性，不会因异族血液的侵入而衰弱。让原始的、民族的语言（*Original und*

82

Nationalsprache）不受玷污、拥有活力，是诗人的至高任务。

从赫尔德的写作至威廉·冯·洪堡的创作，其间的寥寥数年是语言思想史中最多产的年份。威廉·琼斯爵士1786年著名的《第三周年演讲》，用弗里德里希·冯·施莱格尔的话说，"是带来语言知识的先驱，他说明了拉丁语、希腊语、日耳曼语、波斯语与印度语言的关系和传承，照亮了远古民族的历史，而这个领域在此之前完全是昏暗而迷乱的"。上文这段对琼斯的致敬出于施莱格尔1808年的《论印度的语言和智慧》，本身也是一部现代语言学的奠基之作。正是靠着施莱格尔，"比较语法"这个概念才能得到清晰定义，成为主流。虽然如今少有人读，但德·斯塔尔夫人的《关于德国》（1813）也产生过巨大的影响。在对一个觉醒中的民族进行的具有印象派风格而又清晰明智的描绘中，斯塔尔夫人认为德语和德国人民的个性、历史之间相互影响。她发扬了哈曼的观点，试图将德国民族精神中形而上学的氛围、内部分化和对诗歌的偏爱与德语句法的分节构造和"动作暂停"联系起来。她认为拿破仑时期的法语正与德语对立，其系统化的直率和修辞正是对法兰西民族美德和瑕疵的表现。

这些论争和猜想都是洪堡作品的先兆。不过，接触这部作品，即是 83 接触一种完全不同的智识成就。其智识的火花、注记的精妙、论述的锋芒，让他这部并不完备的论述语言的著作达到了前所未有的高度。洪堡是为数不多的在语言方面提出真正新颖、全面的论述的作家和思想家之一（其他的还有柏拉图、维科、柯勒律治、索绪尔、罗曼·雅各布森）。

洪堡是幸运的。在他周围，一场难得一见的语言学和心理学运动如火如荼，大量的著作被创作出来。它们对语言和民族情感的探讨，既凝结着个人天赋，又具备共识，这是历史上罕有的。歌德、席勒、维兰德、沃斯、荷尔德林及其他很多人所做的，不仅仅是在创作、编辑、翻译巨著。他们有着坚定的主张和明确的意图，他们想让德语成为典范，想通过深思熟虑，让德语成为个人和社会生活中涌现的全新可能性的词汇表。《少年维特之烦恼》《唐·卡洛斯》《浮士德》是个人想象的巅峰之作，同时又是极具实用性的范本。仍处在分离之中的使用德语的各省和公国，能够在它们之中，通过它们找到新的共性。歌德和席勒在魏玛的剧场，维兰德搜集的德语歌谣和民谣，克莱斯特创作的历史故事和戏剧，为德国人的精神和语言创造了共鸣。正如维科所想，诗歌总集为新的民族群体编织了记忆（其中不乏想象成分）的纽带。在研究语言和社会关系时，洪堡见证了文字（大多还是他熟识的人所写）可以赋予德国鲜活的过去，也看到了它如何向未来投去了理想主义的、野心勃勃的阴影。

在洪堡活跃的年代里，按照严格的语文学和文献学新标准进行的印欧语言学研究，和对希腊、希伯来、凯尔特古文的比较研究，正在为货真价实的语言科学铺平道路。他十分清楚，这种科学需要参考历史学、心理学、诗学、民族学，乃至生物学的某些分支。他和歌德都相信，个体的光芒来自普遍的、有机的统一体永恒的能量。正是生命自身的运转和脉动，让每个孤立的现象（它们的"孤立"可能只是因为我们还没有察觉其周围的力场）有了意义。对洪堡和他的弟弟而言，这种普适性所蕴含的并非空洞的暗喻。我们可以相当确定地说，最后一批能在专业上或想象上，对近乎全部的远古尚存知识形成直接见解的欧洲人中，洪堡兄弟赫然在列。民族学家、人类学家、语言学家、政客、教育家……两兄弟可谓是人文和科学探索的中枢。从矿物学到形而上学，从美洲印第安古迹研究到现代技术，他们的兴趣像莱布尼茨一样宽泛而活跃，热忱的好奇心也让他们成为这些领域的权威。当洪堡把语言置于人类中心时，他所处的位置让他能够感受到这样一个枢机所指示和关联的内容是什么。而洪堡同样能够自然地接触到 18 世纪晚期，这让他仍拥有对神秘语言学思想传统的感受力；如我们所见，这种传统一直绵延不绝，能追溯到库萨的尼古拉和帕拉塞尔苏斯。洪堡的伟业之中，远古和新晋同时具有活力。

而他的事业传给我们时，已经是不完整的编辑本。[1] 其中包括 1822 年 1 月题为《论语法形式的产生及其对观念发展的影响》（"Ueber

---

[1]　由 H. 施泰因塔尔编 (Berlin, 1883)。

das Entstehen der grammatischen Formen und Ihren Einfluss auf die Ideenentwicklung")（这个题目本身也是一种宣言）的演讲，以及他自 19 世纪 20 年代起至 1835 年去世之间所撰写的"巨著"——它在他逝世后得到了整理和出版，名为《论人类语言结构的差异及其对人类精神发展的影响》[1]。即便是在翻译之后，这本书的雄心还是能体现在题目上：*On the Differentiation of the Structure of Human Language, and its Influence on the Spiritual Evolution of the Human Race*。洪堡的目的无疑是要在语言和人类经验之间建立分析性的关联，在某种语言的世界观（*Weltanschauung*）和使用它的人的历史和文化之间揭示出一致性。要进行这种分析，必须要相信语言是真正的或唯一能被证实的先验认知机制。当这个机制对感觉之流施加影响时，就形成了感知。"语言是构成思想的器官"（Die Sprache ist das bildende Organ des Gedankens），洪堡如是说；*bildend*（构成）具有强有力的双重含义："图画"（*Bild*）和"教养"（*Bildung*）。不同的语言机制会以不同的方式分割并引导感觉的流动："每种语言都是一个形式，承载着一种形式 – 原则。每种语言都是其通行原则所产生的统一体。"[2] 这种有机进化的思想不仅比康德走得更远，甚至走到了其反面。依循这样的思路，洪堡形成了一个重要想法：语言是"第三种宇宙"，位于"经验世界"的可感现实与意识的内化结构之间。这种中间性，这种物质和精神的并存，使语言成为人之所以为人的关键，也决定了人在现实中的位置。如是观之，语言便是普遍的。然而各种语言之间都有区别，因此世界的外形也得到了或微小或剧烈的改变。在此，洪堡把孟德斯鸠的环境论和赫尔德的民族论与后康德式的模型（即人类意识是认知世界的积极而多元的塑造者）融合起来。

85

思维的塑造机制被柯勒律治称为"统合力"（esemplastic powers），它

---

[1] 相关中译取自姚小平译本（《论人类语言结构的差异及其对人类精神发展的影响》，北京：商务印书馆，1999 年）。原题为：*Ueber die Verschiedenheit des menschlichen Sprachbaues und ihren Einfluss auf die geistige Entwicklung des Menschengeschlechts*。——译注

[2] 该句出处未详，故未参考现存译本。——译注

不通过语言发挥作用，而是内在于语言。言语是**造化**之功，人类的语言表达根本上是创造性的。洪堡认为（这个观点可能来自席勒）语言本身就是无所不包的艺术品；他自己的贡献则在于坚持认为语言完全是一个生成的过程，这也对一个新晋的概念产生了一定影响。语言并不是像电缆传递电报信息一样，传达业已存在或分隔孤立的内容。其内容在言说陈述的动态活力之中得到构建和传达。具现（entelechy），即言语有目的的流动——在此我们可以从洪堡身上看到某种浪漫主义化的亚里士多德学说——便是对有序的、感知到的体验之传达。然而体验在语言的矩阵中只能体现秩序和认知。语言（*die Sprache*）最终会玄妙地等同于"理想中的精神总和"（*Geist*）。我们将会看到，这种根本的统一实际上无法得到解释，这会对洪堡真正的语言分析产生负面影响。

　　洪堡对语言促生、化物之力有着特别的见解和感情，在此压力之下，他产生了语言可以与人为敌的想法。据我所知，他是第一个提出此观点的人，而且即便是现在，我们也很难理解其蕴意。洪堡的陈述十分引人注目："尽管语言完全是内在的，但它同时又具有独立的、外在的实存，通过这一实存，它对人本身施予强大的控制。"语言让人在世界中如鱼得水，"但它也有疏离的力量"。人类的言语有着专属于它自己的力量，它比使用者更加全面而长久，因此它也能在人和自然之间制造障碍，它可以扭曲认识和梦想。语言异化（*Entfremdung*）的现象与词语创造性的天赋密不可分。这个词要归于洪堡，但它表达的见识则与翻译理论息息相关。

　　《论人类语言结构的差异及其对人类精神发展的影响》（尤其是第十九、二十节）充满了关于语言的具有先见之明的猜想。人类直立行走不是因为祖祖辈辈都要去触及什么水果或树枝，而是因为言语（*die Rede*），"不能因为面朝黄土而被压抑或抹杀"。洪堡早在当代结构主义诞生的百年之前就注意到语言过程独特的二元属性：它拥有、协调着各种对立——内在和外在、主观和客观、过去和未来、个人和公共。语言远不只是说话者之间的交流，它是这些认知的端点之间活跃的介质，而正是这些认知端点使人类经验在根本上具有双重性和辩证性。洪堡在此明显预示了 C. K. 奥格登的对立理论和列维 - 斯特劳斯的二元结构主义。

我希望从这些观点之中，筛选出那些与我们的主题直接相关的：人
类语言的多样性以及世界观（*Weltansicht*）和词语（*Wort*）的关系。

"语言的产生对人类的内在来说是必要的。"在"灵魂"本能地奋力
成为有意识的存在时，语言更是可能经验的一切形式。这便是言语形式
无限多样的真正原因。每种语言都是对世界一切潜在可能的一次侵袭。
洪堡写道："每种语言都是某种尝试。"它是试炼，是试验。一方面，它
会产生一套复杂的人类理解和回应的结构，并通过存在的无穷可能检验
这套结构的生命力、分辨力、创造力。最神圣的语言也不过是一种尝试，
在实质上也是不完备的。另一方面，没有语言（不管它多么原始）不能
在一定程度上满足某一群体的内在需求。洪堡相信不同的语言对生活的
回应之强度不同；他确信不同语言渗透的深度不同。他借用了施莱格尔
对"高级"和"低级"语法的分类。屈折语远比黏着语高级，后者是更
为初级的方式，是"自然的语音"（*Naturlaut*）。屈折语允许并促使人们
对动作进行更为精妙、更为动态的处理。它使人对性质的知觉更为敏锐，
还必然会有助于人们更加清晰地表达（即理解）抽象关系。从黏着语过
渡到屈折语便是对经验进行"向上的"翻译。

现在，洪堡准备好进行关键的实验了，他要把自己的语言和世界观
相互决定理论应用到具体案例上。他试图表明希腊语和拉丁语是如何决
定各自不同的伦理、民族情感总集的。他要说明，这两种伟大的语汇创
造出了大相径庭的文明结构和社会映像。这个论点的铺陈极富智慧，也
证明了洪堡对古典文字和文学如数家珍。但是，它无疑没能达到其理论
上的目的和期许。

希腊语的语调轻柔、纤细、微妙。阿提卡文明在智识和雕塑上的创
造力无可比拟，这些品质源于其语法的精确和变化，也借由语法得到反
映。很少有语言在生活的涓流中编织了一张像希腊语这般精致的网。同
时，希腊语句法还能够解释希腊政治的分裂，解释希腊人对修辞的过分
信任，以及让城邦政务复杂而腐败的指鹿为马的三寸不烂从何而来。而

拉丁文化则判若云泥。罗马文明严酷、阳刚、精简的品质完全与拉丁语吻合，它的句法和语音形式构造（*Lautformung*）朴素甚至贫乏。拉丁碑刻上的字母完美地表现了这种语言线性的、纪念碑式的凝重。它们都是罗马人生活方式的真实写照。

洪堡进行的是循环论证。文明的独一无二通过语言得到展示；而语言又是文明独一无二的母体。两个论题彼此相互印证。了解到希腊人和罗马人有所不同后，我们又反回来论证其语言的区别。不定过去时（aorist）和希求式能不能解释斯巴达人不分青红的鲁直生活？我们能否发现罗马从共和国向帝国过渡时，拉丁语的绝对离格（ablative absolute）有所调整？时间顺序（*post hoc*）和因果关系（*propter hoc*）的区别无疑被模糊了。洪堡的总结陈述甚为雄辩，但它的浮夸和不明确还是出卖了自己。不同的语言让精神对现实进行不同的建构："[不同的]精神个性犹如一层轻灵的柔气，漂浮在整个语言之上。"在把语言（*Sprache*）和精神（*Geist*）（黑格尔的语汇正和他自己的处于同一个时代）等同后，洪堡只能如是总结。但是洪堡在开篇就表明这种等同在最终分析后仍是无法解释的，因此他无法用它提供可被证实的论据。他的确信本质上还是出于直觉。此外，本作的哲学广度和对语言价值的敏感未能把洪堡的立场完全展现出来。其论点根本上是"单子论"或相对论的，但其中也能发现普适论的倾向。因此，洪堡的核心术语——"语言的结构"以及"由特定语言决定的结构"——中缺少最终决断。毋庸置疑，这些术语指向大量的例子和历史证据；但是归根结底，它们还是沦为暗喻，成为有机生活中浪漫主义标准的简写式，而不是可证实的概念。不过，鉴于"语言"和"精神"最深处关系的诡秘难测，似乎也别无他法。

有人曾论证过从赫尔德到洪堡再到本杰明·李·沃尔夫的线索是连续的。[1] 智识上讲确实如此。语言相对论的确凿历史从施泰因塔尔

---

[1] 见 R. L. 布朗，*Wilhelm von Humboldt's Conception of Linguistic Relativity* (The Hague, 1967)；罗伯特·L. 米勒，*The Linguistic Relativity Principle and Humboldtian Ethno-linguistics* (The Hague, 1968)。

（Heymann Steinthal，洪堡残篇的编者）的作品传承到弗朗茨·博厄斯的人类学，此后又延伸到了萨丕尔－沃尔夫的民族语言学上。可以说，这一历史成了洪堡的一种尝试，为其直觉提供可信的语义学和人类学事实依据。很多论争都源自德国，这也不足为奇。真正的德国来自路德的通用方言。德语逐渐构成了人们共有的各种情感模式，这些模式让民族国家成为可能。当这个国家步入现代历史舞台时，它是一个充满神秘的后来者，被疏远的，多少有些敌意的欧陆包围着，它独特的视角带有一种敏锐的自卫情绪。在德国人的普遍特征中，他们的世界观似乎与众不同，其基础和表现力来自语言。语言反映着德国历史中的各种极端，反映着德意志民族的拼命努力——既要摆脱温良民族的包围，又要避免东方原始而危险文明的侵袭，这让德国的历史哲学家认为，他们的语言是一个独一无二的孤立而神圣的因素。其他民族的感受无法潜入到这秘传的深邃之处。在席勒所谓的"隐藏的深处"（*die verborgenen Tiefen*），会迸发重生的活力，获得形而上的发现。

卡西尔的《符号形式的哲学》为洪堡的思想注入了鲜活的生命力。不同的语言将相同的感觉现象存放在不同的概念归类中，它们必然会反映由言语决定的感知差异，卡西尔也赞同这个理论。刺激物明显大同小异，但反应通常大相径庭。在意识的"生理普遍性"和特定文化－传统的辨识与回应过程之间，有一层由各种语言构成的薄膜——或用卡希尔的话说，有独特的"内在形式"，可以将自身与其他语言区别开。从《母语和精神构建》（1929）到1950年的《论德语的世界观》，莱奥·魏斯格贝尔试图将"单子论"或相对论原则应用到德语句法的真实细部特征上，并相应地，应用在德意志民族的观念史上。他的核心信念是"我们的理智受到它所使用的语言的摆布"。语言学家尤斯特·特里尔（Jost Trier）也有非常相近的观念。每种语言都会以自己的方式构建并组织现实，也以此决定专属于这种语言的现实的成分。这种决定构成了特里尔于20世纪30年代创造的语言场（*das sprachliche Feld*）概念。每种语言或语言单子按照莱布尼茨哲学，泾渭分明地在一个概念场中建设和运作（这和量子物理学意象上的相似之处非常明显）。这个场可以被理解为一个完形（*Gestalt*）。不同的文化语言有别，也就会把不同的完形加诸经验的原材料和总集合之上。两种理论中，从经验内得到的语言"反馈"都是独特的。因此，操持不同语言的人居住在不同的"中间世界"（*Zwischenwelten*）中。某群体的语言世界观塑造、孕育着其心理和社会行为的方方面面。决定整体之中不同的概念群组和形态如何得到"读取"和关联的，正是语言。通常，语言从所有潜在认识所构成的场中"过滤"掉的信息，远多于它所涵盖的。阿根廷的牧人（gaucho）知道约两百种形容马皮色彩的词，这种识别力很明显与其生计息息相关。而他们的日常对话中只有四种植物的名字。

91　　美国语言学家的相对主义既借鉴了洪堡的遗产，又从人类学的田野工作中得到了养分。虽然存在问题，但列维-布留尔的"原始思维"概念——民族学家能在其中观察到理性出现之前的运作方式，或非笛卡儿式的语言-逻辑进程——还是有一定影响。对美洲印第安人的人类学研究似乎证实了洪堡的语言决定论猜想和特里尔的"语义场"概念。这一切都在爱德华·萨丕尔 1929 年的文章中得到了总结[1]：

> 事实是，"真实世界"在很大程度上无意识地建构于一个民族的语言习惯之上。没有两种语言足够近似，以至于可以视为再现同一个社会现实。不同社会居住的世界是不同的世界，而不仅仅是带有不同标签的同一个世界。[2]

对"民族（族群）"的强调值得注意。一个文化的"语义场"是个动态的、由社会所激发的建构。一个群体所进行的特别的"语言和现实的

---

[1]　见 D. 曼德鲍姆编，*Selected Writings in Language, Culture and Personality by Edward Sapir* (Berkeley and Los Angeles, 1949)。

[2]　中译本取自高一虹等译本（《萨丕尔论语言、文化与人格》，北京：商务印书馆，2011 年，《语言学作为一门科学的地位》[赵媛译] 一文）。——译注

游戏"，与维特根斯坦在《哲学研究》中对行动，对一个社会的历史演化和被接受习俗的论述十分相似。这是一种"动态唯心论"：语言组织经验，这种组织活动是由特定的一组语言使用者持续不断的共同行为实现的。因此语言分化便有了累积式的辩证统一：语言产生不同的社会模式，不同的社会模式进一步分化语言。

"单子论"有着来自莱布尼茨和洪堡的高贵哲学出身，它冠绝于世的言辞在智识上也同样显赫。沃尔夫的"元语言学"（metalinguistics）曾一度受到来自语言学家和民族学家的双重抨击，仿佛他很大一部分著述都无法得到证实。不过《论语言、思维和现实》[1]（1956）中辑录的论文还是展现了他的远见卓识和哲学思辨。它们讨论了核心的可能性，探索了意识，这不仅是语言学家所关心的，还是诗人，尤其是译者所关切的。沃尔夫是个局外人，他给民族语言学带去了语言研究中的形而上和诗性，这是专家身上罕有的。他有着类似于维科的哲学好奇心，但却是一个具备明确现代科学意识的化学工程师。雅各布森、理查兹和沃尔夫共同活跃的时代，必定是探索人类思维的历史中至关重要的时刻。

沃尔夫的观点尽人皆知。语言模式决定个人在其世界中的感知，决定他如何看待自己所感知到的事物。这些模式（可以从语言的句法和用词中观察到）千差万别，所以使用不同语言系统的人群的感知、思维和回应模式也会千差万别，本质上完全不同的世界观也会因此产生。沃尔夫将它们称为"思维世界"。它们构成了"每个人自身具有的微观世界，每个人用它来衡量和理解宏观世界中的一切"[2]。人类意识所及之处，便没有哪种实体具有普遍的客观性和物理真实性。"我们用本族语所画的线切分自然。"[3] 更准确地说：人类的感知活动根本上具有双重性（沃尔夫援引了格式塔［完形］心理学）。在人类这个物种演化出语言之前，有一种对

92

---

[1] 相关中译取自高一虹等译本（《论语言、思维和现实：沃尔夫文集》，长沙：湖南教育出版社，2001 年）。——译注

[2] 同前书，《习惯性思维、行为与语言的关系》一文。——译注

[3] 同前书，《科学与语言学》一文。——译注

空间的神经－生理上的理解，它普遍而粗疏，它可能也存在于婴儿发展出清晰的言语前。然而，人一旦开始使用某种语言，就会随之形成一套独特的概念（沃尔夫并没有阐明语言是这种概念的决定因素还是其条件之一）。空间固化，以及我们生活于其中的时空矩阵，通过语法的每一个元素得到显现，也显现在每一个元素中。印欧诸语言的时间感各有千秋，也有相应的动词时态系统。不同的"语义场"呈现着不同的计数技巧，对指称物体数量的名词有不同的处理。它们以非常多元的方式划分着各种色彩、声音、气味。维特根斯坦的"映射"仍然能够提供一种建设性的类比：不同的语言群体居住并游弋在不同的意识所构成的不同风貌之

93　上。在最后一篇论文中，沃尔夫总结了自己的所有观点[1]：

> 实际上，思维是非常神秘的，而目前对我们理解思维帮助最大的，是对语言的研究。语言研究显示，一个人思维的形式受制于他没有意识到的固定的模式规律。这些模式就是他自己语言的复杂的系统，它目前尚未被认识，但只要将它与其他语言，特别是其他语族的语言做一公正的比较和对比，就会清楚地展示出来。他的思维本身就是用某种语言进行的——英语、梵语，或汉语。而且，所有语言都是一个与其他语言不同的庞大的形式系统，这个形式系统包含了由文化规定的形式和范畴，个人不仅用这些形式和范畴进行交流，而且也通过它们分析自然、注意或忽略特定种类的关系和现象、引导推理过程、构筑自己意识的房屋。

为了表明这个观念"有无可争辩的事实做基础"，沃尔夫时刻准备将

---

[1] *Language, Thought, and Reality: Selected Writings of Benjamin Lee Whorf*，约翰·B. 卡罗尔编（Cambridge, Mass., 1956)，第 252 页。译者按：相关中译取自高一虹等译本（《论语言、思维和现实：沃尔夫文集》，《语言、心理与现实》一文）。

比较语义分析应用在大量语言上：拉丁语、希腊语、希伯来语（他的著作和法布尔·道利维 [Fabre d'Olivet] 古怪的卡巴拉作品有重要联系）、科塔语、阿兹特克语、肖尼语、俄语、汉语、日语。与很多普遍论者不同，沃尔夫对语言很敏锐。不过提供了最有力证据的，还是他关于亚利桑那霍皮人语言的论述。在此，生活和意识中独特的"形式系统"的概念，得到了明确例证的有力支持。一篇论述"一种美洲印第安人宇宙模式"的重要论文[1]大概付梓于 1936 年至 1939 年间，其中沃尔夫把自己的分析扩展到了肖尼语上。

在探讨霍皮语动词的瞬止体（punctual）和链续体（segmentative）时，他总结道，这种语言可以细致地描绘"可被称为'原始物理学'的特定领域"。霍皮语比现代英语更善于处理波的过程和振动。"根据现代物理学概念，在自然界中，粒子与振动场之间的对比关系比时间—空间，或过去—现在—将来之间的对比要更为基本，而我们的语言则将后几种对比强加给我们。我们已经看到，霍皮语中的体对比关系是其动词形式所必须考虑的因素，实际上，它强迫霍皮人去注意并观察振动现象，并进一步鼓励他们为这些现象命名，将它们分类。"[2]沃尔夫发现，霍皮语中没有词汇、语法形式或习语能够直接与我们所谓的"时间"，或我们使用的时间和运动向量相对应。"我们的语言、思维及现代文化所蕴含的玄学"必然强加给我们一个静态三维的无限空间和一个永无休止的时间流。这两个"宇宙坐标"可以与牛顿物理学和康德的物理学、心理学平滑地联系起来。它们也让我们在处理量子力学和四维相对性的世界时，感到了深刻而内在的矛盾。沃尔夫认为，霍皮语句法的形而上框架更能与现代科学的世界图景相契合。霍皮语的动词时态和措辞表明，事件的存在是"动态的，但不是运动的"。对现象进行"结果和呈现"的语义组织，

94

---

[1] 参见高一虹等译本（《论语言、思维和现实：沃尔夫文集》，《美洲印第安人的宇宙模式》一文）。——译注
[2] 以上两处引文见于高一虹等译本（《论语言、思维和现实：沃尔夫文集》，《霍皮语动词的瞬止体与链续体》一文）。——译注

无疑可以让人把对事件的主观感知或"理想投射"调整为客观状态（事实上是促进了这种调整），这正是印欧语言语法难以适应，或必须完全用数学语言表达的。

> 如果译成英语，霍皮人会说，这些原因过程中的实体"将要到来"，或者他们（霍皮人）"将要来到"它们。不过在他们自己的语言中，并没有动词对应于我们的"来"和"去"。"来"和"去"是英语中纯粹运动学的概念，表示简单的、抽象的运动。在霍皮语中，译成"来"的词指的是产生结果的过程，但不称为运动，而是"对此的结果"（pew'i）、"由此的结果"（angqö），或者"达到了的"（pitu，复数形式 öki）。这些都是指最终的呈现，实际达到的目标，而不是此前的任何运动或动作。[1]

因此，霍皮语对发生、推理思维和遥远事件的处理十分精妙，也易受到暂时性立场的感召，而这正是 20 世纪的天体物理学或波粒二相理论所需要的。观察者对被观察过程的塑造性影响，对不确定性的统计，内在于霍皮语中，却不存在于（或指通过解释性的暗喻存在于）英语中。

隐型（cryptotype）是沃尔夫语义学的一个核心概念。他将其定义为"隐秘、微妙、难以把握的意义，不与任何词汇相对应，但语言分析显示，它在语法中有着重要的功能"。这些"隐型"或"语义组织的类别"（包括：漫无边界的散布；整体摆动而局部不发生震颤，非持续性的冲击，有方向性的动作[2]）——它们将语言潜在的形而上成分翻译到显性或表层语法中。对不同语言"隐型"的研究正是沃尔夫所热衷的，它能让人类学和心理学了解意义中深藏的活力，了解构成文化的被选定的、有

---

[1] *Language, Thought, and Reality*，第 60 页。译者按：本段及前注后数段引文均来自前书《美洲印第安人的宇宙模式》一文。

[2] 以上两段引文取自前书，《原始社群思维的语言学考察》一文。——译注

意义的形式。对于外人来说这无疑十分困难，在探究某门外语中由活跃的符号构成的深渊时，他必然要在自己语言的世界框架里进行操作。我们降到谷底，不过引起了更多的黑暗。另外，它"只是在意识层面之下或接近于意识层面"[1]，母语使用者都不能用合适的词来描述。它们显然无法翻译（我们还会回到这一点）。不过，带有哲学和诗学严肃性的小心谨慎的观察还是能让语言学家和人类学家进入（至少在一定程度上）另一门语言的"型式系统"；如果他能按照真正的相对主义观点所暗含的反讽式自省的原则来行事则更佳。

传统的普适论语文学明目张胆地认为梵语和拉丁语构成了人类言语自然的、最佳的模式，或至少是所有人都明显会偏爱的模式；沃尔夫不遗余力地揭露这种根深蒂固的偏见和不言自明的自大。沃尔夫对"原始社群思维"的再次评估在时间和内涵上都与列维－斯特劳斯极富见地的早期研究《野性的思维》不谋而合。列维－斯特劳斯会完全支持沃尔夫的意见——"许多美洲印第安语言和非洲的语言中充满了关于原因、行动、结果、动态的或能量的性质、经验的直接性等等精制而美妙的逻辑辨识，它们都属于思维的功能，也正是理性的本质。就这一点来说，这些语言远远地超过了欧洲语言。"[2]沃尔夫给出了生动的例子：阿尔冈昆语系代词的四种形式，可以精简地表示复杂的社会情态；奇舍瓦语是"一种与祖鲁语相联系的语言，讲这种语言的是东非某个部落中未受过教育的黑人"[3]，该语言中表示过去事件的时态存在着一组区分：一种时态表示对现在造成了结果或影响，一种表示没有；科尔德阿兰语，爱达荷一个小印第安部落使用的语言，表因果关系的动词有三种形式。在此，沃尔夫又一次看到同一个悖论：各种所谓原始群体的"语义场"将经验划分成了一种现象学，与印欧语系语言的语义场相比，这种现象学更贴近20

96

---

[1] 本句取自前书，《关于霍皮语言学的讨论》。一文——译注

[2] 本段引文取自前书，《原始社群思维的语言学考察》一文。——译注

[3] 本句取自前书，《语言、心理与现实》一文；几个相关例子的具体信息同见此文。——译注

世纪物理学和格式塔心理学的数据。沃尔夫的暗示也同样引人注目（每一种翻译理论都会希望探索并扩展它）——不同语言中，语音（它或多或少是普适的）和"意义内在音律"的契合度也不同。德语的 *zart* 意指"轻柔"（tender），它的语调让人联想起脆硬的感觉。英语的 *deep*（深）应该会让人想起声音同样轻快尖锐的 *peep*（偷窥）。某种语言中词语的意义可能与这种看似普遍的听觉联想南辕北辙。这种"心智"（mental）认知和"心灵"（psychic）认知间的冲突，可能对每种语言的演化都至关重要，也会以不同形式呈现在不同语言中。

几乎完全以笛卡儿–康德逻辑和均质欧洲语（SAE）的"语义场"为基础所建立的语言、心理和现实的图景，是一种妄自尊大的简化。1940 年出版的论文《科学与语言学》的末尾值得全文引述（尤其是在这个语言研究几乎完全为武断的普遍性和语言的数学层面所统治的年代里）：

> 当我们充分地认识了全球语言系统惊人的多元性，我们就会不可避免地感到，人类的精神令人难以置信地古老；我们以文字记录的几千年历史，在衡量我们在这个星球以往经验的尺度上，不过是细细的一道铅笔痕；最近几千年内发生的事情，从进化的意义上看说明不了任何问题；人类没有任何突飞猛进的发展，在过去的几千年中未合成任何引人注目的新东西，只是与一些从无限久远的过去遗留下来的语言形式和自然观游戏了一番。然而，尽管有这种感觉，尽管我们意识到自己的知识危险地依赖于语言工具，而我们对这一工具本身仍知之甚少，我们不必为科学感到悲观。
>
> 相反，这种感觉应有助于培养与真正的科学精神相伴的谦卑，从而杜绝有碍于科学探索兴致和客观性的心理自大。[1]

97

---

[1] 引文译文取自前书，《科学与语言学》一文。——译注

不管沃尔夫的语言和心理理论如何被后人看待，这段话都会是不朽的。

三

以上是沃尔夫元语言学的特点和推论，哪怕只看它们，沃尔夫的批评者都能为普适论想出一些合理的辩白。这些批评指向与沃尔夫证据的循环性。看到一条涓涓细流，阿帕奇人会将之形容为"向下移动的白色"，这种词汇组合明显与现代英语不同。但是这能给我们洞悉阿帕奇的**思维**提供什么直接帮助？认为使用土著语言的人感知到的经验与我们的不同，是因为他用与我们不同的方式述说，继而又从这些言语中推断出认知的不同，这只是同义反复。在这种推断背后，藏有一个潦草粗疏的、未经检验的关于心智活动的图式。在《论卡西尔的语言哲学》（"A Note on Cassirer's Philosophy of Language"）一文中，E. H. 勒纳伯格对这些哲学论争做了总结："并没有无可辩驳的原因能让我们认为，语法学家对言语流的描述与对知识或智慧的表达可以等量齐观。"词语不是通用的心智运作和固定意义的具现。认为约定俗成的句法形态会与感知中独特的决定性行为和被决定行为相结合的观点，本身就是一种粗糙二元论的反映，它符合早期心理学对身心关系的想象。任何关于语言过程的可操作模型（比如维特根斯坦认为"词语的意义就是它在语言中的用法"），都会与沃尔夫决定论式的思维－言语相应说相龃龉。 98

此外，如果洪堡－萨丕尔－沃尔夫假说是正确的，如果语言本质上是以相互抵触的方式映射现实的单子，那么跨语言交际又如何成为可能？我们怎能习得第二门语言，或者通过翻译游荡在另一个语言世界中？很明显，这种跨越时有发生。

人类思维确实跨越语言障碍进行交流——这种基于经验的信念是普适论的关键。12 世纪的相对主义者皮埃尔·埃利（Pierre Hélie）相信，巴别的灾难产生的无法协调的语法种类和语言数量一样多，罗杰·培根以其著名的统一原理反诘之："虽然表面特征有所不同，但语法本质上在所有语言中是统一且同一的。"（Grammatica una et eadem est secundum substantiam in omnibus linguis, licet accidentaliter varietur.）如果没有某种普遍语法（grammatical universalis），人与人之间就不可能有真正的对话，合理的语言科学也就无从谈起。语言间由历史塑造的偶发差异无疑是难以逾越的，但它们背后存在统一普遍的原则和有组织的形式，人类言语各不相同的财富正是来源于此。在外表的无边多样性下，所有语言都是"按照相同的样例雕琢而成的"。

我们已经在莱布尼茨身上，乃至洪堡的相对主义论述上，见过了这种来自直觉的深信不疑。19 世纪印欧语言与文学在形式化——为大量离散的语音和语法资料给出了一套规范的、预测性的解释——上的成功，强化了普适论的成见。如今，可操作的普遍语法几乎是所有语言学家的共识。因其处理着普遍的、具有深层特点的现象，探讨着人类认知过程的普遍基本规则，现在的语言学理论得以将影响力扩展到哲学和心理学领域。"语言理论的重要任务必须发展对语言普遍现象的描写，这种描写一方面不因实际语言的多样性而变得无效，另一方面它将是那样的丰富和明确清楚，足以说明语言学习的迅速性和一致性，以及说明作为语言学习产物的生成语法的引人注目的复杂性及其范围。"[1]

普遍性原则和全面描述的目的十分明显。困难来自程度问题（它已经让 18 世纪晚期的普遍论者，比如詹姆斯·比蒂 [James Beattie] 绞尽脑汁）。在语言结构的哪些层面，能够发现并描述那些"普遍"？我们要潜入到语言使用活跃而顽固的多元层以下多深？在过去的四十年中，普适论的论证方向越来越趋于形式化和抽象。他们所提出的每一层普遍性都被发现是偶然，或被异常情况推翻，看起来最普遍的假设中都会跳出

99

---

[1] 乔姆斯基，*Aspects of the Theory of Syntax* (Cambridge, Mass., 1965)，第 27-28 页。译者按：中译取自黄长著、林书武、沈家煊译本（《句法理论的若干问题》，北京：中国社学科学出版社，1986 年，第 27 页）。

特异实例。对"普遍预言特征的描述"没能变得更为严格和详尽，反而更像是一种开放分类。

语言有三个方面，是明显可以寻找普遍性的：音系、语法和语义。

所有人都拥有相同的用以发出和接受声音的神经生理构造。有些声音的音高会超出人耳的接收范围；有些音调是我们的声带无法发出的。因此，所有的语言都在某个可定义的范围之内，它们都是数量有限的物理现象的组合。每种口头语言都是从生理或音系普遍性中选出的一个集合，研究者明显应该试图辨识并列举之。这种列举中最有影响力的一个是 N. S. 特鲁别茨柯依 1939 年在布拉格出版的《音位学原理》。在比较了 200 多种音位系统后，特鲁别茨柯依确定了一些发声结构，它们体现在所有语言上，而没有它们也就不会有语言。罗曼·雅各布森的"区别性特征"理论是对特鲁别茨柯依普遍性的优化。雅各布森发现了约 20 种普遍的语音元素，每一种都能通过发音和声学标准得到严格定义（例如，每种语言都必须至少包含一个元音）。这些特征通过不同的组合构成音系——所有语言的物理表现和传播。用这些重要的标签，科幻小说作者或电脑能够设计新语言；人们也可以进一步声称，这些新语言将处于人类表达潜力的范围内。缺少这些"区别性特征"的符号系统必然不在人类的五音之中。

事实上，对音位普遍性的分析是一个相当简易而木讷的工作。很多结论都过于笼统而乏善可陈，就像"人类都需要氧气"一样。每当涉及规定性论述时，描述的严谨度的问题就会出现。这个星球上的所有语言都有元音系统，这个论断看上去已经很保守了。事实上，只有把作为音节核（syllabic peak）的音段音位（segmented phoneme）也考虑进去时，这个陈述才是真的——即便如此，也至少有一种已知语言，威什勒姆语，会造成疑问。有一种布须曼方言名为昆语，为卡拉哈迪的几千名原住民所使用。[1] 它属于柯依桑（Khoisan）语系，但拥有一系列不见于他处的

---

[1] 本句专名异名如下：布须曼（Bushman）为 Bushmen，又名桑人（San）、巴萨尔瓦人（Basarwa）；昆语（Kung）为 ! Kung; !Xuun。——译注

搭嘴音（clicking sound）和呼气音，这都只在最近才得到记录。显然，这些声音处在人类生理的可能范围之内。但是为什么会出现这样的个例？换言之，如果它有效用的话，为什么不见于其他音位系统？一个基本鼻辅音"是这样一个音位：它最具特点的音位变体是浊鼻塞音，即完全阻塞口腔（比如唇和舌尖），打开软腭，震动声带所发出的音"[1]。在得到这样的定义后，音系学家就可以辨识基本鼻辅音在所有语言中出现的条件，找到它影响其他音位的位置和强度的固定方式。然而，"每种人类语言的音库中都至少有一种基本鼻辅音"这个论断仍需修订。霍凯特的《音系学手册》（1955）称，奎洛伊特语和附近的两种萨利希语言完全没有鼻辅音。究竟是曾经存在过这种鼻音，但在历史的进程中变成了浊塞音，还是由于一些特别的原因，萨利希语言中从来没有过鼻音音位？答案仍然不得而知。这种例子不胜枚举。

因此，普适理论跨越了边界不明显且多少有些粗糙的音系学质料，延伸到了语法层面。如果所有语言都是按照同一个样式构成的，那么对句法体系进行比较分析，就能揭示那些真正构成了普遍语法的元素。

对这种"基础语法"的探索本身，就是分析思想史中的一个动人篇章。自洪堡希望对句法形式进行普遍化的处理，以囊括所有语言（从"最粗糙的"到最完备的）后，已经过了相当长的一段时间。某些固定的句法类别（名词、动词、性别）是所有语言共有的，所有语言都具备某些相同的基本关系规则，这些概念根深蒂固于19世纪的语文学中。"相同的基础模型"铸造了所有语言，这一点得到了相当精确的理解：它是一组语法单位；是一组本身不指称任何事物，但会让复合构造产生区别的标签；是一套组合规则。

其中有些规则过于笼统。不存在没有第一、第二人称单数代词的语

[1]　查尔斯·A.弗格森，"Assumptions about Nasals: A Sample Study in Phonological Universals"，载于 J. H. 格林伯格编，*Universals of Language* (Cambridge, Mass., 1963)，第56页。

言。"我""你""他"[1]之间的区别和相应的关系网（这对亲缘关系词至关重要）存在于所有人类语言中。所有使用中的语言都有一组专名。没有哪个语言的词汇在语法上完全同质。每个语言系统中都能发现一种从句，其中"主语"能得到某种探讨或修饰。所有言语都靠主语—动词—宾语的组合来运作；其中"动—宾—主""宾—主—动""宾—动—主"的序列极为罕见。这种罕见让它们看上去像是对感知的某种深层顺序的违反。102其他一些"普遍语法"则涉及细节：比如"当形容词后置于名词时，形容词表示出名词的所有屈折范畴。在这种情况下，名词可能缺少其中一个范畴或全部范畴的显性标记"。基于"语言学实证证据"的最宏伟的句法普遍性列表来自 J. H. 格林伯格。[2] 他列举了 45 种基本语法关系，并得出这样的结论："语序是平行于实际经验或知识顺序的。"所有人类言语形式所隐含的语法都是对世界的投射。这种隐含语法强调语言的表层地貌的特点，强调通用于所有人的生物 - 社会经验的特点。重音、组织顺序千差万别，普遍 - 特殊或总体 - 部分之间的从属关系迥然不同，正是从这些因素的正反面中，发展出了各种语言。如果一种语言"有性的范畴，它总具有数的范畴"。否则，人们就会陷入古怪的混乱中。

然而，这又是一套中看不中用的说辞。与仍在使用的语言的总数相比，得到形式化和彻底研究的语言数量少得可怜（格林伯格的实证证据几乎只来自 30 种语言）。而且句法和音系学一样，都有棘手的特例。人们可能会认为，在第二人称单数上区分性别的语言，也会区分第三人称的性别。对几乎所有已知例子来说这都是对的，但对在尼日利亚中部使用的一小撮语言来说则不然。努特卡语的语法系统是常出现的例子，它的名词和动词之间很难进行标准化的区分。属格结构的设置似乎是一个基

---

[1] 三个代词的原文分别为 I, thou, he，均为主格。——译注

[2] J. H. 格林伯格，"Some Universals of Grammar with Particular Reference to the Order of Meaningful Elements"，载于 *Universals of Language*，第 73-113 页。编者按：该文相关中译参见陆丙甫、陆致极译，《某些主要跟语序有关的语法普遍现象》（《国外语言学》，1984 年，第 2 期，第 45-60 页）。

本的类型学标签，所有语言都能以它为标准被归纳到几个大语群中；但这却不适用于马普切语[1]，智利印第安人使用的一种语言，以及高加索达吉斯坦的一些语言。这些特例不能只被当作孤品而置之不理。一个货真价实的例外，不管来自仍然活跃还是业已灭亡的语言，都能够推翻语法普遍性的全部观念。事实上，这种试图包容一切的方法很大程度上已经被搁置了。

从某种程度上说，因为这种以统计学和民族语言学手段探求句法普遍性的方法辜负了人们的期待，或只具有描述意义，转换生成语法的论述开始转向更深层的现象。它们试图把语法的概念内化，使它成为一种内在于人类意识的特别的语言机能。

乔姆斯基的句法非常具有普适论特色。（其他的语法理论——结构语法、层次语法、序位语法、比较语法——又何尝不是如此？）自笛卡儿和 17 世纪的波尔·罗亚尔一派语法学者之后，没有哪个关于人类心智活动的理论，如此清晰地给人类的先天能力描画了这样一幅普遍而统一的图景；虽然乔姆斯基和笛卡儿所谓的"先天性"（innateness）意义完全不同。笛卡儿的"先天性"，明确地来自上帝，来自词语和世界的相应，它必定蕴含着一种社会环境。它预示着某种"刺激和回应"的配置，而这正是乔姆斯基会驳斥的。乔姆斯基的出发点是对行为主义的反对。刺激和模仿式回应的简单模式，无法解释人类在习得语言时所展现的惊人速度和复杂程度。所有人、任何语言都是这样。儿童能够创造并理解新鲜的言语，而这些言语语句同时又可被他使用的语言所接受。生活中的每时每刻，我们都会构造并领会很多和我们先前所听过的不一样的语句。这些能力表明，必然有与"来自环境的反馈"[2] 不相关的基础性流程在作。这样的

---

[1] 英文异名：马普切为 Mapuche（马普切语为 Mapudungun）；书中此处使用的阿劳卡尼亚（Araucanian）因歧视问题现已不再使用。——译注

[2] 这些引文和下文中的相关引文都来自乔姆斯基对斯金纳（B. F. Skinner）《言语行为》（*Verbal Behavior*）的评论。该文首次发表在 *Language*, 35 (1959) 上，重印于约翰·P. 德·切科编，*The Psychology of Language, Thought, and Instruction* (New York & London, 1967)。

过程对所有人来说都是先天的："从某种程度上说，人类特别能够完成此事，他们可以处理数据，或者在面对未知特性和复杂问题时，具有'构造假设'的能力。"地球上每个个体都或多或少拥有某种形式的内置语法，他的语言和其他任何语言都发源于此。（"发源"[generation] 翻译了洪堡的 *erzeugen*。在此，乔姆斯基也认为语言"对有限手段进行无限使用"，这让他的普适论与洪堡的相对论达成了默契。）

语言上的差异只代表"表层结构"的差异。它们只是外形上的偶然，能够吸引眼球，但很难为潜在的"深层结构"提供什么启示。通过一组规则（其中有基本的"重写规则"），"深层结构"把我们真正使用和听到的句子生成出来——即带到语音的表层。于是我们就能从真实存在的句子逆推，同时还能得到构成句子时产生的推导树或"短语标记"，并获得一些关于潜藏的"深层结构"的认识。而更复杂的句子则由第二类规则——"转换规则"——生成。这些规则（递归函数理论是对它们最好的类比）必须在特定顺序下使用。其中有一些不能"脱离环境"；它们的使用正确与否取决于周围语言质料的情况好坏。也许正是这一点，让一个普适系统得到调整，以适应特定语言或语族。但是，"语言学中真正的进步在于发现若干特定语言的某些特点可以变成语言的普遍性质，并且这些特点可以根据语言形式的这些深层部分加以解释。"[1]

乔姆斯基认为，只在音系或日常句法层面寻找普遍性是远远不够的，构造语言的核心在更为深入的地方。事实上，格林伯格所援引的表面比较很可能是完全错误的：具有普遍性的深层结构很可能与语句真实表现的表层结构有很大差异。一个地区的地貌不能反映其地质分层。

不过这些"普遍深层结构"是什么样子的？　　　　　　　　　　105

想就它们说些什么似乎都异常困难。在维特根斯坦的用语中，从

---

[1] 乔姆斯基, *Aspects of the Theory of Syntax*, 第 35 页。译者按：相关文段中译取自黄长著、林书武、沈家煊译本（《句法理论的若干问题》，北京：中国社学科学出版社，1986 年，第 34 页）。

"表层语法"到"深层语法"的转变是一个趋向清晰的过程，它能解决那些因为语言层面的混乱而产生出的哲学困惑。相较之下，乔姆斯基的"深层结构"的位置可能"远远超越实在意识甚或潜在意识这一平面"[1]。我们可能会认为它们是关系模式，或者是某种比最简单的语法规则还要抽象得多的抽象物所组成的串。但这种描述都过于具体。这些运算不具备先验的合理性，它们本质上具有强加关联的性质，它们因"这个世界存在"而存在。因此，"没有什么理由可以指望语言学更深刻、更重要的理论概念……的可靠的操作标准会唾手可得"[2]。从深海打捞的生物一出水要么会立刻解体，要么会变得奇形怪状。

而"只有跟深层结构有关的描述才会对有关语言普遍现象的建议有重要意义"。因为这类描述非常稀少，就像深不见底的海沟中的岩核，而且"任何这种建议就带有冒险性。然而很显然，这种建议尽管带有冒险性，并不因此而减少其意义或重要性"。而后，乔姆斯基展示了一个形式普遍性的真正例子。它涉及的原则所管辖的是，形如"我认识几位比比尔更有成就的律师"（I know several more successful lawyers than Bill）的语句潜藏的结构中，省略的运作和合法性。这些规则或称"删除转换"（erasure transformations），可能被"当作一个语言普遍现象提出来考虑，我们承认证据相当微少"[3]。

有些语法学者在寻找所有语言的普遍基础时比乔姆斯基探得更106 "深"。转换原则的顺序本身可能会近表层，并取决于语言。在被用来表示"普适基础上的规则"时，顺序的概念必须得到调整。埃蒙·巴赫（Emmon Bach）教授认为"深层结构远比我们原来所想的抽象"[4]。把它们

---

[1] 中译取自黄长著、林书武、沈家煊译本（《句法理论的若干问题》，北京：中国社会科学出版社，1986 年，第 7 页）。——译注
[2] 同前书，第 18 页。——译注
[3] 同前书，第 180 页及以后。译者按：该段引用的语句和词汇分别来自中译本，第 207，207-208，177，143 和 179 页。
[4] 埃蒙·巴赫与 R. T. 哈姆斯编，*Universals in Linguistic Theory* (New York, 1968)，第 121 页。

当作（哪怕只是类比为）语言单位或语法关系的"基本事实"，可能是错误的。在心智组织的最后一层，我们可能在与"只能得到间接语音表征的抽象代用词（pro-verb）"打交道（我用"代用词"是为了表示，意义的潜在可能性"先于"[1]最初步的词语单位）。在一个层面，这种"普遍基本原则"类似于卡尔纳普和赖兴巴赫的逻辑系统。而在另一个层面（极为可能是暗喻式的），它又让人想起大脑皮层的真实构造——由电化学和神经生理通路编织成的相互联系或"程式化"的网络中有数不清的分叉。一个变量系统（一个由所有名词、"一般谓词"、限制和联系它们的规则所组成的集合）被烙印在了人类意识的构造之上。

我们可能无法直接观察这个印记，但是在语言的表层我们能分辨出的"选择限制及转换可能性"无疑证明了其存在、效力和普适性。"这种系统明白地表达了这样一个理念：传达任何语言中的任何概念内容都是可能的，哪怕不同语言的可用词汇有着巨大差异——这是对洪堡-萨丕尔-沃尔夫假设最可信变体的直接否定。"[2]

是否真的可能"传达任何语言中的任何概念内容"是我想要探讨的。

鉴于语法中的普遍性极难定义，很多语言学家感到，去辨识"语义普遍成分"还为时过早。不过，在维科提出所有语言都有重要的拟人暗喻后，已经有人进行过这种辨识。其中一例，是眼瞳（the pupil of the eye）和幼童（*pupilla*）的比较，不仅在所有印欧语言中都发现了这种痕迹，它还出现在希伯来语（*bath- 'ayin*）、斯瓦希里语、拉普语、汉语和萨摩亚语中。[3] 每种语言都有"隐性"和"显性"词，即音义之间强加关

---

[1]　即 pro- 这个前缀的意思之一。——译注

[2]　*Aspects of the Theory of Syntax*, 第 121-122 页。在《知识与自由的问题》(*Problems of Knowledge and Freedom*) (New York, 1971) 中，乔姆斯基提出了一个更稳妥的观点："对这种原则普遍存在于语言的假设是合理的。随着对各种语言研究的进展，这个假设非常有可能得到证实。"译者按：作者提供的书中未找到此段引文，故未参考现存中译。

[3]　见 C. 塔利亚维尼，"Di alcune denominazioni della pupilla", 载于 *Annali dell'Istituto Universitario di Napoli* (1949)。

联的词（德语的 *Enkel*）和音义关系明显具有指示性的词（法语的 *petit-fils*）[1]。这两种词类的存在和统计学分布"极有可能是一个语义上的普遍成分"[2]。每种已知语言中都存在某些禁忌词——受到禁令或神圣力量限制的表达，这点很可能是普遍的，虽然它也是一种受环境制约的语义要素。拟声形式、咝音（sibilant）、边辅音，人们自古以来就认为它们可能来源于人类某些特殊的感知模式——一些"用声音反映世界"的普遍方法。它也是柏拉图某些猜测式语源学的基础。事实上，几乎在所有印欧语言和芬兰 – 乌戈尔语言中，*i* 都承载着"小"的感觉。但是英语的 *big* 和俄语的 *velikij*[3] 足够说明，我们所面对的并不是什么普遍的语义映像。列维 – 斯特劳斯和一些心理语言学家认为能够找到"普遍双词组合"（universal binomials）或比照配对，它们能帮助我们划分现实，而它们的两极分化则通过暗喻和重音模式体现在所有语言中（白/黑、直/弯、升/降、甜/酸）。白/黑的两分法尤其值得重视，在所有文化中（不论肤色），它似乎都带着一种积极/消极的赋值。似乎所有人在言语启蒙之时，就已经把光明置于黑暗之上了。

108　　乔姆斯基提出了若干语义普遍成分，它们涵盖广泛且引人深思："任何语言中的专有名称必须给满足时空上的接近这一条件的物体定名，对于给物体定名的其他词，情况也是如此；或者可以考虑以下条件：任何语言的颜色词必须把色谱分为连续的切分成分；人工制品是从人类的某些目的、需要和作用的角度上定义，而不是单单从物理属性的角度上定义。"[4] 同样，问题在于这样的综述能被赋予何种程度的精确性。所有语言确实都把色谱划分为连续的切分成分（虽然"连续"这个词会引起神经

---

[1]　两词都是"孙子"之意；其中法语词拆分直译为"小 – 儿子"。——译注

[2]　斯蒂芬·乌尔曼，"Semantic Universals"，载于 J. H. 格林伯格编，*Universals of Language*，第 221 页。

[3]　两词均意为"大"；后者西里尔字母拼法为 великий。——译注

[4]　乔姆斯基，*Aspects*，第 29 页。译者按：中译本取自黄长著、林书武、沈家煊译本（《句法理论的若干问题》），第 28–29 页。上下文中的"语义普遍成分"在该译本中作"普遍现象"。

生理学和感知心理学上的难题），但如 R. W. 布朗和 E. H. 勒纳伯格所表明的那样，人们切分方式的差异之大，令人瞠目结舌。事实上，物理感知与语言编码之间关系的基本问题仍存在很大争议，这个领域远不像乔姆斯基的论述所暗示的那样安稳。

乔姆斯基的个人思想史，以及从转换生成语法到生成语法的转变史，就是语义学的渗透史。乔姆斯基在《论名词化》（*Remarks on Nominalization*）中强调，"意义"不在讨论范围内。生成语法研究和语义研究之间的关系愈发紧密。现在真正的问题在于"合语法性"（grammaticality）。问题是这样的："一个自然语言的使用者是如何知道，他所发音成语的话是一种有条理的语法的一部分；碰到新语句时，他又如何知晓它是否合乎语法？"形式普遍成分被定义为一种操作规则，语法可以凭借它生成语句，对其探索不涉及文体风格或语义范畴的意义概念。需要得到说明和形式化的是受到规则限制的自然用法。当我们说"他原来说约翰笑了"时，我们遵循并具现了"他"和"约翰"不能指涉同一个人的规则。如今的生成句法学者没有研究词语及其多重的，很可能也是含糊的语义场。他们也不试图描绘人类言语的神经生理基础。他们要对"人类心理进行抽象的形式化"（"心理"仍然无法准确定义）。他们所得到的成果与乔姆斯基在早期著作中所说的不同——他们得到的是某些形式化、元数学的范式，这些范式让言语生成了合乎语法的表达。

总之，虽然有明显证据证明语言结构的存在，但用以证明普遍性的证据仍然存在疑问而并非定论。它在两个极端之间摇摆：一面是位于假说层面的极为形式化的抽象总结——语言模型变成了元数学，多少脱离了语音现实；另一面是未经处理的统计资料（例如，查尔斯·奥斯古德提出，任何语言中音素数量和区别性特征数量的比值，会在 50% 的有效值附近波动）。至少有一位语言学家对普适论可行性的谨慎反对是合理的："就地球上所有被发现的语言来说，语言结构确实有别，而且差异很大，与语言结构相应的语义关系亦然。对语言普遍性的搜寻……最近又开始活跃起来，但是我们能期待的也只有对语言普遍性进行最基础的考察，认为它能带来什么永真的结果还为时过早。我们对世界上三分之二甚至更多种语言的了解还过于贫乏（遑论还有很多彻底不了解的）。"[1] 也许有

110 太多语言学者认为所有语言的"深层结构"都是相同的，这是因为他们把事实上只属于他们自己语言或语族的语法特点，与普适的约束和可能性标准混为一谈。

无论如何，"所有语言都是从一个模子刻出来的"这个信念现在还是广为传布。很少有语言学家像奥斯古德一样，认为任一种语言的 11/12 是由普遍成分构成的，另外 1/12 是独特的、强加关联的惯例；而大多数人都会同意，语言这个冰山的大体和组织原理，都存在于表面之下的普适范畴中。对如今大多数专业语言学者而言，问题并非"语言的形式普遍成分（formal universal）和实质普遍成分（substantive universal）"**是否**存在；而是它们**是什么**，哲学或神经生理学的探索能在何种程度上接触到它们所在的深度。

对语言普遍成分——更准确地说，对实质普遍性——存在的假定，能够直接通向关于语际翻译的可行理论；实质普遍性的原则必然直接意味着语言间的相互传达是可能的。事实上，翻译应该能为该原则提供最触手可及的证据。意义在语言之间运动的可能性似乎牢固地植根于所有

---

[1] 罗伯特·A. 霍尔，*An Essay on Language* (Philadelphia, 1968)，第 53-54 页。对沃尔夫派和普适论派语言学家各不相同却殊途同归的论断和贡献的理智而全面的探讨，见赫尔穆特·吉佩尔，"Der Beitrag der inhaltlich orientierten Sprachwissenschaft zur Kritik der Historischen Vernunft"，载于 *Das Problem der Sprache*，伽达默尔编 (Munich, 1967)，第 420-425 页。也可参考同一本文集中威廉·路德的 "Sprachphilosophie und geistige Grundlagenbildung"，第 528-531 页。约翰内斯·洛曼的 *Philosophie und Sprachwissenschaft* (Berlin, 1965) 中，有一个有趣而特别的论点，它将世界上的语言按照基本结构类型划分成了六组，每一组都与一种特定的感知世界的方式相对应，也与特定的语音和字母特征相对应。对相关证据谨慎的调查和更多数目，可见于赫尔穆特·吉佩尔，*Bausteine zur Sprachinhaltsforschung* (Düsseldorf, 1963)，第 215 页及以后。对希腊哲学中属于语言学问题的论争，可参考 E. 本维尼斯特，*Problèms de linguistique générale* (Paris, 1966)，第 63 页及以后，与 P. 奥伯里克，"Aristote et le langage, note annexe sur les catégories d'Aristote. A propos d'un article de M. Benveniste" (*Annales de la faculté des lettres d'Aix*, 43,1965)。该论争及其启示又被雅克·德里达回顾于 *Marges de la philosophie* (Paris, 1972)，第 214-246 页。

人类言语潜在的样本或共通的结构中。不过，如何区别实质普遍成分和形式普遍成分？除了靠理论专断（*fiat*）和本人直觉这两个极端手段，还有什么能确定，是否因为形式普遍成分潜在于所有的言语中，所以完美的翻译才有可能实现？又或者，是否因为实质普遍成分凤毛麟角或晦涩难解，所以不可翻译才是不争的事实？在理论上，这种区分切中肯綮，但在实践上还没有表现出同样的水准。同与之相关的"深层"和"表层"结构的区分一样，它也隐含着模糊不清。我们可以假定，形式普遍成分存在于具体探索和释读以外遥远的深处。实质普遍成分不可避免地会与自然语言语用的、极为特殊化的实际情况相交叠。翻译，可以说是试金石。但是形式普遍性与实质普遍性关系中的不确定性，还是给翻译和普适性之间的关系罩上了一层迷雾。只有了解到这一点，我们才能明白乔姆斯基的《句法理论的若干问题》的论述中一次关键的割裂或转变：

> 根深蒂固的形式普遍现象的存在，暗示着所有的语言都被截割成相同的模式，但并不暗示在特定的语言之间有任何点对点的一致。例如，它并不暗示语言间的翻译必定有某种合理的程序。

一条脚注强化了这种根本不确定性或前后失联（*non sequitur*）的感觉。"任意两种语言间的翻译是否可能存在着合理的程序，这取决于实际普遍现象是否充足。实际上，虽然有很多理由可以相信，各种语言在很大程度上是由相同的模子铸造出来的，但却没有什么理由可以猜想翻译的合理程序在一般情况下是可能的。"[1]

这两种假设怎能被分别对待？"点对点"只能掩盖逻辑和实质问题。

---

[1] 乔姆斯基，*Aspects*，第30页及第201-202页的相关尾注。译者按：中译本取自黄长著、林书武、沈家煊译本（《句法理论的若干问题》，北京：中国社会科学出版社，1986年），第29页，尾注见第200页。黄长著等人译本中的"形式普遍现象"对应本书中的"形式普遍成分"，"实际普遍现象"对应本书中的"实质普遍成分"。

在语言间（注意"任意两种语言之间"这个诡谲的遁词）传递语言普遍成分的"拓扑映射"（topological mapping）可能隐藏很深，但如果它真的存在的话，必然能够出现"点对点的一致"。如果翻译能够实现，难道不正是因为潜在的"实际普遍现象……充足"吗？反之，如果没有理由认为合理的翻译流程"在一般情况下"是可能的（"在一般情况下"到底意味着什么？），那么关于普遍结构我们又有什么真正的证据？我们难道不是回到了沃尔夫独立语言单子的假设了吗？反对"深层结构"所有相关概念的霍尔（Robert A. Hall）认为"深层结构"的整套概念"只不过是对一套既定构造进行的文字游戏，被捏造出来专门（*ad hoc*）供语法学者用这样那样的手段从后件推前件"[1]，他的驳斥又是正确的吗？是否有可能，转换生成的方法就像 17 世纪的语法试图把所有的言语都装进古典拉丁语的框架中那样，要把所有语言都塞进英语的模子里？

翻译本质的问题再一次成为语言问题的中心。"普遍深层结构"和有效翻译模型之间的隔阂表明，语言哲学中的相对论和普适论之间古已有之的争论还没有偃旗息鼓。它也表明"由转换规则将被赋予语义价值的'深层结构'映射为具有语音价值的'表层结构'"这套理论，可能是一种元数学的理想模式，它虽然体现了智慧的精妙，但并非自然语言的真实情况。"任何规则，不管多么完备，都不足以描述……任何现存语言中所有可能的话语。"[2] 生成语法（至少最"顽固"而纯粹的版本是这样）似乎无视了所有直观观察和语用情形，把检视语言生活的探针捅到了过于深邃的"深层"，已经超出了自己能察觉的范围。

我认为，应该留出空间给这样一种研究方法：它的兴趣在于各种语言而非语言这个概念；它的证据来自语义（这个词暗示着对意义的强调）而非"纯句法"；它从词语（虽然它们也很难定义）出发，而不从字串或"代用词"这些没有任何直观表征的想象产物出发。研究业已表明，最形

---

[1] 罗伯特·A.霍尔，*An Essay*，第 53 页。
[2] 同前书，第 77 页。

式化的语法规则也必须考虑乔姆斯基会置之不理的语义方面和语言表现。哪怕只是一个单独的语音，都要牵涉到概念，要在某个语义场中发挥作用。同样可疑的是，真正的语法是否像转换生成语法所要求的那样，允许先于语法或不合语法的语句，并以此为出发点开始运作。"在任何情况下，语法性都不是一个能用简单的二元对立衡量的现象，任何关于语言现象是否合乎语法的答案都不是非此即彼。有些现象是某个言语群体的所有成员都会不假思索地判定为完全正常，并会使用和辨识的；有些则处在每个成员都表示绝不会使用的另一个极端。在这两者之间，有无限多个层次……来自类比或融合的新生遣词造句每时每刻都在出现，人们在识别和理解它们上毫无困难。"[1]

　　或者以总结的方式来说：以元数学的方式来看，语言主要通过前语言（pre-language）或伪语言（pseudo-language）的微观单位进行运作，这种观点不能说明语际关系的本质和可能性，不能呈现它们的真实存在和真实差异。[2]

　　乔姆斯基的《管辖与约束理论》和《语言科学》表现出，他已经很大程度上摒弃了早期理论中普适论的天真而专断的主张。早年间对文学、哲学、翻译界非专业读者许下的承诺，已经被抛弃。有少数研究，不满足于只进行最初步的形式化，更将生成语法的方法系统性地应用在带有"诗意"和"修辞"色彩的质料和文本上，应用在真实的言语和写作上，它们的结果与严格的乔姆斯基立场大相径庭。

　　因此我完全相信，需要展望的方向更加写意，远不适于形式化编码。然而语言本身是"开放的"，它充满了彻底的多元和复杂所带来的能量。乔治·莱考夫表示："在我看来，转换语法所带来的深层产物实际上是负面的，是那些因某个深层原因而令转换语法自身土崩瓦解的种种实例：

---

[1] 罗伯特·A.霍尔，*An Essay*，第 72 页。

[2] 艾·阿·理查兹在 "Why Generative Grammar does not Help"（*English Language Teaching*, 22, i & ii, 1967–1968）中对此进行了简短的说明。该批评在同一作者的 *So Much Nearer: Essays Towards a World English* (New York, 1970)，第四章中得到了扩充。

它试图研究语言的结构，却不考虑一个事实——语言是由人类使用，以在社会环境中进行沟通的。"[1] 时间塑造着语言的每一个特征，只进行共时的抽象化处理，是无法实现真正理解的。不只是语言学家（在这个行当出现以前），诗人和译者早就透过由时间造就的人类言语外表，试图探明它存在的深渊。在多语环境中长大的男女，能够在一定程度上解释普遍基础和特殊世界映像的问题。译者所留下的丰厚遗产并不只有经验证据，更有对"是否可能真正跨越语言传达意义"这个问题大量的哲学和心理学思考。

当前的语言学有更妥帖的工作要做。在承认语言更为深刻、更为重要的进程远远超过真实或潜在意识层面（这是乔姆斯基的假设）之前，我们应该先看一看文学中那些关乎其命脉的混乱，这正是意识以最敏锐的姿态进行运作的地方。为了更了解语言和翻译，我们必须把注意力从转换语法的"深层结构"上移开，转向诗歌那更为深邃的结构。"谁也不知道它来自何方"——席勒如是形容语言从深渊向光明的涌动。没人知道它来自何方：

> 又象［像］是深处的涌泉，
> 歌人的歌唱是发自内心，
> 它唤醒心中神秘的感情，
> 不让它在那里酣眠。[2]

---

[1] *New York Review of Books*（1973 年 2 月 8 日），第 34 页。编者按：此前，同一刊物于 1972 年 6 月 29 日发表了约翰·塞尔关于乔姆斯基的评论文章"A Special Supplement：Chomsky's Revolutiong in Linguistics"。此处引文便是来自莱考夫对约翰·塞尔文章的回应文"Deep Language"。
[2] 中译取自钱春绮译本（《席勒诗选》，北京：人民文学出版社，1984 年，《哈布斯堡伯爵》）。——译注。

第三章　语词反对象

一

　如我所言，个性化和半写意是必然。这可能不完全是坏处。真的
"语言科学"是否存在，这是个虚假的问题。在对科学语言学的理解中，
藏着一个夸大的，大抵无人验证的类比。我们从一门精确科学（在此是
数学、临床心理学、数理逻辑）向感性领域借鉴用语和态度，并把它们
转变成一种认识，一种必然不在科学假设和证实的自然界线之中的现象
学。支持科学语言学的言论，其本质来自一种对形式逻辑、实验心理学
和统计学分析的错误类比——后三者的确可以得到精确、量化的处理。
但人类言语很可能不在此列。研究过程和研究对象之间无法切断的纽带，
"需要使用语言才能研究语言"这一现象所引起的不稳定的活力，都会造
成问题，这些问题很可能无法被赋予精确的概念，更不可能得到穷举。
这是认识论根基之中的难题，而非技术或习惯上的问题。任何对语言进
行的思考（以及这种思考本身），本质上都无可避免地是孤僻的，它是在
镜廊中的前行。

　　对语言进行间接思考是一种跳出自己意识皮囊——与身体的皮肤相
比，这种重要的外装更加紧密、亲近地包裹着我们作为人类的属性——
的尝试。不过，强调"现代语言学的用语是一种'元语言'"也只是一
句空话。其中起作用的概念还是借用来的：来自数理逻辑与数学的关系。
虽然从递归函数理论中借用逻辑符号和标记来打扮自己，科学语言学的
元语言还是要使用日常句法和通行词语。它不是什么天外来客，它的观

察不是在一个外部的、中立的区域进行的。它仍然与自己试图研究的一些语言或语族保持着不可分割的关系。"我们不能用语言来表现，"维特根斯坦在 1915 年的笔记中写道，"本身表现在语言中的东西。"[1] 观察者和观察对象之间的互动中的方法论和心理学完全不为人所知。这点非常重要，它衍生出了很多混淆。通过对英语语句使用转换规则得到的基本属性结构并非 X 光，没有任何透过表层探测深层的方法得到过实证检验。伦琴射线显然是由一个外在的、实存的源头发出的，它所揭示的东西没有其他方法能够看到，也可能完全颠覆理论假设或预期。转换语法的分析不管有多抽象，不管如何动用纯逻辑的形式手段，本身都是一种语言行为，是一个在每个层面都会与它的分析对象相互渗透的过程。语言学家不可能跳出真实语言——他自己的语言，他所熟悉的几种少得可怜的语言——的多变构造，这就如同一个人不能摆脱他的影子。或者用梅洛-庞蒂的话说："我们应该在语言的偶然性中考虑意识，意识没有其对立面是不可能的。"[2] 这些"偶然"是我们这种存在的认知实体。完全跳出语言的囹圄，进行间接、外在观察的唯一可能的方法，只有死亡。

形式化的纲要和元语言无疑是有用的。它们虚拟出孤立的场景，让我们得以研究音位、语法和语义中的一个或多个因素。例如，乔姆斯基 1961 年的经典论文《语言结构及其数学层面》（"The Structure of Language and its Mathematical Aspect"）就很注重定义，用此类方法可以构建出有力的模型。不过这种模型的本质需要特别注意：一个模型或多或少能够包含某些宏大而重要的语言现象，但出于哲学而非统计学原因，它不可能将全部现象都呈现出来，除非这个模型就是世界本身。它能或多或少地用合理精简、睿智可信的模式将互动描绘出来，但要说哪种模式能鹤立鸡群，对应着"潜在的真实"，也因此具有模范性、预测性，那

117

---

[1] 中译取自郭英译本（《逻辑哲学论》，北京：商务印书馆，1985 年，4.121）。——译注
[2] 梅洛-庞蒂，*La Prose du monde* (Paris, 1969)，第 26 页。译者按：中译取自杨大春译本（《世界的散文》，北京：商务印书馆，2005 年，第 17 页）。

便是在哲学上迈出了可疑的一大步。与数学间的隐含类比的顽固和虚假也在此浮出水面。数学论述和证明所带有的揭示性、"前进性"的本质，本身就是一个充满争议的艰深问题（什么是"前进"，被"揭示"的又是什么？）。但是这一难题以及相应解释的基础，都是任意的、自洽的，甚至不乏重言式的数学实例。这也是数学模型**能被证实**的原因。而语言实例则是另一回事。从语言过程中取得的任何时间切片或组织切片，都无法代表所有未来的形式和内在可能性，甚至无法确保它们能够得到展现。语言模型只是模型，它是理想化的映射，而不是鲜活的总体。

梅洛－庞蒂正确地指出了当前这种混淆形式语言学模型与真实语言现象整体的心理根源："算法这一普遍语言计划，乃是对于既定语言的一种反叛。"[1] 我要重申，这种"反叛"在分析和探索上都有重要价值，它能防止语言学被追求特异的过激潮流所吞没。它让语言的不规则变得突出而明显，也创造出了意义深远的体系和资源。它展示了"事物或许有其他运作方式"；或者语言在无摩擦的、均质的、可以得到精确测量的环境（就像我们在学校课本里学到的那些物理定律运作的环境）中，最佳的运行状态是什么样子。但是不管是一般人还是语言学家，赖以生存的都是既定语言（langage donné），别无选择。而形式化语言模型的危险在于，它和数学公理系统不甚严格的相仿，可能会阻断人的感知。转换生成语法将次要的内容、无序的特例和低效的成分置之不理，或试图用特设的

---

[1] 梅洛－庞蒂，*La Prose du monde* (Paris, 1969)，第 10 页。（译者按：中译同前注，第 3 页。）关于语言模型理论和形式语言与自然语言区别的论著颇多。见 I. I. 雷夫金，*Models of Language* (London, 1966)，第 4-14 页；巴尔－希勒，"Communication and Argumentation in Pragmatic Languages"，载于 *Linguaggi nella società e nella tecnica* (Milan, 1970)，以及同书中的 S. K. 肖姆扬（S. K. Šaumjan）的《语言模型：模拟自然语言的人造语言》（"Linguistic Models as Artificial Languages simulating Natural Languages"）。肖姆扬写道（第 285 页）："自然语言是个浩瀚无垠的复杂系统，它融合了理性与非理性；这个系统无法得到直接的数学描述。如果自然语言不能被当成在数学意义上得到明确定义的对象……我们就无法构建出一个能够生成自然语言语句的模型。"（第 287-288 页）其实际例证（以及乔姆斯基研究法的极端结果），见于理查德・B. 诺思，"The Ungrounded Transformer"（*Language Sciences*, XXIII, 1972)。

规则进行解释；而事实上它们可能正位于语言变化的中枢；就我们现在所知，涌动的尘云或星系中的"暗物质"，正是生成恒星的激荡的熔炉。很可能，语言中并没有那种由简到繁，由元素到更加复杂、真实形态的层层引导。文本在程度和形式上的"无法解译性"——高于音素层面的语言质料都会受环境左右——可能会让人无法从"代用词"（pro-verbs）、"核心"（kernels）、"极深的深层结构"（deep deep structures）达到真实言语（除了在最抽象、最元语言的意义上）。表层特征不需要与潜藏其下的深层结构有丝毫的"相似"，这个简单的断言并未在哲学上受到足够的质疑。欧式几何或者经典代数这些诱人的先驱形式（它们都有从简单公理推导到极端复杂的过程），不应被不加批判地援引。语言的"元素"并不是数学意义上的元素，它们并不新鲜，我们也不是从外部，或者通过假说与它们打交道。在"语言中的基础元素"这个概念背后，是不确定的、多变的权威在进行实际的操控。我们还会回到这点上来。

也许当今的形式语言学和转换模型的概念是真正语言科学的前奏，119 开疆拓土的过程难免要出现还原论式的简化。我们甚至能以一门未来的科学确定其实质基础。它将属于神经化学或神经生理学范畴，抑或属于一种能让人将语法和必要转换规则内化的"印记"。对大脑进行更深刻的神经化学或电生理学理解，可能会帮人厘清人类天生语言能力的设置。不过乔姆斯基本上（至少在他最没有笛卡儿风格的著述里）不抱这种期待："分子生物学、人种学、进化论等等，毫无疑问与此事无关，除了在细枝末节的观察上。关于这个问题……语言学同样没什么可说的。"[1] 其他的语言学家和语言心理学家会断然反对，有些人会认为，当脑部活动充满活力的个例得到正确而清晰的阐述后，它们作为"被选定的、一致的语言模式在生理上的对应物"这一地位就会得到确证，而在转换语法的概念中，这些模式正是先天而普适的。洛伦兹（Konrad Lorenz）和皮亚杰的工作表明，逻辑 - 数学的结构和生发语言的关系线索，其生物根源

[1] 私人通信，1969 年 11 月 18 日。

在于神经系统的结构和功能。如果真是如此，神经生理学和分子生物学就会关乎人类对意识的符号 – 语言层面上相关活动的分析。[1] 对言语缺陷、失语症，以及所谓的语言阻碍的常年研究，为生理和语言之间，直接而十分特定的关系提供了丰富的证据。不过，对人类言语的演化和生成，是否存在一种有"物质基础"的理论，其前景仍不明朗。在如今和可预见的未来，语言学必须依靠半强加关联的元语言，也只有在形式化猜想和分析模型的框架中（它们只有在广义或比喻的意义上才是科学的）才能取得进展。将精确科学的概念用在语言研究上，是一种理想化的比喻。

这并不是一个消极的判断，只是在试图为精确性、预测力和证据给出标准，靠着它们，语言学和翻译研究才能合理地运作。16、17 世纪有自己的"修辞科学"；"审美科学"在 19 世纪的分析思想中举足轻重。"科学"这个词的用法是复杂的，它有时带有类比色彩，有时是一种期待。很多人文学科都在某些活力迸发的成长阶段或内部论证时期，把自己当作"科学"。目前，语言学正处在这种生命力和信心得到激活的状态中。这蒙蔽了一个事实：它在许多哲学和现象学方面，更近于文学、历史学和艺术研究，而与精确或数学化的科学较为疏远。语言学的参照学科，尤其是"元科学"，呈现出极端的概念化和抽象化。我认为，这些概念和抽象，与语言结构中其他同等重要的因素相龃龉，为了具体论证这点，我需要从自己身上谈起。

我父亲生于布拉格以北，在维也纳接受教育。我母亲本姓弗兰佐，这表明她可能出生于阿尔萨斯，但更可能是加里西亚。小说家卡尔·埃米尔·弗兰佐，也是毕希纳《沃伊采克》的首位编辑者，是我的叔祖。我生于巴黎，在巴黎和纽约长大。

我不知道自己的第一语言是什么。就记忆所及，我的英语、法语和德语同样流利。我对其他语言的听说读写则在更晚的时候，这让我保留

---

[1]　见阿瑟·库斯勒与 J. R. 斯迈西斯编，*Beyond Reductionism, New Perspectives in the Life Sciences* (New York, 1970)，第 302 页。

有意识习得的"感觉";但我感觉最早的三种语言与我自身完美相融。我用它们读写如行云流水。检测我用这些语言进行迅速日常运算的测试表明,我对它们的使用在速度和准确性上没有什么差异。这三种语言也都会出现在我的梦里,它们词汇出现的密度以及对我的刺激水平相仿。唯一的区别是,梦中更可能出现我在白天使用过的语言(但是在使用德语的环境中,我也经常会频繁使用法语或英语;其他两种情况亦然)。通过催眠寻找"一语"以失败而告终,其结果是我会用催眠师所说的语言回应。在一次交通事故里,我的车在撞击下穿过了疾驶的车流,我很明显叫喊出了什么短语或句子,尽管妻子不记得我用的是什么语言。但是这种对一语的应激测试也可能说明不了什么。极端压力会迫使一个多语使用者说出自己基本或基础的语言,这个假设的前提是这种语言确实存在。我的叫喊用的可能只是我刚使用过的语言;抑或是英语,因为它也是我的妻子使用的。

多语言是我的自然状态,瓦莱达奥斯塔(Val d'Aosta)、巴斯克乡村、佛兰德斯部分地区的儿童,或者巴拉圭兼用瓜拉尼语和西班牙语的人亦然。我母亲会习惯性地、无意识地用一种语言开始说一句话,而用另一种语言结束。在家中,对话使用的语言不仅会在同语句或语段里交叉出现,对话双方也会使用不同语言。只有突然被打断或者意识被唤起,才会让我察觉自己在用法语回答用德语或英语提出的问题,反之亦然。这三种"母语"也只是我早年能接触到的语言的一部分。我父亲的言语中有明显的捷克语和奥地利 – 意第绪语成分。除此之外,还有日常希伯来语,它就像一个刚刚逝去声音的引人怀念的回响。

这种多语言的交织绝不是我个人经历的偶然。它构成了我对自己身份的理解,铭刻了极为复杂而丰富的中欧和犹太人文情感之上。言语是实在的选择,人可以在自我意识中同样与生俱来但又有所区别的主张和支点间进行切换。同时,没有单一的母语意味着与其他的法国孩子不同,说明自己是周围社会、历史共同体的局外人。对于多语背景的人而言,"出身"(milieu)这个指向某个单一或主导根源的概念是可疑的。没有人居住在"中间王国"里，人都是彼此的访客。我知道屋外码头上的栗树既是 *marronnier* 又是 *Kastanienbaum*[1]（这种树在英语中也带有法语的"色彩"），我也知道这三者同时存在——虽然在现实中，它们的同义关系和具体使用有所区别——这让我感觉到世界是紧密交织的。在最早的记忆中，我会不假思索地认为 *ein Pferd* / a horse / *un cheval*[2] 有可能完全一样，也有可能完全不同，或者处在这两个极端之间的不同档位上。我没感觉到这三种语音具有优劣长幼之分。日后，我对 *un cavallo* 和 *un albero castagno*[3] 的感觉也与此相同（虽然并不尽然）。

当我开始思考语言——这是跨过自己身影的一跃，而试图从内外探究自己的身影所显现的外形本身就是--项特别的活动，很少有文化不被它所吸引——时，问题就显现出来：这不仅是隐藏在我自身状态中的问题，更有深远的理论意义。

一方面，是否存在一个第一语言，一种母语（*Muttersprache*），比其他两种都更为深刻，虽然我无法"体会这个事实"？还是我认为它们是平等的、同时的——这是准确的感觉？两种选择都会引发质疑。垂直深度的结构意味着从上到下有层次分布，那么就我而言，第二、第三语言又是哪种？另一方面，如果我的三种语言都是母语，是基础，那么什么样的多元空间能够支持这种共存？是否应该把它们想象成莫比乌斯带一样的连续体，虽然外形奇特，但很好地保存了完整性和其表面独特的图像？还是应该想象成某一地区在多重应力影响下，各地层出现的动态折叠和相互渗透？我使用的这些语言是否出自共同的中心并受到同样的向上推力，它们分化出了不同的属性，屡次融合，构成了一个交错的整体，每种语言都与其他语言在水平面上相接触，但本身又是不中断的连续体？这种内向交叠很可能是个持续性的机制。在用法语说话、思考、做梦时，

123

---

[1] 分别是法语和德语的"栗树"，另外 marron 在英语中有"栗子，栗色"之意；英语的 chestnut，也来自法语（参考法语 châtaigne）。——译注

[2] 意为"一匹马"，分别为德语（中性）、英语、法语（阳性）。——译注

[3] 意大利语，分别意为"一匹马"（阳性）、"一棵栗树"（阳性）。——译注

我会选择性地对记忆中的用法和当前的反馈进行挤压和激活，动用我潜意识和意识中的法语成分组成的"最近的"地层或断裂。该层会在生成力和相互刺激（外来的法语）的作用下"向上折叠"，暂时出现在表面，成为我心智地形可见的外廓。使用德语或英语时，情况亦然。而每次语言变化或每个"新褶皱"，都会或多或少地改变地下层次的构造。当能量被传递到明晰可见的表层时，最近使用的语言平面都必然要被横亘或卷裹，最近形成的"地壳"也会随之被破坏。

如果共同的中心存在，什么样的地质或地形学模型能够作为比拟？在我生命的最初 18 到 26 个月中，法语、英语、德语是否构成了语义的岩浆，构成了我语言能力无法区分的凝聚体？在被激活的意识或前意识的深层，它们是否依然如此？或者继续我们的比喻，语言的地核是否仍然是"熔融的"，这三种语言的流质是否完全交融，虽然在"近地表"它们凝成了不同的构造？就我而言，这种岩浆由三种语言构成。它也适用于绍里斯的所有三语使用者（德语、弗留利语、意大利语；这个现象业已得到深入研究），该地是意大利东北卡尔尼克阿尔卑斯山脉中一块使用德语的飞地。还可能有更多吗？还有人能彻头彻尾、不加思考地使用四种语言吗？有人能把自己的基本言语反射扩展到五种吗？当然，在意识层面，通过学习而驾轻就熟的例子不胜枚举，有天分的人可以掌握十数种语言。又或者，在双语猜想之上是否有更为原始的配置：某些心理语言学家似乎相信这一点——虽然我自己体会到的是一种我不能解释、无法分割的三重奏，但它本身是否来自更早的一次裂变为两个语言中心的分化？而最原初的聚集体又是什么？它是极为个人化的，还是说（再次以我为例）每个以这三种语言为基础的人，都会拥有由被压缩的语义质料构成的相同核心？完全在双语环境下（比如马来语和英语）成长的儿童，都具有相同的生发中心（即孕育初期语言能力的母体）吗？或者这种混合物的成分配比对每个个体来说都是不同的，就如同来自同一个坩埚和熔炉的两块相继生产的铸钢，在分子层面都是不同的。

多语使用者的心智，与单语使用者或后天习得其他语言的人的心智

124

在运作上是不同的吗？生来就使用多语的人在说话时，暂未使用的语言会对他正在说的话语产生影响吗？我在使用英语词汇和语句时，所面临的选择是否因法语和德语"环境或压力"的存在，而产生了能被辨识或被测量出的增多和复杂化？如果是的话，这种间接的作用可能会动摇我对英语的使用，让它在一定程度上不稳固、不确凿、不中正。这种可能性或许是一个伪科学流言的根源：使用多语的人或同时在语言"过多"（有确定数量吗？）的环境下成长的儿童，易患精神分裂症或人格紊乱。或者，来自其他语言的"干预"反而能够让我对任一语言的使用更加丰富，让我能更好地意识到它的特征和潜力？因为可选的表述方式近在咫尺，通过个人意志与谨慎思考，更为生动的表达形式会被使用。总之，这种"心智的交通"（intertraffique of the minde）（这是塞缪尔·丹尼尔赞美伟大译者约翰·弗洛里奥［John Florio］的话），是压抑了语言表达的能力，还是提升了它？虽然其显著影响是毋庸置疑的。

　　一个多语使用者的感触如何将翻译——这一从母语通向他语的真实路径——内化于己身？同步翻译领域的某些专家认为，一出生就使用双语的人不能成为优秀译员。最适当的人选是那些通过有意习得掌握了第二语言的人。[1] 双语使用者"无法发现问题"，在他们心中，两个语言的前线不够清晰。或者引用蒯因在《语词和对象》中充满怀疑的议论，有可能"一个双语主体有他自己的语义关联系统，实际上即是他自己的分析假设系统，而且它是以某种方式存在于他的神经系统之中的"[2]。如果事实如此，那就意味着双语或三语使用者在翻译时不存在横向传递。多语的心智会向内探寻到语言共生的核心，打破它们之间的隔阂。在一个真正多语的基底上，精神在进行交替选择（或翻译）时的运动是抛物线

---

[1] 这个问题在 1965 年于汉堡举行的国际翻译协会论坛的论文集（Proceedings of the Symposium of the International Congress of Translators）中得到了探讨。文集出版于 R. 意塔利安德编，*Uebersetzen* (Frankfurt, 1965)。

[2] 中译取自陈启伟、朱锐、张学广译本（《语词和对象》，北京：中国人民大学出版社，2005 年）。——译注

式的，而非水平的。翻译是一种内向的述说，是沿着蒙田所谓的"自我的螺旋阶梯"下行（至少部分如此）的。这个过程会对"什么是人类言语最本质的方向或对象"这个关键问题提供什么启发？自言自语、句法和自身的内部对话，这些机制在多语和单语使用者身上是否不同？也许——我认为如此——向外交流只是次要的，是习得语言时受社会刺激而产生的一个阶段。自言自语才是主要功能（L. S. 维果斯基在 20 世纪 30 年代早期提出这个具有深刻蕴意的假设，但它却很少得到认真检验）。一个人如果是多种语言的宿主，如果是在多语的内向言语过程中感受着自己的身份，他在与其他人和外部世界进行语言接触时的体验，必然要（在哲学和心理学上）不同于那些单一母语的使用者。但是这种区别能被公式化，被测量吗？语言的单一程度，以及语言的多重或流离程度，能够得到精确的描述和检验吗？

在凝视内心的时候，**我是**（am *I* / suis-*je* / bin *ich*）处在哪种语言当中？自我使用什么腔调？

126　　　相关学术文献中鲜有答案。[1] 事实上，都没什么人问这些问题。关于

---

[1] 当然，相关技术文献数量庞大，而且在民族语言学和心理语言学的推动之下，自 1960 年后有了迅速增长。V. 维多梅奇，*Multilingualism* (Leiden, 1963) 仍然可以作为范本，它有一份庞大的文献书目。查尔斯·A. 弗格森的文章 "Diglossia" (Word, XV, 1959) 为后续研究奠定了术语上的基础。这些研究主要可以被分成两支：对多语、复语现象在人类言语研究的宏观背景下的理论探讨；对多语群体中多语使用现象实例的研究。见尤里埃尔·瓦恩里希，*Languages in Contact* (The Hague, 1962)；让－保罗·维奈，"Enseignement et apprentissage d'une langue seconde"，载于 *Le Langage*，A. 马丁内编，(Paris, 1968)；R. B. 勒·帕奇，"Problems of Description in Multilingual Communities" (*Transactions of the Philological Society*, 1968)；约翰·甘柏兹，"Communication in Multilingual Communities"，载于 S. 泰勒编，*Cognitive Anthropology* (New York, 1969)；尼尔斯·安德森编，*Studies in Multilingualism* (Leiden, 1969)；J. R. 雷菲尔德，*The Languages of a Bilingual Community* (The Hague, 1970)；戴尔·海姆斯编，*Pidginization and Cleolization of Languages* (Cambridge University Press, 1971)；保罗·皮姆斯勒与特伦斯·奎因编，*The Psychology of Second Language Learning* (Cambridge University Press, 1971)；甘柏兹与海姆斯编，*The Ethnography of Communication* (Wisconsin, 1964) 中有记录复语群体真实情况的重要资料。另可参考艾纳·豪根，*Language Conflict and Language Planning: The Case of Modern Norwegian* (Harvard, 1966)；P. 戴维·希曼，*Modern Greek and American English in Contact* (The Hague, 1972)。J. A. 费什曼的文章 "Who Speaks What Language to Whom and （转下页）

自然多语状态的理论和心理语言学的探索还相对较少，现有的研究主要探讨的是双语领域的历史和人类学特征。即便如此，关注的重点还是地方方言和民族言语形式之间的关系。关于个体在自然的多语环境下的成长和自我意识的发展，我们几乎没有什么详细的记录和解释。诗人、小说家和难民的回忆录，会留存他们在两三种语言间游刃有余的散碎记录。它们从未得到过严谨的分析。（纳博科夫的《说吧，记忆》[1] 以及《阿达》中反讽而错综的材料都是最为重要的。）

这种缺失事出有因。莫斯科和布拉格的语言圈与当代诗人和文学的进展有明显的联系，可以说除了他们，多数当代分析语言学者并没有与语言为友。没什么人曾在多于一种语言的环境下居住，这尤其适用于美国的"数学语言学"学派。语言的交叉指涉，只有在结构普适性这

（接上页）When?"（*Linguistique*, II, 1965）在社会性语言使用的"复数"层面上，在由上下文决定的用语上（即便只用一种语言，它也会出现且十分重要），为多语现象研究提供了一个简明扼要的方法。这个方法在 N. 丹尼森的 "A Trilingual Community in Diatypic Prespective"（*Man*, III, 1968）及 "Sociolinguistics and Plurilingualism"（*Acts of the Xth International Congress of Linguistics*, 1969）中得到了详述。另见 W. H. 怀特利编，*Language Use and Social Change*（Oxford, 1971），以及埃德温·阿登纳在 *Social Anthropology and Language*（London, 1971）中编集的论文，特别是：N. 丹尼森，"Some Observations on Language Variety and Plurilingualism"；伊丽莎白·托金，"Some Coastal Pidgins of West Africa"；W. H. 怀特利，"A Note on Multilingualism"。也有人试图建立统计模型，对双语个人和群体的"干涉作用"进行精确测量。见 A. R. 迪博德，"Incipient Bilingualism"（*Language*, XXXVII, 1961）；W. F. 麦基，"The Measurement of Bilingual Behavior"（*Canadian Psychologist*, VII, 1966）；甘柏兹，"On the Linguistic Markers of Bilingual Communication"（*The Journal of Social Issues*, XXIII, 1967）；苏珊·卡尔多与卢特·斯奈尔，"Decoding in a Second Language"（*Linguistics*, LXXXVIII, 1972）。迄今为止，得到的结论都只是阶段性的。伦纳德·福斯特的 *The Poet's Tongues: Multilingualism in Literature*（Cambridge University Press, 1970）引入了一个广阔而未被发掘的领域。

虽然技术性文献的内容涵盖广泛，但我们对多语者的心理体验仍知之甚少，而且对于其中可能涉及的精神架构和多维变换，我们也没能给出任何实质性的例子。对于该领域难点的初步了解，可参考华莱士·E. 兰伯特，"Psychological Studies of the Interdependencies of the Bi-lingual's two Languages"，载于扬·普维尔编，*Substance and Structure of Language*（University of California Press, 1969）。

[1] 该书标题似应为 *Speak, Memory*。原文此处省略了词间逗号。——译注

个最简约的层面，才让他们想起了 19 世纪比较语文学（vergleichende Philologie）中那些不足为信的传统。现代文学批评的某些分支暗含着对文学的厌恶，它们要为诗歌注解寻找"客观的"、可证实的标准，这无疑与文学的行为方式南辕北辙；无怪乎科学语言学中也有与此相仿的成分：对多变甚或无序的自然语形之千变万化，有一丝难以察觉却明白无疑的不悦。

当然还有更体面的原因。多语状态是个特别现象，而且它显然非常复杂。在严格音位研究和转换语法最终尘埃落定，真正独立而专业的语言科学得以建立的年代，我们所听到的说法都是：做分析某种语言或语言本身的深层结构以外的研究，是荒谬的。只有这种分析做到了家，直到我们能够解释语串，给出第一、二阶转换规则，并分析出能正确描述"理想化一语使用者"语言能力的表层映射时（为了满足转换语法的先决条件，分析的结论必须能成为一体），语言学才能向"多于一种母语"这个大类迈进。清醒的人会从简单的等式入手，不会上来就去接触巴拿赫空间拓扑学。

关于人类言语的转换生成模型是否能堪大任，人类心智中语法的内化是否能得到完整或可证的描述，这些问题都暂且不论，"某些语言"只是"某种语言"之复杂变体的观念可能是错误的，不加验证地接受这点只是在逃避问题。在最抽象的、元数学的理想化层面之上，原初的多语现象可能是一个独立完整的状态，一个完全自成一体的事实。如果在某个多语儿童或社群从天生语言能力向实际表现形式迈进的最初阶段中，存在某种双语或多语的基底，那么这种阶段就会与单语的"理想化一语使用者"所经历的阶段不同。鉴于所有语句都是行为，都是在某个特殊言语情境下的发音，这个情境的性质必然会影响早期言语习得。我们至少可以相信，既然个人不能回想起其他任何的自身状态，那么多语就是一种具有决定力的情境。

我们又一次触及了还原论绝对核心的问题，一个被布龙菲尔德和哈里斯以降的现代科学语言学全盘接受的信念：对假想中的基本语串的形式化分析，会通过渐进式推导，实现对自然语言复杂结构的理解。如我们所见，与这个信念相关的有力参照是逻辑学、数学和物理学的归纳过程——以最基本的事实或最简单的符号指称为起点，向更详尽、更"真实"的形式进发。不过，这种分析式的升华适用于人类言语吗？

二

语言的本质是媒介，这是人所共知的；关于语言的每一种有价值的总结，都会招致反对或反题，这也是共识。在语言的形式化结构中，在它的内外两种关注下，对语言的探讨往往不稳定且充满争议。我们所陈述的只是暂时情况。在一个所有语言能量都会得到完整保存的理想框架里（就像拉伯雷的寓言中，所有说出的言语都在"某处"保存完好），所有不分巨细的先前陈述所构成的总体，都会随着每一条新话语的出现发生改变，而这种变化又会影响未来言语的可能性。说出的话，我们最近使用的意义和回应所构成的惯例，改变着未来的形态。使用语言的人就像西哈诺（Cyrano de Bergerac）笔下的登月者，每次移动前都要抛出手中的磁石[1]。因此，我认为关于语言的一般陈述不可能被完全证实。它们的真只是暂时性的，是平衡的一个前提。每一条足够有价值的陈述，从另一个角度看都是发问。在语法和本质上与此相似的，是关于死亡的话语。语言和死亡可以被看作是两个意义或认知领域，它们的语法和本体相互决定。试图述说它们，或者提及它们，都无法令人满意地触及实质，但却是我们询问（即体验）它们存在的唯一方式。中世纪的卡巴拉派认为，神用 'emeth 这个词（意为"真实"）创造了亚当，并把它写在他的前额。这种认证蕴含着人这个物种与生俱来的独特，它能够与神对话，在同

---

[1] 参考西哈诺·德·贝热拉克的 *The Other World: Comical History of the States and Empires of the Moon*，其中的登月者靠抛接装满纯净磁粉的球吸引钢制载具不断上升实现登月。——译注

第三章　语词反对象　.127.

种间对话。抹掉第一个 'aleph——某些卡巴拉信徒认为，这个字母包含着
神隐藏圣名的所有奥秘，以及祂创造宇宙的言语行为；剩下的则是 *meth*，
"他死了"[1]。语言，以及死亡，在某种意义上是我们无法触及的真实。

柏拉图以前的人就知道语言有物质和非物质层面，有具有明显物性
的言语系统，也有没有物性的。近来的研究说明了人类表意设备独特的
精妙性和丰富的适应力，这些研究强调人类这套设备有别于其他最智慧
的灵长动物间的交流。[2] 如果人类的喉部，以及神经中枢对发声器官的
控制上，没有复杂而明白无疑的进化优势，就不会形成现在这样的语言。
对声音信号，对使气流进行有意义振动的肌肉活动的解剖学和神经生理
学研究表明，喉、颚、舌极端精准而明确的分工，与语言的实际情况是
一致的。言语需要依赖人类特有的狭长咽喉。关于为什么世界上有如此
多语言都有"妈妈"和"爸爸"这两个音，罗曼·雅各布森给出了一个
有趣的解释：鉴于儿童嘴部构造和这声音的形成方式，[p] 和 [m] 是最佳
的辅音，而 [a] 是最佳的元音。在人类寻找最直白易得的声音对照时，它
们便是最自然的出发点。[3] 人类的听觉系统也同样复杂，不过在器官上没
有如此明确的分工。听觉和用振动传导接收到的言语声音，只是耳部的
功能之一；它也可以同样出色（甚至更出色）地完成其他任务。人们不
禁要猜测，接收意义——不仅仅是直接听取——还是（或者说更是）一
种内化的模仿和重构式的解码过程。生物学家和语言学家相信，对于声
音在感觉上的传递和接收，没有其他哪种模式像人类言语一样，能够产

---

[1] 见哥舒姆·舒勒姆，*On the Kabbalah and its Symbolism*(New York, 1965)，第 179 页。

[2] 见 J. 布洛诺夫斯基与厄休拉·贝鲁奇，"Language, Name and Concept"，载于 T. G.
毕弗与 W. 维克瑟编，*The Structure and Psychology of Language*(New York, 1969),II，
以及一篇重要的论文：菲利普·H. 利伯曼、埃德蒙·S. 克雷林与丹尼斯·H. 克拉
特，"Phonetic Ability and Related Anatomy of the Newborn and Adult Human, Neanderthal
Man, and the Chimpanzee" (*American Anthropologist*, LXXIV, 1972)。

[3] 见雅各布森，"Why 'mama' and 'papa'?"，载于 B. 开普兰与 S. 瓦格纳编，
Perspectives in Psychological Theory (New York, 1960)。对音位决定因素的完整讨
论，另可参考雅各布森，*Child Language, Aphasia, and Phonological Universals* (The
Hague, 1968)。

生或支持如此广阔的范围、如此细微的区别和如此多变的灵活。因此在一个很重要的意义上，人类的语言属性，以及它所蕴含的与有机生命其他部分的所有关系，和比较解剖学以及神经生理演化史息息相关。

而在另一层意义上，虽然我们分析咽喉的运作，用图表记录下那些极为复杂、迅速、精确的运动——它们辅以舌和腭的合作，将言语的声音呈现出来；有很多动作都极难区别，而目的又完全不同——但却说明不了什么问题。在说话的时候，我们都能感受到一个完全不同的、更为"深刻"的机制在隐隐发挥作用。发声器官的损坏可能会限制人说出能被听到的言语，但它也能强化内向涌动的语流（有关于哑人梦中充满人声的记录）。毫无疑问，这种更深刻的机制也具有物质性。

保尔·布罗卡以后的人们都知道，某些脑区是语言中心，某些言语缺陷和局部脑损伤之间存在明确的对应关系。而很多心理学家和心理语言学家走得更远，他们认为可以从脑的解剖结构中找到一些特征，这些特征是诸如命名和使用符号等基本语言手段的基础。他们猜测存在一种只属于人的回路，能够在各种"非肢体的"或"无边界的"感觉印象间建立交互联系。这些位于大脑皮层的接线将视觉、听觉、嗅觉的种种组合，与被我们指派了相应对象的声音联系起来。对失明很长时间后复明的人以及成年后才得到正常视力的盲人进行的研究表明，我们只能完整地、精确地看见我们接触过的东西。这种感觉－运动的关联可能先于语言的习得和培养，或者至少是其基础。[1] 或者普遍地说：越来越多的证据表明，我们从一个名称或符号所代表的同一对象中吸收不同经验的能力，以及操纵以关联为基础的基本逻辑和语法过程的能力，可能依赖于大脑皮层结构和"线路"的物理特性。柏拉图认为暗喻是把原本离散的感知

132

---

[1] 见让·皮亚杰和英海尔德，"The Gaps in Empiricism"，载于 *Beyond Reductionism*，第 128-156 页。对语言发展和数学概念形成之间关系的讨论也很有意义，见 A. I. 魏滕伯格，"Vom Denken in Begriffen, Mathematik als Experiment des reinen Denkens" (Basel & Stuttgart, 1957)。儿童习得语言和"超语言"概念（尤其是空间关系）的问题，既涉及康德主义唯心论，又与现代心理学的实验传统有联系。

领域联系起来，这可能正是脑部真实结构的类比或投影。

在此要强调"可能"这个词。解剖学和神经生理学在研究人脑上的进展，可能会启发我们对语言的生成和设置的理解，这是个合理的期待。很多人都已注意到，由最近的遗传学和分子生物学发现而衍生出的一些最令人震撼的类比和实用模型，都有明显的"语言学"色彩。编码、信息储存、反馈、标点、复制等概念，都暗含着与语言概念的类比。生命本身都被看作是一种动态的信息传递，隐含编码的信号引起并释放预先设定好的复杂机制；神经生理学研究在分子层面披荆斩棘，这必然与语言的基础更加接近。从数量上看，26个字母要多于基因"三字母一组"的编码。但正如一名生物学家所言，标注上的相似反映出二者"令人讶异的相关性"[1]。考虑到如下事实，二者就更为相似：在遗传和语言的模式中，都需要一个合适的接受者或倾听者来完成信息传递。没有对应的交接和周围的场结构，基因序列就不能完成"交流"。

133　　但是其他科学家和语言学家感觉到，这种获得直接实证理解的希望只能是黄粱一梦。我们在寻找的究竟是什么？什么证据能够证明，符号功能的产生存在分子基础？在基础逻辑上，有一个关于人工智能理论的经典问题："给定一组输入符号串（该串被输入进一个有限的自动机器中），以及相应的输出，我们能否确定该机器的内部结构？如果可以，方法是什么？"但我们探寻的当然不是一个有限自动的机器。越来越多的人相信，人脑组织原则的复杂和自主是前所未见的。只把所有微小的事实总集起来是不够的，还有很多"其他"（else）有待解释，这并不是故弄玄虚。在一个基因、化学、神经生理、电磁和环境因素进行系统性交互的平台上，有数不清的关系和空间上的接触，而我们却给不出什么可证实的解释或归纳模型。这种模型甚至不可能出现。吠陀思想认为知识终究无法通晓知者，这提供了一个合理的消极期待；意识与"对意识的阐

---

[1]　保罗・A. 魏斯，"The Living System: Determinism Stratified"，载于 *Beyond Reductionism*，第40页。

述"这个对象，可能是无法分离的，它们之间缺少反思性认知所必要的距离；可能在生理层面都是如此。因此雅克·莫诺才会设想生物圈里有一个"新领域"。他认为，在"新的，但本身并不十分复杂的相互关联"的帮助下，语言可能出现在智人之前的人身上。但语言一旦步入原始的阶段，它就必然会极大地增加记录能力和符号组合能力在进化上的适应度（selective value）。"在这种假设中，语言可能在某些时候先于人类特有的神经中枢系统出现，并在选择哪些变种更能利用其所有潜能时起了决定性的作用。换言之，可能是语言创造了人，而非相反。"[1]

这"另一个领域"给人的感觉，就像我们对生命过程的感知一样，既集中又分散，确实与我们对语言的认识相联系，至少在我们不把这种认识分离并外化时是如此。语言的经线似乎穿过了现实具体和抽象的两极，每次说话或回忆话语时，我们就会穿过它。对于这种双重性，我们还没有得到任何令人满意的图景，虽然 C. D. 布劳德在 1923 年的《科学思维》中给出的建议具有一定直观上的吸引力：一个由物理时空和各种心理时空构成的剖面。但"脑空间"和"心空间"之间存在交界现象这一理念是否与语言经验的某些事实相符，我们并不知道。我们明白无疑的是，有一种持续不断的朝向非物质性的运动，有一种由语音向精神的变形过程。让·波朗（Jean Paulhan）实用的诗论（梅洛－庞蒂经常加以引用）描写了这种变化："为了成为思想，语词通过这种变形不再能够被我们的感官所通达，并且失去了它们的重量、噪声、线条、空间。但为了成为语词，思想在它那一方面放弃了它的快速或者缓慢、出其不意、不可见性、时间、我们对它具有的内在意识。"[2] 这种向相反方向同时进行的变化，梅洛－庞蒂补充道，的确就是语言的神秘。

波朗的话意味着语词之前或之外有思想的存在，我们都会在某些情

---

[1] 雅克·莫诺，*From Biology to Ethics* (San Diego, California, 1969)，第 15-16 页。

[2] 转引自梅洛－庞蒂，*La Prose du monde*，第 162-163 页。译者按：相关中译取自《世界的散文》，第 132 页。

境中有同样的想法。但是这种前语言或超语言思想的概念又有什么深意？威廉·詹姆斯认为，除了新生儿、昏迷的人和吸毒的人，对其他人来说，"that"所指的，都是"what"业已明确的（即可以被命名的）。他是对的吗？在《日常语言》中，赖尔认为，概念性的思想主要由"对词语的操作"构成。这句话诞生于1953年。如今，情况却更为模糊。皮亚杰和J. S. 布鲁纳的研究表明，对幼儿来说，有适应力的、遗传的、有智力的行为，要先于任何可被合理称为语言的机能之发展，且两者间存在较长间隔。在早期的感觉运动阶段，大脑似乎就能适应逻辑和数学关系，以及一些最为基础重要的过程。在语言完全成形后，这些"前语言"模式还会继续活跃、保持独立吗？是否存在我们日常所谓的"对词语来说过于深刻"的可感现实？音乐及旋律的发明（我们对此知之甚少）提供了类比，让我们可以认为"思想"的形式或被激活的意义（以某些极为**抽象**又具有**物理**属性的方式）在于内部冲突不同层次或不同中心之间的关系。我们可以这样想象：内在的心–物和谐或不谐创造出了一种不平衡的、"过载的"、"短路的"情形，只有通过进行一种表演，表达行为才能解决。是否存在一种关于形状、颜色、移动、空间关系的句法，像我们在睡梦或半梦半醒的蒙昧中感受到的那样，存在于心智中，但比词语"更为遥远"？当我们在为一个词"搜肠刮肚"时，能否感受到它？

只是问出这个问题，我们就已经将它扭曲。我们必然要用一般言语的平滑和连贯来发问。关于婴儿和聋哑人的思维过程，我们能发现什么；或者说，除了被打上语词习惯之烙印的各种证据，我们还能搜集到什么？只有一点是显而易见的：语言–经验的混合属性——它的物性–非物性、抽象–具体、物理–心理二元性——是意识的一个中心主题（*donnée*）。我们无法从这种内在的对立统一（*coincidentia oppositorum*）中脱身。不管是以神经生理学模型还是以超验理论为基础，每一次关于言语表达的断言都是有缺陷的，因为它不能包容其对立面。我们能说话，是因为——除了在哲学疑问一时的巧计之中——我们不能说关于言语的话。（"语言只是对于继续考问它，也就是说继续说它的人才保持为谜一般的。")[1]

　　相似的双重性标志着语言和时间共存。有一种非常符合直觉的感觉：语言发生在时间之中。每一次言语行为，不管是说出的话还是内心的声音，都要"占据时间"（这个短语就有暗示意味）。它能在时间上得到测量，它与时间一样，都让人觉得无法逆转的、从我们身边溜去的东西，在被认识到的那一刻"逆流回来"了。我思考我的思想时，时间流走；我说出它时，时间还会流走。说出的话不能被收回。语言是一种处在时间中的表述性活动，所以不可能收回，只能拒绝或反驳，它们本身也是向前的运动。因此，"如果我能收回自己的话"这个愿望，在和威胁、咒骂、禁忌的话语联系起来时，就显得尤为直白；但此愿不遂，一如《希波吕托斯》中，阿尔忒弥斯提醒提修斯的话：

> 你却过于急速的［地］把诅咒加在你儿子上头，便杀害了他。[2]
>
> （第 1323-1324 行）

　　但是语言在时间中存在这一点，只是它们关系的一个方面，一个易于把握的方面。时间，在我们的思维和经验中，可被看作是语言的一个函数，一个定位和指示系统，其主要坐标是语言性的。语言很大程度上构成并分割了时间，其中含有"弱"和"强"两层意思。弱的一层意义与时间感知的真正心理有关，与语言流（我们将自己大量的意识存在灌注于其中）帮助我们明确自己体验之暂时性的方式有关。言语的节律显然会为我们对时间流的感觉标上句读，也很可能同时关乎神经和身体的其他节奏。被刻意注入韵律的言语，哪怕只是最松散的散文，都具有切分音的元素，它会与这个时间阵相谐，或与之对抗；它或放大或干涉了

---

[1] 转引自梅洛－庞蒂，*La Prose du monde*，第 165 页。译者按：中译见《世界的散文》，第 134 页。

[2] 原文为古希腊语；中译（含第六章引文）取自周作人译本（《欧里庇得斯悲剧集·中》，北京：中国对外翻译出版公司，2003 年）。——译注

处在时间中，又贯穿时间的语言的主要频率。言语片段的计时作用，可能在潜意识和下意识的心理现象中更为重要。通过自觉的自言自语，或者看似突发但几乎肯定不会被打断的内心呓语，语言流穿过人心，在人确定"内心时间"时起到了很大作用。在此，言语信号或被命名的意象所组成的序列很可能就是最主要的时钟。这是语言和时间的协调中较"弱"的一种形式。还有其他手段同样能，甚至更能塑造和改变我们的时间意识。药物、精神分裂的侵扰、疲倦、饥饿、日常压力等等其他因素可能扭曲、加速、压抑或模糊我们对事件的感觉和记录。在短暂的扭曲状态中，语言运作就有可能失去它正常的节律。[1]

时间－语言的"强"关系来自语法层面。当然这并不是指"我们对时间的使用主要来源于动词语法"这种沃尔夫式的狂想。如果来自习俗、神话和人类学语言研究的证据可信的话，不同文化对时间的概念（或至少是想象）是不同的，它们与这些概念打交道，并运行在其中。我们知道的概念有循环式的、螺旋式的、回归式的，还有神权影响下的几乎静态的。这些组织形式是否由语言"引起"的，或者某种语法只是反映并汇编了一套具现于"语言之外"的时间模式，这很难回答。最有可能的是，语言和非语言因素在文化演进的最初级阶段相互作用，而由于这一阶段过于原始，导致我们没掌握什么真实的证据。一种普遍的观念是：西方对时间独特的理解——线性序列和有向移动——是在印欧语系的动词系统中产生并得到组织的。[2] 如埃米尔·本维尼斯特所强调的，这套系统只提及主体不提及客体，对状态的条件有丰富的分类，由此构成了我们文化身份的环境、"时空"。在时间面前和时间之中，隐含着一整套性别平等的人类学：我们的动词（除了印欧语言的过去分词之外），与闪族

---

[1] 关于这些，有一个有趣而常不为人知的探讨：R. 沃利，*Quatrième dimension de l'esprit* (Paris, 1966)。

[2] 正是在这关键的一点上，列维－斯特劳斯对"原始"时间和"原始"非历史主义逻辑的解释，与黑格尔－马克思和萨特辩证理性（*Raison dialectique*）的"线性普遍论"，存在最尖锐的冲突。

语言不同，不表明施动者的性别。过去—现在—未来的轴形成了一种语法特色，它贯穿着我们对自我和存在的经验，就像一根看得见摸得着的支柱。推断、猜想的暂时性、希望（意识借以进行"超前投射"），对它们的调配便是语法。

过去能存在于语法之外吗？有一个众所周知的逻辑诡题："我们能证明世界不是在上一刻完全由记忆编造的吗？"——这事实上无法回答。没有任何来自过去的原始资料具有绝对的、内在的可信性，它们的意义与现在有关，而这种关系是通过语言实现的。让记忆被清晰地表达出来，是动词过去时的一种功能。通过对过去时态进行深层的、直觉上易得的，同时在很大程度上符合惯例的应用，记忆可以对"储存的质料"进行扫描，而这些质料的堆积（如果它们存在的话），可能不会受到我们构想中的时间的限制。形如"这件事明天发生过"的陈述对自然顺序的违反显而易见，但却让人不知从何分析起。如果用相对论的体系，或处理为一些部分重叠的多维"时空"中的一个，该陈述所要求的场面也并非不可想象。如果这种表述引起了一种特别的不适（这大概是一种"对不合逻辑的排斥"的奇妙感觉，它和句法上不被允许的结构，比如"一个人们"，引起的感觉是不同的），如果我们的每一个词和行为都会自发地把现在变为过去，那么原因就在于我们所进行的动词屈折变换已经成为我们的外皮和自然面貌。我们借此设想出个人和文化的过去，设想出"我们身后"那细致入微但完全是镜花水月的场景。我们对动词时态的变形具有一种文字和物理的力量，这种变形像是平面上一个向前或向后的箭头，说话的人会像一条垂线一样与它相交；它每时每刻都是静止的，但又无时无刻不认为自己在向前运动。彼特拉克在1338年的《阿非利加》中有意颠倒了时间轴，并祝愿年轻人能"回到过去纯净的光辉中"，因为这个经典的过去才是真正的未来，这种意象带来的震撼显而易见：

我们的子嗣或能
在阴霾被拂去之后重沐

139   西方历史主义，以及对个人回忆独特性（它是个人健全和隐私概念的基础）的强调，与我们言语中丰富的各种"过去"相辅相成。法语中有简单过去时（*passé défini*）、复合过去时（*passé indéfini*）、先过去时（*passé antérieur*）、完成时（*parfait*）（更准确地说是过去完成时 [*prétéritparfait*]）和未完成时（*imparfait*）；这只是最主要的几种。[2] 迄今为止，哲学语法还无法给出对过去时态中各种逻辑、基调和语义属性的分析，也无法解释它们之间如何调配，以对抗《追忆似水年华》（*A la recherche du temps perdu*）——这个题目本身就是对语法的双关——中的情形。当我们叙述自己的记忆时，会假想出"语言距离"并在其中周旋，而普鲁斯特细致入微地描画出的过去则是对它的勘察。他对语法的掌控深刻而敏锐，对语言和心理刺激的编校生动而翔实，这让动词时态在他手里不再只是一个精确固定的位置——每次说话时我们都知道自己的所处——更是对过去的本质进行的语言学、形式句法学探索。有人曾让西哀士修士总结自己在法国大革命时期的生涯，他报以言简意赅的"我活过"（*j'ai vécu*）；他能如此回答，是因为该动词处于过去时完成态

---

[1] 原文：Poterunt discussis forte tenebris / Ad purum priscumque iubar remeare nepotes. 中译参考英文版，见 Francesco Petrarch, *Petrarch's Africa*, trans. Thomas G. Bergin & Alice S. Wilson, (New Haven, 1977)，第 239 页。——译注

[2] 关于"时间的语义和语法"的开山之作，见居斯塔夫·纪尧姆, *Temps et verbe* (Paris, 1929) 与 *L'Architectonique du temps dans les langues classiques* (Copenhagen, 1946)。进一步探讨见让·布庸, *Temps et roman* (Paris, 1946)；亚力山德罗·隆柯尼, *Interpretazioni grammaticali* (Padua, 1958)；威廉·E. 布尔, *Time, Tense and the Verb* (Berkeley, California, 1960)。关于法语小说中叙述性时态的一项有启发性的研究，见哈拉尔德·魏因里希, *Tempus: Besprochene und Erzählte Welt* (Stuttgart, 1964)。对语言中的时间这个话题最完备的研究整理，见安德烈·雅格, *Temps et langage* (Paris, 1967)，该作品中有一个详尽的书单。

(perfect preterite)[1]，且没有使用任何介词修饰短语，这提供了一种特别的"过去感"，构成了一种看似模糊的记忆空间，但人们又能从中推断出反讽的论调，这恰是其精确之处。《朗赛的一生》前言末尾处的一些简单陈述，是夏多布里昂的杰作："他一直沉浸在忧惧的无言中，这让他的朋友们惊恐不已。他从自己的苦难中解脱，也给人世间带去了变化。让它走过罪孽踏入天福……"[2] 在这寥寥数语中，交织着不少于三个坐标系。一个近乎现在时的未完成时突然具备了确定性，而其终结感则凝结在被动态上（它本身也因解脱 [délivré] 的积极和消极两重意思而显得复杂）。此后，一个充满活力但又具有客观感觉的"简单过去时"——on passa（它走过）——将整个场景包裹起来，并蒙上一种反讽的宽恕色彩，它虽微茫但无疑存在。

140

如果不试图导出一套关于过去的语言概念，并让它在实质上具有威信，精神分析还有什么意义？过去要通过现在的言语来召唤，俄耳甫斯走向光明，但眼睛仍毅然决然地向后看。分析学家的自由联想和撩拨性的附和，旨在让回忆（或更确切地说，搜集）自发而有意义。不管方法论如何，这种复兴都是言语的。在革命者用"元年"（l'An I）重置时间时，一个新的过去就会诞生，而旧的则被废弃。鉴于精神分析仍然要靠过去时态的词语流找到"真正的过去"，要靠语法挖掘真实，它也就仍然是个循环的过程：每一刻都引起它之前的一刻。不管用哪种时态，所有

---

[1] 按照上文给出的语法分类，该动词是复合过去时，这个时态表示过去发生的（对应 preterite）、已经完成的（对应 perfect）动作，类似于英语的现在完成时或一般过去时，perfect（完成 [体]）强调过去动作造成的状态改变（而非动作本身）；preterite（过去 [时态]）在法语中基本对应简单过去时（详解见下注）。另，作者在此处并未对时态（tense）和体（aspect）进行严格说明。——译注

[2] 原文："il tombait dans un silence consterné qui épouvantait ses amis. Il fut délivré de ses tourments par suite du changement des choses humaines. On passa du crime à la gloire…" 其中沉浸（tombait）和惊恐（épouvantait）是未完成时态，用以表示过去一直在进行或常出现的事件，类似于英语的过去进行时；从 [……解脱](fut) 和走过（passa）是简单过去时，表达过去完成的动作，它是书面用法，只出现在文学作品对过去事件的叙述中，且该时态两个动词在文章中的出现顺序也蕴含着两个动作实际的出现顺序。——译注

发言都是当前的行为，回忆永远是现在。[1]

　　克罗齐的名言"一切历史都是当代史"直白地指出了过去时态本体上的悖谬。历史学家愈发清醒地意识到，叙述传统以及它所触及的隐含现实，在哲学上都是不牢靠的。至少在两个层面会出现难题。首先是语义。历史学家的资料由过去说出的话语和关于过去的话语构成。鉴于语言变化永不停息——不仅在词语和句法上，还在意义上——他如何解读、翻译自己的原始资料？戈特洛布·弗雷格（Gottlob Frege）认为，必然存在某个"第三域"（这个用词本质上是柏拉图式的），它高于语言的熔流，而意义正是在这些熔流中获得了超越时间的状态。卡尔纳普在《哲学与逻辑句法》中的论述则更为审慎，他认为主要的"情感倾向和意志倾向"会长存。但是即便这种"长存的意义单位"确实存在，历史学家又如何引出它们？阅读历史文献对既存的历史文字中的叙述模式进行考校，解读或远或近的过去中展现的言语行为，"历史学家愈发感觉自己在技术意义上接近译者"[2]。

　　在本书开篇我就试图说明这样的"翻译"中一些精妙的手段和未经检验的假设究竟是什么。有人会说这种现象在历史中比在文学中更加重要，但我无法同意。可以说，对某个文本连续不断的误读或模仿性的再现，很可能会塑造一种崭新而有效的"意义"。鉴于文学中最具影响力的价值是暗喻性的或（和）非论述性的，后代的解读便能构成自然的变体，

141

---

[1]　尝试证明"过去"事实上是"现在言语"的著作（它有些地方极为晦涩难解，但整体上影响深远），见拉康，*Écrits* (Paris, 1966)，尤其是其中的"Fonction et champ de la parole et du langage en psychoanalyse"（译者按：中文版见《拉康选集》，《精神分析学中的言语和语言的作用和领域》，褚孝泉译）。以我之见，关于涉及过去的命题在本体论上的"虚构"，以及这种"虚构"在精神分析中的作用，利科的 *De l'interprétation* (Paris, 1965) 的论述仍是经典。对相关逻辑问题的探讨，见 G. E. M. 安斯康姆，"The Reality of the Past"，载于马克斯·布莱克编，*Philosophical Analysis* (Cornell University Press, 1950)，以及保罗·A. 魏斯，"The Past; Its Nature and Reality"（*Review of Metaphysics*, V, 1952）。

[2]　J. H. 赫克斯特，"The Loom of Language and the Fabric of Imperatives: The Case of *Il Principe* and *Utopia*"（*American Historical Review*, LXIX, 1964），第 946 页。

确保文本生命的延续。真值函项是无法被确定的。因此 J. L. 奥斯汀才会坦言"开玩笑或写诗"是"对语言寄生性的用法，它们'不严肃'，不是'完整而常规的使用'"[1]。历史学家必须"让话语正确"，他们不只需要确定**说了什么**（鉴于历史文件的状态和相互矛盾的证言，这恐怕已是强人所难），还要确定所说的**意味什么**，以及它们会在理解的哪些层面中得到接受。历史学家会发现一部分"言语的言外之力"与言语本身的意义一致，而又有部分"额外"且重要的内容需要理解，这便是奥斯汀所设想的模式。"言外之力"（illocutionary force）这个概念是否站得住脚（奥斯汀本人也曾表达了疑虑）[2]，它是否在奥格登－理查兹对意义的"符号"和"情感"功能的区分上添加了过多的东西，都不是我们所要考虑的内容。历史学家正在谈论什么才是问题之所在。他们不仅要"解释"（即转述、转写，在词语－语法层面进行抛光）自己的文字记录，还需要对它进行"翻译"（即表明"说出的话是**如何**表达其意义的，以及在同样的大背景下，各种陈述之间可能存在怎样的**联系**"[3]），而由此得到的意义必须是"真的"。历史学家要凭借怎样的变形法术才能进行自己的工作？

他们"必须研究各种不同的情形，其中的变化可能很复杂，词语的既定形式可以在其中得到符合逻辑的使用——词语能够发挥其全部功能，它们能做的各种事情都会得到完成"[4]。在审视伯里克利的演讲或罗伯斯庇尔的法令时，他们必须确定"这些在特定情形中，通过特定话语，以符合传统的方式进行表述的文字，其交流的全部范围是什么"[5]。这是个不错的设想，也一针见血地指出了历史学家所面临的困境的本质。但它提供的解决方案从语言学和哲学角度看却过于幼稚。在任何时间中，都不可

---

[1] J. L. 奥斯汀，*How to do Things with Words* (Oxford, 1962)，第 104 页。

[2] 同前注，第 148 页。

[3] 昆廷·斯金纳，"Meaning and Understanding in the History of Ideas"（*History and Theory*, VII, 1969)，第 47 页。

[4] 同前注，第 37 页。

[5] 同前注，第 49 页。

能确定"词语能够发挥的"**全部**"功能";"以符合传统的方式进行表述的文字，其交流的全部范围"不可能被记录和分析。确定相关背景范围（与相关叙述的意义真正有关系的所有因素是什么？）几乎可以说是主观的，历史文件中的不确定性与诗作或戏剧片段不相伯仲。发生在过去的词句，其意义不是一个单独的存在，也不是由多种存在构成的界限分明的网络。它是依照灵感或原则（它们或多或少都带有智慧，带着敏锐和理解）进行的再创作式的选择。任何过去陈述的言外之力，都会被散布在以其遣词为核心的语用场中。此外，我也曾提到过，如果说语言自身的功能，以及它在符号、文化背景整体中的位置都没有改变，其证据何

143 在？不同时代和文明中的人拥有不同的词语、语言禁忌和词汇量。他们很可能为语言所指涉的对象赋予不同的真值，设想出不同的现实。修昔底德对他所"汇报"（汇报在此是分类归纳和戏剧夸张的复杂结合）的言语真值的判断，关乎希腊人对语言权威性——它如何驾驭或"引导"现实——的认识。我们能从这些观点中推导出什么？谁能够猜测出有哪些词汇与文本中的用词等价？[1]因此，要阐明"在这些环境里，针对这些听众，带有这些目的，出于这些意图"（这是奥斯汀确定言语真值的标准）而发出的话语所意味的、暗示的、掩盖的、混淆的、在推理过程中遗漏的是什么，不可能只靠一种单一的，能得到严格检验的方法。它必然是一套选择性的、高度依靠直觉的程序，最好还能认识到自身的限制，甚至认识到自己虚构的状态。借用施莱尔马赫的话，它要依靠"倾听的艺术"。

---

[1] 这是解释学的核心问题。在 *Wahrheit und Methode* (Tübingen, 1960)，第 370-383 页中，伽达默尔认为所有历史文献在某个层面上都是可疑的，这个哲学层面远比昆廷·斯金纳所触及的深刻。他的结论经过了精雕细琢："所谓原来的读者这个概念完全是未经澄清的抽象。"（第 373 页。译者按：汉译引自洪汉鼎译本《真理与方法》，上海：上海译文出版社，1999 年。）奇怪的是，伽达默尔并没有指出海德格尔这位当今解释学运动的鼻祖，在为一些早期希腊哲学术语所谓的"真正、真实"的意义下定义时，犯下了多么严重的肆意重构的错误。请特别参考海德格尔 1935 年和 1953 年写的《形而上学引论》(*Einführung in die Metaphysik*)。相关内容的优秀导读，可参考理查德·E. 帕尔默，*Hermeneutics* (Evanston Illinois, 1969)。

困难远不只在语义层。鲁道夫·布尔特曼（Rudolf Bultmann）对《福音书》的研究表明，对于过去，不存在"没有假定的解读"。无论是在理解过去的事件，还是在吸纳现在的情形时，观察者都会代入一套心理预设，一套为现在而设计的预设。马克·布洛赫写道："实际上，我们不管有意还是无意，归根结底总是从自己的日常经验中借用各种要素来重构过去，当然必要时会给这些要素添上新的色彩；即便是我们用以表示消失的心灵状态、已经湮没的社会形式之特征的名词，也主要是让我们体验当时人的生活，否则它们毫无意义。"[1] 历史学家对过去时的认识，他本人对它的使用，源自一套"在"现在，"属于"现在的语言设定。在数学或形式逻辑（或然；该点有争议）以外，真假都与时间有关。现在对所谓的过去的陈述，都要牵涉到一系列复杂的、下意识的习惯，它们关乎语言的"真实内容"，关乎过去在语言的符号表达中的"真实呈现"，也关乎语法的编码是否能直通记忆。这些习惯都不能被逻辑所分析。在使用过去式，在回忆过去，在历史学家"创造历史"（这正是他们所做的）时，人们所依赖的是一种我称之为"自明虚构"（axiomatic fictions）的东西，在对翻译的讨论中我会一直使用这个术语。

这些虚构很可能与理性思维、言语、共同记忆的运作密不可分，没有它们就没有文化。而它们的合理性可与欧氏几何的基础相媲美，后者让我们得以按照自己的习惯，安逸地在一个三维的、轻度理想化的空间里进行操作。这些虚构如同公理，但既不是绝对的也不是唯一的；其他的空间是可能的。与过去—现在—未来的模式不同的坐标系也是可以想象的。即便我们通过自己熟悉的自明虚构，在其中进行活动，也会触到悖论的边界，遇到重要的特例。这种可能性对语言和心智的研究十分重要。某些语法并不完全"合适"，而且我们的思维一直被局部的、武断的

---

[1] 马克·布洛赫, *Apologie pour l'histoire, ou métier d'historien* (Paris, 1961), 第 14 页。译者按：中译见于黄艳红译本《历史学家的技艺》（第 2 版），北京：中国人民大学出版社，2011 年，第 59 页。

假设所阻，直到它们变得自然。奥古斯丁的话 *praesens de praeteritis*（过去即现在）巧妙地描述了我们在使用过去时的时候会触到的悖论，它不可能得到完美解决。某种程度上，休谟的论断"我们过去的经验并不呈现出确定的对象来"（《人性论》[1]，II. Xii）一直有效，且发人深省。它告诉我们关系是双向的：语言发生在时代中，同时也很大程度上创造着那个时代。

145　　　借用克尔凯郭尔的话，对过去时态的怀疑可能是"审美性的"。动词在未来的状态是存在的核心，它塑造着我们对生命意义的构想，也决定着我们在这种意义中的位置。没有哪个个体乃至文化能对未来这个概念进行全面的陈述。每一个相关的分支——关于未来的本体论，关于将来时态的形而上学、诗学和语法，关于社会政治的未来和乌托邦式未来的修辞学，关于未来结果的模态逻辑——**本身**都是一个重要学科，其中有几个尚在初步阶段，我所能做的只有指出大概方向。

再回到语言丰富性的问题上。初次接触它时，正当反应是讶异，是对现实状况的惊喜：动词**有**将来形态，人类设计出了一套语法规则，能够连贯地表达明天、上个世纪最后的午夜、未来几亿年后织女星的位置和亮度。语言投射的八面玲珑，以及它能够表达的预测、怀疑、暂时性、或然推断、恐惧、条件式和希望之间的细微差异，可能是大脑新皮层的最重要成就，它把我们和更为原始的哺乳动物区分开来。我还记得幼年第一次认识到人能够对遥远的将来进行陈述（而且它们在某种意义上是合乎情理的）时感到的震撼。我记得自己站在窗边，想到自己站在一个平凡的地方，想起这是"现在"，而我能够说一些句子来描述五十多年后的天气和这些树木，顿时敬畏感遍布全身。在我看来，将来时，尤其是将来虚拟，拥有一种文字的魔力。它与巨大的数字一样，都能让人头晕目眩（梵文学者认为，关于将来的语法系统的产生，可能与该文明对巨大数字递归序列的重视同时发生，后者还可能具有天文学意义）。让

---

[1]　中译取自关文运译本（《人性论》，北京：商务印书馆，1980 年）。——译注

我难以置信的是，《民法典》居然不对任何将来时态的使用加以限制，主动将来时（*futur actif*）、复合将来时（*futur composé*）、先将来时（*futur antérieur*）这些玄秘的媒介居然能被任意使用。只有从现在出发稍稍向前的最近将来时（*futur prochain*）才具有日常意义。我相信，肯定有一些国度中的人民比我们更加谨慎细致，更加关注语言和生活的纠葛，像我们这般恣意挥霍预测、假设和反事实的表达是被禁止的。在这样的文化中，将来谓述、希求式和将来不定式只能在仪式性的场合里使用，它们像禁忌词语一样具有神性，不能出现在一般言语之中，只能出现在某些宗教仪式上。通过语言操纵未知和未来时间，是专属于受过神圣感召的人群的事务，至少它在俗人间的使用要受到严格控制（比如，在这座谨慎的城市中，每个人在一个月之内只能说十句关于未来的陈述）。这种规定并非天方夜谭，就像社会要对炼金术或毒物萃取行业加以限制一样。相似的例子唾手可得：一个政治体系可以宣称旧制度是不合法的，可以严格地确定生者被允许记住的是什么，死者被允许忘却的又是什么。关于未来的类似规定不难想象，关键在于超过最近将来时的时态必然意味着存在社会变化的可能。在完全（完"权"）的现在中，在话语只能触及下个星期一的日出的习俗中，生活会变成什么样？

146

有位作家试图描绘一个给人画句号的政体。在《确定死期的人们》（1956）中，埃利亚斯·卡内蒂构建了一个饱受核威胁和现状困扰的城市，里面的每一个居民都以等于自己寿命的数字命名。没人会为难叫"十"的小孩，因为他时日无多。有幸名为"八十"的人可以享受自己的长寿，不管他是否蠢笨无能。没有人能活过自己的"当下"（*Augenblick*），也没人会在大限之前死去。彻底的确定性取代了未知带来的古已有之且令人痛不欲生的折磨。不过这种确定性并不完全露骨：人们不能说出自己的出生日期，也不能谈论他人的。这个日期被密封在一个匣子里，每个人都必须把它挂在脖子上。匣子管理员会在大限来临时打开它——只有他有权做这件事——以确认命名数字和真实寿命是否完全一致。卡内蒂的戏剧讲述了这个城中一个反抗者的故事，他头脑中萦绕着对未来之不确定

147

的解放。他的反抗成功了（事实证明匣子都是空的），但是胜利却很模糊。在将来时敞开的大门后，等待着的是混乱和始自远古的痛苦。

这个故事的兴味很大程度上来自句法的平直。当恋人会面，同事讨论工作时，他们会在一个延展而静止的现在中进行交流。对疑问的特别强调已经从思绪和话端中被剔去。希望在一条短牵绳的引导下缓步而行。与陀思妥耶夫斯基的"宗教大法官"相似，卡内蒂的寓言也直指自由和不确定性的必然联系。这一点明白无疑，但我们在日常生活和语言中对待"未来"时的慷慨也有其令人纠结之处。在孩提时代，我曾好奇投向明天和未来的过量言语是否会像巫师的咒法一样，控制住不确定的未来？那些大张旗鼓的猜想、期待、意欲和承诺，是否是在浪费有限的时间？人们是否一直都如此挥霍无度，又或者恰恰相反，原初的语法谨小慎微，在涉及将来时态时步步为营，就像人们要在清晨进入刺骨的水中时那样？

答案不得而知。语言的史前史研究，基本上是通过对现存语音和语法形态进行比较分析，以对原初语言进行理论重构，这很难涉及公元前4000年之前。[1] 幼儿在咿呀学语时使用的动词不具备时态属性，这或许能（也或许不能）给我们带来一些关于语言起源的启迪。显而易见的是，我们不了解将来时的历史。

---

[1] 见玛丽·R. 哈斯，*The Prehistory of Languages* (The Hague, 1969), 第 13-34 页。

如今（1991 年）关于比较音系学中所谓的"诺斯特拉语系"(Nostratic) 假说的争论正在扩大。该假说尤其受到俄罗斯和以色列的比较语言学家和民族语言学家（比如杜尔戈波尔斯基和谢夫罗斯金）的支持，它认为所有人类语言都有一个独一无二的源头。"诺斯特拉"语言学家们援引分子生物学、遗传学、考古学和人类学材料，提出了一个关于史前世界的新看法。他们将地球上正被使用和曾被使用的语言重新分化成几个"大语系"，它们相互关联，而在分散传播和区域分化出现前，它们的始祖都是同一范本式的"原始语言"。对这个观点的有力考察和相关书目，见于科林·伦福儒，"Before Babel: Speculations on the Origins of Linguistic Diversity" (*Cambridge Archaeological Journal*, I , 1991)。

"诺斯特拉"模型因其恰当和历史－心理背景而引起了重视。同一化、对单一"终端"的搜寻十分盛行。这也体现在"大爆炸"宇宙论、DNA 微观生物学、进化遗传学、分子物理学的研究上。这种任务可能也反映了在表面上无法调和的种族和文化冲突背后深藏的痛苦。找到一个"牢靠的中心"迫在眉睫。但是证据会支持对人类语言原初历史的一元解读还是多元解读，以及对原始语言单位诱导式的"重构"是否只是才智构想出的游戏，仍然有待观察。

这一历史的部分内容是哲学性的，它包含形而上学家、神学家、逻辑学家对将来形态之语法和形式有效性的观点；它还会在许多方面成为对归纳法之缺陷的历史记录。如果只谈西方思想和最显赫的人物，这个记录中会有亚里士多德、斯多葛学派、奥古斯丁、阿奎那、奥卡姆和马勒伯朗士。它还会适时地研究莱布尼茨、休谟、康德、柏格森的论著。它还很可能会回顾 C. S. 皮尔斯、爱丁顿、麦克塔加、弗雷格、C. D. 布劳德对时态－命题本质和逻辑结构的看法。关于这些哲学观点和它们之间历史和形式联系的文献浩如烟海，且十分专业化。[1]

关于未来的逻辑和实在状态的问题，几乎都已经被亚里士多德的《物理学》、《形而上学》和著名的《解释篇》第九章提出过了。亚里士多德对原因、运动、具现性（或生命目的的意向性）的探究明显涉及对未来命题的看法。他论点多样，且各个问题被置于广泛且多样的不同背景之下，这让人很难推导出一种学说。希腊语让亚里士多德能以一种似乎可预示该词现代多样性的方式谈论"现在"（τὰ νῦν）。而在其他地方，他却说过非现在时态的动词不是真正的动词，而是类似于名词间接格的"格"。也许最接近事实的说法是，亚里士多德的理论认为时间是循环的，但并非完全重复，这一理论为将来时态提供了概括性的而非个体指称性的解读。内在形式的完全实现[2]，来源于一种"预设的"可能性，它需要一套逻辑来陈述未来，尽管在使"运动"或"持续"一类概念形式化时，这套逻辑会陷入异常。[3] 这似乎也正是斯多葛派逻辑学家，尤其是狄奥多

149

---

[1] 有用的文献选集和书目见于 J. T. 弗雷泽编，*The Voices of Time* (New York, 1966)；以及理查德·M. 盖尔编，*The Philosophy of Time* (London, 1968)。

[2] 完全实现：ἐντελέχεια / entelechy。亚里士多德用此术语表示每一事物或潜在质料在自身中所实现的运动的目的。该词中译取自李真译本《形而上学》，上海：上海人民出版社，2005 年，1050a23；也有其他译法取直译作"隐德莱希"（参见尼古拉斯·布宁，余纪元编著：《西方哲学英汉对照词典》，北京：人民出版社，2001 年，第 305 页，"隐德莱希"词条）。——编注

[3] 关于亚里士多德论时间的研究不胜枚举。我认为以下一些很有价值：J. L. 斯托克斯，*Time, Cause and Eternity* (London, 1938)；休·R. 金，"Aristotle and the Paradox of Zeno" (*Journal of Philosophy*, XLVII, 1949)；恩斯特·福尔拉特，"Der Bezug von Logos und Zeit bei Aristoteles"，载于伽达默尔编 *Das Problem der Sprache* (Munich, 1967)。另可参考让·吉东，*Le Temps et L'éternité chez Plotin et Saint Augustin* (Paris, 1969)。

罗斯试图修补的。

在基督教会及其主要异端的早期历史中，先决、预知和神全知全能的本质均为重要问题。这些问题，以及它们在本体论和语法上引起的争论，贯穿着西方逻辑的历史。因此圣奥古斯丁在《忏悔录》第十一卷中对语言和概念时间流的探讨从未失去活力，一直能够激发人们的兴趣。[1]"那末时间究竟是什么？没有人问我，我倒清楚，有人问我，我想说明，便茫然不解了。"[2]受制于时间作为意识最明显却最难言表的一个事实，成为奥古斯丁论述的基础。创世之前无时间，"没有'那时候'"[3]。主的时间永远都是现在，处于我们过去—现在—将来的流程之外。而人类只能"在实践中"感知经验。灵魂的基本运动（如悔悟、对后续行为的责任、祈祷、决断）恰恰因为它们是受时间制约的序列才具有意义。

150　主的非时间性和人类的时间构造能有何种关联？奥古斯丁通过将人类的时间内化进行了回答。他相信"过去事物的现在时""现在事物的现在时""未来事物的现在时"是心灵的真实体验，它们和人类对于全知的认识一样，与主的永存有关。而主的全知这个概念——"主的认知在何种意义上包括（即预先决定）所有的未来事件；主能不能提出一个他自己无法解决的问题？"——引发了阿奎那、奥卡姆对时态的探讨，也引起了15世纪对未来或然性的讨论。[4]如今，这些言简意赅的精妙论述，这些玄奥超然的深刻忧虑仍有动人之处，这让这些分析性的文本充满活力。模态逻辑涉及的就是人类和天主关系的核心，以及那些至关重要的或然性，没有它们，人神关系只是空洞的恐惧。

---

[1] 通过现代哲学视角对奥古斯丁的论述进行分析可见于 R. 苏特，"Augustine on Time with some Criticisms from Wittgenstein"（*Revue internationale de philosophie*, XVI, 1962）。

[2] 原文：*Quid est ergo tempus? sin emo ex me quaerat, scio; si quaerenti explicare velim, nescio*。中译取自周士良译本（《忏悔录》，北京：商务印书馆，2015 年，11：14）。——译注

[3] 原文：*non enim erat tunc*。中译见前注，11：13。——译注

[4] 吉尔松（Etienne Gilson）在 *La Philosophie au Moyen Age* (3rd edn., Paris, 1947) 中对阿奎那和奥卡姆思想的解释不可不读。

毋庸置疑的是，17世纪的科学进展和启蒙运动的怀疑思潮除去了相关论题中的神学成分。众所周知，休谟带有心理学特点的解释冷峻而直白。关于未来的言语和判断既不是经验汇报，也不是由经验导出的逻辑推论。这些言语和判断仅来自对自然齐一性的假设，来自心理和语言活动中不可避免的习惯。因此，未来必然与过去相似这个在归纳中至关重要的概念"并非建立在任何一种论证上的，而完全是由习惯得来的"。对或然、可能和怀疑等问题的最佳处理方式，是把它们当作有效和无效预测加以区分。归纳逻辑的原理也根植于由习惯的联结和相似性所编织的结构中，它们构成了全部正常的精神生活。休谟理论所具备的理智的力量将它自身铭刻在了西方思想的主流传统上。即便是对它的反对——比如康德所设想的时空范畴，时间以及我们对它的体验必然是有向序列，"埋藏在人类心里的最深处"——也可被看作是休谟心理学的深化和"集中"。不过康德的道德理论走得更远。他写于1794年的短文《万物的终结》[1]表达了人类一种光怪而内在的冲动——对"最后的事物"进行思考。这个概念高深而晦暗，但也与人类的理解契合紧密："它是可怖地崇高的，部分是由于它的隐晦，在隐晦之中，想象力通常比在光天化日之下有更强烈的作用。最后，它毕竟也必须以奇特的方式与普遍的人类理性纠结……"《启示录》第十章中所预言的"时间的终结"这个概念具有"神秘的真实性"，但无法被理解。不过心灵渴望思考未来，渴望思考给未来的各种形态做出断言的内在序列之逻辑，这很有道德意义。康德认为，将因果关系扩展到未来的结果，并合理地设想（可能只是臆想）人类事务会有终结，这对正当行为来说是不可或缺的；未来是符合伦理准则的必要条件。我们无须对此外的事物进行揣摩，"因为理性也有它的秘密"[2]。康德的话余音绕梁。

151

---

[1] 感谢剑桥大学的唐纳德·麦金农（Donald McKinnon）教授让我注意到了这本书以及本部分中提到的一些其他著作。

[2] 《万物的终结》相关中译取自李秋零译本（《康德著作全集·第8卷》，北京：中国人民大学出版社，2013年）。——译注

这些"理性的秘密"是否构成柏格森的生命冲力（élan vital）仍然是学者讨论的话题。可以确定的是，柏格森关于内在绵延的直觉－生命论呈现着狂想般的模糊，这是现代逻辑学家所反对的。在涉及未来时，同一律、排中律、非矛盾律似乎带有宿命论式的结果。而柏格森革命性的主观主义再一次把焦点对准了时间在心理活动中起到的关键作用。但是它没有为如何在各种可能图式中进行选择提供可靠的基础，有些关于时间流的图式完全是唯我论的。构建多值逻辑系统——除"真"和"假"二值之外，还允许各种中间值、中立值和潜在方面——是澄清这些问题的一个尝试。麦克塔加关于时间不真实的著名论证作于 1908 年；比柏格森的《创造进化论》晚一年。对麦克塔加的反驳和对柏格森的批评是现代"时态－逻辑"发展的源泉。问题还是老问题。如何从逻辑上证明关于未来或然性的陈述？"总是"是什么状态？有没有可能设计出一个一致的逻辑系统，使它能够体现时间会有尽头这个论断？[1]新颖之处在于时态算法的严格性和形式化。未来的不确定因素首次通过一套严格的模态逻辑得到形式化。我没有能力对其结果进行评判——虽然有些明显带着智巧，指向诗艺。我要强调的是，"时态逻辑"对语言在谈论明天时的可疑本质十分警觉。即便是在元数学层面，"时态逻辑"都毫无差池地关注着人类奇异的塑造力——我们能够对"即将发生的海战"做出陈述。

对"未来"概念的历史进行分析式的、形式化的研究，远比发掘人类在"未来"和希求上的真实轨迹容易。如前文所言，有关历史并不存在，而我们对相关记录和证据究竟为何样，也只能给出一些疑点重重的概念。不过有种情况可能性颇高：掌管将来时态的心理和社会习惯发生了实质性的变化，许多文化在关于归纳或告诫的言语行为上发生了改变。这点明显地体现在文本、礼节中；体现在对习语的比较研究上。对于施

---

[1] 对麦克塔加"论证"的检验，见 G. 施莱辛格，"The Structure of McTaggart's Argument" (*Review of Metaphysics*, XXIV, 1971)。对"时态逻辑"发展史的最佳叙述，以及对相关问题最为透彻的研究可参考 A. N. 普莱尔的两部著作：*Past, Present, and Future* (Oxford, 1967) 与 *Papers on Time and Tense* (Oxford, 1968)。

加于陈述的有关预期、猜测和想象的条件，我们与公元前 6 世纪的爱奥尼亚人不仅在体验上相区别，在措辞上也有所不同。鉴于对未来的概念既决定着又取决于相关语言群体的各种社会、历史和宗教变量，就算我们恪守语文学的原则，又要怎样才能重新领会"过去的未来"？循环的困境再次出现——能够挖掘并翻译早先的或深埋的语言映射的正是语言本身。如果说有历史学家研究某些西方语言语法的未来形态（这样的限定本身就很严格），那么我要指出的正是其相关领域的关键和枢机。[1]

在希伯来语《旧约》[2]"无时态"的句法中，未来有很重要的作用；此处"无时态"的含义只是说该语法系统与非闪米特语语法（如希腊语和拉丁语）不同，没有对过去、现在和未来进行区别或划分。在**时间中**得到阐述的无时间（奥古斯丁在《忏悔录》第十二卷中探讨了这个悖论），神的言语与人的理解，与一个民族在历史中的自我定位——它带有一种独特的、末世论的时间性——紧密而"奇异"地交织。《申命记》18：10 规定，不可有占卜的、观兆的。《利未记》19：26 也说，犹太人"不可观兆"(nor observe times)，不能如周围异教信仰中崇拜偶像的法师或占者那样行事。如巴兰的故事所申明的，这是因为律法禁止占卜："没有法术可以害雅各，也没有占卜可以害以色列。"隐多珥的那位交鬼的妇人称自己解读的是神隐藏的意图，而不是他显在的意志。对古典时代的希伯来人而言，真正的先知(nabi)与未来的关系是独特而复杂的，这种关系有着"不可避免"的确定性。先知只是传达神的言语，所以他不会有错。

[1] 理想状态下，关于"过去的未来"的历史要从史前开始。尼安德特人的丧葬行为以及可能已经出现的某种乱伦禁忌显示，他们对指向未来时间的事实和符号投射产生了初步而明显的关注。不过史前文化在时间-时态上的精确性和复杂度目前仍是未决的问题。一些证据似乎指向一套高度数学化和符号化的"预言"。这点可以参考 A. 托姆, *Megalithic Lunar Observatories* (Oxford, 1971)。这些预言对语言有十分深远的影响。不过一些由玛雅图画文字得到的推论表明，上述证据只是猜测，且无法得到严格证实。

[2] 以下段落与《旧约》有关译名译文取自《旧新约全书》，中国基督教协会、中国基督教三自爱国运动委员会印发（南京，1986）。——译注

他对动词未来形态的使用是多余的，他的言语行为在展现词句时就将未
来全部呈现出来了。但与此同时，决定性的一点是，他对未来的声明让未来可被改变。如果人忏悔并改正了，神会用预言外的方式扭曲时间线。除上帝自身的存在外，没有什么是不可变的。先知预言的威力，它自明的确定性，就在于预言本身可能不会实现。从阿摩司到以赛亚，真正的先知"宣布的不是不会变动的敕令。他们言说的决定性力量存在于当前时刻，而他对灾难的揭示只是触及了这种力量"[1]。《阿摩司书》第五章中唐突的追溯性论断十分典型。以色列不能再兴，"无人挽扶"。但同时，在一个与人类时间交叉的拥有无限可能的位面上，先知说出了主的诺言："寻求耶和华，就必存活。"因此，"每一次关于灾难的预言背后，都隐藏着另一种选择"[2]。正因为先知的任务具有神授的二重性，约拿的故事才能产生出其富有智性的喜剧效果。

从《以赛亚书》开始出现了一种深刻的转变，*te'udah* 意为"证言"。在《以赛亚书》第十一章中，弥赛亚的预言"借此存在于当前时刻的全部现实和所有潜在性中，成了'末世论'"[3]。弥赛亚承诺的希求性和未来不定性也因此得到了强调。救世主潜藏于人类历史的选择中，它既是不断演进的结果，又帮助人类回归神。布伯认为，公元前 609 年在米吉多的大难发生后，神的意志成了谜。耶利米是 *bachun*（"瞭望塔"[4]），他希望通过道德感知解决这个谜。[5] 现在，人类语法与上帝言语之谜进行直接

---

[1] 马丁·布伯，*The Prophetic Faith* (New York, 1949)，第 103 页。在该段落中我也参考了厄恩斯特·塞林，*Der alttestamentliche Prophetismus* (Leipzig, 1912)，C. A. 斯金纳，*Prophecy and Religion* (London, 1922)，沙洛姆·斯皮格尔，*The Last Trial* (New York, 1969)。

[2] 马丁·布伯，见前注，第 134 页。

[3] 同前注，第 150 页。

[4] Bachun 一词中译并未统一。以《以赛亚书》23:13 为例：和合本与文理本译为"戍楼"；新译本作"攻城的高塔"；当代译本作"围城的高楼"；而修订本译作"望楼"。——编注

[5] 布伯借用了《以赛亚书》中的词 *bachun*，并使用了它的传统含义。（虽然常被翻译为"瞭望塔"，但这个词的含义仍不明确。）

的、创造性的互动。"瞭望者"的呼喊有至关重要的外化的功能：耶利米155"需要**说**神所说的"[1]。他的预言毋宁说是注解。因此耶利米前所未有地与神"平等"、平行地对话。以西结标志着早期先知传统的终结，他身处预言和启示的交界，开放信息和隐秘典章的交界。他预言中谜题和意象的元素近于波斯或希腊传统。

《旧约》中的先知文本在其原初形式中表达了对时间和词语关系的独特关切。对圣约的完全遵循，对律法的严格服从，使雅各的房屋与未知的"自然性"相一致。或者说，它让未来的"未知"在本体论和伦理上都无足轻重。只有通过人类的错误，通过人对律法的违背，或虚幻或凶险的未来的真实性才能得到显现。先知的警告和悲悼全都已经被限制在了违禁的行为中。对可以撤销、可以制止的未来的神圣承诺亦然。"我必医治他们背道的病，"神通过何西阿的口宣布，"因为我的怒气向他们转消。"其主导句法与我们所知的任何其他句法都不尽相同，它是一种"未来现在时"，它关乎预测，而这种预测在每个历史时刻都既是回忆又是赘言。在古代犹太教中，人的自由存在于一套复杂的逻辑－语法可逆范畴当中。预言毋庸置疑：预见之事**必然**如此，但它**无须**如此，因为神可以依照自己意愿，不证实他所宣称过的真实。他与以色列人永恒的关系既确认又颠覆了时态。（虽然斯宾诺莎说过"我们感到自己是永恒的"[2]，但他也像约拿一样，深受未实现的必然这个哲学悖论的困扰。）

希伯来预言的有条件未来（我指的是该语言中有关存在和心理的潜在属性，而不是其语法或语型特征），与希腊神谕模糊的宿命形成了鲜明对比。至少在希腊历史的初期阶段，神谕从不失言（在希波战争时156期，德尔斐的预言变得有误而不可信）。对将来时态的预言式使用极具决定论特质。如同在诅咒的语法中，言辞不能被撤回，宿命也不能被消解。不过神谕的措辞经常会得到相反的解读。女祭司的话语就像道利斯

[1] 马丁·布伯，*The Prophetic Faith* (New York, 1949)，第 166 页。
[2] 原文为拉丁语：*sentimus nos aeternos esse*。——译注

第三章 语词反对象 · 151 ·

（Daulis）的道路一样蜿蜒，求卜者通常会误会这些简短的回答。毕竟询问神谕的人的立场完全与解谜者相同。误导性的信息与解读者所构成的对立，是希腊智识生活中许多方面的重要特征。占卜是"用秘钥破解密码"[1]。这便是模糊关系的起源，也是日后神谕预言和科学预测冲突的来源。[2] 随着哲学和科学探索的发展，它们试图将自己的推理和三段论机制与卜者的技艺加以区别，后者出自古旧的、病态的动机。在《斐德罗篇》中，柏拉图区分了四种由神性引起的疯狂。在占卜貌似文雅的外表下，隐藏着更为古老而癫狂的预言模式。希腊人知道先知萨满源起于神和人的黎明时期，这是一个变化时期，占卜的媒介恣意流入开放的、可能尚未完全明确的凡人意识中。如多兹（E. R. Dodds）所言，早期印欧言语形式保留了预言和疯狂的联系。[3]

从这些涌动的幻想和诱导出的预见中，生发出独特的自由宿命论。希腊戏剧和历史理论有很大一部分都基于实现的必然与有意义的行动之间的矛盾。[4] 希腊悲剧、修昔底德的历史比其他任何文化形式都更加生动地体现了一种共存，一种辩证的互补：完全得到预见的事如今却又让人撕心裂肺。阿伽门农走进房子后，我们知道将要发生在他身上的是什么。每一处戏剧冲突都已经被揭示并准备好了。我们完全了解俄狄浦斯要发现什么；从某种角度讲他自己也一直很清楚。而每一段陈词和表演都会刷新我们的震撼。希腊文学的悲剧观展现了一个深沉的悖论：最符合行动内在逻辑的、最符合期待的事件，恰恰是最惊人的。想象一下，如果阿伽门农避开了网，俄狄浦斯认出了伊俄卡斯忒并不再追问，我们的内心会生出何种微妙的反感。自由——在每个征兆和发自本能的预感都指

---

[1]　F. M. 康福德，*Principium Sapientiae: A Study of the Origins of Greek Philosophical Thought* (Cambridge, 1952)，第 73 页。

[2]　同前注，第 133–137 页。

[3]　见 E. R. 多兹，*The Greeks and the Irrational* (University of California Press, 1951)，第三章。

[4]　见威廉·蔡斯·格林，*Moira: Fate, Good, and Evil in Greek Thought* (Harvard, 1944)。第十一章详细地阐释了宿命论在希腊思想的不同形式和时期中的源流。

向灾难时，还是要远征西西里的意愿——与必然相勾连。《七将攻忒拜》中厄忒俄克勒斯与合唱队最后的交谈就是自由宿命论的一个完美范例。厄忒俄克勒斯知道在第七道门迎接他的将是死亡，但这并没有让他的行动成为徒劳，反而赋予了它意义。人类或在神谕留下的误解所形成的罅隙中行事；或在由预言赋予连贯性、逻辑性的必然性空间中行动。这是一种极为复杂的心理和文化构造，也可能是我们所知的与事物的真正机理最为协调的模式。

由此衍生出的是斯多葛主义和面对未知与非人时长存的欢快。所有想要转译埃斯库罗斯或赫拉克利特经典段落的人都发现了这种特别的行文——命定中的自由，与必然交互的希求——是其他言语无法模仿的。西塞罗的《论神性》和《论命运》已经缺乏了希腊语原文拥有的时态悖论性。也许叶芝在《天青石》（"Lapis Lazuli"）中的表述最为接近：

> They know that Hamlet and Lear are gay;
> Gaiety transfiguring all that dread.

> 他们知道哈姆雷特和李尔王的快乐；
> 快乐转化着一切苦厄。

早期基督教明显从广为传布的末世论和天启思想氛围中获益颇多。地中海和近东社会的各个位置和阶层似乎都充斥着强烈的千禧年幻想。维吉尔的第四首《牧歌》中常被援引的呼唤似乎表达了一种广为传布的真实感情：

> ultima Cumaei venit iam carminis aetas;
> magnus ab integro saeclorum nascitur ordo.
> iam redit et Virgo, redeunt Saturnia regna;
> iam nova progenies caelo demittitur alto.

> 现在到了库玛谶语里所谓最后的日子；
> 伟大的世纪的运行又要重新开始。
> 处女星已经回来，又回到沙屯的统治；
> 从高高的天上新的一代已经降临。[1]

"伟大的世纪的运行又要重新开始"；通过神的复活，通过清洁的火焰，通过对永恒生命之谜的接触。这些期待有多真实？他们对真正的社会活动施加了多少压力？我们知道有些极端的宗派式见解，包含着对将要终结的世界的回避，也知道有些狂热团体和密特拉（Mithraic）教团主动准备伟大时刻的来临。对很多犹太人和信仰基督教的犹太人来说，耶路撒冷神庙的毁灭标志着一个决定性的时刻。几乎从开篇起，尤其是在《约翰福音》和《启示录》里，象征式的末世论就被加于对心理、历史的感受之上。我们无法重述早期的基督徒和皈依神秘宗教的人在进行受时间制约的陈述时，其时间感和语法发生了怎样迅速或深刻的变化。有证据表明在基督将要降临之前会有简短的征兆，基督虽降临在时间中，但又使时间停止。太阳每天照常升起，而这种期待转变为一种千禧年的历法，让信徒在命理和解谜层面探求着基督再次降临的真正日期。这种带有推测却颇为精确的对未来的感觉以极慢的速度发生了变化，至少在正统教义中，它变成了过去时态。救世主已经降临；这种"过去"在每一次真正的圣礼中都得到重复和展现。最能拨云见日的现代基督论者也只是在重复这一悖论："因此我们似乎必须认为，对早期教会而言，基督的降临既是现在又是未来，且二者同时发生。"[2] 这种共界的双重性无法被纳入任何现存的句法框架中。降临之事绝对像人们曾深信的那样业已发生

---

[1] 维吉尔的《牧歌》中译均取自杨宪益译本（《牧歌》，北京：人民文学出版社，1957年）。——译注

[2] C. H. 多德，*The Coming of Christ* (Cambridge, 1951)，第 8 页。

过，它"不在我们对时间的认识体系中"。圣餐礼的秘密在每次弥撒中都会出现，有自己的时态逻辑。多德（C. H. Dodd）认为，它实际上体现着"基督在过去、现在、未来的同时降临"[1]。

一般的时态语法中的这些至上的背反和悬疑，反复出现在西方历史的基要派（Fundamentalist）和千禧派（Chiliastic）运动中。秘密教派、光照派、弥赛亚信众在历史中反复宣称时间的终结就要来临，并努力进行应对。亨利·福西永对千年恐慌（paniques de l'an mille）的分析，中世纪晚期亚当派的幻想，17世纪英格兰的第五王国信众，现在流行于南加州的"末日教派"，它们的说法都是相似的：明日之后再无明日。《启示录》的诺言近在眼前："不再有时日了。"从社会语言学的角度看，发掘这种信念对言语习惯产生了怎样的实质性影响将会非常有趣。例如，在琼斯镇自愿进行仪式性自杀的信徒是否在他们的天启临近之际避免使用将来时态。不过很难有什么证据，因为各种空想教派的历史主要由他们的毁灭者那扭曲的见证构成，留下来的只有可见而不可解的残片。据说希望殉道并直接升入天国的俄罗斯旧礼仪派信徒，对将来时态的使用慎之又慎，甚至不予使用。[2]

关于伽利略和牛顿物理学带来的新的线性而开放的时间感，论著十分丰富。[3] 牛顿在宗教上的忧虑使他无法把隐含在自己天体力学学说中有

160

---

[1] C. H. 多德，*The Coming of Christ* (Cambridge, 1951)，第8页。另见恩斯特·冯·多布舒茨，"Zeit und Raum im Denken des Urchristentums" (*Journal of Biblical Literature*, XLI, 1922)，以及昂利－夏尔·普埃奇撰写的两篇重要文章 "La Gnose et le temps" (*Eranos-Jahrbuch*, XX, 1951) 与 "Temps, histoire et mythe dans le christianisme des premiers siècles" (*Proceedings of the VIIth Congress for the History of Religion*, Amsterdam, 1951)。对早期基督教有关时间和未来的教义引人入胜又简明扼要的分析，见米尔恰·伊利亚德，*Le Mythe de l'éternel retour: archétypes et répétition* (Paris, 1949)，它还特别提到了圣爱任纽（St Irenaeus）及其对圣奥古斯丁的影响。

[2] 我是通过与现任国会图书馆馆员詹姆斯·比灵顿（James Billington）教授的私下交流了解到这一惊人细节的。

[3] 尤见柯瓦雷，*La Révolution astronomique* (Paris, 1961) 与 *Études newtoniennes* (Paris, 1968)。背景知识可参考斯蒂芬·图尔敏与琼·古德菲尔德，*The Discovery of Time* (New York, 1965)。

关时间的结论推导出来。但一个关于地球和太阳系的全新力学模型所允许（或者说是要求）的无限时间，并没有吓到以布丰为首的继承牛顿衣钵的人。符合理性的无垠概念激发了 17 世纪晚期和 18 世纪的自然哲学家，使他们相信有足够多的世界和时间，让飞跃在最前沿的感性都有深呼吸的余地。在开普勒学说中还活灵活现的晶状结构和同心圆已经不再，新宇宙学中最具特点的帕斯卡虚空带来的恐慌也烟消云散，取而代之的是无限序列的思想。这一思想最早的证言始于 1686 年，出现在关于广阔空间和有序永恒的诗歌中，出现在丰特奈尔的《关于多重世界的对话》里。康德在 17 世纪 50 年代写就的《宇宙发展史概论》包括了他在天文学上的思索，其中联合了神性决定论和无垠未来的宽宏："未来时间的延续是无限的，以致永恒是不可穷竭的。这无限的未来时间将使一切和上帝同在的空间完全活跃起来，并使之按照上帝的卓越设计逐渐处于有规则的秩序之中。"[1] 在牛顿－康德的坐标系中，没有尽头的时间和数字是造物主存在所引申出的必然结果："存在"（presence）一词中，时间和空间的恒久得到了融合——在德语的存在（*Gegenwart*）中更是如此。按照牛顿的观察，限制时间也就必须限制自然法则的权威性和上帝原初的全能性。

不过严格来看，"未来时间的延续是无限的，以致永恒是不可穷竭的"这个信念没能坚持多久。至少在某些喜欢刨根问底的人看来，在萨迪·卡诺 1824 年发表《论火的动力》后，它就不再是块完璧了。这篇论文初步阐释了熵的相关原理；克拉佩龙 1834 年的《报告》[2] 在数学方面做了更严格的阐述。这既不是启示性的推测也不是暗喻式的猜想，它带有数学－力学推演近乎初级的明晰，为能量流不可逆的各种理论打下了基础。时间的流动是有向的。宇宙的真实状况是趋于平衡（即热寂）的热力学过程。越过临界点之后，分子运动产生的能量将不复存在，"时间"

161

---

[1] 中译取自全增嘏译本（《宇宙发展史概论》，上海：上海译文出版社，2001 年）。——译注

[2] 全名《关于火的动力的报告》（"Mémoire sur la puissance motrice de la chaleur"）。——译注

也就不复存在。假设有一个足够宏大的统计范畴，它就可以说明将来时态的语法是有终结点的，当熵达到最大值时未来也就结束了。即便只把它看作统计学的理想范式，其中的参量只有微观上不连续的自然物质，克劳修斯－卡诺原理仍然是人类思想的重大飞跃。能够在自身所处的宇宙中想象出一个可计算的能量交换的终点，肯定需要最为微妙精审、抽象艰深的脑力活动。卡诺极具技术性的论文反映了人类思想独一无二的高度和艰险，少有作品能出其右。

热力学第二定律在宏观上对人类感性和言语产生了怎样的影响？

熵这个概念的"内部历史"及其与当代哲学和语言学认知的关系很难说清。[1]W. 汤姆森（即开尔文勋爵）撰于 1849 年的《卡诺理论之意义》很好地发扬了对不可逆性质的分析。不过"熵"这个词，以及从它 162推导出的全宇宙的热寂，还要归功于克劳修斯在 1865 年《物理学化学年鉴》上发表的论文，其中有名句"世界的熵趋向于最大值"[2]。将第二定律

---

[1] 关于熵原理的形成所带来的哲学和心理学影响，没有足够的历史记录。F. 奥尔巴赫的 *Die Königin der Welt und ihre Schatten* (Jena, 1909) 与贝尔纳·布容的 *La Dégradation de l'énergie* (Paris, 1909) 反映了宇宙热寂概念的流行所产生的影响力。赖兴巴赫的 *The Direction of Time* (University of California Press, 1956) 有对熵的逻辑的敏锐见解。J. T. 梅尔茨的 *A History of European Thought in the Nineteenth Century* (Edinburgh & London, 1927) 的第二卷在热力学理论的普遍历史背景方面仍然是有价值的参考书。关于热力学第二定律在宇宙论方面的最新总结和背景资料，可参考威尔逊·L. 斯科特的 *The Conflict Between Atomism and Conservation Theory 1644–1860* (London & New York, 1970)，与 F. O. 柯尼希，"The History of Science and the Second Law of Thermodynamics"，载于 H. M. 埃文斯编，*Men and Moments in the History of Science* (Seattle, 1959)。对克劳修斯－卡诺原理及其力学影响最完整严格的阐述，见 G. N. 哈索普洛斯与 J. H. 基南，*Principles of General Thermodynamics* (New York, 1965)。是否所有的能量转化"最终都会结束"，抑或是按玻尔兹曼（Ludwig Edward Boltzmann）所言，我们生活在一个由无垠空间所分割的"不同时间"中，仍然是悬而未决的题。最近的天体物理思想和普朗克的原理"如果一个系统能被另一个更加广阔的足够大的系统所容纳，该系统的演化就能被反映为熵的增加"似乎表明，即便某些部分的熵在减少，整体还是会停止。"虽然这个原理指向我们不想看到的结论：我们的宇宙在某天会完全停止，不会再为生命机体这种不平衡的系统提供任何存活的可能；但它至少为我们提供了时间的方向：正向时间就是从低熵到高熵。"（赖兴巴赫，见本注上文，第 54 页）

[2] 原文：die Entropie der Welt strebt einem Maximum zu。——译注

扩展到全宇宙在数学和经验上是否合理仍不确定，而玻尔兹曼在关于气体理论的著作中对克劳修斯的反驳也不充分。不过，只要看看某些热力学教科书中对熵和"宇宙热寂"概念的严厉驳斥，就能看到其中涉及了政治和哲学问题。

我的问题没有这么宽泛。宇宙热寂，至少是"我们"这个宇宙会热寂的概念，是否影响了我们使用将来时态的习惯，影响了我们在心理上对它的领会？在卡诺和克劳修斯之后，西方人对将来时的使用是否含有一定的终结或"句号"的意味？常识会反驳道，存于熵这个理论设想中的遥不可及的无限时间不能对清醒的头脑产生多大影响，这种程度的广阔和虚无缥缈没有什么触手可及的意义，只能让人将信将疑。不过在历史上，时间遥远、感觉虚幻的末世论图景的确影响了情感和语言的模式。在某些人的情绪中，模糊的无限变成了具体的主张。我还能够回想起在孩提时代，当我得知太阳最终会无情吞噬周围的行星，以及其上所有莎士比亚、牛顿、贝多芬等人的杰作时，感受到的难以名状的悸动。这与卡内蒂的寓言故事中的症结相仿，是一种明确的感受。在语言和数学计算中，亿万年后的事情是全然概念化的，但它不在人们用想象和感觉构成的理解范围中。一亿年后、十万年后、五代人后世界将会如何？对这个问题的领会和感想会被文化和职业背景所左右。天体物理学家或地质学家对宏大时间进行实质性联想的能力，明显要高于一般保险理赔员的水平。玛雅文明在时间上的视野似乎远远超过（他们有意识地拓宽了它）其他中美洲文明。对印欧语言文献和古印度算术的研究表明，他们特别迷恋于扩展出无限的数列或时间。[1] 然而，不论个体和文化如何不同，一个时间点，热寂发生的点总是存在的，此刻熵脑达到最大值的危险**会**在一般人的意识中成真。动词将来时态的用法**会**改变，或者**会**带上一种修饰性的、安慰性的虚构意味（或许在卡诺之后就已经应该如此了）。面临极刑的人可

163

---

[1]　见卡尔·梅宁格，*Number Words and Number Symbols* (Cambridge, Mass. & London, 1969)，第 102-103 页，第 135-138 页。

能会以复杂而特别的方式淡化任何有关"后天"的言论。从心理语言学、社会语言学和文化史的角度看，了解不同文化和时代中的人对未来"临界点"的设想是十分有价值的，而我们现在对此知之甚少。列维－斯特劳斯说人类的科学是"熵学"（*entropologie*），此言远不只是一句妙语。[1]

上述例证虽然粗疏，但无论如何都表明了对时间的塑造是语法 164 不可分割的一部分。归纳的正确与否取决于可投射谓语（projectable predcates）的使用，对这种谓语的使用"受到语言运用的影响，而不是由人类认知中某些不可避免或无法改变的因素所造成"[2]。由因果律、推断、通过再现得到的证实三者所构成的螺旋弹簧，与感觉的有序运动密不可分，与言语的构造紧密交织，也与关于世界的句法纠缠在一起，因为世界"被词语所描述和预测"[3]。关于这一点，诗人、形式逻辑学家和一般大众的感觉是一样的。

当我们试图询问实际的语言运用是否决定或在何种程度上取决于隐含的时间结构时，困难就出现了。逻辑学家，如纳尔逊·古德曼，认为所有语言都以同种方式体现时间，具体来说，每一种自然语言都能表述任何关于时间的可能构想，这是正确的吗？还是说证据指向的是另一幅由东方学家、民族学家弗里德里希·马克斯·缪勒在19世纪60年代晚期勾勒的著名图景——关于时间，每种语法都有其古已有之的"根深蒂

---

[1] 最近，熵和语言（具体来说是热力学和信息理论）有着有趣的结合。利奥·西拉德和诺伯特·维纳的研究显示，信息这个概念可被理解为负熵。此后布里渊对此有所发明，尤见于布里渊，*Science and Information Theory* (New York, 1962) 及 *Scientific Uncertainty and Information* (New York, 1964)。将信息或知识当作一种能量以解决著名的麦克斯韦悖论——熵在没有做功的情况下的减少——只是尝试性的。但它仍然晦涩难懂，遑论量化。爱因斯坦理论中的质能转化是一回事，而将知识或"信息单元"转化成能量则完全是另一回事。

[2] 纳尔逊·古德曼，*Fact, Fiction, and Forecast* (London, 1954)，第96页。另见对此书的批评：S. F. 巴克尔与 P. 阿钦斯坦，"On the New Riddle of Induction" (*Philosophical Review*, LXIX, 1960)，以及古德曼的反驳，"Positionality and Pictures" (*The Philosophy of Science*，P. H. 尼蒂奇编，Oxford，1968)。

[3] 纳尔逊·古德曼，见前注，第117页。另可参考 G. H. 冯·赖特对其他可能的"时间－语法"的探讨，见于 *Time, Change and Contradiction* (Cambridge, 1969)。

固的哲学"和心理学？人类历史的时间线是否足够长，足以在比惯用语更深的层面上，记录下人类的时间感中真正的、有差异的变化？

多数实证研究（这种研究数量匮乏）都与《圣经》希伯来语和古典希腊语有关。奥雷利（C. von Orelli）撰于 1871 年的《希伯来语中时间与永恒的同义词》开创了将语法的可能性和局限性与某些基本本体论概念（如时间和永恒）进行系统性关联的研究法。人们一直以为，闪族语言的时态中不存在印欧语言所拥有的三重时间性——过去、现在、将来。希伯来语动词将行动分为未完成或完成。即便是上古希腊语也有明确而差异细微的动词形式，可以连贯地表达时间从过去向将来的流动。但希伯来语中不存在这样的模式。印欧语言"主要认为未来存在于我们之前，而希伯来语通常把未来的事表达为'在我们之后到来'"[1]。不过，这些区别与希腊和希伯来思想不同的形态和演化，与《圣经》中的历史和希罗多德历史之间的差异又有着怎样的关联？由言说表述的事实与陈述者所在的"当前"必然同步——克尔凯郭尔认为这是犹太教－基督教启示教义的核心——这种传统是否生成了语法形式或由语法形式所生成？

我们不得而知，因为证据是循环的。语言结构阐明并构成了盛行的意象和哲学立场；但我们也正是通过哲学和礼仪的典籍来了解语法。如果在闪族语言中"重现的概念与持续相同"[2]，那么在人们刚开始仰望星空，猜测星球的运行轨道时，首先出现在脑海里的是词语和语法的规则，还是由思绪绘制的画面？

语法和概念、言语和文化之间有着多重的相互促进，这虽是老生常谈，但也有必要再次强调。各种可能和制约构成的复杂习惯，多样但不

---

[1] 托利弗·伯曼，*Hebrew Thought Compared with Greek* (London, 1960)，第 51 页。伯曼对文本和语源的处理很好，但他的观点从人类学和解释学角度看失之简单。他假定人们可以把古希伯来语和希腊语言语模式中蕴含的语义"翻译"成我们自己的语言，他认为"民族、种族或其中家庭的特质会在专属于他们的语言中得到表现"。这些都不是不言自明，而恰恰是需要说明的。对希伯来语"时间性"的分析另可参考约翰·马什，*The Fullness of Time* (London, 1952)。

[2] 托利弗·伯曼，*Hebrew Thought Compared with Greek*（London，1960），第 136 页。

无界限的理解所具备的神经－生理潜能，为复杂的语法和符号指涉打下了基础，而我们却只能简略地猜测这是如何实现的。语言"空间"和思想轨迹（以及其中涉及的感情）之间，这种轨迹和新空间的展开或映射之间的对立统一很可能会持续存在。希伯来语的言语－意识促成了并充斥着一个至高无上的重言式——"我即是我"。这句话本身以不言自明的方式将一个无法定义、无法设想但又无处不在的神明确下来。正是从这种"缺乏现在""自我消除"的重言式出发，才有了现在书写系统学的解构，而这本身也是塔木德－卡巴拉式猜想的变体。

希腊语时态的多样造就了修昔底德历史循环主义的光芒；时态本身也在其中得到了展现。这是一种相互"激发"和成就的模式。如果现在的生物学学说可信，那么在语言起源和大脑皮层潜力－反映的成长之间，恰恰存有同样的互惠关系。条件和结果是同一连续体的两部分。雅克·莫诺写道："人的中枢神经系统的优先进化，同人所特有的行为之间，不可避免地会认为存在着一种平行的、携手并进的发展，在这个发展过程中，语言不仅是这种进化的产物，而且是这种进化的初始条件之一。"[1]

我要强调的是这种进化和对将来时的使用之间的相互依存。

不管其他物种的原始语言或元语言是如何编码的，我都坚持认为关于未来的语法是专属于人的发明。灵长类动物会使用简单的工具，但是就目前的观察来看，它们不会储存工具供未来使用。在某种重要意义上，语法"发展了人"，人可以被定义为一种会使用动词将来时"将要"的哺乳动物。如保罗·策兰在《换气》（*Atemwende*）中所言，只有人类，可以"在未来以北的河流中"[2]撒网。句法的发展无可避免地与历史自我意

167

---

[1] 雅克·莫诺，*Le hasard et la nécessité: essai sur la philosophie naturelle de la biologie moderne* (Paris, 1970)，第145页。该章节（第144-151页）整体都与如何理解"启迪式互惠"模式密切相关。译者按：中译取自上海外国自然科学哲学著作编译组译本（《偶然性和必然性：略论现代生物学的自然哲学》，上海：上海人民出版社，1977年，第97页）。

[2] 语出《在河流里》（"In den Flüssen"）一诗，中译参见王家新、芮虎译，《保罗·策兰诗文选》，石家庄：河北教育出版社，2002年，第45页。——译注

识交织在一起。向前推断和预测的"自明虚构"在人类意识中远不只是一种用处狭窄的额外收获；我相信，它们是攸关人类存活的最为重要的因素。保留能够体现未来的概念和言语行为，对我们人类的存续和演化至关重要，其重要性堪比做梦之于大脑。没有未来，理性会枯萎，就像《神曲·地狱篇》第十章中在劫难逃的先知一样：

> 那么，你现在可以明白了，通往
> 未来的门一关，我们的感悟
> 就在那一瞬间全部夭殇。[1]

关闭未来和一切感悟之门，所有知识也将沉寂。

没有生命在将来时陈述中不断更新的跃动，就不会有现在这样的个人史和社会史。这些跃动构成了易卜生所谓的"生命谎言"（the Life-lie），它是猜想、意愿和安慰人心的假象构成的复杂动态系统，我们的心灵，乃至生理的存续都有赖于此。个人和群体都会体验到绝望的突发，受到"永不"的吸引，和长眠的诱惑——这萦绕在弗洛伊德的《超越快乐原则》中。自杀是反复出现的选择，用以身殉道或拒绝生育而进行集体毁灭亦然。不过这类虚无的尝试从统计上看相当罕见。我们生存于其中的语言构造，在句法上有根深蒂固的向前的传统，这让我们一直（有时甚至是无意识的）能保持达观。在沉沦的时候，希望这个习惯总会不期而至，让我们能够喘息。如果不是这样，如果我们的时态系统更加脆弱，更加玄秘，总是对开放的未来存有哲学上的疑虑，那我们可能无法生存。通过表达未来这个共通的习惯，人们忘掉，或者说"无视"了自身会消亡这件确定而必然的事。通过不断使用超越个人存在的时态逻辑和时间范围，个体用十分抽象的方法，将自身提升到了全物种存亡的高度。

168

---

[1] 中译取自黄国彬译本（《神曲·地狱篇》，北京：外语教学与研究出版社，2009 年，第 158 页）。——译注

社会心理学家，如罗伯特·立夫顿在他的《革命性的不朽》中探索了未来对集体和历史的影响；一些哲学家，如阿多诺和恩斯特·布洛赫，也思索了这个问题。某个种族能够从波及范围或大或小的灾难中恢复，能下决心在遍布失落和恐怖的过去上"延续历史"，这似乎都源于意识中那些"想象前方"的机制，它们能立足过去推断未来，同时也能改变未来。动物的自我存续很可能源于"永远的现在"这种模式。生产和养育后代就像有机分子的增殖一样，本身并不能体现未来这个概念。人类的期待，或用布洛赫所言，"希望的原则"（das Prinzip Hoffnung），与每个人在表达希望、愿望乃至恐惧时都会展现的那些或然的、半空想的反应有关。我们关于明晨、关于千年后的陈述引领着我们向前。正因为我们运用着适当的语法——这种语法描绘着进化产生的感知，而它自身也必然是进化的产物——我们才能理解尼采对人的定义："一种不确定的、不完全安定的动物（ein noch nicht festgestllltes Tier）。"

我希望简短说明语言提出关于未来命题的能力，以及为这些命题勾勒逻辑和语法"空间"的能力，都属于一个更广阔的范畴。将来时态是更广阔的非事实和反事实结构的一个最重要的例子。它们是语言虚构能力的一部分，展现了人类词语一个至关重要的能力：超越并反对"事实情况"。

我们的语言塑造时间，同时又被时间，被过去、现在、未来的句法所塑造。在地狱，即一个语法中没有未来的地方，"我们会确切地听到动词是如何杀死时间的"（这是曼德尔施塔姆对但丁语言形式的犀利见解，这与他在不见明天的政治高压下感受到的窒息形成了共鸣）。但"在其他时候"——这种措辞本身就很特别，只有通过语言或音乐，人才能挣脱时间，从他必有一死的存在和现在中得到暂时的解脱。

169

三

语言半属身体半属精神。语法既受时间制约，又似乎塑造着我们对时间的感受，并弥漫其中。第三组对立是私人语言和公共语言，这值得仔细研究，因为它以最纯粹的形式提出了翻译的问题。语言的实际定义是人所共知的交流代码，那么它又如何被看作是私人的呢？个人活跃其中的语言表达、符号场，在何种程度上是一套独特的用语或个人习语？这种个人的"私密"是如何与某一群体或民族更广阔语言环境的"私密"相联系的？是否存在悖论一般的私人语言，这个可能性激发了现代逻辑哲学和语言哲学界的广泛思考。很有可能在"个人语言"和"私密"之间有一片泥沼，让整个讨论都成了徒劳。另有可能是，只有在仔细阅读了翻译，尤其是诗歌翻译的个例后，才有可能把私密和公共的界限进行准确划分。不过还是要先来总结一下哲学上的讨论。

目前，提及"私人语言"就无疑要提及维特根斯坦在《哲学研究》中对该问题的分析。有关的经典论述见于203-315条，尤其见于206-207，243-244，256及258-259条。这些论述，辅以诺曼·马尔科姆（Norman Malcolm）在《哲学评论》（LXIII, 1954）中对该作的注明评述，催生了大量著作，它们大多艰涩难解。[1] 显然，相关讨论的某些方面在现代哲学门外汉的理解范围之外。不过这些材料的确能让人感到手足无措，让人不禁怀疑有关哲学和语言理论这两个宏大范畴的集中讨论是否都过于狭隘，或受到了不应有的阻滞。这部分是层层堆积所造成的，逻辑学家更愿意讨论前辈的论文或驳斥，而不是问题本身。不过问题也很可能在于维特根斯坦对私人语言论题的处理。"似乎不可能带着百分之百的确定来表述维特根斯坦是如何看待私人语言论题或认为这个论题反映了什

170

---

[1] 详尽的相关书目见于 K. T. 范恩，*Wittgenstein's Conception of Philosophy* (Oxford, 1969)。很多作品都直接受到了 A. J. 艾耶尔，"Can There Be a Private Language?"，以及 R. 里斯同名驳论的启发（同载于 *Proceedings of the Aristotelian Society*, Suppl. Vol. XXVIII, 1954）。关于私人语言这个论题的很多最重要的文章都重刊于 H. 莫里克编，*Wittgenstein and the Problem of Other Minds* (New York, 1967) 及 O. K. 琼斯编，*The Private Language Argument* (New York, 1969)。这些问题在沃伦·B. 斯莫鲁德，*Can There Be a Private Language?* (The Hague, 1970) 中得到了总结。

么。"一名逻辑学家如是评论。[1]"完全无法弄清私人语言论题要指向何方，也不知道它的预设和思路是什么。"另一名逻辑学家总结道。[2]

维特根斯坦在关键论述中的含混可能事出有因。在《哲学研究》的很多地方，他所关注的都是尽可能开诚布公地表明困难，是启发性的不安所带来的刺激，而不是给出系统性的回答。另外（这也是特色之一），维特根斯坦在指出一个问题时，似乎还想要描摹一个更广阔而不甚明确的哲学论域。对私人语言的具体考察指向的是感觉和有关感觉的词汇（尤其是"痛"）这类更宏大的问题。[3]它们也与维特根斯坦的长远目的有关：他想对经验型陈述、分析型陈述和语法型陈述加以区分；在更全面的论域中，他还想对有关人类言语行为的现象主义和行为主义观点加以区分。维特根斯坦并不"想表明某些有关预言的问题，而是想表明有关感觉或心理现象的问题"[4]言过其实。他没有将这些问题割裂开。不过可以说，他不常明示自己关注的焦点，而且严格的私人语言问题以及它所牵涉的认识论和心理学之间的关系时常是模糊的。

直白地说，维特根斯坦对私人语言的标准是，它只能被一个人使用，只有这个人能明白它，而且它也可以指涉内心活动。然后，他表明（或者说他提出某人可以说明）这种"语言"既不合逻辑又不实际。他的分析是片段式的，而且十分精微，这也是维特根斯坦的后期特点之一。这些论述基于一个信念：语言是社会性的，可能被他人更正是其立足点之一，在一个纯现象的语言中，不可能客观地对记忆错误进行检查（不管这种错误有多古怪）。使用语言即使用一套规则。为了使它所表达的命题

171

---

[1] 迈克尔·A. G. 斯托克尔，"Memory and the Private Language Argument"（*Philosophical Quarterly*, XVI, 1966），第 47 页。

[2] J. F. 汤姆森，"Symposium on the Private Language Argument"，载于 C. D. 罗林斯编，*Knowledge and Experience* (University of Pittsburgh Press, 1964)，第 119 页。

[3] 见 P. 冯·莫尔斯坦，"Wittgensteins Untersuchungen des Wortes, 'Schmerz'"（*Archiv für Philosophie*, XIII, 1964），以及 L. C. 哈勃罗，"Wittgenstein's Kind of Behaviourism?"（*Philosophical Quarterly*, XVII, 1967）。

[4] V. C. 查普尔，"Symposium on the Private Language Argument"，第 118 页。

有意义，这套规则必须连贯一致。如果只对规则进行私人的检查，我们就无法区分自己是在观察规则，还是我们以为自己观察了它。鉴于个人记忆可能有误，孤立的人不能判断今天的规则是否与昨天一样。为了给正确的使用提供标准，由说话者组成的群体是必要的。意义和公共认证是真正的言语行为相互支持的两个方面。

谈论内心事件——这也是维特根斯坦整个论述的核心——实际上是一种社会现象。其意义有赖于一套由听取这些谈论的人的认识和行为反应构成的网络。维特根斯坦认为，任何有用的信号不可能只与个人感觉相关。它在语言中的实用性和可辨识性也是不可或缺的。"用词语进行私人指涉根本就不是在用词语指涉。一个只用词语进行私人指涉的人是不合逻辑的。"[1] 维特根斯坦认为，不论表面看上去如何，"痛"这样的词不能也不可能指涉"私人对象"。这种东西既不能令人信服，也不能被公共语言所表达。鉴于只有能被证实的语言命题才具有意义，而这种证实又必须是社会性的，因此语言必然是公共的。[2] 事实上，意义是一个过程，是交流、更正、互助的产物。语言要发挥作用，"必须有一种类似于组织的存在，其中不同的人可以扮演各种角色……语言是一种被说出的东西"[3]。语言是能被翻译的。

维特根斯坦论述中的每一条线索，那些被马尔科姆的重述赋予了更明确轮廓和连贯性的论点都可能是有意为之的，它们都成为微妙的阐发和批评的对象。维特根斯坦的论述不是白璧无瑕。在艾耶尔（A. J. Ayer）

---

[1] 莫兰·珀金斯，"Two Arguments Against a Private Language"，载于 H. 莫里克编，*Wittgenstein and the Problem of Other Minds*，第 109 页。相似的结论还可见于 N. 加弗，"Wittgenstein on Private Language"（*Philosophy and Phenomenological Research*, XX, 1960）。

[2] 关于证实标准问题的详细论述，见诺曼·马尔科姆，*Knowledge and Certainty* (New York, 1964)；与 D. 洛克，*Myself and Others: A Study in Our Knowledge of Minds* (Oxford, 1968), Chap. V。

[3] R. 里斯，"Can There Be a Private Language?"（*Proceedings of the Aristotelian Society*），第 76 页。

的倡议下，许多逻辑学家都感觉有必要在**只有**一个人使用和理解的语言（某个濒临灭亡的群体或文化的遗孤），和**只能有**一个人理解和使用的语言之间做出区分。鲁滨孙·克鲁索不仅能自己创造语言，即便"给定某种语言"，他也能够孤立地进行使用。[1] 严格说来，维特根斯坦只是表明了"如果语言是用来交流的，它所指涉的某些实体必须能被公众所辨识"[2]。该论点中涉及记忆的部分已经得到了犀利的批评。有人宣称，《哲学研究》中对私人语言的全盘否定，建立在"对私人和公共记忆在认识论层面的不公正判断上"[3]。归根结底，适用于公众言语行为的判定标准也与维特根斯坦所否定的私人言语的判定标准一样，都可能有误。另外，严格的分析表明"在有些事例中，存在独立的标准，能够判定私人语言的规则是否得到了服从"[4]。维特根斯坦的论述隐含着一套归谬法（*reduction ad absurdum*），如果加以改造的话，它可以表明所有语言都是不可能的。

有关"感觉词"的问题也有详尽的论辩。莫里茨·石里克构想了一个世界，其中的人们会因情绪的变幻莫测而看到不同的颜色，哈丁（C. L. Hardin）借此发现某些词语实际上可以"只被一个人理解，只要存在一些条件，使他成为能够判断该词语运用是否得当的唯一一人"[5]。这样，维特根斯坦就没能证明纯现象主义的语言在逻辑上是不可能的。其他的批评更为彻底。他们相信自然语言确实会指涉私人信息，而这种指涉是沟通中合理而必要的部分，所以维特根斯坦的论述中存在相当幼稚的行为主义。[6] 此外，即便表明某人不能完全理解"个人感觉的陈述"，也并不能证明这些陈述在逻辑和因果上不可能存在。曼德（C. W. K. Mundle）在

---

[1]　N. P. 坦伯恩，"Private Languages Again"（*Mind*, LXXII,1963），第 90 页。

[2]　同前注，第 98 页。

[3]　迈克尔·A. G. 斯托克尔，"Memory and the Private Language Arguement"（*Philosophical Quarterly*，XVI，1966），第 47 页。

[4]　W. 托德，"Private Languages"（*Philosophical Quarterly*, XII, 1962），第 216 页。

[5]　C. L. 哈丁，"Wittgenstein on Private Languages"（*Journal of Philosophy*, LVI, 1959），第 519-520 页。

[6]　C. W. K. 曼德，"'Private Language' and Wittgenstein's Kind of Behaviourism"（*Philosophical Quarterly*, XVI, 1966）。

《语言哲学批判》（1970）中，对维特根斯坦论点的批评可谓是迄今为止最彻底的，他认为《哲学研究》中存在一系列本质上的混淆，它混淆了控制词语使用的规则与学习使用词语的方式，混淆了指涉的私有性与沟通的不可能。曼德认为，维特根斯坦有时用"私人"形容那些指涉或描述私人经验的语言；而有时它又指那些只有言说者才能理解含义的语言。"维特根斯坦及其追随者在'私人语言'的各种含义间随意摇摆。"这些论述的模糊和不连贯让汤姆森（J. F. Thomson）感到不适，他总结道："一、人们普遍认为关于私人语言这个概念，维特根斯坦说明了一些重要的东西。二、但如果仔细审视这个论断，却不能清楚地发现他到底说明了什么。"[1]

我们不必追随这些发现。《哲学研究》以及由它而起的大量文献中的论点，是诗学和语言哲学的兴趣之所在。这个模型虚假的统一和理想化，才是令外行人震惊之处。如果私人语言存在，那么人们怎么知道有人在听或者读它？怎样才能令人信服地将它和历史中"失落的"语言区别开，和某种消逝语言的遗民在病中恍惚的喃喃自语区别开？维特根斯坦的某些论述似乎表明，能够被第二个人习得是公共语言的充分条件。其逆命题是真的吗？记忆的问题也令人困惑。在一段失忆，或者长时间的离开后，独语者可能会认为自己原来的日记中写的东西莫名其妙，他甚至可能不再知道如何解译它们。**不管是哪种情况**，这能对其符号系统的原本状态有所发明吗？不能。假设他能够破解自己原来的日记，关于他的解码是否正确，又能有什么逻辑上的证据？反过来看，缺乏证据这件事是否足以说明他所应对的本身就不是真正的语言？在试图领悟维特根斯坦对"私人客体"的批评时，我们要认识到这样的可能性：这个事例的思路中的模糊和不缺，源于我们没能区分"指涉"和"意义"。"词语能进行私人指涉，并不意味着它有私人意义；没有理由能够说明为什么词语不能在指涉私人客体的同时，又具有能得到公共认可和确证的意义。"[2] 维

---

[1] J. F. 汤姆森，见"Symposium on the Private Language Argument"，载于 C. D. 罗林斯编，*Knowledge and Experience* (University of Pittsburgh Press, 1964)，第 124 页。

[2] D. 洛克，*Myself and Others: A Study in Our Knowledge of Minds* (Oxford, 1968), Chap. V。

特根斯坦在自己的哲学形成初期，在对弗雷格系统的反对中就拒绝进行这样的区分。其拒绝或许能够解释，他的私人语言论述为什么谜团重重，还含有幼稚的行为主义。[1]

有个假设贯穿于论述始终，即任何由某人发明的"秘密"或个人语言必须依附于既存语言。不管如何别出心裁，"私人语言"都只是对公共语法和言语习惯的内向翻译。"'孤立地'使用语言，就像玩单人纸牌游戏。卡片的名称和操作规则是人所共知的，而规则又允许玩家在没有他人参与的情况下游戏。因此可以说，即便是单人纸牌也有他人参与，即那些制定游戏规则的人。"[2]情况必然如此吗？还是说从现存语言"转述"这个前提还必须加以更细致的考察？对这一说法表面上的合理性进行最粗略的思考，也会发现问题。对于一个完全孤立的人所进行的某种不知名游戏，我们是一无所知的。而我们完全可以从逻辑上想象出（虽然在心理上不太现实）这样的游戏，甚至可以想象出有个人偷偷摸摸地观察另一个人进行这种游戏，却不知道玩游戏的人在按规则行事，他的行动有规律可循（观察者只看过一次）。我们会发现，其难度在于这种孤立的现象与先前相似的认证标准差别有多大，距离有多远。密码学便是这样一种雏形。通过隐秘字符为信息加密，再通过口头或书写传达，有关密码的事务可能和人类沟通本身一样久远，肯定要早于公元前 1900 年（是年前后，隐含信息的图画文字被镌刻在位于孟那特胡夫 [Menet Khufu] 的某个贵族陵墓中）。所有的编码都基于公共言语系统，因此能被破解（即被理解，被原编码者之外的人习得）——这似乎是私人语言论题的一个推论。我不知道能否从逻辑上证明这个论断，也不知道这种证明能否存在。不过从事实上看它是对的。如果某种文本——印度河谷手稿、复活节岛图画文字、玛雅刻文——仍然没得到破译，其原因是偶然的。可

176

---

[1] 弗雷格所做的区分究竟意义何在，可参阅 J. R. 塞尔编，*The Philosophy of Language* (Oxford, 1971)，第 2-3 页。

[2] 杰雄·维勒，*Mauthner's Critique of Language* (Cambridge University Press, 1970)，第 107 页。

能是因为人犯了错误，也可能是因为样本不足。不过此处也有颇具启发性的边缘案例——用相当复杂的偶然制造出的谜题。被称为伏尼契手稿的文本于 1666 年（这个年份就带有一定启示录 – 命理学的意味）在布拉格首次面世。它的 204 页纸上写着由 29 个重复符号构成的某种意义上的密码字符，这些符号似乎按照"音节"单元以某种顺序排列。该文本极似一般的非字母代换，但时至今日，包括计算机模拟在内的符号分析技术都无法将其破解。我们甚至无法确信自己处理的是不是一个 13 世纪晚期（这是先前的断代），或 16 世纪晚期，或 17 世纪（现在看这个日期更为可能）的作品。[1] 我很好奇我们在审读的是否是一个做工复杂的无意义构造，它的字符似乎有体系、重复出现、受规则控制，但实际上不表达任何意义。虽然十分费力而且荒谬，但这样的东西在逻辑上完全可能。然而原设计者早已过世，那还有任何能证明它毫无意义的方法吗？这样的证明迄今尚不存在，这是否（薄弱地）表明有关的"语言"是私密的？而德国在 20 世纪 20 年代早期外交中使用的"一次性密码本"又是什么？这套系统使用了随机的不重复秘钥，它让每一条信息都成为独特而不可重复的事件。这种无法解译的独一性，是否能为我们理解某种只使用过一次的语言的逻辑范式，为我们理解维特根斯坦所设想的日记的逻辑范式（其记录法则只适用于记录下的那一刻）提供启发？正是因为这些古怪而极端的例子，我们才可能发现私人语言讨论中一些未经检验的假设。

这些假设中最有说服力的要么来自人类学，要么来自哲学，或二者兼有之。人类所设想的任何语言都能被化简为已知的既存公共语言，"语言私密性"这个概念在逻辑和本质上，对现存言语的变体或翻译来说都是含混的，这些假设能产生决定性的进化论效果，意味着所有语言都源于共同的始祖。语源学上"[词] 根"和"[词] 干"带来的暗语让人不禁联想起一棵大树（这种画面上的重合令人震撼，在莱布尼茨关于普遍性

---

[1]　对伏尼契手稿的细致探讨，见戴维·卡恩，*The Codebreakers* (London, 1966)。

的论述中就是如此）。[1]

　　更强势的假设认为，人类心理天生具有通用的言语潜力和语法规则。这就是生成语言学的结论。乔姆斯基写道："现有的证据似乎表明，语法形式中很多十分重要的条件都是通用的。不同语言的深层结构似乎非常相似，控制和解释这些语言的规则也似乎来自为数不多的几组形式运算。"[2] 虽然表现多样而且相互不通，所有过去的、现存的、**可以想见**的语言都满足一套相同的、固定的原则，这些原则位于深层，不会变化且极具限制力。自然哲学中构想的"狼孩"，或忘记了先前言语的失忆独语者，他们使用的语言会通过一套可被辨识的限制因素和转换规则与所有其他人类语言相关联。人脑的构造就是如此，它别无选择。所有的语法都是全部转换规则所组成的总集合的可确定子集，它们是人类固有的明确且结构化的元素之产物。若使用的"语言"不属于这个子集，那么这种生物便不应被定义为人类，而我们也就无从习得这种"火星"语。这种不可能也解释了科幻小说中星际远航的常客"翻译机"出现的原因。

178

　　我们可以视以上两种假设具有一致性，它们相互支持，虽然在逻辑上并不必如此。它们表明私人言语行为不存在。言语出现在地球上，就只能按照普遍语法可能铺设的轨道前进。不管多么私密或古怪，所有新语言都依附于已有的公共范式。到目前为止，还没有人类学证据能够表明人类言语的起源是单一普遍还是多种多样。生成语法对天赋（innateness）的假设仍然很有争议，许多人认为它是这种新生语言学流派的最大弱点。[3] 不过，否定"私人语言"所引起的哲学推论，以及私人言

---

[1]　见汉斯·阿尔斯莱夫，"The Study and Use of Etymology in Leibniz"（*Erkenntnislehre. Logik, Sprachphilosophie Editionsberichte*, Wiesbaden, 1969, III）。

[2]　乔姆斯基，"Recent Contributions to the Theory of Innate Ideas"，载于 J. R. 塞尔编，*The Philosophy of Language*，第 125 页。

[3]　见普特南（Hilary Putnam）和纳尔逊·古德曼对乔姆斯基的猛烈批评，重刊于 *The Philosophy of Language*，第 130-144 页。在 1968 年的纽约大学哲学研究所第九次年会上，争论再起。不过其结果是讥讽多于见地。乔姆斯基没有说明他说的内在机制究竟是什么，因此很难想象关于深层结构和转换规则的内在性，能有什么正面或反面的证据。

语论题对翻译理论所产生的影响，是显而易见的。

不论是对维特根斯坦的批评，还是关于语法约束天赋和普遍性的争论，其中"私密"一词的含义都非常形式化，受到严格限制。而私密的意图和指涉，还以其他一些更为直观且十分重要的方式，涉入了人类生机勃勃却又问题重重的交流中。

没有哪两个人的联想空间完全相同。因为这样的空间是由该个体的全部存在构成的，它不仅包括个人记忆和经历，还容纳着潜意识，这是人人不同的。感触无法复制，精神不能双生。因此所有的言语形式和符号都或隐含或明显地带有个人特质，可以说它们都是个人习语。每一次交流都带有潜在或外在的个体化内容。私人特性的领域可延伸到最小语音单位上。就像我们可以从儿童和诗人身上观察到的那样，每一个字母和字母所发出的每一个声音，都具有特别的符号价值，能引起特别的联想。对 20 世纪中期有文化的西方人而言，大写字母 K 几乎是个表意文字，让人想起卡夫卡或他的同名作品。"我觉得 K 这个字母令人气愤，甚至令人厌恶，"卡夫卡在日记中尖刻地写道，"不过我还是要写下它，我肯定就是这样。"这种活力和对联想内容的个性化关注能够为抽象的、本不具表现力的词汇带上色彩。与逻辑学家的说辞大相径庭的是，数字也不一定具备同一而普适的联想内容。"69"的色情暗示只属于特别的文化和语言环境。93（*quatre-vingt-treize*）和 75（*soixante-quinze*）在法语中有特别的引申意，一个主要涉及历史 – 政治（大革命的恐怖时代），另一个有关军事（著名野战炮）。但这并不意味着这些数字隐含着某个图像，或与先前的文字环境相关。数学家会给数字赋予不同的价值；某些质数或基数能够带来生动的联想，这完全与外部的非数学指涉无关。"每个正整数都是他的朋友。"J. E. 李特尔伍德在回忆他的同事拉马努金时如是说。

联想机制对语言理论和翻译理论有深刻影响。言语行为中语音和语义因素的区分几乎都是概然的。在词素层面之上（可能在此层面之前亦然）的语音元素都能带有语义成分。鉴于各种言语形式和符号编码都能

被记忆和新经验带来的可能性所影响，语义值便必然会被个体和（或）
历史－文化因素左右。

如我们所见，偶然事件带给文字、数字、音节、词语的联想内容可能是私人的也可能是社会的，还可能兼有之。联想的范围无所不包，从唯我论的偏执，到全体人类（不过这种全体是历史和文化意义上的，与生成理论假设的"内在普遍性"无关）。在一端是"巴别病"，人自闭地或为某些声音赋予隐义，或故意颠倒词汇及其习惯用法。在另一端则是陈词滥调的洪流，来自日常絮语的口语化表达不停往返人们的口耳，几乎磨掉了所有特别之处。在这两种极端之间存在着各种变体。我们中最清醒的人和最疯狂的唯我论者一样，都要诉诸词语和数字，要借用短语或音群，而它们引起的共鸣，携带的魔力则完全是个人化的。焦虑的孩子会在陌生世界中释放这种信号。拥有自己语汇的家族通常令新成员或外人感到难以捉摸，牧师、行会、专职、密仪都是如此。社会中有多少套关于共有联想的语汇，就有多少种亲族、世代、职业和特别的传承。

联想的同心圆不断向外扩展，它们逐渐能够包含群体、地域和国家。英国人之间的相近身份——或者更严格地说，相似的联想内容——数不胜数，这是因为他们有相似的历史或环境经历，但一个发着相似语音的美国人却丝毫无法感受。法语，和其他语言一样，是一卷写满了历史寓意和政治隐义的重抄本。在很大程度上它们把最为日常的言语都赋予了联想的"弦外之音"，这是从外部学习语言的人永远不能完全掌握的。没有字典列举出了诸如马路（*chaussée*）、郊区（*faubourg*）这样的简单词在历史、比喻、方言、行话、技术等层面所有的含义，也没有字典能做到，因为这些层面不停地相互影响和改变。另一方面，当经历变
得单调，联想内容也会变得明晰。目前，机场休息室用语的风格和感情都是世界化的，无论是在阿尔汉格尔斯克还是火地岛，都一致通用，没有特色。

简而言之，不管是有意还是无意，所有人类交流行为都基于一套复杂的、有差异的构造，它的形态可被比作一株根系繁茂而不可见的植物，

也可被比作一座大体没于水下的冰山。在"公共"词语和语法习惯之中，涌动着充满活力的联想，其内容或隐或显。其中很多都是极为个性化的，是私人的（用该词的一般含义理解）。与他人交谈时，我们是在自己的"表面"说话。我们随口使用的表达之下，通常有着丰富的潜意识内涵，其中可以得到掩盖或显露的联想复杂多样，可能和我们作为个体的身份一样多元而特别。言语这种双重或深层现象，让洪堡说出了著名的格言："所有理解同时也是误解，所有在意见和感情上的一致同时也是分歧。"或用弗里茨·毛特纳语，通过语言，通过它共通的表层和私人的基础，人"让相互了解成为不可能"[1]。

但这种模糊，这种由所有的公共言语行为引起的幻象，对于精神的平衡来说可能是至关重要的。不管是说出的还是内化的，语言是我们自我意识最主要的成分和证明。它是人类个性不断受到敲打的外壳。然而在语音层、语法层甚至语义层的很多重要方面，它也是最普遍通行的人类财富之一。某种程度上，我们自己的皮囊也属于其他所有人。这种明显的矛盾可以由联想内容的个人化得到协调。只有在最敷衍浅薄的话语中，才没有这种个人化，这种明确的私人成分；而没有这种成分，语言也只不过是空皮囊。由于缺乏个人经历不可磨灭的个异性，缺乏个人意识和潜意识"联想网"的独特性，纯公共、普遍的语言会严重损害个体的自我认同感。品特和彼得·汉德克将了无生气的老生常谈、商业标签、新闻业习语编织在一起，创造出的文段既无不确定性，也没有个人指涉的勹荛。这些讽刺性作品与语言理论直接相关。自我想要得到定义的渴望急切而脆弱，一旦被空洞而平白的话语围绕，它就会凋败。死气沉沉的对话带来的是精神的空虚。

语言禁忌说明了"非公共"联想内容在调理个人和社会感觉时的重要作用。对某些词汇、表达、字母组合"眼不见为净"，能够维持神圣而活跃的力量。因为人们只能偶尔使用（如果允许的话），因为使用的场合

---

[1] 弗里茨·毛特纳，*Beiträge zu einer Kritik der Sprache* (Leipzig, 1923), I，第 56 页。

没有日常随意出现所造成的平庸感，牧师、教士、私人个体就能给自己的话语赋予特别的力量。通常它们的意义并不完全明确，而其力量或神性的联想则是由说话者当时的臆测引发的。有关性的词语是绝佳的例子。在它们联想范围的一端，性行为的禁忌词，身体部分和身体功能的禁忌词，都得到了刻意的削弱。它们的威胁和搞笑意味或因在粗话中的使用而"世俗化"，或通过明显的赘语（军队中没完没了的谩骂）而失去了价值。而在另一端，很多同样的词被留在了最激烈而私密的色情手法中。在第一次对爱人大声说出这些词语时，在教授她这些词时（或许这种"教学"本身就基于对先前的天真和纯洁状态的幻想），"下流"便带有了强烈的、近乎仪式性的私密色彩。在话语的重复和爱人的回应中，它们曾经标示着私密的核心，在这种与外界的隔绝中，说话或倾听的另一半是不可或缺的。

我用"曾经"是因为这种过去多出现在中产阶级中的现象，已经发生了天翻地覆的变化。在过去的四十年中，有关性的词汇已变得十分公开。在舞台、出版物和日常对话不停的随意使用中，它们已经得到了中和。受过教育的西方人的感触迅速地抵御住了言语"私密部分"所引起的古已有之的恐慌和愤怒。社会心理学家认为这是好的改变，他们认为人从无意义的阴影中走了出来。我表示怀疑。爱人之间由地下言语和纯粹的、探索式的私密所构成的平衡，必然是一种极为复杂的，自有其情感逻辑的机制。这些词本会被贬低、被大加斥责，它们本来具有魔力——种种可能性在语言的私人和公共方面之间造就了一种动态平衡。而这些微妙的力量被侵蚀了。另外，大多数男女想象和表达的灵感都被限制了。通过使用禁忌词而唤起的更进一步的私密感和兴奋感，开启一扇只被彼此所拥有的崭新而隐秘场所大门的感觉，都是真切的。而如今，在公开和公共的使用中，情欲的词汇变得陈腐，穿越缄默地带的探索愈发稀少。

还有更大的问题。遍布的理性主义、大众传媒造成的平等感、越发单调的科技氛围，都挤在了言语的私人成分上。在广播电视的施压下，我们的梦都可能被标准化，或与邻人同步。宗教、魔法、地方主义、群体和个体的相对孤立以及语言禁忌曾是语言之神圣性的自然源泉和监护者。这些介质都在衰退。这对语言结构至关重要的稳定性所造成的影响，对把潜意识和语言私密性与公共表层相连的复杂垂直构造所产生的后果可能是严重的。基石没有了。

很少有清醒的人不曾被语言的"公开性"所折磨，不曾因自身情感
184 的独特和新颖与词语的陈旧之间的不和而感到近乎生理上的不适。我们的需求、喜爱、厌恶、反省只属于我们自己，构成了我们对自己和世界的认识，而这些感受却只能用下里巴人的言语来表达（最荒谬的是自言自语的时候亦然），这令人忍无可忍。我们切身感受到了前所未有的焦渴，而杯子却一直在别人的唇齿间。可以想见发现这些对一个孩子的心智是多么巨大的打击。当正在成长的感性发现个体最深沉的机制竟已按照公共的模型铸好时，自由而极端的视角会感到何等背叛？青少年圈子中的秘密暗语，气味相投的人之间的密码，爱人间无意义的对话，与玩偶的不时交谈，是对伴随着言语的平淡和僵化的短暂回击。词语陈腐而糜烂（它们属于任何人），但无论是在难以言表的爱情上，还是在私密的恐惧感中，它们却能全权代我们发言，在某些人身上，第一次意识到这一情况时的震撼以及最初的愤怒得到了保留。可能对诗人和哲学家来说，这种愤怒最为剧烈，保留最为完好；看看萨特在《词语》中的自我剖析，以及他的分析——福楼拜"婴儿般地"拒绝进入由言语设置的方阵。在勋伯格的《摩西与亚伦》谜一般的高潮处，摩西喊道："词语啊！我所匮乏的正是你！"没有言语能够表述神的缺失。没有言语能够描绘一个儿童发现的独一无二的自己。没有言语能说服爱人，此刻的眷恋和信任是何时何地都不曾有过的，是崭新的。我们的个人经历，这片我们"首先闯入"[1] 的海域从不平静，它充斥着陈旧的杂音。

---

[1] 原文：the first that ever burst，出自柯勒律治的《古舟子咏》（"Rime of the Ancient Mariner"）。——译注

"词穷"（the lacking word）这个概念是现代文学的一个特征。19 世纪 70 年代早期到世纪之交是西方文学史上的分水岭——原本容纳着文学的语言成为文学的监牢。与这次大分化相比，其他所有历史或风格上的名目或运动——希腊化、中世纪、巴洛克、新古典、浪漫主义——都相形见绌，只不过是次级分类或变体。自西方文学诞生到兰波和马拉美之前（荷尔德林和奈瓦尔固然重要，但只是孤独的先驱），诗歌和散文一直与语言保持着有机的一致关系。词汇和语法可以被延展、扭曲、驱逐至理解的边界。从品达、中世纪抒情诗，到 16、17 世纪欧洲情欲诗和哲理诗，对一般行文逻辑的刻意模糊和颠覆一直出现在西方诗歌中。但哪怕是但丁个性化的清新体（*stil nuovo*），拉伯雷的语义宇宙论，这些最为坦率的创新还是遵循着言语的轨迹。莎士比亚的天才在于，他能比任何其他作家更详尽地呈现出公共词语和句法的潜能，其精妙的多样与内在的有序无出其右。莎士比亚安静地栖居在语言中，他自在地处于各种表达和操作手段的包围中。它们虽然根植于传统的总集和基调中，但又是未被开发的丰富贮藏，他发现了它们，就像一个人能够轻松辨别出祖宅的房柱和屋檐、旧损和翻新。无论怎样纵横捭阖，前所未有地延展并搭配语言，他都是身处其中进行操作。这个过程是从传统的（通俗、有历史基础、流行），能被赋予生命的核心所发起。因此，即便是在感伤的边界或紧压的氛围中，莎士比亚的文本也能维持标准的平衡和内在的连贯。虽然有些言语看上去暴力而特异，但它们来自日常言语，是对其一般性的超越。"居于"语言是经典文学的特征，其基本假设是，通过必要的渗透和扭曲，现有的词汇和语法能够胜任一切。关于伊甸园，关于他自己，没有什么是亚当不能说明的。诗歌和一般语言间的和谐可追溯到荷马公式化的元素上。米尔曼·帕里（Milman Parry）认为正因为荷马的比喻根植于传统而公共的言语，其效力才得以长存。不管西方传统演进到何处，都隐含着古典主义，这是词语和世界的契合。直到 19 世纪后半叶，古典主义戛然而止。歌德和雨果可能是最后两位认为语言能够满足他们需求的诗人。[1]

兰波的数封《先知的信》(*lettres du voyant*) 撰于 1871 年。它们不啻为语言和文学拟了一份新大纲："要发现一种语言；——此外，每个词都是一个思想，一个通用语言的时代就要来到！"马拉美的《自成寓言的十四行诗》("Sonnet allégorique de lui-même") 作于 1868 年；《题扇诗》(*Éventails*) 则问世于 19 世纪 80 年代和 1891 年。西方文学和言语认识借此进入了新阶段。诗人不能再自信地期待着自己是言语的总权威。对语言来说，诗人不过是一个生于历史、社会，生于其自身文化和环境所构成的表达传统的个体；语言不再是天然的外装。固定的语言是敌人，诗人发现它充斥着谎言的腐朽，日常的交流令它破败。远古的暗喻已经死去，神圣的力量业已枯干。作家的大任，如马拉美论艾伦·坡时所说，是"净化部落中的语言"。他设法通过拆解传统的语法结合和有序空间（如马拉美的《骰子一掷，不会改变偶然》["Un coup de dés jamais n'abolira le hazard"]），让词语的魔力复苏。他要致力于撤销或至少弱化理性和句法的传承、意识的流向及词语形态的延续（如兰波的《灵光集》）。因为已然僵化，不能被新的生命穿透，语言的公共外壳必须被剥掉。只有这样，私人的潜意识和无序的内核才能发出声音。自荷马以后，文学、想象已经随着语言而扭曲。马拉美之后，几乎所有重要的诗歌，以及多数决定现代主义走向的散文，都逆语言正常之流而动。变化是巨大的，而我们现在才开始领悟它。

187

---

[1] 这种断裂的种种原因在目前的讨论范围之外。很显然它们是多样而复杂的。可能要考虑到在工业革命中出现的关于异化的现象学。对个性中无意识和潜意识层面的"发现"可能损害了言语的普遍权威。艺术家和中产阶级间的矛盾，使作家嘲讽通行语汇（这是马拉美对艾伦·坡表示出的敬意的核心）。"熵"效应也可能是重要的：源于印欧语和拉丁语传统的主要欧洲语言业已疲惫。来自语言的文学让语言不堪重负。但丁之后意大利诗人何在？莎士比亚后的英语素体诗还有没有未经取用的活力？1902 年，埃德蒙·戈斯（Edmund Gosse）这样评价莎士比亚的遗产："它挥之不去，令我们压抑，让我们毁灭。"但是有关西方文化中语言危机的病因和时间问题，仍在热议之中，也只得到了部分的理解。在 *Language and Silence* (1967) 和 *Extraterritorial* (1971) 中，我曾试图处理这个问题的某些政治学和语言学方面。

其结果之一，是造成了一种全新的、发自本体论的困难。关于"困难"的问题比一般认为的要更令人吃惊，更接近语言理论的中心。评价一条语言命题，一次言语行为——或诗歌或散文，或口头或书面——"难"究竟是什么意思？如果这种语言为人所知，这条信息被人明白地听到或传抄了，那还怎么会难？"难"点到底在哪？如毛特纳的评论所展现的，这只是对词语背后的"思想"或"感情"之困难的一种顾左右而言他。词语本身，该语言现实都只是展现困难的显在处所。语言表达感觉；它旨在外化意义，并使之得到交流。它在何种情况下不能完成这样的任务，而这些情况又怎么可能被有意构造出来？[1]这个话题巨大，而其逻辑模糊不清。在此我只想谈及它历史－形式的方面，其中尤其要提到私人语言论题。

我们知道，莎士比亚作品中有"困难的"段落。看一看《考利欧雷诺斯》第一幕第十景中，奥非地阿斯自尊被刺伤后的爆发：

> My valour's poisoned
>
> With only suff'ring stain by him; for him
>
> Shall fly out of itself. Nor sleep nor sanctuary,
>
> Being naked, sick, nor fane nor Capitol,
>
> The prayers of priests nor times of sacrifice,
>
> Embarquements all of fury, shall lift up
>
> Their rotten privilege and custom 'gainst
>
> My hate to Marcius.

> 我的勇气只因被他所掩而受了伤害；因为他的缘故，我的
> 勇气变质了。他睡着也好，躲在庙里也好，卸除武装也好，病

---

[1] 见吉尔伯特·赖尔，"Systematically Misleading Expressions"（*Proceedings of the Aristotelian Society*, XXXII, 1932）。

倒也好，在庙里祭神也好，在殿里议事也好，祭司的祈祷或是献祭的良辰，这些都是可以阻止人复仇的，但是必须放弃它们的陈腐的特权与习惯，不能阻止我对马尔舍斯发泄怨气。[1]

188 再看看《雅典的泰蒙》第四幕第三景中，泰蒙在海岸边的独白：

> O blessed breeding sun, draw from the earth
>
> Rotten humidity; below thy sister's orb
>
> Infect the air. Twinned brothers of one womb,
>
> Whose procreation, residence, and birth,
>
> Scarce is dividant, touch them with several fortunes,
>
> The greater scorns the lesser. Not nature,
>
> To whom all sores lay siege, can bear great fortune
>
> But by contempt of nature.
>
> Raise me this beggar and deject that lord,
>
> The senator shall bear contempt hereditary,
>
> The beggar native honour.
>
> It is the pasture lards the wether's sides,
>
> The want that makes him lean.

啊神圣的育煦万物的太阳！吸起土地上的瘴气；把月亮以下的一层空气都给沾〔玷〕污了吧！同胎的孪生兄弟，他们的受孕、成胎、诞生几乎是不可分的，让他们遭受不同的命运的考验；让得意的轻蔑那失意的；人性本来是易受一切病害侵蚀的，那么就让昧起良心不顾人性的人去承受大笔财富吧。让这

---

[1] 译文取自梁实秋译本（《雅典的泰蒙》，北京：中国广播电视出版社，2002 年，第 131 页）。——译注

乞丐发财，让那贵族受穷；让元老生来就受人奚落，让乞丐生来就享尊荣。是牧草使得牛身上生膘，是缺乏牧草使得他瘦。[1]

在两个片段中，"难度"很大程度上来自速度，来自莎士比亚晚期风格中已臻化境的急促。在高度精简、组织紧密的戏剧进展压迫之下，过渡和调整消失了。如果我们想进行重构，句读是非常关键的（就像音乐中的停顿一样），但它们同时也是临时的。它只能不完美地标示出剧中人心里隐含的顺序、纠结、"意蕴的跳跃"。而加以留意，空隙便能被填补，也能形成合理的转述。意义随着语法的复杂和简略得到美妙的展开。第二种"难"来自词汇："庙"（fane），"发泄怨气"（embarquements all of fury），"[可]分"（dividant），"牛"（wether）[2]。当然这里也没有真正的障碍。我们不认识哪个词完全出于偶然，也可以通过参阅词典轻松得到补救。第三种难度来自泰蒙对"人性"（nature）、"[昧起良心]不顾/奚落"（contempt）、"命运/财富"（fortune）这些词的使用。相关的意义范围并不能一目了然。观众需要把剧作当成一个鲜活的整体来体验，并对其哲学和象征传统氛围有一定的了解，才能准确领会这些关键词。在这个层面上，"难度"在于其指涉。语言指向某些知识领域、特别的背景和认知，而它们可能是我们所不了解的。但显然，这些都能通过学习获得。泰蒙的传染理论和天体运行论可以被"查找"。

189

但我们自己的感触，我们倾听言语所有潜意的能力，还是远不如莎士比亚。在重读中，我们了解到自己的感觉过于迟钝。但这种不足也是偶然的，他并不是一种直接源于文本的"难"。

在现代主义危机之前，西方文学中的"难"绝大部分都是指涉性的。借助词语和文化背景便能解决（"全知"的读者或听众不会觉得有任何困

---

[1] 译文取自梁实秋译本（《雅典的泰蒙》，北京：中国广播电视出版社，2002年，第131页）。——译注

[2] Wether 本意为"阉羊"，梁译参照本原文为 rother，意为"有角的牲口"。具体探讨见梁译本注释。——译注

难；在"无所不包"的图书馆里能找到所有答案）。可以说（虽然我不认为自己完全有资格），上下文造成的困难与我们读化学论文时面对的困难是相似的。在达成信息的有效收发之前，需要掌握一组术语，一套规则和表述法，以及一些专业知识。而解谜的元素则完全出自公共领域，既没有不确定性，也没有刻意的掩饰。对《尤利西斯》来说亦是如此，在这个意义上它也是古典作品，与弥尔顿和歌德的作品一样，都处于公共系统和传统中。而与传统的决裂始自《芬尼根守灵夜》。

莎士比亚的作品，乃至勃朗宁的《索尔戴洛》（后者号称浪漫主义诗歌中最为晦涩的一篇），它们"难度"的本质，其语义目的和意义，都与马拉美的作品不同：

> Une dentelle s'abolit
>
> Dans le doute du Jeu supréme
>
> A n' entr'ouvrir comme un blasphème
>
> Qu'absence étemelle de lit.

> Cet unanime blanc conflit
>
> D'une guirlande avec la même
>
> Enfui contre la vitre blême
>
> Flotte plus qu'il n'ensevelit.

> Mais, chez qui du rêve se dore
>
> Tristement dort une mandore
>
> Au creux néant musicien

> Telle que vers quelque fenêtre
>
> Selon nul ventre que le sien,
>
> Filial on aurait pu naître.

190

蜿蜒的花边隐约勾出

神奇艺术的疑惑；

令人瞥见床的永恒不在，

这仿佛有点大煞风景。

花环一成不变的洁白

与自身的一尘不染相冲突，

靠在苍白的玻璃窗前皎皎若流，

与其说它被埋没不如说是被渲染。

然而在这金色之梦的素湍里

有曼陀铃在哀伤地孤睡，

睡在音乐家缥缈灵魂的漩涡。

犹如栖息于一帧小窗，

除了我匠心独具将它孕育，别人

或许只能咿呀学舌。[1]

其中有与旧式经典的难处重叠的地方：双关语、偏词、语法矛盾。解释和转述会在一定程度上把握文本。[2] 但其掩盖之力却是全新的。该诗作抗拒着语言的禁锢。它不在公共言语的窠臼当中（意义的可见逻辑主要来自元音和重音组成的模式，在很大程度上，这是一首**关于**"抑扬符"[l'accent circonflexe] 的诗，如这首诗所展示的那样，体现了扬和抑

---

[1] 中译取自葛雷译本（《牙边》，葛雷、梁栋译：《马拉美诗全集》，杭州：浙江文艺出版社，1997 年，第 108 页）。——译注

[2] 见奥克塔维奥·帕斯对马拉美《ix 韵十四行诗》的敏锐分析，载于 *Delos*, IV, 1970。

的结合与僵持）。这种创作的智慧和想象的精确来改变后的语言，它更加纯粹、严格，越远离日常行文的表层，它就越发丰富，而这正是马拉美一直追求的。这些陈述的意义并不是外向地对应到隐含的背景或词语的模糊上；它们向内转动，而我们只能尽力跟随。如马拉美、赫列勃尼科夫、施特凡·格奥尔格言传身教的那样，这个过程是一种精心计算的失败：典型的现代诗歌是对恰当"呈现"（Coming into being）之不可能性和近乎不可能性的主动思考。现代主义诗歌是一堆有结构的碎片：它让我们以此出发，去设想、倾听诗歌应有的声色，以及当词语变得新颖后，它将会有的音容。这种对"无法完成"，对概貌——它几乎是考古性质的：暗示的痕迹和轮廓是由不存在的诗留下的——的臆想，是里尔克的主题之一：

> Gesang, wie du ihn lehrst, ist nicht Begehr,
> nicht Werbung urn ein endlich noch Erreichtes

> 歌唱，如你的教诲，不是欲求，
> 不是追索终将企及之物 [1]

对内化的强调，对普遍句法规范"内向"的承袭，无疑会将困难深化。策兰几乎可以说是 1945 年之前欧洲最重要的诗人，来看看他"黯淡的破碎回声"：

> Das Gedunkelte Splitterecho,
> Hirnstrom—
> hin,

---

[1] 中译取自林克译本（《致奥尔弗斯的十四行诗 [第一部]》，《杜伊诺哀歌》，上海：同济大学出版社，2009 年，第 84 页）。——译注

die Bühne über der Windung,
auf die es zu stehn kommt,

soviel Unverfenstertes dort,
sieh nur,

die Schütte
müssiger Andacht,
einen
Kolbenschlag von
den Gebetssilos weg,

einen und keinen.

黯淡的破碎回声，
脑浆般奔流
而下，

弯流上的防波堤，
它来积在上面，

这么多
无牖之物在那边，
且看，

稻草
无用的虔诚，

一阵

枪托之击

从祈祷堂传出，

一阵和全无。[1]

　　这绝不是策兰最似格言的诗，但它所能说明的显而易见。19 世纪 80 年代之前的西方文学中，几乎没有这种"困难"存在。文本的隐秘并不来自晦涩的知识，文本背后也没有深奥的哲学命题做支持。词语露骨得简单，但指涉的公共领域却无法将其阐明。而诗作的整体也不允许单一的转述。我们不清楚策兰是否希望"被理解"，不清楚我们的理解与诗作的缘起和必要性有无关联。[2] 诗作所允许的最多不过是一圈或一组可能的回应、边缘性的解读，以及"破碎回声"。我们会用模糊或隐晦来形容莫里斯·赛弗（Maurice Scève）的谜语十行诗（dizains）和邓恩的那些有玄学意蕴的作品，但这些词用在策兰的诗上意义则完全不同。虽然在每次完全的回应中（当回声完全时），诗的意义都十分锐利，但它们也是不确定的、暂时的，可以被不停地重组（结晶的旋转展现新的生命形192 态）。线性，反应在语法中的时间和因果逻辑，明确而稳定的意义——对这些元素的颠覆不只是出于诗歌创作的考虑。它们体现了文学对语言的颠覆——这与抽象艺术，与无调式和偶然音乐相似，甚至比它们更极端。当文学试图打破其公共语言范式，并成为个人习语时，当它追求不可译时，我们便进入了新的感觉世界。

　　在一首简短、怪异而致密的抒情诗中，策兰写道"网住被石头写下

---

[1] 中译取自孟明译本（《保罗·策兰诗选》，上海：华东师范大学出版社，2010 年，第 460 页）。——译注

[2] 策兰作品的"难度"及其所引起的解释学问题，见阿尔弗雷德·克勒塔特，"Accessus zu Celan's 'Sprachgitter'"；哈拉尔德·魏因里希，"Kontraktionen"；伽达默尔，"Wer bin ich und wer bist Du?"，载于迪特林德·梅内克编，Über Paul Celan (Frankfurt, 1970)。

的阴影"[1]。现代文学的动机正是要寻找这种"岩画"和阴影文书（*écriture d'ombres*）。它们在公共言语的明晰和稳步之外。对于马拉美之后的作家，其语言往往运用暴力对待意义，打压它、破坏它，就像从深海捕捞的生命，在明亮而低压的海面就会毁灭。

但是从马拉美到策兰，隐晦都不是现代文学对语言最彻底的反击。还有其他两种手段。被词语的空洞，被个人感觉和僵硬的普通言语之间的鸿沟所压抑，作家陷入沉默。策略性的沉默来自荷尔德林，更确切地说，来自后代文人对荷尔德林的传说和讨论（海德格尔在1936—1944年间的评论是代表性的例子）。荷尔德林晚期诗歌中的主旨通常散碎而委婉，诗人蜕变得麻木而无言，这可以说反映了语言的闲置，是语言在面对私密和不可说之物的延展时必然的溃败。不达意毋宁沉默。或如维特根斯坦在给菲克尔（Ludwig Ficker）的信中（据推测写于1919年10月下旬或11月初）谈到自己的《逻辑哲学论》，"我的作品分成两部分：摆在世人面前的这些，以及我**没有**写的那些。而后面这一部分无疑更为重要"。

对这个悖论的经典陈述见于霍夫曼斯塔尔1902年的《尚多爵士致弗朗西斯·培根》（"Letter of Lord Chandos"）。这位伊丽莎白时期的年轻贵族受到诗歌和哲学梦的感召，被深刻的艺术设计及其隐藏内在之神秘所吸引。自然造物和历史的全部在他看来都是精妙的谜。但是他最近却发现自己几乎不能说话，而写作更是无稽之谈。在凝思着那道将错综复杂的人类现象从语词陈腐的抽象表述中隔离开来的深渊时，眩晕袭击了他。微观的明晰萦绕在尚多爵士的脑海——他感觉到现实是基本结构组成的拼贴画——让他发现言语是一种浅陋的手段。对日常事物的深入关注，让他发现了它们复杂而独立的个性；他追随着园垄手推车上的生命，跟随蹚过水桶洋面的水虫。而我们所知的语言无法涉足这些纯粹的生命律动。霍夫曼斯塔尔精妙地表达了这种令人沮丧的共情：

193

---

[1] 同出自《在河流里》（王家新、芮虎译：《保罗·策兰诗文选》，石家庄：河北教育出版社，2002年，第45页）。——译注

那时，我感到自己仿佛要发酵、要沸腾、要起泡、要闪耀。一切就像是一种热烈的思考，但思考的媒介比词语更加直接、更加流畅、更加鲜艳。它也形成了旋涡，但语言的旋涡旋向深渊，而这种旋涡不然，它似乎要进入我自己，进入最安宁深沉的母体。

我们会回到这一对思想母体的描述上来，它比语言的基质更加直接、流畅、强烈。作为一个浸淫于音乐的作家，内向涡流这个概念引起了他的兴趣，它"流向"的基础，比句法的更加深刻而稳固。但很明显的是，现世中没有哪种语言能与对幻想和安宁的这种热切期待相侔匹。尚多追求的语言"没有任何一个单词是为我所知的，无声的客体用它与我交流，而我可能在入土为安后的某天，用它向未知的判官解释自己"。从自然世界的情况来看，这种语言完全私密，或者完全静谧。

对世界大战的浩劫，对发生在 1914—1919 年及纳粹暴政下疯狂而野蛮的终结，语言既不足以透彻地领悟，又不足以清晰地描述——我们能
194 对贝尔森集中营**说**什么？——这更强化了沉默的诱惑力。从卡夫卡到品特，现代文学很多代表性人物似乎都致力于在沉默的边缘活动。他们摆出尝试性的或失败的言语行动，表达了这样一种隐义：更广大的、更有价值的陈述不能也不应被说出来（霍夫曼斯塔尔谈到过，在世界大战的谎言和杀戮后，"健谈是不当的"）。尤内斯库的一段日记对被词语抛弃的作家反讽的、残破的立场进行了总结：

涉足文学，我似乎穷尽了可能的符号，却没有真正深入它们的意义。于我而言不再有任何重要意义。词语或扼杀意象或掩盖它们。词语的文明是失心的文明。词语创造困惑。词非辞（*les mots ne sont pas la parole*）……如果要我说的话，词语事实上什么也说不出……没有词语适用于最深沉的经验。越想表达自己，我就越不理解自己。当然，也不是什么东西都不能用词语

表达，只有鲜活的真实不能。

作家最凄惨的结论莫过于此。它的哲学意义，它在最近的文学中体现的"消极创造性"非常重要。贝克特的《无词戏》体现了私人意义和公共言说之间的冲突在逻辑上最极端的结果。不过，既然涉及的是语言模式，沉默，可以想见是死路一条。

还有另一种选择。为了让"词重是辞"，让鲜活的真实被说出，要创造一种新语言。为了让意义找到原初的、纯净的表达，感性要甩掉先前的残骸（它们在现存的词语和语法规范中根深蒂固、无法抹除）。这便是由俄国"未来主义者"阿列克谢·克鲁乔内赫在 1913 年的《词语作为词语的宣言》中提出的计划："被磨损、被侵犯的词语'百合'（lily）失去了所有表达力。因此我把百合称作 éuy——原始的纯粹就得到了保留。"如我们已经见过的，将一种纯洁而真实的语言视作曙光是有理论缘由的。但它也来自盛行于 18 世纪晚期和 19 世纪的独特历史设想。希伯来诗歌和希腊文学在清白中寿终，形式的新鲜与成熟交织形成悖论，鉴于此，思想家如温克尔曼、赫尔德、席勒、马克思认为古典时代，尤其是希腊的天才，是特别幸运的。史诗歌手、品达、阿提卡悲剧作家无疑最早发现了成形的模式，以表达人类的爱恨冲动、世俗与宗教情绪。对他们而言，暗喻明喻都是新奇的，甚至有些令人不知所措。"勇敢的人要像狮子"，"黄昏披上了火色的帷幕"，这些表达之于言语都不是陈腐的装饰，而是对现实灵机 动的、独一无二的投射。在《诗篇》和荷马之后，西方的习惯语汇中再无如此崭新的世界。

195

这个理论很可能是错误的。我们所知的最早文本都有很长的语言史可以追溯。[1] 我们在乌加里特诗作残篇和《圣经》片段中看到的正式单

---

[1] 最近的人类学和语言学假设认为约十万年前是"典型人类言语"出现的时候。这个突破与最近一次冰川期以及精致的新型石器骨器出现时间吻合。见克莱尔·罗素与 W. M. S. 罗素，"Language and Animal Signals"，载于 N. 米尼斯编，*Linguistics at Large* (London, 1971)，第 184–187 页。我们最早的文学是很晚近的形式。

元，在《伊利亚特》和《奥德赛》中发现的程式化成分，指向一个久远而渐进的选择和习惯过程。人类学或历史学无论怎样重构，都不能让我们了解那些诞生了原始暗喻和象征指涉的认识状况和社会反响。很可能有个说话者，带着或天才或疯狂的渴望，第一个把自己无边的爱比作海洋。但我们却无法观察到这历史性的一刻。不过，这种对逝去造化的虚假**重构**，有强烈的负面影响。在它的刺激之下，19 世纪 60 年代后一种直觉广为流传：如果语言本身不更新的话，文字就不会有进展，私人和探索的观感就不能得到展现。

196　　这种更新有三种形式：解析现存语言，融合现存语言，寻找自成一体的新词。这三种形式通常不孤立出现。在 19 世纪 70 年代到 20 世纪 30 年代间，我们可以看到这几种形式的多种变体，这些变体通常会用到全部三种形式。

无意义诗歌和散文、无意义分类、各种无意义字母是古已有之的，它们通常活跃在儿歌、符咒、谜语和记忆标签的表层之下。[1] 而爱德华·利尔（Edward Lear）与刘易斯·卡罗尔的作品很可能源于产生自 19 世纪晚期的，对语言的新认识以及对语义传统的逻辑探索。无意义语言不论如何深奥，都能被"理智平和的心灵"所理解——刘易斯这个令人困惑的断言背后，明显像是一条有效力而复杂的心理学猜想。如伊丽莎白·塞维尔（Elizabeth Sewell）所言，运用特别的方法，就能将普通词汇和语法拆解成无意义的模样。无意义诗歌的世界注重"其材料的可分性，而这些个体和单元又能构成一个宇宙。但这个宇宙必须只是其部分的总和，而且也绝不能融入某个无所不包的整体中，因为这会让它无法被重新拆解为原始的个体。它要试图用词语构建由单位组成

---

[1]　我将在这一部分援引阿尔弗雷德·里德优秀的研究 *Dichtung als Spiel: Studien zur Unsinnspoesie an den Grenzen der Sprache* (Berlin, 1963)。对英语界无意义语言最好的分析可见于埃米尔·卡迈茨，*The Poetry of Nonsense* (London, 1925) 与伊丽莎白·塞维尔，*The Field of Nonsense* (London, 1952)。

的宇宙"[1]。这些单位不允许产生外向的指涉，也不能堆积成最终的多元体。换言之，无意义言语意在阻止自然语言中无处不在的一词多义和上下文影响。无意义语法主要由离散单位的假序列或排列构成，它们对算术数列进行模仿和融合（对卡罗尔而言，它们通常是整数的常见序列和因数）。

塞维尔认为《杰伯沃基》（"Jabberwocky"）[2] 的用语旨在"不直接把心理与经验中的任何事物联系起来"。不过仔细品味就会发现事实并非如此。埃里克·帕特里奇对《杰伯沃基》中4个新动词、10个新形容词、8个新名词的巧妙注解表明，这些造物与人所熟知的英语、法语、拉丁语成分十分接近。[3] 只用"对词语相似性半有意识的感知"[4] 进行解释是不够的。这种感知通常是直接而无法避免的。因此咚和鲨鱼[5]的故事可以被（也已经被）完美地翻译成其他语言。

197

　　'Twas brillig, and the slithy toves

　　　　Did gyre and gimble in the wabe:

　　All mimsy were the borogroves,

　　　　And the mome raths outgrabe

　　风怒兮阴霾满空，

　　　　滚滚兮布于四方，

---

[1] 伊丽莎白·塞维尔，*The Field of Nonsense*，第 53-54 页。

[2] Jabberwocky，又译"炸脖龙"，是刘易斯·卡罗尔的多部作品中出现的一种身形怪异的巨龙。卡罗尔自创该词，并为此在《爱丽丝镜中奇遇记》第一章中写下一首诗，即此处的《杰伯沃基》。——编注

[3] 见埃里克·帕特里奇，"The Nonsense Words of Edward Lear and Lewis Carroll"，载于 *Here, There and Everywhere: Essays upon Language* (London, 1950)。

[4] 伊丽莎白·塞维尔，见前文注释，第 121 页。

[5] 分别参考爱德华·利尔，"The Dong with a Luminous Nose"；以及刘易斯·卡罗尔，*The Hunting of the Snark*。——译注

雾霭笼罩兮翻腾，

怒号兮直达上苍。[1]

这也同样余音不绝。完全为英语歌谣所熟悉的语音联系和序列触手可及、呼之欲出。用策兰的话，这个回声没有"破碎"，只是以有些意想不到的方式重组了。

从语言更新这个角度看，这项任务整体都有缺陷。质料过于灵活，翻译过于直接。太过于依赖英语或其他公共言语中与声音联系的感觉和既存意象。利尔的最佳作品，可以说就是维多利亚时期或后布莱克时期的诗歌，只不过它微妙地失去了焦点，就像一个在炙热的天气中，被气流笼罩而显得模糊的物体。

"我用希伯来语说——我用荷兰语说——/我用德语和希腊语说——"卡罗尔在《猎鲨记》（"The Hunting of the Snark"）中写道，"但我完全忘了（这实在让我头疼）/你是用英语说！"也有诗歌属于此类。双语和多语诗——其诗行或章节由不同语言交替写成——可以追溯到中世纪，以及对拉丁语和通俗语言的对位使用。德国吟游诗人沃肯斯坦（Oswald von Wolkenstein）创作了著名的融合了六种语言的"精心之作"（*tour de force*），而法国吟游诗人的作品会融合普罗旺斯语（Provençal）、意大利语、法语、加泰罗尼亚语（Catalan）、加利西亚－葡萄牙语（Galician–Portuguese）。在《诗人的语言》中，福斯特（Leonard Forster）教授引用了一首有趣的 15 世纪小诗，由英语、盎格鲁－诺曼语、拉丁语交替构成。而同出于 15 世纪的德国圣诞歌则能提供一个更为简单的著名例子：

Ubi sunt gaudia ?

Niendert mehr denn da,

---

[1] 中译译者未详。——译注

Da die Engel singen

Nova cantica

Und die Schellen klingen

In Regis curia

Eia wärn wir da !

何处得喜乐？

　　唯有在此，

　　这里天使在唱

至圣新歌

　　伴那钟声敲响

在吾王殿阁

哦，我们在此！ [1]

　　我所知道的在文学和语言方面均最为精致的例子来自现代。1969
年4月，奥克塔维奥·帕斯、雅克·鲁博、爱德华多·圣圭内蒂、查
尔斯·汤姆林森在巴黎会面，创作了一首连歌（renga）。这是一种源于
日本的合作诗或组诗，其历史可追溯到7或8世纪。但这首连歌不只
是集体创作，更由四种语言构成。每个诗人用母语创作，通过音律游
戏和巧妙翻译，依次对其他三名作者刚刚完成的段落进行附和、回应和
变形。这个英法意西语文本极富想象力，也引发了关于语言和翻译的问
题（我以后还会讨论）。即便只是截取一段（II. i），其交互的活力也可见
一斑：

Aime criaient-ils aime gravité

De très hautes branches tout bas pesait la

---

[1] 原文一、四、六行为拉丁语，其余为中古德语。——译注

Terre aime criaient-ils dans le haut.

(Cosí mia sfera, cosí in me, sospesa, sogni: soffiavi, tenera, un
cielo: e in me cerco i tuoi poli, se la

tua lingua è la mia ruota, Terra del Fuoco, Terra di Roubaud)

Naranja, poma, seno esfera al fin resuelta

en vacuidad de estupa. Tierra disuelta.

Ceres, Persephone, Eve, sphere

earth, bitter our apple, who at the last will hear

that love-cry?

《芬尼根守灵夜》中大段都是多语的。看看第一页著名的"蜿蜒
的"句子:"Sir Tristram, violer d'amores, fr'over the short sea, had passencore
rearrived from North Armorica…"这里面不仅有凸显的法语词 triste（悲
伤的），violer（侵犯），pas encore（尚未），Armoric（阿莫利卡；即古
布列塔尼），还有意大利语 viola d'amore（柔音中提琴）；如果乔伊斯的
话可信，还有来自维科的 ricorsi storici（历史循环）概念:passencore
rearrived[1] 半是它的易位构词，半是翻译。或者看看第二部中的一个典型
例子:"in deesperation of deispiration at the diasporation of hisdiesparation"。
这一大段之中变换了四种甚至五种语言:英语的 despair（绝望），法语的
déesse（女神），拉丁语的 dies（日；或许里面涉及了"神怒之日"[Dies
irae]这个短语），希腊语的 diaspora（离散），古法语或古苏格兰语的 dais
或 deis，分别指庄严的房间和为严肃演出准备的有华盖的舞台。乔伊斯的
"暗语"中，陈旧的单音节词可以涉及不止一种语言。因此在安娜·利维
娅·普鲁拉贝尔段末的 the seim anew 中的 seim，既指英语 same（相同），
又有塞纳河之意，它不仅巧妙融合了两种语言，还涉入了个性与融合这
组辩证统一的两极。

---

[1] 直译可理解为"过去重现的再次到来"。——译注

乔伊斯处在综合和造词的交界。但即便是《芬尼根守灵夜》，其多语融合也旨在创造更丰富、精巧的公共媒介，而不是要创造新语言。这种创造可能是人类智慧能力所及的最自相矛盾、最具革命性的一步。

这些谜语般的创造的历史我们不得而知。它们出现在异端审判的伪经、炼金术、神秘教派中。宗教审判官会宣布异端使用了一套外人无法理解的秘密而有魔力的用语，或者异端会坦白这点。正统的审查者会认为隐语源于魔鬼——哥特弗里德·冯·斯特拉斯堡曾谴责著名诗人沃尔夫拉姆·冯·艾申巴赫，因为后者使用了圈内话（*trobar clus*），批评求爱时的秘语，抨击控告帕拉塞尔苏斯的人。而教中人，比如摩门教的早期先知，则宣称"由火包裹的词"是天使的启迪或者圣灵的降世。[1] 在这种情况下，证据或失之幼稚，或付之阙如。

对个人为满足自己需求而创造的新私人语言来说，情况亦然。但很多作家很可能（尤其是在兰波和马拉美之后）都在某种程度上（或许在很大程度上），与格奥尔格一样，希望"用一种龌龊的大多数无法理解的语言表达自己"。以格奥尔格自身为例，对独善其身的渴望是热切的。他在现代环境所能允许的最大限度下保持着私人生活和艺术的神秘。在语言创造方面，他至少有两首诗都是用罗曼语（*lingua romana*）写成的，它明显由法语、西语、意大利语的元素构成。[2] 他在表述上追求无瑕的纯净和原创，造就了一种完全秘密的言语。据说他用这种"新语"翻译了《奥德赛》第一部。如果格奥尔格徒弟们的话可信[3]，那么我们可知这位大师在辞世前毁掉这个译本，以防庸俗学者翻查它的秘密。这个故事很

200

---

[1] 宣称曾受神或天使的言语的直接启迪会引起神学和社会问题（比如在 17 世纪），可参考 L. 科拉科夫斯基，*Chrétiens sans église* (Paris, 1969)。

[2] 格奥尔格希望通过融合罗曼语族和经典德语使欧洲诗界重获生机。对此观点的考察可参考 H. 阿波加斯特，*Die Erneuerung der deutschen Dichtersprache in den Frühwerken Stefan Georges. Eine stilgeschichtliche Untersuchung* (Tübingen, 1961)，与格尔德·米歇尔斯，*Die Dante-Übertragungen Stefan Georges* (Munich, 1967)。

[3] 这个故事是由莫尔维茨（Ernst Morwitz）和贡多尔夫（Friedrich Gundolf）在对格奥尔格的回忆录中讲述的。

可能是捏造的，但是通过用一门迄今为止无人知晓、不曾被文学玷污的语言将经典文本"向前翻译"，以加深并更新其权威性，这种观念在理论上是敏锐而颇具建设性的。以这种译法得来的两句余音绕梁的诗行保留了下来。它们被嵌在了《起源》（"Ursprünge"）里，该作文如其题，是一首关于早期基督教禁欲外表之下，长存着的远古亡灵法术暗流的诗：

Doch an dem flusse im schilf palaste

Trieb uns der wollust erhabenster schwall:

In einem sange den keiner erfasste

Waren wir heische r und herrscher vom All.

Süss und be feuernd wie Attikas choros

Über die hügeln und inseln klang:

CO BESOSO PASOJE PTOROS

CO ES ON HAMA PASOJE BOAÑ.

长河过苇庭

嗜欲之流不可阻：

玄歌至幽冥，

荧惑万物我为主。

甜美炽热如阿提卡歌团

天籁之音响彻岛屿山峦：

CO BESOSO PASOJE PTOROS

CO ES ON HAMA PASOJE BOAÑ.

"玄歌至幽冥，荧惑万物我为主。"[1] 只有在马耳他语（Maltese）碑刻上，

---

[1]　此句直译为："一首没有人能领悟的歌，让我们成为万物的出谜者和主宰者。"
　　　——译注

我才见过音乐与此相仿的音节。猜测一下格奥尔格"翻译"的是《奥德赛》中的哪两句或许是件有价值的事。而其格式无疑在此得到了展现。

迄今为止，西方文学界在新词上最有意思的尝试，来自俄国未来主义者、达达主义者，以及 1923 年后由达达运动衍生而来的超现实主义者和字母派（lettristes）。这里并不准备探讨达达运动复杂而广泛的文学层面。[1] 但是现在看来，时至今日的各种现代主义潮流，从极简主义艺术和偶发艺术，到"迷幻"（freak-out）和偶然音乐，都是达达主义的脚注，它们通常还是平庸而无新意的。这种语言、戏剧、艺术实验最早于 202 1915—1917 出现在苏黎世，而后蔓延到科隆、慕尼黑、巴黎、柏林、汉诺威、纽约，它无疑是人类想象史中为数不多的几个革命性的或者根本的"切断"之一。达达的亮点不在于它完成了什么成就（"完成"这个概念本身就有问题），而在于它纯粹而忘我地满足着对创造和合作的渴望。雨果·巴尔、汉斯·阿尔普、特里斯坦·查拉、理查德·胡森贝克、马克斯·恩斯特、库尔特·施威特斯、弗朗西斯·毕卡比亚、马塞尔·杜尚……他们的戏谑和正式创作有值得回味的气节，它体现了一种禁欲的思维，这是很多追随他们却以反抗来牟取利益的人所不具备的。

很多创意本身就令人着迷，它们潜伏在达达主义者的日常交流之后，于 1915 年在伏尔泰酒馆迸发出来。巴尔为酒馆选这个名字似乎是要把达

---

[1] 这个领域的广泛和复杂已经到了需要列出"书目的书目"的地步。以下是一些特别有用的：R. 马瑟韦尔编，*The Dada Painters and Poets* (New York, 1951)；维利·费尔考夫编，*Dada. Monographie einer Bewegung* (Teufen, Switzerland, 1957)；巴黎尼凯斯图书馆（Liberairie Nicaise)1960 年开出的关于立体主义、未来主义、达达主义、超现实主义的书目；汉斯·里希特，*Dada—Kunst und Antikunst. Der Beitrag Dada zur Kunst des 20. Jahrhunderts* (Cologne, 1964)；赫伯特·S. 格什曼，*A Bibliography of the Surrealist Revolution in France* (University of Michigan Press, 1969)。关于达达主义诗歌，见 G. E. 施泰因克，*The Life and Work of H. Ball, founder of Dadaism* (The Hague, 1967) 及雷恩哈德·多尔的权威论著 *Das literarische Werk Hans Arps 1903–1930* (Stuttgart, 1967)。但是条件允许的话，最好的材料还是那些直接参与达达运动的人的书信、文件和回忆录。雨果·巴尔的自传性小说 *Flametti oder vom Dandysmus der Armen*，于 1918 年在柏林首次出版，以及奥托·弗拉克，*roman à clef, Nein und Ja. Roman des Jahres 1917* (Berlin, 1923)。

达和巴黎的伏尔泰咖啡馆联系起来，这是马拉美和象征主义者在 19 世纪 80、90 年代会面的地方。因为巴尔和他的伙伴想要实行的，正是马拉美的语言净化和表达私有化行动。[1] 自动写作（automatic writing）——生成不受意志和公共意义制约的词群——这个概念至少可以追溯到 1896 年格特鲁德·斯泰因在哈佛的实验。它们后又被意大利未来主义承袭，并反映在马里内蒂对自由语言（parole in libertà）的呼吁中。将"偶然性"（Zufall）这个重要概念用在语言上，不仅可以体现于马拉美的《因此集》（Igitur）[2] 中，还体现在 19 世纪 90 年代颓废主义运动的"出神诗"（trance poetry）中。雕塑艺术中的杂糅（collage）技术与达达诗歌并驾齐驱，直接影响了阿尔普对语言的处理。声音诗和具象诗（poésie concrète）呼之欲出；看看康定斯基 1913 年在慕尼黑出版的《声音》。当时的苏黎世氛围是无根而多语的。德语、法语、意大利语、西班牙语、罗马尼亚语、俄语都流淌在达达圈子的内部和周围。混合求同和个人用语的概念近在眼前。

203　　但我相信，如果没有世界大战的冲击，这些思潮只会是松散的一时兴起。世界大战的冲击及其对人类理智存续的影响，让达达具有了道德意义。巴尔、查拉、阿尔普的"新词"和沉默中的绝望和虚无，与同时代的语言批评家卡尔·克劳斯以及早期维特根斯坦理论异曲同工。"我们试图寻找一种基本的艺术，"阿尔普如此回忆，"它会把人类从时代的疯狂中拯救出来。"[3] 达达应运而生，"与之竞争的是疯狂和死亡……那些没有亲身经历世界大战骇人疯狂的人，活得好像不知道自己身边正在发生什么……达达要把他们从可悲的麻木中唤醒"[4]。唤醒的手段之一便是人类的声音（贾科梅蒂沿着利马特河奔跑，向房子里的苏黎世平民大叫）。但雨果·巴尔认为，这种声音不能属于那些已经腐朽入骨髓的语言，它

[1]　雷恩哈德·多尔，*Das literarische Werk Hans Arps 1903–1930* (Stuttgart, 1967)，第 36 页。

[2]　此书在葛雷、梁栋译《马拉美诗全集》中音译作《伊纪杜尔》。——译注

[3]　汉斯·阿尔普，*Unsern täglichen Traum. Erinnerungen, Dichtungen und Betrachtungen aus den Jahren 1914–1954* (Zürich, 1955)，第 51 页。

[4]　同前注，第 20 页。

们已经被政治的谎言和对屠杀的粉饰污染。因此，有必要创造"没有词的诗"。

对这项行动最深入的记录载于巴尔 1927 年刊行的回忆录《逃避时间》。要能够成功"逃避时间"，句法，这个时间在其中发挥约束力的东西必须被破坏。巴尔的解释在文学和语言学上都极有意义：

> 我不知道这韵律的灵感是何时到来的。但我已经开始像咏唱礼拜歌一样，唱起自己的音序，而且我不只想要保留严肃的姿态，还要让这种严肃在我身上得到加强。一时间，仿佛一个面色苍白、战战兢兢的年轻男孩的面庞浮现在我立体的面具下，在故乡的教区唱响安魂弥撒和大弥撒时，一张半是惊恐、半是好奇的十岁的脸，怯懦而期待，流连在牧师的唇齿间。
>
> 说出这些诗行之前，我念出了几个程式化的词。这种"声音诗"（*Klanggedichtung*）要放弃（封锁、封存、封装）那些因被新闻业玷污而不可用的语言。要退回到词语最深处的炼金术里。然后将词语献祭，让诗歌保留住最后的、最神圣的领域。放弃创作二手诗，即，不采用那些已不无瑕崭新的词语，以及那些为满足自己使用而创造的词语（遑论语句）。

204

巴尔《象队》（*Elefantenkarawane*）中的一段能够说明其意欲的效果如何：

> jolifanto bambla ô falli bambla
>
> grossiga m'pfa habla horem
>
> égiga goramen
>
> higo bloika russula huju
>
> hollaka hollala
>
> anlogo bung
>
> blago bung

blago bung

bosso fataka

ü üü ü

schampa wulla wussa ólobo

hej tatta gôrem

eschige zundaba

wulubu ssububu uluw ssubudu…

这里的拟声是愚蠢滑稽的（*blago*），而在著名的《哀歌》（*Totenklage*）中，它又显得神秘而令人窒息。

赫列勃尼科夫试图创造一种"星语"，巴尔的计划也与此相仿，追求语言的彻底革新。[1] 它们与字母派在 20 世纪 40 年代中叶的宣言中的原则有直接关联："超越**词语**"，"用字母毁掉词语"，"展现字母除了被融入已知言语外，还拥有其他的命运"。超现实主义、字母派、具象诗不只要打破词语和意义的联系，还要打破语义符号和能被言说的事物之间的联系——只为满足视觉而创作诗歌。来看看伊西多尔·伊苏（Isidore Isou）的诗：

204

Larmes de jeune fille（少女之泪）

–poème clos（诗终）–

M dngoun, m diahl Θhna îou

hsn îoun înhlianhl M pna iou

vgaîn set i ouf! saî iaf

fln plt i clouf! mglaî vaf

Λ gohà îhîhî gnn gî

---

[1] 对赫列勃尼科夫"星语"的详尽探讨，见罗纳德·弗伦，*Velimir Xlebnikov's Shorter Poems: A Key to the Coinages* (Ann Arbor, 1983)；以及雷蒙德·库克，*Velimir Khlebnikov* (Cambridge, 1987)。

klnbidi Δ blîglîhlî

H mami chou a sprl

scami Bgou cla ctrl

gue! el înhî nî K grin

Khlogbidi Σ vî bîncî crîn

cncn ff vsch gln iééé…

gué rgn ss ouch clen dééé…

chaîg gna pca hi

Θ snca grd kr di.

其效果是：在视觉表象之下，有一种对可能事件和密度的不安（即海德格尔的"诗"）。除了标题之外，几乎没有什么符号能产生或唤起熟悉的音律环境。而就我看来，这无疑是诗，而且它还在用某种奇怪的方式打动我。一面墙在空白的同时又有表达力。

这种设计能否展开"词语最深处的炼金术"，或者保存诗歌的神圣无须赘论。伊苏的妙手将我们带到了语言的边缘，带到了让有用事物能得到表达的语义系统的边缘。这后一种限制——合理直译之不可能——可能没有看上去的那样决绝而非难。还有一些表达方式也难以得到有用的评论。[1] 此外，在边界所发生的事——符合索绪尔著名定义的语言符号在   206

---

[1] 在"普通"和"私人"语言行为之间最具启发性的领域便是精神分裂症。L. 宾斯万格和其他精神病学家指出，精神分裂言语模式与某些达达、超现实主义、字母派文学语言的区别，主要在于它们的历史和风格背景。病人的话没有外因，他也不能对其进行历史性的评价。见戴维·V. 弗雷斯特，"The Patient's Sense of the Poem: Affinities and Ambiguities"，载于 *Poetry Therapy* (Philadelphia, 1968)。但奥古斯托·蓬齐奥在论文 "Ideologia della anormalità linguistica" (*Ideologie*, XV, 1971) 中表明，对言语病理学的定义和认知本身就是一种社会和历史传统。不同时代、社会对可接受的和"私人"的言语形式分界不同。另可参考 B. 格拉西，"Un contributo allo studio della poesia schizofrenica" (*Rassegna neuropsichiatrica*, XV, 1961)；戴维·V. 弗雷斯特，"Poiesis and the Language of Schizophrenia" (*Psychiatry*, XXVIII, 1965)；以及 S. 皮罗，*Il linguaggio schizofrenico* (Milan, 1967)。

此蜕变成了随意的"无意义"——并不是无足轻重的。只要对孩子念巴尔的声音诗（*Klanggedichtung*），就能发现意义和"姿态"（它部分是音乐的，部分是动作的，部分以潜意识或原始意象的形式展现）的很大一部分都得到了传达。问题在于，不知在哪一处，偶然的、趋于私人化的信号不能再传达任何（连贯的）刺激信号，不能再引起任何有一定共性的、可重复的回应。普遍规则显然不存在。在《少女之泪》中，一些信号在数学家看来可能有特别的意图，可能与诗歌的声音和主题有关，但其他读者则完全无法领会。私人语言搬石砸脚的悖论，不管是普罗旺斯诗人的圈内话，还是伊苏的字母派，其本质都是相似的：交流每增加一点，私密就减少一点。当言说成为演说，遑论公告，严格意义上的私密也消失了。

但是这种"边界领域"既不需要成为个人风格的文学抗争，也不需要具有实验性的光怪陆离。它一直存在于自然语言中，这是最为重要的一点。私人含义、私人重音、略读和转述习惯，构成了言语的基本要素。它们的权重和语义场本质上是属于个人的。意义无时无刻不是个体适应机制的潜在总集。日常语言乃至其中的某些部分，都不可能具备决定性的词汇或逻辑语法，因为不同的人，哪怕在最简单的指涉和"命名"中，都会对同一词语进行不同的联想。这些区别正是一般言语生命之所在。很少有人具备创造新词或者给已有词汇添加印记的天赋，而伟大的诗人或思想家拥有这种天赋，他们会带来新鲜的赋值和关联范围。我们只是用陈旧的标签过活，它们古已有之，来自专属于我们的语言和社会传承。不过这只是一方面。随着个人记忆不断分叉，随着这些感觉的分支不断深入，不断接近那个一直在改变而不可化约的自我，我们会聚积起只有单一意义的词语和语句。它们只有语音是完全公共的。在词条标签之下（词典列出的是共识，因此也是破败的、"次重要"的用法），我们作为个体说出的词语有着特别的重大意义。它只属于说话的人，属于这个人的全部心理和身体经历所构造的独特联想和使用先例的总集。当记忆或场合发挥作用时，我们可能会将其外化，把私人内容的特定部分明示出来。在对自我进行剖析的作品《人的时代》（L'Âge d'homme）中，米歇尔·雷里斯观察到，"自杀"（suicide）中的 s 在他看来，精确地保留了短剑（kris；马来人的蛇形匕首）的形状和隐约的嘶嘶声。"呦咿"（ui）的声音象征着火焰的呼啸声；cide 表明着"尖酸"（acidity）和侵蚀性的渗入。某本杂志上的东方人献祭场景图片在孩子心中固定下来，与这些联想交织在一起。没有词典会包含这些信息，语法也不会正式规范这套配置。这正是我们所有人为意义赋予意义的方法。不同之处在于，含义活跃的源头通常留存在潜意识中，或在记忆范围之外。

因此，在宽泛的意义上，与维特根斯坦－马尔科姆论述无关的"私人语言"确实存在，而所有自然语言的某些基本部分都是私人的。这也是所有完满的言语行为都或多或少显现出了翻译要素的原因。所有的交流都在私密间进行"解读"。

在第一章我们已经见到，这种交流介质很不稳固。虽然总体相似，但这种不稳固无疑是复杂的，会在需要语际解读时显现出来。语内、语际"私密"的困境引起了强大的逆流：对明确的、通用的交流代码的追寻。鉴于自然语言很大程度上是私人的，强化其公共部分便成为重要的尝试。208

这些尝试在 17 世纪和 18 世纪早期尤其频繁而持久，这是有一定原因的。拉丁语从主流中退出，在相互理解上造成了巨大的隔阂，而语言民族主义的兴起又将其加剧。同时，知识和经济间更加频繁的关联，要求交流更加顺畅而精确。此外，知识在 17 世纪不断分支，促使人们寻找一种普适分类法，找到适用于所有科学的全面、清晰的词汇和语法。数学分析和逻辑学的进展，再加上对汉字及其在远东不同语言间进行沟通的功能那满腔热情但不乏粗浅的认识，更激励人们去寻找通用语（lingua universalis）或"通用文字"（Universal Character）。[1]

---

[1] L. 库蒂拉与 L. 洛，*Historie de la langue universelle* (Paris, 1903) 对 56 种人造语言进行了研究，仍是相关领域的经典之作。另可参考乔纳森·科恩虽不全面但鞭辟入里的文章 "On the Project of a Universal Character" (*Mind*, LXIII, 1954)。

这种国际语（*interlingua*）的概念实际上包含三个主要目标。首先，有必要确立一种国际性的辅助语言（比如原来的拉丁语），用以促进并扩展科学、政治、商业交流。其次，"通用文字"能够催生出对科学的符号化处理；理想状态下，它能够为一切实际的或可能的知识提供一套严格、简化的表达符号。最后，这对 17 世纪的教育者和自然哲学家来说是迫在眉睫的：一套真正通用的语义系统会成为发现和证实的工具。

这三个诉求已经在培根的呼吁中若隐若现，《学术的进步》（1605）希望建立一套"真正文字"的严密体系，以对基本的"事物和概念"进行准确表达。二十年后，笛卡儿在与梅森的通信中表达了对这个想法的支持，但同时也怀疑它能否在完善的分析逻辑和"真正哲学"的确立之前投入使用。夸美纽斯的《语言之门》及其英文版在 1633 年问世。虽然其主旨在于促进并明确对拉丁语的学习（这是对萨拉曼卡的耶稣会人事业的延续），但这篇论著希望能够建立一种通用习语，以服务于人类的解放和进步事业。1658 年，这个理念又在著名的《可见世界图解》中得到了表达。其英语标题 *Comenius's Visible World, or a picture and Nomenclature of All the Chief Things That Are in the World; and of Mens Employments Therein*[1]，表明了夸美纽斯语法广博的、遵循分类学的基础。词语和事物之间必须有一种明确的、普遍的一致。只有通过"无所不包的语言"（*panglottia*）才能得到"无所不包的知识"（*pansophia*）。困扰着人类知识和情绪的瑕疵和争议，是语言内部和语言之间混乱的直接结果。拉丁语之外，是对一种完美的哲学语言的期望，它不会表达任何虚假的东西，它的句法必然会诱导出新知。[2]

在 17 世纪 50 年代和 60 年代早期，这种希望得到了广泛详尽的讨

---

[1] 标题译为：夸美纽斯的可见世界，或世界中所有主要事物的图解和命名；以及人类对它们的运用。——译注

[2] 对夸美纽斯语言学著作最好的解释可见于 H. 盖斯勒，*Comenius und die Sprache* (Heidelberg, 1959)。与普林斯顿大学阿尔斯莱夫（H. Aarsleff）教授的私人交流也令我受益匪浅。

论。莱蒙特·吕黎（Raymond Lully）著于1305—1308年的《大艺术》由阿塔纳斯·珂雪进行了修订和改进，关于如何使用符号标记和组合图表对所有知识领域进行分类和关联，该作提供了一个虽然久远但颇具声望的范本。这是通向一种普遍代数学的第一步，它旨在启动人类精神的分析过程，并将其系统化。托马斯·厄克特爵士1653年的《通用语大纲》是通用语言计划的一个典型例子。厄克特喜欢插科打诨是尽人皆知的，他声称自己新语言的完整词表在1650年的伍斯特战役中遭毁，对此我们也不必太当真。不过他的大纲中展现出的轮廓，足以引起我们的兴趣。其目的是"将通用语言的词汇与普天之下的事物相匹配"。只有"语法算术家"（Grammatical Arithmetician）（这个术语本身就很有先见之明）能带来这种必要的和谐。厄克特的跨界语有11种性，除主格以外有10种格。而整个大厦基于"250个基本根素，其他所有旁支都由此衍生"。它的字母有10个元音（它们同时也是数字），25个辅音，它们能够组合出人类发声器官能发出的所有声音。这个字母表是实现代数逻辑的有力手段："有理数成于书写，此语达于人心，其理一也；字之积如数之倍；此乃至精之秘也。"此外，单词中音节的数量与其意义的数量成正比。厄克特的"至精之秘"秘而不宣，但他的宣言仿佛预言着现代符号逻辑和计算机语言，这着实令人震惊。而令人震惊的也不止这一条，他还相信自己"通用文字"的语音和句法规则在本质上更容易被人记忆。他说，一个儿童能轻松熟练地掌握这种新言语，因为它的结构实际上是思想的自然生发的再现。

17世纪60年代，语言蓝图如雨后春笋。乔纳森·科恩（Jonathan Cohen）指出，这些蓝图中的一些，如J. J. 贝希尔（J. J. Becher）的《通用语言之文字》（1661）和珂雪的《新通用书写术》（1663），只是"通过一种模式将有限几组语言进行编码的系统"。它们只是语际词库（interglossa），只能是科学的辅助。但是其他的计划则有本质上的重要性。达尔加诺的《标记法：通俗通用文字和哲学语言》（1661）没能达到这个题目的要求，但是它启发了约翰·威尔金斯，后者在七年后完成了

《论真实文字和哲学语言》。威尔金斯主教无疑是有才华的，他的著作中蕴含着现代逻辑理论的很多元素。

虽然莱布尼茨的《组合术》至少可追溯到 1666 年，而德意志虔敬派和比斯特菲尔德（J. H. Bisterfeld）是他早期语言思想的最主要来源，但在威尔金斯的影响下，他才开始了对一套可以用来交流和探索的普遍组合语法的毕生追求。[1] 在 1717 年的《词源汇总》中仍然能见到这样的追求，莱布尼茨在认识论和数学上的成就明显出现在这本书里。它还让欧洲人见识了汉语。但是该作没能建立起莱布尼茨和他的同代人想要的无歧义指涉和探索的"理学"（*mathesis*）[2]。"认为一种语言既能作为无差别的国际辅助语，又能作为科学术语，这种想法明显是个错误。"[3]

通用语言的现代研究者希望能避免这种错误。J. M. 施莱尔 1879 年提出的沃拉普克语和柴门霍夫 1887 年开创的世界语都是辅助性的国际语，旨在促进经济和社会交流，并在高压的民族主义大环境下抵御沙文主义或孤立的威胁。与它们的前辈，百科全书派在 18 世纪 60 年代勾勒的新语言（*Langue nouvelle*）一样，这些综合性构造的部件来自现存主要语言。世界语、伊多语、西方语、诺维亚语等十数种语言都完全如此。沃拉普克语和无屈折拉丁语（Latine sine flexione）目标则更为宏远，后者是意大利杰出的数学和数理逻辑学家皮亚诺在 1903—1930 年间设计的。它们都含有 17 世纪前辈力求的逻辑形式化元素，而皮亚诺最初的设计则明确参考了威尔金斯和莱布尼茨。不过，他在 1906 年的《论国际语

---

[1] L. 库蒂拉，*La Logique de Leibniz* (Paris, 1901) 对莱布尼茨语言理论的分析在今天仍具权威性。另可参考汉斯·维尔纳·阿恩特，"Die Entwicklungsstufen von Leibniz's Begriff einer Lingua Universalis"，载于伽达默尔编，*Das Problem der Sprache* (Heidelberg, 1966). 对莱布尼茨相关研究的探讨，见保罗·罗西，*Clavis Universalis. Arti mnemoniche e logica combinatoria da Lullo a Leibniz* (Milan & Naples, 1960)。

[2] 该词在英语中可能指：一、心理计算推理过程；二、关于测量和规则的通用科学（应是文中含义）。而在拉丁语中泛指（与理性关系密切的）学科（如数学、天文学）。——译注

[3] 乔纳森·科恩，见前文注释，第 61 页。

言》中明确表示，他的主要目的不在于分析性，而在于社会和心理。相邻的国家或意识形态不同的群体之间能迅速达成共识，这对于人类的存续来说很有必要。[1] 不过这些"瑚琏"基本都是昙花一现，只有世界语还若隐若现地残存着。 212

另一方面，分析的潮流则成为现代哲学中最具影响力的势力。初始于 17 世纪，将心理运算形式化，将定义、推断、证明规则系统化的尝试，在现代符号逻辑中得到了广泛的探究，也体现在了数学基础的研究，以及塔斯基和卡尔纳普等人的语义真值理论上。莱布尼茨的通用文字与罗素早期研究及罗素和怀特海研究之间的关系经常为人所强调。而构建一种形式上严格的"众科学的科学"（如威尔金斯所设想的），则是卡尔纳普后期哲学的首要任务。"理学"、符号表达、普遍性这些传统概念都以某种特别的形式隐含在了计算机语言中。[2]

但"国际语"和逻辑 - 分析方法都没能深化我们对自然语言的理解，也没能改变我们对它们的使用。当然这不是说从弗雷格、维特根斯坦到普莱尔、蒯因的语言学哲学和形式逻辑，都未得出什么令人眼前一亮的精妙结论。而是说问题的焦点，有关见解所要达到的目的，需要得到清晰的定义。如我们所见，极为严格的"净化"和理想化得到了应用。分析逻辑学家所研究的语言模型，与"广义"语言之间究竟关系如何，也得到了考察。但是这种研究通常是隐含的，甚至是"留待后人"的。由此得来的深刻理解或许不能触及真正的语言环境。逻辑学家真实而深刻 213
的探索会产生自己的"元语言环境"和自主问题。困难确实存在，但其

---

[1] 对现代人工语言的全面讨论，见 J. R. 弗斯，*The Tongues of Men* (London, 1937)，第六章。

[2] 研究计算机语言逻辑和语言学层面的著作很多。一些重要论文被辑录在了 T. B. 斯蒂尔 编，*Formal Languages and Description Languages for Computer Programming* (Amsterdam, 1961)，以及 M. 明斯基编，*Semantic Information Processing* (M.I.T. Press, 1968) 中。另可参考 B. 希格曼，*A Comparative Study of Programming Languages* (London & New York, 1967)。对现代语言逻辑领域更加广博的介绍，可见于 L. 林斯基编，*Semantics and the Philosophy of Language* (University Illinois Press, 1952)。

本质是特殊的，是自我依存的。日常言语对环境的反映是潜意识或传统的，它们难以把握、模糊不清、不断变动，意义的中心——奥格登和理查兹认为它是"情绪的"，燕卜荪赋之以"价值"和"感觉"的标签——在逻辑紧致而薄弱的网罟之外。它们属于语用领域。

但正是这种杂乱无章才让人类言语得以新鲜、生动地表达个人意图。其异常会影响到语言使用的大历史，其模糊会让一般定义标准变得更为丰富和复杂，这才是这个系统凝聚力之所在。这种凝聚力（如果可以这样定义的话）"永远在变动"。这至关重要的永恒变动让"通用文字"的计划在认识论和心理学上都无法实现。

粗略地说，认识论上的困难如下：只有在词语和世界的关系是完全包括和完全一致的前提下，才能有一种"真正的""通用的"文字。为了构建形式通用句法，我们需要拟一份能被所有人接受的"世界目录"或基本个体清单，需要在符号和被符号化的事物之间建立根本的、唯一的联系。换言之，为实现通用文字，不仅需要对"世界中所有基本单位"进行正确分类，还要证明这些"单元"确实得到了辨识和编目。这不禁又让人联想起亚当用完美的同义词，命名封闭的伊甸园中所有来到他眼前的事物。莱布尼茨和维特根斯坦（在完成《逻辑哲学论》后）发现，这种事根本不可能完成，因为如果我们在一开始就有了这样的目录和分类，那也就已经有了"通用文字"，也就没必要创造一套新的、逻辑完备的语言。

不过最明显的问题还在于意义的心理学层面。通用语言论者想要得214 到的那种逻辑语法必须无视各种语言、文化、个体使用词汇的不同方式。事实上，"意义"这个词很少被不带感情地使用，也不能化约为一种静态的、完全清晰的设置。在任何语言或历史时代中，语法规则不过是对来自实际言语的共性或"大多数人"习惯的十分约略而不稳定的总结。虽然这种会变的共性可能是由深刻的、普遍的限制因素决定的，但也不能改变上述事实。

即便是在最简单的指涉行为里，自然语言都是局部的、变动的、多样的。没有这种"多值性"，也就不会有关于感觉的历史，不会有个性化的感知和回应。正因为词语和"物体"之间的联系"弱"（用逻辑学家的术语含义），语言才强。如果像人工通用语言那样扭转这些概念，由此而来的交流模式明显会失去自然而复杂的活力。世界语或诺维亚语所做的是"从上（向下）"翻译。经过这种洗礼，意义只在一般化的、不活跃的层面得到保留。这种效果就如同一个游客初到异乡拍摄的照片所体现的"静态"，而该国度真实的生活形态、"场景上下文"（弗斯用这个词指"场景中动态的、有创造力的模式化流程，其中语言的作用处于主导地位"）他却一无所知。确实在有些场合中，用世界语"翻译"的效率毋庸置疑；但这些场合是最简化的。它们抽离了模糊的、多余的活力；而我们作为个体，作为特别背景和记忆集合的参与者想要表达的内容，正是通过这种活力才有可能（近似地）传达给彼此。

当然，并不是说语言的公共元素，对清晰和一致的渴望不重要。它们在言语的演化中同样是深刻的限制因素，而我也曾试图说明，它们的意义随历史的进程得到了强化。整个翻译事业，现在的生成语法对普遍因素的寻找，都是在应对个体使用的私密和巴别的混乱。如果言说的所有部分本质上都不是公共的，或更精确地说，不能被当作公共的加以处理，等待着我们的只有混乱和自闭。 215

我们又回到了不可分割的双重性，回到了"对立统一双方"的辩证关系上。私人和公共意义之间的对峙是所有话语的本质特征。其一端是意义隐秘的诗歌，另一端是求助信号（S.O.S.）或交通标志。在两极之间，是日常言语混杂的、对立的、通常无法得到明确的使用。试图将新鲜的、"私人的"内容变得更加公共，同时又不损害其独特性，不损害个人意图的犀利感，这样的言语行为才是具有活力的。这种努力本质上是双重而自相矛盾的。但如果我们侧耳倾听、仔细寻找，就会发现没有哪一首诗、哪一段鲜活的陈述上，不存在这种"矛盾的一致性"。

四

最后，我想要探讨的是真和假这第四组两极，或"对照组"。如我们所知，自然语言与关于真和/或假的可能陈述似乎在人类言语演进中非常重要，而我相信这些关系会帮助我们理解语言的多重性。谈论"语言和真""语言和假"很明显是在谈论语言和世界的关系。这是在探究意义和指涉的条件，探寻让指涉对个体及对话双方产生意义的条件。翻译（即一种相关指涉向另一种的转移），因其尤为显而易见的特质，仍然具有代表性。在某种意义上，关于语言和真的问题蕴含着全部认识论甚至哲学问题。在许多哲学系统中（比如柏拉图的、笛卡儿的，以及休谟、康德的批判）真理的地位和体现是核心问题。将哲学进行如下分类可能具有指导意义（虽然也会产生减损）：一种是把真和假都视为基本存在或属性的哲学；另一种与 G. E. 摩尔的观点一样，认为假只是非真，是对真的剥夺和否定。

有关真的本质问题，以及在探讨这个话题时动用的很多形而上学和逻辑学方法，与系统化的哲学本身一样古老，但可以说在 19 世纪末，相关问题步入了一个新阶段，这个阶段与语言研究息息相关。现代的研究方法有几个来源。唯我独尊的、无根据的形而上学长篇大论充斥于从谢林到黑格尔和尼采的欧洲哲学中，新的研究方法从某种程度上是对它们合乎情理的回应。新的方向也源自对数学基础的重新审视。非常粗略地说，世纪之交时人们对真的理解出现了巨大的转变：真从原来"外向的"、具体的概念——它完全可以被直觉、意愿、目的论的历史精神所认识——变成了逻辑形式和语言的一种属性。这种变化体现了一种希望，即得到严格形式化的数学和逻辑程序，本身就是对心理机制的反映，它虽然失之理想化，但无疑是一种复原。这也能解释为什么幼稚的唯心灵论经常出现在一些最为中立的，反形而上学或反心理学的现代逻辑、分析论述中。

　　"语言学转向"的历史本身就是很宽泛的话题。哪怕只看有关"真"的论述，就能梳理出四个主要阶段。先是摩尔和罗素的早期作品，然后是罗素和怀特海——他们的作品明显有乔治·布尔、皮亚诺和弗雷格的痕迹。然后是塔斯基、卡尔纳普和 20 世纪 30 年代的逻辑实证主义者，他们希望在语义上定义"真"，而这种尝试又被维特根斯坦以颇具个性的方式更推进了一步。第三步上演的是"牛津哲学"，最著名的一幕是 J. L. 奥斯汀和 P. F. 斯特劳森在 1950 年的关于"真"的论战，它引出了大批相关著述。最后是目前这个深受结构语言学影响的阶段，杰罗德·卡茨的217《语言学理论与哲学的相关性》（"The Philosophical Relevance of Linguistic Theory", 1965）是代表性论述。[1] 但是最笼统的划分都会混淆视听。弗雷格、罗素、维特根斯坦的论说都涉及多种假设和方法。蒯因不属于任何年代划分，但他关于指涉和伪存在的论述，在整个现代哲学运动中都是最具影响力的。关键人物——最突出的例子是维特根斯坦——在研究过程中会改变立场。另外，个人和学派（更准确地说是"协作性风格"）在生平和要旨上都存在交叠。在最近的分析哲学和语言哲学中，有一种"奥斯汀式的怪癖"（Austin mannerism）——奥斯汀自己的结论都可能被质疑，或显得不切题。

　　从语言的形式化模型和自然语言之间区别的角度，来考量现代哲学对真的认识也是合情合理的。这个区别也是我在本书中一直强调的。理查德·罗蒂在他的哲学史研究中发现，理想语言哲学家和日常语言哲学家有本质上的区别。[2] 简而言之，理想语言哲学家认为"历史－语法句

---

[1]　相关的重要文章在很多文集中都得到了重印，以下是最有用的一些：马克斯·布莱克编，*Philosophical Analysis* (New Jersey, 1950)；艾耶尔等著，*The Revolution in Philosophy* (London, 1956)；R. R. 阿默曼编，*Classics of Analytic Philosophy* (New York, 1965)。在以下的讨论中，我主要参考了 A. N. 弗卢编，*Logic and Language* (Oxford, 1951 & 1953)；理查德·罗蒂编，*The Linguistic Turn* (University of Chicago Press, 1967)。

[2]　见理查德·罗蒂的序，书目见前文注释。

法"（即我们真实的说话方式）与"逻辑句法"不吻合，而真正的哲学问题都是它所造成的含混。这种逻辑句法"隐含"在自然语言中；通过形式化的范式它能被重构并得到展现。这是罗素早期的观点，是维特根斯坦在《逻辑哲学论》中的观点，也是卡尔纳普和艾耶尔的观点。哲学家的任务是用构造严密的元语言框架考量哲学问题，在这个框架里，所有哲学命题都会变成关于句法和解读的陈述。在这种无歧义中**不能**呈现句法性或关联性的问题，或是伪问题，或是承袭自古代的妄言。它们来自这样一个可悲的事实：一般言语和传统本体论惯用模糊的词语和赖尔所谓的"必然引起误解的表达"（"神存在"可以被证明只是一种"所谓的存在命题"，其中"存在"只是一个伪谓语，而它语法上的主语也可以说只是个伪主语）。

而日常语言方法则出现在斯特劳森对卡尔纳普及其追随者的批评中。它同意哲学难题源于"非形式化语言表达的难以把握的、欺骗性的运作模式"。但如果不先精准而穷尽地描述日常言语的过程和问题，又怎么能建立理想语言？如果这种描述是可能的，那它本身或许就能解决自然言语造成的困惑和模糊。元语言模型**可能**有用——它能够将困惑的范围表现、"勾勒"出来——但它不能进行标准性的阐述。与之相仿，奥斯汀认为在更清晰地理解日常用法之前，对其进行改造和限制没什么意义。日常语言可能不是"最后的话"，但它给我们留下了广阔的研究空间。

语言学哲学家的这两种对立方法和各种"混合的"中间策略，给未来哲学描绘出了不同的样貌。有可能所有严肃的哲学，用维特根斯坦的话说，都会成为一种"言语疗法"，它旨在对日常语言的不稳固进行补救，并消除由此引起的子虚乌有却激烈异常的冲突。不过语言学哲学自身也有可能产生哥白尼式的革命，康德式的先验认知模型将退出舞台，对那些让自然语言成为可能的内部限制因素、抽象秩序的新认识将取而代之。通用哲学语法这个长久以来的梦想也就终于能实现了。可以想见，关于真和意义的本质，终有一天经验语言学将提出不落陈旧的理解（乔姆斯基和"深层结构"支持者们的目标明确体现了这点）。最后，如罗蒂所说，语言学分析可能会进行非常彻底的"驱魔"，我们或许可以"把哲学当作一个已经被治愈的文化疾病"。

语言学哲学构成了 20 世纪哲学的一个重要组成部分，尤其是在英美。它将对形式或经验语法的研究置于逻辑学、认识论、哲学心理学的核心。但它用一种特别的方式看待语言（罗蒂建议用"方法唯名论"来形容）。这不仅把传统哲学的几个分支（如美学、神学和大部分政治哲学）在专业侧重上边缘化，还将自己与其他看待、感受语言的方法对立起来。这种区分——通常还毫不掩饰地表达着对对方阵营空洞无物的推断——适用于胡塞尔、海德格尔、萨特、布洛赫。因此，从历史和心理上都应该将"语言学哲学"和"语言哲学"（*Sprachphilosophie*）区分开。而这种分割也有害处。只要隔阂还存在，奥斯汀著名的期待能否实现就值得怀疑——"在下一个世纪是否有可能看到，在哲学家、语法学家、其他种种语言学者的通力合作下，一种货真价实的、综合全面的**语言科学**的诞生？"

"真"在现代语言分析中是无处不在而独具一格的话题。[1] 人们提出了数种方案。在摩尔、罗素关于逻辑原子论和命题的早期理论和《逻辑哲学论》中，我们可以看到的是一种对应理论（correspondence theory）。语言是世界的某种一一对应，命题和与它们有关的事物"相似"。而 F. H. 布拉德利 1914 年的《真与真实论文集》，以及逻辑实证主义者（如石里克和 C. G. 亨佩尔）对命题的分析，让我们看到的是一种关于真的"连贯理论"（coherence theory）。其关键在于感知和事物之间有内在的连贯性，有得到系统化编码的关联性。（逻辑学家告诉我们，哥德尔著名的证

220

---

[1] 我的论述基于乔治·皮彻编，*Truth* (New Jersey, 1964) 和阿兰·R. 怀特，*Truth* (London, 1970)。我还参考了：斯特劳森，"On Referring"（*Mind*, LIX, 1950）；保罗·齐夫，*Semantic Analysis* (Cornell University Press, 1960)；艾耶尔，*Foundations of Empirical Knowledge* (London, 1963)；丽塔·诺兰，"Truth and Sentences"（*Mind*, LXXVIII, 1969）；罗纳德·雅戈尔，"Truth and Assertion"（*Mind*, LXXIX, 1970）；R. J. 哈克与苏珊·哈克 "Token-Sentences, Translation and Truth-Value"（*Mind*, LXXIX, 1970）。

明适用于所有连贯理论：具有一定复杂度的系统不可能在不"引进"新的、外部的推论，不诉诸本身一致性不明的额外原则的前提下，证明自身的一致性。）

关于真的"语义理论"，如其名所示，最直接处理的问题是语法和真实之间关系的本质。这种方法主要源于塔斯基1933年用波兰语首次出版的《形式化语言中的真理概念》（"Der Wahrheitsbegriff in den formalisierten Sprachen"），和卡尔纳普1934年在维也纳刊印，并于三年后译成英语的《语言的逻辑句法》。卡尔纳普1942年的《语义学导论》让其语义观点广为人知。[1] 真的语义定义的构成与理想化的人工语言有关，而这些语言实际上是形式化复杂程度不同的广义演绎系统。"真的"是一种谓述，它能在一些特别的句子中合理地出现（这些句子被称为"客体语句"[object-sentence] 或 "例语句"[token-sentence]）。它们产生自元语言层面上的严格规则和形式化限制因素。这种元语言通常用某种符号逻辑表达法记述，这与罗素和怀特海的《数学原理》，与莱布尼茨有千丝万缕的联系。塔斯基的定义似乎如下：某个明确的形式语言（这种语言要能被真/假二值逻辑，而不是多值逻辑所处理）中命题的"真"，即指该命题能被接受或允许。这个概念和处理方式在技术上很艰涩，但我认为它与我们理解翻译中出现的多义和模糊问题不无关系。卡尔纳普的思路更不清晰，但也更具提示性，不管是在对人造语言和自然语言的探讨中，还是在对实际科学分类的探讨中，他一直在对可能的外延进行推断。

这些理论都遭到了激烈的批评，而这些批评又引起了新方法。受 F. P. 拉姆齐的"逻辑冗余论"（"甲是真的"只是"甲是事实"的另一种多余的说法）启发，斯特劳森认为命题不"像"世界。他的方法是举出很

221

---

[1] 对塔斯基和卡尔纳普著作详尽的介绍，可见于 W. 施泰格穆勒，*Das Wahrheitsproblem und die Idee der Semantik: Eine Einführung in die Theorien von A. Taski und R. Carnap* (Vienna, 1957)。以下的评论尤为有用：马克斯·布莱克，"The Semantic Definition of Truth" (*Analysis*, VIII, 1948) 与 A. 帕普，"Propositions, Sentences and the Semantic Definition of Truth" (*Theorie*, XX, 1954)。

多有意义、能被理解，但不能被冠以真或伪的句子。斯特劳森认为，有很多语法谓述是自洽的，但不能用在此时或此地。他所探究的是这样一种关系：说"约翰的孩子都睡着了"的人可能不知道约翰没有孩子。

关于"真"的其他观点也在这个领域继续摸索着。皮尔斯、威廉·詹姆斯、F. C. S. 席勒的博士论文体现了语用学传统。诉诸常识的风格体现在席勒最著名的论文的题目上：《哲学家必须持异议吗？》（"Must Philosophers Disagree?"）。该文载于 1933 年的《亚里士多德学会会刊》。这种方法的某些成分和发现反例的才能构成了删因论述的特色。马克思主义者则代表语言经验论或唯物论，他们强调"真正在那儿的"（what is out there）[1]。但是与近年哲学研究的其他分支一样，分析的立场最有影响力，也得到了最多研究。有关真的问题已经成了"词和词"之间的关系，而不是"词和物"的关系。

这种讨论模式已经持续了逾半个世纪。对外行人来说，如果能够把 222 握这些十分艰涩、通常用元数学语言进行的争论最为基本的轮廓，则会在多个方面受到影响。这些论述中包含着对语法详尽而丰富的探查。不论英美语言学哲学未来的状态如何，它的技术——对所依赖的语言的仔细"倾听"，以及它详述过的言语行为模型——都会保留下来。那些由摩尔、维特根斯坦、奥斯汀从自然语言中选出或造出的、意义不明的、在逻辑和本质上含混的例子，构成了一种戏谑的诗歌。维特根斯坦就像荷尔德林和利希腾贝格一样，在德国文学史中属于玄奥的、格言式的一派。奥斯汀对言语在听觉上的敏锐，他寻找日常措辞中偶然出现的近乎玄秘的怪异变动的能力，都令人叹为观止；如果他愿意的话，他肯定能成为敏锐的古典学家或文学批评家。他探测词语伪装的能力近于燕卜荪。奥斯汀谈到在聚会的搞笑表演上惟妙惟肖地"装成鬣狗"时说，"这是一个

---

[1]　可参考 I. S. 纳斯基，"On the Conception of Truth"（*Mind*, LXXIV, 1965)，它谈到了列宁，以及其不无乐观的结论"真是一种过程"。

非常晚近的用法，也许刘易斯·卡罗尔之前都没出现过"[1]，这段话，正如它的内容所明确表达的，是一段货真价实的诗学论述。对"真"的分析性研究一次次地帮我们认识到语言在极端状态中的样子，让我们认识到表达方式在句法限制下的状态。这整场哲学运动，让我们对"语句""陈述""命题""指涉""假设""谓述""认可""确证"，和其他描述言语行为时的重要标签，有了更加确切和深刻的理解。

　　然而与此同时，关于"真"的论争也大大限制了整个"语言学分析"模式。它的进展忽略了实验心理学，也忽略了信息理论（暂取其广义）。虽然这种研究的对象明显指向了语言和"存在之物"之间关系的传统和必要条件，但语言学分析很少关照我们在理解认知和感知上的进展。我们没有注意到，"真"和谓述的问题在很大程度上受到人类感知系统程序的影响。而这个系统本身就是神经生理因素、生态因素、社会文化因素相互纠结的复杂产物。[2] 这些领域有众多相互关联之处，这让我们的疏忽更令人惋惜。维特根斯坦对"痛"这个状态和其他内在感觉的不满，与心理学家和生理学家提出的关于疼痛和其他体感资料的问题有密切关系。感知刺激信号和造成信号出现的源头之间的关系，与符号和其指涉物之间的关系，是有区别的——后者有赖于语言群体和社会礼仪。如果一个关于语言和真的理论不能时刻注意这两种关系间的区别，那就可能会坠入片面和虚假的深渊。如生成语法提出的深层结构模型一样，对"真"的分析性研究中也有把纯粹的理想化构造和真实情况相混淆和交叠的危

223

---

[1] 原文出自奥斯汀的论文 "Pretending"，载于 J. O. 厄姆森和 G. J. 沃诺克编，*Philosophical Papers* (Oxford University Press, 1979)，第 261–278 页。——译注

[2] 见杰罗姆·S. 布鲁纳，*Toward a Theory of Instruction* (Havard University Press, 1966) 与詹姆斯·J. 吉布森，*The Senses Considered as Perceptual Systems* (New York, 1966)，后者是开山之作，第 91–96 页尤具参考价值。感官感知受"文化制约"并需要"翻译"，这种可能性，在以下著作中得到了探讨：W. 哈德森，"The Study of the Problem of Pictorial Perception among Unacculturated Groups" (*International Journal of Psychology*, II, 1967) 与扬·B. 德雷戈夫斯基，"Responses Mediating Pictorial Recognition" (*Journal of Social Psychology*, LXXXIV, 1971)。

险。马克斯·布莱克对塔斯基语义理论的批评可以被推而广之：

> 自然语言的"开放"特点（比如其词汇的构成永远在变动），让通过穷举简单个例来得到"真"的定义的方法注定无法实现。这就好比想通过列举所有被使用过的名字来确定"名字"这个概念一样。[1]

毫无疑问，认为词语和对象之间存在对应关系的理论是幼稚的，对它在分析上的反对具有哲学意义。然而，认为我们能够提出更好的、更有说服力的假设模型，能通过在哲学上更令人满意的模型进行操作——这种想法也可以说是一种自欺欺人的心理。迈克尔·达米特说得更直白：

> 虽然我们不再接受对应理论，但我们在心底里还是实在论者，我们思想的深处保留着对真的实在论观念。它有如下表现：任一陈述在本质上都必然有些东西，让它或它的否定是真的。正是在这种信念的基础上，我们才理所当然地认为真和假在有关陈述之意义的概念中有重要地位，认为解释意义的一般形式是给出关于其真值条件的陈述。[2]

只要对断言、陈述、命题或信念是否为"真"的种种分析，还与有关认知的心理学和社会学研究相割裂，这种"口是心非"就是必然。以下关注才真正能回应斯特劳森的合理诉求：我们要问的应该是"我们如何使用'真'这个词？"

而分析语言学方法的限制可能出于更深层的原因。"任何令人满意的

---

[1] 马克斯·布莱克，"The Semantic Definition of Truth"，第 58 页。

[2] 迈克尔·达米特，"Truth"，重印于乔治·皮彻编，*Truth* (New Jersey, 1964)，第 106-107 页。

关于真的理论"——奥斯汀在此使用了他在其他文章中怀疑的术语（什么是"关于真的理论"）——"必须也能同等地处理假"[1]。然而在我看来，现代语言学哲学给出的关于真的解释都没有满足这个要求。我也相信假的本质和历史问题对我们理解语言和文化都至关重要。假不只是与事实的错误对应（除了在最形式化或内部系统化的意义下），它本身也是一种活跃的、有创造力的机制。人类说假话、撒谎、否定事实的能力，存在于言语的核心，也位于词语和世界相互呼应的中心地带。很可能"真"才是二者中更受限制、更为特异的条件。我们是能承受假证言的哺乳动物。这种潜能从何而来，又满足了怎样的适应性需求？

在"真"和"假"这两个理论绝对准则之间的种种意向和语言程序是如此多样而隐蔽，逻辑学、心理学、语义学连暂行的解释都无法给出。225 对这些程序的节点，对归纳、假设论证、哲学怀疑这些在形式和文化上都很显著的领域，曾有过很多分析和行为上的探索。对希求式和虚拟语气也有语法上的研究。模态逻辑和多值逻辑的发展，给命题研究带来了除真假以外的新范畴。[2] 假言命题的逻辑地位也是常被争论的话题。[3] 一些逻辑学家认为反事实断言（"拿破仑没死在圣赫勒拿岛"）不构成问题，并坚称它们不应与虚拟条件句相混淆。真正的难题在于对所有条件语句的证明。[4] 其他人则认为虚拟条件句（"如果拿破仑在滑铁卢获胜了，他就能继续当皇帝"）确实造成了特别而

[1]　J. L. 奥斯汀，"Truth"，重印于前注书目，第 27-28 页。

[2]　我认为以下论著颇为有用：斯图亚特·汉普希尔，"Subjunctive Conditionals"(*Analysis*, IX, 1948)；M. R. 艾尔斯，"Counterfactuals and Subjunctive Conditionals"(*Mind*, LXXIV, 1965)；K. 雷赫，"Cans Without Ifs"(*Analysis*, XXIX, 1969)；伯纳德·梅奥，"A New Approach to Conditionals"(*Analysis*, XXX, 1970)。

[3]　见 D. 皮尔斯，"Hypotheticals"(*Analysis*, X, 1950)；查尔斯·哈茨霍恩，"The Meaning of 'Is Going to Be'"(*Mind*, LXXIV, 1965)；A. N. 普莱尔，"The Possibly-True and the Possible"(*Mind*, LXXVIII, 1969)。

[4]　这是 M. R. 艾尔斯在《反事实语句和虚拟条件句》（"Counterfactuals and Subjunctive Conditionals"）中的观点。

重要的问题。[1] 有一类陈述完全可以被理解，但是原则上既不能被证实也不能被证伪，我们要怎样处理它们才是最合适的？

从整体来看，很少有哪种逻辑学、哲学探索，如此卷帙浩繁却徒劳无功。也有可能逻辑学家从一开始就不在状态。休谟在《人性论》第一部中的告诫束缚了他的手脚：所有**假设**性的论证或"依据假设而进行的推理"，都因为没有任何"真实的存在的信念"而非常不可靠。因此它们"虚妄而没有基础"。整个领域就是片泥潭。奥斯汀在著名的论文《如果和能够》（"Ifs and Cans"，1956）中写道，"**如果**和**能够**都是变化多端的词，在语法和哲学上都十分复杂"，它们"引起了混淆"。

但从另一个角度考虑，它们可能也"引起了生命"，语言和人类需求 226 相互适应所产生的最基本能量可能就存在于逻辑无法驾驭的地带。假设语句、"想象句"、条件句、表达反事实和未来可能的句法，很可能是人类言语的生产中心。它们有着"组织结构"意义上的"组织力"。当然，这两个词在概念上的关联是模糊的：我们怎样对待"多变的稳定性"和系统化的开放性？事物可能会不一样，无瑕的清晰会让我们的世界变窄，这种想法再一次引人震撼，令人动容——诗人确实体会到了它们，逻辑学家也应该体会到。我们能在语言中构想并融入"不可能"这个无限的范畴；天蓝色的飞猪，愤怒的绿色梦这些表达不能在概念或语义上构成无解的困难——这些都**足以**引人重视。"不可能"是向着模糊的调整：我们可以说"甲不是甲"这个命题，而不用负起设想的责任。但是人的好奇心走得更远：在这个系统的原则明白无疑地被违反的零点，在不存在或无意义的概念和完美协调的词语构造之间，存在多大程度的不负责任和虚构。公共语法中没有保险丝防止我们正确地说无意义的话。为什么会这样？是何种缺陷造成了限制的缺失？抑或是与此相反——何种在拥挤的边界任意重塑、扩张的自由造成了这一现象？

反事实条件句（"如果拿破仑在现在的战场上，越南问题的结果就会

---

[1]　这是斯图亚特·汉普希尔在他写于 1948 年的文章中的观点。

不一样")不仅标示出了哲学和语法的难题，而且这些反事实语句或许应该与相关的将来时态一起，被归入名为"假设句"或"替换句"的一个大分类中。我们也能够感觉到，这些"如果"命题和将来时态一样，都是人类感受中的基本动力。它们是心灵的厢房，是名副其实的生存空间（*Lebensraum*）。由信息学者和计算机学者编制的人工语言（比如公式翻译语言 [FORTRAN]）与自然语言之间的区别在于，后者具备有活力的模糊性，具备幻想的潜能和不确定性。给定一套词汇和一组操作规程（它们自身也会变化），已知理解和表达力上的限制（没有无限长的语句），我们能**说任何事**。这种隐伏的总体性让人讶异，也应该让人讶异。它几乎让逻辑无从下手——参数太多，可接受字串的可能性太不稳定、太区域化。（"人不可能从日常语言中懂得语言逻辑"[1]——维特根斯坦在《逻辑哲学论》4.002 中如是说。）但这种不稳定性，也许是那些造就了人类的进化适应和外向探寻的因素中，最具影响力的部分。

恩斯特·布洛赫是这个方向上最为重要的形而上学家和历史学家。他认为人类的本质是他所谓的"向前的梦想"，是人类把"现在"想象成"还没完"的这种不可遏止的能力。人类的意识永远为存在的事物留下未完的边际，这是一种与完满相龃龉的被抑制的潜在性。人对"变成"的认识，想象未来事物历史的能力，让他与其他生物不同。这种乌托邦式的本能是人类政治的主要动力。伟大的艺术描摹着没有实现的真实。用马尔罗（Andre Malraux）的话说，这是一种"反命运"。我们进行猜测，把思想和想象投射到"如果"，投射到未知事物不受拘束的条件性中。这种投射不是逻辑含混，也不是滥用归纳。它绝不只是一种关于或然性的习惯。它是人类行为的中枢神经。布洛赫认为，反事实语句和条件句构成了永在更新的语法。它迫使我们在每天早晨焕然一新，把失败的历史抛在脑后。不然我们只能止步不前，会被破灭的梦所窒息。布洛赫是个弥赛亚式的人物，他在辩证唯物主义和黑格尔的社会进步观中发现了有

---

[1] 《逻辑哲学论》相关中译均取自贺绍甲译本（北京：商务印书馆，1996 年）。——译注

关未来性的最佳基本学说。而他关于理性天启的语义学，在哲学和语言学上有广泛应用。布洛赫比其他任何哲学家都坚持认为"依据假设而进行的推理"不像休谟在他系统性的怀疑中所说的那样，是"虚妄而没有基础"的。相反，它们是我们生存的手段，是个人和社会演化的独特机制。自然选择青睐虚拟语气。

在真正的哲学语法和语言科学中，布洛赫的《乌托邦精神》和《希望原理》便能与奥斯汀的《如果和能够》对等。本体论方法和语言－分析方法将会在相互认可中共存，也最终会被视作是合作性的。但要实现这种见解上的统一，还有很长的路要走。

我坚信，只要我们还认为"假"是负面的，认为反事实、矛盾以及其他各种微妙的条件句是特别的，是在逻辑上不伦不类的表达方式，我们就不能真正理解语言的演化，理解言语和人类行为之间的关系。**语言是人类拒绝接受世界本来面目的主要手段**。没有这种拒绝，没有那些在心中不断生成的"反世界"（它们的产生也与反事实和希求式的语法密不可分），我们就只能永远围着现在打转。现实就只能是（借用维特根斯坦的用语）"所有如此之事"，此外别无他物。我们的能力和需求是否定或"反说"（un-say）世界，以不同方式对它进行想象和表达。在这种能力的生物和社会演化过程中，或许能够找到些许线索，回答人类言语起源和语言多样性的问题。也许最能澄清自然语言的不是有关"信息"的理论，而是有关"错误信息"的理论。

在此我们必须非常小心。这里的核心词不仅难以把握，还明显在道德和实用层面（从奥古斯丁和笛卡儿的角度看）带有罪责。"欺骗即明言伪物"（Mendacium est enuntiatio cum voluntate falsum enuntiandi），圣奥古斯丁在《论欺骗》中如是说。这里对"说出"的强调值得注意，这意味着假是通过言语发生的。我们几乎无法不带感情色彩地使用"误称"、"欺骗""虚假""误会""不清"，最后一项是笛卡儿特别评述的对象。模糊不清、含混或有所隐瞒的话，是对良知和理性的冒犯。斯威夫特有关慧骃的故事浓缩了道德、实用和哲学三方面的谴责：

　　　　我记得，在我和主人关于世界上其他地方的人的人性的许
多交谈中，我有时也曾说到"**说谎**"或者"**说瞎话**"，它很难听
懂我的意思，尽管它在别的方面有极强的判断力。它是如此论
证的：言语的作用是使我们能彼此了解，还有就是使我们对事
实的真相获得了解；好了，如果一个人**无中生有**，言语的那些
作用就被破坏了，因为我不能说是了解了对方，也就永远不能
知道事实的真相，他搞得我把**白**的当成**黑**，**长**的认作**短**，简直
比无知还要糟糕。这就是它对于"**说谎**"这种本领的全部看法，
而我们人类对此早已了解得一清二楚了。[1]

我们再次审视了言语和真实的交叉，回顾了将真视为语言的一种责任
的观点。假与实际状况的不对应，来自"不如事物所是"的阐述。这
种"措辞不当"——斯威夫特这个用词在心理上非常直观，也很有概括
性——既是道德的，也是语义的。谎言"不能被说成是得到了允当的理
解"。当然，这可能是出于"错误"，人可能是色盲，眼镜上可能有污点。
要根据意图的不同——上下文是支持还是限制——来进行区分。不过，
无心的错误和故意的谎言虽然有别，但它们在本质上都被认为是缺失，
是否定性的。从恶意谎言到无心之过，都是语言的旁门左道和阴暗面。
　　　　而这些方面是多么广大，在我们的理解中，（斯威夫特的反讽我无
法苟同）它们又是多么不堪。从圣奥古斯丁到斯威夫特（他的论调与休
谟对"虚妄"之物的论调相似），在道德和认识论上的直白斥责本身就是
有历史渊源的。希腊人的观点比基督教领袖的观点更加温和。只要看看
《奥德赛》(XIII)中雅典娜与奥德修斯谎言重重的交谈，就知道相互欺
骗，巧妙地说出"不如事物所是"，不必是邪恶，也不只是伎俩。神和被
选中的人都是欺瞒的大师，他们出于对词语（关键的、多变的词）的造

230

---

[1]　中译取自张健译本（《格列佛游记》，北京：人民文学出版社，2003 年，第四卷第
　　四章）。——译注

诣和自身的才智而精心编造不实之语。古典世界留下的种种记录都表明，希腊人从美学和娱乐的角度看待谎言。"误称"和"误会"是具有生命力的，语言从根本上离不开暧昧的意义。人所共知的希腊神谕中似乎就暗含着古人对这两点的理解。在《小希庇亚篇》中，苏格拉底坚持着一个与奥古斯丁截然相反的意见。"虚伪的人是有能力的、精明的、聪明的、知道那些虚假的事情。"[1]这篇对话勉强能算是一篇正典，它的目的可能纯粹是"论证"，或者，不无反讽地，是驳论（a contratio）。无论如何，苏格拉底的理由还具有一定说服力：故意说假话的人强于那些在不留心或不注意的条件下说谎的人。在《小希庇亚篇》中，话题集中于对阿喀琉斯和奥德修斯的比较上，这可能是时人熟知的寓言故事。其结果十分模糊。"有些人心里想的是一回事，嘴上说的是另一回事，这种人就像冥王的大门那样可恨。"这是阿喀琉斯在《伊利亚特》第四卷中的发言。与之相反的是奥德修斯，"凡人中的欺骗大师"。从神话中看奥德修斯是胜者；智慧和创造力都不能中和阿喀琉斯粗糙的单纯。

简而言之，从希腊神话、伦理、诗歌的种种角度，我们都能发现希腊人对虚假之创造力有发自本能的深刻认识，他们也知道语言、虚构、说"不如事物所是"这种种才能之间有充满活力的紧密联系。格列佛把语言的功能等同于对"事实信息"的接受，这从苏格拉底的标准看既武断又单纯。这种对"一词多义"的认识也残存在拜占庭的巧言中——拜占庭神学频繁提及表里不一，提到人类言语在追寻"真正光明"时暴露的内在误导性。但从斯多葛学派和早期基督教开始，"佯装"（feigning），这个归根结底发源于"模样"（fingere）的词，就带上了十分糟糕的味道。 231

这或许可以说明为什么对语句的逻辑和语言研究呈现一边倒的局面。粗略地说（这明显是比喻性的），不可胜计的日常言语活动、说出和听到的词语，无法用"事实"和真衡量。完全真——"无它，唯真"——这个概念只是法庭或逻辑课上虚构出的理想状态。从统计学角度讲，"真

---

[1]　相关译文、译名取自王晓朝译本（《柏拉图全集》，北京：人民出版社，2002 年）。
　　——译注

陈述"——不管是定义性的、说明性的还是重言式的——在各类语料集合中的数量可能都很小。语言的流动是意向性的，它是本能，辅以在考量听者和情形后形成的目的。其目标在于引起态度和赞同。除了在形式逻辑的、规定性的或极为庄重的一些特殊场合中，它都不传达"真"或"事实信息"。我们交换的是有目的的想象，个人的感觉框架。一切描述都是失之偏颇的。我们说的不是真，我们根据自己的希望进行切分和重塑、选择或不顾。我们所说的并不是"事物所是"，而是其可能，是我们希望的结果，是我们的眼睛和记忆所创作的产物。自然言语中有直接信息量的内容也不多。除了在计算机语言或词典的框架中，信息不会不加遮掩地进入我们的视野。它们被我们的意图和语言所生发的环境所弱化、扭曲、遮掩、重塑（"环境"在此是所有生物、文化、历史、语义氛围的总集，是任意一次说话的条件）。当然，虚假的一端是我们日常习语的不精确表达，社会传统所允许的假话，共同生活时不计其数的善意谎言，另一端是政治或哲学上的绝对欺骗，其间还有各种不同的程度和相应的道德特征。我在拒绝参加一个无聊的晚宴时蹦出的一串遁词，与某些百科全书里避而不谈的历史和生命绝不是一回事。灵知派的虚假的终结不会出现在一般场合中。所有证据都表明，这两种极端之间，是私人和社会言语的广阔天地。

232　　　很少有语言学家和心理学家（尼采除外）探索无处不在、种类纷繁的谎言。[1] 对不同语言文化中的谎言词汇，我们也只有很初步的研

---

[1] 奥托·利普曼与保罗·布劳特的 *Die Lüge in psychologischer, philosophischer, sprach- und literaturwissenschaftlicher und entwicklungsgeschichtlicher Betrachtung* (Leipzig, 1927) 是先驱之作。勒·塞尼，*Le Mensonge et le caractère* (Paris, 1930)，弗拉基米尔·扬科勒维奇，"Le Mensonge"（*Revue de Métaphysique et de Morale*, XLVII, 1940），*Du Mensonge* (Lyons, 1943) 中存在一些与心理学和哲学有关的观点。后者在 "La Méconnaissance"（*Revue de Métaphysique et de Morale*, 新序列号·IV, 1935）中从更接近认识论的观点回归了这个主题。哈拉尔德·魏因里希，*Linguistik der Lüge* (Heidelberg, 1966) 对这个目前还未得到充分探索的领域来说，是个明晰但有局限性的导论。最新的论述见居伊·迪朗丹，*Les Fondements du mensonge* (Paris, 1972)。

究。[1] 受到道德责备和心理厌恶的限制，这些研究十分薄弱。只有打破对"不真"的绝对消极划分，认识到说出"并非事物所是"的冲动是语言和心灵的核心，我们才能有更深刻的理解。我们需要领悟尼采的宣言"谎言——而**不是**真实——是神圣的！"在把"说谎"和"人性"联系起来，发现"说瞎话"是人和马的关键区别时，斯威夫特已经无意间逼近了人类学的核心。

我们需要一个词来描述这种力量，描述这种用语言让"其他可能"成真的冲动。这种力量存在于各种行动、艺术、音乐中，存在于我们为使身体保持安稳而对重力的抗拒中，奥斯卡·王尔德是少数几个认识到这点的人。然而这种力量在语言中显得尤为重要。法语中有"他异性"（altérité）一词，它来自经院哲学对本质和异物的区分，是对上帝毋庸置疑的整体性和可感现实的散碎的区别。也许"他异性"可以做到这些：它能定义"事实之外"，能确定由意愿和逃避造就的反事实陈述、意象和形态，它们承载了我们精神的存在，也被我们用来构造永在变动的、多为虚构的身体和社会环境。"我们杜撰大部分经历……"[2] 尼采在《善恶的彼岸》中如是说（"wir erdichten"意味着"虚构"，意味着"通过'造化'产生紧凑和连贯的效果"）。或如他在《朝霞》中所说，人的天才在于撒谎。

我们能够设想出某种相当有效的符号系统和缺少通达"他异性"的检索域。很多动物都拥有足以交流或交换复杂而明确信息的发送和接收器官。不管是通过声音还是动作（蜜蜂的舞蹈），它们能够发出并解读认知上的、有意义的表达。它们也会使用伪装、计策和动作精妙的误导行

233

---

[1] 见塞缪尔·科略什，*Germanic Words for Deceiving* (Göttingen-Baltimore, 1923)；B. 布洛瑟里昂，*The Vocabulary of Intrigue in Roman Comedy* (Chicago, 1926)；W. 路德，*Wahrheit und Lüge im ältesten Grievhentum* (Leipzig, 1935)；亚尔马·弗里斯克，*Wahrheit und Lüge in den indogermanischen Sprachen* (Götenborg, 1936) 是重要但易被忽略的导论；J. D. 施莱尔，*Der Wortschatz von List und Betrug im Altfranzösischen und Altprovenzalischen* (Bonn, 1961)。
[2] 中译取自朱泱译本（《善恶的彼岸》，北京：团结出版社，2001 年）。——译注

为。雌鸟会通过假装受伤把天敌从鸟巢引开。这种反事实的策略与谎言或"他异性"的区别看似难以捉摸，但我认为二者有本质区别。动物表演的虚假发自本能，是逃避或自我牺牲的反射行为。而人类的虚假出自意愿，它们可能无理由、无意义，还具有创造性。对"水源在哪""花蜜在哪"这种问题，动物可以通过声音或动作给出答案。这个答案会是真的，这是对"信息刺激信号"受到严格限制的反应。虽然也用词语，但慧骃也和它们一样：只能传达或理解"事实信息"。斯威夫特的寓言本质上是四不像的，这种发自本能的道德感超越了人类的界线。它们可能用沉默，用不作回答来进行伪装。这种生物在向更高级进化迈出下一步时可能会拒绝给出答案（与考狄利娅出于爱的沉默相比，此中少了一些人味）。但这里所牵涉的也只是更复杂的反射。只有在给出"并非事实所是"的回答时，才有完全的人性，比如"水源在我左边一百码"，但实际上在右边五十码，或者"这附近没有水源"，"水源枯竭了"，"里面有只蝎子"。这些可能的假答案，被想象或／和说出的"其他可能"数量是无限的。不存在必然或者或然的终点，而虚假的无限对人类的自由和语言的华彩来说都是至关重要的。

234

虚假是从什么时候开始的？人类是何时领悟到言语"改造"现实的能力，学会"说其他可能"的？当然，从受刺激－反应限制的真，到捏造的自由，这中间的过渡——虽然这可能是这个物种历史上最重要的时刻——我们既无证据，也无法发现古生物学的痕迹。不过我们从对头骨化石的研究实验中发现了一些证据：尼安德特人和新生儿一样，不具备足以发出复杂语音的发声构造。[1] 因此"他异性"的概念和语音的进化可能相当晚。它可能引起了无拘束、虚构性的语言新功能与额叶、颞叶语言区的发展之间机能性的互动，同时它也是由这种互动催生的。人类大脑皮层的"过量"和神经分布可能与人构想并陈述"不真实现实"的

---

[1] 见菲利普·利伯曼与埃德蒙·S. 克雷林，"On the Speech of Neanderthal Man" (*Linguistic Inquiry*, II.2, 1971)。

能力有关。在我们大脑错综复杂的有序空间里，就储存着与现世不一样的其他世界，而它们主要就是由词语构成的（当然这并不意味着只由或全由词语构成）。从清晰的指称和重言式——如果我说出了水源的真实位置，我所说的在某种程度上就是重言式——到虚构和"他异性"这重要的一步，也可能与工具的发现和它所引发的社会模式转变有关。而不管其生物－社会根源是什么，用语言表达"他异"以及曲解、幻觉和游戏，是人类迄今为止最伟大的手段。靠这根拐杖，它探出了本能的牢笼，触及了宇宙和时间的边界。[1]

这一手段在最初很可能只具有平凡的生存价值，它还带有本能层面的冲动。那时的虚构是伪装，为了骗过那些一起寻找同一个水源、稀少的猎物、贫乏的交配机会的人。误导、掩盖某些事实，能够让人在空间或生存的竞争中占据重要的优势。自然选择了眷顾有心计的人。民间故事和神话还保留着对遮掩和误导这种进化优势的模糊记忆。洛基、奥德修斯都是广泛存在的行骗人物晚近的、文学性的集成，是存留下来的像火和水一样难以捉摸的伪装者。而我们也不禁要怀疑，对"他异性"的适应性使用是否会更加深入，对虚构、反事实论断的应用是否慢慢地与自我这个不断变化而不甚牢靠的概念结合在了一起。几乎每个语言和传说体系里都能看到关于言语针锋相对的神话：这是一种通过谜题进行的决斗、角斗、磨炼，其赌注是人的生命。日落时分，两人狭路相逢，通常是在渡口或窄桥上，每个人都想通过或阻碍对方。二人战至天明不相伯仲，随之而来的是某种形式的称名。或是争斗一方命名另一方（"你叫以色列"，天使对雅各说），或是双方互报姓名，"我叫罗兰（Roland）"，"我是奥利维（Oliver），好女子阿尔德（Aude）的兄长"，"我是舍伍德（Sherwood）森林的罗宾（Robin）"，"我是小约翰（Little John）"。此

235

236

---

[1] 在阅读有关本章内容的论著时，我读到了卡尔·波普尔爵士（Sir Karl Popper）著作的校样，"Karl Popper, Replies to my Critics"，载于保罗·阿瑟·希尔普编，*The Philosophy of Karl Popper* (La Salle, Illinois, 1974)，第 1112-1113 页。

中隐含着几种原始的主题和仪式。但最关键的莫过于身份，当一个人将姓名告诉另一个人时，他给出的是一份危险的礼物。掩盖真名或说出假名——给图兰朵（Turandot）的谜语，给无数童话和传奇人物的谜语——以免被抢走或盗取，是对自己生命，对自己的业力（karma）或存在的保护。对自己和他人来说，装成另一个人，便是对语言"改变"之力最彻底、最恣意的运用。慧骃和神祇的自我都是明晰的重言式：它们是它们所是。而如卡明斯（E. E. Cummings）所言：

> one is the song which fiends and angels sing:
>
> all murdering lies by mortals told make two.

> 一是魔鬼和天使所唱的歌：
>
> 凡人说的所有致命谎言造就二。

通过语言的"化妆"，人至少能够在一定程度上逃离自己的皮囊——在这里他对"其他可能"的渴望已经近乎患病——将他自己的身份撕裂成不相关或相抵触的声音。精神分裂症患者的言语是"他异性"最为极端的体现。

在修辞和社交辞令的传统中，这些遮掩的功能都很常见。塔列朗（Charles Maurice de Talleyrand-Perigord）的格言"言语被授予人类只是用来掩盖他们的思想"（"La parole a été donnée à l'homme pour déguiser sa pensée"）一针见血地指出了常态。奥特加·伊·加塞特在对翻译的论述中简短地陈述了这一哲学信念：思想和词语之间存在本质上的隔阂或偏移。弗拉基米尔·扬科勒维奇在他的研究《谎言》（"Le Mensonge"）中对"言语在思想这个无尽宝库面前的无能"进行了思考。这里有一种粗糙的二元论：有个未加分析的"思想"概念，先于或不同于词语表达。这点，即语言是披在"思想"真正形式上的外装，也出现在维特根斯坦的《逻辑哲学论》（4.002）中："语言掩饰着思想。而且达到这种程度，就像不能根据衣服的外形来推出它所掩盖的思想的形式一样；因为衣服外形的设计不是为了解释身体的形状，而是为了全然不同的目的。"这个比喻不仅在认识论和语言学层面具有误导性，还透露了一种典型的道德负面评价。掩盖"思想"让语言犯了盗窃罪；理想状态是完全相等和可用经验证实（比如慧骃）。"说出来的话不是太多就是太少，"尼采在《权力意志》中说，"要求每个人在自己所说的每一个词中袒露自己，是一种天真。"即便在此处都能感觉到伪装的贬义形象——真外皮的假衣装。用于掩盖的语言资源无疑是至关重要的。如果没有它们，很难想象这个物种的"人类化"将如何完成，社会的生命力将怎样被保留。但归根到底，它们是防御性的适应机制，是迷彩涂装，是枯叶蛾对背景颜色的模仿。

"他异性"的辩证法，语言谋划反事实的能力，无比积极而富于创造力。它们都出于防卫，但此处的"防卫"有着完全不同的意义和重要性。在中心层面，敌人不是争夺水源的人，不是拷问姓名的人，不是桌子对面谈判的人，也不是社交场合的讨厌鬼。语言虚构的核心来自"现实"这个敌人，因为人与慧骃不同，他们不能忍受"事物所是"。

我们能详细说明 T. S. 艾略特的发现——人类只能忍受少量的事实——吗？先民在发现死亡这条每人必走之路时所遭受的震撼，依稀残存了人类学、神话和精神分析中。可以想见在所有动物中，只有我们在内心孕育、构想、预见了我们自身的灭亡这种谜一般的恐怖。我们竭尽全力地淡化它，才有了对这个终点不完美的认识。我已说过，将来时态、条件句、无限想象的语法，对人类意识的健全而言必不可少，也是"向前运动"这个直觉的来源，而正是这种直觉给历史带来了活力。更进一步说，语言的虚构、反事实、反宿命的手段，以及其语义潜力，生成并储存于大脑皮层的"多余"区域，它们让我们想象、言说的可能性超越了肌体腐败和灭亡这种单调循环；离开了它们，我们所了解的人类就不太可能存活。从这种角度讲，明显地动用了虚拟语气、将来时态、希求式的人类语言，有决定性的进化优势。依靠它们，我们能在一种实存的自由幻象中前行。人的感性能够容忍并超越个人生命的白驹过隙、朝不保夕和生理设置，因为心灵的语义回应永远更加宽广、自由，永远比物质现实的要求和刺激更有创造力。尼采在《权力意志》中称："世上只有一个世界，它是虚假的、残暴的、矛盾的、诱惑的、无意义的……要想通过这种现实性和'真理'达到胜利之目的，我们就离不开谎言，**因为这是出于求生存的目的**……出于求生存的目的就需要谎言，这也属于生命的恐怖和可疑这种性格的范围。"[1] 通过不真，通过反事实，人"侵犯"（vergewaltigt）了荒诞而拘束的现实；而人如是做的能力也恰恰是艺术性的、创造性的（ein Künstler-Vermögen）。我们在内心中藏匿了语法，保留了希望、幻想、自欺的神话，没有它们，我们就会被拒在一些重要行为的门外，或者很久以前就自我毁灭了。充满明天的是我们的句法，而不是我们的身体生理构造，或这个星球的热动力系统。毫无疑问，这是"自由意志"，是在神经化学的直接因果关系或程式规则之外进行宣言的唯一空间。我们超越肌体的网罟说话和梦想。易卜生的话凝结了这整个进化论论点：人活着，就要靠"生命谎言"前行。

其语言学相关性如下：语言的创新不仅在于转换生成语法所提及之处，语言本身就是有创造力的。每个言语行为都有创造的潜力，有创制、勾勒或构建"反物质"的可能（这是粒子物理学和宇宙学术语，它也有"其他世界"的意味，这与"他异性"的概念有确切的关系）。事实上，相反陈述的造化之功或辩证性质要复杂得多，因为我们反对或置之不理的"现实"本身很大程度上也是语言的产物，它是由转喻、隐喻、分类构成的，被早先的人类缠绕在感知和现象初开的混沌周围。而核心问题如下：语言的"混乱"；它与有序、封闭的数学或形式逻辑系统的本质区别；一词多义的现象既不是缺陷，也不是能通过分析深层结构清理掉的表层特征。自然语言发自本源的"松散"是内化和外向言语创造功能的关键。一套"封闭"句法，形式上可穷尽的语义，会构成一个封闭世界。

239

---

[1]　中译取自张念东、凌素心译本（《权利意志——重估一切价值的尝试》，北京：商务印书馆，1991 年，第 442 页）。——译注

"形而上学、宗教、道德、科学——这一切不过是人要艺术的意志，要说谎的意志，要畏惧'真理'的意志，要否定'真理'的意志。"[1]尼采如是说。对"既成事实"的逃避、否定，是语法的复合结构、词语的不精确、永在改变的用法和正确标准所固有的。字里行间能生出新世界。

当然，我们对语言和想象的依赖也有失败的因素。有关于存在的真理和物质的特性，是我们无法把握的；我们的词语会侵蚀它们，而心中的概念也只是替代品。感知和反创造、理解和"他异性"的语言脉动本身就是模棱两可的。在发现所有言语、所有付诸词语的意识中丢失和创造的相互运动上，没有人比马拉美更进一步。他在给勒内·吉尔（René Ghil）的《论词语》（*Traité du Verbe*, 1886）所撰的序中写下了一个紧凑的句子："我说：花！在我声音的指认下，一朵人所熟悉的杯状花，理想化的花本身，如音乐般从一无所有中浮现，它不在任何一簇花束中，此外无他物。"[2]但正如马拉美在此前某句话中所言，正是这种"不在"，让人类精神有了活跃的空间，让心灵能够构想出的实质和普遍性，即纯粹的概念（*la notion pure*），超越我们物质条件的狭隘和封闭。

如我们所见，在语言的创造功能中，非真或次真是基本手段，与此相关的概念不是道德而是生存。从野人的伪装到诗意的想象，语言掩盖、误导、混淆、假设、发明的能力在各个层面，对人类意识的平静，对人在社会中的发展，都是不可或缺的。人类话语中只有小部分是完全开诚布公，或带有不矛盾的绝对信息的。将一段不模糊的命题作为前段文字的直接指示物或同性质对应物，这种构思出现在了形式语法和信息理论在语言研究方面的分支里，是一种抽象处理。这种情况在自然语言中凤毛麟角，用处也很有限。在实际言语中，除了小部分定义性的或"非反

240

---

[1] 中译取自张念东、凌素心译本（《权利意志——重估一切价值的尝试》，北京：商务印书馆，1991 年，第 442 页）。——译注

[2] 原文为法语：Je dis: une fleur! et, hors de l'oubli où ma voix relègue aucun contour, en tant que quelque chose d'autre que les calices sus, musicalement se lève, idée même et suave, l'absente de tous bouquets。——译注

射性回应"的句子，所有语句都被一个由意图和欲言又止所构成的巨大的个性化力场所包围、悄然分化、模糊。人类话语中言如其声的只是九牛一毛。因此，将语言构想为"信息"，或把口头或书面语言等同于"交流"，是不精确的，在理论上是说不通的。只有在"交流"这个词包括并强调话语中**没**被说出的内容，并且只是部分或隐约地关注说出的话，刻意地筛选说出的话时，才能够达意。人类语言的掩盖远多于坦诚，模糊多于确定，造成距离多于建立联系。说者和听者之间的地域是不稳定的，其中浮现着海市蜃楼，遍布千沟万壑；即便言语奔流在内部，"我"对"自己"说话时亦然，这双重性本身就是一种"他异性"的虚构。阿多诺在《最低限度的道德》中说："唯一真实的思想，是那些无法把握自身意义的。"

也许，当我们认为言语的发展主要出于信息性的、直观交流的动机时，已经犯下了本末倒置的错误。在高级动物真值条件符号系统十分缓慢的细化和声音化过程的最初阶段，这种动机可能确实有用。我们可以想象，存在一种过渡性的"原始语言"使用阶段，它完全是明晰的，由刺激信号决定的，就像现在的研究者教黑猩猩使用的"言语"一样。[1] 而后，在最近一次冰期的尾声，出现了爆炸性的发现：语言是制作和重制，陈述可以脱离事实使用。海德格尔在《形而上学导论》（1953）中将这个事件视为人类存在的真正开端："语言只能从制胜者与莽苍中开起头来，把人显露入在中去。在如此显露中，语言作为在之成词已是诗作了。语

---

[1] 见菲利普·H. 利伯曼，"Primate Vocalizations and Human Linguistic Ability" (*Journal of the Acoustical Society of America*, XLIV, 1968)；J. B. 兰卡斯特，"Primate Communication Systems and the Emergence of Human Language"，载于 P. C. 杰编，*Primates* (New York, 1968)；艾伦·R. 加德纳与比阿特里斯·T. 加德纳，"Teaching Sign Language to a Chimpanzee" (*Science*, CLXV, 1969)。所有的证据，以及对语言演化自工具使用的有力论证，都在此文中得到了总结：戈登·W. 修斯，"An Explicit Formulation of the Relationship Between Tool-Usings, Tool-Making, and the Emergence of Language" (*Visible Language*, VII, 1973)。

言就是原始诗作，一个民族就在原始诗作中吟咏这个在。"[1]诚然，没有证据能够表明，让我们所知的语言真正出现的这个发现是爆发性的。但是在脑容量、工具制作和社会组织构造多个层面之间相互关联的进步确实表现出了突破性飞跃的状态。语言和火焰，扭动跳跃的火苗和伶俐如簧的舌头，两者在象征层面的相似性始自远古，也烙印在了潜意识中。因此，普罗米修斯的神话中可能也涉及语言因素，涉及人类对火的掌握和对语言的新认识两者间的关联。普罗米修斯是第一个通过沉默牵制住了涅墨西斯的形象，他拒绝向除此之外无所不能的惩戒者透露那跳跃闪烁在他充满智慧的预见中的词语。在雪莱的《解放了的普罗米修斯》中，大地盛赞了这悖论式的胜利——通过沉默表达词语和意象的力量：

> Through the cold mass
> Of marble and colour his dreams pass;
> Bright threads whence mothers weave the robes their children
> wear;
> Language is a perpetual Orphic song,
> Which rules with Daedal harmony a throng
> Of thoughts and forms, which else
> senseless and shapeless were.

（第 412-417 行）

> 一切东西都显示着他的力量：
> 彩色的图画和冰冷的石像；
> 慈母手中一缕缕缝缀衣裳的丝线；
> 还有语言，这永久神秘的歌唱，

---

[1] 中译取自熊伟、王庆节译本（《形而上学导论》，北京：商务印书馆，1996 年）。——译注

> 它用着艺术的谐调来执管
>
> 形式和思想，产生了意义和色相。[1]

242　　　如果我们假定（我认为我们也必须如此假定），人类言语的羽翼主要通过隐秘的、创造的功能实现丰满，语言华彩的彻底展现与掩盖和虚构的冲动息息相关，那我们就终于可以触及巴别塔问题了。所有完备的语言都有一个私密的核心。俄国未来主义者赫列勃尼科夫对语言边界的思考比任何伟大的诗人都要深邃："词语是隐私活动的眼线。"词语对某个小群体（家庭、氏族、部落）的知识、共有记忆，以及有关生命的或隐喻或实际的猜想进行编辑、保存和传播。成熟的言语始自共有的隐私，始自向心的记录或贮藏，始自极少数人的相互认知。在初生阶段，词语很大程度上是一种密码，让人能接触由相似的说话者构成的核心。"语言异族通婚"是后来的事，与或敌对或友善的其他小族群进行接触后，它才变得势在必行。我们首先与自己说话，然后是那些在亲缘和空间上与我们最接近的人。我们循序渐进地接触外人，并且时刻注意用闪烁其词、欲言又止、陈词滥调乃至弥天大谎来保护自己。在关系最亲密的中心，即共有家庭或共有图腾的人之间，语言最不具解释性，意图和扼要的暗示最为密集。在向外流淌、向外人延伸时，它逐渐变得稀薄，失去能量和魄力。

　　　向外的过程必然会产生混杂语言，即一种勉强能够满足当前或可预见需求——包括经济交易、领土调整和企业合办——的国际语。在某些共有利益和社会融合的环境下，这种"边界处的混合物"能够成为一种主要语言。但是很多场合里，交流会衰退，族群甚至邻里间的语言隔阂会加深。若不然，我们很难解释为什么非常邻近的地理空间里会有很多相互无法理解的语言。简而言之：我想说的是，语言的向外交流、推进

---

[1]　中译取自邵洵美译本（《解放了的普罗密修斯》，北京：人民文学出版社，1957 年，第 115 页）。——译注

是次要的，它很可能在相对较晚的社会历史阶段才具备。最基本的动力是内向的、内部的。

每种语言都会聚积很多意识资源，收集该氏族对世界的构想。用一个深埋于汉语使用者语言意识的比喻，语言会围绕族群身份的"中原"构筑城墙。它让外人不知所云，而在内部世界中妙笔生花。每种语言都会在感知资料的可能总集中遴选、组合、"违背"某些特定元素。而这个选集则让人对世界的印象千差万别（这也是沃尔夫所探究的问题）。语言之所以成为"俄耳甫斯永不停息的歌"，正是因为它被隐秘的、创造的成分所主导。人类用过、还在用的语言成千上万，因为（尤其是在社会历史的上古阶段）有同样多的各色族群想要保住他们祖传的、独特的身份源流，想要构建自己的语义世界，自己的"其他可能"。尼采在一篇撰于早年的鲜为人知的论文《论非道德意义上的真实和谎言》（"Über Wahrheit und Lüge im aussermoralischen Sinne"）中，几乎已经解决了这个问题，虽然他的论述多少让人难以捉摸："对不同语言的比较表明，真正关乎词语的绝不是它们是否真，是否允当：否则就不会有这么多种语言。"简而言之，在人类言语"不真"、虚构的才能，与语言令人咋舌的多样性之间，存在直接的、重要的关联。

所有人类语言很有可能共享了一组分子生物学和神经生理学设置。加诸所有语言之上的限制和语言间的相似因素，很可能都是由以下种种决定的：大脑构造、发音器官；还可能包括某些由逻辑、最优形式、最优关系引起的高度概括性的、完全抽象化的效果。而语言中成熟的人性，它至为重要的保存力和创造力，取决于实际语言非凡的多样性，取决于它们令人眼花缭乱的丰富和异常（虽然"常"并不存在）。心灵对特异的需求，对"内闭"和创造的渴望是如此强烈，以至于它在人类历史中一 直压倒着相互理解和语言统一所带来的明显而巨大的物质优势，这个情形直到不久前才有所缓解。在这个意义上，巴别的神话又象征着一种逆转：语言的分散并没有让人类毁灭，反而为他们保留了生命力和创造力。但又是在这个意义上，每一次翻译行为（尤其是成功的翻译）也沾染上了背叛的色彩。聚积的梦想、生活的专利被带到了边界之外。

因此，诗歌（用这个词最广泛的含义）作为一种语言现象，既不是偶然的，也不是边缘的。诗歌的展开最不关心常规和符合习惯的明晰，它凝聚隐秘和创造的能量，这是人类言语的关键。诗歌是最大化的言语。马拉美在给吉尔的序言中写道："与其表面的数字性或代表性功能不同（这也是常人最初的处理方法），言语首先是梦和歌，它必然是某种致力于虚构的艺术的一部分，要在诗人身上重新找到自己的真实性。"[1] 关于语言活力的最简明公式莫过于此："一段话"（un Dire），归根结底是梦想和歌曲，是记忆和创意。正是这个概念，让哲学语言学的出现势在必行。

在讨论自然语言极为重要的种种二重性——物质和精神、受时间制约和创造时间、私人和公共、真和假——时，我试图说明真正的语言学既不能穷尽所有可能，也不需要具备形式严格性。用全息投影来做类比，最简单的言说行为中通过对照扫描而得以进行的回忆、认知、选择都是该时刻大脑整体状态的"函数"。如果是这样的话，那么相对复杂程度，需要被投射和判定的"连接"数量和互动"领域"将难以估量，我们所得到的只能是比喻性的（虽然可能也有前瞻性）甚至令人放松的近似结果。简而言之，迄今为止还没有哪种通行理论能够对复杂性堪与人类言语相媲美的开放系统进行形式化研究，遑论量化研究（而我希望能在下一章说明这种通行理论不过是空中楼阁）。

转换生成语法所设想的"深层"很大程度上就是一种比喻，或一种记注习惯。它所牵涉的诊查程序有很强的还原性，这适用于研究"深层结构"的语法学家所提出的证据：

> 他们在自己的阐释中作为样本的句子通常不可能被误解。而

---

[1] 原文：Au contraire d'une fonction de numéraire facile et représentatif, comme le traite d'abord la foule, le parler qui est, après tout, rêve et chant, retrouve chez le poëte, par nécessité constitutive d'un art consacré aux fictions, sa virtualité。——译注

被当作症状加以分析的句子确实模棱两可时，又会显得古怪而不自然。语言真正的问题明显**没有**得到展现。从政治、道德、宗教、方法论**和语言学**论述中进行抽样，会发现样本给人以完全不同的印象。语言中有很多特性让我们最深层的求知欲无功而返，不对它们进行研究的语言学绝对是肤浅的。[1]

在另一个层面上，这种研究同样肤浅而具有还原论特征。罗曼·雅各布森说："乔姆斯基的劣徒通常只会一种语言，英语。他们的例子都来自于此。比如他们会说'girl who is beautiful'，但是某些语言中没有这样的从句或者'who is'。"[2]雅各布森的例子是对转换过程的一种歪曲，但其背后的指控是确凿的。对"单语"深深的偏爱充斥在生成理论以及它所谓的普遍性中。不管实际的操作多么精巧（这也可能被高估），整个方法是初步的、先验的。被它排除在外的无序，由它规定的"不可接受性"，都在"反交流"和"他异性"之中，它们让语言成为个人生活和人类进化的重要因素。

这就是我的主要观点。人"通过言说"让自己从自然的限制中"获得自由"。语言不停地创造其他世界。诗人认为词语的塑造力是无限的。 246 "看，"赫列勃尼科夫，这位说极端言辞的大师在《颁给这星球的敕令》（"Decrees to the Planet"）中说，"太阳遵循着我的句法。"意义的不确定在诗歌中只是略显端倪。在每一个明确的定义中，都隐藏着过时和误解。语言充沛的多样性使它们在本质上具备了创造力和"反事实"的潜力，也让它们具备了通灵的功能。它象征着从齐谐和悦纳——格里高利圣咏的和鸣——转向多音，并最终成为对多种相离个性的执着。每种不同的语言都用自己的方式否定宿命，它们说"世界，可以不同"。模糊、多义、含混、对语法和逻辑顺序的违背、相互不理解、撒谎的能力——这

---

[1] 理查兹，*So Much Nearer* (New York, 1968)，第 95 页。

[2] 引自 *New Yorker*，1971 年 5 月 8 日，第 79-80 页。

些不是语言的病，而是其华彩的根源。没有它们，人类的个体和种群早已凋零。

齐谐和嘈杂的辩证关系在翻译中十分显著。在某种意义上，每一次翻译都试图消除多样性，将不同的世界图景变得完美统一。在另一种意义上，它却试图重新确立意义的形态，发现并证实另外的陈述。我们会发现，翻译的技艺本质上是自相矛盾的：它处在模仿和适当重造两种冲动的紧张对立之中。译者要以一种非常特别的方式"重新体验"语言演化本身，体验语言和世界的矛盾关系，"语言们"和"世界们"的矛盾关系。在每一次翻译中，这些关系创造性的，乃至虚构性的本质都会得到检验。因此，翻译不是在各种语言"交界面"处进行的专业化的、次要的活动。言语同时具备接合和分化两种性质，而翻译永远且必然是这个辩证关系的例证。

在开始探讨这种语际转换，谈论改变文本语言的实际工作时，我并没有偏离语言的核心；我只是在通过一条有着特别图示和记述的路径接近这个核心。当然，即便在此，问题还是过于复杂和多样，只能通过直觉得到偏颇的处理。我们的时代，我们的个人感触——奥克塔维奥·帕斯写道——"沉浸在翻译的世界中，更确切地说，这个世界本身就是对其他世界或体系的翻译"[1]。这个翻译的世界如何运作？穿过巴别塔的断壁残垣留下的令人困惑的自由，人们互相叫喊或低语的又是什么？

247

[1] 奥克塔维奥·帕斯，雅克·鲁博，爱德华多·圣圭内蒂，查尔斯·汤姆林森，*Renga* (Paris, 1971)，第 20 页。

第四章 所谓的理论

一

有关翻译的理论、应用和历史的著述颇丰。[1] 它可以被划为四个阶段，当然这些界限肯定不是绝对的。第一个阶段要从西塞罗不要逐词（*verbum pro verbo*）翻译的著名警句开始，它出于公元前 46 年的《论最优秀的演说家》，贺拉斯在约二十年后的《诗艺》中对此观念亦有重述，一直到荷尔德林对自译索福克勒斯的谜一般的评论（1804）。在这很长一段时间里，译者的工作本身播下了各种分析和论断的种子。其中包括圣哲罗姆的研究和论述，路德 1530 年的杰作《关于翻译的公开信》，杜·贝莱、蒙田、查普曼的论著，雅克·阿米欧与读者对自译普鲁塔克的讨论，本·琼森论模仿，德莱顿对贺拉斯、昆体良、琼森的详述，蒲柏论荷马，罗什福尔（Rochefort）论《伊利亚特》。弗洛里奥的翻译理论直接来自他对蒙田的翻译；考利（Abraham Cowley）的主要观点来自他尝试的近乎不可能完成的任务——用英语转述品达的颂歌。在第一阶段中还有些重要的理论著作，如李奥纳度·布伦尼 1420 年的《论翻译方法》，皮埃尔·达尼埃尔·尤埃（Pierre-Daniel Huet）1680 年出版的《论最优秀的翻译》（1661 年此著曾出版过不完全版）。事实上，尤埃的论著是所有讨论翻译本质和问题的作品中，最为完备而合理的。不过源于直接经验仍是这一阶段的主要特点。

---

[1] 见书目。

初步论述和技术性阐释的时代大概终结于亚历山大·弗雷泽·泰特勒（伍德豪斯利勋爵）1792 年刊行于伦敦的《翻译原理论》，以及施莱尔马赫 1813 年的重要论著《论不同的翻译方法》。第二个阶段的特点是理论和解释学探索。翻译本质的问题被置于语言和心灵理论的更为宏观的框架中。这个问题本身拥有了一套术语和研究法，脱离了文本的特异性。解释学方法——对"理解"某段口头或书面文本意味着什么的研究，以及使用通用的意义模型对此过程加以分析的尝试——肇始于施莱尔马赫，并被 A. W. 施莱格尔和洪堡所采纳。它让翻译这个话题染上了明显的哲学色彩。当然，理论和实践的交互还在继续。这个时代馈赠给我们很多关于译者活动和不同语言间关系的最为动人的报告，它们包括歌德、叔本华、马修·阿诺德、瓦莱里、庞德、理查兹、克罗齐、本雅明、奥特加·伊·加塞特的文本。这个哲学－诗学理论和定义的时代——现在有了对翻译史的编修——一直持续至 1946 年，瓦莱里·拉尔博颇有见地但缺乏系统性的《在圣哲罗姆的祈求下》。

此后是现代的潮流。关于机器翻译的第一批论文出现于 20 世纪 40 年代末。俄国和捷克的学者、批评家，形式化运动的继承者，将语言学理论和统计学应用到翻译上。人们——尤其是蒯因的《语词和对象》（1960）——试图描绘形式逻辑和语际转换模型之间的联系。结构语言学和信息理论被引入关于语际交流的讨论中。专业译者组建了国际学会，讨论的重心为翻译事务的期刊也如雨后春笋。这个时代的探索十分密集，且通常有很强的合作性，安德烈·费道罗夫（Andrej Fedorov）的《翻译理论导读》（*Vvedenie v teoriju perevoda*，1953）是其中的代表。两本颇具

影响力的文集开创了新的方向：鲁本·布劳尔编的《论翻译》，1959 年出版于哈佛；《翻译的技艺和语境：批评论文集》，威廉·阿罗史密斯与罗格·沙塔克编，1961 年由德州大学出版社出版。

我们在很大程度上仍处在这第三个阶段。两本书中阐明的方法——逻辑、对比、文学、语义、比较——仍在发展。而从 20 世纪 60 年代早期开始，一些重要的区别开始出现。本雅明初版于 1923 年的论文《译者

的任务》中的"发现",以及海德格尔和伽达默尔的影响,造成了一股逆流,使对翻译和解读的解释学乃至形而上学研究得到了复兴。机器翻译领域在50年代的乐观,到了60年代早期有所衰减。转换生成语法的兴起把"普遍论"和"相对论"的论证重新带回了语言学思想前沿。翻译为检验这些问题提供了一块重要阵地。自50年代开始,对翻译理论和实践的研究成为已有学科和新兴学科互相接触的领域,这个情况愈演愈烈。它成为心理学、人类学、社会学,以及民族语言学、社会语言学等交叉学科的前哨站。题为《人类语言学》的论著或《语言的心理生物学》文集便是这样的范例。传自诺瓦利斯和洪堡的格言"所有交流都是翻译",现在更受技术和哲学基础支持。在1969年英国应用语言学学会年会翻译理论版块宣读的论文,以及两年后出版于《语际》——马里奥·万德鲁什卡(Mario Wandruszka)教授的纪念文集(他本人或许是最具影响力的对比语言学家)——的论文,就能很好地说明现在的翻译研究的范围及其隐含的技术要求。在试图厘清翻译活动,阐明"语言间生命"之过程²⁵¹时,古典语文学和比较文学、词汇统计学和民族学、各阶级用语社会学、形式修辞学、诗学、语法研究等各种学科得到了融合。

251

虽然翻译艺术和理论有着丰富的历史,为此谱写文章的人物也很显赫,有关这个主题的原创性的、重要的思想却寥若晨星。罗纳德·诺克斯将整个话题归纳为两个问题:文学翻译和文字翻译哪个在先?译者是否能自由运用他所选定的任意风格和习语表达原文本的意思? [1] 将翻译理论限制在这两个问题(实际上是一个问题)里,是过于简化的处理。但诺克斯的观点是允当的。经过了逾两千年的争论和操作,关于翻译的信念和异议一直没有什么变化。从西塞罗和昆体良到如今,论辩中相同的论点、相似的阐述和驳论反复出现,几乎无一不落前人窠臼。

"翻译是否可能"这个长期困扰人们的问题,源于古已有之的宗教和心理上的疑问——是否应该有跨越语言的文本存在。言语是超然神圣的,

[1] 罗纳德·A.诺克斯,*On English Translation* (Oxford, 1957),第4页。

它包含着启示，因此向通行语言或其他语言的翻译是可疑乃至邪恶的。对破解的限制，对所有释义性转抄中均可能出现的劣化的限制——每一次翻译都会导致实质性的"下降"，让文本离"道"更远——出现在圣保罗的《哥林多前书·第十四章》中，这段对灵（*pneuma*）和语言多样性的著名旁论语意模糊。若无人翻译，外来的人就应闭口，但这并不是因为他无话可说；他的话语是指向自己和上帝的："只对自己和上帝说就是了。"[1] 此外，这样的言语若真实可信的话，就不能有翻译。在基督里的人，听到过不言之语（隐秘的言语 [arcana verba]）的人，不能用凡人的语言说出这些话。翻译将会是亵渎（《哥林多后书》12：4）。犹太教中则有更明确的禁忌。《斋戒经卷》（*Megillath Ta'anith*）据说成书于公元 1 世纪，它记载了这样的信念：在律法被翻译成希腊语时，世界陷入了整整三天的彻底黑暗。

在大多数情况下，尤其是 15 世纪末以后，假设的不可译则出于完全世俗的原因。其理念基础是，两个不同的语义系统之间，无论是在理论还是实际上，都不可能有完全的对应、足够的比照。不过这种观念与宗教、神秘的传统一样，也涉及消损。原文本的生命力、光彩、紧张感不仅会被翻译削减，还会被庸俗化。熵增的过程在某种程度上就是主动的腐化。海涅（Heine）说他的德语诗被"反译"[2] 成法语后，仿佛"月光里填满了稻草"。或如纳博科夫在诗作《译〈叶甫盖尼·奥涅金〉》（"On Translating 'Eugene Onegin'"）中所言：

> What is translation? On a platter
> A poet's pale and glaring head,
> A parrot's screech, a monkey's chatter,

---

[1] 原文为拉丁语：sibi autem loquatur et Deo。此句内容可参考《哥多林前书·第十四章》。——译注

[2] 原文为 traduce，有诽谤、背叛之意。——译注

And profanation of the dead.

何谓翻译？是在大盘里盛下
诗人苍白耀眼的头颅[1]，
鹦鹉的咿呀，猿猴的吱喳，
和对死者的亵渎。

　　所有人类言语都是由随意选定而约定俗成的符号所组成的，因此意义不可能完全脱离于表达方式。即便是最明白的、看上去不带色彩的语汇，都根植于特异的语言传统和复杂的文化－历史习惯模式。没有完全透明的表面。人们不能通过同一条语义通路理解法语和英语的"70"（Soixante-dix; seventy）；英语能够像匈牙利语一样将兄（bátya）、弟（öcs）区分出来，却不能产生并巩固与这两个匈牙利语相同的下意识联想和内在赋值。"因此即便是'基本概念'，这些人类经验的中心点，都在任意划分、排列、成俗的范畴之外；而语言形式和语言使用所确定的语义界限与我们周遭世界的绝对界限相契合这种情况，更是寥寥无几。"[2]

253

　　这是语义不相谐这个命题的现代说法。但其雏形年代久远，可追溯到杜·贝莱1549年的《对法语的辩护和说明》，也出现在圣哲罗姆的书信和序言中，更在但丁的《宴会》中得到了美妙的重述："纯表达性的话语，被缪斯女神所触摸过的言语，不可能通过另一种语言表达，而不失去其味道和韵律。"[3]一种语言的力量和灵性（ingegno）是不能被转达的。而杜·贝莱发现的意象则具有独特的终结感："翻译所表达的一切不过是

---

[1] 原句或与习语 put someone's head on a platter（把某人的头放在大盘上；意为严惩某人）有关。——译注

[2] 沃纳·温特，"Impossibilities of Translation"，载于威廉·阿罗史密斯和罗格·沙塔克编，The Craft and Context of Translation (Anchor Books, New York, 1964)，第97页。

[3] 原文：nulla cosa per legame musaico armonizzata si può de la sua loquela in altra transmutare, senza rompere tutta sua dolcezza e armonia。——译注

画家通过描画身体来展现的灵魂。"[1] 观点都一样：灰不是对火的翻译。

一般来说，这个论点多被用于诗界。内容和形式的结合在这个领域十分紧密，失和是不被允许的。狄德罗在《论聋哑者书信集》（1751）中的结论绝不是亘古未有的。令人震惊的是其措辞，以及对现代"符号学"的预见：不可能翻译出"弥漫在叙述中，取决于音节长短分布的含蓄的象征和微妙的象形……我敢说，用另一种语言翻译诗人是不可能的；而理解几何学家要比理解诗人更容易"[2]。而在 1922 年 3 月，里尔克给西佐伯爵夫人（Countess Sizzo）信中的观点也并不新奇：诗中的每一个词在语义上都是独特的，它的上下文环境和基调有其自身的圆满。有趣的是，他认为这点也适于用词最陈腐、语法最平淡的言语上，而这把诗歌与该语言内部的一般用法区别开来："诗歌中**没有**词语（我指的是每一个"和""他""她""它"）与跟它同形的日常词语、对话词语**相等**；在艺术性的诗歌和散文中词语更纯粹的规律性、更广阔的关系、更闪耀的集群，都会改变其核心的本质，让处理显得无用而笨拙，让它本身永垂不朽、可望而不可即……"[3] 语言内部的分化都如云泥，遑论翻译。约翰逊博士为 1755 的《词典》撰写的序言中也隐含了这个观点；而两百年后，纳博科夫在谈到普希金英译本时说，在翻译中除了"最笨拙的逐字翻译"外都是欺骗——他又重复了这个论点。罗马尼亚现代诗人马林·索雷斯库在题为《翻译》（"Translation"）的诗作中巧妙地总结了这种种否定：

---

[1] 原　文：Toutes lesquelles choses se peuvent autant exprimer en traduisant, comme un peintre peut représenter l'âme avec le corps de celui qu'il entreprend tirer après le naturel。——译注

[2] 原文：l'emblème délié, l'hiéroglyphe subtile qui règne dans une description entière, et qui dépend de la distribution des longues et des brèves… Sur cette analyse, j'ai cru pouvoir assurer qu'il était impossible de rendre un poëte dans une autre langue; et qu'il était plus commun de bien entendre un géomètre qu'un poëte。——译注

[3] 原文：Kein Wort im Gedicht (ich meine hier jedes "und" oder "der", "die", "das") ist *identisch* mit dem gleichlautenden Gebrauchs- und Konversationswort; die reinere Gesetzmässigkeit, das grosse Verhältnis, die Konstellation, die es im Vers oder in künstlerischer Prosa einnimmt, verändert es bis in den Kern seiner Natur, macht es nutzlos, unbrauchbar für den blossen Umgang, unberührbar und bleibend…——译注

I was sitting an exam

In a dead language

And I had to translate myself

From man into ape.

I played it cool,

First translating a text

From a forest.

But the translation got harder

As I drew nearer to myself.

With some effort

I found, however, satisfactory equivalents

For nails and the hair on the feet.

Around the knees

I started to stammer.

Towards the heart my hand began to shake

And blotted the paper with light.

Still, I tried to patch it up

With the hair of the chest,

But utterly failed

At the soul.

(T. Cribb's translation)

我坐在考场里
科目是逝去的语言
而我要翻译自己
从人到猿。
我冷静对待，

自丛林开始

翻译文段。

但我越接近自身

翻译就越艰难。

不过几经尝试

我发现了一些合意的词

能和指甲和脚毛对换。

在膝盖附近

我开始不知所言。

接近心脏我的手开始颤抖

光明污损了考卷。

我仍尽力补救

胸毛可以，

但灵魂

全完。

（T. 克里布英译）

255　这俨然是杜·贝莱的想法。[1]

　　对译诗的攻击不过是"没有语言能被翻译而不受实质性损失"这个一般论断锋头的倒刺。同样的观点也能在形式上和实质上被用于散文，尤其在涉及哲学领域时它会特别有力。阅读柏拉图、康德，理解笛卡儿、叔本华，是在承担一项复杂的、最终"无法判定的"语义重建任务。哲学思想不受阻滞的纯粹"让哲学成为语言混乱的大本营。很多复杂的概

---

[1] 莱奥帕尔迪（Leopardi）1822 年 7 月 27 日在他博闻多识的《杂记》（Zibaldone）中写道："思想被词语所包围，甚至被词语所限制，就像戒指上的宝石。它们被纳入词语中，就像灵魂之于肉体，也如此形成一个整体。因此思想与词语不可分割，一旦分开也就不再是原来的思想。我们的智力、理解力都无法抓住它们；它们不可认识，这也是我们的灵魂和肉体分开时会出现的情况。"

念无法说明，有些无法定义，还有些能定义却不能构想：'存在'（being）与'虚无'（nothingness），普罗提诺的太一（ὑπερούσιον），康德的超验（Transcendenz），中世纪神秘派的神性（deitas）（与神 [deus] 不同），都是只存名号的'概念'。即便是最为相近的语言间，哲学词汇也会有不同的转变，其结果是用希腊语、拉丁语、德语表达的很多划分都无法用英语完成"[1]。在诗歌领域，这个障碍只是或然，是整体性的表征；但在哲学界，不可译的问题直击整个领域的心脏。《克拉底鲁篇》和《巴门尼德篇》在很早以前就让人感受到，对普遍性——独立于时间、地理条件的重要支点——的渴望，与某套语汇相对特异性之间存有矛盾：特别之物怎能容纳并表达普遍之物？笛卡儿的数学范式，以及康德对感知范畴的内化——"语言"之前有先验的"心灵"——就是打破语言牢笼的尝试。但它们都不能从外部得到证明。像所有语篇一样，哲学也被绑在了它的执行介质之上。借用黑格尔晦涩难懂但意味深长的用语，每个语言里都有一套"逻辑的直觉"。但这也不能保证对普遍性的论述能得到翻译。理解哲学与理解诗歌一样，是一种解释学试炼，是信任在语言不稳定的根基上的供需交互。[2]

在最晦涩的诗歌或形而上学，与最下里巴人的散文之间，翻译可能与否只是程度上的问题。克罗齐认为语言是直觉的；从严格的、全面的角度讲，每一次言语行为都是前所未有的；它的诞生就伴随着创造，因为它在思想和感触的潜能上活动，并对它进行了延展和改变。严格地讲，

256

[1] E. B. 阿什顿，"Translating Philosophie"（*Delos*, VI, 1971），第 16-17 页。

[2] 艾·阿·理查兹一直致力于哲学文本是否可译的问题，尤其是在《孟子论心灵》（*Mencius on The Mind*）中。对具体问题的重要讨论可见于 E. R. 多兹编，*Journal and Letters of Stephen MacKenna* (London, 1936)。另可参考约翰内斯·洛曼，*Philosophie und Sprachwissenschaft* (Berlin, 1965)；伽达默尔，*Hegels Dialektik* (Tübingen, 1971)。对解释学方法批评性的讨论，见卡尔-奥托·阿佩尔、克劳斯·冯·博尔曼等著，*Hermeneutik und Ideologiekritik* (Frankfurt am Main, 1971)。彼得·斯聪狄，"Ueber philologische Erkenntnis"（*Die Neue Rundschau*, LXXIII, 1962）虽然没有直接讨论哲学，但仍是对"有关理解的科学"之问题的杰出导论。

没有陈述能得到完整的重复（时间也是个因素）。翻译就是对不可重复性进行二手、三手的捏合。[1] 不可译性（*L'intraducibilità*）是言语的生命。

对翻译的**支持**与反对一样，也肇始于宗教和神秘。即便巴别灾难的准确意图仍不得而知，认为神的这次旨意是无法挽救的终结，误解标志着神人关系（这在惩罚的时刻都有所体现，甚至更具代表性）的变迁深处的动力，也是一种亵渎。堕落可以被理解为是救赎的开端，语言在巴别的离散也有其急迫的道德需求与实践层面的潜在可能性，它蕴含着语言的统一，它是朝向并超越圣灵降临的运动。如此看来，翻译在目的论上是势在必行的，它顽强地找寻着所有的空隙、透膜、闸门，以便人类言语的分流通过它们重新回溯到命定的同一片海域。在回顾漫长的语言神秘和启迪的传统时，我们已经见识到了它的力量，以及它在理论和实际上的结果。这也正是本雅明对译者微妙赞美的来源：译者引导、召唤出一种语言，它在不知不觉间，与原文本的语言和翻译的目标语言相比，更接近语言原初的统一。这是"语言更为终极的领域"，它主动勾勒出失落的、更为完整的文段，而这文段就隐藏在文本的字里行间。只有翻译能够接触到它。在巴别塔崩解之前，这种接触只是不完整的。本雅明说，这就是"即便人们都无法翻译，某些作品能否被翻译的问题还在被讨论"的原因。必须尝试，必须推进。弗朗茨·罗森茨维格在宣布他要将《旧约》译成德语的计划时说："每一次翻译，都是一次弥赛亚式的行动，让人更接近救赎。"

宗教论点也有强烈的现实意义。西方很多翻译理论和实践都直接源于传播福音，用其他语言宣告圣谕的需求——"按着圣灵所赐的口才，说起别国的话来"（variis linguis, prout Spiritus sanctus dabat eloqui illis）（《使徒行传》2：4）。将基督的信息和教训解译（*translatio*）成通行语言，是早期教父文学的不变主题，也是早期教会的生命。从圣哲罗姆到路德，它成为共识，是人们不断宣誓和追求的目标。语言不应成为阻挠任何人得到拯救的壁障。每一次远航都会发现令人担忧的民族，他们因距离和

---

[1]　克罗齐在《美学》(*Estetica*)(Bari, 1926) 中提出了这个观点。

257

语言而对基督给人的承诺一无所知（尤埃关于翻译的论著直接对其引发的神学问题进行了反思：原始民族因毫无缘由的疏离而无法接触真理）。[1]
将《圣经》文稿翻译成这些蒙昧的语言，是一种当仁不让。教会内部每一股改革冲动，都带着对更加真实、更易理解的《圣经》译本的呼唤。宗教改革完全可以被理解成这样一种召唤：把更加完整、具体的对基督之教训的翻译，带到日常言语和日常生活中。这个充满喜乐的论点在两位翻译巨匠的同心协力中呼之欲出，这便是廷代尔对伊拉斯谟 1529 年撰写的《圣经苦读训》的翻译：

I would desire that all women should reade the Gospell and Paule's epistles, and I wold to god they were translated in to the tonges of all men. So that they might not only be read and knowne of the scotes and yryshmen, But also of the Turkes and saracenes. Truly it is one degre to good livinge, yee the first (I had almost sayde the cheffe) to have a little sight in the scripture, though it be but a grosse knowledge…Iwold togod the plowman wold singe a texte of the scripture at his plowbeme, and that the wever at his lowme with this wold drive away the tediousness of tyme.

我欲天下女子皆读福音书与保罗书信；上帝有鉴，其文皆已用天下语言译就。故其不独为苏格兰人、爱尔兰人所读所知，亦可为土耳其人、萨拉森人所识。初窥圣训（我已尽述其要旨），虽识得粗浅，实乃向善生之举……上帝有鉴，耕夫将挂犁扶杆，吟诵圣典之教文，织户将临机习经，尽遣长日之忧闷。

通过简单的类比，翻译对人类精神进程不可或缺这一观点便可从宗

---

[1] 见 A. 迪普朗，*Pierre-Daniel Huet et l'exégèse comparatiste au XVIIe siècle* (Paris, 1930)。

教走向世俗领域。它们都源于教会的学识和资助。虽然关于异教文本是否应被阅读和翻译的争论，几乎在基督教出现时就开始了，也时常出现在历史中，但罗马教廷无疑是经典文献重要的传播者。转译和传播的历史可追溯到 12 世纪晚期和 13 世纪的托莱多（Toledo），这是伊斯兰教、基督教、犹太教智慧和情感交汇之地，很多学者－译者，博学的解经者（他们的注疏成为希伯来和阿拉伯语文献拉丁文译本的一部分，而这些文献的原文通常来自希腊），构成了一个名副其实的语际交流中心。在这项意义深远的事业里，犹太人——不管是开诚布公的信徒还是皈依者——起到了很重要的作用。可以说在托莱多和法国南部短暂的宗教宽容时期，犹太精神与多语趋势开始以特别的、颇具决定性的方式参与到思想在全欧洲的传播和交流中。[1]

259

　　虽然短暂，且是站在前人的肩膀上，但教皇尼古拉五世在位时期（1447—1455）也是通过翻译推动知识和论争进展的重要阶段。洛伦佐·瓦拉（Lorenzo Valla）译修昔底德，瓜里诺（Guarino da Verona）译斯特拉波，尼古拉·佩罗蒂（Niccolò Perotti）译波里比阿的酬劳是 500 斯库多，瓦拉与彼得罗·坎迪多·迪赛布里奥（Pierro Candido Decembrio）用拉丁散文译《伊利亚特》。色诺芬和托勒密作品或精或粗的全译或选译纷至沓来。亚里士多德作品集得到了修订和完善。西蒙斯（John Addington Symonds）在《意大利的文艺复兴》中认为，整个罗马都已成为"将希腊语译成拉丁语的工场"。其合理性是毋庸置疑的。只有翻译能保证现代人不失去往日的智慧和恩惠。新世界能够在往日荣耀的基础上实现自己，这证明了人类个体的显贵（*dignitas*），人类智慧超绝的存在。费奇诺（Marsilio Ficino）认为（虽然他的解读有很多舛误），柏拉图像一方明镜，照见了更加光辉但完全可辨认的柏拉图本人及其同辈人形

<hr>

[1]　见达尼埃尔·雅卡尔，"L'École des traducteurs"，载于 *Tolède, XIIe-XIIIe: Musulmans, chrétiens et juifs: Le Savoir et la tolerance*, dirigé par Louis Cardilliac (Éditions Autrement: Série Mémoires No. 5; Paris, 1991)，第 177-192 页。

象。人类的共性让翻译成为可能。

在教皇尼古拉与厄克特译拉伯雷（1653）之间的两个世纪里，翻译的历史与西方的思想和情感共同进退，并对它们有所发明。在智识和社会层面，没有什么"原创"作品比伊拉斯谟的《新约》（1516）和路德本《圣经》（1522—1534）创造了更多的可能。1565 年亚瑟·戈尔丁（Arthur Golding）译凯撒的《高卢战记》、1579 年诺斯（Sir Thomas North）译普鲁塔克、1600 年菲利蒙·霍兰德（Philemon Holland）译李维、钦定版《圣经》的出现……它们开启了新视野，这与都铎、伊丽莎白、詹姆斯一世时期英语感性上的发展紧密相连。16、17 世纪译者有意无意确立的标准五花八门，注疏与原文的差距多种多样，有时还相互抵触。古典与其说被发现，不如说被"发明"——无论如何，它都通过中世纪的认识得到呈现（虽然有时是隐秘的）——而这种发明又为当时和后代开创了新视野。通过必不可少的、有很多虚构成分的再次确证，翻译为文艺复兴和巴洛克时期的欧洲注入了能量。拉伯雷、蒙田（莎士比亚在一定程度上也在此列）的丰富作品在古典前辈那里找到了秤砣，它易用而稳健，他们可以随时向它求援，获得标准和秩序。不过"秤砣"这个意象过于静止。15 世纪晚期和 16 世纪，柏拉图、奥维德、塞内加在欧洲知识和情感生活中的出现，无疑证明了争论、幻想、隐喻可以维持全貌不受蒙蔽，人类智慧可以通过理性的证据，通过重建并超越古典成就的渴望，从遥远的地方归来。（如柯瓦雷所言，伽利略的科学与其基础——亚里士多德哲学——一样，都依存于同一种辩证关系：出自经典，反对经典。）

因此，正是文艺复兴和宗教改革时期的译者，确立了从费奇诺译《理想国》，到克劳德·德·赛瑟尔（Claude de Seyssel）译修昔底德，再到路易·鲁雷（Louis Le Roy）的这条文脉，它们基本能反映西方文学发展的年代次序、参照情况，其权威性只在最近才遭到质疑。对理想摹本的信念和需求是如此之强——尼采说"翻译即征服"——以至间接的挪用都能获得成功。诺斯并不是从希腊原文重构普鲁塔克，而是通过在他之前二十年出版的阿米欧法译本译得。拉丁语和法语（它们本身就是复杂意象和寓言传统的产物，可以追溯到中世纪晚期）在乔治·查普曼对荷马时好时坏的理解中发挥了重要作用，他译的《伊利亚特》前七卷问世于 1598 年。在创新爆发，过剩和失序的危机四伏的年代，翻译对原料进行了必要的吸收、塑造、导向。它完全是想象的质料（*matière première*）。此外，翻译在过去和现在、不同的语言和传统间建立了逻辑关系，它们原本在民族主义和宗教冲突的压力下处在分崩离析的状态。弥尔顿 1645 年的诗集有英语版、拉丁语版、意大利语韵文版，其文也寄宿着希伯来语和希腊语，它们完美地构建了古今同代的场景，为欧洲大家庭创造了统一的多样性——就像水晶的切面一样剔透而规律。这都得益于两百年来的翻译。

在这个实际操作盛行的年代里，对翻译的辩护或显得耀武扬威，或显得漫不经心。弗洛里奥转述的焦尔达诺·布鲁诺的论断"科学因翻译而得到繁衍"似乎不怎么需要详细解释。在弗洛里奥译蒙田于 1603 年出版时，书中有一首由塞缪尔·丹尼尔作的序诗。丹尼尔的颂歌不过是对翻译成千上万的赞美中的一篇，但它还是有引用价值，因为它凝结了所有人文方面的理由：

> It being the portion of a happie Pen,
>
> Not to b'invassal'd to one Monarchie,
>
> But dwell with all the better world of men
>
> Whose spirits are all of one communitie.
>
> Whom neither Ocean, Desarts, Rockes nor Sands,
>
> Can keepe from th' intertraffique of the minde,
>
> But that it vents her treasure in all lands,
>
> And doth a most secure commercement finde.
>
> Wrap Excellencie up never so much,
>
> In Hierogliphicques, Ciphers, Caracters,
>
> And let her speake never so strange a speach,

261

Her Genius yet finds apt decipherers . . .

　要成就翎翮的欢愉，

需不受专断的禁锢，

而当与普天之人共居

他们的心灵同属一族。

海洋、沙漠、岩石或沙砾，

都不能阻隔精神的交通，

而要将她的财富散到各地，

使其周流畅若乘风。

　将古今的精粹囊括，

不论是象形、密码还是字符，

让她的话语永不使人困惑，

让她的光华得到恰当转述……

当某个语言群体及其文学尝试从外部滋养自己，试图通过比较来确定自己的优势时，诗人便会赞美译者在"精神的交通"上的贡献。歌德为德语引进了诸多古典、现代的欧洲以及东方的元素，他在 1827 年 7 月给卡莱尔写道："不管你怎么看翻译不当这个问题，它都是世界所有事务中最重要、最有价值的一个。"而谈到俄罗斯相对孤立的大环境时，普希金认为译者是人类精神的向导。

不过，认可翻译在道德和文化上的价值是一回事，反驳它在理论和实际上的不可能则是另一回事。而实质性的证明又是凤毛麟角，且古已有之的。

不是**任何事物**都能被翻译。神学和灵知是上限。有些神秘学说只能被传写，对其进行转译或转述是亵渎，且极不准确。在这种情况中，最好还是保留那些不能被理解的内容。"否则这种妄为会污染很多难以言

262

表的、不能被人类理解的事物。"[1] 圣哲罗姆在翻译《以西结书》时如是说。并非一切都能在**现在**得到翻译。上下文可能会脱失，原来用以释义某段经典的参考资料可能变得无法理解。我们不能进行足够的回溯共情（*Rückeinfühlung*），这是尼古拉·哈特曼创造的术语。虽然很难说明，有些文本是我们**还不**能翻译的，而随着语言的演进，解释手段的改进，感性的变化，它们可能在未来变得可译。文本的语言和译者的语言都在变动，这既影响它们自身，也互相影响。时间中不存在任何一点，能让理解静止而一劳永逸。每一次理解都和历史相关，其视角是相对性的——狄尔泰或许是强调这点的第一人。这也是为什么每个时代都要重新翻译，为什么翻译（除了在它出炉的第一刻）是对原典和注疏的重新解读。本雅明将未来可译的概念转向神秘：有些人的生命可能被说成是"无法忘记的"（即便所有人都已经忘记了），它只存在于"神的记忆"中；与之

263 相仿，有些作品还不能被人翻译，但在一个完美理解的国度，在语言失落的结点处，它有被翻译的可能。事实上，我们面对的是稀松平常的现象。阿里斯托芬在 19 世纪下半叶的"不可译"远不只是咬文嚼字的问题。这些戏剧的语言目的和场景设置的很多层面上都似乎是"不可读"的。而近百年后，品位、幽默、社会基调、对形式的看法……这些构成反射面的因素移动到了焦点处。由此再让当今英国诗人，甚至德国诗人去翻译，去带着足够深度的反应阅读克洛卜施托克的《弥赛亚》，这部曾经在欧洲举足轻重的史诗。因此，对可译性的驳斥通常只是基于地区的、时代的局限。

　　另外，从逻辑上讲，对翻译的攻讦只是某种被弱化的对语言本身的攻击。这个传统可追溯到修辞学教师，伦蒂尼的高尔吉亚（Gorgias of Leontini）的"证明"上：言语和存在以及可感知之物不同；因此词语交流的只是它们自身，是没有实质的。[2] 除了这种极端的、有反讽味道的

---

[1] 原文：Alioquin et multa alia quae ineffabilia sunt, et humanus animus capere non potest comprehendere, hac licentia delebuntur。——译注

[2] 见 K. 弗里曼，*Ancilla to the Pre-Socratic Philosophers* (Havard University Press, 1957)。

唯名论，还有一种否定思路。两个使用同样语汇的说话者表达的意义永远不会完全相同；就算相同，也没有什么方法能够证明这种全等。因此，不可能有任何完整的、可证实的交流行为。所有的话语本质上都是独白或个人习语。施莱尔马赫在《解释学》中探究意义之意义前，这个年代久远的悖论便业已存在了。

这两个"证明"都没得到正式的反驳。它们无关要旨，提出这两个论点的逻辑师自身已证明了这点。如果语言不能在内容和真实世界之间建立关系（不论这种关系有多歪曲），他们就不能用话语表达自己的观点。如果交流不能实现某种程度的表达和传达，他们为什么要用这些悖论来迷惑或说服我们？和其他逻辑上的直译主义一样，对言语可能性的唯名和独白式反驳，都忽略了人类实际的行为。我们**确实**对他人用言语表达世界，我们**确实**在语内和语际进行翻译，并从人类历史的开初就如是做了。对翻译的辩护可基于丰富而通俗的事实。圣哲罗姆和路德会带着从业者的烦躁，被这种胡说八道的理论激怒——"如果翻译不从根本上可行，我们的事业又是怎么回事"。奥特加·伊·加塞特在他的《翻译的悲惨和辉煌》中坦言翻译**是**"不可能"的。但思想和言语之间任何绝对的一致亦然。人类存在的每一刻都在某种程度上克服着这种"不可能"。这个思路还残存在它自己建造的牢笼里，但不会造成任何经验上的后果："它不是对翻译可能造就的辉煌之否定。"秦梯利在与克罗齐的论战中说，否定翻译，就得从一而终，否定所有言语。翻译是也一直会是一种思维和理解模式；"翻译事实上是所有思考和理解的条件。"[1] 否认翻译的人自己就在解释。

从完美主义角度出发的论点，即杜·贝莱、纳博科夫、约翰逊博士等人的论点，本质上都是虚有其表的。人类的产物没有完美的。复制品，哪怕通常会被贴上相同的标签，也不过是彻头彻尾的临摹，细微差异和

---

[1] 秦梯利，"Il diritto e il torto delle traduzioni"（*Rivista di Cultura*, I, 1920），第 10 页。译者按：原文：Giacchè tradurre, in verità, è la condizione d'ogni pensare e d'ogni apprendere。

不对等处是无法消除的。因为可能会失败且永不会完美而否定翻译合理性的观点是荒唐的。从译者的角度看，需要辨清的是每次翻译中追求的可信度，是不同的操作中所允许的偏差值。

在翻译的历史和实践中，存在一种粗略但好用的划分。罕有相关论述不把以下两者进行区分的：对一般材料（私人、商业、文书、有时效性的文章）的翻译，以及对某个文学、哲学、宗教文本再创作性的转写。昆体良的《演说术》中就提出了这个区别，施莱尔马赫对 *Dolmetschen*（翻译）和 *Uebersetzen*（释译）或 *Uebertragen*（迻译）[1] 进行了正式的区分（路德用 *Dolmetschen* 一词指翻译技艺的所有方面）。德语中保留并确立了这个划分。*Dolmetscher*（翻译者）即 interpreter（解释者，用这个词的狭义）。翻译者是转述商业文件、游客问题、外交使节或旅店老板谈话内容的中介，他可能在翻译学校受到过严格的语言训练，但这并不关乎"高级的"释译活动。法语有三个说法：*interprète*（翻译）、*truchement*[2]（介译）、*traducteur*（释译）。它们之间的区别相当清晰，但覆盖范围会有变动。*Interprète* 即一般意义中的 *Dolmetscher* 或 interpreter，但在某些条件中，它还可能只指"释义"的人，即对诗作或形而上学作品进行阐明或再造的人。这种模糊也出现在英语的 interpreter 和意大利语的 *interprete* 上：这个人可能是银行、商号、旅游局的得力干将，也可能是解经者、再造者。*Truchement* 是个复杂的词，它的调性包含了翻译中不同的范围和问题。它来自阿拉伯语的 *tarjumān*（加泰罗尼亚语 *torsimany*），原指在摩尔人和西班牙人间进行翻译的人。它出现在帕斯卡《致外省人书》第十五卷中，有些贬义色彩：*truchement* 像媒人，他的话不一定符合客观事实。但这个词也指更加一般的替代行为，几乎有些暗喻色彩：眼睛可以是 *truchement*，它为心中的不言之意提供翻译和代言。而 *traducteur* 则更接近 translator 或 *traduttore*，俨然是指正在重造普鲁塔克的阿米欧，或改

---

[1] 前文中"翻译""转译""解译"等相关词基本不存在本段这种区别。——译注
[2] 该词有"中介""中间人"之意。——译注

写《伊利亚特》的克里斯托弗·罗格。

这两个划分层面的交叠是不可避免的。严格地说，一个 *Dolmetscher*（翻译者）进行的最稀松平常的跨语言转达，也与翻译的本质和理论有关。不管是翻译交货单还是《神曲·天堂篇》，它们所牵涉的有意义传达的奥秘归根结底是一样的。而其中的区别也是明显而有用的。语义活动的上限，让翻译理论和实践的问题成为有关语言和心灵的一般问题中最为明显、棘手的。广义上的文学语言创造最多的疑问，也承载最多的希望。我已试图说明这既不是偶然，也不是因为审美偏好。诗歌、哲学所体现的解释和创造都位于语言的中枢。当翻译接触到这样一个重要文本时，它也就与此相连了。

简言之：翻译是必要的也是可能的。研究其方法和标准需要参考重要的、"困难的"文本。这是基础。翻译理论或是把它们当成理所当然，或者轻率地将它们置之度外，对大大小小的逻辑陷阱毫不顾忌。但是，适当的技法究竟是什么，应秉承的理念又是什么？

在分析复杂结构时，"三"（traids）似乎是个颇受头脑青睐的数字。黄金、白银、黑铁时代的神话如此，黑格尔逻辑学如此，孔德的历史规律如此，夸克的物理规律也是如此。自 17 世纪以来，翻译理论也不可避免地把其领域一分为三。第一种是严格地逐字翻译，在外语词典、教程中，在平行的壁垒之间寻找字词间的匹配。第二种是通过忠实但自主的重述来触及"翻译"的核心。译者小心翼翼地复制原文，同时又创作出一个符合自身语言，能够独立存在的文本。第三类是仿写、再造、变奏、阐释性摹写。这是一个广阔的领域——从使用更易理解的一套语汇转写原文，到最无拘束的，乃至暗仿、戏仿式的重写，都属此列。站在现代角度看，庞德对普罗佩提乌斯、乔伊斯对荷马，都属于仿写（*imitatio*）的范畴。这三种类型之间的界限必然是模糊的。逐字翻译会渐变成谨小慎微但能独立存在的复制；而末者在其上限处会变为更加自由的模仿。虽然只是粗略估计，但这种三分法应用广泛，且似乎适用于各种理论和技法。

267　　　德莱顿所用的术语早已有人用过，它们常出现在修辞学中，至少可追溯到昆体良对"翻译"和"转述"的区分上。不过这不能掩盖德莱顿分析的价值，它不只驳斥了盲目的逐字翻译，或如约翰逊博士在他为德莱顿写的生平中所说，"打破了以词解词的枷锁"，更提出了我们至今仍在讨论的理想和思路。[1]

　　　　1680 年版《多人译奥维德书信》的序言集中体现了德莱顿折中的天赋。他的文学思想旨在寻找能达成共识的中心点，比如在亚里士多德戏剧论和莎士比亚之间，在当时的法国模式和本土传统之间。在翻译上，他追随的是一条中庸之路（*via media*）：一边是宗教和语法界纯粹派主张的词词对译法，另一边是考利 1656 年的《品达式颂歌》展现的狂野个性。作为理论家和译者，德莱顿感到它们都不是正途。与古典世界的诗人一样，现代译者也必须站在清明的、文雅的中心。

　　　　德莱顿将**直译**（*metaphrase*）定义为逐字、逐行将某种语言改变成另一种的过程。符合这种方法的反面教材是 1640 年出版的本·琼森译贺拉斯的《诗艺》。作为贺拉斯译者的本琼森是德莱顿特别批评的对象。琼森的作品以及读者共识都表明逐字翻译是搬石砸脚。没人能够既按词翻，又翻得好。德莱顿的比喻余音不绝，"这就像戴着脚镣在绳子上跳舞：舞者可能通过小心避免跌落，但这就不能指望他动作优美；因为没有清醒的人会通过把自己置于随时摔断脖子的危险之中来追求喝彩"。

　　　　处于另一个极端的是模仿，"译者（如果还能这么称呼的话）不仅有
268　变动词语和意义的自由，还可能在他认为合适的时候将它们都放弃"。考利对品达和贺拉斯作品的肆意变形是足以警诫后人的例子。考利在介绍他的品达译本时，这样证明自己行为的合理：一个按字面翻译品达的人肯定是疯了，古希腊语和英语之间的鸿沟不允许任何忠实而优雅的表达出现。因此他"随性地拿来、丢弃、添加"。老学究们无疑会挑刺，但"语法

---

[1]　相关的详细探讨可见 W. 弗罗斯特，*Dryden and the Art of Translation* (Yale University Press, 1955)。

学家或许不会忍痛把这种自由散漫地转述外国作家作品的方式叫作翻译，不过我也不在乎；因为我也不是很中意译者这个名号，我追求的是更好的，虽然这个更好还没有被命名"。考利的希望预言了 20 世纪人的雄心，但德莱顿也不会买账。与盗用他人主题以创作自己变奏的作曲家相比，"模仿者"半斤八两，甚至更差。这种方法可能会有闪光点，也可能让译者的神乎其技得到展现，但却是"对死者的遗赠和名望最大的亵渎"。

德莱顿对"模仿"（imitation）一词的使用值得注意，庞德和艾米·洛威尔沿用了这个词，但更强调其积极的感觉。这个词历史悠久、复杂、沧桑。[1] 其消极含义可见于柏拉图的摹仿（mimesis）论，在造型艺术中，它发生于相（Idea）的事实和真实不再之时。而在亚里士多德（在他提到模仿本能的普遍性和教育意义时）与拉丁语诗歌处，这个词有了积极含义。在此，它有能够表现罗马文学与其希腊前辈之间的依存而再造的关系。德莱顿的用法似乎指向本·琼森，以及琼森对贺拉斯特别的解读。琼森在 1641 年出版的批评杂文集《森林集》（Timbers）中探讨了 269 仿写（imitatio）。"模仿"是成为真正诗人的四要素之一，它是这样一种能力："将物质或其他诗人的财富借为己用……不盲目模仿，并如贺拉斯所言，不求莠舍良；而是从最好、最宜人的群峰围绕的花簇中进行摘选，并全酿成蜜浆；将它调和成一种甘味，让我们的模仿馨香。"对琼森来说，创造性的吸收便是文学传承的路径——从荷马到维吉尔和斯塔提乌斯，从阿尔基洛科斯到贺拉斯和他自己。而德莱顿本人，也与这条线索有千丝万缕的联系，他将这个词扭转出了消极的味道。

译者的正途既不是**直译**也不是**模仿**，而应该是一种"有限度的"直

---

[1] 见 W. J. 维尔德尼乌斯，*Mimesis: Plato's Doctrine of Artistic Imitation and Its Meanings to Us* (Leiden, 1949)；阿尔诺·莱夫，*Interpretatio, imitatio, aemulatio* (Bonn, 1959)；戈兰·索尔伯姆，*Mimesis and Art* (Uppsala, 1966)。关于贺拉斯对仿写使用之探讨，可见于 C. O. 布林克，*Horace on Poetry; the Ars Poetica* (Cambridge University Press, 1971) 第二卷末尾。关于本·琼森与古典美学的关系可参考费利克斯·E. 谢林，*Ben Jonson and the Classical School* (Baltimore, 1898)；胡戈·莱茵什，*Ben Jonsons Poetik und seine Beziehung zu Horaz* (Erlangen, Leipzig, 1899)。

译或"翻译，作者始终在译者视野之内，以确保目标不会丢失；但严格追随的是作者的意思而不是词，而意思也允许得到详解，但不能被改变"。德莱顿告诉我们，这正是1658年埃德蒙·沃勒和西德尼·戈多尔芬翻译《埃涅阿斯纪》第四卷时所采用的方法。更重要的是，这也是德莱顿自己在他的众多译本中（维吉尔、贺拉斯、奥维德、尤维纳利斯、乔叟）遵循的方法，是他在评论中（尤见于1685年版《树林集》[*Sylvae*]的序言）详细解释的方法。通过**直译**，"作者的灵魂可能会得到附身也可能荡然无存"。正确的翻译是"一种对活物的写生"。在理想状态下，它不会妨碍原文的权威，而会向我们展示，如果原文是以我们的语言写就的，它会是什么样子。在他给刊行于1697年的自译维吉尔所作的序言中，德莱顿总结了他思考和实践的一生：

> 总体上看，我认为自己在改写和直译的两极间很好地控制住了自己；我竭尽所能地贴近作者。我没有让作者所有的光芒消失，其中最卓越的仍保留在他词语的美中；而我必须要补充说明，这些词语通常是比喻性的。那些能在我们的语言中保留其优雅的词，我已尽力移植过来；但它们中的大多数必然不属于此类，因为它们只有在自己的语言中才能保持光辉。有时维吉尔的一行诗中有两个这样的词，而我们自己史诗的匮乏让我们最多只能感受到一个；这也应能补偿那些一个都没有的。这是因为语言的区别，也可能是因为我遣词技巧拙劣。而我敢说……考虑到这位伟大作者的方方面面，如果他生在当今的英格兰，也会说我努力让他说的那种英语。

270

德莱顿没有使用笨拙而模糊的**模仿**一词，但他的要点不变。"在当今的英格兰"，上述种种便是翻译工作的界限和典范，只有恪守中庸，他才能看到并实现。

歌德一生从事翻译。在欧洲文学的进程中，他翻译的切利尼自传、卡尔德隆作品、狄德罗的《拉摩的侄儿》可比肩最具影响力的作品。[1] 他不仅翻译拉丁语和希腊语，还有西班牙语、意大利语、英语、法语、中古高地德语，更有波斯语和南斯拉夫诸语。歌德的作品中也充斥着对翻译思想和技术的评论，他有不少诗作本身就是对翻译这个主题的评论或暗喻。深信生命的延续性，深信所有有形存在彼此间都有隐秘而和谐的交织和互联，歌德认为语言间意义和韵律的转达是普遍性的一个典型方面。他最著名的关于翻译理论性的论述出现在《西东合集》(1819) 的长篇附录中。虽然已被引用过无数次，但在我看来这一论述比多数人所想的更加困难而特异。

歌德与德莱顿一样，也采用三分法，但他的划分既按形式也按年代。歌德认为每种语言文学都必须经历三个翻译阶段。但这些阶段会反复出现，所以它们会同时出现在一种语言文学中。当然具体情况还要参考语种或体裁。

第一种翻译让我们熟悉外国文化，这是通过"用我们自己的意义"进行转达来实现的。平白、平淡的散文是最好的例子。用这种方式表达的外语内容，可以潜移默化地成为我们日常的、土生土长的感触（*nationelle Häuslichkeit*）的一部分。我们几乎不会意识到这股在我们周围流淌的崭新而令人振奋的感觉。第二种翻译通过替换来获取。译者吸收外语作品的意义，并用一套符合自身语言和文化环境的表达替换原文本。外来的形式被穿上了本土的外衣。但变形和具现的冲动控制着所有生命，因此第三种翻译是不可避免的。这个最高的、最终的翻译模式力求实现原文和译文的完美同一。这种同一意味着新的文本"并不是替代原文，而是占据了原文的地位"（so dass eins nicht anstatt des andern, sondern an der Stelle des andern gelten solle）。这第三种方式要求译者放弃他自身民族

---

[1] 歌德的翻译及其与其他语言的关系是很多专著的研究对象。皮里茨（Hans Pyritz）等人编著的《歌德文献目录》（*Goethe-Bibliographie*）(Heidelberg, 1963) 第八分册第十三节的条目 10081—10110 均为相关著述（第 781-783 页）。弗里茨·施特里齐，*Goethe und die Weltliteratur* (Berne, 1946) 是探讨歌德与其他语言文学关系的著名总论。但据我所知，对歌德的翻译及其对他本人写作和哲学的影响，还没有全面的研究。

特别的资质，由此能够催生出一种崭新的"第三天赋"（*tertium datum*）。这样的翻译必然会遭到大众的抵触，但它仍是最高贵的。另外，它对外语作品的深入领会，使它趋近于完全可信，几乎是"逐行对照"。在这方面，这第三种、最崇高的模式复归到第一种、最基本的模式上。这个"外文和母语、已知和未知"的循环和谐而封闭。

歌德的模型虽简略——也可能正因为简略——但也很复杂，而且并不是一目了然。从表面上看，第一种翻译似乎是直接介入。它的目的接近于一般的 *Dolmetscher*（翻译者），最终是提供信息。而歌德援引的例子是路德的《圣经》。他真是想说路德那带有强烈个人意识，有时武断乃至粗暴的解读，是某种将外国精神和知识体系悄然纳入德语中的谦卑风格吗？第二种翻译，按照歌德的说法，是"戏仿"（*parodistic*）这个词的本意。法国的前辈在这种借花献佛上是大师，比如德理伊神甫（Abbé Delille）不胜枚举的"翻译"。歌德在此处的态度明显带着鄙薄，而德理伊的仿写总体上看乏善可陈。不过歌德所描述的过程——从原文转变成译者使用的习语和参照系——无疑是基本的模式之一，也是"解读"这门艺术的理想。除了德理伊，歌德还提到了维兰德。从歌德其他作品和谈话中（比如《忆兄弟般的维兰德》）我们可以发现，他很欣赏这位创作了《奥伯龙》的人的工作。他知道维兰德对塞万提斯和理查森的模仿，对西塞罗、贺拉斯、莎士比亚的翻译，在德国文学中都具有划时代的意义。歌德的批评可能兼具道德和美学因素。"戏仿者"无疑丰富了自身的文化，对时代精神来说也是无价的；但他只取用那些符合自己感触和盛行氛围的东西，因而不能在我们的认识中注入全新的、难以驾驭的体验。这样做也不能保住原作独立的价值——它"疏离"的力量。

只有第三种译者能有所成。在此，歌德的例子是沃斯（Johann Heinrich Voss），他译的《奥德赛》（1781）和《伊利亚特》（1793）被歌德允当地认为是欧洲翻译中的瑰宝，也是构建德语希腊古风的力作。这第三种翻译把莎士比亚、塔索、卡尔德隆、阿里奥斯托带进了德语的视野，让这些"德语化的陌生人"（*eingedeutschte Fremde*）成为德国语言、文学觉醒的重要因素。这第三种方法，又称"变形法"，也是歌德本人在《西东合集》中所追求的。而他引述或提到的例子——沃斯、施莱格尔、蒂克、他自己——也是掷地有声。不过还是很难确定他描述的究竟是什 么。关键是"替代"和"占据"的区别。前者大概是"戏仿"，原文被削弱，翻译通过霸占得到虚假的权威。后者是共生关系，是一种保留了原文差异、特性的融合，同时又演化出了新的、更加丰富的构造。歌德和波斯诗人哈菲兹在变形的相遇中发挥了各自的能量。这种会面和相融发生在德语和波斯语"之外"——至少在德语"之外"——因其存在**止于**翻译那一刻**之前**。但在创作新的混合物或（更精确地说）实体时，两种语言都得到了滋养。

　　这样的转述也不尽如人意，还留下了相当大的猜测空间。歌德的评论某种程度上属于警句式作品。可以确定的是翻译的这种三重运动及其最终的循环（本雅明的"行间"[interlinear] 概念明显源于歌德）与歌德的核心哲学理念有千丝万缕的联系。翻译是变形的一个实例。它展现了球体或圆环向着和谐整体自然展开的过程，这是歌德在精神界和自然界均予以歌颂的对象。完美翻译和进化遗传学中有个共同的悖论：不必抛弃原部件就能实现融合或生成新形态。歌德发现（本雅明也发现了同样的事）为使原文保持活力，必须承担翻译的风险；如果不经受转变，它就会死去。作于1820 年的《个体与全体》的最后一节，集中表达了我们对翻译的需求：

> 创造的活动务须展开，
>
> 先成其形，然后变态；
>
> 暂停只是表面现象。
>
> 万物遵循着永恒的规律：
>
> 因为万物必须化为无，
>
> 若要在存在中保持恒常。[1]

---

[1] 中译取自钱春绮译本（冯至、钱春绮、绿原、关惠文译，《歌德文集·第08卷》，北京：人民文学出版社，1999 年，第310 页）。——译注

在各种三分系统中，罗曼·雅各布森的值得一提。[1] 它比德莱顿和歌德的都要宏大。但在这种新的"符号学的"普遍性中，还是能够看出旧框架的影子。

　　沿用皮尔斯的符号和意义理论，雅各布森假定，对我们这些"语言学家兼词语一般使用者，任何语言符号的意义都是将其翻译成某种更进一步的不同符号，尤其是一种'意义得到更全面展开的'（这个表达来自皮尔斯）符号"。因此，翻译永远是表意不可或缺的条件。对词语符号的翻译可分为三类。把某个词语符号翻译成同一语言中的其他词语符号，叫作再遣词（*reword*）。皮尔斯的模型表明，所有定义、解释都是翻译。狭义翻译（*translation proper*），或称语际翻译，是通过其他语言的词语符号对本语言词符进行解读。雅各布森分类的第三种是变译（*transmutation*）：在这个"跨符号"的过程里，语言符号通过非语言符号系统（图画、姿势、数学、音乐）得到解读。前两个分类在一些重要方面上是相似的。在一种语言中，只有极少同义词能完全对等。"再遣词"的结果必然会"或过或不及"；通过转换词语得到的定义是约略的、自指的。因此转述这个行为也是评估性的。"与此相似，在语际翻译这个层面，一般来说符号单元不会完全对等。"二者区别在于，"再遣词"旨在用一个符号单元替代另一个，"狭义翻译"则是替换被雅各布森称为信息（*messages*）的更长单元。译文是"汇报性的语篇；译者把自己从他处得来的信息进行重新编码和传送。因此，翻译涉及两种不同编码中的两条对等信息"。雅各布森用"涉及"这个比较平淡的措辞回避掉了根本的解释学难题：当编码**不同**时，说信息**相同**是否有意义？而变译这个分类则

明确了我在开始提到过的一点。翻译是解读，所以它能超越词语这个媒介。对翻译进行分析，实际上是在对理解，对陈述的全部潜力进行解释，它包含以下种种跨符号系统的形式：图表的标记，舞蹈对命题的"提出"

---

[1]　雅各布森，"On Linguistic Aspects of Translation"，载于鲁本·布劳尔编，*On Translation*。

或"论证"，文本的音乐背景，乃至音乐本身所表达的情绪和意义。我会在最后一章中对这类"介质"的一些范例进行考察。

雅各布森总结道，鉴于诗歌是由同义双关——其中的语音和语义单元的关系如双关语中的一样——所主导的，它"从定义上看"就是无法翻译的。唯一可能的是"创造性转述"：在同一语言、不同语言、不同媒介和表达法之间将一种诗歌形式转换成另一种。诗歌的例子固然重要，但对语言符号的每一次翻译在一定程度上都是"创造性转述"。我试图说明的关于语言的两个基本事实生动地展现在了这个短语中：创造和掩盖。进行"创造性转述"便是去改变事物的外观和联系。

可以说，所有翻译理论，不管是形式的、实用的还是编年的，都是对一个无法回避的问题进行的各种变相讨论：怎样才能，或应该怎样忠实于原文？源语言中的文本甲和目的语言中的文本乙之间最佳的关系是什么？这个问题已经争论了两千年，但除了圣哲罗姆给出的两个选择——对玄秘的圣典进行逐词翻译（*verbum e verbo*），在其他情况下进行意译（*sed sensum exprimere de sensu*）——之外，还有什么实质性的补充吗？

所有关于翻译技艺的论文都用了"字"对"神"、"词"对"义"这样的两分法。虽然如何翻译宗教典籍在翻译理论中是个特别而重要的问题，但很少有人恪守逐字翻译的原则。尼古拉斯·冯·怀尔（Nicholas Von Wylc）在 15 世纪中叶翻译拉丁文本时，要求词与词之间的完全一致："每个词对应另一个词"[1]。错误也必须被抄写和翻译，因为它们也是原文的一部分。[2] 另一方面，也很少有人像庞德那样奉行完全的自由模仿理论，他在《人物》中把诗歌定义为"一长串翻译，却不过是更精巧的面具"[3]。

我们经常能够看到因折中而生、为折中而生的论点。从艾蒂安·多

276

---

[1] 原文：ain yedes wort gegen ain andern wort。——译注

[2] 这段引述来自罗尔夫·克略普弗，*Die Theorie der literarischen Uebersetzung. Romanisch-deutscher Sprachbereich* (Munich, 1967)，而他又引自布鲁诺·施特劳斯，"Der Uebersetzer, Nicholas von Wyle" (Berlin, 1911)。

[3] 庞德，*Gaudier-Brzeska: A Memoir* (London, 1916)，第 98 页。

雷（Étienne Dolet）1540 年的《如何正确地将一种语言翻译成另一种》，到尤埃 1680 年的《论最优秀的翻译》，在字和神之间进行调和的理念和策略在 16 世纪和 17 世纪得到了贯彻。在这个时期里，法国在翻译理论上的领先绝非偶然：它反映了在拉丁语失势的欧洲（这个现象无疑激发人们寻找通行的翻译原则），法国文化在政治和语言上的中心地位。多雷给译者提出的五条准则或许来自 16 世纪早期的意大利语法学家和修辞学家李奥纳度·布伦尼。它们的优点在于显而易见。第一，解译者必须能够完美把握作者的"义和神"，必须对文本语言和自身语言有深刻的认识。第二，如贺拉斯所嘱，译者应该忠实于句意，而非词序。第三，如多雷所说，"（该说是粗野还是无知？）从句首开始翻译"[1] 是一种迷信。第四，译者要以创造平白的译本为己任，要避免加入新词、罕用语、玄奥复杂的句法（这都是 16 世纪学者和拉丁语使用者的最爱）。最后一条规则适用于所有优质的写作：译者要创造和谐的韵律（*nombres oratoires*），要造就甜美的、平滑的风格，以便夺取读者的耳朵和心智。[2]

277

多雷在更细致、更实用地阐明这些道理前就离我们而去了。而 1559 年出版于巴塞尔的一部鲜为人知但同样有趣的作品，为人文学者所倡导的翻译规范和中庸之道描摹了一幅全面的图景。它就是劳伦斯·汉弗莱（Lawrence Humphery/Humfrey）的《解读语言，或论对宗教及世俗作者的翻译和解释方法》（简称《解读》）。他是一名十分易怒也很有学识的清教牧师，曾任牛津大学莫德林学院院长。《解读》一书长达 600 多页，是一本对翻译的历史进行总结的论著，其中有很多部分无甚新意。但它也有原创之处，还以坚持援引实例而著称。与前人一样，汉弗莱将翻译模式分成三种：被他贬为"幼稚而迷信"的逐字翻译，自由或恣意改造，以及正当的中庸之道。他对中庸的定义值得引用，因为该定义把折中的

---

[1] 原文：(diray ie besterie ou ignorance?) de commencer sa traduction au commencement de la clausule。——译注

[2] 见马克·尚塞涅，*Étienne Dolet* (Paris, 1930)，第 230–233 页，第 272 页。

平庸提升到了方法的高度："中庸之道，可谓约而博，雅而信，两兼有之：非高标绝尘，非贱于秽土，乃简、平、和之道；非俭非奢，乃从俗之法。"[1]在简单和博学、优雅和还原之间的平衡，对文明之崇高的严格服从，使两方都不会偏废，这被汉弗莱凝结在了"适任"（aptitude）这个概念中。货真价实的译者追求"完美、纯净、允当"，但首先要追求的是适任。他通过选择能与自己感触相匹配的文本来实现这一点。他会在适任的引导下选择合适的风格。而最为重要的是，它能表明哪些语言能或不能进行有成效的接触。这是汉弗莱的原创观点之一。他按照由语言记录并表达的历史、哲学、文学，对"主要"和"次要"语言进行了区分。只有在"主要"语言之间，翻译才是有意义的。因此汉弗莱选择分析希伯来语、希腊语、拉丁语的对应文本。但即便是在主要语言间，也可能出现不适任的情况：因此他认为，西塞罗对希腊哲学术语的翻译通常不确而鲁钝。不过，在工作完成得当的情况下，译者便是最有价值的人，是解释学意义上的认识者："使言语可识而用之，则以译为上。"[2]

尤埃读过《解读》。他引用了汉弗莱，还有莫尔、林纳克、切克爵士；他认为这是少数几位对翻译有重要贡献的英国人。尤埃风格一致的原则与汉弗莱适任的观念十分相似："把亚里士多德翻译成西塞罗，是闹笑话；如果像杜鹃一样占巢产卵，排挤应被抚养的幼鸟，这不是翻译，是篡改。"[3]与汉弗莱一样，尤埃从实际出发探讨翻译理论：他在一次漫长、危险的路途中，在斯德哥尔摩皇家图书馆偶然发现了俄利根（Origen）从希腊语《〈马太福音〉评述》翻译过来的未出版拉丁语译本。尤埃也支持逐字翻译和自由转换间的中庸之道，他的学说对前辈的理论没有任何

278

---

[1] 原文：via media dicamus... quae utriusque particeps est, simplicitatis sed eruditae, elegantiae sed fidelis: quae nec ita exaggerata est ut modum transeat, nec ita depressa ut sit sordida, sed frugalis, aequabilis, temperata, nec sordes amans, nec luxuriam, sed mundum apparatum。——译注

[2] 原文：si linguarum utilis sit cognitio, interpretari utilissimum。——译注

[3] 原文：Traduisez Aristote en périodes cicéroniennes，vous faites une caricature; si vous imitez l'oiseau intrus qui ne se bornant pas à déposer ses oeufs dans le nid d'autrui，renverse à terre la couvée légitime, vous ne traduisez plus, mais vous interpolez。——译注

实质性的补充。合格的译者"必复原文精要。尽显作者真貌,无过亦无不及"[1]。然而他的论著远比汉弗莱的复杂,其中虚构了与三名杰出的人文学者的对话,包括当时的著名学者,波里比阿译者艾萨克·卡索邦。A.

279 E. 豪斯曼在给曼尼里乌斯作的序言中说他"是个异常精确、清醒、恶毒的批评家",尤埃亦然。他对把翻译误用为自我标榜的行为有敏锐的洞察力;他对沉浸于自己才华却牺牲掉文本的译者毫不留情。他对所有翻译中隐含的哲学问题有自己的见解,虽然它还未经雕琢:他的《论翻译》将这个词的认知意义得到了全面发挥。虽然尤埃说自己熟练掌握希伯来语、希腊语、拉丁语、科普特语、亚美尼亚语、叙利亚语以及所有欧洲主要语言可能言过其实,但毫无疑问他会多种语言,他对不同语言特性的评价也十分生动。这位未来的阿夫朗什主教至少在一个方面开辟了崭新的领域:他的研究有一部分讨论了科学翻译。他认为这是文明最紧要的任务,却一直被莫名其妙地忽视。作为一则罕见的例外,尤埃注意到了让·佩纳(Jean Pena)——杰出的数学家,欧几里得和特里波利斯的西奥多修斯(Theodosius Tripolita)有关球体论著的译者。科学文本对译者有特别的要求。"它们是教出来的,绝不是装饰出来的。"[2] 译者可能会碰到不能用单一、确定的解读进行释义的技术语汇。在此,尤埃建议,最好保留原表达的样子,并在空白处给出各种可能的解读和阐释。在一些方面,尤埃的论述与三个世纪后李约瑟在翻译中国科学和数学术语时给出的指导方针不谋而合。[3]

赫尔德、施莱尔马赫和洪堡在讨论翻译理论时用到的词汇和理论框架明显是新的。对可译性的争论现在完全成了认识论的一部分。17 世纪

---

[1] 原文:nativum postremo Auctoris characterum, quoad eius fieri potest, adumbrat; idque unum studet, ut nulla eum detractione imminutum, nullo additamento auctum, sed integrum, suique omne ex parte simillimum perquam fideliter exhibeat。——译注

[2] 原文:Ces choses s'enseignent et ne s'ornent point。——译注

[3] 莱昂·托梅尔,*Piere-Daniel Huet (1630–1721): Humaniste-Physicien* (Bayeux, 1949) 虽然业余而啰唆,但却是仅有的全面著作。第五章尤具参考价值。

比较语言学家可用的古典文献资料比当时所有东西都要专业。如今的主流是德语。正如德国诗人和学者常说的，翻译是德语本身"最深处的命运"(*innerstes Schicksal*) [1]。现代德语的演化与路德版《圣经》，沃斯版荷马，相继问世的维兰德、施莱格尔、蒂克版莎士比亚密不可分。翻译理论也因此有了前所未有的权威性和哲学性。

但在新术语和微妙心理之下，古典的两极分化依然如故。一切不过是对"字"和"神"两分法的改写，变成了译本与源语言和目的语之间应有的距离。好的翻译应该从本语言的边缘过渡到源语言，故意创造出疏离感、模糊感吗？还是说它应该中和掉外来语言的特点，以归属到译者和读者的语言中？赫尔德巧妙地通过对"释 – 译"(trans-lation) 进行文字游戏说明了这两种选择：翻译或是强调"译"(*Ueber*setzung)，旨在尽可能达成与原文的融合；或是强调"释"(Ueber*setzung*)，强调以自身语言进行重造。施莱尔马赫在区分 *Dolmetschen* 和 *Uebersetzen* 时也用了这个思路。他的原创性在于，他和荷尔德林一样，致力于重构外语文本的结构、语调成分。施莱尔马赫认为，深度翻译要求译者按照原文的词汇和句法环境调整自己的语言。因此便有了荷尔德林译索福克勒斯和施莱尔马赫译柏拉图的"希腊式德语"。而在实际操作（而非理论）中，这种共生翻译会让译者创造出某种特殊的中继语、过渡语、混合语，这也是 J. J. 霍廷格在他 1782 年深奥的小册子《论新翻译产物》中所呼吁的。

不过，古老的二元论仍然明显地存在着。弗洛里奥、多雷、汉弗莱、尤埃所用的比喻在这时仍然有效。译者和作者的关系应该是肖像画家和模特的关系。好的译本是一套新装，被它所包裹的形体能让人易于接受， 而又不会妨碍它进行完整的表达。因此，如弗洛里奥在给蒙田的序言中所说，"要让意义遵循形式"。如此保留内在构造，改变外在，就仿佛是**"毕达哥拉斯的灵魂转世（Metempsychosis）"**。叔本华也用更生硬的语言

---

[1] 对这个主题详尽的讨论，见 1962 年巴伐利亚艺术学会翻译研讨会会议论文集，以 *Die Kunst der Uebersetzung* (Munich, 1963) 为题出版。

表达了这个意思。在《附录与补遗》第三十五章，当遗憾地发现无论如何辛勤和聪慧，都不能把法语的"站"（être debout）转变成德语的"站"（stehen）后，叔本华抱怨道此处所需要的不亚于"灵魂的转移"。"衣装要新，内在形式要保留，"维拉莫维茨在 1891 年为欧里庇得斯的《希波吕托斯》写的绪论中说，"每次翻译都是正确的歪曲。更尖锐地说，它保留灵魂，但改变躯体：真正的翻译是灵魂转世。"[1] 字符改变，而神韵不仅无损，还得到更新。这准确再现了圣哲罗姆在自译《以斯帖记》序言中使用的著名意象——被捕获的意义："他以征伐之势，掳彼意入此语如获俘。"[2]

问题是，**怎么做**？怎么实现这种理想的介入，又怎样将其系统化？译者是通过什么实际操作创造出了两极平衡的微妙时刻？或用沃尔夫冈·沙德瓦尔特的话说："他的表达方式已经无疑是希腊语，又怎能还是货真价实的德语？"

我们会发现成果有很多，但分析诊断却很罕见。

斯蒂芬·麦肯纳（Stephen Mackenna）细致地记录了自己在语言间的内心活动，耗费大量脑力思考"字"与"神"的关系，在这些方面没有其他译者能够望其项背。他废寝忘食、殚精竭虑地翻译普罗提诺的《九章集》。五卷鸿篇巨制于 1917—1930 年间问世。这项孤独、浩大、回报惨淡的工作成为现代英语散文中的一部杰作，也成为英语正统的感性形式的一部分。它还是"博学诗学"的代表，是精确的再造性解读之典范，其中翻译事务的方方面面都得到了检验。多兹对麦肯纳的日记和通信进行了很好的编辑，这让我们得以窥见这个逐渐深入的过程。

麦肯纳与其他充分思考过这个问题的人一样，支持的是并行文本，但他希望的是自由并行。他在 1919 年写道，"我的全部证词是：在为古典文献服务上，没什么比得上最优秀的自由翻译——当然要有全面的知

---

[1] 原文：Jede rechte Uebersetzung ist Travestie. Noch schärfer gesprochen, es bleibt die Seele, aber sie wechselt den Leib: die wahre Uebersetzung ist Metempsychose。——译注

[2] 原文：Sed quasi captivos sensus in suam linguam victoris jure transposuit。——译注

识做支持——辅以严谨的文本。原文能够提供改正或保证；而**我**认为，自由译文能使读者更好地理解自己希腊语或拉丁语的程度——当然，我指的是无瑕的自由，基于严格保留原意的自由"[1]。麦肯纳发现自己不能理解那些"看上去满足了通行'字面意思'的翻译：给我一个由知识渊博的人给出的自由译本，我通常能欣喜地发现，从其自由中，我几乎能逐字重构希腊语原文。"他继续说道，逐字翻译本身就是可疑的杂烩，它"或是一，利德尔－斯科特希英词典中的英语；或是二，由伊丽莎白时代英语、詹姆士一世时代英语、童话风格英语、《圣经》英语、现代俚语（不是指词，比这还糟，是指短语或结构）组成的杂种"[2]。在1926年10月15日一封里程碑式的信件中，他陈述了自己对古典文献译本适当的现代感的看法，它几乎具备定义价值。所有的风格都必须是现代的："柏拉图之于柏拉图是现代的。"如果译者在开始工作的时候看看原来的作者，很容易就能感觉到"**跟过去的情形相似，造句的方法**也应该符合当今语言……当然这里也应该小心：造句太过古旧不好，用词亦然；不只是古旧，固执于简略和用力的也不好"。麦肯纳借用赫伯特·斯宾塞的话来说明自己理想中的翻译："我认为最大的原则是：'带着对文本及其情感的足够尊重，去**避免**（或尽力减少）**摩擦**。'"

虽然麦肯纳以前无古人的明晰，和对实际文本的坚定责任感来探讨翻译本质的问题，他也深知这种技艺还有很大一部分模糊、"奇迹"的边缘地带。1907年12月5日的一条日记就隐含着灵魂转世的暗喻："每次我再读普罗提诺时，都能感到原有的震撼和热切期待：仿佛我就是为他而生的，我无论如何都要在某时将他高贵地翻译出来：我的心从未游移，一直向着普罗提诺，每一次离去都转动、牵拉着伸长的锁链。"在翻译工作进行到后一阶段时，他可以恰当地说："我对普罗提诺所做的是个奇迹，它把像个木塞一样在你岛湾（Bay of Islands）的波涛中沉浮、翻滚、若隐

283

---

[1] E. R. 多兹编，*Journal and Letters of Stephen MacKenna* (London, 1936)，第154-155页。

[2] 同前注，第155-156页。

若现的心灵不断平稳下来。"[1]

但这"奇迹"从不完整，每次翻译都有缺憾。最佳情况下，尤埃说，翻译能通过积累自我修正，不断接近原文的要求，不断画出更接近的切线，但不可能有完全的外接。通过认识无尽的不足，会产生出一种特别的伤感，它回荡在翻译的历史和理论中。德国诗人、虔敬派教徒马蒂亚斯·克劳狄乌斯说："着手翻译即拙译。"[2] 这个文字游戏虽简单，却无法翻，但其意象是长存的。翻译有一种独特的悲苦（*miseria*），巴别塔之后是哀伤。奥特加·伊·加塞特对此进行了最好的解说，而这个主题和这项技艺一样古老。

塞内加、圣哲罗姆、路德、德莱顿、荷尔德林、诺瓦利斯、施莱尔马赫、尼采、庞德、瓦莱里、麦肯纳、罗森茨维格、本雅明、蒯因——这基本涵盖了所有对翻译提出过本质性见解或新见解的人。与实际操作的丰富截然不同，理论思考仍然十分有限。为什么会这样？

二

在文学的历史和理论中，翻译一直不是最重要的问题。如有探讨，也是在边缘地带，对《圣经》正典的传播和解读的研究除外。但这明显是一个特别的领域，翻译问题在其中只不过是解经学更大框架的一部分。关于翻译的论著在定义和影响上，没有什么能比得上亚里士多德的《诗学》或朗基努斯的《论崇高》。只是在最近（1953 年国际译者协会在巴黎建立），译者才完全确立了自己的专业地位，发出了全世界范围内合作的呼声。瓦莱里·拉尔博把之前的译者形容为教堂门外的祈求者，这是非常准确的："译者无人问津；活在最低贱的地方；靠微薄的小钱过日

---

[1] E. R. 多兹编，*Journal and Letters of Stephen MacKenna* (London, 1936)，187 页。

[2] 原文：Wer uebersetzt der untersetzt。其中 uebersetzt 意为"翻译"，untersetzt 原意为"矮胖的"。——译者注

子。"[1] 即便在今天，考虑到翻译的难度和重要性，其经济回报也可怜得匪夷所思。[2] 虽然联合国教科文组织每年发行的《翻译索引》表明，译文的数量和质量都在急剧增加，虽然在不发达世界里，翻译可能是知识竞争和意识觉醒的最有力手段，译者本身却只是幽魂般的存在。他的名号悄无声息地存在于标题页的背后。谁会去看他的名字，或满怀感激地欣赏他的付出？

总体上看情况一直如此。如果弗洛里奥和诺斯译的蒙田和普鲁塔克不是被莎士比亚所用，他们能否在英语文学中占据渺小的一席之地也未可知。查普曼译的荷马在济慈的十四行诗里存留下来，虽然沾染上了原不属于它的色彩。又有谁知道那些翻译了培根、笛卡儿、洛克、康德、卢梭、马克思的重要译者？谁让不认识意大利语、德语的人能看马基雅维利和尼采？在这些例子中，翻译都具有决定性的意义，它让区域性的一跃成为普遍的。我们会谈到《少年维特之烦恼》"无法估量的影响"，或者威弗莱系列小说重塑了欧洲人对过去的认识。而对那些翻译歌德和瓦尔特·斯科特的人，我们又记住了什么？谁真正促成了那些影响？小说史和社会史都会讲述费尼莫尔·库柏和狄更斯对欧洲的影响，但不会提到奥古斯特－让－巴普蒂斯特·迪福康佩（Auguste-Jean-Baptiste Defaucompret），是他的翻译让这些影响成为可能。法国、俄罗斯、地中海地区的拜伦风，主要是阿梅岱·毕朔（Amédée Pichot）译作的结果。莫特（Pierre Antoine Motteux）、斯莫莱特（Tobias George Smollett）、蒂克将塞万提斯分别译成法语、英语、德语，才有了堂吉诃德这个广为人知的、饱满的文学形象。而只在最近，译者——如康斯坦斯·加奈特、C. K. 斯

285

---

[1] 原文：Le traducteur est méconnu; il est assis à la dernière place; il ne vit pour ainsi dire que d'aumônes。——译注

[2] 对 20 世纪 50 年代晚期和 60 年代早期这个状况的诙谐说明，见理查德·霍华德，"A Professional Translator's Trade Alphabet"，载于 *The Craft and Context of Translation*。还有很多材料可见于瓦尔特·魏德默，*Fug und Unfug des Uebersetzens* (Cologen-Berlin, 1959)。

科特·蒙克里夫、亚瑟·威利——才摆脱寂寂无名的奴仆身份，逐渐走向台前。即便如此，译者也经常被当作靶子：他们让我们得以接触陀思妥耶夫斯基或普鲁斯特这件事之所以得到强调，只是因为其作品需要回炉。

我们只要驻足思考一下，就会发现对于思想的历史、文体的历史、文学或哲学传统来说，翻译这项事业明显是不可或缺的。但是在最近几十年里，才有人特别关注有关意义转换的历史和认识论（这在技术上可以被称为"历时解释学"）。哲学、科学、心理学术语的发展是怎样依存于对其原始的、定义的陈述的不断翻译的？西方柏拉图主义、"社会契约"概念、共产主义运动中的黑格尔辩证法的演化又在何种程度上是有选择的、变动的，乃至完全错误的翻译的产物？柯瓦雷对哥白尼、伽利略、帕斯卡译本的探究，伽达默尔对康德和黑格尔关键术语在理论和实际可译性上的探索，J. G. A. 波考克对从佛罗伦萨文艺复兴到洛克和柏克的政治语汇传承的研究，都是开天辟地的工作。直到现在，对思想史语言方面的理解，对制度的比较研究都只是初步的，但它们无疑非常重要。不能掌握翻译的本质，就不能理解这些回路中的电流。"社会的交流网络不可能完全封闭，在某个抽象层面上适当的语言也会在另一个层面出现、重复，旨在发挥特别功能的规范会从自身环境中迁移到其他环境，以发挥另外的功能，这些都部分因为政治社会的多重性。"[1] 这种"多重性"决定了思想的历史。网络的开放，规范的迁移都是翻译的直接功能——先是在语言内，而后到其他语言中。而这种功能一直都寂寂无名、位居次席，这实在奇怪。

因而，翻译诚然是个重要但被忽略的话题；如阿罗史密斯和沙塔克在为德州大学研讨会转写的论文序言中说："关于翻译的有智慧的评述……似乎不存在或很稀少，它们被塞在无人问津的角落里，它们的论点分散。重要的、全面的先驱性论著还没有被写出。"

但"翻译"算是真正的学科吗？这种材料及其内在秩序，是理论分析（这与历史性研究和描述性评论完全不同）能够处理的吗？或许抽

---

[1] J. G. A. 波考克，*Politics, Language and Time* (New York, 1971)，第 21 页。

象意义上的"翻译"并不存在。实践成果太丰富、太不相同,似乎不存在一个单一系统能将它们都容纳进去。我们可以考察并总结从利维乌斯·安德罗尼库斯译《奥德赛》到现在的文学翻译实例,我们可以检验科学和哲学术语翻译的变迁。我们也可以收集能够反映商业、法律、外交翻译发展的记录,并研究译者以及他们在经济社会史中的作用——这也会很有趣。被认为于公元2世纪兴盛于亚历山大里亚的翻译学校,或在9世纪的巴格达由侯奈因·伊本·伊沙格(Hunain ibn Ishaq)领导的翻译学校,也值得分析和比较。主要哲学、文学文本的"谱系"亟待证实:即对某原文彼此接续的、相互关联的译本进行修订,以在足够的材料支持下,说明其传播、影响、解(/误)读的历史。但这些研究领域,以及它们中有待完成的几乎所有事务,只能提供特设的、偶然的解释:它划定的是有局限性的、经验的现象或现象集合,不存在公理性的东西。

译者的理论武装似乎很薄弱,而且往往是经验之谈。研究翻译或翻译史的人创造的或多或少是一种对具体案例的有信息量、有见地的评论。我们对亚里士多德或盖伦的各种阿拉伯语译本进行搜集和评判。我们将罗伊·坎贝尔对波德莱尔十四行诗的英语解读与洛威尔和威尔伯的版本进行比较。我们把斯特凡·格奥尔格的莎士比亚与卡尔·克劳斯的等量齐观。我们会追随席勒把拉辛的亚历山大格版《费德尔》转换成六步格。我们会问列宁对经验批判主义的论述如何通过乌尔都语和萨摩耶德语得到重塑。阿罗史密斯和沙塔克说:"因此,急需的是对适用于不同'体裁'的原则——它们都在历史中有所表现——进行耐心的、有说服力的阐释,也要认识到它们不同的功能、各自的价值和缺陷。"毫无疑问,这个目标是重中之重,也需要深厚的学识和语言功底。但这样的阐释并不能构成"翻译这个学科"形式化的、理论性的研究。它既不能建立关于普遍结构的系统化模型,也不能证明语际意义传达在认识论上的合理性。

或许不可能存在这样的系统化模型。研究可能只能局限于对描述性文字的耐心积累,对按时间、地点、体裁排序的实际作品的收集。用个不太恰当的比喻,翻译这个学科可能只能达到林奈意义上的形式化,而不可能得到孟德尔式的形式化。

　　但即便从最低微的角度出发，即便我们把对翻译的研究看作是描述、分类性的，而非理论性的（"理论"意味着可以进行归纳总结、预测，可用反例证伪），也会出现一个致命的难题。在绝大多数例子中，用以研究的材料都是成品。摆在我们面前的是一份原文和一或多份可供探讨的译文。我们的分析和判断是从外部进行的，它们发生在事实后。对译者实践中的生成过程，对规定性的或纯经验的原则、手段、惯例，我们无从知晓，而它们却控制着译者在相似物之间的选择，在不同风格、不同词汇间的选择。我们无法或基本不能进行解析。大多数翻译活动并没有留下记录，只因为它们注定粗制滥造。厄克特的拉伯雷中没有"次品"。阿米欧的普鲁塔克没有草稿。[1] 在为钦定版《圣经》做准备的浩如烟海的草稿、试作、订正中，也只留下了一小部分简短记录。[2] 蒲柏译荷马是第一批留下了手稿的杰出译作。[3] 但即便到了 18 世纪以后，记录还是很稀少。在切斯特顿对杜·贝莱的《幸福啊! 尤利西斯……》[4]（"Heureux qui, comme Ulysse…"）异常具有感召力的译本背后，在歌德对孟佐尼《五月五日》（"Il Cinque Maggio"）的完美翻译背后，有哪些错误的开始、联想的弧线、思维和手的涂鸦？

289　　只是在最近，翻译的"解剖构造"和原始资料才能得到系统性的审视，这是该领域的革命。我们有庞德写给 W. H. D. 劳斯的探讨荷马翻译的信；菲茨杰拉德为自译《奥德赛》写的附言，用以记录某些选词和弃用；纳博科夫的回忆录充满反讽，为不小心的人设满陷阱，但又极具启发性，记录了他英译《叶甫盖尼·奥涅金》的过程；皮埃尔·莱利斯简

---

[1]　见勒内·斯图雷，*Jacques Amyot* (Paris, 1908)，第 357-424 页，第 440-594 页。

[2]　见沃德·艾伦编，*Translating for King James* (Vanderbilt University Press, 1969)。

[3]　蒲柏的荷马手稿现存于大英博物馆（Brit. Mus. Add. MS. 4807）。其中少部分内容被复制在了忒肯汉姆（Twickenham）版第十卷附件 C 中（London & Yale University Press, 1967）。

[4]　译名参考自程曾厚编译《法国抒情诗选》（北京：商务印书馆，2013 年，第 127-129 页）。——编注

短而犀利地评述了他对霍普金斯的翻译；克里斯托弗·米德尔顿的《论翻译弗朗茨·蒙的一篇文本》发表于 1968 年第一期《德洛斯》(*Delos*)；约翰·弗雷德里克·尼姆斯在他的文集《翻译中的诗歌》中对翻译职业和理念进行了描述；帕斯存有翻译马拉美《ix 韵十四行诗》西班牙语版的工作笔记，载于《德洛斯·4》。拉尔博保存在维希的档案内容丰富、尚待研究，有他翻译《白鲸》和《尤利西斯》法译本的过程记录。贝克特及其学生——其中有萨特和保尔·尼赞——进行"安娜·利维娅·普鲁拉贝尔"法译工作尚存有不完全的一手资料。译者自 20 世纪 20 年代起，开始有意识地保存自己的草稿、试译、"模型"，在二战后，他们的保存更趋系统化。米歇尔·布托尔似乎不太可能毁掉他为《芬尼根守灵夜》寻找法语对应时用的活页本，安东尼·伯吉斯在向意大利语版进发时的尝试大概也不会被销毁，它们——笔记、草稿、待校稿、最终校样、所有的所有——都会留在某些美国大学的保险库里。未成形的东西让我们着迷。

　　虽然新的记录能让我们对译者的活动，对这项技艺的实际操作方式进行距离更近的、更有技术和心理依据的观察，我们的分析仍然是描述性的、散碎的。虽然个案的数字和透明度在增加，但这个领域仍不具备形式上的严格性和延续性。它仍然"受到品位和性情而不是知识的左右"[1]。阿罗史密斯和沙塔克论文中对这个领域言之凿凿的推断——逐渐系统化，从局限性向普遍见解和稳定理论过渡——几乎完全是错的。"从一种语言翻译到另一种，"维特根斯坦说，"是项数学任务，比如，把一首抒情诗翻译成外语，与解决一个数学**问题**十分相似。某人可能会形成这样的问题：'这个笑话（以此为例）如何被另一个语言的笑话翻译（替代）？'而这个问题能被解决；但没有系统化的解决方法。"[2] 理解维特根斯坦提出的这个区别，领会"有解答"但"没有系统化的解答方法"可

290

---

[1]　E. S. 贝茨，*Intertraffic, Studies in Translation* (London, 1943)，第 15 页。
[2]　维特根斯坦，*Zettel*, 698 (Oxford, 1967)，第 121 页。

以同时存在（维特根斯坦用数学——一种有解答但是没有系统解答法的数学——做类比展示了这个精妙而复杂的想法），是极为重要的。我相信，这个区别不只适用于翻译本身，还适用于我们对它进行的描述和评判。本书的其他部分旨在尽可能清晰地说明这个问题及其原因。

这些原因显然在本质上是哲学性的。[1] 我们已经看到各种翻译理论——如果有像理想配方一样的东西的话——是如何千篇一律地围绕着"字"和"神"、"词"和"义"的二元对立展开。它们都预设这种两分法有值得分析之处。这是一个重要的认识论缺陷和花招。即便是在思想史中认识论充满尖锐批评和自我批评，"词"和"义"关系的本质受到严格审视的时期，在有关翻译的论述中，这个问题仿佛都不值一提、业已解决或是事不关己。"毋以字译，当以意译"（*non verbum e verbo, sed sensum exprimere de sensu*）这句话不管变成什么样，它所预设的前提都是需要证明的。它意味着词汇单元有字面意思，这些意思可以被想象为纯词汇环境中的一个个单词；而它们不同于信息的"真意"，对它们进行直接转换会掩盖"真意"。根据自身逻辑思维的复杂程度，探讨翻译的人或多或少会用超验的方法处理"意义"一词，而根本的图景通常仍是粗糙而模糊的。"意义"居于原文本的"词语之中"，但对母语读者而言它明显"远不只是"词典释义的总集。译者必须表明这种潜在的"含义"，表明这些意义外延、内涵、推理、意向、联想的范围，它们都隐含在原文中，却没有得到或只是部分得到公示，因为母语听者、读者能很轻易地理解它们。母语使用者的自如很大程度上是潜意识的，来自他的语言及其所特有的文化，来自他对适当的口语或书面语言环境的长期浸淫，这使得他惯用的言语和行文能够言简意赅、心照不宣。而在翻译的"转达"过程中，内在的含义，通过语言环境浓缩在原文之"内"的各种（甚至

291

---

[1] 原来的人可能会说是"神学性的"。这个转变出自术语"地位"的变化。但罗森茨维格和本雅明拒绝接受这种习惯的变化，也不承认这种潜在的分化，这让他们论翻译的作品具备了独到的深邃和重要性。

相互矛盾的）意义，或多或少地丢失了。因此翻译的工作方式首先是解释，竭尽所能地把原文的语义内在解释（严格地说，是"明示"）出来，使它得到生动表达。译者力求展现"业已存在于此"的东西。因为解释是附加性的，它不能只重复原文，而必须为自己创造一种有说明力的文本环境，创造一个供可理解的衍生物进行自我实现的空间，所以翻译会造成膨胀。认为原文和译文有共同的外延是不合理的。在自然形态下，译本会超越原文，或如蒯因所言："从关于翻译的意义的理论角度来看，分析假设最明显的一个特征便在于它超出了土著人言语行为倾向所蕴含的任何东西。"[1]

这是不可避免的，因为认识论和形式基础薄弱，不足以让我们探讨与"词语"不相协的、对"词语"有所增补的"意义"。最根本的论点不是分析性的，而是循环性的，是严格意义上的"绕圈话"。对"意义"发于"词语"、内在于"词语"、超越"词语"的过程，它假定我们能进行可分析的理解。而翻译所要证实或实现的正是这种理解（此处所涉及的循环让沃尔夫的断言显得十分重要却脆弱不堪）。换言之，从西塞罗和圣哲罗姆到如今，对译者重构的可信度之范围和质量的争论，在哲学上都是幼稚的，甚至是虚假的。它假定了"词"和"义"的语义两极，继而探讨对"中间地带"的最佳使用。这种粗糙的设计无疑反映了我们在自然言语中的行为方式。它与指涉（"查证"）的双重性相符，也与广泛存在的语意反复（这是大部分自然会话的动力）相符。用蒯因的话说，"直觉本身是无可指摘的"。对于词语和世界的关系问题，逻辑学和形而上学仍然只能给出临时的、经常相互矛盾的答案，而翻译理论很大程度上是文学性的、特设的，因此也不应责怪它没能为这些问题提供解答。关于理论，问题在于它们运作自如，**仿佛**这些关系问题都被解决了，或者仿佛答案十分明显，可以通过翻译活动本身得到推断。实践还会继续，也

[1] 蒯因，*Word and Object*，第 70 页。译者按：中译取自陈启伟等译本（《词语和对象》，北京：中国人民大学出版社，2005 年，第 71 页）。

必须在这些**仿佛**下继续，但理论不能这么随意。

值得注意的是，现代现象学的发展对以下两个领域的交叠进行了强调：翻译理论和对意义、含义的一般研究。胡塞尔、梅洛－庞蒂、列维纳斯的术语和概念论断，让所有关心翻译本质的人都能对同一和他异性、意向性和意义这些概念，产生更全面的意识和更有责任感的忧虑。当列维纳斯说"意义超越指名"[1]时，他几乎把所有言语行为都与翻译等同了，像这本书最开始的那样。[2] 现象学本体论与对意义"可译性"的思考十分相似。

但是逐渐增加的相互作用——一方是认识论和逻辑学，另一方是翻译－解释理论——能够保证我们得到系统性的理解吗？而此处所谓的"理解"又是什么意思？

假设我们以最有力的形式提问："什么是翻译？""人的心灵如何从一种语言移向另一种语言？"能得到什么答案？为了让这些答案可信（或可能），必须先确立什么？迄今为止，翻译理论和分析进展无碍，仿佛我们已经知道了这个问题是有价值的，或者参考心理学、语言学或其他已确立的"科学"的进展速度，仿佛让这个问题具有价值的必要知识迟早都会被掌握。但我相信，与此相反，我们对自己正在问什么，有意义的答案会是什么样子，既没有精确的了解，也没有足够的信念。这个问题，其可以想见的答案，以及我们对它们之间关系的感觉，都存在根本的不确定性。这也是对所有前文的总结。

三

翻译"理论"、语义转达"理论"必然是下列两者之一。它或要以

---

[1]　原文：le langage est le dépassement incessant de la Sinngebung par la signification。——译注

[2]　列维纳斯，*Totalité et infini* (The Hague, 1961)，第 273 页。另见第 35-53 页，第 179-183 页，第 270-274 页。

意图明确的、以解释学为导向的方式，为**所有**有意义的交流，为语义沟通的总体（包括雅各布森的跨符号翻译，或"变译"），指定一个工作模型；或者是这种模型的一个分部，与语际交流，与语言间有意义信息的发送和接收有特别的联系。我自己的偏好已经在前几章说得很清楚。"总体化"的指定更具指导性，因为它认为不管是在语内还是语际，所有表达性发言和解读性接收的过程都是翻译性的。而第二种用法——"翻译涉及两种或多种语言"——的优势在于它开门见山、接受度更广；但我相信，其局限性有害无益。不过，这并不是关键。两种"理论"概念，不管是总体化的还是传统而具体的，只有在与"语言理论"关联后，才能得到系统化的应用。这样的关联有两种。它或是完全重合或同等，即"翻译理论实际上就是语言理论"；或是严格的形式依赖，即"语言理论是整体，翻译理论是其中一部分"。几何学认识的总体，与对所有可想象空间中所有尺度的性质和关系之研究完美对等。这便是第一种关系。某种特别的几何学，比如射影几何，严格来自更宏大的几何科学，是它的一部分。这是第二种。但如果没有"关于几何或各种几何体的理论"，就可能既没有"射影几何理论"，又没有"几何意义理论"。

294

这虽是老生常谈，但也值得强调。甚至在删因动用"什么是'理论'"这个有所助益的框架时，都不够谨慎。提出翻译如何可能、如何实现的成熟理论，并对它涉及的心理属性和功能构建可靠的模型，均需要一种系统性的语言理论做**前提**，翻译理论或与它完全重合，或来源于它，是它根据可证实的演绎和应用规则推导出的特例。我认为这是无法回避的。但事实是，仍然没有这种语言理论（关于这个短语在此究竟意味着什么，也没有足够严谨的考察）。在这种理论需要设为公理和下定义的关键之处，可用的证据远不够稳固，在统计上也不全面，更不能被实验所控。它们主要由散碎的数据、对立的假设、直觉的猜想和各种概念构成。在重要问题上——重要是指对系统化地理解翻译本质而言——语言学仍然基本处于假设阶段。我们有一些测量结果，有一些有才的把戏，有一些宏远的猜想，但没有欧几里得的《几何原本》。

295

每次理解都是主动的解读。最直白的陈述（"直白"又是什么？）都有解释的空间，都需要被解码，它意味的可能比所说的更多或更少，还可能意味着其他的东西。让人不禁怀疑的是，自然语言中是不是很少有纯粹的重言式。因为发生在不同时间点的重复的话均不能保证在逻辑以外对等。因此，语言产生——在语法允许的前提下，人们会想说"语言是"——多余的意义（意义是语言劳动的剩余价值）。在以言表意的过程和方法中，存在着本质上的不对等。这里可能有一个深邃而玄奥的线索，指向其起源问题的答案，而如我们所见，关于这个问题几乎没有什么有意义的解说。方法和产出的不对称是语言的逻辑属性，也是其进化属性。

据估算，成年人的语言有 97% 都受左半脑控制。这种差异也体现在颞叶上表层的解剖构造上（在 65% 的实例中，左半脑颞平面比右半脑长三分之一）。[1] 考虑到绝大多数人都是右利手，这种似乎由基因决定的不对称就更为醒目。相关证据可见于已知最早的石器。在其他灵长类动物和其他物种的大脑上，不存在这种不平衡。E. H. 勒纳伯格在《语言的生物基础》中认为，不对称和语言起源间可能有复杂的生物基因和解剖学联系。也许这一点可以推而广之。

据猜测，原始人类在中新世晚期或上新世早期从树上到地面。这会让社会交往变得极为丰富和复杂。依赖呼喊的系统已经过时，语言取而代之。（此处又有个奇妙的不对称或"差误"：人耳对频率为 3000 赫兹的音高最为敏感，而一般男人、女人、儿童的语言发音至少要比这低两个八度。这可能意味着呼喊和语言在临近的频段曾经共存很长时间。）一些人类学家认为，"真正语言"的出现更为突然，与上一次冰期末尾，工具制作突然变得复杂而多样的现象同时发生。上述假设都没得到证实。但也可能这些假设都没有发现不对称的全部真意。巴甫洛夫常被援引的信

296

---

[1] 见诺曼·贾许温德与沃尔特·列维茨基，"Human Brain: Left-Right Asymmetries in Temporal Speech Regions"（*Scinece*, CLXI, 1968）；以及诺曼·贾许温德，"Language and the Brain"（*Scientific American*, CCXXVI, 1972）。

条确实值得铭记：人类的学习和语言过程与动物的不同。复杂性的增加足以造成质的飞跃。我们巧舌如簧，已经远超生存需要。我们用话语表达无尽的意义。过剩的来源，再加上大脑皮层的不对称这个解剖结构上的对应，产生了新的"盈余"。不对称——在这个词意义的核心，大脑的配置是主宰——是引线，它引起了不和谐，开始了人类意识的对立统一。言语是这种不平衡的结果和维持者。解读（翻译）通过征服媒介，将其随机化，让创造性"盈余"的力量得到保留。它把私人意向的活动、一词多义，限制在一个人们能够达成粗略一致的范围里。在某种模糊之中——它既是本体论层面的，而在反讽的、习惯的层面上，又是政治或社会的——我们说着左，做着右。而翻译会介入；它对永不停息的离散之力加以限制。不过，这当然也只是猜测。

对语言功能在人脑中构造的全部了解几乎都来自病理学研究。在异常状态下，在进行脑部手术时，通过对裸露的脑组织进行电信号刺激，通过观察药物对脑部活动或多或少得到控制的效果，我们得到了这些记录。我们对语言如何"坐落于"、生成于脑部的全部学说，几乎都推断自 297 对言语失调和坏死组织的研究所得到的证据。这些证据篇帙浩繁，始于保尔·布罗卡在 19 世纪 60 年代写就的数篇著名论文。我们对脑部的某些控制力了解很多，如某些言语功能受到大脑皮层特定部分的单向控制。布罗卡区（左半脑第三额回）的损伤会引起一种特别的失语症。发言变得含混而跳跃；连词和词尾缺失。韦尼克区——在左半脑外部，位于布罗卡区后——的损伤，会引起另一种完全不同的失语症：语言仍然敏捷而合乎语法，但缺乏内容。患者会用无意义的词和短语替代那些应在正常情况下说出的内容。不正确的声音鸠占鹊巢，挤掉了正确的词。而晚于布罗卡十年，卡尔·韦尼克提出了一个奇妙的推论：这种失语症可能与新词和暗喻的产生相似。在很多已知案例中，词语或语音错乱（不受控制的替换）的产物上几乎能看到灵感的影子。从某种意义上说，伟大的诗人、文字游戏专家是能从韦尼克失语症中进行归纳和选择的人。乔伊斯《尤利西斯》中"水手辛伯达"[1] 一段便是很好的例子。但有一个至关重要的区别要注意：韦尼克区受损后，对非词语信号、音乐信号的正常听觉接收不受影响，但理解却受到了严重的削弱。而两个区域完好无损但联系中断时，会造成传导性失语症。病人会说出流利但异常的言语，理解力基本不受影响，但是不能复述听到的口语。

对这些失语症和脑部神经生理学其他方面的研究，让我们能构建出关于语言组织的模型。布罗卡区和韦尼克区的功能也就按照收听语言或阅读语言得到了区别。例如，在某个词被阅读到时，左半脑后部的角回

298 会收到来自大脑皮层初级视皮层的刺激。在经过"转换者"后，该信号会在韦尼克区唤起它所对应的听觉形式。如果要说出这个词，这个"流"会反向移动，从韦尼克区到布罗卡区。[2]

只是知道这些，掌握足够建立这种模型的证据，也是了不起的成就。但这绝不能说明神经生理学方案和对病理状态深入的分析、处理能让我们完全理解人类言语的产生。了解一个过程是如何形成的，为一系列操作绘制出一张流程图，并不必然等于知道相关能量的本质。现象能得到映射，但这种映射可能只关乎表面。如教科书所说，第三额回将听觉输入信号"转变"成视觉–词语输出或反馈，这只是用一套语汇替代另一套。与笛卡儿生理学的"动物精神"不同，新的电化学语汇让医疗变得合理而可行。这是无可估量的进步，但这是经验性的一步，而不必然是分析性的。虽然我们的叙述能够引出有益的、可被实验证实的治疗技术，但我们并不知道我们在谈论的**是什么**。

---

[1] 见于《尤利西斯》第三部近结尾处（萧乾、文洁若译本，上海：上海三联书店，2009 年，第 1468 页）。——译注

[2] 见 O. L. 赞格威尔，*Cerebral Dominance and Its Relation to Psychological Function* (London, 1960)；T. 阿拉茹阿宁，*L'aphasie el le langage pathologique* (Paris, 1968)；A. R. 卢里亚，*Traumatic Aphasia: Its Syndromes, Psychology and Treatment* (The Hague, 1970)。有人认为右半脑有限的言语能力能够在极为初级的层面上反映语言；关于这个有趣的假说，可见于 *New Scientist*, LIII, 1972, 第 365 页，对 M. S. 加扎尼加成果的报告。相关发现最早出现于 *Neuropsychologia*, IX, 1972。

概念构成的动力机制是什么？感觉刺激信号是怎样变成适当的词语单位，或与之匹配的？视觉、听觉、嗅觉、触觉感知本身在何种程度上是由（预先设定好的、能自我调整的？）词语的母质所引起和限制的？词语或信息单元是如何得到"储蓄"的？能确保输入—归类—召回—发送流程的以正确顺序出现的扫描和记忆的电化学机制是什么？言语是不是在古皮层区域和新皮层的交界面上得到组织和管控的？它是不是对更为早期而"深刻"的编码、复制、标点过程的适应性模仿，可以与基因结构和有机形态的传播相提并论，而我们在某种意义上都不能对它进行适当的描述？大脑皮层的语言中心未来又能得到怎样的演化？（我们是否能够"想象"出进一步发展后的言语模式？）

现在，有大量的思想和实验研究正在探索这些问题。对多维交互空间和点阵的数学研究，"计算机行为"在脑功能可能模型上的投射，对人工智能的理论和工程研究，正在产生一系列复杂的、有启发性的思想。但我相信，可以说迄今为止，不管是在理论建设上，还是在工程模拟上，还没有什么能够接触到语言真实状况的一丁点皮毛。这种隔阂不仅仅是因为两种事物的类型完全不同；用神经化学来"解释"人类言语和意识（二者几乎不可分割）这个观念本身就值得怀疑。生理资料和临床实例的积累可能会推导出一种不同的，并不一定存在关联的知识。这种差异并不神秘。我一直都在强调，我们关于语言的问题和（从语言）得到的答案，无疑都是语言性的。我们研究的对象是语言，而我们提出的问题、给出的回答都不可能在语言结构之外。不论科学多么发达，似乎都不太可能提供一套合理的从外部观察的程序。我们不能离开自己皮肤的包围。当然，这也是猜测。可以确定的是，目前和可以预见的未来都没有什么模型能够证明任何"言语生成理论或关于认知质料如何变为语义单元的理论"之合理性。

动物学家发现长臂猿的呼喊系统已经分化成了某些可被称为地方"方言"的东西。鲸鱼和海豚发出的信号似乎表明，不同的族群之间存在某种程度的特异和分化。但没有办法确定这些语音变化及其在相互识别

299

300

和确认领地上明显的实用意义，能否与人类言语形式的分化相提并论，或者能否反映人类言语分化的初步阶段。就我们所知，人类语言的多样和相互不通是特有于人类的，也是与语言的存在息息相关的。但对它们的起源或本因，我们一无所知。

我已经简述了自己的信念。在很大程度上，不同的语言是对生物和生态条件的约束和普遍局限性所提出的不同的、有内在创造力的反命题。它是特定群体对自身经验和想象构造的遗产进行保存和传播的工具。我们还不知道转换生成语法所设想的"深层结构"是不是真实存在的普遍现象。**但如果是的话，人们过去说过、现在所说的万千语言就可以被理解成对生物共性造成的无差别限制的直接反抗。"表层结构"令人震撼的多样性不是用来对"深层结构"进行或然的语音表达，而是对它的逃离。**在母语使用者之间进行内部交流时，语言带有强烈而深刻的默契，只是部分地、勉强地向外人敞开。语言的一个主要部分是封闭以及有意的模糊。这种意图古已有之，它的执行远在我们心灵的公共国度之外，所以我们对它毫无意识。但它存在于语言多层的构造和顽固的特异性之上，会在不同语言碰撞时显现出来。

这些观点都无法被证明。我强烈地感受到，关于"他异性"和元/非信息的假设，最能清晰地描述语言多样性的真相；在我看来它比其他猜测更接近语义、历史和心理的真实情况。当我们对翻译实例的研究实在地触及语言多义、私密的本质时，就会发现它如何把自己施加于该案例上。或许我们误解了巴别塔的传说。塔象征的不是受祝福的大一统、通用语言局面的终结。语言令人不明所以的过剩早已存在，并实际上让人类的事务变得复杂。在建造塔时，各个民族无意中触及了一个重要的秘密：只有在沉默时才可能有真正的理解。他们沉默着建造，这才是对神的威胁。

不管原因如何，多语的局面促使或迫使很大一部分人掌握了多于一种语言。它也让历史及社会中的生命所依赖的信息、语言化信息的交换，有很大一部分都是跨语言的。它们需要翻译。多语情况及其后续要求得

301

以出现，完全是因为人类心灵能够学习、容纳多种语言。但这个能力既不明显，也不是机体带来的必然；它是令人震惊的复杂属性。虽然有可能与劳动分化和不同群体间的贸易同时出现，但其历史根源我们不得而知。我们也不知道它是否有限制。据可靠记录表明，有人能流利使用大约 25 种语言。除了寿命还有其他的界限吗？婴幼儿语言学习和发展的研究领域很广阔。[1] 虽然乔姆斯基的理论极大地淡化了与天生因素相对的环境因素（两者明显都有影响，且会相互作用），生成语法还是为语言习得的研究提供了很强的动力。此外还有对双语个体语言发展的研究。[2] 但迄今为止，结果要么是最笼统的、得自直觉的总结（即轻松学习二、三语的能力会随年龄增长降低），要么是关于婴幼儿元音、辅音、音素习得速率的相当琐碎的统计数据。[3] 无论是乔姆斯基的能力／表现模型，还是对多语儿童或社群的社会语言学研究，都不能告诉我们"学习一种语言"或"学习两种或多种语言"对于中枢神经系统意味着什么。

对学习和记忆的生物化学论断在近期非常活跃。从人脑的角度看，学习过程由最为直接的环境变化构成。霍尔格·许登（Holger Hydén）、史蒂文·罗斯（Steven Rose），以及其他神经生理学家和生物化学家的研

---

[1] 明晰的综述可见于 M. M. 路易斯，*Language, Thought and Personality in Infancy and Childhood* (London, 1963)。另可参考 D. O. 赫布、华莱士·E. 兰伯特与 E. R. 塔克，"Language, Thought and Experience" (*The Modern Language Journal*, LV, 1971)。

[2] 最细致的研究可见于 W. 利奥波德，*Speech Development of a Bilingual Child: a Linguist's Record* (Northwestern University Press, 1939–1947)。

[3] 见雅各布森，"Les lois phoniques du langage enfantin et leur place dans la phonologie générale"，载于特鲁别茨科伊，*Principes de phonologie* (Paris, 1949)，以及海伦·孔特雷拉斯与索尔·萨波尔塔，"Phonological Development in the Speech of a Bilingual Child"，载于阿金、戈德伯格、迈尔斯与斯图尔特编，*Language Behavior* (The Hague, 1970)。以下三篇文章分别研究了双语学习的三个特别方面：华莱士·E. 兰伯特，"Measurement of the linguistic dominance of bilinguals" (*Journal of Abnormal Social Psychology*, L, 1955)；M. S. 普雷斯顿与华莱士·E. 兰伯特，"Interlingual Interference in a Bilingual Version of the Stroop Color-Word Task" (*Journal of Verbal Learning and Verbal Behavior*, VIII, 1969)；J. C. 尤尔、A. 帕维奥与华莱士·E. 兰伯特，"Noun and Adjective Imagery and Order in Paired-Associate Learning by French and English Subjects" (*Canadian Journal of Psychology*, XXIII, 1969)。

究表明，学习（可以被定义为对信息刺激的重复接受）伴随着大脑皮层相关区域蛋白质合成模式的改变。有证据表明，某些环境变化会激活一组特定的神经元群。如果该变化集中而持久，如"感觉－信息"的接收和内化，这些神经元的属性会发生相应的改变。实验证据足以使我们相信它们集群的配置和模式会发生变化。这种"重配"会为记忆提供物理基础。当刺激信号减弱，变得只是偶发，甚至完全消失，即大脑很少或不再被要求去记录并重新配置某一段信息，神经元的变化也会消失，它们会回复到原始的、未分化或随机的集群状态。把信息比作能量，遗忘就是熵。如今也开始有证据表明，大脑皮层在刺激下的电活动，以及似乎能调节人脑对知识的接收、储存和寻回的后续生物化学变化，这两者之间存在关联。

在未来几年中，对中枢神经系统生物化学属性的理解**可能**有飞跃性的进展。虽然在概念和实践上，都极难把某种刺激信号从刺激中分离出来（环境时刻都是交织的），但微观生物学的进展或许能把特定类型的信息与蛋白质合成和神经元组合上的特定变化关联起来。在生物化学层面，我们由自己所学的内容"塑造"这个想法可能具备实质性的意义。不过就目前证据看，我们只能进行最为粗疏的设想。语言习得的神经化学解释，对可能伴随着语言在大脑皮层记忆中心和突出末端中进行"存储"的 RNA 的变化之理解，都需要复杂的模型，其多维性超出了我们目前的想象。信息可以被理解为环境。学习过程和记忆的有序"堆积"本身就是一个动态的、多向的现象。大脑不是被动的鼓膜。虽然内化的行为是潜意识或反射性的，但它很可能催生了由联想认识、重新布置、连续神经冲动的无限分叉构成的空间。与神经元机制最为相似的大概是通过类比进行联想，它们都是将一个新的输入单元贴上标签，再"插入"合适的位置。我们必须把大脑皮层理解为一个活跃的空间，刺激信号和回应、连续性和变化、内在属性和环境在其中进行彻底的交互活动和相互定义。

此外，"环境"所指的也不仅仅是施加于天生生物基因构造上的刺激信号的神经化学作用。在每个层面上，学习和记忆都要受到社会和历史条件的制约。信息的实质和概念都不是完全中立的。意识形态、经济和阶级背景、历史时代在很大程度上定义了人们所知的知识、值得记录的信息或经验的内容、相对层级和可见度。这些分类都不是恒定的，不同的社会、时代把不同的刺激物展现给中枢神经。在语言方面尤其如此。基于对天生能力的设想和"理想听说关系"中的表现而建立的语言生成理论，只不过是一种无根据的空想。关于语言学习和语言回忆的神经化学原理，以及人类使用自然语言时的社会历史框架，两者的交界面绝不是遥不可及的外界。大脑皮层和"外部世界"——语言可以被看作是其中的一种工作、一种社会产品、一种经济和意识形态的交换——都不能被刻意剔除。它们一起构成了意识生发的环境，构成了意识的结构，而它自身也是环境。[1] 但参数和变量的数量过于巨大，交互的方式过于复杂，在当前和可预见的未来，我们都可能无法对它们进行系统性的表达或分析。

我们可以通过内省想象出画面，所以我们能说自己在"寻找"词。当出现阻碍或对象暂时空缺时，搜寻、扫描的行动就像回路。相关的感觉，更确切地说，我们为下意识的过程所描绘的通俗意象，难免会让人认为神经探针"在尝试这样或那样的联系"，它在线路受阻或坏掉时缩回，并寻找可替代的渠道，直到能够建立正确的关联。这种"就差一点"的感觉可以是非常具象的。被搜索的词汇或短语与搜索人"差之毫厘"；它就顽固地待在搜寻的边缘。人的注意力会被唤起，并得以持续，它仿佛在克服一个实实在在的障碍。注意力的"肌肉"会感到痛苦。随之而

305

---

[1]　在这一点上，马克思主义者对乔姆斯基语言学的批评最为有力。前者认为后者是"空洞的唯心论"，与斯金纳的理论一样是幼稚的决定论。可参考罗西－兰蒂，*Il linguaggio come lavoro e come mercato* (Milan, 1968)；克里斯蒂娃，*Σημειωτική, Recherches pour une sémanalyse* (Pars, 1969)，第 280-285 页；丹尼斯·斯拉克塔，"Esquisse d'une théorie lexico-sémantique: pour une analyse d'un texte politique"，载于 *Langages*, XXIII, 1971；奥古斯托·蓬齐奥，"Grammatica transformazionale e ideologia politica"，载于 *Idéologie*, XVI-XVII, 1972。总结和全部书目，见于罗西－兰蒂，*Ideologies of Linguistic Relativity* (The Hague, 1973)。

来的是决堤，被搜索的词或短语戛然出现在意识中。我们并不知道相关的动力机制是什么，但正确的位置、"榫卯契合"的蕴意是强烈的，这恰恰是因为在回忆成功的刹那出现的释放感、让人安心的一刻虽然悄无声息但又明确无疑。找到正确的词语后，压力得到释放，深处的流通（兼有"流动"和"完整通路"两意）得到恢复。而在兴奋剂或戏剧化场合的刺激下，或者在疲倦的心神古怪而无形的不安中，词语回路的阻碍似乎消失了，联结倍增。每口钟都被敲响。同音词、双关语、语音或语义同源词、提喻、类比、联想如倾泻一般，在电光石火之间涌到意识的表层中，有时还带着互不相容的尖锐思绪。不论是作藏头诗还是填纵横字谜，都远快过笔。我们知道的似乎比原来忘掉的还多，仿佛因为印象浅薄或没有刻意标记而沉睡在记忆中心的沉淀和未被记录的存储都被激活了。而在日常经验的另一个层面，又有短路，即线路的混合。同样的词素、语调的组合、退化的短语，不停地在脑中回响，就像灯泡被无目的地开开关关。记忆流的某些部分被困住了。人们不禁要怀疑，梦或许便是联想环境中的一些尝试，在被阻滞的潜意识言语交叉的线路周围，力求为某种特别（*ad hoc*）的合理性提供图解。

紧张的搜寻、找到后的缓解、特定条件下阻滞的消失、线路的交叉或混合……这些若隐若现的感觉如魍魉一般模糊，还笨拙地建立在一组随意选择的暗喻之上——电路和蓄电池，或者稍微更像样点的话，全息图和数据库——但它们确实指向了一种空间矩阵，指向了维度中的有序组织。语言似乎是有体积或占据空间的。

对多语使用者而言，这种印象又得到了强化。他们在语言间"切换"，这种运动有平行和／或垂直的感觉。一方面，在从母语向后天习得语言转换时，会本能地产生变陡的斜坡、收紧的孔隙之类的印象。在不停的使用中，坡度会变得平缓。这是普遍的经验。另一方面，即便搁置的是第一语言，让它休耕，都能发现瞬时回忆中词汇和语法的微妙有所衰减，变得暗淡；虽然在这种情况中语言退步程度较小，但也是毋庸置疑的事实。而混合、同时使用两种语言，能够造成干预效果——在一种语言中寻找的短语，会被另一种语言的表达暂时"排挤"或屏蔽。这些经验虽然只是平凡的印象，但作为深层的肌肉或神经生理现象的征兆，它们也表明区域化的存在。多语者认识和使用的不同语言，会在他的大脑皮层中得到某种"空间分布"。近期对双语精神分裂症患者（"精神分裂症"本身就是一个不尽如人意、过于笼统的术语）的研究或许可以提供相似的线索。幻听或幻视的病人只会把这些现象定位到自己所掌握的一种语言上。如果用另一种"安全"语言询问他们，其回答和内省的证言不会表现出疾病的影响。这表明，某些特定类型精神分裂症引起的脑部功能障碍只限于某一个语言表达区域，而其他区域是无损的，因此可以认为不同区域存储或映射着不同的语言。[1]

可以确定的是，多语使用者言语行为中不同语言的远近和寻回的难易，在很大程度上受到环境的影响。不同的心情、不同的社会场景、不同的地点会对语言优先性的选择产生巨大的影响。若我在以我的某个"第一"语言为母语的国家住上几天，我不仅会强烈地感觉到自己重新走进这个语言，回忆起它的流畅和它的核心思维方式，更会很快就用这个语言做梦。在短暂的一段间隙后，我能切实感到原来在另一个国家使用的语言套上了陌生的外壳。它既沿水平线移动，也参照中心运动（其中既有埋没这一层，也有集中、自然取用这一完全不同的层次）。语言的"地位"会受到周边社会、心理、视听环境的影响，这个事实本身就足以驳斥转换生成句法最极端的天生理论。外在世界在每一刻都会"介入"，触及我们语言的分层，并将其重新配置。

"层"当然是一种轻率的说法，它可能没有任何意义。能够反映不同语言在多语使用者（尤其是天生双语者）脑中位置的空间组织、相邻、隔绝、分叉，其表面结构之复杂必然超出我们的想象。我感觉我心中的

[1] 相关实验是由开普敦格鲁特·舒尔医院（Groote Schuur Hospital in Capetown）的亨普希尔（R. E. Hemphill）进行的。其报道见于 1972 年 1 月 10 日伦敦《泰晤士报》，第 3 页。

语言之间接触和转换的网络至少属于两个重要的等级体系，其他所有多语使用者大概也是如此。其一似乎是几种语言语音单元之间的客观类比（"交叉回应"）和明显有助于记忆的对比。而在词素或语义单位，与我个人和他人的生活环境之间，有极为错综复杂的私人联想网络，另一种似乎基于其上，它的运作不受正式语言限制的影响。换言之，我意识中的语音、语法、语义质料空间分布的上述两种模式中，至少有一种会按照或接近或相反、或同源或排斥的标准，与我所掌握的语言相互交织。因此，我的"各种语言"中的一种（或许是最丰富的那一种），会是一种兼收并蓄的交织产物，虽然它的构造几乎都明显来自公共途径和符合英语、法语、德语、意大利语规则的语言质料，但模式是只属于我自己的。而在各种语言"之间"游移——我隐约感觉到这是一个复杂而有活力的区域，充满了调整适应和不确定性——我发现了相邻、相应和捷径，它们不只基于语音、语义模式和专属于我自己生活的联想，还取决于字形和触感。这种隐含的现象很普遍，但人们对它所知甚少。词语有自己的"边缘"、棱角、凹凸和构造。与语音或语义相比，这些属性运作的层次更加深刻，更难定义。在多语的基质中，它们能够穿越语言，延展到语言之间。在学习新语言时，这些能够唤起人心绪的对应可能是最有帮助的。我们会发现，伟大的翻译通常会在寻找意思的对应之前，先搜索对应的形状，契合的褶皱。流畅悦耳的 *quamve* 展现出的圆润（参考德语的 *Qualm*[1]），紧跟着 *bibistis* 尖锐的文字和语音，又被 *aquam* 这个本身没有 *quamve* 那么"流畅"的词所强化，很可能是这一系列的组合让庞德在《向普罗佩提乌斯致敬》中翻译出了："是什么水泉浸润了你的舌喉？"[2] 诗人甚至能嗅出词语。

不过这一切都只是草图，由印象、半虚半实的暗喻和与电子线路的

---

[1]　意为烟雾。——译注
[2]　此处拉丁语原句为："Quamve bibistis aquam?" 直译为："你喝的是什么水？" 英译为："What water has mellowed your whistle?"——译注

类比构成。语言和多种语言在人类心灵中的内化很可能要涉及有序空间和定序空间的现象，涉及在时间和空间分布中的层级系统。但迄今为止，不论是多维空间的拓扑学，关于结、环、点阵、开闭曲线的数学理论，还是矩阵代数，都不能给出中枢神经系统中"语言空间"的最基础模型。这种空间允许单一语言独立存在，同时，不管是习得其他语言，还是剧烈的相互渗透，都是可能的。它允许语言从流利的"表层"或者"中心"退出，又允许它们再回来。用于区分和接触的薄膜；跨语言渗透作用中的动力学；在平凡的字面、公共用法，与私人创造和联想潜在的混乱纷杂之间，保持平衡的限制因素；最朴实的改写或翻译中所涉及的找寻和弃置的速度与精妙——它们都是同一类非常复杂、在进化中独一无二的事物，而我们现在都不能给出像样的图示，遑论系统性分析。[1]

总而言之，关于人类语言的神经化学原理和历史本源，我们还不能建立起模型。也没有人类学证据能告诉我们语言千变万化的原因和编年史。关于学习过程和记忆，我们构建的模型虽然闪烁着智慧的光芒，但也不过是最基础的猜测。当不同语言共存在同一个心灵中时，我们对它们的组织和存储一无所知。那么，从严格意义上看，又怎么会有"翻译理论"？

在上一章回顾语言学家在 20 世纪 50 年代末期提出的论断时，我试图说明语言研究现在还不是一门科学；而在这本书抽象部分临近结束时，我想做出更大胆的断言：它似乎永远不会成为一门科学。在使用和理解的关键部分，语言都是个人习语。人在说话时，就是在对世界进行偏颇的描述。交流有赖于对这种偏颇或完整或不完整，或有意识或无意识的翻译，有赖于与其他"偏见"或认真或随意的匹配。"完整的翻译"，即能够对某人如何关联词与物进行彻底的认识和总结，需要解读者对与他谈话的人有完全的了解；而这又需要他体验"完全的心理变化"。这在逻辑和实质上都毫无意义，即便能实现，也永远不可能得到证实。所有的

---

[1] 迄今为止，在提供这种分析上最为复杂的尝试来自雷内·托姆，*Stabilité structurelle et morphogénèse* (Reading, Mass., 1972)，见第 124-125 页，第 309-316 页。

310　话语，所有的解读都处在词对词和句对句的层面上，不可能有特别通道能直达潜藏的总体。

　　在我们转向翻译实际的、社会学的、文化的层面时，我们应对的又是什么？用维特根斯坦的话说，我们要找的是"各种解答"，它们要有灵气，能够对我们理解语言和感觉的历史提供巨大的帮助；但我们要找的并不是一个普遍的、公理性的、能被客观证实的"解决方法"。蒯因说过，每一次语际转达，都是由不确定性原则所掌管的。"毫无疑问，互相对立的分析假设系统有可能完美地吻合言语行为的整体，也可能吻合言语行为倾向的整体，而同时仍能对无数不受独立检查的句子的互不相容

311　的翻译详细地一一说明。"[1]我们已经知道，其原因就来自语言和语言多样性，这与人类语言的非信息功能、私密功能、诗性功能息息相关，语言的创造性由它们得到体现。

---

[1]　蒯因，*Word and Object*，第 72 页。（译者按：中译取自陈启伟等译本《语词和对象》，北京：中国人民大学出版社，2005 年，第 73 页。）虽然用的是完全不同的哲学术语，但维特根斯坦在《哲学研究》（23，206，243，528）中对翻译的讨论与蒯因不确定性的观点十分相似。某些语句会有同样合理的众多译本，这种多重性是无法在形式上得到确定的。蒯因的这个论点引起了很多争议。可参考 R. 柯尔克，"Translation and Indeterminacy"（*Mind*, LXXVIII, 1969）与 A. 希斯洛普，"Kirk on Quine on Bilingualism"（*Mind*, LXXXI, 1972）之间的交锋。迄今为止最透彻的批评可见于约翰·M. 多兰，"A Note on Quine's Theory of Radical Translation"（*Mechanical Translation and Computer Linguistics*, X, 1967）。它始于对蒯因的假设"理论最好不过是不完整的解释，因此不能从意在对其进行支持的分析中得出"进行的严格分析。多兰的批评令人印象深刻，他认为自己的论述能够部分打消蒯因对分析和综合之区别的众所周知的疑虑。但在我看来它强化了蒯因模型中"经验描述"或"经验直觉"的元素。后者仍能比其他任何逻辑学家所提出的设想更好地解释翻译"非观察的场合句"时的不确定性，以及双语使用者的处事为什么会与分析假设暗合。简而言之，多兰的反驳让蒯因所设想的人类学－语言学场景的画面更为清晰。迈克尔·达米特教授对蒯因所谓不确定性的批评可见于达米特，*Frege: Philosophy of Language* (London, 1973)，第 612–623 页。但本书问世太晚，我未能即时参考。我特别关注的只是达米特关键的批评（第 617 页）：蒯因提出的不同译本多样性的模型，并不能阻止我们认为这种"明显不兼容"的原因是"语意模糊"。这也正是我一直想表达的观点。这点无疑达米特教授以及其他批评蒯因的人大为震惊，而被他们看作是系统错误的这一点，在我看来恰恰是蒯因论述的现实性和心理洞察力的一部分。

我们所探讨主题的现代史始于一个错误、一个误解。罗曼语族的"翻译"一词源于 *traducere*，因为李奥纳度·布伦尼错误地解读了奥卢斯·格利乌斯的《阿提卡之夜》；其中这个拉丁词本应指"生发，引起"。这一点无足轻重但有象征意义。在翻译的历史中，侥幸的误读往往是新生命的源头。对精确的向往虽然强烈，但也不成体系。与物种在演进时的变异相似，主要的翻译活动中似乎也有偶然的必然。先有事实后有道理；我们所应对的不是一门科学，而是一门精确的艺术。例子见下文。

第五章　解释学过程

一

解释学过程，即引导、转换意义的行动，分为四步。第一步是信赖，　312
是对于对面的，（严格来说）对立的文本之"严肃性"和"意义性"的信
念，它由先前的经验所保障，但在认识论和心理学上都毫无根据。我们
需要冒险迈出一步：在最开始，我们就要假设其中"有些什么"是能得
到理解的，假设转达不会是无用功。所有理解，所有对理解的展示性陈
述（即翻译），都始自信赖。这种信赖在一般情况下是瞬发的、不需要
检验的，但也有着复杂的基础。它是一套操作惯例，来源于一套现象学
假设：世界是连贯的，完全不同的（乃至形式上对立的）语义系统之中
存在意义，类比和模仿是合理的。译者的极度宽容（"我先承认言之有
物"），他对"它物"、对陈述未经试验和匹配的其他可能的信赖，在哲学
上凝结成了一种极为夸张的偏见——世界是符号性的，它由各种关系构
成；如果意义和结构存在，那么其中的"这"便可以表示"那"。

但信赖不是绝对的。在察觉"所言之中没有什么"可以导出和翻
译的时候，这种无意义就辜负了对它的期待。无意义的韵文，具象诗
（*poésie concrète*），胡言乱语都是不可译的，因为它们的词汇或是不具有
交流性，或是刻意为之的无意义。不过，在一般的语言学习和翻译（两
者紧密相连）过程中，投入的信赖也会或多或少地得到严格的检验。"这　313
话没意义。"不论是一筹莫展地面对拉丁语读物的孩子，还是贝利兹学
校里的初学者，都会说出这样的话。这种感觉几乎可以触到，仿佛身处

一个无从抓紧的空白斜面。来自社会的压力，指手画脚的先例——"在你之前已经有人能翻译这东西了"——让人还在从事这项任务。而对信赖的投入，在本体论上仍是自发的，也要比证明早先一步（这一步通常还很大、很艰辛——本雅明说，有些文本只有在"我们之后"才能被翻译）。译者在开始工作时，必须赌一把，他要相信世界是连贯的，相信世界中有丰富的可用符号表达的内容。同时，他也把自己置于危险之中——虽然只是在极端情况下和理论的边缘才会出现的危险——随时可能坠入两个对立统一的形而上深渊。他可能感到"任一词"或"几乎任一词"能意指"任一事物"。这是中世纪释经学者在面对自成体系的暗喻或类比链条时感到的迷惘。他也可能感觉到在形式的外表之下，"没有什么"能得到剥离，值得表达的每个意义都是一元的，不能被融入另一个系统中。这是卡巴拉式的猜想——有一天，词语会卸下"需要承载意义"的重担，会成为它们自己，像石头一样空白而充实——我以后还会谈到这点。

信赖之后是侵入。译者的第二步是侵略性的、榨取性的。相关的分析可见于海德格尔，他让我们注意到理解也是一种行动，让我们注意到认知（*Erkenntnis*）对此在（*Dasein*）的接触本质上是占据性的，因此也是暴力的。"此－在"即"在此之物"，"因在此而存在之物"，它只有在被理解——即被翻译——时，才成为真正的存在。[1] 所有的认知都是侵略性的，每一个命题都是对世界的侵袭，这些假设自然是黑格尔式的。而海德格尔的贡献在于，他说明了理解、认知、解读是一种紧凑的、无法回避的攻击模式。海德格尔认为，理解不是一种方法，而是本质的存在，"存在由对其他存在的理解构成"，他的观点可以被改写成一种更加质朴的、受限的公理——每一次理解行为必须侵占另一个实体（我们把一物译**成** [into] 另一物）。理解（comprehension），就其词源来看，不仅只是认知上的"理解"，还有包围和吸纳之意。在语际翻译中，理解这个手

[1]　见利科，"Existence et herméneutique"，载于 *Le Conflit des interpretations* (Paris, 1969)。

段具有明显的侵略性，也非常彻底。圣哲罗姆有个著名的比喻：意义被译者掳到家中。我们是在"破"译——解码是切分性的，它要砸碎外壳，将重要的层次剥离。从学生到杰出译者，在经历了冗长或困难的翻译实践后，都会注意到其存在实质发生的变化：其他语言的文本几乎变薄了，光似乎能够无阻地穿过它变松的纹路。"他者"密集的反对或误导似乎在一段时间内消解了。奥特加·伊·加塞特曾经谈到过译者在失败后的沮丧；而满足性欲和用智慧占据这两种同类活动成功之后，也会产生奥古斯丁式的忧愁（*tristitia*）。

译者侵入、榨取、掳掠，仿佛是一个开放的矿坑在地表上留下的疤痕。而我们也会看到，这种掠夺只是幻觉，或是虚假翻译的标志。不过，与译者的信赖中的情形一样，此处也有真正的界限。某些文本或门类已被翻译穷尽；而有趣得多的则是，有些文本却因为得到改观，因为在原文基础上进行了更为有序的，更符合美学要求的过度占据性理解和转换，而失去了色彩。有些原文我们已不再去看，因为译本更为华美（里尔克译露易丝·拉贝十四行诗）。我以后还会谈到这个因升华而背叛的悖论。

第三步是合并性的（取其整合吞并之意）。意义和形式的进入和显现本身不是徒劳，也不会没有成果。母语的语义场是既存的、拥挤的。对新晋文本的吸收和安置也是形形色色：从安处核心的完全从俗、宾至如归（文化史中的例子有路德版《圣经》或诺斯译普鲁塔克），到人造之物永远的疏离感和边缘感（如纳博科夫"英语"版《叶甫盖尼·奥涅金》）。不管"自然化"的程度如何，引入这个行为都会对母语构造的整体造成潜在的解离或重置。海德格尔的"我们是我们的理解所是"意味着，理解性的占据每发生一次，我们自身的存在就会被调整一次。没有哪种语言，没有哪种传统符号集合或文化总集，能够在引进时不承担被转变的风险。此处，两组很可能相互关联的暗喻跃然纸上：其一是摄入圣餐或道成肉身，其二是感染。共享所增加的价值取决于接受者的道德、精神状态。虽然所有的解码都是侵犯性的，在某种程度上还是破坏性的，挪用的动机和"掳回"的背景却各不相同。在母语的基质失去了方向或尚未成熟时，新晋的内容就没有合适的位置，也不能发挥滋养的功效。它无法产生完整的回应，只能引起一股模仿（法语的新古典主义在北欧、德国、俄国的摹本）之风。来自古代或国外的输入会引起感染。而在一段时间后，母语的机体会做出回应，努力中和或排除异体。欧洲浪漫主义中有很大一部分都能被看作是对这种感染的回击，是对过多外国（主要来自 18 世纪法语国家）货物的禁运。在每一种混杂语中，都能看到保存母语的尝试，更能看到在语言伙同经济和政治的联合入侵之下，这种尝试的失败。具现的辩证法蕴含着我们自己被消解掉的可能。

我们可以从个人感触的层面审视这个辩证关系。翻译丰富了我们的手段；我们能让不同感觉中的能量和资源得到具现。但我们也有可能被自己带来的东西驾驭、驯服。有些译者原创的血脉枯竭了。麦肯纳曾说过普罗提诺真切地浸没在他自身的存在中。有些作家不再翻译（有时为时过晚），因为他们吸纳的外语文本扼杀了他们自己的声音。在操之过急或无法消化的同化那欲壑难填的侵袭之下，拥有古老而破败的仪式和符号认识体系的社会会失去平衡，丧失对自己身份的信心。新几内亚的货物崇拜——土著会膜拜飞机带来的任何东西——虽然古怪，却通过旁敲侧击的方式精确地反映了翻译的风险。

这只是在用另一种方式表述，如果没有第四个步骤——它就像活塞的最后一个冲程，完成了整个循环——解释学过程就是危险而不完全的，其危险正来自不完全。先验的信赖让我们失去了平衡。我们"倚赖"自己面对的文本（每个译者都切身地体验过这种靠向目标、向目标出发的感觉），我们有意地包围并侵入。我们满载而归，因此又失去了平衡——我们剥夺了"他者"，加入私货（虽然其后果不明），让整个系统变得不再均衡。解释学过程必须对现在的倾斜做出补偿。为了使自己真实可信，它必须介入到交换当中，使平衡重新得到确立。

为了恢复平衡而进行的互惠行为是翻译技艺和伦理的关键，但它很难得到抽象的说明。译者占据的"狂喜"——这个词的词根和意义中自然带有用暴力带走的感觉[1]——让原文只剩下了在辩证上难以捉摸的残余。毫无疑问，此处存在损失和破坏，因此如我们所见，很多文化都在神圣的典籍和礼仪词汇、规范边上筑起了高墙，唯恐它们被翻译，禁止对它们进行启示性的输出。但残余本身也有强烈的积极意义。翻译会强化作品，这在很多层面上都是显而易见的。翻译过程与所有专注的理解方法一样，是讲究的、深入的、分析的、详尽的，它能在总体上体现其客体，使其更加细致、明晰。这种解读行为的多重决定因素在本质上是自负的：它断定"在我们所见之外还有更多""内容和表现形式之间的关系比我们所观察到的更加紧密而微妙"。当一个文本被认定为值得翻译 317 时，它就即刻变得崇高，卷入到活跃的升华中（当然，它也会在以后重新得到审视，乃至摒弃）。转译和改写的行动提高了原文的姿态。在历史上，从文化背景及其受众的角度看，译本会显得更有威望。但这种增补还出现在更为重要而实际的层面。原文与其译本、仿写、同主题变文，乃至戏仿之间的关系过于多样，不能用单一的理论或定义加以处理。它们对意义在时间中的意义，对语言实例特定的、原初的形式之外的存在和影响这整个问题域进行了划分。不过毋庸置疑的是，这些回声有增益效果，它们不只是幽影或无生气的拟像。我们又回到了不仅会反射光，还会发光的镜子这个问题。通过自身和译本之间确立的各种关系和距离，原文变得更加丰满。这种互惠也是辩证的：承载意义的新"格式"既源于距离，也源于亲近。有些译本会带我们缓缓离开原文，而有些则把我们与原文拉得更近。

在译本只是部分合格时亦是如此，甚至更是如此。译者的失败之处（我会给出一般的例子）会标示出原文带有抗拒性的活力，标出它特定天赋中的晦暗中心，仿佛把它们投射到幕布上一般。黑格尔和海德格尔认为，为了实现自我定义，存在必须与其他存在相牵连。虽然就语言来

---

[1] "狂喜"原文为 rapture，词根有"占有，带走"之意；可参考同根词 rape（强奸，掠夺），rapid（迅速的，湍流）。——译注

说这只是半对，因为在语音和语法层面，语言能在自身的变化区间界限内运作。但它事实上适用于除最基本的表达和形式之外的所有语言活动。"可辨识的个性（风格）在历史上是存在的"这个论断古已有之，其基础就在于与其他清晰的语言构造间的关系。而这类关系中，翻译则是最形象的。

不过，不平衡依然存在。译者带来的不是太多——缝补、缀边、"添油加醋"——就是太少——节约、省略、去掉蹩脚的边角。能量从原文中流出，注入受体，改变着二者，改变着整个系统的和谐。夏尔·佩吉（Charles Péguy）在评论列尔译索福克勒斯时，明确提到了这种不可避免的损害："现实无情地告诉我们，这种移动性的操作会无一例外地引起相当大的、无法挽回的损失和改变。"[1] 因此，不管介入的过程多么冗长和偏颇，真正的翻译都会力求平衡。在不及原文时，真正的译本会让原文自身的优点更加清晰可见（沃斯译的荷马在某些有特色的关键点上稍显逊色，但他对自己偶然出现的不足十分坦诚，使得希腊语的优势得以显现）。而在优于原文时，真正的翻译会认为原文中留有潜力，存有自己未能展现的要素。这便是施莱尔马赫所谓的解释学"比原作者了解得更多"（策兰译阿波利奈尔的《莎乐美》）。完全对应或重复[2]（重诉）并不是同义反复，而这个理想也从未实现。完美的"配对"并不存在，但这种理想却向解释学过程提出了公平这个明确的要求。

我认为，只有这样我们才能为"诚信"这个关键概念赋予实质性的意义。它既不出于逐字翻译，也不出于任何能够"传神"的技法。在探

---

[1] 夏尔·佩吉，"Les Suppliants parallèles"，载于 *Oeuvres en prose 1898–1908* (Paris, 1959) I，第 890 页。这篇对诗歌翻译技艺的分析问世于 1905 年 12 月，见西蒙娜·弗雷塞，*Péguy et le monde antique* (Paris, 1973)，第 146–159 页。译者按：原文为 ce que la réalité nous enseigne impitoyablement et sans aucune exception, c'est que toute opération de cet ordre, toute opération de déplacement, sans aucune exception, entraîne impitoyablement et irrévocablement une déperdition, une altération, et que cette déperdition, cette altération est toujours considérable。

[2] 原文为 re-petition，repetition 为"重复"之意，petition 有"请求"之意。——译注

讨翻译时，这整套规律已经出现多次，它模糊得不可救药。平衡和完整性已经被占据性的理解打破，只有努力将其恢复，译者、释经者、读者才算是**忠于**文本。诚信不仅事关伦理，还有经济意味。翻译－解读者通过自己的巧手（巧过头就会涉及道德），为重要的交换创造了条件。意义、文化和心理的馈赠往来于两方之间。理想状态下，交换是没有损耗的。而这样的翻译便可被看作是对熵的否定；秩序在源头和受体两端都得到了保留。此处的通用模型是列维－斯特劳斯在《结构人类学》中提出的，它将社会结构看作是通过交换词语、女性、货物而实现的动态平衡。俘获必然引起报偿；发言寻求回应，异族通婚和同族通婚是补偿交换的机制；而在语义交换中，翻译又是最为生动的，极为公平的。译者对意义之能量在同一时代和不同历史阶段中的移动和保存负有责任。翻译俨然是一种复式记账；在形式和道义上，两项账目都必须持平。

319

将翻译视为信赖（悸动 [*élancement*]）、渗透、具现、补偿这一系列解释学过程，能让我们不落入三分式模型的窠臼，这种模型长久以来都主宰着翻译的历史和理论。逐字翻译—转述—自由模仿这种一成不变的分类法实际上只出于偶然，它既不精确，也没有哲学基础。它忽略了四步骤的解释（*hermeneia*）——亚里士多德用这个词指那些因解读而具有意义的文字——它不论是在概念上还是在实际上，都内在于最基本的翻译之中。

短语手册和入门读本到处都是陷阱，虽然它们不承认这点。*j'aime la natation*（摘自 1962 年版《柯林斯法语常用语手册》），逐字翻译为："I love natation"（我爱凫水）。这种用词实在有点诡异，托马斯·布朗爵士在 1646 年用过。"I like to go swimming"（我喜欢游泳）（先忽略 aimer[1][爱] 和 like[喜欢] 两词强度不同这个恼人的问题）。"swimming"出现在《贝奥武甫》中，词根是印欧语言的 swem，意为处于一般的移

---

[1] aimer 为 aime 的动词原形。——译注

动中，这个意思仍然保留在威尔士语和立陶宛语中。*nager*[1] 则完全不同，它来自古法语和普罗旺斯语，与 *navigare*[2] 有明显的联系，与涉及船的操控和前行的"海事"相关。书上还有：*je veux aller à la piscine*。"swimming-pool"（游泳池）不完全是 *piscine*。后者是罗马式的鱼池；与 *nager* 一样，它寓意着人为规划，是对自然运动、经典秩序的干预。"I want to go..."（我想要去……）/ *je veux aller*... 中 want 源于古挪威语，指"缺少""匮乏"，被剥夺的感觉。其"渴望"之意只是《牛津》该词条的第五个释义。*vouloir*[3] 是一大组词中的一员，其中最为人熟知的是拉丁语的 *vel-* 和 *vol-*（与梵语的 *var* 同源），表示意愿、专注的意图、"意志"（will）（这也是其同源词）的前进。这本手册尴尬地知悉这种深藏的不同。"*I want* 不应翻译成 *je veux*。在法语中这是一种语气十分强烈的形式，当用它来表达愿望时，不是在礼貌地请求，反而会给人造成一种粗鲁地、专断地下命令的不好印象。"但问题的关键并不在于要求的力度不同。"want"在莎士比亚的使用中几乎无一例外地暗含着凹陷、空缺、贫乏的感觉。在法语中，这部分意义是由 *besoin, manque, carence*[4] 分治的。但是 *j'ai besoin d'aller nager*（我有游泳的需求）的味道自然不对，或许还带有一种隐晦的治疗意味。

It looks like rain / le temps est à la pluie（[天] 看起来要下雨）。此处没有试图进行逐字或点对点的翻译。"Rain"只有在日耳曼语内部才有同源词。语法存在省略，还暗示着未来。"It"是一组感觉氛围的总集，涵盖了从无法描述的大气，到云、气息，或者树丛突然的寂静等包罗万象的标示物。"It"还是纯句法的，它是动词短语模糊而不可分割的一个成分。虽然在这里"looks like"（"看起来"）并不一定关乎视觉，但一组现象确实让人产生了将要下雨的预期。这组词蕴含着一套随性的预测机制，

---

[1]　法语：游泳。——译注
[2]　拉丁语：航行。——译注
[3]　vouloir 为 veux 的动词原形。——译注
[4]　三词可分别释义为"（因缺乏而产生的）需求""缺乏""不足"。——译注

一种进行或然判断的习惯。而法语的版本——手册似乎古奥而佶屈——则寻求语意强度的匹配。先不管"时间"（temps）是否等同于"天气"这个有关宇宙起源的问题，此处的语法是 être à la pluie[1]。此处还有缩写，话中省略了推断的中间步骤："这样的天气让人推断要……"est à[2] 中固有一种对邻近性的高度压缩的论断，就好比我们说"时钟的指针在……"时一样。而同时存在（至少是残存）的，还有奇怪的"拥有"感，时间／天气被托付给了雨，被雨所拥有（如 ceci est à moi[这是我的]）。其诱因可能是"pluie"，不只是（或不主要是）"雨"（rain），还是 pluvia（雨），这个拉丁语词有一种与拥有一致的蕴意。整个复合体显得更为凶险。Faire la pluie et le beau temps[3] 如圣西蒙和红衣主教莱兹所用，是"决定国家事务的祸福"。"Rain"浸泡我们的皮肤（to the skin），而 la pluie 则渗透我们的骨头（jusqu'aux os）。该词中潜伏着罗马人的人格化想象，就像巴洛克喷泉上的血盆大口一样。构想出了大革命历法的那些人在把 1 月 20 日到 2 月 19 日定名为雨月（pluviôse）时，必然知道这个文字神话。而这些现在时中的区别，正以一种我还无法确定的方式，与时态有微妙的关联。要知道会不会下雨，我们听天气"预报"（forecast），而法国人听"气象公告"（bulletin météorologique）。"公告"本质上是追溯性的；上面可能载有辩解和假话（这是拿破仑的用法），但没有预言。因此，它所寓意的确定程度与"预报"大相径庭。Le temps est à la pluie 有一种听天由命、逆来顺受的默认意味，这是 it looks like rain 昙花一现的先见之明完全没有的。它们的重量不同，因此魏尔伦能够借用日常之语玩文字游戏，并进行戏谑；他把兰波的《雨在城里轻轻地下》（Il pleut doucement sur la ville）嵌入到自己神秘而凄惨的引言中。

321

---

[1] être 为 est 的原形，等于英语的 be，可释义为"是"。——译注

[2] à 有多种释义，其中与本例句相关的可能有"到（某地、某时、某方向）""在（某时、某处）""属于"。——译注

[3] 此句为法语谚语，意为"作威作福"，直译为"[做出] 下雨和晴天"。——译注

Il pleure dans mon cœur

Comme il pleut sur la ville

我的心中在哭泣

就像雨落在城里

（"雨落在城市上"[rain on the city]，"雨落在城市中"[rain in the city]，"雨下着"[rain down on]：每一个都不对。为什么？）

Das Kind ist unter die Räder gekommen（那孩子被车轧了／直译：那孩子到了轮子底下）。虽然表示残酷而突如其来的不测，且旨在直接表达此意，但这个德语片段蕴含着相当清晰的宿命感。而"自学"手册中给出的英语翻译"the child has been run over"则很难与原文事不关己的告诫相对应。在德语的行文中，轮子确实有路权，而孩子阻挡了它们合法的前进。其语法效果无疑是辩护性乃至指责性的：轮子（*das Rad*）[1]在句法上是中立的，而动词则近乎被动，把罪责推向了孩子。轮子并不是有罪地"轧了过去"，是孩子"到了它们底下"。用"undergo"（经受）翻译肯定是不合适的，但它事实上传达了这种暗含的指责。*L'enfant s'est fait écraser*（那孩子被轧了）中暗含的责备更为强烈。英语中的单纯对应会营造出自愿的感觉："the child has had itself run over"（那孩子让自己被轧了）。法语那句话没有这种愚蠢的感觉，但是轻微，甚至不再轻微的指控是存在的。这是因为 *se faire*[2]加上不定式能表示被动，同时又不失去有意行动的感觉。可能出于不为人知的历史或法律原因，德语和法语的表达都展现了赶车人或司机的立场，而英语语句则是谨慎而公正的，因此不可能得到准确的转达。

俄语中没有冠词，这造成了尽人皆知的复数感和模糊感，英语或是

---

[1] Räder 是 Rad 的复数形式；der 在此是复数冠词，das 是（中性）单数冠词。——译注
[2] 可理解为"让（自己被）"，是原句中 s'...fait 的原形。——译注

没有，或只能用连篇累牍的转述表达。而在法语中，相同的问题也同样严重。《创世记》1：3[1] 便是著名的例子。*Fiat lux. Et facta est lux* 有一种让人难忘的连贯性。其语音和语法外形展现了一种令人震惊、不言自明的现象（海顿《创世纪》中的用词精确地传达了平常之语崇高而惊人的效果）。意大利语的 *Sia luce. E fu luce* 与法语的六词不同，用了五个词，在这个意义上，它更显雕琢。句首的摩擦音，轻音 *c*，以及 *luce* 对性别（阴性）的强调（拉丁语的 *lux* 至少在历史上有部分阳性的成分[2]），给蛮横的拉丁语赋予了乐感。*Es werde Licht. Und es ward Licht* 除了一个细节外，均与拉丁语完美一致。语意不详的 *Es*[3] 必须出现在那，*werde Licht* 不能表现造物主语内行为的全部旨意。*Es* 保留了创世之前无一物的神秘。"Let there be light: and there was light" 见于钦定版《圣经》，"'Let there be light', and there was light" 则见于新版，它们都扩展了拉丁语原文。原来六个词的地方用了八个词，标点也减轻了。这或许是为了营造瞬时起效的感觉。但是对完全停顿的忽略，再加上小写的"and"，则牺牲了拉丁语中持续的低音。在原文中，命令全宇宙的背景音贯穿始终，而分为两个短句则创造了汹涌的动感。这也正是想要达到的效果：在绝对必然的轰鸣之上，有个屏息的瞬间。

法语版也是八个词，其标点方式正好居于两个英语版之间。*Que la lumière soit; et la lumière fut*。但它做了很多改变。希伯来语在句子的高潮位置重复了核心词"光"，拉丁语、意大利语、德语、英语版都保留了这一特色。它们的词序都对词语所表达的动作进行了有力的模仿。"光"在神的命令和创造之中占据着高贵的位置。在法语文本中，创世的戏剧、骇人的明亮，是由动词传达的：从 *soit* 的祈使－虚拟动作，到 *fut* 的完成态（纯声音角度讲，它是适得其反的，因为 *soit* 更为响亮，它完满的和

323

---

[1]　即"（上帝说：）要有光，就有了光"。——译注

[2]　拉丁语词典中此词为阴性，不知作者何据。——译注

[3]　德语第三人称中性代词（主格）。——译注

音比短促的 *fut* 更有召唤力）。而最主要的不同来自定冠词的使用。"Let there be light, and the light was." 冲击力显然减弱了。*Es werde das Licht. Und es ward das Licht.* 是个可行的译本，而英语不能这么处理。它更弱，更具备一种奇怪的明确性，蕴含着对光辉的某种普罗提诺式的区分，但它也只是一种可能。事实上，在德语版中，第三次提到光时冠词才出现：*Und Gott sah, dass das Licht gut war*（上帝看光是好的）。钦定版中冠词也是在此出现的：And God saw the light....。但在上帝说出神谕并将其实现时，意大利语、德语、英语版中都没有出现冠词。法语版中的区别是深刻的。关于主和实现的句法创造出了平衡、均等的效果，而不是对威严的无谓重复。定冠词在现象出现之前先提出了概念。*Que la lumière soit*

324 中有一种"知性"[1]，这既不存在于 *Fiat lux* 直白的祈使命令上，也不见于 "Let there be light" 的易如反掌中（反观 *Que lumière soit*，只不过是对克洛岱尔扭曲而拙劣的模仿）。这些粗略的论述，近乎一种解释某种重要而复杂区别的理论。"There was light there"（那里有光）与 "there was a light there"（那里有一个光 [源]/ 那里有束光）在概念和规模上都有所区别：前者是曙光，后者是灯光。法语则采用了一种统一形式：*Il y avait de la lumière*[2]（有了光）。在法语中，现象的出现和显现会得到分类，并在概念上加以准备，而英语中并不必然如此。这不是手法优劣的问题，而是对形而上的坚持与否。当然，逐词翻译又会破坏这些基本证据。

这些是比较语言学、语言教学中的老生常谈，也是创作了《蹩脚法

---

[1] 马里奥·万德鲁什卡，"Drückt sich darin eine besondere Sehweise aus, eine besondere geistige Auffassung der Dinge, die gewissermassen den Begriff des Lichts schon vor dem ersten Schöpfungstag voraussetzt, eine besondere französische Intellektualität, die von Anfang an jede Erscheinung schon auf ihren Begriff zurückbezieht?" 载于 *Sprachen: Vergleichbar und Unvergleichbar* (Munich, 1969)，第 187 页。另见梅肖尼克，*Pour la poétique II* (Paris, 1973)，第 436–453 页。

[2] de la 可理解为"一些"（基本对应英语的 some）。——译注

语》和《我姑妈的钢笔》[1] 的幽默作家的惯用伎俩。而问题的关键在于，被德莱顿称为"直译"的逐字翻译实际上并不是最为明显、基础的翻译方式，反而是最不可能达到的。真正的逐行对照是解释学活动的终极目标，也是无法实现的目标。从历史和实际操作上看，逐行和逐词对应是一种粗糙的手法，但严格考虑的话，它们体现了完全的理解和复制，语言之间的完全透明，而这从经验上看是无法实现的，其实现会标志着人类言语重新回到了原初的齐谐。只有本雅明意识到了这点，他写道，在理想中"逐字翻译和自由式翻译必然不受拘束地统一在逐行对应的翻译中……逐行对应版《圣经》是所有翻译理想的原型"。词词对应是乌托邦，所有词语都能与意义相接（它们是有道理的，因为它们蕴含着道，并让道更加清晰）。

当然在实际操作中并不尽然。语言初级教程、西塞罗或色诺芬的逐行对照课本都不是翻译，而是词语的对应。它们提供的是某种从源语言到目的语言的词典。严格地讲，逐词对照文本只不过是完整词汇表，它罗列出离散的单元，忽略了使用者自身语言的正常句法和词序。事实上，它通常是对纯粹词汇和某种变换或阐述的折中，以构成可接受的语句：

Être,	ou	ne pas	être,	c'est	la	question
To be,	or	not	to be,	that is	the	question
（生存,	还是	不	生存,	这是	一个	问题）[2]

这便是严格的逐行对照。法语课本里加了 *là*（*c'est là la question*），调整了词序而得到了正确的语句。在此，逐字对照都成功地表达了原文的演进和几乎全部意义。而当词汇增多、语法变复杂、模糊和多义出现时，

---

[1] *Fractured French* 和 *La Plume de ma tante*，分别是开法语语音玩笑的书和讽刺法国社会的音乐剧（题目引申自初学法语时课本常出现的实际用途很窄的句子）。——译注

[2] 即"生存还是毁灭，这是一个问题"。——译注

这种词语和理解间的一致在统计上会愈发难以实现。这段独白后面的文字就能让词词对应的转达无功而返。

在自动翻译的早期历史中，这些都是重要的标准。翻译机旨在最大限度地实现词语之间的对应，并重构真实意义。它希望通过对"词语序列"进行简单的对应词标注，来表达足够的意义。这种机器不过是会高速"自查"的词典。早期版本的自动翻译机会为每一个词或成语的原文提供对应的词语。复杂一些的会提供一组备选定义，以供读原文的人进行选择。这个过程并不是解释学意义上的翻译。机器对上下文的评判纯粹基于统计数据：在这个文本或类似的文本集中某词出现了多少次，这个词前后的词能否与程序预设的内容相吻合？不过机器逐字翻译的意义和潜在实用性不容小觑。机器所使用的统计归纳与记忆识别，明显也是

人脑在进行解读活动时会运用的，是日常理解层面的一部分。除此之外，很多科学文献或多或少能通过自动逐词传达进行解读。"一个专精于某文本学科的只懂其译文语言的读者，在大多数情况下都应该可能从粗糙的翻译中提取出原文的精华，而且应该比懂两种语言的外行人更加准确。"[1] 因为数学和逻辑符号都是"单义的"——不论上下文如何，它们都只有单一的公认意义——因为大量的科学、分类学、技术命名系统都是被严格标准化的，自动翻译可以通过纯粹的词汇途径达到很好的效果。"H_2O由两个氢原子和一个氧原子构成"便是这种句子，它既是重言式，也是有信息量的。哪怕自动翻译的词汇表比较粗糙（比如"由……组成"是某个同样包含"由……制作""由……构建""由……聚合"的大分类的一部分），它也能够得到逐词对应的翻译。文本越接近重言式——它越严格地、直接地遵循一组定义和无歧义的有序衍化——就越有可能得到准

---

[1] A. G. 欧廷格，"Automatic (Transference, Translation, Remittance, Shunting)"，载于布劳尔编，*On Translation*，第 257–258 页。对自动词典缺陷的最新评述，见保罗·L. 加文，*On Machine Translation* (The Hague, 1972)，第 118–123 页。通过将上书与巴尔 – 希勒，"Can Translation be Mechanized?" (*Journal of Symbolic Logic*, XX, 1955)进行对比，可以基本了解该领域态势的变化。

确的自动翻译。虽然只有在数学或符号逻辑中才有绝对的直接对应，但在大多数科学、技术乃至商业文件中，这种方法都是可行的。这些编码模式都对定义和语意可能性有很强的限制（在化学论文中，*valance*[1] 几乎不会指华盖或者床边垂下的帷幔）。当然，自动翻译的理论和实践也试图超越词汇和逐词对应的模式。但这种模式有很强的实用意义，也反映了今人对古已有之的、备受鄙夷的逐字对照的改动。

但在诗歌、哲学、《圣经》的译者说自己所做的是"逐字翻译"时，他们并不是指上述意思。相反，他们坚持（或宣称自己在坚持）逐词翻译的方法，是因为他们认为这是最理想的理解，是对原文明显而谦卑的服从，它能够完整地引导出所有意义。译者通过自我否定埋藏了自己的感性，为了原文掩盖了自己语言的光华。当这种交融出现时——坎贝尔在论及自译圣十字若望时谈过这个问题——解释学过程最初的一步：信赖、悸动便开始掌控整个翻译事务。译者不希望占据、掳掠，而希望留在原文"内部"。他只把自己当作抄写员。但事实上发生的是什么？

德莱顿把他认为的本·琼森译《诗艺》中属于逐字翻译的部分称为"直译"。琼森的贺拉斯译本虽然在他死后出版于 1640 年，但翻译过程很可能可追溯到该世纪最初十年。虽然《森林集》和琼森与豪索登的德拉蒙德（Drummond of Hawthornden）的对话表明，前者沉浸在贺拉斯的诗艺之中，但他翻译的真正情况和目的我们却知之甚少。来看看原文中著名的一段（350-360）：

> [……] nec semper feriet quodcunque minabitur arcus.
>
> verum ubi plura nitent in carmine non ego paucis
>
> offender maculis, quas aut incuria fudit
>
> aut humana parum cavit natura. quid ergo est?
>
> ut scriptor si peccat idem librarius usque,

---

[1] 有"帷幔"和"[化合]价"两意。——译注

quamvis est monitus, venia caret; ut citharoedus

ridetur chorda qui semper oberrat eadem:

sic mihi qui multum cessat fit Choerilus ille,

quem bis terve bonum cum risu mirror, et idem[1]

indignor quandoque bonus dormitat Homerus;...[2]

本·琼森译本：

Not always doth the loosed bow hit that

Which it doth threaten: Therefore, where I see

328   Much in a Poëm shine, I will not be

Offended with a few spots, which negligence

Hath shed, or humane frailty not kept thence.

How then? why, as a Scrivener, if h' offend

Still in the same, and warned, will not mend,

Deserves no pardon; or who'd play and sing

Is laught at, that still jarreth in one string:

So he that flaggeth much, becomes to me

A *Choerilus*, in whom if I but see

Twice, or thrice good, I wonder: but am more

---

[1] 此处所写的是 et（和）；但琼森读到的句子中应该是 at（但），且由句号结束。

[2] 译文："射箭也如此，不能永远射中瞄准的鹄的。是的，一首诗的光辉的优点如果很多，纵有少数缺点，我也不加苛责，这是不小心的结果，人天生是考虑不周全的。如此说来，怎样才算过失呢？就像抄书手，尽管多次警告，还犯同样错误，那就不可原谅了；又如竖琴师老在那一根弦上弹错，必然引起讪笑。同样，我认为一个诗人老犯错误，那一定变成科利勒斯第二：偶尔写出三两句好诗反倒会使人惊讶大笑。当然，大诗人荷马打瞌睡的时候，我也不能忍受；……"取自杨周翰译本（《诗学·诗艺》，北京：人民文学出版社，1962 年，第 156 页）。——译注

Angry, if once I heare good *Homer* snore.[1]

蒲柏在《论批评》中的改写如下：

Whoever thinks a faultless piece to see,

Thinks what ne'er was, nor is, nor e'er shall be.

In every work regard the writer's end,

Since none can compass more than they intend;

And, if the means be just, the conduct true,

Applause, in spite of trivial faults is due.

不管是谁愿见到无瑕作品的问世，

认为过去、现在、将来都不会有的终能付梓。

无论怎么看都是要让作者灭亡，

因为人只能表述他心中所想；

如果方法正确，举措合适，

赞美吧，别管些那微小的瑕疵。

拜伦在《贺拉斯的启示》中则写道：

Where frequent beauties strike the reader's view,

We must not quarrel for a blot or two,

---

[1] 参考直译如下："放了箭的弓也不能总是 / 射中标的；因此当我看到 / 诗中的光芒，就不会 / 被些许污点惹恼，或是疏忽 / 将它们放出，或是人类的弱点没将它们藏住。/ 那么这又是怎么回事？为什么一个蹩脚作家（抄写员），如果犯错 / 在同一处，并且屡教不改 / 就不值得原谅；又或者，那演奏和歌唱的人 / 要被嘲笑，如果他总在同一根弦上失谐 / 只因他疏漏无度，在我看来 / 成为科利勒斯，如果我在他那看到 / 两三处闪光，反而会奇怪；但我更加 / 气愤的，则是听到大诗人荷马的鼾声。"——译注

But pardon equally to books or men,

The slips of human nature and the pen.

当美好不断涌进读者的眼帘。

就不要纠结于一两处污点，

而当对书和人等量齐观，

人性的缺陷也会见诸笔端。

显然，本·琼森的翻译与蒲柏和拜伦摹写性的评论不同，它无疑更加直白，更注意原文。或许让德莱顿无法接受的，是冗长而带有浓重拉丁语色彩的七八行文字，也有可能是为保留原始词序而费力打造的笨拙的跨行连续。不论如何，琼森译的贺拉斯绝不是词词对应的逐行对照。一方面，《诗艺》原文只有 476 行，而琼森译本则有 679 行。另一方面，用纳博科夫的话说，它"被韵律所黏滞和污损"，而且拉丁语句的结构通常会因英语的表达需求而被牺牲掉。因此，*quodcunque minabitur arcus*[1] 在原文中简练地结束了第一行，而琼森不仅加入了形容词"loosed"（放了箭的），还把所有动作都放在了下一行。而科利勒斯偶然的闪光点和荷马罕见的瞌睡这著名的对比，也在琼森的版本中得到了相当大的改动。贺拉斯在结尾用了反问："那我会在大诗人荷马打盹时生气吗？"琼森的肯定句不是故意改动就是误译。

在勃朗宁译的《阿伽门农》中，逐字翻译的情况更为彻底。勃朗宁把他所翻译的欧里庇得斯的《赫拉克勒斯》写进了《阿里斯托芬的申辩》中。虽然在维多利亚式抒情诗的星汉之中，它并不耀眼，但也值得被人们记住，因为它灵光一现地把 1142 行的 *ἦ γὰρ συνήραξ᾽ οἶκον ἦ βάκχευσ᾽ ἐμόν*[2] 译成了

---

[1] 直译为："不管弓指向哪"。——译注

[2] 本句周作人中译本译作"是我在癫狂中间把我的家屋捣毁的么？"见周作人译本（《欧里庇得斯悲剧集·下·疯狂的赫剌克勒斯》，北京：中国对外翻译出版公司，2003 年，第 1324 页）。——译注

"我是捣毁了我的房屋还是蹈毁了它？"（Did I break up my house or dance it down?）。四年之后的 1877 年，勃朗宁出版了他翻译的埃斯库罗斯。他将其称之为"转抄"，并试图"在不违反我们自身语言习惯的前提下，力求逐字对应"。勃朗宁希望"每一个短语的转换"，都能够"保留希腊语风格，且是英语所能容许的"。原文本尽人皆知的难度，埃斯库罗斯高高在上的语风，让这项任务更为艰巨而有启示性。人们普遍认为其成果无法阅读，而勃朗宁自己也说它"或多或少是一项令人疲惫，甚至无功而返的冒险"[1]。以卡珊德拉（勃朗宁坚持用字母 K）在第 1178-1197 行的陈词为例：

Well then, the oracle from veils no longer

Shall be outlooking, like a bride new-married:

But bright it seems, against the sun's uprisings

Breathing, to penetrate thee: so as, wave-like,

To wash against the rays a woe much greater   330

Than this. I will no longer teach by riddles.

And witness, running with me, that of evils

Done long ago, I nosing track the footstep!

For—the same roof here—never quits a Choros

One-voiced, not well-tuned since no "well" it utters:

And truly having drunk, to get more courage,

Man's blood—the Komos keeps within the household

---

[1] 对勃朗宁实验的公允评论可见于鲁本·布劳尔，他的《论翻译》(On Translation) 中收纳了一篇对"七种阿伽门农"进行探讨的文章。对勃朗宁译埃斯库罗斯的语文学和文体学角度的详尽分析，可见于罗伯特·斯宾德勒，Robert Browning und die Antike (Leipzig, 1930) II，第 278-294 页。这部著作的用处在于，它细致入微地展现了勃朗宁通过何种程度的语法变置，在何种范围内进行这种操作，来实现自己完全忠实原文的诺言。

—Hard to be sent outside—of sister Furies:

They hymn their hymn—within the house close sitting—

The first beginning curse: in turn spit forth at

The Brother's bed, to him who spurned it hostile.

Have I missed aught, or hit I like a bowman?

False prophet am I,—knock at doors, a babbler?

Henceforth witness, swearing now, I know not

By other's word the old sins of this household![1]

首先要注意的是，希腊语文本并不一定正确：对几处重要的原文（即第 1181、1182、1187、1196 行），都曾有人提出过修订意见。另外，这位女先知说的是癫狂的谜语（ἐξ αἰνιγμάτων），这在前六行半中尤其如此。史密斯

---

[1] 本段罗念生译本作：

> 此刻我的预言不再像一个刚结婚的新娘那样从面纱后面偷看，而是像一股强烈的风吹向那东升的太阳，因此会有比这个大得多的痛苦，像波浪一样冲向阳光。我不再说谜语了。
>
> 请你们给我作证，证明我闻着气味，紧紧地追查那古时候造下的罪恶踪迹。有一个歌队从来没有离开这个家，这歌队声音和谐，但是不好听，因为它唱的是不祥的歌。这个狂欢队是由一些和这个家有血缘的报仇神组成的，队员们喝的是人血，喝了更有胆量，住在家里送不走。她们绕着屋子唱歌，唱的是那开端的罪恶，一个人对那个哥哥的床榻表示憎恶，对那个玷污了床榻的人怀着敬意。是我说得不对，还是我像一个弓箭手那样射中了鹄的？难道我是个假先知，沿门乞食，胡言乱语？请你发誓，证明你没有听见过，不知道这家宅罪过的远古历史。（《罗念生全集·第2卷·阿伽门农》，上海：上海人民出版社，2007年，第235-236页）
>
> 参考直译如下："那么，面纱后的神谕 / 不再是凝望，像刚结婚的新娘那样：/ 它明朗，向着初升的朝阳 / 呼号，要将它穿透：像波涛 / 涤荡阳光，带着（比这）更为深重的悲苦。/ 我不再用谜语施教。/ 看吧，与我一起经历这些罪恶 / 它们早已被犯下，我嗅探着它们的步伐！/ 因为——这屋顶之下——歌队从未散去 / 它声音齐整，却并不和谐，只因咏唱着不祥！/ 她们喝得酩酊，得到了更多的胆量 / 喝的是人血——狂宴在这家宅中延续 /——难以赶出门外——胆量来自复仇女神姐妹：/ 她们唱着自己的赞歌——在这屋中紧坐——歌颂原初的罪恶：她们轮流唾向 / 那兄弟的床铺，满怀恶意将他鄙夷。/ 我说错了，还是像个弓手？/ 我是不是个假先知，——敲人门扉，胡说八道？/ 那么见证吧，现在宣誓吧，我并没从 / 他人的话语中知道这个宅邸中昔日的罪责！"——译注

（Herbert Weir Smyth）在他 1926 年版的洛布丛书译本中是这样翻译的：

> Lo now, no more shall my prophecy peer forth from behind a
> veil like a new-wedded bride; but 'tis like a rush upon me, clear as a
> fresh wind blowing against the sun's uprising so as to dash against its
> rays, like a wave, a woe mightier far than mine.

> 看吧，我的预言不再像刚结婚的新娘那样从面纱后窥探；
> 它仿佛冲击着我，它鲜明如一股吹向朝阳、奔向阳光的清风，
> 它像波涛，它的悲苦远比我的深重。

里士曼·拉蒂莫尔（Richmond Lattimore）的 1953 年版则写作：

> No longer shall my prophecies like some young girl
> new-married glance from under veils, but bright and strong
> as winds blow into morning and the sun's uprise
> shall wax along the swell like some great wave, to burst
> at last upon the shining of this agony.

> 我的预言将不再像少女
> 从新婚的面纱后窥视，它鲜明而强劲
> 像鼓向朝阳的晨风
> 像在涌动中增长的巨浪，最终
> 逆灭在这痛苦挣扎的闪光中。

比较并不完全对勃朗宁不利。史密斯和拉蒂莫尔都没能传达令人信服的
意思，也没使用日常英语的短语结构。拉蒂莫尔的"最终逆灭在这痛苦 331
挣扎的闪光中"不仅不知所言，还失掉了关键点。如马宗（P. Mazon）在

他颇有用处的注解中所言，卡珊德拉被第二个灾难（阿伽门农之死）的预感所吞噬，这比第一个灾难（她自己的灭亡）还要恐怖。这才有了滚滚波浪的比喻，而马宗将它与《普罗米修斯》第 1015 行和柏拉图《理想国》472a 相提并论。此处，勃朗宁也让人无法理解。不过，勃朗宁的文段展开相对明晰，不时给他怪异的十一音节韵律和拥塞的措辞赋予了听觉上的致密感，这对希腊戏剧和大多数维多利亚时期的诗歌作品来说是至关重要的，但日后的文学却全无这种感觉。"They hymn their hymn—within the house close sitting—" 精准地再现了 ὑμνοῦσι δ᾽ ὕμνον δώμασιν προσήμεναι，但拉蒂莫尔悦耳的 "Hanging above the hall they chant their song of hate" [1] 却没有。敲人门扉的 "胡说八道者"（babbler）非常恰当（马宗则译成 une radoteuse [2]），而 "some swindling seer who hawks his lies" [3] 则过于抠字眼（ψευδόμαντις [4]）、过于 "诗意"。事实上，在某一两处，勃朗宁粗暴的逐字翻译和对埃斯库罗斯隐晦文风的忠实，让他的译文比其他版本更为可信。不管是史密斯的 "Oh, but he struggled to win me, breathing ardent love for me" [5] 还是拉蒂莫尔的 "Yes, then he wrestled with me, and he breathed delight" [6] 都试图再现第 1206 行的 "身体感" 和伴着粗喘的暴行：

Ἀλλ᾽ ἦν παλαιστὴς κάρτ᾽ ἐμοὶ πνέων χάριν [7]

从上述两种译文中，我们都能看到某种热切激动、志在必得的摔跤者形象。但勃朗宁译文的后半部分则更好，更有埃斯库罗斯的动感和神秘感：

---

[1] 即 "萦绕在厅堂之上他们吟唱着仇恨的歌"。——译注
[2] 即法语 "一个胡说八道、絮叨的人"。——译注
[3] 即 "兜售谎言的骗子预言家"。——译注
[4] 意为 "以神谕之名说假预言的人"。——译注
[5] 即 "他奋力争取我，向我吐露热烈的爱意"。——译注
[6] 即 "他与我纠缠起来，喘息中带着喜悦"。——译注
[7] 本句罗念生译作 "他扭住我，拼命向我表示恩爱"。——译注

But he was athlete to me—huge, grace breathing.[1]

与纳博科夫对《叶甫盖尼·奥涅金》真正的翻译一样——"事实上，在实现我理想中的逐字翻译时，我牺牲掉了一切（雅致、优美、明晰、品味、现代用法，乃至语法），精妙的模仿重于真实。"——勃朗宁的试作也是奇珍。[2] 但这种直白到孤注一掷的逐字翻译，本身就蕴含着一种创造性的语言病变。有意地让自己完全潜伏在原文之下，不让自己选定的用词完全融入自身的语言和文化中，译者在边界处摇摆。他或多或少有意创造出一种"国际语"，一种四不像语言，在这种语言中，译者母语的语法、韵律、遣词，乃至构词都要被他所翻译——更准确地说，是他试图把握并只进行转抄——的文本的词汇、句法和语音模式所左右。他"在行间游走"，而严格的逐行对照恰恰是心理和语言空间的无人地带。进行逐词翻译，试图创造"希腊英语"（这是勃朗宁的叫法），就是在理论和技术上，把中介调和的过程引向歪曲的极端，以实现融合（在冲出各自运行轨道后，粒子会碰撞并融合）。其心理和形式上的危险是巨大的。在自身语言和文本语言间游走的逐字翻译者，时刻有眩晕的危险。译者可能会发现——本雅明的比喻言犹在耳——语言的枢轴被严重地扭曲、挤压、阻挡，其大门会在他身后砰然关闭，把他封在完全陌生或无声之地。

³³²

---

[1] 即"但在我看他就像个运动员——健硕，吐息间散发着恩宠"。——译注

[2] 我强调了"真正的翻译"。辅以注释，纳博科夫的译本是由绚丽的智慧和学识构成的杰作。从我在前文提出的解释学模型的角度看，纳博科夫的"普希金"是"过度补偿""偿还过量"的实例。它是对原文进行的"米德拉什般"（Midrashic）的重现和探究，它厚重而精巧，不管是否是有意为之，都可与原作媲美。这种"媲美式的服务"十分重要，它或许能反映纳博科夫对俄语的态度（他在某种程度上抛弃了俄语），也能标明他在德语文学传统中备受瞩目而毁誉参半的地位。虽然他的译作本身可能很有魅力，也能给研习翻译的学生以启迪，但这都不足以否定格申克龙（Alexander Gerschenkron）的评判："纳博科夫的翻译能够也的确应该被研习，然而虽然充满机巧，也不时闪现光辉，但其译作终究是不可读的。"（"A magnificent Monument?", *Modern Philology*, LXIII, 1966，第 340 页）"纳博科夫主义者"似乎从不愿提起这篇重要的文章，格申克龙——他本人也是位俄语艺术巨匠——在文中从自己对文学准确性的观点出发，直面另一位大师。

在细微层面上，这种陌生会制造出"翻译语"，制造出法英混合语

（*franglais*）或德语外来语（teutonism）的大杂烩，这构成了商业和通俗翻译的一般内容。不经检查的词汇转换所构成的文本，既不属于源语言，又不属于目标语言的语法杂合，是急功近利、回报甚微的受雇译者工作的中间地带——毋宁说是边缘地带。[1] 在稍高一些的层次上，我们会发现绝大多数来自波斯语、汉语、日本俳句的译文都有这种模式化的陌生感。这也构成了"池月近凋花"（moon in pond like blossom weary）这种浮泛着异国情调的流派。它甚至能够感染亚瑟·威利这样的名匠。向着跨语言的、本质上不稳定的"中间语"进行创造性的错位，是更为稀有和艰难的举措。

夏多布里昂自译《失乐园》（1836）中作为前言的《评述》（*Remarques*），在形式和使用上都是最为鲜活的案例。在寻找现代史诗是否可能时，普希金仔细研习了它。"我所进行的是最严格意义上的逐字翻译，不管是儿童还是诗人都能逐行、逐字阅读我的译文，展现在他们眼前的仿佛是一本打开的词典。"夏多布里昂创作的是原文的摹本（"我透过玻璃仿写弥尔顿的诗"[2]）。为了实现这个目的，这位深谙法语语法夺人乐律的大师必须保留独立主格（"Thou looking on…"）；他只能使用不加助动词的绝对离格（ablative absolute），虽然这与法语的要求相悖；他挖掘古语，创造新词，尤其是诸如"不珍爱"（*inadoré*）、"不节制"（*inabstinence*）等否定词。在 "many a row of starry lamps…/ Yielded light /As from a sky"[3] 几行，夏多布里昂译为 "Plusieurs rangs de lampes étoilées…émanent la lumière comme un firmament"[4]。

---

[1] 法语和德语间的这种"笑话集"（*sottisier*），可见于瓦尔特·魏德默，*Fug und Unfug des Uebersetzens*，第 57-70 页。

[2] 原文：J'ai calqué le poëme de Milton à la vitre。——译注

[3] 朱维之译本作"一行行神奇的 / 灯盏，闪耀如星星……辉煌的像是 / 从天上放出来的光明"。参见朱维之译本（《失乐园》，上海：上海译文出版社，1984 年，第 89 页）。——译注

[4] 意为"几行星星般的光芒……散发光芒就像天穹"。——译注

Or je sais qu'*émaner* en français n'est pas un verb actif; un firmament *n'émane pas de la lumière*, la lumière *émane d'un firmament*: mais traduisez ainsi, que devient l'image? Du moins le lecteur pénètre ici dans le génie de la langue anglaise; il apprend la difference qui existe entre les régimes des verbes dans cette langue et dans la nôtre.

我知道法语中 *émaner*（散发［自］）不是主动动词；天穹**不散发自光芒**，光芒**散发自天穹**：但若这样翻译，画面会变成什么样？至少这能让读者领略英语的风采；使他了解两种语言动词运作方式的不同。

圣莫尔的杜普雷译的《失乐园》就完整地保留了法语语法，但却乏味而失准。卢诺·布瓦若利（Luneau de Boisjermain）的译文是完全不顾语法的逐行对照，但诡谲的是"它遵循逐字对应，却意义全失"[1]。夏多布里昂韵律感很强的散文体译本背后的思路是一以贯之的，其运作方式是对历史的追溯：它旨在逆流而上，到达弥尔顿史诗和古典法语共有的语言和文化源头。与弥尔顿一样，夏多布里昂的遣词造句也参考了维吉尔、塞内加、卢克莱修、通俗拉丁语、文艺复兴和巴洛克时代意大利语诗人的先例。他既在时代的中程，又在语言空间的半途与英语文本交锋。以第一部中别西卜发言结束后，对撒旦的著名描述（"他的话音一落，那大魔王……"）[2] 为例。

Beelzebuth avait à peine cessé de parler, et déjà le grand

---

[1] 原文：en suivant le mot à mot, elle fourmille de contresens。——译注
[2] 原文：He scarce had ceased when the superior fiend...——译注

Ennemi s'avançait vers le rivage: son pesant bouclier, de trempe éthérée, massif, large et roud, était rejeté derrière lui; la large circonférence pendait à ses épaules, comme la lune dont l'orbe, à travers un verre optique, est observé le soir par l'Astronome toscan, du sommet de Fièsole ou dans le Valdarno, pour découvrir des nouvelles terres, des rivières et des montagnes sur son globe tacheté. La lance de SATAN (près de laquelle le plus haut pin scié sur les collines de Norwège pour être le mât de quelque grand vaisseau amiral, ne serait qu'un roseau) lui sert à soutenir ses pas mal assurés sur la marne brûlante…

> 他 [别西卜] 的话音一落，那大魔王 / 便向岸边走去；他那沉重的盾牌，/ 天上铸的，坚厚，庞大，圆满，/ 安在背后；那个阔大的圆形物 / 好像一轮明月挂在他的双肩上，/ 就是那个突斯岗的大师 / 在黄昏时分，于飞索尔山顶，/ 或瓦达诺山谷，用望远镜探望到的 / 有新地和河山，满布斑纹的月轮。/ 从挪威群山上采伐下来的，/ 可做兵舰桅杆用的高大松树，/ 跟他的长矛比起来不过是小棍，/ 他挂着这长矛，踏着沉重的脚步，/ 走在燃烧着的灰土上……[1]

夏多布里昂不仅通过 *circonférence*（圆形物）、*orbe*（轮）、*verre optique*（望远镜）再现了弥尔顿的拉丁语风，还走到了弥尔顿之"后"，在 *marne*（灰土）中找到了共同的源头——这个词是对古法语或布列吞 – 凯尔特语（Breton-Celtic）中 *marle* 的现代化处理，后者也是弥尔顿原作中 "burning marle" [2] 一词的直接来源。*trempe éthérée*（天上铸的）中的错位则颇为

---

[1] 《失乐园》中译均取自朱维之译本（《失乐园》，上海：上海译文出版社，1984 年，第 283—296 行）。——译注

[2] 现代英语一般拼作 marl，意为"灰土，泥土"。——译注

微妙：这个短语所表述的内容很难用法语进行想象，它几乎是一种矛盾修饰法；而令人讶异的是 *trempe*[1] 来自瓦隆语（利特雷将它拼作 *treinp*）；无论如何，这些词不仅在字面上接近弥尔顿，还在听觉和视觉上制造出了拉丁风格的错觉。不管是在文字游戏还是在翻译中，错误的语源能够获得暂时的真实性。这句话此后扩展成了弥尔顿和谐而繁复的从句巨怪之一，既有关系从句，又有状语从句——"Nathless he so endur'd, till on 335 the beach/Of that inflamed sea, he stood and call'd..." [2] 弥尔顿的句子铺陈了一串复杂的意象，从华笼柏络纱散落的繁叶，到红海面上漂浮着的海藻，最后，经由法老军队的覆灭，落在了胜利宣言式的"三段论"上：

> so thick bestrown
> Abject and lost lay these, covering the flood,
> Under amazement of their hideous change.

> 天使军的狼藉横陈，
> 正是这样，密密层层漂浮在火的洪流上，
> 为了他们境况的惨变而黯然神伤。

对于原文蜿蜒曲折的繁复和威逼感而言，语法是至关重要的：它通过当……时 / 他的 / 因此 / 他 / 正是这样 [3] 所引导的序列得以实现。夏多布里昂的逐字翻译，一度造成了一种过犹不及：弥尔顿原文中，伊特鲁里亚的林荫"枝桠交错"，[4] 并不能让人明确联想到"摇篮"这个与此

---

[1] 意为"浸泡，淬炼"。——译注
[2] 朱维之译为："但他忍受这一切，走到火海岸边，/ 他站住，招呼……"（第300-301行）。——译注
[3] 原文 when / whose / while / who / so，是原文中一系列从句的引导词，与中译本无法一一对应。——译注
[4] 本句中译本为"那溪流夹岸古木参天，枝桠交错"；原文为"...Etrurian shades / High over-arched imbower..."。——译注

处稍显不谐的意象（*Les ombrages étruriens décrivent l'arche élevée d'un berceau...*[1]）。不过夏多布里昂牺牲了法语语句的一般结构，并完全模仿弥尔顿——*ainsi/quand/don't/tandis qu'ils/qui/ainsi*[2]：借此，他成功地让句法中所有的从属结构与原文的律动相一致。在法语版《失乐园》（*Paradis perdu*）中，夏多布里昂的语言是一种直接受到拉丁语挤压的法语，当然，也同样属于日常法语和他自己的语风；但其中还隐藏着一种可以与钦定版《圣经》等同的语言，虽然正如人们常说的，这种等价物并不存在。不过，当法语大师翻译那些在《圣经》影响下形成的英语诗歌和散文时，这种语言在想象和感觉中的存在却是毋庸置疑的。夏多布里昂的弥尔顿似乎还导向了普鲁斯特译拉斯金的《亚眠圣经》（1904），尤其是《解读》（*Interprétations*）[3] 这部分，以及纪德在 1816—1818 年间译的康拉德的《台风》。它们都在一定程度上刻意保留了陌生感。

336

当一个作家，尤其是抒情诗作家，在把自己的作品翻译成一门外语时（或在这种翻译中发挥作用时），会产生一种特别而发人深省的有意为之的陌生感。在这种案例中，解释学模式在本质上是一种馈赠，也是一种自我陶醉的试炼或检验。作家把自己的作品当作礼物赠予另一种语言，又希望让副本展现他灵感原初的样貌，甚至会奢望通过复制让这些样貌得到改进和明晰。此处，镜像仍然是独立的证人。理解赫尔曼·布洛赫的一个方法是，把他全部的小说和哲学作品看作是对翻译的暗喻：双方分别是现在时与死亡、古代的价值与现代的混乱、语言表达与音乐和数学。布洛赫的《论翻译的哲学和技术》（"Some Remarks on the Philosophy

---

[1] 意为伊特鲁里亚的林荫仿佛摇篮高悬的拱臂。*berceau* 一词有"摇篮"和"绿廊"两意。——译注

[2] 分别对应英语的 so / when / where / while they / who / so。——译注

[3] 虽然让·奥特雷，*L'Influence de Ruskin sur la vie, les idées et l'œuvre de Mrcel Proust* (Geneva, 1955) 包含很多有价值的信息，但仍然有两个问题值得探讨：普鲁斯特和夏多布里昂的亲密关系在何种程度上是基于他们对英语语言和文学的共同兴趣；在普鲁斯特对拉斯金的几种翻译中，风格上的错位在何种程度上为他创作小说时的语风打下了基础。

and Technique of Translation"）大约作于 20 世纪 40 年代末或 50 年代初。这篇厚实的论文中的关键术语是"道"（Logos）和"原型"（Archetype）。他认为，每种语言都有这二者，其中"道"是意义关联的通用原则（逻辑），"原型"是通用的符号表达和符号化过程，是个别的、与语言环境相关的具现。"原型"不可能得到完全的翻译，但"逻辑"却存在于所有人类语言中。它构成了一种"元句法"，使翻译成为可能（布洛赫的"元句法"可谓转换生成语法中"深层结构"的先声）。因此所有翻译都在一个中间地带运作，它介于"原型"受环境制约的最终自主与逻辑普遍性之间。译文的效力最终取决于对普遍性不可言表的武断，或人类精神的齐谐。布洛赫把这个能检验语际交流行为的第三个术语如实地称作"比较的第三方"（*tertium comparationis*）。

在译者方面，他尤为幸运。在《梦游者》中，缪尔夫妇（Edwin Muir, Willa Muir）超水平发挥。在用英语重构《维吉尔之死》的五年里，布洛赫与让·斯塔尔·昂特迈耶（Jean Starr Untermeyer）的合作甚至可以被视为共生，创造出的文本在诸多方面都是原文所不可或缺的。德语和英语版一同构成了一种复调式的呼应，它们进一步阐发并强化了德语版的《维吉尔之死》。在这部作品中，布洛赫将人类言语有限这个主题进行了诗歌、戏剧化处理，这部作品本身就是个"有风险的翻译"，它试图对不可言说的界限进行定位和检验。转换成另一种语言则将风险加倍，但又证明了这个构思的可行性。布洛赫-昂特迈耶译本非常接近德语，通过冗长蜿蜒的句子、大量复合词、强调性名词，布洛赫试图表现形而下与形而上意义的同时存在。但书中所用的德语本身却不同于这种语言的一般构造，它是对松散（*Lockerung*）和乐律的实验。英语和德语交会在一种"元句法"中，如开篇的著名语句或和音中，起伏的波浪"湛蓝而明亮，被轻柔到难以察觉的侧风吹起涟漪"[1]。在"火之章"的末尾，维吉尔狂热而有序的幻想组成了意义和符号的谜。只有在死亡的声音

337

---

[1] steel-blue and light, ruffled by a soft, scarcely perceptible cross-wind.——译注

中，它们才能得到完整的统一。我所说的是这段："Denn sie, Stimme der Stimmen, ausserhalb jeglicher Sprache, gewaltiger als jede, gewaltiger sogar als die Musik…" [1]（《选集》，第二卷，第 236—237 页）

For this voice of all voices was beyond any speech whatsoever, more compelling than any, even more compelling than music, than any poem; this was the heart's beat, and must be in its single beat, since only thus was it able to embrace the perceived unity of existence in the instant of the heart's beat, the eye's glance; this, the very voice of the incomprehensible which expresses the incomprehensible, was in itself incomprehensible, unattainable through human speech, unattainable through earthly symbols, the arch-image of all voices and all symbols, thanks to a most incredible immediacy, and it was only able to fulfil its inconceivably sublime mission, only empowered to do so, when it passed beyond all things earthly, yet this would become impossible for it, aye, inconceivable, did it not resemble the earthly voice; and even should it cease to have anything in common with the earthly voice, the earthly word, the earthly language, having almost ceased to symbolize them, it could serve to disclose the arch-image to whose unearthly immediacy it pointed, only when it reflected it in an earthly immediacy: image strung to image, every chain of images led into the terrestrial, to an earthly immediacy, to an early happening, yet despite this—in obedience to a supreme human compulsion—must be led further and further, must find a higher expression of earthly immediacy in the beyond, must lift the earthly happening over and beyond its this-

338

---

[1]　此句意为下文加粗文字。——译注

sidedness to a still higher symbol; and even though the symbolic chain threatened to be severed at the boundary, to fall apart on the border of the celestial, evaporating on the resistance offered by the unattainable, forever discontinued, forever severed, the danger is warded off, warded off again and again . . .

因为这声音中的声音超越了所有言语，它的动人超过语言，甚至超过音乐，超过诗歌；它是心跳，是一次心跳，因为只有这样它才能够包容人在心脏跳动、眼光拂过的刹那存在中感受到的统一；那表述着不可理解之事的不可理解之物的声音，本身也不能通过人类的言语来理解、把握，不能通过尘俗的符号来捕捉，因其最不可思议的直观性，它是所有声音和符号构成的大象，而它只有在超越了所有尘俗事物后，才能够、才有能力实现那玄之又玄的崇高任务，但若让它不与尘俗的声音相似，唉，又是不可能的，不可想象的；哪怕它不再与尘俗的声音、尘俗的词汇、尘俗的语言有任何共同之处，不再做它们的象形，它还需要在尘俗的直观性中反映自身，才能够揭示那由超尘的直观所指明的大象：象与象串联，每一个链条都指向凡尘，指向尘俗的直观，指向先前发生的事物。此外，它——最终在人类的役使之下——必须被联得越来越远，必须超越并发现更高级的表达尘俗直观的方法，必须使凡物从彼岸超越升华成更高级的符号；哪怕符号的链条在边界有被切断的危险，在天边有破碎的危险，可能因不可探触之物的抗拒而消散，而永远失联、永远断裂，危险会被抵御，一次次被抵御……

译文几乎没有向英语的自然表达和节奏妥协（虽然叙述性的过去时取代了布洛赫直接而"神秘"的现在时）。"大象"（Arch-image）、"有被切断的危险"（threatened to be severed at）、"因抗拒而消散"（evaporated on the resistence）等多处都没有遵循标准的英语用词或语法。在"直译"之下，这段文字促使格特鲁德·斯泰因对康德进行转写乃至谐仿。但创作这些文字的目的不是让它独立存在。它敦促我们返回由它阐发的原文；它的晦涩要求原文更全面地表达自己。与批判性注疏一样，它所提出的问题仍然不绝于耳。在这个逐行对照本——它写在了德语文本的行间、英语和德语语义之间，这两种语言和第三种难以名状又被明确提出的语言（它能超越不精确的客观参照物的限制）之间——中，我们离诗人创造只属于自己语言的梦想更近了一步。存在一种专属于此时此刻的中间状态（*tertium datum*），它既不作例子也不作范式。《维吉尔之死》的 1945 年译本中两种语言的交织，不能回溯到任何英语或德语文本，它指向布洛赫自己的语言。这本书的最后一句话要把我们引向"超越言语的词汇"。

谈论"超越言语"的意义或语言可以作为一种探索方法，《逻辑哲学论》结尾处便是如此。它可以是一种认识论或神秘主义的妄想，通常惹人恼怒。它同样也能作为一种近乎技法的隐喻，用以传达真正的体验。作家会感觉到在他不同的意图之间，在他明确记下的雏形所带来的压力或忧虑，与他能通过语言实现的表达方式之间，存在形式或实质上的隔阂。更通俗地说（不用考虑其中可疑的心理学解释和逻辑矛盾），他感觉到在清晰表达的范围之外，真正存在一个意识和直观感觉的领域，它或多或少是超凡的，或许还是至为神圣的。如果我们认为这种对超越性的呼唤不仅仅是修辞的手段或超脱的策略，那么作家必须冒险。他作品的高度必须足以证明，他确实掌握了现有语言和实施方法，他已经把两者都推到了可理解的边界。一个人必须彻查了整片土地，才能令人信服地宣布有效但无法得到的资料在边界外。以《神曲》为证，在《天堂篇》第十章到第三十三章的一连串陈述中，但丁的迫切需求和踌躇顾忌说明语言辜负了他，说明终极意义的光辉远在言语之外。当诗人感觉自己触及了词语无法更改的界限时，这种感觉成为悲剧般的必然，于是他只得沉默。在冲动之下，他也可能做出极端的举动，超越逻辑连贯的段落，这虽然不像很多超现实主义者那样，是夸张做作的应时之举，但确实让理性和生活本身受到了波及。很多伟大作家的沉默、疯狂、自毁都是人对语言边界之感受的力证。早先的精通和超越的全部危险，无疑都出现在了荷尔德林身上。而正是在他的翻译中，"超越言语的词"的例子得到了最明显的展现。

　　在现代解释学中，荷尔德林的诗歌、书信和翻译都有十分重要的地位。海德格尔的语言本体论或多或少来源于它们，而本雅明也通过荷尔德林推导出了他关于"道"和翻译的理论的很大一部分。[1] 围绕荷尔德林断片式的、个人风格浓重的荷马、品达、索福克勒斯、欧里庇得斯、维吉尔、贺拉斯、奥维德、卢坎译文，有着卷帙浩繁的哲学和语文学论著，它们本身也极为艰深。[2] 这部分是因为原始材料的繁复和厚重。一方面，荷尔德林是文学史上最难解的诗人之一，而他的某些译作更是集中体现了其高超和晦涩。另一方面，这也是缘于历史和心理的复杂因素，缘于

340

---

[1]　海德格尔的《荷尔德林诗的阐释》(*Erläuterungen zu Hölderins Dichtung*) 成书于 1951 年。贝达·阿勒曼，*Hölderlin und Heidegger* (Zürich & Freiburg, 1954) 探讨了两人的关系，但有用海德格尔术语重构荷尔德林的倾向。本雅明的《评弗里德里希·荷尔德林的两首诗》("Zwei Gedichte von Friedrich Hölderlin") 作于 1914—1915 年（于 1955 年首次出版）。本雅明讨论"译者的任务"的文章在谈及荷尔德林译品达和索福克勒斯时，其见地达到了顶点。

[2]　黑林格拉特，*Pindaruebertragungen von Hölderlin* (Jena, 1911) 是开山之作，而后是金特·祖恩茨，*Ueber Hölderlins Pindar-Uebersetzung* (Marburg, 1928)。下面是两部基本著作：洛塔尔·科普特，*Hölderlin und die Mythologie* (Zürich & Leipzig, 1929) 和弗里德里希·贝斯内尔，*Hölderlins Uebersetzungen aus dem Griechischen* (Stuttgart, 1933)。皮埃尔·贝尔多，*Hölderlin. Essai de biographie intérieure* (Paris, 1936) 很好地将翻译置于这位诗人全部作品的大背景下。此后，详细的研究如雨后春笋。我参考的是以下作品：梅塔·科尔森，"Die Tragödie als Begegnung zwischen Gott und Mensch, Hölderlin's Sophoklesdeutung" (*Hölderlin-Jahrbuch*, 1948–1949)；汉斯·弗雷，"Dichtung, Denken und Sprache bei Hölderlin"（论文，Zürich, 1951）；沙德瓦尔特，"Hölderlin's Uebersetzung des Sophokles" (*Hellas und Hesperien*, Zürich & Stuttgart, 1960)；卡尔·莱因哈特，"Hölderlin und Sophokles"，载于 J. C. B. 莫尔编，*Hölderlin, Beiträge zu seinem Verständnis in unserm Jahrhundert* (Tübingen, 1961)；M. B. 本，*Hölderlin and Pindar* (The Hague, 1962)；让·波弗埃为荷尔德林的 *Remarques sur Oedipe / Remarques sur Antigone* (Paris, 1965) 撰写的序言；罗尔夫·祖伯比勒，*Hölderlins Erneurung der Sprache aus ihren etymologischen Ursprüngen* (Berlin, 1969)。这些翻译被收录在了斯图加特版 (*Grosse Stuttgarter Ausgabe*) 第五卷中，但仍有文字问题。另外，很少有论著仔细研究荷尔德林对拉丁语作家的翻译。

在处理荷尔德林独特的极端和理性的崩塌时，来自歌德和席勒的德语感性所面临的困难。荷尔德林的译文无疑最为重要。它们展现了我们所知的解释学渗透和挪用行为中，最为暴力和蓄意的极端。尤其是在对品达和索福克勒斯的解读中，荷尔德林迫使我们去体验（事实上只有伟大诗人能体验到）语言表达的缺陷和语言之间的障碍，它们妨碍了人的理解。这些阻碍让他如芒在背、难以忍受；而正是它们"具体存在"这个无情的事实，它们所产生出的阻力，让荷尔德林的翻译迷人而扰人。在此我只想探讨它们悖论般的字面属性，探讨荷尔德林的尝试——他希望实现文化和文字的逐行对照，到达古典和现代、希腊语和德语的中间地带。当然，这里的逐字翻译不是传统翻译模式中幼稚、肤浅的那种，而是与之截然相反的至臻至善。

荷尔德林认为所有写作都是对包裹和隐藏的意义进行的翻译或转录，他的热情让他坚信这不只是个比喻。其相对易懂的早期诗作业已表明，他希望通过回到德语充满隐藏力量的古代源头来更新这门语言。荷尔德林动用语源通训法（*figura etymologica*）（按照语源对词义进行再解读），海德格尔亦如此：他希望"打开"现代语汇，以导出其根源含义。他援引路德的语言和虔敬派运动的词汇。他参考施瓦本语词形，重归古高地德语和中古高地德语词汇的意义和含义。如是行事的不只荷尔德林一人。他的语源化处理是语言民族主义和神秘历史主义的一部分，它们都是与启蒙运动相抵牾的。赫尔德与克洛普施托克是有直接影响力的先行者，而荷尔德林则走得更远。他溯洄而上，不仅希望回到德语的历史源泉，还希望探寻人类言语的原初能量。他认为这些能量存在于单个词语根本的紧凑性中。在某种意义上，荷尔德林的观点倒置了亚里士多德的论断"名是有限的，物是无限的"。对荷尔德林来说，在足够的压力下，名会呈现出与之相应的、前所未察的实体。因此，越是难懂、隐晦的词，所具备的潜在启示力就越深刻、有力："难词魔法般地承载着深邃。"[1] 此外，

---

[1] 罗尔夫·祖伯比勒，见前注，第 22 页。译者按：原文为 das schwere Wort wird zum magischen Träger des Tiefsinns。

这种储备可能会通过语言的融汇，通过在语言之间进行词汇单位的直接转换而得到强化或显现。在荷尔德林处，*res vera* 成为 *wahrer Sache*[1]，*unstädtisch* 取代了频繁出现的 *ἄπολις* [2]，在后期诗篇中重读后缀 *γάρ* 则变成了谜一般的 *nemlich*。不同语言是从"道"的一统歪曲而来的各异的集团。要将它们的元素衔接——哪怕这种衔接并不完美，仍有不连贯的危险——意味着要在一定程度上回到业已不复存在的意义大一统。

对表达进行诗意的破坏，以从神秘中迫出意义，似乎在品达身上展现得最为明显。克洛普施托克译贺拉斯《颂歌》(II. iv)，以及对贺拉斯 "quem tu, Melpomene" [3] (IV. iii) 的模仿出版于 1747 年：

> Wen des Genius Blick, als er geboren ward,
>
> > Mit einweihendem Lächeln sah,
>
> Wen, als Knaben, ihr einst Smintheus Anakreons
>
> > Fabelhafte Gespielinnen,
>
> Dichtrische Tauben umflogt...[4]

> 哪些天才，在出生时，
>
> > 就戴桂冠，受到眷顾
>
> 谁在孩提时代，就被大诗人阿那克里翁
>
> > 传说中的玩伴，
>
> 通诗性的鸽群环绕……

---

[1] 意为"真实之物"。——译注

[2] 意为"不雅，无礼"。——译注

[3] 意为"墨尔波墨涅（缪斯女神之一，司悲剧），那些你……"——译注

[4] 相关解释可参考刘皓明，《透明的翻译：西方诗歌翻译所涉及的句法问题和翻译哲学》，《同济大学学报》2012 年第 2 期。——译注

它不仅是赫尔德林翻译技巧的先声，[1] 更证明了他是诗人中的典范。荷尔德林翻译或节译了六首奥林匹克运动会颂歌和十首皮托凯歌。成于 19 世纪初的两千行译文很有可能是他个人的实验。荷尔德林仿佛故意对考利的著名警告——"谁要逐词翻译品达，肯定会被当作是一个疯子翻译另一个疯子"——置若罔闻，他不遗余力地追求完全的逐字翻译。他用了各种方法：颠倒词序，分离宾语和谓语，将称述词（epithet）与其描述的对象前后隔离，使谓语和定语不对称，都是为了创造出一种既能让德语使用者理解，又能反映品达"疾冲的黑暗"[2] 的"德语希腊语"。虽然也有畅达的段落，如第三首皮托凯歌的末尾：

343

> Klein im Kleinen, Gross im Grossen
>
> Will ich sein; den umredenden aber immer mit Stimme

---

[1] 克洛普施托克的范例似乎明显出现在荷尔德林翻译《颂歌》(II. vi) 时采用的音韵结构和语音模仿中。如：

> unde si Parcae prohibent iniquae
> dulce pellitis ovibus Galaesi
> flumen et regnata petam Laconi
>   rura Phalantho.

> 如果命运女神降不公于我
> 我愿到加莱索斯河，那里滋养
> 覆皮的羊群，我也愿往法兰索斯治下
>   斯巴达的村落。

荷尔德林译为：

> Lassen mich dahin nicht die neidischen Parzen
> So will ich suchen den Galesusstrom,
> Den lieblichen mit den wolligen Schafen,
> Und die Felder, vom spartaner
>   Phalantus beherrscht.

其中咝音、流音、擦音的分布与拉丁语十分相似。

[2] 见 M. B. 本，*Hölderlin and Pindar*（The Hague, 1962），第 143-144 页。

Den Dämon will ich üben nach meinem

Ehrend dem Geschick.

Wenn aber mir Vielheit Gott edle darleiht,

Hoffnung hab' ich Ruhm zu

Finden hohen in Zukunft.

Nestor und den Lykischen

Sarpedon, der Menge Sage,

Aus Worten rauschenden

Baumeister wie weise

Zusammengefügete, erkennen wir.

Die Tugend aber durch rühmliche Gesänge

Ewig wird.

Mit wenigem aber zu handeln ist leicht.

我将从小则小，从大则大；
不管鬼神如何安排
我都安于所有
尽我所能。
如果上天赐我无尽财富
我希望在未来
获得盛名。
涅斯托尔与吕底亚的
萨尔珀冬，这些传说角色
为我们所识
只因巧妙的匠人
造就了洪亮的歌。
美德在伟大的诗歌中
永垂不朽。

实现它的人又有几多。

但译文在很大程度上（即便此处也有些许）是不自然和牵强的。不过这种尝试还是成果丰硕。荷尔德林晚期诗篇是"品达式的"，这不仅体现在修辞上——这些作品的开篇似乎借鉴自第六首涅嵋凯歌（Sixth Nemean），结尾则有第三首皮托凯歌的味道——它们的精神也是一脉相承的。品达用韵十分有规律，而荷尔德林只是模糊地领会了这点，这似乎让他在韵律上的冲动得以释放。他从品达身上学到的是，抒情诗是一种近乎神谕的颂扬和启示行为，是一门关于缓与急的技术。对希腊语原文的误解屡见不鲜，而这些实验竟没受影响，它们是货真价实的渗透和模仿，是荷尔德林优秀诗作和对索福克勒斯的挪用之先兆。荷尔德林似乎从对品达的翻译中产生了（盲目的）自信：他能刺透古希腊语意义的核心，他能打破远古的语言和心理屏障，得到"原初的逻辑"或人类通用的灵感。他认为理解和重述是对直觉进行考古挖掘。他比所有古典学者、语法学家和同类译者都更加深入，沉浸在对诗歌和语言普遍根底的找寻中（与17世纪的语言神秘主义者和虔敬派一样，"词语的根底"[root of words]这个表述用的是字面意思）。

荷尔德林对索福克勒斯的重排（Umdichtung）（这个德语词的两个意思正好都能用在此处："诗歌的转写"和"将某物封压"），以及附带的格言式评注，都已经被彻底研究过。[1] 对荷尔德林那个时代的人而言，他翻译的《俄狄浦斯王》与《安提戈涅》不是过分的误解，就是胡闹。留

---

[1] 见沙德瓦尔特，"Hölderlin's Uebersetzung des Sophokles"（*Hellas und Hesperien Zürich&-Stuttgart*, 1960），第 766-824 页。虽然研究丰富，但仍有大量问题悬而未决：荷尔德林希腊语知识的广度和深度仍然存疑，他对索福克勒斯的处理与黑格尔对索福克勒斯的研究之间可能存在的重要联系是怎样的。关于《俄狄浦斯王》和《安提戈涅》（尤其是后者）在德意志唯心主义发展中的作用，以及它们在黑格尔、克尔凯郭尔、叔本华著作中的地位，均有待详尽分析。或许荷尔德林的挪用没有看起来的那样与众不同。黑格尔也计划翻译索福克勒斯，而克尔凯郭尔在《或此或彼》（*Either/Or*）中对安提戈涅的"重塑"比荷尔德林还要过分。可参考拙著 *Antigones* (Oxford, 1984)。

意到它们的一小撮人都认为，这些译本中有让这位诗人陷入沉默的精神错乱的症状。而现代评注者则完全相反，认为荷尔德林的文本不仅是对索福克勒斯完美的重构式解读，在对古希腊悲剧意义的深究上也是无与伦比。[1] 在对悲剧中的神性存在和事件本质的把握上，荷尔德林"比任何译者都更接近索福克勒斯"[2]。观点上的天壤之别反映了荷尔德林作品神秘的本质。我们所见的文本似乎包含不同层次的意图。在《俄狄浦斯王》的翻译中，有直白到近乎迂腐的译文（这是大家一般读到的索福克勒斯悲剧全集所呈现的状态）。而两部译作中也都爆发了私人解释学的侵略——通过逐字翻译的力量从希腊语的外壳下拧出意义。但（主要在《安提戈涅》中）翻译也被用来补强，用来进行纠正性的重构，这来自对原作者精神的默契解读（这种解读是索福克勒斯本人无法完成的），以及对后续历史事件的见解。1803 年 9 月 28 日，在写给威尔曼斯的广被引用的信中，荷尔德林表示翻译是修订、外化，是隐含意义的展现（*ein Herausheben*），也是更正："在错误出现时，改正它们。"[3] 因为译者是以历时的视角看待原作，所以他的改正、改进便是可能的，甚至是必需的；时代和情感的演进促使其对原作的反响臻于完善。译者的修正潜伏在原文中，但只有译者才能将其唤出。不可否认，在这种想法之中可能已经萌芽出了疯狂。但在荷尔德林最精致、理智的诗歌和批注中，过度解读和语言错置也是不可或缺的部分。

荷尔德林对《安提戈涅》第 20 行的"重述性转写"（沙德瓦尔特准确地称之为"新话"[*Neusprechen*] 和"后话"[*Nachspreachen*]）如下：

Was ist's, du scheinst ein rotes Wort zu färben?

什么，你好像正在涂朱书？

---

[1] 这样认为的不只有本雅明和海德格尔，还有一批古典学者，如莱因哈特和沙德瓦尔特。
[2] 沙德瓦尔特，见前文注释，第 822 页。
[3] 原文：ihren Kunstfehler, wo er vorkommt, verbessern。——译注

从字面上看这句话莫名其妙，而荷尔德林的第一批读者也是这么认为的。安提戈涅突然宣告灾难就要来临，对此，伊斯墨涅问：*τί δ' ἔστι; δηλοῖς γάρ τι καλχαίνουσ' ἔπος.* /"什么？看来正有什么坏消息在苦恼着你"[1]（马宗译为：*quelque propos*）。不过荷尔德林的意图是明显的，在很大程度上也是正确的。他相信古人对词的感觉（尤其在悲剧中）有着现代人的认识所不知晓的现实色彩和结果。预言、神谕、希腊悲剧中的诅咒，都是实实在在的宿命。言语并不代表或描述事实，它就是事实。安提戈涅不只是在预言她心中预见的危险和血案，她还把业已成为暴乱和自杀之实的词变得更加阴沉和血腥。*καλχαίνουσ'* 之意确系"涂朱"。被说出——涂朱——后，安提戈涅的话语（*epos*）便成了命定的、必然的表达。隐含在荷尔德林的逐字翻译之下，在他通过逐字对应来理解、改进原文的矛盾尝试之下，有一种对古代和现代社会中话语之地位的人类学和比较语言学研究，这也是他翻译的意义所在。他的手法是曲解甚至荒谬的，但近来，对原始文化言语习惯的思考，对古希伯来语中实际命令效力的研究，都证实了荷尔德林的观点。[2]

对荷尔德林而言，合唱部分才是戏剧的本质，因为它们展现的言语行为更发自"肺腑"，比主角的话更原始。众所周知，在与歌德聆听荷尔德林版《安提戈涅》合唱段落时，席勒满心欢喜，他温和地确信这位昔日的弟子在写下这些段落时已经陷入疯狂。故意为之的混乱效果必然是在影射谣言，而隐蔽之下的篡改也不应是事实：

Vater der Erde, deine Macht

Von Männern, wer mag die mit Uebertreiben erreichen?

---

[1] 有关译文均取自罗念生译本（《索福克勒斯悲剧二种》，北京：人民文学出版社，1979 年）。——译注

[2] 见艾萨克·拉比诺维茨，"'Word' and Literature in Ancient Israel"（*New Literary History*, IV, 1972）。

Die nimmt der Schlaf, dem alles versinket, nicht

Und die stürmischen, die Monde der Geister

In alterloser Zeit, ein Reicher,

Behältst der Olympos

Marmornen Glanz du,

Und das Nächste und Künftige

Und Vergangne besorgst du.

Doch wohl auch Wahnsinn kostet

Bei sterblichen im Leben

Solch ein gesetztes Denken.[1]

大地之父，你力量之大
有谁人敢在你面前矜夸？
睡眠不能让你沉湎
神灵设下的岁月流转也不能牵绊
在比无尽更长久的时间里，
带着坚冷的光芒
占据奥林匹斯山巅，
不管是当下还是未来
连同过去你都握在掌间。
但疯狂就要付出代价
在凡人生活的世界
这是必将兑现的箴言。

---

[1] 本段罗念生译本作：啊，宙斯，哪一个凡人能侵犯你，能阻挠你的权力，即使是追捕众生的睡眠或众神所安排的不倦岁月也不能压制；你这位时光催不老的主宰住在俄林波斯［奥林匹斯］上灿烂的光里。在最近和遥远的将来，正像在过去一样，这规律一定生效：人们的过度行为会引起灾祸。——译注

诗人正是希望通过 *Uebertreiben*（矜夸），通过对 *Wahnsinn*（疯狂、假意义）的危险进行明确回应，来再次把握《安提戈涅》第 604-614 行的力量和意义。但若不了解支撑着这种转写的严格而又自相矛盾的逻辑，就不可能对他的成果进行评判。席勒的回应并没有错，但没有切中肯綮。

荷尔德林语言理论的基础是要寻找超然甚至神圣的"词之根基"（*Grund des Wortes*）。直接表意的威力，在每个词中得到了散碎而确凿的体现。在句子层面对原文意图进行解释学重构是不切实际的，因为所有句子都受上下文限制，对它们的分析会让人陷入无限还原的困境。只有词语能被限定和破解，以展现其有机的个性。黑林格拉特首先指出，这种"词语一元论"或者单子论不仅支配着荷尔德林对索福克勒斯的翻译，还造就了他晚期最优秀诗篇的坚硬质地（*harte Fügung*）。这种风格的标准正是哈利卡纳苏斯的狄奥尼修斯在他的《修辞学》中所表述的："词语应像牢固坚挺的廊柱，这样才能从各种角度观赏；每个部分还应该与其他部分保持合适的距离。"（英译来自 W. 里斯·罗伯茨）因此，荷尔德林的《安提戈涅》译文和评注（*Anmerkungen*）所用句法中独具特色的省略，词语之间的无声空间，让我们能"全面地"品味每一个词，并"超越它们"。连词——惯用句子结构中因果偏见的承载者——给逻辑带来了欺骗性的外表和面貌。与所有真正的悲剧一样，索福克勒斯语言的精要在于"实词中，它更像一种关系而非明确陈述，由命运从开头推向结尾……"[1] 将这些关系（*Zusammenhang*）明确说出，强行让它们更加平滑和连贯，就抛弃了容纳在人类文字言辞的定义和行动中的鬼神般的潜力。

在创作生涯临近末尾时，荷尔德林创造出了一种只能被称为神秘辩证法的东西。他用相反原则的激烈碰撞来解读诗人的工作，解读所有试图将自己状态"本质化"的人的任务。这些辩证冲突由对立的理念、概念、端点构成，荷尔德林或自己造词，或给旧词赋予新的、私人的意义

---

[1] 原文：in dem faktischen Worte, das mehr Zusammenhang, als ausgesprochen, schicksalsweise vom Anfang bis zu Ende gehet...——译注

来进行命名。古代和现代、有机和无机（*Aorgisch*）、东方和西方^[1]、光明和黑暗、交流和无言……这些范畴在冲突和调和的辩证中相遇。在这种难以名状的接触中，最为重要的一组是人类和神圣。荷尔德林成熟的诗歌和悲剧理论所动用的模型极为私人化，且在哲学上模糊不清，它涉及人和神的互动。只有质疑神性的自主，侵入"神的空间"，人才能够发挥自己超越的潜力，同时迫使神在自己与凡间秩序模糊的毗邻处观察、活动。悲剧的承载者（荷尔德林主要指的是俄狄浦斯和安提戈涅，但也包括索福克勒斯笔下故意让自己陷入与神的近距离争斗中的埃阿斯），用荷尔德林著名而模糊的术语来说，他们成为对立神（*antitheos*），他们对神的挑战、与神危险的近距离接触是亵渎，是自毁式的傲慢渎神（*hubris*），是对任何人神之间辩证关系的终极宣言（"其人在神的意义上，做与神**对抗**之举"^[2]）。安提戈涅在第 450 行向宙斯乞援，而荷尔德林著名但不乏争议的解读，是任意的挪用行为，是向神圣正义的"空白"领域的入侵，也是对这个领域与人类和社会存续间相关性的破釜沉舟式的确认。

荷尔德林的这种牺牲式的辩证中，冲突甚至相互毁灭能产生合适的定义和距离，而这种辩证的核心意义则不可能得到令人满意的转述。这个概念是动态的，因此能从他的后期诗歌中，从理智向疯狂、陈述向沉默的演进中（这种演进在某些层面上是故意为之的、精心权衡过的），得到某种程度的辨识和确认。但如《俄狄浦斯王》和《安提戈涅》的评述所言，荷尔德林本人都觉得，想要表述这种意义重大的碰撞的本体论和神话是极为困难的，遑论解释。我认为，翻译的概念和行动在这一点上显得至关重要。

荷尔德林的才华在翻译中得到了终极展现，因为对他而言，希腊语和德语的冲突、调和、辩证交汇，是存在的碰撞最为直接、明显的体现。诗人把母语带入另一种语言构成的活跃力场中，他入侵并试图打破异国

349

---

[1] 原文为 Hesperidean。Hesperides 是希腊神话中看管金苹果的几位女神，住在世界西隅。——译注

[2] 原文：wo einer, in Gottes Sinne, wie *gegen* Gott sich verhält.——译注

语言的意义之核。在这种武断而又十分谦卑的尝试中，他压抑自我，与另一种存在融合。完成之后，他也无法全身而退。在解释学过程的每一步中，译者的表现与侵入了神之领域的安提戈涅，有深刻的相似之处。译者也是对立神，他违反了语言由神定下的自然划分（我们有什么权利翻译？），但他也通过这种反抗性的否定，确认了终极而同样神圣的道的一统。在翻译坍缩式的冲击和爆发中，两种语言都被破坏，意义暂时进入了"活的黑暗"的状态（这是埋葬安提戈涅时的场面）。然而新的合成也就此产生，公元前 5 世纪的雅典与 19 世纪早期的德意志产生了共鸣。因此，对晚年的荷尔德林而言，诗人只有在翻译中，才与他自己真正的语言最为接近。在伟大的翻译（这个词的意义已经变得具体，而诗人也能光明正大地触及）产生的交汇之外，便是寂静。完美的和谐是无言和不言。

350　　　　现在，我们来到了语言交流中所有合理的理论或实践的边界。在翻译领域，荷尔德林的立场是最为高贵和神秘的。它隐含着心理学上的风险，制造出在理解和"重述"上极具强度的众多段落，让评论都无法触及，因此它永远值得重视、敬仰。以《安提戈涅》第 944 行开始的合唱段落为例：

> Der Leib auch Danaes musste,
>
> Statt himmlischen Lichts, in Geduld
>
> Das eiserne Gitter haben.
>
> In Dunkel lag sie
>
> In der Totenkammer, in Fesseln;
>
> Obgleich an Geschlecht edel, o Kind!
>
> Sie zählete dem Vater der Zeit
>
> Die Stundenschläge, die goldnen.[1]

---

[1] 罗念生本译为：那美丽的达娜厄也是在铜屋里看不见天光，她在那坟墓似的屋子里被人囚禁；可是，孩儿呀孩儿，她的出身是高贵的，她给宙斯生了个儿子，是金雨化生的。——译注

达娜厄[1]之躯也不能

沐浴天光，而要忍受

牢笼的拘羁。

她在黑暗中

在墓室，在镣铐中；

哪怕出身高贵，孩子！

她计数着时间之父

倾泻的黄金时雨。

在某种层面上，荷尔德林肯定知道自己正从事着再创作，索福克勒斯笔下的达娜厄"守卫宙斯金雨的果实"。但在另一个层面上，他把黄金、神的光顾，以及他对人如何在悲苦中记录时间（*das Zählen der Zeit im Leiden*[2]）的理解交织在一起。其结果不似翻译，胜似翻译。

荷尔德林的翻译艺术充满天才的风格和大胆的解读，它来自逐字翻译，事实上，这种逐字翻译并不只是以词为单位，甚至是以字母为单位的。在初版《帕特莫斯》中，神最眷顾那些照料、守卫"坚固字母"（*der feste Buchstab*）的人。因此，关于翻译本质最高贵的见解，正吊诡地来自逐字翻译、逐词直译，而传统理论却确认为这是最为幼稚的。

二

日常翻译乃至文学翻译，都不在这个肆意、高卓的位面上运行。翻译旨在引进和吸纳原文的内容，并最大限度地模仿这种内容的表现形式。　351

---

[1] 希腊神话中达娜厄被关在地窖（一说铜塔）内，宙斯化作金雨与之交媾。——译注
[2] 意为痛苦中的计时。——译注

其概念可以套用德莱顿给转译（*paraphrase*）立下的言简意赅而颇为传统的定义："[翻译] 要生产的文本，应是外国诗人如果用译者的语言写作会写下的文本。"但即便我们允许（为了推进讨论我们必须允许）以提取和转换为目的来辨认"内容"——或者说有延展潜力的，能够从原文独特的语音 – 句法 – 语意总体环境中割裂出来的意义体——这种预想中的行动要比想象中更加拙劣，更不值得信任。我已将解释学的第三个步骤定名为挪用，即将外语的"意义"掳回家，并在新的语言文化基质中进行驯化，这个行为几乎不可能是线性的、点对点的。在更严格的版本中，在不同层次的策略构想中，它都是"他异性"问题的实例，是对语言差异的有区别的外化（强调法 [1]），它检验或联结（这种情况更普遍）存在的不同可能性和样式。"外国诗人如果用译者的语言写作会写下的文本"这个说法是投射性的虚构。它不仅认可了翻译的自主性（更准确地说，"元自主性"[meta-autonomy]），更给语言、文学和情感传承的现实和历史条件，引入了另一种存在，一种"本可以"或"将要是"的可能。这种争辩、质疑或追思的功能（这几种情形频繁出现在翻译实例中）会因时间问题而变得清晰。严格地说，每次翻译行为，除了通过耳机的同声传译外，都是从过去带向现在。如我们在开始所见，解释学的引进不只跨越语言 – 空间的边界，更是一种跨越时间的运动。日常翻译试图完成的，是"生产外国诗人如果用与译者同时代或基本同时代的译者母语写作，会写下的文本"。我们会发现，"基本"所允许的幅度，"同时"所能接受的弹性，正是理解和重述的概念中，长存的、实用的方面。

　　有人会拒绝承认这种幅度。译者可能会认为，既要穿过语言差异的屏障，又要穿过时间来传达适当的意义是不可能的；他或许会坚持纯粹的横向传达。只翻译当时的材料，或者将源语言和目的语言的时代进行匹配，就能实现这个目的。虽然翻译于现下，但译者要用 16 世纪的卡斯蒂利亚语翻译斯宾塞，用 18 世纪的俄语翻译马里沃，用 17 世纪的日语

---

[1] 原文 *mise en relief*，指法语中将强调部分提出放在句首的句法。——译注

翻译塞缪尔·佩皮斯的日记。这种共时性的魅力在于，它完全符合逻辑。虽然（可能）看上去荒谬，但其理由绝非无足轻重。假设译者能够译出词汇和语法都匹配的译文：通过研习词汇和句法，他能够用 18 世纪 70 年代的荷兰语或孟加拉语翻译《少年维特之烦恼》；不使用任何最近的习语、后日的词句。但这种回溯性的创造能应用在他对文本——原文或他自己的转写——的理解上吗？所有的环境都是历时的，意义、色调、联想的范围都处在运动中。译者或可以选出正确的词和语法，但他知道此后的历史；因此含义的范围便不可避免地属于他的时代和所在。即便他找到了年代准确的对应，这些词所指涉的感觉客体或事实还是嵌入在他自己对它们的现代的感知中。因此，它们或只是古董（出现的时间明显与原文的指涉不同），或会发生改变。简而言之，这个困境与博尔赫斯的寓言相似：时过境迁，摹写只是错觉。语音符号、单词可能与原来一样，仍是任意的（arbitrary），但其意义、所指（*signifié*）并不如是。

无论如何，为实现共时性而进行的一些尝试，构成了翻译的历史和理论中最具启示性的篇章。在 19 世纪 20 年代中便有一些实例，它们很可能受到了浪漫主义时代历史主义的影响，试图探究、重述一个详细的过去中真正的意识或"内在特性"（这在从赫尔德到米什莱之间的史学作品上展现得尤为鲜明）。莱奥帕尔迪想用中世纪意大利语翻译希罗多德。保尔－路易·库里耶试图用文艺复兴时期法语重述希罗多德和郎格斯，则是"任意的现代性"模糊而极具启发性的一个实例：他试图再次发掘那些已被 16 世纪人文主义者再发掘过并用欧洲语言写成的文本。罗塞蒂的《早期意大利诗人》和《但丁与他的伙伴》分别问世于 1861 年与 1874 年。在此，设想中的同时性仍是杂糅的。罗塞蒂希望把自己图画式的、诗艺的风格浇铸在意大利中世纪风格的模具里；但同时又延续着拟古的做法，这种拟古很大程度上已成定式，且是斯宾塞式的，它来自叙事歌谣，来自全盛时期文学对《仙后》的模仿，来自济慈。他的成果既是重构性的，又是规范性的，因其旨在给旧风格带来新理念。因此我们得到了一种相当模糊的古代感。但丁对卡瓦尔坎蒂说：

Guido, I wish that Lapo, thou, and I,

    Could be by spells conveyed, as it were now,

    Upon a barque, with all the winds that blow

Across all seas at our good will to hie.

So no mischance nor temper of the sky

    Should mar our course with spite or cruel slip;

    But we, observing old companionship,

To be companions still should long thereby.

And Lady Joan, and Lady Beatrice,

    And her the thirtieth on my roll, with us

    Should our good wizard set, o'er seas to move

    And not to talk of anything but love:

And they three ever to be well at ease,

As we should he, I think, if this were thus.

圭多，我希望拉波、你和我，

    能如咒语所言像现在一般，

    乘八方之风起航扬帆

穿越四海任意使舵。

天降的不测和灾祸

    都不能以凶恶阻我们前程；

    而我们则坚守昔日的友情，

岁月也不能拆散这同伙。

琼和贝缇丽彩女士，

    还有第三十位佳丽与我辈

    遵照巫师之语一齐远游

    爱是旅程中唯一的交流：

她们三人都会安然处之，

　　若情形如上述，我们亦将如是。

　　事实上，不管是罗塞蒂自己的风格，还是他对原文的理解，都不能　　354
创造出一致协调的幻象。[1] 若将罗塞蒂笔下的卡瓦尔坎蒂与庞德笔下的进
行比较，后者略胜一筹。[2]

　　利特雷译但丁则体现的是另一种精确和智慧。对这名伟大的法语史
学者和字典编纂者来说，历史语言学问题似乎明显与翻译问题有关。在
初版于 1857 年 1 月《辩论日报》的一篇优秀论文中，利特雷阐述了这
个观点。[3] 他的观点在《神曲》最近出版的两个译本中得到了体现，分
别是 A. 梅斯纳尔（A. Mesnard）本和拉梅耐（Hughes Felicite Robert de
Lamennais）本。拉梅耐本完成于 1853 年，他本要用拉伯雷和阿米欧时期
的法语翻译原文。虽然因担心不被理解而放弃了计划，他的翻译仍是逐
字而复古的。它力求"精确、精简、原始"（précis, concis, primitif）。它
几乎无人问津，但其背后的心理却十分有趣：拉梅耐被开除神职后，做
出的修订本比原文更有吉伯林派（Ghibelline）倾向。[4] 希望用高贵的古
代语言再次洗涤法国人耳朵的利特雷，还用 13 世纪法语翻译了《伊利亚
特》的一部分。但他很快就发现了这个行为的自相矛盾之处，所以转向
了但丁。利特雷用但丁本人也会的古法语（langue d'oïl）重写《神曲》，

---

[1]　关于罗塞蒂对但丁爱情词语的平淡化处理，见妮科莱特·格雷, *Rossetti, Dante
　　and Ourselves* (London, 1947), 第 34-38 页。另见 R. J. 莫尔斯 "Rossetti and Dante"
　　(*Englische Studien*, LXIII, 1933); R. C. 西墨尼尼, "Rossetti's Poems in Italian" (*Italia*,
　　XXV, 1948); G. 霍夫, *The Last Romantics* (London, 1961), 第 71-82 页。

[2]　见 A. 鲍鲁奇, "Ezra Pound and Rossetti as Translators of Guido Cavalcanti" (*Romanic
　　Review*, LI, 1960), 第 263 页, "我认为, 将两种翻译进行仔细研究会发现, 虽然庞
　　德的翻译有些错误, 但它对意大利语中的怀旧之情的把握比罗塞蒂的译本更有效"。

[3]　这篇文章是常被忽略的 19 世纪翻译理论经典作品之一, 在利特雷的 *Histoire de la
　　langue française* (Paris, 1863), 第 394-434 页中得到了修订和重印。对利特雷语言观
　　的简述, 见阿兰·雷, *Littré: L'Humaniste el les mots* (Paris, 1970)。

[4]　见 F. 杜因, *La Mennais: Sa vie, ses idée, ses ouvrages* (Paris, 1922), 第 300-306 页。

355 不仅引领读者研习、品味"我们古老的语言"（notre vieil idiome），或许还在但丁世界和现代世界间根本意义的隔阂上建起了桥梁。利特雷希望，13 和 14 世纪古法语译本能够让他的解读与维吉尔保持准确的距离，与拉丁语基督教世界产生共鸣，而它们确定了但丁史诗的灵魂。《地狱篇（古法语版）》问世于 1879 年。它几乎是流产之作，而如果谁记得它，也都把它当作一个古怪学者的消遣。[1] 只有语文学家和中世纪研究者能判断出利特雷创造了一个成功的同时代复制品。而其效果通常是惊人的：

> Peu sont li jor que li destins vous file,
>
>   Li jor qu'avez encor de remanent;
>
> Ne les niez à suivre sans doutance
>
> Le haut soleil dans le monde sans gent.
>
>   Gardez queus vostre geste et semance;
>
> Fait vous ne fustes por vivre com la beste,
>
> Mais bien por suivre vertu et conoissance.
>
>   Mi compagnon, par ma corte requeste,
>
> Devinrent si ardent à ce chemin,
>
> Que parti fussent maugré mien com en feste.
>
>   Ore, tornant nostre arriere au matin,
>
> O rains hastames le vol plein de folie,
>
> Aiant le bort sempre à senestre enclin.
>
>   Jà à mes ieus monstroit la nuit serie
>
> Le pole austral; et li nostre ert tant bas,
>
> Que fors la mer il ne se levoit mie.

---

[1] 少有的正面评价可见于弗朗切斯科·迪奥维迪奥，*Nuovi studii danteschi* (Milan, 1907)。利特雷试作背景，见卢西恩·奥弗雷，"Dante et Littré"，载于 *Mélanges de philologie, d'histoire et de literature offerts à Henri Hauvette* (Paris, 1934)。

现在你们的生命已很短促，

　　你们活着的时间也已有限，

所以你们中不要有人不愿意

去经历那太阳背后的无人之境。

　　想一想你们的出身；你们不是

生来去过野兽的生活，

而是要去追求美德和知识的。

　　我用这段简短的言语使得

我的伴侣们那么地渴望这航程，

我那时简直阻止不了他们；

　　然后，把船首掉过来向着早晨，

我们把我们的桨当作翅膀

去作那愚蠢的飞翔，总是偏左前进。

　　黑夜已看到了另外的一极

和那里所有的星辰；我们这一极

是那么低，它还没有从海面升起。[1]

在一些地方，这段对尤利西斯话语（第二十六歌，第 114-129 行）的复述，是直接的临摹或仿写（*calque*）：*gent / gente, semance / semenza, vol plein de folie / folle volo, fors la mer / four del marin*。但另一些地方，利特

---

[1] 中译取自朱维基译本（《神曲·地狱篇》，上海：上海译文出版社，1984 年，第 190 页）。此段但丁的原文为：a questa tanto picciola vigilia / d'I nostril sensi ch'è del rimanente / non vogliatenegarl'esperïenza, / di retro al sol, del mondosanzagente. / Considera la vostrasemenza: / fatti non foste a viver come bruti, / ma per seguirvirtute e canoscenza." / Li mieicompagnifec'iosìaguti / con questaorazionpicciola al cammino, / che a penaposcia li avreiritenuti; / e volta nostra poppa nelmattino, / de'remifacemmoali al follevolo, / sempreacquistando dal latomancino. / Tutte le stelegiàde l'altro polo / vedea la note, e 'l nostrotantobasso / che non surgëafuor del marinsuolo. ——译注

雷古旧的措辞和《神曲》之间的距离，至少在词汇层面，超过了但丁和
现代法语应有的差距。*Doutance, corte requeste, arriere au matin, rains* 所
具有的独特古风完全与法语的早期历史相关，而与但丁直接的"新风格"
相抵牾。透过博尔赫斯的比喻来看，但丁仿佛是在翻译利特雷，后者的
《地狱篇》（*Enfer*）比但丁的《地狱篇》（*Inferno*）还要古老，且与武功歌
（*chanson de geste*）的渊源多于与维吉尔英雄史诗的关系。"地狱惨状"通
过普罗旺斯的大师们之手传给了但丁。

　　"失落的母语原文"这个子虚乌有的念头一直萦绕在鲁道夫·博夏尔
特（Rudolf Borchardt）的脑海里。为什么但丁没用中世纪德语写作？更
为重要的是，13 世纪德意志文学和文明坐落在北方的条顿和南方的地中
海之间，与东方的异教徒和西方的法国 – 拉丁世界都有密切的联系，它
为什么没有创造出自己的《神曲》（*Comedia divina*）（此处使用的古老
拼法来自博夏尔特）？作为一个谜一般的诗人、学者，对全欧洲的秘术
都感兴趣的人，他在 1904 年至 1930 年间一直在思考这个问题。他最终
深信德语版的《神曲》散佚了。德国语言和情感的历史中没有在 1300—
1500 年间出现歌德这样的人物这个事实，破坏了德意志封建社会与普罗
旺斯和托斯卡纳"古典"基督教文化间内在的物质和思想亲缘性。路德
的语言不是对德语的完美更新，反而在很多方面都是一次失败。路德的
新高地德语在很多时候都无力触及《圣经》原文的具象和美感。博夏尔
特认为，路德之后又出现了奥皮茨和戈特舍德，他们带来了一种麻木的
新古典主义和官僚式的学院派，与德国天才的传承有本质上的不同。他
继而在自己的研究《但丁和德语但丁》（"Dante und deutscher Dante"，
1908）中推进了这一观点，该作对始自施莱格尔的但丁德文译本进行了
综览。在出版于 1923 年和 1930 年的两篇《但丁后论》（"Epilegomena zu
Dante"）中，他又更进一步。不过博夏尔特绝不只沉迷于理论——过去并
非不能改变。人类的心灵既然能够梦想未来，也就能重塑过去。借用诺
瓦利斯对译者的著名定义——"诗歌中的诗人"——博夏尔特想象中的
翻译具有无上权威，能够抗拒时间和凡俗的历史事实。通过"创造性的

356

357

再变化"（*Rückverwandlung*），译者能够为本国语言和文化的发展提出另一种可能，甚至将其实现。他在 1911 年 2 月寄给约瑟夫·霍夫米勒的信中解释道，真正的古风不是对古代事物的拼接，而是对看上去无法改变的过去积极甚至暴力的入侵。"好古之人"把自己的意愿强加给过去，通过自己的后世之见对历史进行增删。他的说法令人震撼：

> der genuine Archaismus greift in die Geschichte nachträglich ein, zwingt sie für die ganze Dauer des Kunstwerks nach seinem Willen um, wirft vom Vergangenen weg was ihm nicht passt, und surrogiert ihr schöpferisch aus seinem Gegenwartsgefühl was es braucht; wie sein Ausgang nicht die Sehnsucht nach der Vergangenheit, sondern das resolute Bewusstsein ihres unangefochtenen Besitzes ist, so wird sein Ziel nicht ihre Illusion, sondern im Goethischen Sinne des Wortes die Travestie.

> 真正的古风侵入其后代的历史中，为了其作品的长存而迫使它服从自己的意愿，将过去中与自己不相符的部分剔除，创造性地代之以自己的感触；其产物不是对过去的怀念，而是对它无可争议的所有权坚定的宣言，其目标不是过去的幻象，而是（用歌德之意）"曲笔"。

这便是博夏尔特在《德译但丁》中"曲写"但丁的方法，这个标题也是直白的宣言。他的语言捕捉并重塑了一段虚构的时代，创造出了一种早期新高地德语（*Frühneuhochdeutsch*），其中包括从 14 世纪到路德时期的元素——高地德语、低地德语、中古高地德语、阿勒曼尼语、阿尔卑斯方言、矿业技术用语（如 *teufe, stollen, zeche, guhr, sintern*[1]），和他

---

[1] 分别意为深度、隧道、矿坑、淤泥、熔渣。——译注

自造的词汇和语法。[1] 他很清楚这些都是捏造的：

> Die Sprache in die ich übertrug, kannte ich weder als solche noch konnte es sie als solche gegeben haben; das Original warf erst ihren Schatten gegen meine innere Wand: sie entstand, wie eine Dichtersprache entsteht, *ipso actu* des Werks. Die italienische Wendungen, genau befolgt, ergaben ein Deutsch, das zwischen 1250 und 1340 im ganzen Oberdeutschland sehr leidlich verstanden worden wäre.[2]

> 我所用的语言不是学来的，也不是什么人说的；它是原文在我内心的投影，这种诗性的语言来自作品**本身的运动**。在细读之下，意大利语段落就生产出了这种1250—1340年间的高地德意志人能够理解得很好的德语。

而做出这个译本的目标则是，将这种虚构的语言作为一种可能性放入"本可以"中，使它成为对现在和未来德语精神有潜在影响力的一种其他可能。从未有过的仍有可能发生（*Ungeschenes immer noch geschehen*）。

虽然黑塞、库尔提乌斯、沃斯勒、霍夫曼斯塔尔曾予以重视，但《德语但丁》仍几乎不为人知。与它所表达的对潜在历史的见解一样，其文艰涩难懂，甚至有些讳莫如深。不过，从《地狱篇》和《炼狱篇》的角度看，它还是展现了独特的才华。博夏尔特以近乎病态的表现力使但丁"复活"；他将原作解读为"高地史诗"（ein Hochgebirge Epos），它横亘于阿尔卑斯的沟壑和峭壁之间，是独一无二、万古长存的。将博夏尔

---

[1] 对博夏尔特语言的权威研究，见汉斯－格奥尔格·德维茨，*"Dante Deutsch": Studien zu Rudolf Borchardt Uebertragung der "Divina Comedia"* (Göppingen, 1971)，第167-222页。

[2] 鲁道夫·博夏尔特，*Gesammelte Werke* (Stuttgart, 1959)II，第522页。

尤利西斯的动员与利特雷版进行对照则颇为有趣：

> "Brüder, die mir durch hundert tausend wüste
>
> fährden bis her in untergang gefronet:
>
> dieser schon also winzigen, dieser rüste,
>
> Die unser sinnen annoch ist geschonet,
>
> wollet nicht weigeren die auferschliessung
>
> —der sonne nach—der welt da nichts mehr wohnet!
>
> Betrachtet in euch selber eure spriessung!
>
> ihr kamt nich her zu leben gleich getier,
>
> ja zu befolgen mannheit und entschliessung."
>
> In den gefährten wetzete ich solchen gier
>
> mit diesem kurzen spruch nach fahrt ins weite,
>
> dass ich sie dann nicht mögen wenden schier.
>
> Und lassend hinter uns des ostens breite,
>
> schufen uns ruder schwingen toll zu fliegen,
>
> allstunds zubüssend bei der linken seite.
>
> Alls das gestirn des andern poles siegen
>
> sah schon die nacht, und unsern abgesunken,
>
> als thät er tief in meeres grunde liegen.[1]

有些十分值得玩味的细节：以 *untergang*（有"沉没"之意）译 *occidente*（西方），保留了灾难将至的感觉；以 *auferschliessung*（有"发展出"之意）译 *esperienza*（经历），隐含了原词"向外运动"的微妙感

---

[1] 本段比上段引文多引用了第 112—113 行（即本段前两行），朱维之译本作：我说道："弟兄们哟！你们历尽／千辛万苦到达了西方。"但丁原文为："O frati," dissi, "che per cento milia/perigli siete giunti a l'occidente."——译注

觉；*mannheit*（人道）与 *virtute*（美德）的对应照顾了词源[1]；博夏尔特用 *toll zu fliegen* 保持了与原文（愚蠢的飞翔 / *folle volo*）的语音、语义双重关系；*tief in meeres grunde liegen*（海平面深处）精确地对应了 *del marin suolo*（海面）潜在的危机感。译者通过这些精确对应，传达了但丁原文的主要意图——尤利西斯讲话的鼓舞激励中暗含的灾厄。虽然有些拗口（博夏尔特重视拗口 [*Schroffheit*]），但在韵律流畅和动作连贯上，其他译本恐怕无出其右。它保留了锐利的节拍；第 121 行简直可以说直接化自布莱希特版的维永，它用同样的方式"刺击"。而 *gier*（渴望）在触觉和音色上所隐含的感觉，与但丁原文同位置的 *aguti*（[士气] 高涨）完全一致。

不过细节远没有其背后匪夷所思的思路重要。解释学的挪用在此不只要丰富译者母语的传承，还要将其彻底改变——为改变民族的过去而翻译。所有的语言和文学都能被看作是公用的仓库，人们能够从中任意提取，以纠正错误，弥合现实的间隙。英国福楼拜，意大利拉伯雷，法国爱德华·利尔，都是幻想。但博夏尔特告诉我们，通过翻译，这些幻想能够得到实体化（"英国 [英语] 福楼拜"这种表达方法，在现实中指的就是使这种变化成为现实的译本）。《德译但丁》的固执表明，没有哪种语言，没有哪些由语言传达的用以表明个人和社会身份的意义，能在引进新成分后还保持不变。

当然，只有与文本同时代的译者才能进行同时翻译。把但丁用需要读译文的人所不能理解的法语或德语翻译出来，其意义何在？虽然像利特雷或博夏尔特那样彻底重建式的古风少之又少，但在翻译的历史和实践中，一定程度的古风、向旧文风的偏向屡见不鲜。在翻译真正意义上的外语"经典"、经文和宗教文献、其他语言史学著作、哲学论著时，译者会避免使用流行语（至少在现代派出现前如此）。或明显，或出于习惯，或有意为之，或受潜意识驱使，译者会按照早于自己时代的词汇和

---

[1] 词根 -vir- 意为"人，男人"。——译注

语法写作。语言"距离"和历史文风的标准永远在变动，译者可能会选择几个世纪以前的表达方法，可能会使用上个时代流行的俗语。而对古风的偏爱经常会产生混合物：译者或多或少会有意识地从历史中的语言、本国的大师、先前的译者、古代的习惯——它们是现代言语的来源，也会被用在正式场合里——中进行融合。译文因此会得到包浆。

荷马英译本往往都会"复古"。在蒲柏那里，这个过程是细微的，而且其效果通常是由模仿德莱顿的《伊利亚特》选段而导致的。[1] 复古在19世纪如火如荼，甚至到了癫狂的地步。P. H. 沃斯利（P. H. Worsley）相信"为了保存魅力，掩盖韵律上的缺憾，英语中没有什么韵脚能与斯宾塞的相提并论"，因而他在1861—1862年间，仿照《仙后》的模式翻译了《奥德赛》。于是在第二十一卷，复仇大反转之前：

> Meantime the king was handling the great bow,
> Turning it round, now this way and now that,
> To prove it, if the horn or timber show
> Print of the worm. They, marvelling much threat,
> Spake one to other, leaning as they sat:
> "Surely the rogue some pilfering expert is
> In bows and arrows, which by fraud he gat—
> Or would the varlet mould a bow like this?
> So featly doth he feel it with his hands, I wis."

> 这时那国王正将那大弓把弄，
> 翻来覆去，看看那儿看看这儿，
> 仔细查验，看牛角和木料中
> 可有蛀虫的印记。他们被威胁惊愕，

---

[1]　见 H. A. 梅森，*To Homer Through Pope* (London, 1972)，第170–177页。

靠在座位上，互相说：

"这鸡鸣狗盗的流浪汉肯定也明白

弓和箭，不知他从哪骗得——

还是说这下等人要照着做一把出来？

我看他手舞大弓还挺自在。"[1]

在这种著作里居然能出现如此直白的"蛀虫的印记"，简直令人发笑，
不过，拟古的传统还是很明显，不同在于译本所选择的诗化程度，威
廉·莫里斯1887年的《奥德赛》兼具北欧传说、丁尼生和考古学成分：

361

> "Lo here, a lover of bows, one cunning in archery!
>
> Or belike in his house at home e'en such-like gear doth lie;
>
> Or e'en such an one is he minded to fashion, since handling it still,
>
> He turneth it o'er, this gangrel, this crafty one of ill!"
>
> And then would another one be saying of those younglings
> haughty and high:
>
> "E'en so soon and so great a measure of gain may he come by
>
> As he may now accomplish the bending of the bow."
>
> So the Wooers spake; but Odysseus, that many a rede did know,
>
> When the great bow he had handled, and eyed it about and
> along,
>
> Then straight, as a man well learned in the lyre and the song,
>
> On a new pin lightly stretcheth the cord, and maketh fast
>
> From side to side the sheep-gut well twined and overcast:

---

[1] 本段王焕生译本（《荷马史诗·奥德赛》，北京：人民文学出版社，2003年，第402
页）作：奥德修斯正查看弯弓，/不断把弓翻转，试验它的各部位，/看主人离开期
间牛角是否被虫蛀。/这时有人眼望邻人，这样发议论：/"看他倒真像个使弓箭的
行家里手。/或许他自己家里也有同样的弓箭，/或许他想仿制一把，因为他拿着弯
弓/反复查看，这个惯做坏事的游荡汉。"——译注

So the mighty bow he bended with no whit of laboring…[1]

　　"看这儿，有个爱弓之人，他懂得弓箭！

　　是说他家中也躺着个相似的物件；

　　还是说他想仿造个出来，因他不停把玩，

　　这流浪汉，满肚子坏主意，还在反复看！"

　　而后，另一个人对着这帮高傲的年轻人说话了：

　　"他可能要成大事了，就在这顷刻间

　　眼看他就要把弓来弯。"

　　求婚者正聒噪，但奥德修斯，心中总有高见，

　　他拿着大弓细端详，一点不漏都看遍，

　　然后像熟谙竖琴和歌唱的乐手，

　　将弓弦一端固定，拉直拴紧

　　直到那紧致精美的羊肠线连住弓两端：

　　这样那大弓就被他弯，不费力一点。

T. E. 劳伦斯称《奥德赛》为"小说"；与学究气的译者不同，他能直接把斗争经验带到翻译中：他用自己造的筏子漂流过，也曾改名换姓躲避探照灯潜入敌国。但什么能比"T. E. 肖"1932 年的荷马译本更为倒行逆施，更"抠字眼"？T. E. 劳伦斯造就的不是实质上的相似物，而是一个大杂烩，其成分是道蒂（Charles M. Doughty）所代表的维多利亚时期的东方风情、对《圣经》的拼接模仿、侦察兵的英勇行为：

---

[1] 本段是接在上段引文后的一段，王焕生译本作："看他倒真像个使用弓箭的行家里手。/ 或许他自己家里也有同样的弓箭，/ 或许他想仿制一把，因为他拿着弯弓 / 反复查看，这个惯做坏事的游荡汉。"/ 狂妄的年轻求婚人中另一位这样说："但愿他以后还会遇上那么多好运气，如同这家伙今天有多大能耐安弓弦。"求婚人这样议论，足智多谋的奥德修斯 / 立即举起大弓，把各个部分察看，/ 有如一位擅长弦琴和歌唱的行家，/ 轻易地给一个新制的琴柱安上琴弦，/ 从两头把精心揉搓的羊肠线拉紧，/ 奥德修斯也这样轻松地给大弓安弦。——译注

The bronze-headed shaft threaded them clean, from the leading helve onward till it issued through the portal of the last ones.

Then he cried to Telemachus, "Telemachus, the guest sitting in your hall does you no disgrace. My aim went true and my drawing the bow was no long struggle. See, my strength stands unimpaired to disprove the suitors' slandering. In this very hour, while daylight lasts, is the Achaeans' supper to be contrived: and after it we must make them a different play, with the dancing and music that garnish any feast." He frowned to him in warning: and Telemachus his loved son belted the sharp sword to him and tightened grip upon his spear before he rose, gleaming-crested, to stand by Odysseus, beside the throne.

362

那箭杆带着铜头干净利落地穿过了所有斧柄，从第一个孔到最后一个。

然后他向帖雷马科嚷道："帖雷马科，坐在你堂上的这个客人没让你蒙羞。我的标的全中，拉弓也不费力量。看，我的力气不可谓不足以证明求婚者是在诽谤。在这天光将近之时，该给阿凯人筹备晚饭了：而在这之后还要给他们提供另外的活动，用歌舞将宴会装点妥当。"他皱眉提醒了帖雷马科，而他的爱子帖雷马科给他挂上利剑，在他起身之前握紧了铜矛的把手，站在奥德修斯的座旁，只见那矛尖闪着寒光。[1]

---

[1] 杨宪益译作本作：那铜镞的箭一直穿过去，连最后一个铁斧的柄环也没有错过。他然后对帖雷马科说道："帖雷马科，坐在你堂上的这个客人没有给你耻辱；我没有废多大事就拉上了弓弦，也没有错过目标。看来我还有些力气，不像那些求婚人讥笑我的那样没用。现在天还没有黑；我们该给阿凯人准备晚饭了；然后在酒宴时，我们还要弹琴唱歌，弄些其他娱乐。"

他说了就点头示意，这时英雄奥德修的儿子帖雷马科就挂上利剑，手里抓起长矛，配备好明亮的青铜兵仗，在奥德修的椅旁站定。(《奥德修纪》，上海：上海译文出版社，1979年，第277页)——译注他用这样的话来翻译荷马；而荷马，用马修·阿诺德的话来说，既不"古拙"也不"啰唆"，恰恰相反，他的思想和语言常常是"急促"、"平白"而"直接"的。

在翻译哲学文本时，所有的文字手段都具有（或应该有）特别的分析感。这种想法演化到极端，便出现了海德格尔对巴门尼德尽人皆知的翻译，"τὸ γὰρ αὐτὸ νοεῖν ἐστίν τε καὶ εἶναι"被他翻译成了"同属的是探寻和存在"[1]，而简单、直接的译法则是："思与在乃同一物。"哲学翻译旨在将独一无二的意义固定下来，并清晰地表达符合逻辑的语串。翻译出"最新版"的哲学原典是画蛇添足的，除非这种时代差距能够阐发并明确原文的含义和技术地位。把《蒂迈欧篇》当作另一种《摩西五经》，或者当作三位一体和基督论思想的先声来解读，至少在中世纪就已经出现了。[2] 乔伊特在1871年出版自己的《对话录》译本时，称自己意在与希腊语的准确含义产生共鸣，最大限度地实现清晰。他清楚，"很难解释这种对我们而言如此奇异而古怪的思维过程，现代的分类法在其中相互交叉、无所适从"。但他也相信自己忠实地再现了《蒂迈欧篇》，因为柏拉图在此所阐述的"神之善"，比他其他任何说教中都要详尽。在乔伊特的译本中，这些阐述有强烈的维多利亚时期基督教色彩。风格上的细部相互叠加，产生出了一种明确无疑的、一以贯之的效果。柏拉图反复提到的"神"（the god）或"造物主"（the demiurge）被翻译成了"神祇"（God）；乔伊特经常使用"他如是说"（thus he spake）这样的表达；他用"路西法/光明使者"（Lucifer）翻译"启明星"（Morning Star）。在

---

[1] 原文：Zusammengehörig sind Vernehmung wechselweise und Sein。Sein 原文中是小写，似有误。（编者按：关于此处海德格尔对于巴门尼德残篇的阐释可见孙周兴译：《演讲与论文集》，北京：生活·读书·新知三联书店，2005 年，《命运》一篇。）——译注

[2] 见吕巴克（Henri de Lubac），*Exégèse medievale: les quatre sens de l'Écriture* (Paris, 1959–1964) IV，第 189、215 页。

36e，他的译本是"当造物者按自己的意愿构想出了灵魂时……"[1]，而康福德（F. M. Cornford）1937 年译本则作"当灵魂的全部构造都被完成在造物者的心中时……"。在 38c，乔伊特本作"这便是神祇在创造时间时的心境和思想"[2]，康福德本中的大写有个明显的颠倒："出于神在让时间（Time）诞生时的计划和意图……"。在《蒂迈欧篇》后面的章节中，柏拉图对"神"和"神们"二词的使用几乎是随机的，有时还在同一句话中结合二者（如 71a），但乔伊特坚持用"神祇"。如康福德所指出的，[3] 这对原文论调和逻辑重点造成的扭曲绝不是无关紧要的。柏拉图不是一神论者，他相信整个现象自然界都有神性，他给天体赋予了神的地位。此外，乔伊特对对话录的"基督教化"没能抓住柏拉图创世学说的一个重要方面："造物主宰"（demiurgus）——来自托马斯·泰勒 1804 年的译本[4]——操作的是先前就存在的物质。柏拉图严格按照人类工匠的形象构思他的宇宙建造者，而没有按照犹太教–基督教脉络，把他想象成全能的上帝（Deity）。

毋庸置疑的是，乔伊特确实在努力为宇宙中的至善和秩序撰写一个一神论的纲领；如史文朋在《忆乔伊特教授》中所说，乔伊特一直有翻译和编辑一部"儿童版《圣经》"的计划。但他在《蒂迈欧篇》中术语使用上的偏离是否是有意为之的说教，不禁令人生疑。它来自一种独特

---

[1] 谢文郁译本（《蒂迈欧篇》，上海：上海人民出版社，2005 年，第 24 页）作：当造物者在心里想好了灵魂的全部构造时……——译注

[2] 谢文郁译本作：这便是神造时间的本意和计划。——译注

[3] 见 F. M. 康福德，*Plato's Cosmology: The Timaeus of Plato Translated with a Running Commentary* (London, 1937)，第 34-39 页；对柏拉图的造物主与《新约》中的创世造物主或神祇之间差异的批判性探讨，见第 280 页。在 42e 处，柏拉图对 ἔμενεν（停留 / 暂住 / 保持）用法的脚注中，科恩福特谈到了抵制圣经式解读的重要性，以及柏拉图宇宙建造者"停留在他自身的本质中 / 保持着他通常的样子"与《创世记》2：2 中主的"休息"之间重要的区别。

[4] 虽然泰勒的译本在看待《蒂迈欧篇》的视角上有明显的新柏拉图主义色彩，但它试图采用当代科技词汇，从这方面看它无疑比乔伊特译本更合希腊人的口味。泰勒的《蒂迈欧篇与克里底亚（或亚特兰蒂斯）篇》（*Timaeus and Critias or Atlantics*）已得到重刊，并由塔利亚费罗（R. Catesby Tagliaferro）撰写序言（New York, 1944）。

的拟古手法。为了实现庄严与和谐的效果，乔伊特参照了钦定版《圣经》的模式。若把 1871 年版的柏拉图译本与他在 1855 年和 1859 年发表的《保罗达帖撒罗尼迦人书》《保罗达歌罗西人书》《保罗达罗马人书》译本相比较，会得到更为惊人的效果。乔伊特在努力使自己对保罗式希腊语的翻译更加现代、学术化时，明显有意接近钦定版《圣经》。但在翻译柏拉图，尤其是《蒂迈欧篇》时，先前翻译的经文让他无法抗拒。这使得他生产出了一个不能与詹姆士一世时代英语直接呼应的文本。这是一种"半拟古"，1611 年的语言渗透在日后的 17 世纪语言和维多利亚时代诗人的语言中。只有大量引用原文才能细致地展示这种"分层"，但 40a-d 这段引文也足以说明这个普遍存在的状况：

Thus far and until the birth of time the created universe was made in the likeness of the original, but inasmuch as all animals were not yet comprehended therein, it was still unlike. Therefore, the creator proceeded to fashion it after the nature of the pattern in this remaining point…. Of the heavenly and divine, he created the greater part out of fire, that they might be the brightest of all things and fairest to behold…. Vain would be the attempt to tell all the figures of them circling as in dance, and their juxtapositions, and the return of them as in revolutions upon themselves, and their approximations, and to say which of these deities in their conjunctions meet, and which of them are in opposition, and in what order they get behind and before one another, and when they are severally eclipsed to our sight and again reappear, sending terrors and intimations of the future to those who cannot calculate their movements—to attempt to tell of all this without a visible representation of the heavenly system would be labour in vain.

至此，直到时间诞生之前，被创造的宇宙都是仿照原本构成的，但鉴于生命体还没有被包含在内，它仍然是不相似的。因此，造物者按照其规律的本质继续创造这剩下的部分……天体和神体的大部分，他都是用火创造的，让它们成为最辉煌、最亮丽耀眼之物……去指明它们环舞的轨迹、它们的排位、它们在旋转中的回归、它们的远近，去说明这些神体在何处交叉、它们中有哪些在相背、它们前后顺序如何、它们何时在我们眼中圆缺，让那些不会计算它们运行的人感到未来的恐怖和震撼——如果没有一个能表现这个天体系统的可见模型，这些尝试都会是徒劳无功的。[1]

这个基调与柏拉图的希腊语不同，而更像是一种 19 世纪的"圣经－巴洛克"，它始自柯勒律治在《古舟子咏》中的遣词，终于哈代的散文。

拟古反应远不只产生自经典的肃穆和高远。文学、历史、哲学翻译，乃至小说、政论、为演出而作的剧本，都表现了这种远离当前语言的症状。当我们认为一个译本没有生气，是由"翻译腔"写成的时，我们所针对的通常只是外表。在解释学模型中，拟古主要有两个原因。其一隐含在理解的动态变化和技术中。在尝试透析原文的意义和逻辑形式时，译者访故稽古、追根溯源，试图追探作者意图最基本、最原初的由来。在谈及自译维吉尔《牧歌》时，瓦莱里说："鉴于翻译这项任务旨在实现某种程度的相似，这让译者要在原作者的遗迹中前行；译者作出的文本

365

---

[1] 谢文郁译本（《蒂迈欧篇》，上海：上海人民出版社，2005 年，第 27 页）作：有了时间，各种与原本相似者便被造了出来。当然，就这些生命各自并不包括原本生命体的全部而言，它们并不与原本完全相似……他主要用火来造诸神的形式，使之辉煌可观……我们认为，做这件事是徒然的，即去搞清楚这些星体的运行，它们的位置关系，运行中的顺逆，产生的先后，谁与谁面对面，前后顺序，沉隐和显现时间表，及其如何给那些不知所措的人们递送恐惧，等等。要弄清这些问题就必须有相同的运动的模型作参照。——译注

应该还原到原文真正成型的时代，而不是其他样子。"[1] 因此，众多译文中的时代偏好，不管是否模仿正确，可能都是重构的合理结果。我以后还会谈到这点。

其二是出于策略的。译者殚精竭虑，为给自己的语言和文化背景所引入的异国存在确保一块自留地。拟古的风格让他能创造出即视感 (*déjà-vu*)。人们会觉得外来文本不那么像一个引进物（本身就可疑），而来自本地的历史。它一直都"独自"等待着被人重新提起；它确实本来是传统的一部分，只是暂时被错失了。伟大的翻译通过将突兀的地理 – 语言差距转化成更加微妙、内在的时间差距，使外语原文归化。阅读维兰德 –施莱格尔 – 蒂克译莎士比亚的德国人会感觉自己备受优待，仿佛是在回顾什么完全属于自己的东西；疏远感来自他自己的历史。在听到 1911 年法语版《古舟子咏》时，法国人会认为拉尔博，这个善于捕捉奇文异字的猎手，复兴了一种由维克多·雨果的《颂诗与歌谣》所普及的诗歌。文本的奇异不是因为法语和英语的距离，而是因为现代法语诗歌和早期浪漫主义传统有不同的感触。拟古可吸纳。它能制造出一种回忆的幻觉，这有助于本国语库表现外国作品。

在艺术史中，最成功的归化恐怕要属钦定版《圣经》了。虽然这个 366 合作成果的多个方面现在都已为人所知，翻译的大致执行情况也得到了良好的记录，但成品、修改、理论探讨（如果有的话）仍然不为人知。目前只发现了一组草稿，虽然它已是整个翻译史中最耐人寻味的一手资料，但仍然是简略的。[2] 1611 年以降，出现了五十余种英语《圣经》。人

---

[1] 原文：Le travail de traduire, mené avec le souci d'une certaine approximation de la forme, nous fait en quelque manière chercher à mettre nos pas sur les vestiges de ceux de l'auteur; et non point façonner un texte à partir d'un autre; mais de celui-ci, remonter à l'époque virtuelle de sa formation。——译注

[2] 见沃德·艾伦编，*Translating for King James: Notes Made by a Translator of King James's Bible*。艾伦教授于 1964 年发现了博伊斯 (John Bois) 在 1610—1611 年间，于伦敦出版业大厅 (Stationers' Hall) 对《罗马人书》和《启示录》进行最后一次修订时做的笔记，它自身不仅有极高的价值，还意味着有更多的材料可能被发现。

们毫不掩饰地攻讦从 1604 年开始工作的学者和神职人员小组，因为他们的文本以 1568 年的主教版为基础，还借鉴了廷代尔版、马修版、科弗代尔（Miles Coverdale）版、惠特切奇（Edward Whitchurch）版。在翻译中，他们还追溯得更远，参考了中古英语的《福音书》和《诗篇》，以及威克里夫版。钦定版《圣经》——用帕特里奇（A. C. Partridge）的话说——"遣词造句古色古香的正确性"是否出自有意为之的风格；它是迈尔斯·史密斯（两位最终编者之一）的杰作，还是受廷代尔（最伟大的英语《圣经》译者）的影响更多，这都无法确定。但可以确定的是，弥漫在文中的神韵，决定其语言风格的用法和言语 – 韵律是属于都铎王朝的，而不是詹姆士一世时期的。这不仅确保 1611 年的译本甫一问世就被奉为圭臬，还让人感觉它或多或少是英语精神自生的，是与英语情感的历史独特地交织在一起的。虽然约翰·塞尔登批评这些译者复古，但诚如大卫·戴切斯（David Daiches）所说，以他们所在时代的学术标准看，他们继承了罗伊希林和伊拉斯谟的衣钵。[1] 日后无数的读者在翻开他
367 们的作品时，体验到的都是无与伦比的"归属感"；他们发现，在一个真正遥远、完全陌生的表达和参考体系中，有本土的东西存在。或出于选择，或出于偶然，钦定版译者们创造了早于自己两三代的时间感，这让他们把一部外国的、多层次的原文，彻底改造成了一个新的生命，它脱自英语，而不是来自希伯来、希腊、西塞罗的过去，《圣经》成了英国人自我意识的一个新支点。拟古"不是一个孤立的词汇现象，而是由无法分隔的历史因素构成的复杂整体"[2]。它们包括：古语中的弱复数变化（weak plural）；第二、第三人称单数动词的屈折变化；对动词过去分词的使用；传统动词 *wot*（了解）的保留；弱过去式（如 *shaked*）；中古英语中普遍存在的，词干以 t 结束的弱动词过去式和过去分词的合并（方舟

---

[1] 见戴希斯，*The King James Version of the English Bible: An Account of the Development and Sources of the English Bible of 1611 with Special Reference to the Hebrew Tradition* (University of Chicago Press, 1941)，尤见第四章。

[2] A. C. 帕特里奇，*English Biblical Translation* (London, 1973)，第 138 页。

"被从地上举起 [*lift*]"，《创世记》7：17）；还有很多单词，它们或已被现代语言抛弃，或在该世纪之交很快就行将就木了。[1] 这种拟古既不呆板也不只是表面功夫，它体现了一套层层累积的传统的活力和逻辑。把希伯来语、希腊语、拉丁语原文"吸收"和置换到英语的感性中，让它比其他任何欧洲语言群体中的《圣经》经文都能发挥更紧密的作用，在语言上更加重要，在神学上更加普遍——如果 1604—1611 年的那些学者追求的是"现代"的话，上述效果就不能实现。回顾之下可以发现，他们为序言中大胆的定义提供了证据："翻译是打开窗，放进光；打破壳，露出核。"

译者可以通过摆弄不合年代的表达营造特别的效果。在对维永的模仿中，巴兹尔·邦廷（Basil Bunting）将传说故事（这对维永本人来说都是古物）和 19、20 世纪的典故交织在一起：

Abélard and Eloïse,

Henry the Fowler, Charlemagne,

Genée, Lopokova, all these

Die, die in pain.

And General Grant and General Lee,

Patti and Florence Nightingale,

Like Tyro and Antiope

Drift among ghosts in Hell…

> 阿伯拉尔和爱洛漪丝，
>
> 亨利一世，查理曼大帝，
>
> 热妮，洛普科娃，全都
>
> 死去，在痛苦中死去。

---

[1] 我参考了帕特里奇教授对这些问题详细的讨论，见前注，第 115-138 页。

第五章 解释学过程 · 363 ·

格兰特将军和李将军

帕蒂和南丁格尔，

就像提洛和安提俄珀

与地府的幽魂一同飘荡……

其感觉是死亡无处不在，时间被肆意拼接，但也有如梦幻般的不真实感。对死亡的记忆，或许还有死亡本身，"什么都不是，除了一阵烟／穿过心间"[1]。

玛丽安·摩尔 1954 的拉封丹译本，对时间距离的把控是复杂而精妙的。虽然摩尔女士认为自己完全是庞德的门生——遵照"词语的自然顺序，主谓宾；尽可能使用主动语态；不用无生命的词，随性押韵"——事实上，她的翻译别具一格。它有考究的用词，通常十分符合 19 世纪新英格兰地区女性的语言习惯；特别喜用拉丁语源词和技术用语；受艾米莉·迪金森省略语法影响的简写技法；跨行连续和拘谨的行内停顿——这也是她自己诗歌的特征。《寓言》巧妙的直白，拉封丹对口语和新古典主义表达的融合，都与摩尔的才能相契合。以最著名的一篇为例（III.xi）：

Certain renard gascon, d'autres dissent normand,

Mourant Presque de faim, vit au haut d'une treille

Des raisins mûrs apparemment,

Et couverts d'une peau vermeille.

Le galand en eût fait volontiers un repas;

Mais comme il n'y pouvait atteindre:

"Ils sont trop verts," dit-il, "et bons pour des goujats."

---

[1] 原文：Nothing, save a fume / Driving across a mind。——译注

Fit-il pas mieux que de se plaindre?[1]

拉封丹的拟古细微而反讽：因此 galand（风流才子）保留了快活（来自 369 古法语的 galler）和狡黠的意味。在直接问句中省略否定词（ne）长久以来都被语法学家所诟病，在拉封丹的时代前就是如此；但与《寓言》中其他地方一样，此处诗人用这种方法呈现了一种有嘲讽意味的简洁感。Goujat（老粗）是对士兵的旧称，它与此处巧妙地相称，因为这个词很可能源自加斯科尼，就像这只狐狸；也因为它是粗糙的口语，正是拉封丹想给自己优雅的场景中加入的。来看看摩尔女士的译文：

> A fox of Gascon, though some say of Norman descent,
>
> When starved till faint gazed up at a trellis to which grapes
>
> were tied—
>
> Matured till they glowed with a purplish tint
>
> As though there were gems inside.
>
> Now grapes were what our adventurer on strained haunches
>
> chanced to crave,
>
> But because he could not reach the vine
>
> He said, "These grapes are sour; I'll leave them for some knave."
>
> Better, I think, than an embittered whine.[2]

---

[1] 杨松河译本（《拉封丹寓言诗全集》，南京：译林出版社，2004 年）作：有一只加斯科尼狐狸，/ 也有人说来自诺曼底，/ 饥肠辘辘差点快要饿死，/ 发现葡萄架上葡萄熟得发紫。/ 风流才子恨不得摘下来填满肚子；/ 但他面对的是高不可攀的葡萄架子；/ "太酸了，"他自我安慰，"只配老粗吃。" / 自慰岂不比叫苦更有面子？——译注

[2] 参考译文：有只来自加斯科尼的狐狸，也有人说他来自诺曼底，/ 在将要饿晕的时候盯上了挂满葡萄的格架子——/ 成熟的葡萄洋溢着紫色 / 仿佛其中缀着宝石。/ 且说这葡萄正为我们饥肠辘辘的冒险者所渴求，/ 但藤蔓高举他不能相够 / 因此他自忖，"这些葡萄是酸的；还是把它们留给哪个混球。" / 我看，这总好过苦涩的怨尤。——译注

虽然保留了原文的行数，也紧追着拉方丹句法的变化，译者还是有所发挥。她加入了"宝石"，这让狐狸的渴望显得更加贪婪，更具侵略性。另一方面，通过对 matured（成熟的）加以强调，她精确地传达了拉封丹的 apparemment[1] 中现已过时的含义（即"无疑"、"所有证据都表明"）。而通过把 verts[2] 译成 sour（酸），摩尔女士完全用拉封丹的方式让这段话广为人知。伊索的原文以相同程度隐含着法译和英译这两种可能。总体效果无疑是现代的，甚至是美式的（第五行中的"now"[且说]结构）。但它在新古典派的语境中，又反讽地具备仪式感。"when starved till faint"（将要饿晕），"chanced to crave"（正为……所渴求），"knave"（混球），和法语本的某些词一样，有模糊的古语韵味。因此，旧文本带着微妙的权威性，为新文本打上了烙印，两个时代和两种风格交织在了一起。

370　　年代的错位也不一定都是追溯性的。译者也可能肆意远眺时间，创造出原文、译文时代相同的震撼。克里斯托弗·罗格对《伊利亚特》第十九卷的变写出版于1967年，它虽属肆意妄为，但又震慑人心；其中用最为现代而骇人的推进景象，描写了阿喀琉斯神马的快捷和迅猛：

> The chariot's basket dips. The whip
>
> fires in between the horses' ears,
>
> and as in dreams or at Cape Kennedy they rise,
>
> slowly it seems, their chests like royals, yet,
>
> behind them in a double plume the sand curls up…

> 战车倾斜，皮鞭
>
> 抽响在马匹耳边，

---

[1] 意为"看起来"，中译本未译出。——译注
[2] 意为"绿"，中译本同译为"酸"。——译注

它们腾跃而起，如在梦中、在肯尼迪角 [1] 一般，

　　它们看似缓慢，胸膛高挺好似王孙，但

　　身后已曳出两股烟云，沙砾飞卷……

此外，它不仅产生了一种闪耀而庄严的动感；还暗含着壮烈死亡的迫近，这用在此处是十分合适的。译者的现代化处理有时不仅是为了带来亲近感，还是为了使他自己也成为作者。他会从外部引进本土语言和文化还不曾接触过的习惯、感触模式、表达方法。译者扭转了博夏尔特关于"失落过去"的幻想，转而把翻译当作对未来的刺激。庞德译普罗佩提乌斯和卡瓦尔坎蒂使用了古代的素材和拟古的词汇，但语法和行文却是标题式的、现代派的，这正是其独特魅力之所在。庞德对拉丁语和普罗旺斯语的翻译旨在为重音规律、称述方法和英美诗歌分段的新可能性提供范例。赫列勃尼科夫对策兰、汉斯·卡尔·阿尔特曼、马格努斯·恩岑斯贝格"语源学"诗歌的翻译，在德语诗歌的背景下，是一种未来主义宣言。泰德·休斯 1968 年改编了塞内加的《俄狄浦斯》，这正是两年后发表的《乌鸦》中语言的滥觞。这类翻译把其他语言和文学的过去变成了译者本土的、根本的。当祖科夫斯基夫妇（西莉亚和路易）把卡图卢斯的

　　Caeli, Lesbia nostra, Lesbia illa,

　　illa Lesbia, quam Catullus unam

　　plus quam se atque suos amavit omnes,

　　nunc in quadriviis et angiportis

　　glubit magnanimi Remi nepotes.

371

　　卡艾留斯，吾爱莱斯比亚，那莱斯比亚，

---

[1]　此地为美国火箭发射基地所在。——译注

那莱斯比亚她，乃卡图卢斯唯一
爱她甚于爱挚友与爱自己，
现在却在陋巷街隅
剥弄着宽宏的雷穆斯的子嗣。

译成

Caelius, Lesbia new star, Lesbia a light,

all light, Lesbia, whom Catullus (o name

loss) whom his eyes caught so as avid of none,

none else—slunk in the driveways, the dingy parts

glut magnanimous Remus, his knee-high pots.

卡艾留斯，莱斯比亚是新星，是光明

全部光明，莱斯比亚，卡图卢斯（声名

已失）热切的眼不看任何人，

任何其他人——而她却在昏暗的街上苟且

吸吮着宽宏的雷穆斯，在他膝盖高的位置。

他们从某种角度讲，无意中造就了一首幼稚的藏字诗，但从另一个角度看，也是按照自己的策略和意图滥改原文。他们在尝试为当时和其后的美国诗歌提供可取的规范，并迷乱地暗示着一种普遍的、无阻隔的理解理论。[1]

上述种种对历史年代次序的倒置、错置、肆意拼接是对现实的否定或重排。它们或为自身语言和感知规则的过去带来另一种可能，或映射着未来的可能性。语言是多重的，不同语言的演进不是同步的，与此相

---

[1] 参见 *Catullus translated by Celia and Louis Zukofsky* (London, 1969)。

仿，在翻译中把时间作为一种有战略意义的变量进行处理，反映了人对自由创造，对作为人类言语之动力的他异性的根本需求。译者为存在引入了新的、其他的选择。

三

我已将通向翻译的第一步称为"最初的信任"，在译者试图在相距甚远的语言和文化间传递意义时，这一步也是最危险、最明显的。蒯因认为，对从未被接触过的人群的语言进行翻译，可谓"极端"翻译。在摸索和工作中，语言学家寄希望于"根据对土著居民的一些行为细节（仔细进行的搜索动作，一下子认出猎物时的神情，等等）的直觉判断"[1]实现理解。但这种"极端"情况也是可遇而不可求的。在通常情况下，解读活动所处理的除了很可能并不完整的文字资料外，别无他物。活着的知情人并不存在，也没有与体态或社会背景有关的信息，古文字学家或考古语言学家只能从寂静中解谜。那么"文本中或多或少存有一些值得提取并追寻的意义，要在他自己的语言中、通过他自己的语言得到表述"——他如是假设的根据又是什么？（这个假设的两个部分，或者说两个时段，紧密相关但并不相同：我们可以很合理地设想，某译者完全掌握了一门他要翻译的语言，但却发现"我理解这些文本，但不知如何用自己的语言进行表述"。）

其中隐含的假设既非常实际也很理想化。它的经验基础源于习惯，也只得到了粗略的检验，这一经验基础呈现出这样一种认识：从来没有出现过完全无法解读、无法翻译的言语材料；所有语际接触，不管是文学的、人类学的，还是考古学的，都已经或（从统计上看）将要形成一

372

---

[1] 蒯因，*Word and Object*，第30页。译者按：中译取自陈启伟等译本（《语词和对象》，北京：中国人民大学出版社，2005年，第31页）。

套可供交流的意义集合，虽然它有可能并不详尽，也不一定不模糊（**怎样才能够提出反例？**）。而理想化的假设则是人类和理性的大同。其形式可能是多样的：有出于宗教的、有笛卡儿式的、有人类学上的；但结论殊途同归：人与人之间的相似远大于差异。这个物种的所有成员在感知和回应的原始特征上都是相似的，这体现在言语上，因此言语就能被掌握和翻译。达尔文发现，火地岛的赛尔克纳姆（Selk'nam）和雅马纳（Yamana）印第安人与文明开化的人之间的差异"大于野生和驯养动物间的差异"，但这也不足以阻断交流。相反，在语言和文化上最为疏远的，可能在某些时候让人觉得最为相似，给人带来最深切的酸楚。虽然"原始人"进行语言化的思维过程可能与我们自己的大相径庭（这个论点本身也有待讨论），但我们无论如何都能够"轻松地把它们理解为对人类生活的记录；不怎么费力地领会其中的想象力和情感；甚至能从中感受到某些诗意的魅力"[1]。华兹华斯笔下，担心月亮会落在他爱人棚屋上而造成死伤的焦虑旅人，与还在石器时代徘徊的安达曼群岛猎手是何其相似，后者也会这样唱：

> From the country of the Yerewas the moon rose;
>
> It came near; it was very cold,
>
> I sat down, Oh I sat down,
>
> I sat down, Oh I sat down.[2]

> 月出叶莱瓦斯乡；
>
> 它靠近了；带着寒光，
>
> 我坐下了，哦我坐了下去，

---

[1] C. M. 鲍勒，*Primitive Song* (London, 1963)，第 26 页。

[2] 鲍勒引用了这段文本；来自 C. B. 克罗斯，*In the Andamans and Nicobars* (London, 1903)，第 189 页。

我坐下了，哦我坐了下去。

不同语言和文化有不同的指涉机制，它们不可能完全不重合。但不管位于何地，处于什么经济－社会水平，人都是用相同或十分相似的方法体会月亮的寒光，这让人在调整之后足以实现相互认可。在复杂的高层次文明的交互中，思路相同的预设更具效力。人们援引外部世界的客观性来证明理解的普遍性这个假设。"我希望我们已说明了，"因其在文化交流中的杰出成就而成为权威的李约瑟写道，"跨越表意文字和字母文字的鸿沟，跨越一两千年的时间，习惯了对自然进行观察和实验研究的心灵，适应了动用技术发挥才智的心灵，仍然能够交流。"[1] 如我们所见，转化生成语法对深层结构和限制因素的假设，已在尝试着为普遍交流这个源于实际和理想的猜想提供可以证明的表达。

　　我的观点一直是，不论经验假设还是理论假设，都不能免于责问。证明本土语言使用者和语言观察者之间交流可信的人类学证据中，有很374大一部分都值得怀疑。我们越来越注意解释学的循环，因为我们对来自过去、来自截然不同的文化社会环境的信息之解读有可能被颠覆。言语习惯和语词与对象间的对应传统在"一两千年的时间"中没有改变，这个假设愈发让人不安。如果表意的愿望经常是内向的、在本质上（哪怕只有一部分）是内向的，如果意义常常不能被外部的提问者所知，或只得到片面的传达，那么意义被传达和翻译的情形和程度就仍然是有待探讨的问题。蒯因关于刺激和刺激意义的著名模型在逻辑和实际上都不能排除这种可能：有个部落的成员间全部达成一致，欺骗语言研究者。学生小团体、兄弟会宿舍、手工业行会都是这样干的。蒯因的"Gavagai"可能不是跑过去的兔子，而是用以嘲弄的双关语，或是该语言使用者选出来用以欺骗询问者的无意义的话，好让他无法得知这种动物真正的、

---

[1] 李约瑟，"The Translation of Old Chinese Scientific and Technical Texts"，载于 *Aspects of Translation*，第 87 页。

神圣的名字。[1] 蒯因的设计中还要加一条说真话的假设，它要求双方在最初就相互信任。这种信任可能不会**完全**出现，这个事实并不意味着人类学家的词库毫无意义。从某些方面看，它是对表层词汇或语法的汇总，虽然对认识真实情况没有帮助，但却能够反映一套特别的欺骗或讽刺机制。在我们文化内部的家庭或社交对话中，人人都遇到过"语言空白"：我们以为自己理解了，但实际上却只得到了一套公认的暗语或假话。内部尚如此，陌生语言的记录和翻译者又有多大可能受到相似的欺骗或"排挤"。[2]

375　　对意义确定性和传播性发自本能的信任催生了种种翻译行动，那么，有没有什么决定性的证据能够驳斥这样的信念？语音结构和文化背景的大相径庭会不会造成"不可译性"？有没有决定性的答案能够回答庞德在 1913 年的文章《我如何开始》（"How I Began"）中给自己提出的问题：我要知道各地如何定位诗歌，诗歌中哪些部分是"无法破坏的"，哪些部分是**不会**因翻译而**损失掉**的，还有同等重要的——什么效果是**一种**语言可以实现而完全无法得到翻译的（最后这个问题虽然切题，但在逻辑上是幼稚的，因为如果这种效果只限于**一种**语言，那么外部观察者就不能完全确定或表明其存在）？

　　有不少最为伟大、最具影响力的西文译本都与遥远的预言或迥异的文化相关：爱德华·菲茨杰拉德译《鲁拜集》，歌德译哈菲兹，亚瑟·威利出自汉语、日语、蒙语的选集，以及钦定版《圣经》本身。翻译的历史中，流传最广的一些作品是由不会说被翻译语言的作者完成的（这在涉及不常用的、"异域的"语言时尤为明显）。诺斯没有从希腊语译普鲁塔克，而是通过阿米欧的法语译出；庞德在将费诺罗萨的手稿译成《华夏集》时不懂汉语；唐纳德·戴维（Donald Davie）改编密茨凯维奇的

---

[1]　相关探讨可参考《语词和对象》第二章第八节。——译注
[2]　维特根斯坦似乎提出过十分相似的观点。见阿兰·雅尼克与斯蒂芬·图尔敏，*Wittgenstein's Vienna* (New York, 1973)，第 228 页。

《塔杜施先生》时，只参考了 G. R. 诺耶斯的散文体英译本；无论是翻译帕斯捷尔纳克还是沃兹涅先斯基，奥登和罗伯特·洛威尔都多少与苏俄有些隔阂。然而，很多这样的案例中，完全不了解被翻译语言的一般读者为译本所折服，这还不是全部；英语使用者中熟谙汉语或波兰语的可谓凤毛麟角，而更惊人的是，原作者或被翻译语言的使用者会看到英语文本并进行评判。其中的理解和转达机制无疑是复杂而特别的，但都指向一个更为普遍的理论。

把汉语翻译成西方语言难于上青天。中文主要由意义完全不同的单音节单位构成，语法中没有清晰的时态。其文字由义符（logograph）构成，但很多都保留着象形的残余。命题之间的关系是并列的（paratactic），标点符号代表的更多是呼吸的停顿，而不是逻辑或语法的分段。在古汉语文学中，散文和韵文几乎没有区别："如果说在西方它们发展成了或多或少并不相同的东西，那么在汉语中它们是合并为一体的；事实上，汉语散文的本质就是诗，这么说也并不为过。"[1] 语法书和词典不会为译者提供什么帮助：只有环境，全部的语言文化环境，能够明确意义。虽然有种种"不可能"，汉语文学还是吸引着西方译者。在英语的历史中，翻译的尝试有很多：至少可以追溯到 1738—1741 年间杜赫德撰写的《中华帝国志》，一直到如今。[2] 奇怪之处在于，这些著名译者中，有不少都不懂汉语。珀西主教的译文于 1761 年问世，其来源是早期英语手稿和葡萄牙语。斯图尔特·梅里尔（Stuart Merrill）、海伦·瓦德尔（Helen Waddell）、

[1] 方志彤，"Some Reflections on the Difficulty of Translation"，载于 On Translation，第 120-121 页。

[2] 门外汉（也就是几乎所有人），都能从以下文献中得到宝贵的启示：亚瑟·威利，"Notes on Chinese Prosody"（Journal of the Royal Asiatic Society，1918）；理查兹，Mencius on the Mind, Experiments in Multiple Definition (Londong, 1932)；威利，Introduction to Chinese Painting (Londong, 1933)；威利，The Way and its Power: A Study of the Tao Tê Ching and its Place in Chinese Thought (London, 1934)；罗伯特·佩恩，The White Pony, An Anthology of Chinese Poetry from the Earliest Times to the Present Day, Newly Translated (New York, 1947)；罗伊·厄尔·蒂尔，Through a Class Darkly: A Study of English Translations of Chinese Peotry (Ann Arbor, 1949)；刘若愚，The Art of Chinese Poetry (Chicago, 1962)。

艾米·洛威尔（Amy Lowell）、维特·宾纳（Witter Bynner）、肯尼斯·雷克斯洛斯（Kenneth Rexroth）通过散文体对照本、现有译本、法译本，辅以汉学家的词对词帮助，完成了自己的作品。诡异的是（当然也可能是谣传），这些人完成了有独特凝聚力的作品，而且其中有些作品在把握上，比直接出自原文的作品更加深刻。最为人所知的挑战当然是1915年的《华夏集》。

它不仅被认为是庞德良莠不齐的作品中最有灵性的，还几乎成为整个"意象派"运动的代表作。《小雅·采薇》（"Song of the Bowmen of Shu"）、《青青河畔草》（"The Beautiful Toilet"）、《长干行》（"The River Merchant's Wife: A Letter"）、《玉阶怨》（"The Jewel Stairs' Grievance"）、《古风第十四·胡关饶风沙》（"Lament of the Frontier Guard"）、《送友人》（"Taking Leave of a Friend"）都是杰作。它们改变了语言的感觉，确立了现代诗歌韵律的规范（威利译文的自由诗 [vers libre] 体直接受庞德影响）。同时，它们中有很多地方也敏锐地传达了汉语的意思，是极为精致和贴切的重构。费诺罗萨（E. F. Fenollosa）误解了李白第十四首《古风》（"Ku Feng"；After the Style of Ancient Poems）第二行的前两个字；他扭曲了第十二行的意思，误解了鼙鼓的功能；他在结尾用词有误且含糊不清，让作品蒙尘。庞德的《古风第十四·胡关饶风沙》[1] 在遵循了字面意义的同时，还深入了文本，寻回了因费诺罗萨而错失或暗淡的部分。威利的《长干行》（"The Song of Ch'ang-kan"）受到《华夏集》的直接启发，但旨在纠正庞德在语言上的错误。事实上，庞德的"在我前发仍然齐额时"，比威利的"就在我将头发盖住额头后"[2] 更精确，更具画面感。庞德著名的失礼之句"在十四岁我嫁给了我主，你"[3]，恰好传达了不知礼节的微妙感觉，和从儿童向成人过渡时的特别表达，这都是原文魅力之所在，

---

[1] 该标题直译为"戍卒怨"。——译注

[2] 两句原文分别为"While my hair was still cut straight across my forehead"和"Soon after I wore my hair covering my forehead"，译自"妾发初覆额"。——译注

[3] 原句为"At fourteen I married My Lord you"，译自"十四为君妇"。——译注

也是威利错失掉的。因此，从汉学角度讲，庞德的《长干行》比威利的更加贴近李白。[1]一个不通汉语的译者，是如何以原文有瑕疵的抄本和评注为底本，成就这些"透晰"（translucency，T. S. 艾略特语）的？

如艾略特和福特·马多克斯·福特所见，庞德对意象派的热忱，他通过拼接和多层面隐喻的交叠将情感集中的理论，与他心中汉诗和汉字的原则不谋而合。还要考虑到庞德自己称为"神圣偶然"的无法估量的意义：它常在庞德的职业生涯中发挥重要作用，让他可以游刃有余地披上异国伪装，戴上面具，迈出其他文化的步伐。庞德的天赋很大程度在于模仿，在于改变自我。"只得到最少的细节，他都能够见微知著，探到原作者意识的中心。"[2]这样通过他人间接表达自我，是翻译技艺的终极秘密。

不过，《华夏集》中打破疏远、穿过语言中介实现的洞见，只是更普遍的解释学信任现象中的一个部分。庞德和威利作品中的中国，是完全符合我们的期待和信念的。它与我们对汉语的图像和音色的预期相符，也确证了这种预期。欧洲艺术、家具、文学中的中国风（*Chinoiserie*），从莱布尼茨到卡夫卡再到布莱希特的欧洲哲学 – 政治讽喻中的中国元素，都是一系列经过加工和筛选的印象堆积的产物。不管正确与否，通过机缘和代入，西方人的视野固定到了中国风景、态度、情感的某些不变之物（或者他们认为的不变之物）上。每个译本的出现，也都证实着"西方发明的中国"[3]的存在。庞德能够用最简便的方法进行模仿、说服读者，并不是因为他和他的读者知识广博，而是因为他们所知甚少。因此，欧洲人对汉语的各种译本之间便有了一种家族式的、枝干状的相似性，其程度肯定高于不同汉语文本和诗歌流派之间的相似度。朱迪特·戈蒂耶

378

---

[1] 以上例子均来自：叶维廉，*Ezra Pound's "Cathay"* (Princeton University Press, 1969)，第 84-94 页。另见厄尔·麦纳，"Pound, Haiku, and the Image" (*Hudson Review*, IX, 1956)；方志彤，"Fenollosa and Pound" (*Havard Journal of Asian Studies*, XX, 1957)；休·肯纳，"Ezra Pound and Chinese" (*Agenda*, IV, 1965)。

[2] 叶维廉，见前注，第 88 页。

[3] 这个表述来自休·肯纳，见他的 "The Invention of China" (*Spectrum*, IX, 1967)。

《玉之书》（1867）中的《送友人》（"Le Départ d'un ami"）与庞德的译本在用词细节上不同，但其中的幽怨和含蓄是完全相似的：

Par la verte montagne, aux rudes chemins, je vous reconduis jusqu'à l'enceinte du Nord.

379

L'eau écumante roule autour des murs, et se perd vers l'orient.

C'est à cet endroit que nous nous séparons…

D'un long hénissement, mon cheval cherche à rappeler le vôtre…

Mais c'est un chant d'oiseau qui lui répond!…[1]

> 青山横北郭，
> 白水绕东城。
> 此地一为别……
>
> 萧萧班马鸣……
> 应答唯鸟声！……

（最后这一句不只是画蛇添足——原文终止在"萧萧班马鸣"——还因为引入了欧式的反讽辩证的主题而玷污了原来的文风。）同样的中心也出现在了汉斯·贝特格（Hans Bethge）译王维《送别》（"Der Abschied des Freundes"）中（载于 1929 年的《中国笛声》[*Die Chinesische Flöte*]）：

---

[1] 直译：倚青山，缘小径，我与你登上北城墙。/ 环城的河水洋溢着泡沫向东流去。/ 我们分别在此……/ 我的马一声长嘶，让我又想起你……/ 但回应的只有鸟的鸣啼……——译注

Wohin ich geh? Ich wandre in die Berge,

Ich suche Ruhe für mein einsam Herz,

Ich werde nie mehr in die Ferne schweifen,—

Müd ist mein Fuss, und müd ist meine Seele,—

Die Erde ist die gleiche überall,

Und ewig, ewig sind die weissen Wolken…[1]

我去向何方？我要在山中徜徉，

我要为我孤独的心寻找平静，

我永远不会漫步向他乡，——

我的步伐沉重，我的心灵疲惫，——

地上的风景在哪里都一样

天上的白云永远，永远在飘荡……

马勒（Gustav Mahler）在《大地之歌》中为这些诗句所营造的氛围，从方式和配器上看，又是一种"西方发明的中国"。但这些译本都是极为复杂多变的原文相互关联的剪影。当中国艺术家描绘欧美的城市和风光时，也会出现一样的情况。从它们中生出了微妙的、独特的统一。在模糊的水面上，纽约闪闪发光，就像高耸的威尼斯。至少我们能够指出，这些图像建立在哪些压抑、程式化和强调的标准之上。

《天方夜谭》的所有英译本，哪怕是爱德华·波伊斯·马瑟尔斯（Edward Powys Mathers）完全来自 J. C. 马尔迪鲁斯（J. C. Mardrus）法文版的译本，都带有相似的玫瑰香水气息。日本俳句（*haiku*）的法、德、意、英译本联系十分紧密，且都像是单调的低语。换言之，语言－文化源头离我们越远，就越容易出现概览性的理解，越容易用风格统一的、

---

[1] 原诗："下马饮君酒，问君何所之。君言不得意，归卧南山陲。但去莫复问，白云无尽时。"引文中德语是节选。——译注

有规律可循的标签进行转达。翻译阿拉伯语、乌尔都语、阿伊努语的西方译者会小心翼翼地避免被原文语言中的地方特色、习惯用法、历史 – 风格词形变化"落下"。他通常会以其他转译本为中介，把原文当作由当地的风光、已知的习俗、简化的历史构成的（几乎是非语言的）特别节目。在庞德仿写的中国和罗格的荷马中，对相关语言的无知反而诡异地成为一种优势。在诗人 – 译者与更普遍、更符合文化 – 习俗的"事物是 / 应该是什么样子"的感觉之间，没有语义、背景特异性的插曲。不论考古学家能发现什么，我们都已认为古代雕塑是由纯白的大理石制作的；时间的侵蚀剥下了原本华丽的色彩，反而确证了我们的误会。

四

在相近的情况下，"透晰"则难实现得多。遥远造成的无知，传统认识确立的异国情调，在此都不适用。译者所处理的原文，和他自身语言和（/ 或）文化背景相似。这种亲缘性是由历史、地理的接近造成的；通常来自两种语言共同的词源和相联系的发展。在这种情况中（从统计的角度看，这可以说是标准情况），译者会感到自己需要回应的，远不只是摆在他面前的这些语音 – 句法符号。他的解释学侵入活动，即突入到相邻或相近的语言文化背景中以进行理解，会因交流带来的传承而变得复杂。不论是西方的阿拉伯语译者，还是那些翻译原始民歌的人，都是轻装上阵。而翻译欧洲"外语"文本的欧洲译者，翻译斯拉夫语言的斯拉夫学家，都要通过由语言文化自我意识、揣摩的信息、认知构成的层层同心圆来接触原文。这些内容明显能对原文有所阐发；它们能生成比较和类比的标准，以评定理解和"可转达性"的水平。但它们也使文本更加致密（*verdichtet*），更加晦暗。因此，译者与更"近"事物的关系在本质上是模糊而辩证的。其中的决定性条件既是选择所得的亲近，也是相互排斥的差异。

这种"差异"十分关键，它比一切都更让我们接近一种合理的不可翻译感。所有区别都是相互的，都在两个方向上运动。如雅克·德里达所言，差异只能被认为是双向的："既**来自**它所推迟的存在，又**朝向**它想要占据的被推迟的存在。"[1] 法国译者感觉中的英语**不同于**法语。对这种"不同于"的体会本身就是个人的、心理的多面体，从模糊的身体基础（语音、感官"感觉"、风味、速度、两种语言的音调和重音系统），到对语义区别最为抽象、智能的认识，全部囊括其中。而这种差异也会反作用于个人和社会；它会反过来进行限定。英语"区别于"法语的方式，与它区别于德语或葡萄牙语的方式不同。德语／葡语使用者从自己的语言出发，也从他掌握较差的那种语言出发，通过复杂多变的一系列调整，体会这种差异。每一种"不同于"在一般的、历史的意义上都是可区分的，但又是永远无法完全明确的。语言间的边界是"活的"；它们是永在变动的长存之物，相互定义，既明确对方，又明确自己。这是一种极为复杂的构造，它隐藏在这种古老的思想之后：对第二语言的认识能够帮助人明确或加深对母语的掌握。感受差异，体会那不同之物独特的阻力和"实质"，就是在重新体验自我身份。个人自己的空间要通过外物而得到映射；在外界的压力下，它能够产生内部的一致和可触的外形。"其他可能"，尤其当它带着语言的丰富和锐利时，会迫使"现在"明确自己的位置。

译者要最大限度地面对差异的具体表现，不论大小，他都必须清晰地画出自己语言、文化、感触和智慧储备的外圈。翻译英语文本的法国译者需要展现、实现他对法语的重新定义和再次掌握，这不受意识所左右。这种重新定义会生成一种"法语"，它是由类比、转写、创新、对无能或多或少的掩盖、混合表达构成的；它与翻译德语文本的法国译者所生成的"法语"不同。在这个意义上，"翻译腔"是一种独特的偏离和失

382

---

[1] 德里达，*Marges de la philosophie*，第 9 页。译者按：原文为 qu'à *partir* de la présence qu'il diffère et *en vue* de la présence différée qu'on vise à se réapproprier。

位（*désaxé*），但绝不是可有可无的语言变体。每一次分化都有自己活跃的内在重组，这就好比每条边境线都体现着各国独特而夸大的主张，同时又有跨越国界的融合（因此多语使用者的内心构造才值得探究）。说法语的人眼中英语和法语的差异、说英语的人眼中法语和英语的差异——这些边界可以与关系中的任何一方较差，成为这种能被区别的接触的正反两面——在语言的每一点上都十分强烈而多样，以至于无法得到形式化的描述。语言使用者感受到的语言差异是由各种元素构成的，其中包括相似、相离、部分重合、模仿、排斥、多层次的中间形态，它们或源于历史或出自符号，或承自传统或与众不同，或有意为之或出于无意。汉语或斯瓦希里语与法语"截然不同"。但这个鸿沟没有看上去那么不可逾越，它是狭窄的。它基本上可以说是一种横跨空白空间的不活跃的"无差异"。另一方面，如英语和法语这样的"近距离"则完全被相互作用的区别所激活。为了保持自身形态的完整，接触越紧密，出于防卫而进行自我定义的需求也就越强烈。那么，**去**翻译英语，**从**英语翻译的法国译者（虽然这两个介词只能让人感到模糊的区别）是怎样既让自己的译文透晰，又让自己不固执于母语的自主性？唯一的方法是使用一种所谓的"计算法则"，它能在共同的边界上让融合和区分同时进行。

383　　在为 1959 年出版的七星文库本莎士比亚集写的序言中，纪德做出了经典的划分。没有逻辑的支持，"拉丁语精神"举步维艰；而莎士比亚的意象则超越平凡的联系。纪德用一句博学骈俪的话说明了这点："迟缓的人带着沉重的步伐跛行走过的距离，莎士比亚的诗一跃而过。"[1]（*tardigradus, claudicare*）现代法语缺少这种与莎士比亚同代的龙萨和蒙田仍具备的悦人跃动（*plaisante plasticité*）。法语的名词性实词和称述不容屈折；因此，与英语柔顺灵活的词序相比，法语更加固执。伊丽莎白时代的语言笼罩着一种呼唤的氛围——纪德名之以和悦

---

[1]　原文：Un appesantissement de tardigrade couvre en claudicant l'espace que le vers shakespearien a franchi d'un bond。——译注

（*harmoniques*）——它不仅在特定的实例中难以理解，更在总体上与法语的精确和明确指称格格不入。原文的意义通常是不确定的；以英语为母语的人、研究莎士比亚和伊丽莎白时代语言的学者，给出的解释都是五花八门的。法国译者要拿《安东尼与克利欧佩特拉》第五幕第一景第 52 行处的 "A poor Egyptian yet..."[1] 如何是好？其中 *yet* 能被译为 *pourtant*（然而）、*encore*（仍然）、*jusqu'à présent*（到目前为止）、*désormais*（自今以后）、*de nouveau*（再一次）、*en plus*（此外）等等；如果改变标点位置的话，还能加在后文 "yet the queen my mistress..."[2] 之前。这可能是莎士比亚计划的一部分；这种要上演的戏剧允许不确定的出现，允许意义的各种可能在主轴附近"徘徊"。但是译者必须做出选择，或者加入解释性的转写；而在自身语言和心理习惯的引导之下，法国译者的选择不可救药地精确。纪德立刻作出了限定。莎士比亚文本中耀眼的意象，不谐的暗喻所闪烁的光芒（纪德说，它们就像奔马之蹄蹬踏出来的火花）告诉我们"不要正确地思考和写作"。而法语经典的作者则"特别注重德行"。莎士比亚笔下孩子的欢乐是自然的（"孩子能让自己激动，能感觉到内心充满超然的情感"[3]），而其推论则显而易见：法语经典中有与之格格不入的老成。

纪德所说的分化，是漫长的历史辩证关系中的个例和典型，反映 384 了他严肃的理性主义和对自己成熟风格清教徒式的坚持，同时也反映了一个关于语言 – 文化价值的争论。它始自莎士比亚法语译本首次出现之时——皮埃尔 – 安托万·德·拉·普拉斯 1745—1746 年出版的四卷本。伏尔泰于 1726 年从第十八封《哲学通信》开始推崇莎士比亚，他积极为

---

[1] 梁实秋译本作：一个埃及的平民……，相关讨论亦可参考该书（《安东尼与克利欧佩特拉》，北京：中国广播电视出版社，2001 年）注释（下文中有关引文均取自该书）。——译注

[2] 梁译：但仍然是我的女王，我的女主人……——译注

[3] 原文：l'enfant peut se passionner, se sentir le cœur tout gonflé d'émotions sublimes。——译注

莎士比亚"强大而丰富的才能"立论。但仅仅四十年后，伏尔泰论述的成功所带来的后果让他羞愤，在给达让塔尔伯爵的信中，他写道："虽然现在看来是灾难和恐怖，但我是最先为这个莎士比亚说话的人；是我第一个向法国人指出，这个巨大的丘墟上还有几颗明珠有待发现。我从来没想过，自己的所作所为有一天会为践踏拉辛和高乃依的行径推波助澜，而为这个蛮荒出身的江湖骗子戴上了花环。"司汤达在《拉辛和莎士比亚》中进行"莎士比亚崇拜"；柏辽兹称"莎士比亚的天才如晴空霹雳，向我揭示了一切艺术的天堂"；雨果在列举最崇高的人物时，把《哈姆雷特》的作者与俄耳甫斯、以赛亚、埃斯库罗斯和耶稣并列——这使伏尔泰所谓的"行径"达到巅峰。这些赞美都是有计划的。如伏尔泰所见，法国人对莎士比亚的崇拜是对高乃依、拉辛、莫里哀的脱离和颠覆（虽然浪漫主义者想要重新树立最后一位的形象）。隐含在分化过程后的，是批判性的自我检验。而莎士比亚的影响极为广泛——雨果直截了当地说"莎士比亚就是戏剧"——因此，争论和自我审视就远不只限于对文学流派的探讨。读者和译者会感觉到——也已经感觉到——法语是一种"没有莎士比亚"的语言。

标准现代法语的演化包含着一种审美的（甚至可以说是社会－政治伦理的）收缩。17 世纪改革中，集中化的新古典主义压抑了用词的奢绮、语法的生气，以及 15 和 16 世纪言语和写作中出现过的比喻的自由，把它们贬为黑话或怪话。虽然区域性的言语形式的生机没有被破坏，但它们无法对首都造成足够的影响，不足以改变学术－官方规范。法语能比英语更华丽、更繁复；但它高超之处的特色是抽象，它的壮观干瘪而无特点，主要来自省略。粗略地检查一下波舒哀的作品，就能发现其中隐藏的回缩（反叙法 [litotes] 的观念）。与之相反的表达法——丰富的具体内容，与笛卡儿式逻辑－语法逻辑不同的"表情达意"，对阳春白雪和下里巴人的故意并列——也一直存在，它们出现在拉伯雷、塞利纳的作品中，也更为隐晦地出现在克洛岱尔的作品中。但自蒙田之后，它们就成为孤立现象，通常为谐仿服务，其能量来自明显处于主导地位的古典作品。法语句法在教育和公共事务上的权威，充分表达了这种主导，它甚至支配着看似天马行空的现代主义和超现实主义。节俭、明晰、脉络清楚的标准，构成了拉辛的言简意赅风格，也构成了从马拉美到夏尔（René Char）的诗歌。而检验和刺激来自外部，来自莎士比亚这个"疏远的邻居"。伏尔泰立场的变化，浪漫派的极端思想，纪德的游移，都意味着法国人意识到了"莎士比亚缺失"的存在。法国文学中没有这样一个广为人知的全才（这一事实得到了强化，因为盎格鲁－撒克逊人几乎不受，或只间歇性地受到拉辛影响）。更令人不安的是，从莎士比亚对语言的使用中，法国人领会到了一种潜在性的"总集"，它曾经存在过，但久已被正确的法语所侵蚀。纪德的批评中突兀的断言——莎士比亚不能告诉我们"无误的理性"和"正确的风格"——揭示了一个深刻而令人不安的刺激。法语文学、感性乃至社会存在，是否放弃、废除了某些慷慨用词、大胆实验和发现情感的机会，而这些机会却在莎士比亚、英国生活中的莎士比亚成分和英语中得到了实现？

而"莎士比亚缺失"也不完全是损失。法语文学形式的完整性（每个门类都有重要作品），以及从 13 世纪到如今，法语文学运动和分期的延续性和原创性，都表明一国语言和文学历史中的莎士比亚，可能是上天赐予的双刃剑。莎士比亚式圆满人物的存在，似乎会吸收掉某些形式和感知的能量；因为他的竭泽而渔，他所擅长的门类可能会受到重创（看看英语诗剧日后的发展）。它或会引起无尽的模仿（英语抑扬格五音步诗中新鲜感的匮乏），或会产生劳心费力但终归于徒劳的另起炉灶（庞德的《诗章》在某种程度上就是尝试脱离莎士比亚，建立自己的修辞和意象库）。巴尔扎克创造的壮观的社会总集，波德莱尔对艺术和社会激烈冲突的夸张，兰波混乱的符号，与莎士比亚笔下的疯狂截然不同，它们没有被莎士比亚所阻隔；从某种角度看（这个观点并不真实，因为它显然无法得到证明，但无论如何它在直观上都有启发性），正是因为法语中没有莎士比亚，更准确地说，他"缺失的存在"给法国人的意识带来了创造其他可能的压力，上述种种杰作才能成为可能、成为必须。反过来

386

看，若英语小说界没能出现普鲁斯特，没有哪个小说家曾让散文体虚构性作品包罗万象，既有纯哲学的思辨，又有对社会、性、美学的无限探索，那么莎士比亚在英语，在英语文学中的地位，某种程度上就是其间接原因。这些广阔和深沉都不再值得模仿。

这种辩证分化，会在个人和时代环境的影响下叠加并变得复杂，它确定了法国译者和莎士比亚文本之间的位置关系。译者在由语言、文化和自卫本能构成的紧凑空间中，移向原文。[1]

387　　莎士比亚晚期行文充满冲突而简练，克利欧佩特拉对安东尼的哀悼（第四幕第十五景[2]第63行以下）是精华片段：

> The crown o'th' earth doth melt. My lord!
>
> O, withered is the garland of the war,
>
> The soldier's pole is fall'n: young boys and girls
>
> Are level now with men: the odds is gone,
>
> And there is nothing left remarkable
>
> Beneath the visiting moon.

> 大地的冠冕消失了。我的主上！
>
> 啊！战争的花环枯萎了，
>
> 勇士的彩柱倒了；年轻的男孩子女孩子
>
> 现在和成年人可以等量齐观了；一切差别都不复存在了，

---

[1] 法语莎士比亚翻译史在以下著作中得到了记录：M. 霍恩－孟瓦尔，*Les Traductions françaises de Shakespeare* (Paris, 1963)。另可参考阿尔贝·迪伯，*Les Traductions françaises de Shakespeare* (Paris, 1928)；皮埃尔·莱利斯，"Pourquoi retraduire Shakespeare?"，载于 *Oeuvres complétes de Shakespeare* (Paris, 1954)；C. 庞斯，"Les Traductions de 'Hamlet' par des écrivains français" (*Études anglaises*, XIII, 1960)；以及 *Yale French Studies*, XXXIII, 1964,《莎士比亚在法国》一期。另见 P. 布鲁奈尔，*Claudel et Shakespeare* (Paris, 1971)。

[2] 梁实秋译本本段在第十三景中，且第四幕只有十三景。——译注

> 月亮俯视之下没有什么
>
> 值得注意的事物了。

这一连串陈述展示了克利欧佩特拉跳跃的思路和面对意外时的焦急。但是每个动作都融合着微妙的封闭感。如果"crown"（冠冕，日冕）延续了皇权这个主题，而且明显与"garland of the war"（战争的花环）有关，那么它也表达出与空间、宇宙相关的意象，是与"earth"（大地）和"pole"（彩柱，杆，极；这个词可能像在《哈姆雷特》和《奥赛罗》中一样，指"北极星"）有关的，也牵涉到了月亮的巡视。更直白地说，"pole"既传达了安东尼的枪或指挥棒的形象，也表现了五月节彩柱的形象——还带有远古的中央（地轴的象征）以及庆典的蕴意。节日的主题不只在"crown"和"garland"（花环）中得到了表现，"young boys and girls"（年轻的男孩子女孩子）也有这种感觉。而这正是这段话简练之所在：提到不成熟，尤其提到"男孩子"，立刻让人想起了安东尼和克利欧佩特拉对"男孩"西撒（屋大维）的奚落。"odds"（差别）既能指"机遇／优势"，也能指"特别的区分"。安东尼的死仿佛日蚀，让世界陷入了彻底的沉寂，只剩下月亮的冷峻。查弥恩紧跟着的回应"O, quietness, lady!"（啊，镇静些吧，夫人。）简洁而有双重含义：既是在求心乱如麻的女王恢复冷静，又宣告着这了无生气的局面。

　　纪德选择用散文体翻译这出戏，这有个人因素，也有形式－历史考量。它无疑与个人对局限的认识有关，但也涉及韵律规则的差异造成的传统难题。在法国人对英雄题材和抒情戏剧的认识中，亚历山大体是浑然天成、不可或缺的，但完全不适用于英语素体诗。另外，五步格和十音节诗的对立，似乎是定性格律和定量格律[1]全部差异的基础。不过即便 388

---

[1] 定量格律（quantitative metre）指要求每行诗按照其中音节的轻重（syllable weight；一般来说，由长元音、复合元音构成或有辅音词尾的音节为重音节，由短元音构成且无辅音词尾的为轻音节）进行写作的格律规范；定性格律（qualitive metre）指要求每行诗中的重音按一定条件出现的格律规范；英语诗歌格律以后者为主。——译注

用散文体呈现莎士比亚法译本，上文所说的辩证分化和自我定义机制也得到了全面的体现。20 世纪之前，法语高品位戏剧都是用韵文写就的。缪塞的《罗伦扎西欧》（1833）虽有瑕疵，也算是挑战权威的例外，它完全是对莎士比亚的模仿。因此，其立场可以说是心理和技术上的反转。从一种角度看，法语悲剧中的"莎士比亚缺失"与散文体的缺失息息相关。亚历山大体似乎阻断了种种戏剧表现方式："粗糙"的感官定位、幽默、违规的习语；而它们都出现在伊丽莎白时代的诗歌中，也很可能为法国散文所用。莫里哀的《唐璜》能让我们一窥这种没有发生的可能，但也只限于此。将莎士比亚的诗翻译成最有力的法语散文，是在为法语戏剧重要的另一种可能大声疾呼。换言之，这个策略是语言内部的，针对的是法语文学形式对语言的感性和习惯的严重抑制。而它同时也是一种"重要的引出"策略。散文，尤其是法语散文，要为系统化的设计所检验，它要寻找逻辑弱点，让模糊之处自我暴露。从句法结构和文化情感上看，散文体法译《安东尼和克利欧佩特拉》是一次尖锐的审读。

> La couronne de l'univers se dénoue. Seigneur! La guirlande du combat se fane et l'étendard est abattu. A présent, les enfants et les hommes se valent. Tout s'égalise, et la lune en visitant la terre ne saura plus quoi regarder.

虽然字数的区别不重要（40 对 48），纪德的译文，尤其通过其紧凑的韵律，旨在为极简的标准提供实例。它为文学翻译中普遍存在的扩写行为敲响严厉的警钟。它不进行解释性的转译。因此，纪德从原文多种相关联的意象和推导中选取了表现宏大的军事行动的那一组。*la couronne de l'univers se dénoue*（世界的王冠散落了）消除了"大地的冠冕消失了"中位置的具体感，消除了在物质和象征两个方面上的暗示。*dénoue*（散落）指的显然是桂冠，这个形象在 *guirlande du combat*（战斗的花环）和 *l'étendard est abattu*（旌旗倒下了）中得到了系统化的展开。然而纪德

389

在为了精确而做出牺牲时，又在 *guirlande du combat* 中含糊其辞：这个表达在法语中是不自然的，它只是翻译，或许还不如翻译，*combat*（战斗）是"战争"的微缩。*les enfants*（孩子们）严重地（不必要地？）精简了"年轻的男孩子女孩子"，压抑了转向西撒的嘲讽。在段落结尾处，纪德开始曲解。他把月亮拟人化了："她"——阴性的存在，这在法语中极具强调和象征意义——找不到有什么可照看的了。莎士比亚的行文通过词序和低沉的韵律展现了一个倒卧的、了无生气的地球。纪德则改变了月亮活动的比重，因此感觉的配比也改变了。查弥恩的"Du calme, Madame!"（冷静，夫人！）不仅是一种轻描淡写，更忽略了通向灭亡的致命陨落，这是由克利欧佩特拉的哀悼累积出来的感觉和效果。

而这些自由改写和摒弃只是外在的困难，克利欧佩特拉思路的脉络是有实迹可循的，她反复提到自身状况。失去了安东尼，这个世界"不比猪圈好多少"。大地冠冕的"消失"，花环的"枯萎"，彩柱"倒了"，人类的"等量齐观"，月亮的"巡行"（visitation），无疑都是具象的。它们的感觉意味货真价实地"体"现了克利欧佩特拉话中意象难以捉摸的突变和涵盖范围的广阔。另外，虽然得到了精妙的修饰，与性有关的潜台词无疑贯穿始终。忽略这一系列接触中积累的色情感，既是不现实的，也是对莎士比亚厚重写作手法的轻视。对身体机能障碍的暗示，从光彩四溢的雄壮堕入无能的意味，在"消失"和"枯萎"中跃然纸上。"勇士的彩柱倒了"几乎可以说直接与性有关。紧接着的男孩子女孩子与男人"等量齐观"强化了这种与色情有关的悲哀感，点出了一个男人和男孩间重要区别不复存在的世界。虽然只是猜测，但"巡行的月亮"是否暗含着与女性魅力的关系也是值得思考的。

纪德的不敏可能也与私人原因有关，但它主要是由语言基质及其对正式性的要求造成的。诗歌逻辑中的那种"身体性"来自人体的权威和 390 构造，它造就了克利欧佩特拉的文风，但却与法国高雅戏剧格格不入。将拉辛的剧作称为没有身体的文章并不为过。它成就了极具艺术表现力的化身，"体现"了思想和感情最后的暴行；但它绝不是肉体性的。这种

"成身"或者化身是高雅、公开、"正确"的法语所特有的。虽然"好的法语展现或带有笛卡儿身心二元论的印记"这种说法是庸俗的简化，但这种二元论毕竟不是土生土长在其他欧洲语言中的。因此，我们也能预见到皮埃尔·莱利斯－伊丽莎白·霍兰的译文与普洛斯帕罗[1]原文流畅的一致"These our actors...were all spirites and / Are melted into air..."（法国译者暗示，这种幻象可追溯到品达和古希腊戏剧上）：

Ces acteurs, je vous l'ai dit déjà, étaient tous des esprits; ils se sont fondus en air, en air impalpable. Pareillement à l'édifice sans base de cette vision, les tours coiffées de nuages, les palais fastueux, les temples solennels, le grand globe lui-même avec tous ceux qui en ont la jouissance se dissoudront, comme ce cortège insubstantial s'est évanoui, sans laisser derrière eux la moindre vapeur. Nous sommes faits de la meme étoffe que les songes et notre petite vie, un somme la parachève...

我们的这些演员，我已说过，**原是一些精灵，现在化成空气**，稀薄的空气：顶着云霄的高楼，富丽堂皇的宫殿，庄严的庙宇，甚至这地球本身，对了，还有地球上的一切，将来也会像这毫无根基的幻象一般的消逝，并且也会和这刚幻灭的空虚的戏景一样不留下一点烟痕。我们的本质原来也和梦的一般，我们的短促的一生是被完成在睡眠里面……

虚幻是原文和译文共有的关键词。开化的法语——"开化"指政治和学术层面——在历史和社会中的发展，就是措辞转换、言语禁忌、遁

---

[1] 出自《暴风雨》，中译取自梁实秋译本（《暴风雨》，北京：中国广播电视出版社，2001年），第四幕第一景；黑体为上文英文内容。——译注

词曲笔的发展，它们都是为了将肉体的存在和功能有序地排除在外。*l'univers se dénoue*（宇宙……散落；这个词巧妙而隐晦地指向正式的终局[*dénouement*]），*l'étendard est abattu*（旌旗倒下），把"男孩子女孩子"缩写成一个中性词，把月亮变为一个沉静的观察者，这些改动成就了"精神感"和无性化，它们是法语修辞、法语创造的"另一种"世界观所固有的。因此，纪德的翻译是有缺陷的。但是那位"缺失之人"本身也有其辩证的肯定和否定因素。没有哪部英语戏剧能与《蓓蕾尼丝》彻底的纯净相媲美（看看奥特维的改编）。拉辛通过引入一个简单的物象——王位——使自己剧作的能量场产生了全部冲突和精神危机，这对英语的感触来说是陌生的，也是英语无法处理的。罗伯特·洛威尔做出了詹姆士一世时代音乐剧版的《费德尔》。译者对自身语言的解释学（部分）回归是薄弱的。

这种情况肯定适用于"交-易"的双方。在《包法利夫人》第二部第五章中，福楼拜描述了莱昂对艾玛理想化的爱慕，以及后者首次生子后安详的疲倦。任何一丝肉欲都被莱昂抛在脑后：

Mais, par ce renoncement, il la plaçait en des conditions extraordinaires. Elle se dégagea, pour lui, des qualités charnelles dont il n'avait rien à obtenir; et elle alla, dans son coeur, montant toujours et s'en détachant, à la manière magnifique d'une apothéose qui s'envole. C'était un de ces sentiments purs qui n'embarrassent pas l'exercice de la vie, que l'on cultive parce qu 'ils sont rares; et dont la perte affligerait plus que la possession n'est réjouissante.

Emma maigrit, ses joues pâlirent, sa figure s'allongea. Avec ses bandeaux noirs, ses grands yeux, son nez droit, sa démarche d'oiseau et toujours silencieuse maintenant, ne semblait-elle pas traverser l'existence en y touchant à peine, et porter au front la vague empreinte de quelque prédestination sublime? Elle était si triste et si calme, si douce à la fois et si réservée, que l'on se sentait près d'elle pris par un charme glacial, comme l'on frissonne dans les églises sous le parfum des fleurs mêlé au froid des marbres. Les autres même n'échappaient point à cette séduction.

这种可望而不可即的情况，更把她抬高到了超凡入圣的地位。对他说来，他既然得不到她的肉体，她似乎也就摆脱了凡胎俗骨；在他心里，她总是扶摇直上，远离人间，好像成了仙的圣徒，令人目眩神迷地飞上九霄云外去了。这是一种纯洁的感情，它并不会妨碍日常生活的运行；人们培养这种感情，因为情也以稀为贵；有了这种感情使人得到的享受，远远少于失去这种感情给人造成的痛苦。

艾玛瘦了，脸色变得苍白，面孔也拉长了。她的黑头发从中间分开，紧紧贴住两鬓。她的眼睛大，鼻子直，走起路来像只小鸟，现在老是沉默寡言，难道不像蜻蜓点水似地度过人生，而且额头上隐约地露出了负有崇高使命的迹象？她是这样忧郁而又平静，温柔而又持重，使人觉得她有一种冷若冰霜的魅力，就像一座冰凉的大理石教堂，虽然花香扑鼻，也会使人寒战一样。即使莱昂以外的人也会感到这种不可抗拒的引诱。[1]

通读此段（此处的"通"是什么意思、如何得到展现都不甚明确），对法语读者来说都是困难的。其中有多处精妙的语法连接，它们构成了修辞的丰富与节省之间贯穿始终的相互作用。两段中莱昂内心里艾玛的形象、艾玛的真实存在与"旁观的"不定代词 *on*（某人）之间，都有392 不稳定的乃至虚幻、假想的关系。关注点之间的过渡十分微妙。从 *que*

---

[1]　译文取自许渊冲译本（《包法利夫人》，北京：海豚出版社，2013 年，第 129 页）。——译注

l'on sentait（使人觉得）到 *comme l'on frissonne*（使人寒战）的变化已经处在正常思维的边缘。从手稿中我们得知，刊行本展现了某种实验的过程和省略的效果，它旨在实现一种特别的冷峻而流畅的美感。这句话最后单复数的转换也非无心之举。[1] *parfum des fleurs*（花香）与 *froid des marbles*（大理石冰凉）在句法和结构上都是非常相似的，单数后是复数，但从语音的角度看，它们是交叉对应的：重读唇音和擦音部分对调（*par/mar, fleurs/froid*），而 *mêlé*[2] 则是它们尖锐的语音支点。通过复数的 *marbres*，福楼拜表达了冰冷石头、墓室或石俑的多重内涵。

这些地方都是明显的。但 *sa démarche d'iseau et toujours silencieuse maintenant*（她的步态像鸟，而且现在总是安静的 / 走起路来像只小鸟，现在老是沉默寡言）这个并列句又如何？显然，*et*（而且 / 和）是连接两个句子成分的词。鉴于整句都是在介词 *avec*（带着，带有）引导之下的，这个简单的连词便有了复杂的，甚至有些"反语法的"功能。稍加分析，我们会把句子理解成 [*avec*]*sa démarche d'oiseau*（她 [带着] 像鸟的步态），那么 *et toujours silencieuse maintenant*（而且现在总是安静的）就是 *démarche*（步态）的描述性的、限定性的同位语。但听到这句话时产生的奇怪感觉说明，这个介词短语可能已经被落下了。这样读的话，*et* 引导的就是一个有省略的表语 *et* [*étant*] *toujours silencieuse maintenant*，它直接指涉的对象不是 *démarche* 而是艾玛。这两种读法的不确定性当然是有意为之的。福楼拜通过句法双重性的节俭，最大限度地成就了含义和关系的丰富。再来看看 *dont la perte affligerait plus que la possession n'est réjouissante*（失去它的折磨甚于拥有的欢乐 / 有了这种感情使人得到的享受，远远少于失去这种感情给人造成的痛苦）中条件内容和直陈内容的不平衡，除此之外这个句子是华丽圆润的，几乎有新古典主义风范。不过严格的古典主义者恐怕会为了追求对称而这么写：*plus que la possession*

---

[1]　句中的 église(s)（教堂）、fleur(s)（花）、marbre(s)（大理石）均为复数。——译注

[2]　意为"混着，混以"；中译本未直译出。——译注

n'en est réjouissante（失去它的折磨甚于拥有它的欢乐）。福楼拜故意打破了平衡。

虽然文章在"关键词"的切换上非常迅速，但其用词保证了段落的紧密联系。*renoncement*（可望而不可即 / 断念）、*qualités charnelles*（肉体）、*montant*（扶摇直上）、*magnifique*（令人目眩神迷）、*apothéose*（成仙）、*purs*（纯洁）、*exercice*（运行 / 告拜）、*bandeaux noirs*（黑头发 / 几条黑发带）、*prédestination sublime*（崇高使命）堆积成了一个"宗教礼拜"系列。它们为教堂，为它伴着鲜花和大理石的葬礼氛围做了铺垫。艾玛的 *dégagement*（摆脱 [凡胎俗骨]），引出了 *montant* 和 *s'envole*（飞上九霄云外）中"高升"的比喻，又使 *démarche d'oiseau*（鸟的步态）得到确立。其语音组织也造成了多个线索相互交织的相同印象。第二句话高潮处的原音序列和 *a*、*é*、*i*、*o* 的排列让高飞和成仙跃然纸上。*maigrit*（瘦）和 *pâlirent*（苍白）中的 *i* 音（已经被长音 *â* 所削弱）仿佛在与 *joues*（变得）和 *s'allongea*（拉长）含混的厚重相对抗。这种对比喻示着艾玛的衰弱，也必要地暗含着做戏的感觉。倒数第二个句子中元音的分布，以及清塞音、流音、咝音和擦音的序列都十分紧凑，需要进行全面的音系学分析。只注意一下 *a* 音在这个重要的序列中开放和收缩的渐变：*calme*（平静）、*charme*（魅力）、*glacial*（冷若冰霜）、*marbre*（*froid* 的双元音中 *a* 的成分也与此相关）。再细致入微的语音分析也只能说明福楼拜表现手法的一小部分。这两段话的抑扬顿挫完全是刻意为之且连贯完满（*durchkomponiert*）的。不幸的是，散文的韵律和重音规律的标注十分粗疏。人们会谈到福楼拜间隔和停顿的基本听觉模式；谈到他散文中反复出现的亚历山大体"幽影"；谈到十分响亮，又被 *séduction*（诱惑）中的鼻咝音抵消的结句——但这些都是老生常谈。两个段落巧妙的用音将一种音调有意地呈现出来，并与它水乳交融，而我们却没有明确的转述手法来描绘"音调"承担声音、语法和表达等功能的方式，遑论正式探讨它们。

对这些段落进行初探就已经可以发现贯穿整部小说的浮夸和简约的交错。莱昂用一套浪漫而神化的话语描述了自己想象中的艾玛；而艾玛本身也散发着超然绝尘的光晕。然而莱昂的理想化形象和包法利夫人的真实举止处处都遭到动摇。莱昂珍视纯洁和无私爱慕的感觉，但也有他日后行为所体现的庸俗的沉溺。在某一版草稿中，福楼拜把莱昂的情感形容为"几乎无私"（*presque désintéressée*），从而表明了这点。另一方面，想象艾玛不具凡胎，则是欲望受挫后的陈词滥调。第一段末尾暗指的 *jouissance*（欢愉），则奏响了反讽式简约和性特征的最强音，而后者又在 *cette séduction*（这种诱惑）中得到了强化，这个短语用一种暧昧的触感将艾玛苍白的安静包裹起来。奥默（Homais）在下文中空洞的赞扬——"C'est une femme de grands moyens et qui ne serait pas déplacée dans une sous-préfecture"[1]——不仅使反讽关系中的种种效果得到完成，还让 *moyens*[2]（资质）准确地表达了模棱两可的态度。艾玛·包法利的举动，哪怕真是出于痛苦，也不过是"手段"。

在这些表面特征后，还隐藏着抽象和具体的交互。描述艾玛时的用词，从具体（已经被语音和韵律"去实体化"）向神圣的超然过渡；而虚化词和实感词巧妙地融合在了最后的比喻中：花香和大理石的冰凉虽无法触及，但又诡异地存在于"腠理"——仿佛它们就在皮肤之下。

在这种程度的运用中，语言似乎同时传达了意义和推断，它们明显是由作者设计、精心打造的，但后来获得了自我增长的能力。每当我们回顾《包法利夫人》或其他重要文本的著名段落时，我们都能对它所蕴含的可能性，对赋予它"内在性"的关系中的活力有更多的领会。在得到全面使用的语言中，**意义是超越转述的内容**。这就是说，不管转述有多么彻底，它停止之时就是独特的意义出现之时。这种独特是由拼写、语音、语法情况和语义整体综合决定的。因为转述是段落本身，因此所有转述——不管是分析性的、解释学的还是复制性的——都只是片段（哪怕它比原文还长）。转述具有虚构意味，它假设"意义"能从最无

394

395

---

[1] 许渊冲译本作：她的姿［资］质不凡，即使县长夫人也不如她。——译注
[2] 该词有"手段，方法，途径，介质"之意。——译注

修饰的细节和口语／书面表达形式中分离出来，假设任何一段话都能成为另一段话完整的替身。当然，这种虚构对人类交流来说是必不可少的，日常言语中隐含着约定俗成的近似相等。但严肃的诗歌或散文告诉我们，不论它对任何社会来说多么重要，都只是虚构，是有限的。语言趋于完满，转述就越发"不像原物"；而意义却与之相反，越来越"呼之欲出"。因此，理解的方向不是横向的，不是沿着水平方向从甲滑向乙，从文本到解读，从原文到译文；而是侵入式的。我们学着听取。为使自己耳聪目明，我们要驾驭自己的注意力。为了听得全面，我们要抛弃静态的现成解释、散碎联想和个人评论。"理解"需要忘我，需要战战兢兢。我们的倾听越能包容，就越有可能感受到表达之中比"意义"更为核心的力量和逻辑。事实上，如果不小心使用"意义"这个词，它就会顽固地暗示着可转达性，暗示着与其他形式的等同。只有在领悟了"意义的意义"后，我们才能理解一套词语、句法、特有语言单位的集中完整的表达总体。于是，用海德格尔的话说，我们才能听到"语言说话"（*die Sprache sprechen*），像诗人一样，把它自己的"话语"与我们的基础知识区分开。

《包法利夫人》的译者又如何告诉我们，他倾听了？

马克思的女儿，埃莉诺·马克思·艾夫林在1886年出版了她的译本。很长时间内它都是唯一的英译版，也被收录到了人人文库（Everyman's Library）中。虽然乔治·摩尔促成了这个计划，但驱使埃莉诺的主要原因是她在福楼拜的作品中看到了激进的思想。它表现了在小资产阶级的虚伪和唯利是图思想的统治之下，女性濒临窒息的生存状况。与易卜生的《玩偶之家》一样（艾夫林夫妇将它介绍给了伦敦的一批读者），福楼拜的书中也革命性地揭露了资本主义体系压迫下，婚姻和家庭关系的虚伪。拿破仑三世政府以淫秽为名查禁此书。而埃莉诺从中发现，这是意欲将一名艺术家禁言的赤裸裸的政治行动，只因这艺术家忠实于自己的见解，把法兰西第二帝国生活中的谎言和腐败毫无保留地呈现了出来。因此，译者给自己的任务设置了有明确计划的"姿态"。她几乎完全通过背景，通过她理解中公认的道德‒政治含义来处理原文。相似的

396

环境使语言在形式上的微弱差异得到了克服。

这个现在读来有些迟钝的译本被时代的品位所僵化。"To bear on her brow the vague impress of some divine destiny"[1] 并不完全准确，但用词也还算合适。另外，艾玛的"鹰钩鼻"（aquiline nose；鼻子直）俨然与她的"翱翔"（soaring；飞上九霄云外）和"鸟一般的步态"（bird-like walk；走起路来像只小鸟）相呼应。如果说单数的"大理石"没能反映福楼拜用词中的丰富意图，那么"诱惑"（seduction）则保留了原味，放在了正确的位置。译文所缺乏的是掌控整段的辩证关系，思想感情中反讽的基底。译者把自己代入了艾玛（当然，在真实生活中也有悲惨的相似处），所有的语义选择都对女主角有利。"现在总是安静的"（always silent now；现在总是沉默寡言）的是她自己，"黑头发"（black hair）不仅没有翻译 bandeaux noirs 正确的意思和它所暗指的做作，还与"鹰钩鼻"一起强调了艾玛的高贵感。莱昂的爱慕把包法利夫人摆在了"超凡的顶峰上"（an extraordinary pinnacle），这比福楼拜的原文"超凡入圣的地位"（des conditions extraordinaires）更加形象化、更加明确。而在后面的段落中，作者表明艾玛"羞人答答的嘴唇"（lèvres si pudiques）隐瞒了性方面的苦恼，埃莉诺把 pudiques 这个可以说隐含着下流意味的极为复杂的词，[2] 翻译成了直白的"贞洁"（chaste）。

杰拉德·霍普金斯 1948 年译本在语言上做得更好。它明确地反映出了译者对写作技术和词语构造问题的态度。为了实现行文的透明和相关的无实体感，译者放轻了脚步。莱昂这次想象艾玛"不具肉身"（disincarnate）。她"不受血肉的束缚"（untrammelled by the flesh），"像散发光辉的女神一样展翼高飞"（ever winging upwards like a radiant goddess）。为了模仿原文，霍普金斯动用了古语或修辞手段。莱昂拥

---

[1] 眉目间仿佛透露着一些神圣使命的印记／额头上隐约地露出了负有崇高使命的迹象。——译注

[2] 可参考本书第一章第一个例子。——译注

有 的 是"the sort of emotion a man cultivates for its very rarity, convinced that its loss would outweigh in misery what possession might give of joy"[1]。 *Et toujours silencieuse maintenant* 的问题由"她［带着］新的平静心情"（[with] her new moods of silence）解决。不定代词 *on* 消失了，感受到"冷若冰霜的魅力"（an icy charm）是莱昂的心；仿佛在教堂中寒战的是他；为艾玛的"魅力"（witchery）所动容的是"莱昂以外的人"（others besides himself）。这些都是明显的自作主张，而 *bandeaux noirs* 还是被略过了。创新无论如何有其成功之处：这种情感"超脱于凡俗事务之外"（detached from mundane affairs）恰如其分地对应着 *qui n'embarrassent pas l'exercice de la vie*（不会妨碍日常生活的运行）；"某种命中注定的福祉"（some predestined blessedness）比"某种神圣的命运"（some divine destiny；［某种］神圣使命）更加准确而含蓄。"她如此可怜，如此恬静，如此柔美……"（so sad she was, so calm, so sweet；她是这样忧郁而又平静、温柔……）不仅像是英语经典中的文字，还用英语的格律模仿了原文中若隐若现的情感。不过，与福楼拜的隔阂仍然是问题。"存在"于霍普金斯译文中的《包法利夫人》是一部至少得到部分本土化的"世界经典"；其本土化是由先前的译本以及这本书对詹姆斯之后的英国小说界的影响完成的。因此，在异质和挪用的解释学结构中，有一种难以名状但极具特色的矛盾氛围。霍普金斯的视角既过近又过远。为了确保他自己译本的自由，他几乎假定读者能够接触到原文。霍普金斯明显超越了埃莉诺，他抛弃了对社会、政治背景外部因素的关注。他仔细倾听，但他所听到的有很大一部分都是层叠的回响——它来自现代小说的历史，来自感触的变化，这在某种程度上是由福楼拜本人带来的。其结果在某些时候是一种能够轻松转达的错觉：我们没有感受到"它物"排外的特异

---

[1] 人会因其罕有而培养的那种感情，他相信失去它带来的悲哀，要重于拥有它所带来的欢乐／人们培养这种感情，因为情也以稀为贵；有了这种感情使人得到的享受，远远少于失去这种感情给人造成的痛苦。——译注

性。但伟大的译本必须跨越位于理解核心的障碍，尽可能精确地承载那排外之物的意义。施特凡·格奥尔格的诗作《词语》（"Das Wort"），比任何其他文学和语言学文本都更精确地展现了这个边境的真实情况（*born, lands saum*），说明了词语很有可能在转换中破碎：

Wunder von ferne oder traum   398

Bracht ich an meines landes saum

Und harrte bis die graue norn

Den namen fand in ihrem born—

Drauf konnt ichs greifen dicht und stark

Nun blüht und glänzt es durch die mark ...

Einst langt ich an nach guter fahrt

Mit einem kleinod reich und zart

Sie suchte lang und gab mir kund:

"So schläft hier nichts auf tiefem grund"

Worauf es meiner hand entrann

Und nie mein land den schatz gewann ...

So lernt ich traurig den verzicht:

Kein ding sei wo das wort gebricht.

我把远方或梦之奇迹

带着前往我国的边地

我苦苦守候命运女神

从泉源寻得它的名称

随即我将它牢牢握住

如今它光彩穿越疆土

我也曾历经漫漫长途

带去一颗柔美的珍珠

搜索良久她给我答复：

"无物安睡在此深处"

它随即从我指尖遁逃

我国就再未获此珍宝

缘于悲哀我学会放弃：

词语破碎处无物存在。[1]

我们不能相信那些词语完全没有"破碎"的翻译。译者就像是把海螺放在耳边——他用心倾听，但还是错把自己的脉搏当成了异国海洋的潮声。

然而"误领"（mis-taking）——在夺取和替代之间进行领会和转写——是必不可少的。如我们所见，严肃的理解有赖于对抵制性的差异进行语言和文化上的体验。然而对差异的超越，将各种与交流无关的可能性内化的过程，对这件事是否能被完成的敏锐质疑，都需要亲和力（Wahlverwandschaft）。在语言文化相近之处，译者会发现自己处于一种有所认识的状态。他的破解和重述的理论与实践只是映像和既见——在到达之前他已来过。他对原文的选择不是随意的，而是因为他和原文同气相求。这种吸引力可能来自题材、基调、生平传说或思想观念。不管是哪种纽带，他对文本的感觉都是还乡，或者从家到家的感觉。劣质翻译带来的是消极的"误领"：译者或出于错误选择，或因制度或机缘，走向399了一个他并不熟悉的文本。这种疏远并不是能被容纳、限制在转换的辩证关系中的差异，而是一种混沌、空虚的不和，它实际上是独立于语言差异的。因此，我们的语言和文化中有些作品是我们无法建立正当关系，

---

[1] 莫光华译本（《词语破碎之处：格奥尔格诗选》，上海：同济大学出版社，2010年，第 200 页）作：我把远方或梦之奇迹 / 带着前往我国的边地 / 我苦苦守候命运女神 / 从泉源寻得它的名称 / 随即我将它牢牢握住 / 如今它光彩穿越疆土 / 我也曾历经漫漫长途 / 带去一颗柔美的珍珠 / 搜索良久她给我答复：/ "无物安睡在此深处" / 它随即从我指尖遁逃 / 我国就再未获此珍宝 / 缘于悲哀我学会放弃：/ 词语破碎处无物存在。——译注

让我们手足无措的。而积极的"误领"既能在另一种语言、另一个意识群体中产生一种宾至如归的感觉，又是由这种感觉产生的。这一点十分重要。翻译在一种双重、辩证或两极（对这三个词的偏好只是元语言的问题）的能量场中运作。抵制性的差异——本质和历史中的无法理解之处，两种语言、文明、语义成分的疏离——与亲和力（即译者对原文的预先认识，和他对合理介入的直觉，对暂时错位、暂时处于边境另一侧的熟悉感）此消彼长。在语言相近的情况中，比如两种欧洲语言间，同和异的能量都处于最为饱满的状态。差异给人带来的震惊与相似一样强烈；译者被猛烈地推开又得到同样程度的吸引。在两个潮流的无解对抗中，在进入和远离原文核心的充满活力的转变中，诞生了透晰。这个情形好比微观粒子空间：高能粒子受重力吸引，又由斥力保持分离。

不过还应该注意到，"积极误领"，即译者的认识或自恋（它们支撑着翻译事业的半壁江山），会给人设下隐蔽的心理陷阱。一旦译者进入了原文，跨过了语言的边境，证明了自己的归属感，为什么还要翻译下去？他显然已成为最不需要翻译的人。他自己能够听、读原文；而且他的深入越是从容，就越能敏锐地认识到那些有独特根基的意义，理解话语及其内容的有机构造。所以，为什么要翻译，要舍近求远（解释学的第三步）？翻译无疑蕴含着一种利他——这个词同时强调了"其他"和"改变"——的悖论。译者以不为人知和相对卑微为代价，为别人从事着一项自己并不迫切需要的工作。不过他也有个人的动力。只有把原文的镜像"带回家"，再一次穿过语言和群体的分界后，他才能感觉到自己真正拥有了原文。作为一个个体，他能全身而退，摒弃自己的译文，因为原文现在已经是他所独有的了。通过理解和变形转述进行挪用，可能会蜕变为心理和道德上的强行征用。这个困境正是翻译的解释学中第四个，也是最后一个步骤的原因。在完成了自己的工作后，真正的译者会处于一种虚假的情境（*en fausse situation*）中。他既是自己画蛇添足作品的陌生人，又是原文的局外人，而原文也或多或少遭到了他翻译的掺假、削弱和盘剥，或被他的改进所背叛。我还会谈到补偿和恢复平衡的必要性。

400

这种必要性在霍布斯与修昔底德、荷尔德林与索福克勒斯、麦肯纳和普罗提诺、策兰与莎士比亚、纳博科夫与普希金既排斥又吸引的距离中，体现得淋漓尽致。

亲和力可能来自国别。记录最为详尽的例子是德国人与莎士比亚的关系。从莎士比亚名字最早出现在德语文本中的 1682 年到如今，吸纳的过程从未间断。[1] 它改变了德语文学、德国戏剧的发展，改变了构成一个民族的风格和感性的修辞和指涉习惯。1827 年，格拉贝（Christian Dietrich Grabbe）创造了莎士比亚狂热（die Shakespearomanie）这个词，它所指的状况能发展到荒唐的极端：我已在前文提到，19 世纪 80 年代，莎士比亚本人被认为是"弗莱芒 – 条顿"后裔。热情通常与误读相伴。19 世纪的德国公众和教育者认为莎士比亚是个体现中产阶级道德的悲剧作家，他比狄德罗和莱辛更有灵性。歌德在他文如其题的《莎士比亚与无限》中认为，莎士比亚首先是一个诗人；他的剧作在舞台上满是缺点和粗糙之处。歌德在魏玛翻译的莎士比亚（尤其是 1811 年的《罗密欧与朱丽叶》）对原文的薄弱之处进行了大量改动。德国哲学界对莎士比亚的解读，以及德国的戏剧理论界认为他们的偶像是柏拉图主义者、激进的唯物主义者、世界性的人文主义者、好辩的民族主义者、资产阶级道德代言人和全民感官享乐的倡议者、神秘到让所有先前的解谜都失去效力的象征主义者，以及豪普特曼和魏德金式的自然主义者。

这些相互抵触的设想中共同的信念在贡多尔夫的《莎士比亚与德国精神》（1927）中得到了表述：这名伊丽莎白时代的剧作家"创造化身的

401

---

[1] 仔细阅读问世于 1964 年的《德国莎士比亚学会年鉴》（*Jahrbuch der Deutschen Shakespeare-Gesellschaft*）前二十九卷，才能对相关文献有较好的了解。阿尔贝特·科恩，*Shakespeare in Germany in the Sixteenth and Seventeenth Centuries* (London & Berlin, 1865)；鲁道夫·金尼，*Geschichte der Shakespearschen Dramen in Deutschland* (Leipzig, 1871) 仍然有帮助。罗伊·帕斯卡尔，*Shakespeare in Germany* (Cambridge University Press, 1937) 很好地介绍了 1740—1815 年间的主要趋势。约瑟夫·格雷格，*Shakespeare, Der Aufbau eines Zeitalters* (Vienna, 1935) 也很有意义，因为对德语使用者而言，它对莎士比亚在文本、戏剧和心理上的解读，仍然是无可置疑的权威。

能力堪比生活本身，是他人无法企及的"[1]。这个说法明显模仿了基督的道成肉身——一个创造生命的至高存在降临现世，披上人的外装。贡多尔夫华丽的用词所传达的感觉是，莎士比亚本就存在于德语的活跃核心和创造手法中。弗里德里希·施莱格尔已在 1812 年的《新旧文学史》中指出了这一点。如他所言，德译莎士比亚已经改变了本国的语言和民族意识的范围。自维兰德之后，尤其在 1797 到 1833 年间问世的 A. W. 施莱格尔 – 多罗特娅·蒂克 – 鲍迪辛译本中，德语在尝试对莎士比亚进行理解和再现时，认识到了自身的时代潜力和限制。贡多尔夫写道，施莱格尔通过克己（*Entsagung*，在原文笼罩一切的权威面前抑制自我）的天赋，让德语体现了莎士比亚的灵质（*Seelenstoff*）、灵魂（*anima*）："莎士比亚   402
德译本实现了这样的可能性：德国精神和莎士比亚的精神找到了一个共有的表达媒介，莎士比亚真正成为德语的。"[2]*Uebertragung*——带走、挪移，之后是全面的共存。贡多尔夫说，英语文本没有被翻译成德语，而是**成为这种语言**。借此，译者把原文转变成了它真正的自己（马拉美的"永远在它自身中变换"[3]当然也以翻译这个话题为基础）。在某种程度上，这个观念是荒谬的，但在另外的层面上，它又有重大的哲学 – 语言学意义。可以说"莎士比亚"隐藏在英语的外壳中，这纯属偶然。他全部的意义、他"意义的意义"存在的目的，他历史和精神存在的圆满实现，都取决于德语。德国译者与莎士比亚原文间的空间就在镜中，而在这种"负距离"中，透晰又从何而来？

第 87 首十四行诗是精心之作。它展现了莎士比亚发掘特定语言领域（在此是法律和财政）的习惯，又深入地展开了更为私密、具体的陈

---

[1] 贡多尔夫，*Shakespeare und der Deutsche Geist* (Berlin, 1927)，第 vi 页。译者按：原文为 wie kein anderer das menschgewordene Schöpfertum des Lebens selbst。

[2] 贡多尔夫，*Shakespeare und der Deutsche Geist*，第 351 页。译者按：原文为 so ward die Möglichkeit einer deutschen Shakespeare-übertragung verwirklicht worin der deutsche Geist und die Seele Shakespeares durch ein gemeinsames Medium sich ausdrückten, worin Shakespeare wirklich deutsche Sprache geworden war。——译注

[3] 原文：tel qu'en Lui-même l'éternité le change。——译注

述——此处，在诗人、情人和先前诗作中的"诗人对手"之间的力量关系中，呈现出一种重要的姿态。这种始于外在技巧的内向运动，加上主人公话语中，被得到强调的用词和语法传统所抑制的赤裸的痛楚和反讽，都给读者和译者埋伏下了陷坑。其戏剧效果在于句法，在于私下的需求和奚落的句法压力，它被词汇所包裹，又被词汇所挑明。抑制和延后的镇静效果部分是由渐缓（rallentando）所实现的：诗作的语言有些专业，让我们无法轻易地产生共鸣。蜿蜒、紧凑的词序亦然。这也是译者需要小心的。

Farewell thou art too deare for my possessing,

And like enough thou knowst thy estimate,

The Charter of thy worth gives thee releasing:

My bonds in thee are all determinate.

For how do I hold thee but by thy granting,

And for that ritches where is my deserving?

The cause of this faire guift in me is wanting,

And so my pattent back againe is swerving.

Thy selfe thou gav'st, thy owne worth then not knowing,

Or mee to whom thou gav'st it, else mistaking,

So thy great guift upon misprision growing,

Comes home againe, on better judgement making.

Thus have I had thee as a dreame doth flatter,

In sleepe a King, but waking no such matter.

呵，再会吧，你实在是高不可攀，

而你对自己的身价也十分了然。

你德高望重到可不受拘束，

我们原订的盟约就只好中断。

没有你的承诺我岂敢对你造次，

那样的财宝我岂能轻动非分之念？

我既无堂皇的理由接受这份厚礼，

所以还请收回你给我的特许之权。

你当时自贵而不自知才以身相许，

错爱了我，使我侥幸趁〔称〕心如愿。

判断失误，遂使你误送大礼，

而今明断再三，终得礼归人还。

好一场春梦里与你情深意浓，

梦里王位在，醒觉万事空。[1]

诗中有明显的关键点和多重性。高（deare）同时象征"贵重"（expensive）和"受珍视的"（cherished）。攀（possessing，拥有）是下文中有关性和经济的一系列双重指涉的开始。身价（estimate）是反讽的，它有几种错综复杂的含义："评估"（assessment）和"自尊"（self-esteem）都与此处相关。德高望重（charter，宪章、特权）与《奥赛罗》中的用法相似（这部戏与这首诗尤为贴切），暗示着"合约"（contract）、"特权"（privilege）和"被授予的自由"（freedom granted）。盟约（bonds）在基督教正典中常常连接不同的经验和语言领域；此处它则联系着法律－经济与色情－个人。有时候，人们也能从这个词上感受到"束缚"（bounds）——对自身和行动的限制——的余音，虽然我不确定是否适用在此处。中断（determinate，明确）又把我们带回了法律词汇，尤其与转让有关。J. 多弗·威尔森（J. Dover Wilson）在《新莎士比亚》（*New Shakespeare*）中引用了塔克·布鲁克（Tucker Brooke）的话，认为第5—8行"援引了法律原则：如果一个合同中没有有价值的偿付，就不具有强制力"。收回（swerving，偏离）的使用古怪而有力：它让人想起莎

---

[1] 选自辜正坤译本（《莎士比亚十四行诗集》，北京：北京大学出版社，1998年，第175页），其他十四行诗译文均取自该本。——译注

士比亚与"偏斜",与失去自然平衡的迅速运动有关的一组意象。不自知（mistaking，有误）构成了一个十分明显而严肃的双关语——"被认为有错"和"错拿"。错爱（misprision，渎职）又是法律用语，还是一个有强烈暗示的词，它既关乎心理又关乎身体。明断（judgement）平滑地为法律主体画上了句号。万事空（no such matter，没有这种东西）或许比表面上更加丰富，它涵盖从"不存在这种事物"到"毫不重要的事物"的含义。穿过这些明显的节点，还可能有其他具有莎士比亚特色的深刻之处。两处的礼（guift）都带有特别的金属的、模糊的光泽（又微妙地被重复的许 [thou gav'st，你曾给] 所强化）。这在莎士比亚的作品中十分常见——比如《李尔王》中 kind 一词含意的范围——不禁令人怀疑其中是否没有一种精确而完全"自然"的、不勉强的语源意识。古诺斯语和古英语中的"gift"有彩礼之意，而它在德语中的同形词意为"毒药"。无（wanting），如我们所见，同时有"缺少"和"需要"之意。简而言之，几乎在诗的每一个细节中，莎士比亚的语言都既穷尽了语义场的范围（反彼特拉克、色情、财经、司法），又穷尽了词语自身的历史。

格奥尔格对莎士比亚的看法并不总是十分明确的。[1] 但他明显在这位伊丽莎白时代的大师身上看到了深邃的华美和柏拉图主义精神，这也符合格奥尔格本人的哲理艺术观。因此，他初版于 1909 年的《重写》（Umdichtung）集中体现了他的自我投射。格奥尔格认为他的译本是"反浪漫主义"的；它让德国读者首次了解文本的内在意义。他在引领之下，窥见了潜伏在原文之下的柏拉图式寓言，而这种寓言长期被伊丽莎白时代的语言传统和后代解读者的疏忽所蒙蔽。翻译，或者说"由重述进行的展现"，必须表明莎士比亚对他这位年轻男性朋友热烈的爱和献身，以怎样的方式构成了这一套十四行诗的中心：

---

[1] 见 O. 马克思，*Stefan George in seiner Uebertragung englischer Dichtung* (Amsterdam, 1967)。

Lebwohl! zu teuer ist dein besitz für mich

Und du weisst wohl wie schwer du bist zu kaufen…

Der freibrief deines werts entbindet dich…

Mein recht auf dich ist völlig abgelaufen.

Wie hab ich dich, wenn nicht durch dein gewähren?

Verdien ich was von deinen schätzen allen?

Aus mir ist nicht dein schenken zu erklären…

So ist mein gnadenlehn anheimgefallen.

Du gabst dich damals, deinen wert nicht sehend—

Vielleicht auch dem du gabst, mich, anders nehmend…

Dein gross geschenk, aus irrtum nur entstehend,

Kehrt heimwärts bessrem urteil sich bequemend.

So hatt ich dich wie träume die beschleichen—

Im schlaf ein fürst, doch wachend nichts dergleichen.[1]

对前四行的翻译旨在绝对忠实地反映原文。*teuer* 与 "deare" 同源，也有相同的双重含义。虽说 "du weisst wohl wie schwer du bist zu kaufen" [2] 在字面上有些出入，但它无论如何传达了莎士比亚悲哀的反讽，以及对爱人的虚伪和贪财的暗示。*freibrief*（特许状，执照）美妙地接近原文，包含着合约和自由的双重蕴意。通过 *carta*[3]（格奥尔格肯定知道这个词在意大利语中的意思），*brief*（信件）与莎士比亚的 "Charter" 取得了丰富的

---

[1] 中译见前述辜正坤译本。——译注

[2] 直译：你知道自己有多难购得。——译注

[3] 意大利语语意为 "纸张，地图，菜单"。——译注

联系。第一个盲点来自"Mein recht auf dich"[1]，它几乎全盘否定了"My bonds in thee"（我们……的盟约）中凝聚的矛盾含义：投资和役属。格奥尔格已经开始自由发挥，让空想中的主人对被爱的年轻人行使"权利"了。后面的四行在各种意义上都很困难。诗人苦涩而直接的怀疑被专业技术词所掩盖和强调。诗人想让我们放慢脚步，体会伤害和冒犯的强度，这是对彼特拉克和律法主义的清规戒律的反抗。格奥尔格模仿了原文的词序，gewähren（承诺）也保留了文本所要求的法律和屈尊的蕴意。但Verdien（应得）[2]的暗示意太过丰富：虽然它对应了"de/serving"（彻底 / 服从；Ver / dienen）中奴役的感觉，但它也有"挣得"（to earn）之意，这是莎士比亚的用词和意图中所没有的。第七行被回避掉了。erklären[3]（说明）在格奥尔格的语言中特别具有"阐明"之意——在爱情萌发的过程中，那个特殊的人的自我展现。"wanting"所具备的全部力量，这个词由方向相反的含义所赋予并传达的感情上的凝聚力，彻底消失了。不过该段结尾处可谓妙笔生花。原文是"Swerving"，而格奥尔格独具匠心的组合词 gnadenlehn 延续了合约这个主题：它把"恩惠"（grace）、"借贷"（loan）、"怜悯"（mercy）、"赠予"（bestowal）这几个意思结合在了一起；这个不好对付的自造词明确地表达了说话者模糊的立场。anheimgefallen[4]（陷落，终结）也是既复杂又中肯——它表达了灾难、"不体面"（dis / grace）之意，还为十二行反讽的"Comes home againe"（还 / 再回家）埋下了伏笔。

从第三部分开始，格奥尔格向柏拉图的倾斜让他背弃了原文中强烈的物质感，背弃了莎士比亚紧凑的句法带来的尽在手边、令人不安的紧张感。sehend（自知 / 看，见）对视觉——五感中最为高贵、有灵性的一种——做了新柏拉图主义和彼特拉克式的强调；这个词失掉了原文中智

---

[1] 本句直译：我在你那的权利。——译注
[2] 本句直译：你的财富有什么是我应得的？——译注
[3] 本句直译：你与我的馈赠无法解释……——译注
[4] 本句直译：我得到的恩赏也已终结。——译注

力与性"知识"的重要联系。*anders nehmend*[1]（而不是取）也是抽象的：它略过了 *mis/taking* 中"错误判断"与"虚假而色情的占有"之间的联系。格奥尔格现在深陷在自己的总策略——莎士比亚是柏拉图主义者和赫尔墨斯主义者——和对押韵的需求中。*sich bequemend*[2]（让自己考虑、适应）有家务上的蕴意和微弱的油滑感，它不仅自己不合适，还错失了莎士比亚极细微的暗示——"on better judgment making"（明断再三）的不同解读中有多重蕴意。虽然被爱的人对爱人价值的判断是错误的，从这种错误中产生了自私的成分；但如果"great guift"（大礼）对接受它的人进行了评判，并发现他"wanting"（无/不足），那它自身也被判断，归还的性质就不好说了。莎士比亚在此处的观念极具心理学远见。格奥尔格摒弃了诗中更为粗糙、晦暗的成分，这对他完全领会其中玄秘的内容造成了阻碍。他也愈发清晰地认识到了这个矛盾，这可能让他对最后两句的处理出现了不谐。这首诗最后一句不像其他许多十四行诗作那样随意。做着飘飘然的梦或暂时出离自己真实状况的君王，反复出现在莎士比亚作品的关键位置。在被爱的人昏睡时进行性接触这个主题（"春梦里与你情深意浓"[Thus have I had thee]），既是闹剧式的，又是新柏拉图主义或灵知派的。如果说它出现在了第 87 首十四行诗中的话，那也是微弱的。*beschleichen*（偷偷爬向）错的离谱，就像把义阿基摩放到了《仲夏夜之梦》里。格奥尔格仿佛对自己有寓言化倾向的用词感到不安，他转向了身体，淡化了莎士比亚苦涩的抑制。最后一行是站不住脚的，*nichts dergleichen*（完全不是这样）只是为了凑韵。

407

卡尔·克劳斯的"改写"（*Nachdichtung*）十四行诗——这个词和格奥尔格的 *Umdichtung* 的区别，表明了解释学和翻译之间的理论差异——作于 1932 年 10 月至 1933 年 1 月中旬。克劳斯在简短的后记中直接指出，他把自己的译本当作对格奥尔格本的批评。格奥尔格既冒犯了英语

---

[1]　本句直译：或许正因此你才予我，而不是取。——译注
[2]　本句直译：回到家让自己再次考量后发现。——译注

的意义，又背离了德语的词汇和语法，他的作品是一个"独特的怪胎"。克劳斯希望让莎士比亚特质中"至今仍未被了解"的核心部分在德语和德语诗歌（"语言"被故意放在了"诗歌"前）中得到体现。与格奥尔格不同，克劳斯认为这种特质是职业的，它由机缘所迫出，且通常是参差不齐的。这些十四行诗中有让人叹为观止之处，也有瑕疵；有高贵的精神也有散漫的零工。莎士比亚与克劳斯一样，也得用出现在自己眼前的东西：

> Leb wohl! Zu hoch stehst du im Preis für mich,
> und weisst, dass du vor allen auserkoren.
> Nach deines Wertes Rechte frei, zerbrich
> den Bund; mei Recht auf dich hab ich verloren.
>
> Wenn nicht geschenkt, wie wärst du meine Habe?
> War durch Verdienst solch Reichtum mir beschert?
> Da ich in nichts bin würdig deiner Gabe,
> gehört sich's, dass sie wieder dir gehört.
>
> Du gabst dich, weil du deinen Wert-nicht kanntest,
> vielleicht auch weil den meinen du verkannt;
> drum wieder wird, da deinen Sinn du wandtest,
> was mein durch Irrtum war, dir zugewandt.
>
> So warst du mein durch eines Traumes Macht:
> ich schlief als Fürst, zum Nichts bin ich erwacht.[1]

408　克劳斯落笔时带着踌躇。他用"estimate"的字面意思进行解读，因此放

---

[1]　中译见前述辜正坤译本。

走了第 3-4 行中贪财和法律的蕴意。格奥尔格的 *abgelaufen*（中断／到期）有商业方面的含义，好过具有浪漫色彩的 *auserkoren / verloren*[1]（被挑选的／失去了）。不过 *Bund*（盟约）找回了英语文本中"一致"和"束缚"的双重意涵。在第五行中，克劳斯实现了集中和冲击。*geschenk*t（赠予的）和 *Habe*[2]（拥有／财产）使贯穿整个情节的不平衡得到了戏剧化。*Habe* 应景地触到了暴力占有的感觉。*in nichts*[3]（毫无）强调了"我"的卑微，也为结尾处暗示的真正的终结（"no such matter"）打下了基础。虽然第八行出现了两次的 *gehört*[4]（属于）多少背离了原文，但它们模糊地具有"产业"和"财产"之意，这是符合莎士比亚风格的。这一行行文与 *gehört sich's*（属于你的）中模糊的口语感和微弱的维也纳方言，是完全合理的。第三部分证明了克劳斯的理解力。*kennen*（*kanntest*，知道）和 *verkennen*（*verkannt*，探索）的文字游戏，又被四个发音相似、联系紧密的韵脚所强化，表明了译者完全明白这首诗中有什么。克劳斯的简洁构成了一种法律的严肃氛围和正式的相互关系（所谓的爱的联系终归只是合同关系；内心的错误蜕变成了侵权行为）。克劳斯也模仿了莎士比亚原句拖沓曲折的构造。*zugewandt*（面对，发现）一波三折的音色已经被前一句所预兆，它准确地表达了"我"所理解的"归还"是模糊的。克劳斯对尾声的处理是自由的。"飘飘然"这个重要的感觉消失了，而取代它的 *erwacht*（醒）过于肯定。不过，*zum Nichts*（一无所有）用得很好，不禁让人想起海德格尔，他认为德语的 *Nichts* 是有内容的，而不是空白的虚无。克劳斯在最后犯了错误。通过第一人称单数，ich schlief…bin ich erwacht（我睡觉……我醒了），克劳斯暗示了一种类似于《驯悍记》中克里斯陶佛·斯赖醒来的场面。第 87 首十四行诗中的反讽则完全是另一回事：诗人察觉到了被爱的人的无动于衷，但却暗示到，错把假爱当真爱，

[1] 两句直译：而且知道你是被特别选出的／……盟约；我失去了对你的权利。——译注
[2] 本句直译：如果不是得自馈赠，你又怎能成为我的所有？——译注
[3] 本句直译：我完全配不上你的礼物。——译注
[4] 本句直译：属于你的，又再次为你所属。——译注

抹杀了高傲的被爱之人和他自己的存在。最后一句话所指的方向在语法上是"悬而未决"的，这是精华所在，也带来了深刻的戏剧效果。

策兰 1967 年翻译出版的《十四行诗二十一首》中没有第 87 首。而且他的翻译技术和思想极为复杂，只有详尽的研究才能处理。[1] 在某种层面上，策兰尽力重构莎士比亚的意义，或者更精确地说，重构莎士比亚"意义中的修辞、格律、破题方法"——他通常带着简洁而坚定的信念进行此事。不过将策兰引向莎士比亚的亲和力更为强烈，也更值得探讨。策兰似乎在检验自己在意义上的能力，检验自己对与莎士比亚既成文本相对立的诗歌完成体的迫切需求和不信任。这·点正反映了策兰与德语的共存是带有尖锐矛盾的、纠缠不清的，并且最终是自毁式的。鉴于策兰翻译了俄语、法语、英语作品，他能把德语放在一个有益而陌生的位置。他能以治病救人的中立态度接触德语，既把它当作最终会归属于他的原材料，又认为它是偶然得之的、有潜在敌对性的。策兰自己的诗都是被翻译**成**德语的。在这个过程中，德语成了空房，它破败而与众不同，几乎不能用来沟通。它成为"元德语"，其中历史、政治的尘埃都已被清扫干净，它现在孑然一身，故能成为纳粹屠杀之后，犹太人内心深处声音的居所。因此，几乎不可能把策兰的莎士比亚翻译与他的其他作品分开看待。我只想分析一个例子，其中策兰发挥了自己的特色，使他对莎士比亚意义的重构活跃地展现着翻译过程本身，尤其反映了挪用和补偿的辩证关系，它构成了解释学模型中最后、最困难的一刻。

策兰忽略了第 79 首第五行——"I grant, sweet love, thy lovely

argument"[2]——中提名的姿态和直接指称，把这首诗变成了关于诗歌，关于诗人对给予他灵感的客体或事件之依赖的沉思。译文中有原文所没有的重复，是对主题的重复：

---

[1] 可参考彼得·斯聪狄，"Poetry of Constancy—Poetik der Beständigkeit: Celans Uebertragung von Shakespeares Sonett 105"，载于 *Celan-Studien* (Frankfurt, 1972)。这篇论文虽然过于精细，但也很有启发性。

[2] 辜正坤译：甜爱啊，我承认你这个可亲的题目。——译注

But now my gracious numbers are decay'd

And my sick Muse doth give another place.

可如今我笔下不再有绣句珍词，

我那病缪斯只好把神龛拱手让出。

Doch jetzt, da will mein Vers kein Vers mehr sein,

die Muse, siech, ist fort-, ist fortgezogen.

可如今，我的诗不再是诗，

那病缪斯，已离去，已被清出。

重复是对翻译最纯粹的浓缩。完全重复就是沿着时间轴进行翻译（重复在之后，不管间隔多短）。像策兰那样"自由"重复，就是在展现次要地位和潜在创新的全部辩证关系，它将译者和原文紧绑在一起，又让他们彼此脱离。这样读来，第7-14行便成为关于意义交换，关于诗人和客体、诗作和译文之间神秘等价关系的注脚：

Yet what of thee thy poet doth invent

He robs thee of, and pays it thee again:

He lends thee virtue, and he stole that word

From thy behavior; beauty doth he give,

And found it in thy cheek: he can afford

No praise to thee but what in thee doth live.

　　Then thank him not for that which he doth say,

Since what he owes thee thou thyself dost pay.

但描写你的诗人尽管有笔下惊雷

他不过是抢你又还你恰似物归原主。

颂扬你的德，不过偷自你高尚的行为，

讴歌你的美，不过取自你双颊的凝肤。

他不过把你原有的东西又还你本人，

离开你他的颂词必然会语竭词枯。

既然他付给你的无非是归还旧账，

那么你对他的作为完全不必褒扬。

策兰注重"语言的寓言"。诗人从其源头处汲取了生命之灵气，*der Geist*（灵魂、精神）——这个词与莎士比亚的语义世界完全不同，但它很可能会不可避免地出现在莎士比亚**之后**的世界中，出现在康德和黑格尔的语言中。而诗人／译者的挪用是为了归还：*der Dichter nahms, es wiederzuerstatten*（词语取走，为了再次归还），其中 *erstatten* 通过"重述"的方式（如在 *einen Bericht erstatten*[1] 中的意思）带上了"偿还"的全部力量。莎士比亚说"德"（virtue）被"行为"（behaviour）偷走，策兰的翻译则极具本体论意味：

411   Er leiht dir Tugend. Dieses Wort, er stahls

dir, deinem Sein.

他借给你美德。又从你那偷走这词，

---

[1]　意为陈述一个汇报。*erstatten* 一词兼有"偿付，归还，报告"等意义。——译注

你的存在。

为了实现同样的哲学整体效果，他打乱了第 12 行。策兰罔顾原文中彼特拉克式的比喻和对称，用生命本身对"but what in thee doth live"（除了生在你之中的）进行了实体化：

Er leiht dir Tugend. Dieses Wort, er stahls

dir, deinem Sein. Er kann dir Schönheit geben:

sie stammt von dir—er raubte, abermals.

Er rühmt und priest: er tauchte in dein Leben.

他借给你美德。又从你那偷走这词，

你的存在。他能赋予你美貌之名：

这美正来自于你——他又夺去。

他赞美和歌颂：他浸入你的生命。

意义间的交换、诗人间的交换正是翻译，它的进程需要暴力而全面的侵入。*Er tauchte in dein Leben*：我们也扎进这生命中，扎进原文完整的存在中，试着（徒劳地？）去打破那迎接我们的自恋自满的表面，而在我们相当深入之后还可能要再次面对它。

策兰坚持"莎士比亚意义的意义"，并在最后两行中贯彻了他和这种意义的关系，这两行的韵脚明显与 *deinem Sein*（你的存在）这个重要的词相呼应：

So dank ihm nicht für seiner Worte Reihn:

was er dir schuldet, es ist dein und dein.

不用为他的美言而感恩戴德：

　　　　他亏欠你的，是你应得中的应得。

　　最后的重复既是总结又是开放性的，它仿佛要进入一种无尽重复的映像中，成为一首有神秘完美感的诗。它用完全无法复述的方式表现了解释学中的补偿——即真正的翻译是如何在掠夺（*er stahls, er raubte*）之后，把属于原文的内容，和原来只潜伏在原文中的更多内容交还给原文（重复 [*dein und dein*]，这种简单的活动本身就是一种强有力的论述）。关于相近语言的相互关系，不可能有比这更为致密的陈述。

　　不管是格奥尔格、克劳斯还是策兰，他们的翻译成果与透晰相比，或过之或不及。译者以丰富甚至过多的理论、文化、语言前提为基础，412 开展其工作。承载着他的理解和译本的背景语境中的因素过于庞杂，蒙蔽了观察和对距离的认识。这个语境不啻所有德译莎士比亚文本（译者不只是在翻译，还是在参考并反对既存译本）。语境还包括莎士比亚作品的内在，它在心理上无疑是真实的，虽然也可能是肆意妄为、贪得无厌的——它存在于德语使用者对自身语言和文学模式的认识框架中。最后，把译者（尤其是那些自己就是知名作者的译者）带向原文的，是某种对自我的摒弃或延伸。其产物既包含了过多的信息，又能提供过多的信息；用济慈的话说，它是对它所应对的客体的一个"可触的设计"。它在开始寻找前就已经找到。

　　因此，处理临近语言的译者时刻承受着矛盾的压力。他知道自己总是太不了解原文，因为有一种感觉是"他知道自己不知道"。换言之，他与"另一种"语言和文化的接触过于丰富、关系过于紧密，这让他强烈地感觉到了总体环境的存在。他认识到"无限回归"的问题，认识到承载着他正在翻译的作品之意义的历史信息、语言感触、地方环境究竟有多宽泛，在形式上是无法界定的。另一方面，他又"知道得太多"。他为自己的翻译工作带来了一种实现透明的奢望。他在工作中要用到的机制——关键的比较、文化的相似性、逼真的认同感——能够在无意之间大量增加。他比作者知道得还多。庞德能让自己的《华夏集》既朴素又透晰，这是因为他和他的西方读者几乎不了解原文。而翻译福楼拜的英国译者，莎士比亚的德国译者则被拖进了复杂的认识空间中。他自身感触的组织结构在某种程度上正是由他要翻译的东西所塑造的。这便有了策兰从第 79 首十四行诗中引出的悖论：恢复原文还是取为己用。因此，从发生在文化－语言相近之处的翻译中，我们可以找到两种主要意图和语义关注点。其一描绘"抵制性差异"，它致力于精确地定位并完整地传达原文的"他异性"，其二是与它南辕北辙的"亲和力"，后者提供直接的理解和归化。在漫不经心的译文中，这两种趋势会分散；二者间无法产生应力，而转述则似乎弥合了差异。与此相反，在好的翻译中，无法透析和成功侵入、棘手难驯的陌生和感受得到的"如故"虽然仍未解决，但却得到了表达。排斥与亲和相互纠缠，其复杂度与两种语言和历史群体的亲密度成正比关系，从这种纠缠中，伟大译本富有阐发力的陌生感应运而生。这种陌生感之所以有阐发力，是因为我们把它当作我们自己的来加以认识，来"再次了解"。

413

因此，距离过远的翻译在理论上并不重要。同一个语族和文化架构中，意义和表达方式能存在严肃的交换，才是值得讶异的事。在上文的例子中，伟大的译者能够既证实又驳倒华莱士·史蒂文斯有趣的论断"法语和英语组成一种语言"。就好比在"陌生"的高能物理中，引力和斥力都是在相近时才最为强烈。奥维德的《变形记》本身就是关于恒久的翻译活动的寓言，是悲剧性的、反讽性的、朝向新形式的关于身份转变的寓言。它对意大利语诗歌和意大利抒情诗——尤其是薄伽丘和塔索之间的诗人——的影响是巨大的。[1] 此外，意大利语在发音、派生、句法结构和历史文化基底上，与拉丁语有密切联系。在翻译奥维德时，夸西莫多既利用了奥维德对中世纪晚期和巴洛克时代意大利文学和艺术的广泛影响，又考虑到了两种语言的亲缘关系（我用斜体标明了一些明显的

[1] 见 A. F. 乌戈利尼，*I cantari italiani d'argomento classico* (Geneva, 1933)；E. 帕拉托雷编，*Atti del Convegno internazionale ovidiano, Sulmona, Maggio 1958* (Rome, 1959)。

同源词）[1]：

414   et: "Fer opem, Galatea, *precor*, mihi; ferte, parentes",

dixerat "et *vestris* periturum admittite *regnis*".

Insequitur Cyclops partemque e *monte* revulsam

mittit et *extremus* quamvis pervenit ad illum

angulus e saxo, totum tamen obruit Acin.

At nos, quod fieri *solum* per *fata* licebat,

fecimus ut vires assumeret Acis *avitas*.

Puniceus de mole cruor manabat et intra

temporis exiguum rubor *evanescere* coepit

fitque *color* primo turbati *fluminis* imbre

purgaturque mora…

"*Aiuto*, Galatea, ti *prego*, aiuto, o padre, o madre,

nel *vostro regno* accogliete il figlio prossimo alla morte."

E il Ciclope l'*insegue*, e staccato un pezzo di *monte*

lo lancia sul fuggiasco. *Solo* un *estremo*

della rupe lo colse, ma fu per lui la morte.

E perché Aci riprendesse la forza dell'*avo*

feci quello che potevo ottenere del *fato*.

Dalla rupe scorreva sangue vivo, ma ecco, quell rosso

comincia a *svanire* come *colore* di *fiume*

che torbido di pioggia schiarisce a poco a poco.

"哦，伽拉忒亚，**帮帮我**，我求你。帮帮我，

---

[1] 夸西莫多，*Dalle Metamorfosi di Ovidio* (Milan, 1966)。

我的再生父母，把我，这个行将就木的人，

　　带到**你的国度**。"独眼巨人**追赶他**

　　从**山**坡上扒下一块巨石掷向他。

　　只有一角擦到了阿喀斯，但也足以

　　将他埋葬。而我则做了**命运**所能允许的

　　唯一一件事：**我让**阿喀斯继承了

　　祖先的力量。深红的血浆从石块下

　　渗出。但没过多久，它的红色

　　开始**消退**；它的**颜色**变得如同

　　因初雨而涨满的**溪水**；不久之后

　　变得完全清澈。

　　（《变形记》第十三章，第 880-890 行）[1]

而效果又是多么不同。夸西莫多的文本实际上只比奥维德的长半行，但 415 整体的感觉则更为松散。在很多时候，这是由语音造成的：*mittit*（掷）变成了 *lo lancia sul fuggiasco*；*perché Aci riprendesse la forza dell'avo* 取代了精雕细刻的 *ut uires assumeret Acis avitas*（让阿喀斯继承了祖先的力量）；拟声的 *che torbido di pioggia schiarisce a poco a poco* 扩展了 *imbre purgaturque mora*（不久之后变得完全清澈）。而这种不同也来自深思熟虑，夸西莫多通常会寻找拉丁语味道并不明显的意大利语词。*pezzo di monte* 避开了 *sasso*（奥维德的 *saxo*[巨石]）；用 *solo un estrumo* 而没有用 *angolo*（拉丁语 *angulus*[角]）；*sangue vivo* 绕过了 *rubro*（红色）明

---

[1] 杨周翰译本（《变形记》，北京：人民文学出版社，2008 年）作："伽拉忒亚，救救我，我求你，父亲母亲啊，救救我，让我进入你们的王国吧，否则只有一死了！" 库克罗普斯追他，从山边掰下一块大石头向他投去，这块石头不过是整座山的一角，但已经足够把阿喀斯整个人埋葬。我这时只能做命运允许我做的——叫他使出他祖先的本领来。鲜红的血从石头下面淌出来，不一会儿，红色慢慢地淡了，变成雨后浑浊的河水的颜色，又过一会儿，完全清了。——译注

显的拉丁语感觉；*obruit*（埋葬）本会让人想起 *rovinare*，不过夸西莫多用的却是 *ma fu per lui la morte*——它带有模糊的歌剧色彩，虽然看上去既古典又如碑文，但实际不然。当准确的对应无法避免时——*evanescere*（消退）与 *svanire*——元音的变化也足以改变韵味；这个例子也足以表明作者是如何追求距离感、追求独立空间的，正是它们把现代意大利语和拉丁语的筋骨联系在一起。

简而言之：在这个段落的每个细节中，我们都能发现紧密的亲和中蕴含着排斥，这种辩证关系让跨越临近语言文化分区的理解和重述变得十分困难；这就好比两个各怀鬼胎而心照不宣的人之间的理解或交流。

五

我把翻译中的最后一个阶段或步骤称为"补偿"或"归还"。译本和原文之间，源语言和目的语言之间被译者解读性的入侵和挪用所破坏的平衡，现在又被译本所恢复。在互惠达成之前，在原文的所得与所失持平之前，翻译的流程都不算走完。马西尼翁在他对闪米特语言"内部句法"的著名研究中写道："要理解其他事物，不能去合并，而要做它的主人。"[1] 信任和互惠的辩证关系在本质上既关于道德又关乎语言。这让译文的语言成为一种有着自己的弱点、空缺和古怪表达的语言，因为它是连接母语和外语的工具。补偿的内部机制，译者对被自己渗透、挪用、抛弃的原文的供奉，很可能是无法被形式化研究的。但它在历史中有许多具体的表现。

译文能够补偿，是因为它能让原文更持久，扩展其地理－文化存在范围。从现代人的文化状况看，希腊和拉丁经典要感谢译者让它们不完

---

[1] 原文：Pour comprendre l'autre, il ne faut pas se l'annexer, mais devenir son hôte。——译注

全陷入沉寂。把一种用区域性语言写就的文本翻译成世界语言，能够赋予它通行的力量。克尔凯郭尔、易卜生、斯特林堡、卡赞扎基斯的影响力都是得自翻译。翻译能够阐发原文，迫使原文自白（且看让·伊波利特对黑格尔《现象学》的翻译）。更诡异的是，它能揭示一部在本语言中被低估、忽略作品的真实地位：福克纳被翻译成法语，并在法国得到批判性的肯定后，才为美国读者所认识。这样的例子中都出现了补偿，而回响也成为祝福。但我所谓的能够完成解释学循环的"彻底公平"或"均等传达"则更加普遍而明确。虽然其根源出于道义，虽然其表现可能与理解和文化的全部哲学相关，"忠于原文"（它是互惠的具现和表达）最终还是技术层面的。它是文本之间对恰如其分的约定。

坏的译本对原文来说是不足的，其原因可能不胜枚举也可能显而易见。译者或因无知、匆忙或者个人缺陷误会了原文；或因不能对母语驾轻就熟而无法进行适当的表达；或在选择原文时犯下了风格或心理上的错误：他的感觉和作者的感觉无法协调。他忽略或改写原文的难点，把原文的华美之处变得浮夸，把原文的尖利之处变得圆润。毫无疑问，在巴别塔之后90%的翻译都是不足的，而且这个情况还会继续。它们的不足都能被归入我前面所说的一类或几类明显的缺陷之中。不过所有不足的总范围能够得到统一而更为精确的表述。没有补偿的翻译，没有恢复彻底公平的翻译，是失败的翻译；译者的领会和（/或）挪用少于原文所呈现的。他的翻译偷工减料。他也有可能选择只完全呈现并重述原文的某个方面，出于自身的需求或短浅的目光，打碎、扭曲了原文带有生命力的连贯性。又或者他"言过其实"，让译文比原文更伟岸。不管是哪种情况，由信任、解密、挪用这最初几步造成的不平衡都没有得到纠正。译文较之原文或重或轻；抵制与亲和的纠葛没有得到呈现，取而代之的是回避，是多少有些漫不经心的模仿。

最普遍的不平衡当然是偷工减料。译文对原文"不负责"，它归还的少于原文所包含的，甚至还常常不及译者的理解。当普里阿摩斯在深夜进入阿喀琉斯帐中，求取赫克托尔的遗体时（《伊利亚特》第二十四卷第

417

477 行以下)[1]，荷马融合并完整地呈现了多种主题，它们已经构成了西方人情感的历史。各自不同而又紧紧纠缠的厄运降临在两个人头上。赫克托尔之死意味着特洛伊的灭亡，而普里阿摩斯的生命也注定要迎来悲惨的结局。再看阿喀琉斯，命运也已注定。杀死赫克托尔是他短暂生命的最高峰。因此，恳求的人和胜利者被即将来到的陨灭紧紧地绑在了一起。四目相对，杀人者和老迈国王体会到了对方的感觉或思绪：在普里阿摩斯惊异的凝视中，阿喀琉斯成为已故的赫克托尔和他所有战死疆场的儿子；而对阿喀琉斯来说，普里阿摩斯让他想起远在家乡而即将失去爱子和庇护的老父佩琉斯。这个场景让无法言表的哀恸得到了淋漓尽致的展现，点出了人终将归于尘土这个惨淡而不容质疑的事实。而在悲凉之中，还夹杂着饥饿和对睡眠的需求。身体抗拒着绝望的言语和庄重的氛围。阿喀琉斯请普里阿摩斯共用精心准备的一餐。烤肉在钎子上噼啪作响，结束了痛哭流涕的时光。荷马悲喜交织的生命观体现着不可磨灭的常理，能与这样的眼界媲美的只有拉伯雷。就算是尼奥柏（Niobe）在孩子被杀死后也想要吃东西。如果译者淡化或加重了这个常识的神秘感，就是对荷马的背叛。

查普曼 1611 年的译本不乏耀眼之处：普里阿摩斯的出现"如此意外、如此当晚"（so unexpected, so in night）（它的简洁让语法分析无从下手），"而且如此难以置信"（and so incrediblie）。阿喀琉斯对普里阿摩斯的保证中有詹姆士一世时代悲剧的影子：特洛亚"有让你哭个够的地方"（Shall finde thee weeping rooms enow）。查普曼让整个场景围绕阿喀琉斯"杀人如麻的大手"（large man-slaughtring hand）展开；虽然沾着赫克托尔的血迹，但普里阿摩斯还是亲吻了它；而在当晚的晚些时候，它还切开了"长着银丝的羊"（silver-fleec't sheepe），并把一块"棕色的带骨肉"（browne joynt）递给了他尊贵的来访者。但是查普曼的风格明显用力过

---

[1] 有关译名取自罗念生译本（《罗念生全集·第五卷·伊利亚特》，上海：上海人民出版社，2007 年）；以下内容可参考第二十四卷第 477-676 行。——译注

度且不够一致。其中有不合时宜的精雕细琢（"他得号啕，你得饱" [He shall be tearful, thou being full]）。荷马用词轻巧的地方，查普曼却错综复杂。而且他演说式的文风没能抓住这次会面中共通的悲哀——痛苦公平地将两位主角笼罩在同一片黑暗中。

霍布斯 1676 年的《伊利亚特》是一位风烛残年老人的遣兴之作，他认为自己毕生的哲学和政治学成就没有得到足够认可，故而心怀愤懑。不管是荷马还是修昔底德，吸引他进行翻译的是古希腊作品在面对人类冲突时的无情立场。荷马本人就展现了"正义与公平"的理念，这应是英雄题材诗歌中的主旋律。而霍布斯在评论该作时提出了高论："不论是诗人还是历史学家，都不应该让自己成为判断他人名声的绝对权威。"另外，远在阿诺德之前，霍布斯就有了与查普曼截然相反的感觉：荷马诗 419 作的精髓在于其速度。因此他的十音节诗行好似瘦肉的肋排；但霍布斯毕竟不是诗人，他的作品也瘦得离谱：

> Come then old man and lay your grief away,
> And for the present think upon your meat,
> And weep for Hector when you come to Troy,
> For true it is your loss of him is great.

> 来吧老人忘掉你的苦，
> 先来想想眼前的一餐，
> 到特洛亚再为他痛哭，
> 失去他着实令你不堪。

蒲柏对普里阿摩斯恳求的处理（出版于 1720 年）犀利而明智。他明确使用了"乞求者"（suppliant）一词，这说明他知道这整个行动中的仪式感。与查普曼相仿，他也把重点放在了阿喀琉斯的手上："普里阿摩斯亲吻阿喀琉斯手的场面无比精致；荷马说，他亲吻了阿喀琉斯可怕的、杀人无数的，夺去了他众多儿子生命的双手：通过这两个词，诗人让我们想起了阿喀琉斯在整个伊利昂的武功；同时让我们生起了对这位悲伤国王的莫大同情，他现在如此卑微，只能亲吻这双屠杀他臣民，毁灭他国家和家庭的手。"对蒲柏而言，"无比"有其明确的阻止含义——荷马的最佳之处，最有灵性的译文也无法比拟。蒲柏别出心裁的应对方式是创作"二手经典"——在诗歌中唤出传统的修辞和典故，而荷马史诗则是它们最终的源头：

> War, and the Blood of Men, surround thy Walls!
> What must be, must be. Bear thy Lot, nor shed
> These unavailing sorrows o'er the Dead;
> Thou can'st not call him from the Stygian Shore,
> But thou alas! may'st live, to suffer more.

> 战争，人类的鲜血，围绕城垣！
> 将然之事必将然。且把命运担，
> 切莫空教伤悲付逝者；
> 任你呼喊，他也不离冥河岸，
> 呜呼，你还要把生活忍受完！

蒲柏在维吉尔和弥尔顿间找到了平衡。这种有机的古典风构成了他译作中的优点，但也构成了华丽而虚浮之处：

420

> Where round the Bed whence Achelous springs
> The wat'ry Fairies dance in Mazy Rings,
> There high on Sipylus his shaggy Brow,
> She stands her own sad Monument of Woe;
> The Rock for ever lasts, the Tears for ever flow!

围绕在阿克洛伊奥斯河畔

水精灵舞成错综迷眼的环，

在西皮洛斯草木丛生的山巅，

她矗立其上祭奠自己的苦难；

巨石不会倾颓，泪水不会枯干！

蒲柏行文优雅而刻意地模仿着前人（在此处模仿的是弥尔顿，也略有莎士比亚的影子），但在悲痛之后的进餐和休息这个关键的场景中，这样的风格是非常不搭调的：

But now the peaceful Hours of sacred Night

Demand Refection, and to Rest invite…

但如今这神圣夜晚的宁静时刻

促人反省，教人安眠……

"促人反省"（Demand Refection）带着拉丁语的雅致，在感觉和风格上比它还不合适的表达恐怕寥寥无几。荷马在道德上的明确——他通过直接描述身体的需求和存在，直抒胸臆地表达了自己的道德观——被完全忽略了。蒲柏回避了超越了品味的力量，让原文的意义得到了无法追回的损耗。

柯珀为何把自己在母语上的才能奉献给《伊利亚特》（1791 年出版）而不是其他经典，其原因并不明显；虽然他有一个明确的目的是他想比蒲柏更加严格而忠实地展现原文中刚劲有力的简单。柯珀把荷马彻底翻译成了弥尔顿。他在序言中说"对两名作家都熟悉的读者不可能在读其中一人时不想起另一个"。其结果是一种常显笨拙的模仿拼凑。《失乐园》与《力士参孙》融合在了一起：

But since the powers of heaven brought on thy land

This fatal war, battle and deeds of death

Always surround the city where thou reign'st.

Cease, therefore, from unprofitable tears,

Which, ere they raise thy son to life again,

Shall, doubtless, find fresh cause for which to flow.

既然天庭的执掌者给你的土地

带来这战争，战斗和死亡的灾难

就总萦绕在你所统领的城里。

那么，止住那毫无意义的泪水，

它不会让你的儿子活着站起，

但你无疑还会有新的理由再次哭泣。

拉蒂莫尔 1951 年的《伊利亚特》毁誉参半，在学校和一般读者中有相当大的影响力。它意在表现米尔曼·帕里在原文中发现的程式化的技巧；它体现了现代文献和历史研究的成果；它的"自由六拍诗行"旨在再现荷马叙事中的自由行文和口语特点。它也没有忽视直白的力量：

Now you and I must remember our supper.

For even Niobe, she of the lovely tresses, remembered

to eat, whose twelve children were destroyed in her palace…

But she remembered to eat when she was worn out with

weeping…

Come then, we also, aged magnificent sir, must remember to

eat…

現在你我都要想着吃晚饭。

即便是满头秀发，自己的十二个孩子

命丧在宫中的尼奥柏，都记得进餐……

在眼泪流干之后她还想起要吃饭……

来吧，年迈尊贵的先生，我们也要吃饭……

这相当直白地表述了希腊原文所说的内容。而贯穿其中的不协调、平庸化的感觉又从何而来？拉蒂莫尔为了"不被时间约束"，使用了没有特色的直白词语，但却陷入了一种既像朗费罗又像艾森豪威尔的特殊韵律中。用"修长的普里阿摩斯"（Tall Priam）翻译 *Πρίαμος μέγας*，其错误虽细微却严重；"他刚用过晚饭"（He had just got through with his dinner）模仿精确，但感觉不对。"年迈尊贵的先生"（aged magnificent sir）错误严重；其中无疑隐含着滑稽感，仿佛是美国本科生第一次见牛津剑桥的导师。虽然拉蒂莫尔在段落最后非常犀利——阿喀琉斯**得体地肢解**了羊（*butchers* the sheep *fairly*），其中的模糊正确地暗示着公平和英勇俊美——但他的版本在整体上只能是时代性的作品。本想超越时间，却只能偏安一隅：荷马肯定不是这样。

而任务仍在继续。自本书 1975 年初版后，英美译者仍然在出版荷马译本。1990 年是神奇的一年。克里斯托弗·罗格对《伊利亚特》的解读题为《诸王》（*Kings*），它的后半部分付梓于该年；它极具个人风格但也经常闪现灵光，是对荷马作品前两个部分货真价实的重述。菲格斯（Robert Fagles）的《伊利亚特》全译本，以及伯纳德·诺克斯（Bernard Knox）无价的导读，具有浓重的学术气息，同时又致力于呈现史诗口语化的、"有声的"律动和设计。同年，艾伦·曼德鲍姆（Allen Mandelbaum），一位能把史诗翻译出紧张现代感的专家，出版了他的《奥德赛》。而任何全面的研究都不会错过德里克·沃尔科特的《奥迈罗》（*Omeros*）这首源于西印度群岛海上世界的 20 世纪叙事史诗，它不论内外都用到了荷马的《伊利亚特》和《奥德赛》，按照雅各布森的定义，这是一种对来自远方的原文的"变译"。

上文引用的译本（据粗略统计，从1581年至今，《伊利亚特》和《奥德赛》共有200余种英语全译、节译本）没有一种对原文来说是恰如其分的。没有哪版恢复了平等的均衡，虽然蒲柏的译文本身无疑就是一部史诗。在对第十九卷的摹写中，克里斯托弗·罗格这样描述阿喀琉斯的头盔：

> though it is noon the helmet screams against the light,
>
> scratches the eye, so violent it can be seen
>
> across three thousand years.[1]

> 时已晌午，那头盔却向阳光叫嚣
>
> 它猛烈的光芒刺人眼眸
>
> 三千年后还如在目前。

这种让人眼睛看不见时间的手段，既能定义经典，也能说明译者的任务。它发出自己的光芒，而不与我们的光混同。

夸大是一种更为细微的背叛，其出现原因很多。译者因错误判断或专业要求，翻译一篇略逊于自身能力的原文（波德莱尔译托马斯·胡德的《叹息桥》）。原文可能被抬到了神圣或经典的高度，在后代版本的盛赞之下，外语也开始拔高它。在钦定版《圣经》的很多地方就是如此。例如《诗篇》中，希伯来语中程式化的、直白的质感经常被扭曲成巴洛克式的宏大。或比较一下钦定版与 M. H. 蒲柏 1965 年译的安克版《圣经》中的《约伯记》。译者可能在一种比作者更加高贵优雅的氛围中工作：从18 世纪 70 年代到 19 世纪晚期的莎士比亚译本都因教养和英雄情怀所限，而失之偏颇。通常，译者要靠原文提高自己。在语言和韵律上拥有

[1] 罗格，*Pax*，第 19 页。

天赋，但却不能创造出独立、自由的作品，译者（庞德、洛威尔、罗格乃至帕斯捷尔纳克）会拔高、填满、过分夸大自己正在翻译的文本，几乎把它变成自己的战利品。

不过，从技术和文化的角度看，"变形"中最有趣的例子，莫过于那些让"向上背叛"在不经意间出现的例子。译者创出的作品，在笔法和情感上都超过了原文，这种情况可能相对较少，但却意义深远。从英国人的角度看可能难以置信，但我相信以下观点是绝对合理的：施莱格尔和蒂克改进了莎士比亚喜剧中许多愚蠢、粗鄙的段落，改进了其中闹剧般的语言（看看他们翻译的《维洛那二绅士》《如愿》《温莎的风流妇人》）。马洛把奥维德的《爱经》II:10化成了天才的诗作。桑塔亚那翻译的泰奥菲尔·戈蒂耶的诗歌《艺术》（L'Art）好于原作。约翰逊博士在谈及德莱顿时写道："译者要像作者，他的任务不是超越作者。"他超越之时，就是原文受到微妙伤害之日，读者也就失去了正当的视角。

路易丝·拉贝的诗作中饱含纯真。她采用了最老套的彼特拉克式手法，但赋予了它们直白的、具体的含义。出自女性之手的这种直白，为她的语言和修辞带来了近乎童稚的力量：

Baise m'encor, rebaise moy ct baise.

Donne m'en un de tes plus sauoureus,

Donne m'en un de tes plus amoureus:

Ie t'en rendray quatre plus chaus que braise.

Las, te pleins tu? ça que ce mal i'apaise,

En t'en donnant dix autres doucereus.

Ainsi meslans nos baisers tant heureus

Iouissons nous l'un de l'autre à notre aise…

424

吻我，吻我，再吻我。

给我你最甜美的，

给我你最香艳的：

我会还你热吻四五个。

你有余怨？让我来抚平，

再用十个香甜的吻，

纠缠住我们渴望的唇

让我们享用彼此相互尽情……

16世纪的 *baiser*（吻）不像当代法语中那样，带有完全的性意味；但诗作中无疑存在活跃的肉体感和"热烈"。其中有强烈的"过分甜腻"的味道（*plus chaus que braise*，热吻四五个；*dix autres doucereus*，十个香甜的吻）；这种要求就像是孩子在要刚烤好的甜饼。这首诗"入口即化"。里尔克如是翻译：

Küss mich noch einmal, küss mich wieder, küsse

mich ohne Ende. Diesen will ich schmecken,

in dem will ich an deiner Glut erschrecken,

und vier für einen will ich, Überflüsse

will ich dir wiedergeben. Warte, zehn

noch glühendere, bist du nun zufrieden?

O dass wir also, kaum mehr unterschieden,

glückströmend in einander übergehn…

吻我，再吻我，吻我

莫停。让我享用它，

用你的热情将我惊吓，

我要还你四倍之多

我还要再吻，十次
更多，你可满意？
哦，我们如胶似漆，
幸福弥漫，相互交织……

里尔克的译本比原文的韵律格式更为自由，在形式上也是颇具独创性的。虽然从抱怨（*te pleins tu?*）变成了满足（*bist du nun zufrieden?*），但还是忠于原文的蕴意——情人间亲密的、宠溺的交流。但几乎就从这刻起，里尔克开始增饰这首诗，给它带来了更肃穆的感觉。*ohne Ende*（莫停）中无尽的意味确实令人愉悦，也是过分雕琢的，但毁掉了拉贝场景中的朴素平实和香房暖帐的感觉。*an deiner Glut erschrecken*（你的热情将我惊吓）又是一种破坏性的增补。法语原文中没有吓人的热情；在吃刚烤好的东西时，我们确实可能烫伤嘴唇，但这也不是什么可怕的事。第二部分的韵都是懒洋洋的噫音 *apaise / doucereus / heureus / aise*。情欲归于安静。里尔克这个部分的音调更高：就像邓恩的《极乐》（*Exstasie*）中那样，爱人抛弃了自己单独的存在，融合成了一个柏拉图式的共同体。原作小小的魅力则破碎了。我们不再 *à notre aise*（相互尽情 / 取悦），这是诗作的基准音；坦率而带有色情味道的 *iouissons*（享用）消失了。里尔克诗行的高亢和哲学力量远远超过了拉贝的原文。它们为里尔克夺人的结尾中精神和肉体的放纵奠定了基础：*wenn ich, aus mir ausbrechend, mich vergeude*（当我冲出自己、放纵自己）；而原文只是开玩笑般的 *Si hors de moy ne fay quelque saillie*（如果我不冲出自己）[1]。虽然里尔克的译诗更为

425

---

[1] 原诗此段大意为：(爱情中两人都同时活在自我和对方的世界里，保持自我、谨慎、理智无法得到真正的满足，)因此需要打破、冲出（放纵）自我；德法版本否定词不在同一行，故最后一行解读相反。——译注

重要（也正因为它重要），但它还是损害了原文。

于勒·苏佩维埃尔虽然优秀，但名声不大。他的"歌谣"（Chanson）体势优美，但不乏在魏尔伦之后频繁出现的陈词滥调：

> Jésus, tu sais chaque feuille
>
> Qui verdira la forêt,
>
> Les racines qui recueillent
>
> Et dévorent leur secret,
>
> La terreur de l'éphémère
>
> A l'approche de la nuit,
>
> Et le soupir de la Terre
>
> Dans le silence infini.
>
> Tu peux suivre les poissons
>
> Tourmentant les profondeurs
>
> Quand ils tournent et retournent
>
> Et si s'arrête leur cœur…

> 耶稣，你认识每一片树叶
>
> 是它们组成绿林，
>
> 根系将它们收集
>
> 吞下了它们的秘密，
>
> 你知道夜晚将至之时
>
> 蜉蝣感到的恐惧，
>
> 还有无尽的静谧中
>
> 大地的叹息。
>
> 有鱼在侵扰深渊
>
> 你能追寻它的行迹
>
> 知道它们何时翻覆

心脏是否已经停息……

策兰用一种只属于他自己的方法，对原文同时进行了凝练和扩充：

Jesus, du kennst sie alle:
das Blatt, das Waldgrün bringt,
die Wurzel, die ihr Tiefstes
aufsammelt und vertrinkt…

耶稣，你知道这一切：
让森林翠绿的树叶，
在它最深处
收集和饮下它的根……

策兰的树叶和根都是单数，造就了一种可怕的紧迫感。*ihr Tiefstes*（它最深处）有抽象和具象的双重性，这是 *secret*（秘密）不具备的；它又在 *vertrinken*（vertrinkt，饮下）的精确中得到验证，而 *dévorer*（dévorent，吞下）则给人一种意外或者夸张的感觉。*l'éphémère*（蜉蝣）仿佛带着不祥的味道，而后面几行乏善可陈。但策兰的译文不然：

die Angst des Taggeschöpfes,   426
wenn es sich nachthin neigt,
das Seufzen dieser Erde
im Raum, der sie umschweigt.

在夜临之时，
一日生物的恐惧
在四寂之时，

大地的叹息。

一日生物 （Taggeschöpfes）、夜临 （nachthin）、四寂 （umschweigen） 是
专属于策兰的紧凑表达。译本超越了苏佩维埃尔，它实现了肃穆的感觉，
营造了摄人的昏暗感（原文中平庸的"无限"[infini] 削弱了这种感觉）。
策兰的用词 wühlen abgrundwärts 在语法和音调上比法语原词更加精确、
凶险。译者甚至忽略了苏佩维埃尔最精巧的一笔 Et si s'arrête leur cœur。
在德语版中，耶稣向深渊滑降，给隐含在文中的神圣永恒和机体短暂生
命的对比，带来时间和行动上的神秘感：

> Du kannst den Fisch begleiten
>
> dich wühlen abgrundwärts
>
> und mit ihm schwimmen, unten,
>
> und länger als sein Herz…

> 你能随鱼
>
> 掘向深渊
>
> 同它向深处游去，
>
> 长过它的心……[1]

从这个译文很难再回到苏佩维埃尔；这样的翻译在某种意义上是最为残
酷的敬意。

　　最后，再来看看遭到弗朗西斯·斯蒂格马勒译文美化的《猫头鹰和

---

[1] *Jules Supervielle: Gedichte: Deutsch von Paul Celan* 在 1968 年出版于法兰克福。策兰
译法语（包括乔治·西默农）、英语、俄语作品的全集仍待编辑。有了它我们才能
够研究这位"原创诗人"和天才"重述者"两个身份之间的相互关系。

猫咪》，[1] 其美化来自法语和英语中语音和语义的差异。*miel roux*（深黄

---

[1] *Le Hibou et la Poussiquette: Edward Lear's "The Owl and the Pussycat" freely translated into French by Francis Steegmuller* (London, 1961)。译者按：原文及中文直译如下（加粗段落对应正文下段引文）：

The Owl and the Pussy-cat went to sea	猫头鹰和猫咪出海去
In a beautiful pea green boat,	坐在漂亮的绿豆船里，
They took some honey, and plenty of money,	他们拿了一些蜜，还有很多币，
Wrapped up in a five pound note.	包在五英镑的支票里。
The Owl looked up to the stars above,	猫头鹰抬头看上面的星星，
And sang to a small guitar,	对着一把小吉他唱起歌，
O lovely Pussy! O Pussy my love,	**哦可爱的喵！哦我爱的咪，**
What a beautiful Pussy you are,	**你是猫咪多美丽**
You are,	**你美丽，**
You are!	**你美丽！**
What a beautiful Pussy you are!	**你是猫咪多美丽！**
Pussy said to the Owl, "You elegant fowl!	猫咪对猫头鹰说，"优雅的水禽！
How charmingly sweet you sing!	你的歌多么迷人而甜蜜！
O let us be married! too long we have tarried:	让我们结婚吧！等待太久我已心急：
But what shall we do for a ring?"	但我们的婚戒又该从何处取？"
They sailed away, for a year and a day,	他们漂呀漂，过了一年又一天，
To the land where the Bong-Tree grows	来到了长着铜锣树的陆地
And there in a wood a Piggy-wig stood	一只假发小猪站在树丛里
With a ring at the end of his nose,	挂着一个指环在鼻尖，
His nose,	在鼻尖，
His nose,	在鼻尖，
With a ring at the end of his nose.	挂着一个指环在鼻尖。
"Dear Pig, are you willing to sell for one shilling	"亲爱的小猪，你愿不愿意用一个铜币
Your ring?" Said the Piggy, "I will."	卖了戒指？"小猪说："我愿意。"
So they took it away, and were married next day	他们拿走了戒指，第二天举行了婚礼
By the Turkey who lives on the hill.	在家住山丘的火鸡那里。
They dined on mince, and slices of quince,	他们小口地吃着切碎的柑橘，
Which they ate with a runcible spoon;	用着一把兰西伯羹匙；
And hand in hand, on the edge of the sand,	手拉着手，在沙滩的边上，
They danced by the light of the moon,	他们起舞伴月光，
The moon,	伴月光，
The moon,	伴月光，
They danced by the light of the moon.	他们起舞伴月光。

* 兰西伯，原文 runcible 是作者自创的无意义词，后人对其定义莫衷一是，故用音译。

的蜜）惹眼，但是利尔的"一些蜜"（some honey）却不然；*une letter de crédit*（一张信用状）蕴含着一种与"包在五英镑的支票里"（wrapped up in a five-pound note）完全不同的优雅和逻辑。而隔阂的加深是在下面一行中："猫头鹰抬头看上面的星星"（the Owl looked up to the stars above）。法语版中动词和客体都长了翅膀：*Le hibou contemplait les astres du ciel*（猫头鹰凝视着天穹上的星）。"上面的星星"像是家常，而"天穹上的星"无疑是球状的、不寻常的。在利尔原文中，猫头鹰拿着"一把小吉他"唱歌，而斯蒂格马勒略掉了修饰语，他的语调增饰成了这样：

"Ô Minou chérie, ô Minou ma belle,

Ô Poussiquette, comme tu es rare,

　　Es rare,

　　Es rare!

Ô Poussiquette, comme tu es rare!"

"哦亲爱的咪，哦我爱的咪

哦小猫咪，你是如此珍稀，

　　好珍稀，

　　好珍稀！

哦小猫咪，你是如此珍稀！"

语音的模仿很巧妙：you are/*es rare*。但是美化也很明显。译文虽然模仿了原文的声音，*poussiquette*（小猫咪）中的*quette*有*coquetterie*（虚荣）的余音，但这种小家碧玉的高雅，远超过了原文中家常的欢乐。而*rare*（珍稀）的定义比"美丽"（beautiful）更加"精挑细选"。在后面一节中，译者直接把"你这优雅的水禽"（You elegant fowl）变形成了"高贵的先生"（*Noble sieur*）；"你的歌多么迷人甜蜜"（How charmingly sweet you sing）被升格成了"你的声音是多么高贵"（*Votre voix est d'une* *telle élégance*）。哪怕只是字面翻译（用 *une alliance*[1] 翻译"婚戒"[a ring]），法语也显得更为高贵。假发小猪（Piggy-wig）成了更为成人化的 *cochon de lait*（小乳猪），也不只是"站在树丛里"（stand in a wood），而是从森林里现身（*Un cochon de lait surgit d'une forêt*）。斯蒂格马勒巧妙地模仿了语句的内在韵律"Dear Pig, are you willing to sell for one shilling…" / "Cochon, veux-tu bien nous vendre pour un rien…"[2]，但 *un rien*（一个无）却带着一种狡诈的贵族气——这与"信用状"的感觉相符——这完全超出了原文。"山丘上"（on the hill）的婚礼变成了更加阔气、考究的 *sur le mont les unit*（在高山上结合）。只有在最后一段中，斯蒂格马勒才隐约地放弃了自己增饰原文的策略。此处的语音模仿也非常精美：

> Et là sur la plage, le nouveau ménage
>
> Dansa au clair de la lune,
>
> > La lune,
> >
> > La lune,
>
> Dansa au clair de la lune.

> 他们在河滩上，筑新房
>
> 他们起舞伴月亮，
>
> > 伴月亮，
> >
> > 伴月亮，
>
> 他们起舞伴月亮。

但是 *ménage*（房屋）完全是法式的；*la plage*（河滩，海滩）驱散了"在

---

[1] 该词还有联盟之意。——译注
[2] 直译为：小猪，你愿意卖给我们只收一个"无"吗……——译注

沙滩的边上"（on the edge of the sand）中莎士比亚的余韵；*au clair de la*
lune（月亮、月晕）——无疑因为这是儿歌——却很奇怪地比"月光"
（the light of the moon）更为平淡。变化瞬间沦为弱化。

我们已经知道，翻译的理想是无过亦无不及，这永不可能完全实现。
没有哪个实例是完美的，这已是老生常谈；但这个问题并不是无足轻重
的。"完美"的翻译行为应是完全的同义对换。它要假定一种精准而详尽
解读的存在，它让原文中的所有单元——不论是语音、语法、语义、还
是上下文——都得到了完全考量；而它又严丝合缝，没有通过转述、解
释或改写的方式加入任何内容。但我们知道在现实中，无论是在解读阶
段还是在语言转换或重述阶段，这种完美的匹配都是不可能的。另外，
解释学上的限制条件也不只掣肘翻译。在论述的开始我们就已看到，对
任何话语——除了最基础的（即便在此也可能有模糊的介入）——都不
存在完美的理解或稳定的最终解读。理解总是片面的，总有改正的空间。
自然语言不仅是多义的，还会随时间的进程而变化。它对人类言语的服
务是不精确的，也必须不精确。虽然两名说话者之间的"完美翻译"或
"符合意向的语义总集的完美交换"在理论上是可能的，但也没有真正存
在的事实能够进行证明。我们怎样才能知道？除了替换表达和进行解释
性重述，我们还有什么方法能够表明被研究的案例是"完美的"？而这种
证明又必然会再次引起同样的问题。换言之，欲证明一个解读和/或翻译
行为的优秀和详尽，就是在提供一个替用版本或附属说明。自然语言中
没有封闭回路，也没有自洽的公理系统。

虽说"完美"翻译只是形式化的理想，虽说伟大的译文凤毛麟角，
但还是有例子似乎能够接近这个经验的边界。从有些文本中我们可以
看到，其译者最初不顾情感和智力上的风险，投入到某个未知的、对
抗性的他者中，直到做出成品都矢志不渝、恪尽职守。有些译文是绝佳
的批注，其中的分析性理解、历史想象力、语言老练度不仅表明了它
们的批判价值，还让它们成为极为明晰、负责的阐述。有些译文不仅
表现了原文的全部生命力，还丰富、扩展了自身语言的表达方式。最

后，也是最优秀的——有些译文能够恢复、实现两部作品、两种语言、两个历史经验和时代感情共同体之间根本对应关系中的平等和均衡。译文若能平等并完全地实现这四个方面，明显是"一个巧夺天工的神迹"[1]。

这个科目的学生所拥有的直接知识，无非是浩瀚而不乏混沌的总集中的一小部分。要为最优秀的翻译开个"简短的列表"无异于痴人说梦。历史背景和具体目的中有太多的变量，一个人能掌握的语言、文学、学科太少。但在总结我论述中"专题研讨"这部分之前，我还是想先给出一两个"近乎完美"的例子。前文所说的四步模式就是从这些实例中总结出的。

虽然有些含糊，在第七、八行还有些过度伤感，但切斯特顿译杜·贝莱的《幸福啊！尤利西斯……》[2]毋庸赘评。它的英语版十六行译文绝非任性之作，而是原作法语十四行诗实实在在的对照：

Heureux qui, comme Ulysse, a fait un beau voyage,

Ou comme cestuy là qui conquit la toison,

Et puis est retourné, plein d'usage & raison,

Vivre entre ses parents le reste de son aage!

Quand reverray-je, helas, de mon petit village

Fumer la cheminée, & en quelle saison

---

[1] 原文：a miracle of rare device，引自柯勒律治的《忽必烈汗》。——译注
[2] 程曾厚编译本作：幸福啊！尤利西斯壮游时勇往直前，/金羊毛的征服者具有不凡的身手，/最后都返归家乡，而且更足智多谋，/生活在家人身边，欢度自己的余年！/唉！我要何年何月重见袅袅的炊烟/从我的故里升起？唉！我要什么时候，/才能重见自己的穷家和小园依旧？/穷家足能抵富国，更比富国胜万千。/我爱祖祖辈辈经营已久的草房，/不爱罗马的宫殿徒有富丽的厅堂，/不爱大理石坚硬，只爱石板瓦精细，/我爱高卢卢瓦尔，不爱拉丁台伯河，/我爱这利雷小村，不爱伯拉丁巍峨，/我爱温和的安茹，不爱海滨的空气（《法国抒情诗选》，北京：商务印书馆，2013年，第128-129页）。——编注

Reverray-je le clos de ma pauvre maison,

Qui m'est une province, & beaucoup d'avantage?

Plus me plaist le sejour qu'on basty mes ayeux,

Que des palais Romains le front audacieux:

Plus que le marbre dur me plaist l'ardoise fine,

Plus mon Loyre Gaulois, que le Tybre Latin,

Plus mon petit Lyré, que le mont Palatin,

Et plus que l'air marin la douceur Angevine.

Happy, who like Ulysses or that lord

Who raped the fleece, returning full and sage,

With usage and the world's wide reason stored,

With his own kin can wait the end of age.

When shall I see, when shall I see, God knows!

My little village smoke; or pass the door,

The old dear door of that unhappy house

That is to me a kingdom and much more?

Mightier to me the house my fathers made

Than your audacious heads, O Halls of Rome!

More than immortal marbles undecayed,

The thin sad slates that cover up my home;

More than your Tiber is my Loire to me,

Than Palatine my little Lyré there;

And more than all the winds of all the sea

The quiet kindness of the Angevin air.

我的第二个（组）例子应该属于不可能完成的范畴：因为原文的内在过
于复杂，因为法语和英语所能容许的句法和格律表现相互冲突。但莱利斯译霍普金斯[1]可谓现代文学中最为精致的重述，在细节和总体理解上都有无穷的启发性。

《德意志号的沉没》的第四节在感觉的准确性和作品的复杂度上都很有代表性：

> I am soft sift
>
>   In an hourglass—at the wall
>
> Fast, but mined with a motion, a drift,
>
>   And it crowds and it combs to the fall;
>
> I steady as a water in a well, to a poise, to a pane,
>
>   But roped with, always, all the way down from the tall
>
>   Fells or flanks of the voel, a vein
>
> Of the gospel proffer, a pressure, a principle, Christ's gift.

莱利斯让"筛"（sift）具备了倾听的能力，他可能也感觉到了与之相近的"滤"（sieve），或许还有苏格兰语"siver"——排液体用的小孔。此处涉及了多个关联物：沙或水通过狭窄通道的运动；通过过滤器进行（物理或精神上的）提纯；记录祷告时间的沙漏；德意志号陷入浅滩。这些都隐含在了 *Je passe au sas / D'un sablier* 中，这个看似漫不经心的翻译模仿了霍普金斯的半押韵（assonance）。*sas* 是滤网，通常由精亚麻制作（这个主题在诗中还会出现）；它还是闸门间的一小片水域，用于在闸门工作时承载船只。还可以想见，莱利斯仍记得查理一世余音绕梁的佳句 *Passant mes ennuiz au gros sas*，他能在利特雷词典的例句上找到这个词。此后，他把"紧"（fast）翻译成了 *ferme*：

---

[1] 杰拉尔德·曼利·霍普金斯, *Reliquiae: Vers, Proses, Dessins réunis et traduits par Pierre Leyris* (Paris, 1957)；杰拉尔德·曼利·霍普金斯, *Le Naufrage du Deutschland. Poème traduit par Pierre Leyris* (Paris, 1964)。

D'un sablier—contre la paroi, ferme,

Mais miné par un movement, une coulée,

Et qui s'ameute et qui se carde vers la chute…

"fast"蕴含着两种相反的能量：速度和紧固。但霍普金斯使用的明显是后者，莱利斯也做出了正确的选择。*Ameuter*（聚众；煽动）是大胆而复杂的，它凝聚了几条充满生命力的线索：对神难以捉摸而看似挥霍无度的意图的"暴力反抗"（mutiny）；第十七节中描绘的骚乱的乘客群（"一群心碎的暴民"[a heartbroke rabble]）；法尔克法案（Falk Laws）对无辜圣方济各会修女的围捕（最后一层含义尤其体现在 *meute*/[猎犬] 群一词上）。*carde* 出现在原文"之后"：霍普金斯的"栉"（combs）很可能是对另一种不那么惊人的"梳"（to card）的替换。法语中的词也照顾到了 *sas* 中的亚麻味道，还指向了 *encordé*（捆）。与英语一样，*la chute*（坠落、瀑布）同时也带有神学和物质的双重含义。

莱利斯参考了 W. H. 加德纳的编辑和注解，他的下面几行译文非常致密。它们至少融合了两股重要的意象，其一是井和在深渊处升降的拴着绳子的桶，其二是高瀑布的侧面冲下的纠缠成股的水流：

Moi calme comme l'eau d'un puits jusqu'au suspens, jusqu'au miroir,

Mais encordé—toujours et tout du long des hauts

A-pics ou flancs de la montagne, d'une veine

De l'Évangile proposé, pression, principe, don du Christ.

这便是莱利斯的解读之功，它让人几乎无法注意到译文中对内在韵律的复制（*eau / hauts, suspens / flancs, long / don*），虽然这种复制本身就足够让不那么优秀的译本自矜了。*suspens* 美妙地表达了"poise"（镇定 / 悬停）的意思，还比霍普金斯原文更为精妙地制造了"悬停"的效果，并为 *proposé* 的坚定立场埋下伏笔。而奇妙之处在于 *encordé*。这个词蕴含着丰富的意象，包括沙粒的旋涡状筛落，以及"栉"和"梳"后的"成股"（threading）。*cordée* 是矿业术语（"但在运动中被掘落"；but mined with a motion），意为用绞轮提装满土和碎石的桶所需的时间。*encordé*（莱利斯自己发明的？）中有个充满生命力的双关：用 *cordée* 就会在爬升中造成"捆"（roped up）的效果。以这个词为中心点，这一节的题材从沙漏过渡到了被梳理的线绳，又到了陡峭的山。*principe*（原理）比看上去要有力。在帕斯卡和笛卡儿的著作中，这个词通常带有发端和原旨的蕴意，而福音则是人类意义的开始和根基。

莱利斯对第十一节末尾的翻译也同样能给人以启迪：

> Flesh falls within sight of us, we, though our flower the same,   433
>   Wave with the meadow, forget that there must
> The sour scythe cringe, and the blear share come.

译者又一次在霍普金斯的头韵和半押韵的引领之下，把握住了诗作内容的律动：

> La chair choit sous nos yeux et nous, bien que notre fleur ne soit
> autre,
>   Qu'avec le pré nous ondulions, nous oublions
> Que là doit sévir l'aigre faux, survenir le soc anuiteur.

chair / fleur 很可能是受到 flower / blear / share 的启发。原文中擦音刺耳的摩擦声在莱利斯的最后一行中得到了完美的对应。但他的理解充满力量，几乎让译本超过了霍普金斯，更精确地说，超越了眼前的文本，唤出了霍普金斯诗作的总体。*survenir le soc* 让人想起 "c'est l'ahan qui fait le soc dans le sillon / Luire", 这是莱利斯对《红隼》("Windhover") 中 "sheer plod makes plough down sillion / Shine" 的翻译。这个词更加尖锐而明确，它抹除了 blear share 中非常重要的模糊感——这个词显然有"铧" (ploughshare) 之意，但同时也具备更加宽泛的"命运"(lot)、"命中注定的部分"(destined portion) 之意。此外，*anuiteur* 这个罕见而优雅的词是傅华萨(Froissart) 和杜·贝莱用过的，它告诉我们译者具有能够融会贯通的灵感。犁铧与命运女神的"裁刀"(shears) 一样，会在深夜带来死亡。从某个角度看，莱利斯只是将死亡"令人生厌的镰刀"(sour scythe) 中隐含的象征和拟人外现了出来，他写卜的句子中充满了复杂和有力的暗示，胜过霍普金斯的原文。

　　读者可能会希望我继续进行详细的引证和分析。就我所知的译文中，莱利斯的霍普金斯能把读者带到一个充满诱惑的边界，让他们一睹听觉、触觉、解释学的整个过程，让他们的心灵能够穿过一种语言进入另一种，然后再返回。目前的例子中所要求的"透析力"难以企及，但其运作模式还是有迹可循的。让我用莱利斯对《斑驳美》[1]("Pied Beauty") 的译文——如果"不可能"存在的话，它也是一例——来总结这部分论述：

434

> GLORY be to God for dappled things—
> *Gloire à Dieu pour les choses bariolées,*
> 　For skies of couple-colour as a brinded cow;
> 　*Pour les cieux de tons jumelés comme les vaches tavelées,*
> 　　For rose-moles all in stipple upon trout that swim;

---

[1] 黄泉炘译本作：荣耀归于上帝：为斑驳的万象；/为双色的天空如同花牛的皮；/为游动着的鳟鱼一身玫瑰痣；/炭火般坡地栗林；燕雀的翅膀；/一块块田野：山地、闲田和耕地；/各种行业的器物、用具和布置。/凡是出格、独特和稀奇的东西，/只要是变化无常的，不知怎的，/总兼有一点快慢、甜酸和亮暗；/他创造一切，他的美永不变易；/要把他颂赞。(《英国抒情诗选》，上海：上海译文出版社，1997 年，第 207 页)——编注

Pour les roses grains de beauté mouchetant la truite qui nage;

Fresh-firecoal chestnut-falls; finches' wings;

Les ailes des pinsons; les frais charbons ardents des marrons

chus; les paysages

Landscape plotted and pieced—fold, fallow, and plough;

Morcelés, marquetés—friches, labours, pacages;

And áll trádes, their gear and tackle and trim.

Et les métiers: leur attirail, leur appareil, leur fourniment.

All things counter, original, spare, strange;

Toute chose insolite, hybride, rare, étrange,

Whatever is fickle, freckled (who knows how?)

Ou moirée, madrurée (mais qui dira comment?)

With swift, slow; sweet, sour; adazzle, dim;

De lent-rapide, d'ombreux-clair, de doux-amer,

He fathers-forth whose beauty is past change:

Praise him.

Tout jaillit de Celui don't la beauté ne change:

Louange au Père!

虽然其中很多语音、语法、语义细节是能够分析的，虽然我们也能基本准确地重构译者遵循的试错、删改过程（其中一例便是："玫瑰痣" [rose-moles] 通过过时的、化妆层面上的意义变化，成了 *mouchetant*），但其中隐含的与语言转换、"神经生理学"、双语现象、"跨语言思维" 有关的种种事实，仍完全不为我们所知（"谁又知道如何？/ 不知怎的" [*mais qui dira comment?*]）。[1] 这种水平的翻译不仅透过了语言间的屏障；它似乎还　　435

---

[1] 对两种语言间相互交流的探讨，见欧文－特里普，*Language Acquisition and Communicative Choice* (Stanford University Press, 1973)，第 1–92 页。

打破了由不确定性构成的障碍——这是复杂的言语行为的标志。它抵达了核心，如阿诺德在《圣保罗与新教》（"St. Paul and Protestantism"）中所说：

Below the surface-stream , shallow and light,
Of what we *say* we feel—below the stream
As light, of what we *think* we feel—there flows
With noiseless current strong, obscure and deep,
The central stream of what we feel indeed…

我们**说**自己感受到的表层之流，
清且浅——在它之下——在我们
以为自己感受到的快乐如尤利西斯……轻盈流水下，
有无声的洪流，强劲、隐蔽、深邃，
那是我们真实感受的中流……

第六章　文化拓扑学

一

　　本书在一开始就试图说明，狭义翻译——通过一种语言的语符来解读另一种语言的语符——是人类言语的交流和接收行为中的特殊而显著的例子。隐含在语际翻译中的基本认识论和语言学问题之所以基本，是因为它们已经隐含在所有的语内交际中。雅各布森所谓的"再遣词"[1]——用一种语言中的语符来解读该语言中的其他语符——所涉及的问题实际上和狭义翻译的问题相同。因此，本书认为"翻译理论"（取其"不精确"、非形式化之意；我已试图对这个概念进行定义）必然是关于语言自身运作模式的理论——毋宁说是一种部分来自归纳、部分出于直觉的历史－心理模型。而某种"对理解的理解"，或者某种解释学，会将它们全部囊括。因此，康德最早呼吁理性解释学的出现，施莱尔马赫首先对希伯来语、阿拉米语、希腊语文本的语言结构和是否可译进行研究，从他们开始，对语义过程本质的种种系统性探索绝非偶然。研究意义的状态，就是研究翻译的实质和限制。

　　然而，这些问题及其蕴含的哲学问题，不局限于口语和书面语。符号学这个学科，目前探讨的是所有可以想见的符号介质和系统。它认为语言只是图形、声音、气味、触觉、符号等多种交流机制中的一员。事实上，符号学家和研究动物交流（"符号语言学"）的人坚称，语言在很

---

[1]　关于雅各布森"再遣词"的讨论，可见本书第四章第一节。——编注

437　多方面都是狭隘的分类，是对进化的曲解，它明确了人类在自然界中的支配地位，但又把人类排除在更为广阔的身体－符号认识领域之外。从这个角度看，翻译一如我们所说的那样，是机体生存中的一个常量。个体和物种能否生存，都取决于它对重要信息网络的读取和解释的速率和／或准确率。在色彩、声音、气味、质地和体态中，有词汇、语法乃至语义的存在，其多样性不亚于语言；而对它们进行解码和翻译时遇到的难题，可能与我们在语言中见到的同样顽固。虽然言语是多义的，但它还是无法识别（遑论转述）感官资料的哪怕一小部分；而人类在这方面虽然已经变得迟钝且无法脱离语言的影响，却还是能够有所察觉。这便是雅各布森所谓的"变译"问题——用非言语符号系统中的符号解读语符（路标上的弯箭头；《黎西达斯》结尾处的"蓝色帷幔"[mantle blue]，其颜色象征"纯洁"和"崭新的希望"）。

　　但我们也不必急着完全走出语言。在"狭义翻译"和"变译"之间还有"半转型"（partial transformation）的广阔空间。原始信息或叙述中的语符被转换成了其他一种或多种表达方式的符号。包括转述、图像说明、拼接、模仿、主题变化、戏仿、或支持或否定的引用、错误溯源（或偶然或故意）、剽窃、杂糅等等。这些半转型、衍生或替换性重述构成了我们感触和文字的很大一部分。简而言之，它们孕育了文化。在这最后一节中，我希望把"替换"这个概念，以及前文中探讨过的翻译模式，应用在意义和文化所固有的更广阔问题之上。文化在何种程度上是对先前意义的翻译和再遣词？"转型"和变形式重复的广阔领域无处不在，且发挥着中介作用，其中的语符不一定都要被"变译"成非语符。

438　相反，它们可能与种种非语符系统结合，语言与音乐或音乐中的语言就是其中一例。

　　把一段文本放置在音乐之中的作曲家，要经历的一系列直觉和技术活动与狭义翻译相似。他最初要相信符号系统中存在意义，然后进行解读性的挪用——向音乐基质中进行"转入"，最后完成一个新的总体，使它既不损害又不超过原文本。作曲家在选择并设置自己的歌词时，在智力批判力和精神感受力上所面临的考验，从各种角度讲都与译者所面临的考验一致。在这两种情况下我们都会问："他理解原文的论点、感情基调、形式特点、历史背景和潜在的模糊之处了吗？他找到了一个足以完全展现并阐明这些元素的介质了吗？"作曲家所能用到的手段——音符、音域、节拍、韵律、配器、调式——与译者在风格上面临的选择相似。最基本的问题如出一辙。"翻译的主要任务是逐字翻译还是重新创作"，与"抒情曲（Lied）和歌剧中词语和音乐哪个重要"这个风靡了整个19世纪的问题异曲同工。

同一部原文通常会被多名同时代或不同时代的译者翻译，各种译本的前仆后继是一种互惠的、累积的批评和修订。音乐方面的例子亦然。策尔特、舒伯特、舒曼、沃尔夫为歌德同一首诗谱曲，德彪西、福莱、雷纳尔多·哈恩为魏尔伦的同一首抒情诗创作，柏辽兹和迪帕克同为戈蒂耶的《在墓地》（"Au cimetière"）作乐，其中的对比部分，相互认可和批评的问题都是多次翻译中会遇到的。作曲家对诗作的解读精确吗？他选择用器乐或声乐强调哪些音节、词语、短语或韵律单位？他的选择或与之相反的行动（即选择性的轻描淡写），是否准确地表现了诗人的意图（在对施密特·冯·吕贝克《流浪者之歌》的处理中，舒伯特把歌曲的全部意义着重放在了最后一句的"不"[*nicht*]上——他让这个词出现在一个尖厉的倚音上，衬以一组奇怪的六和弦，这种处理对吗）？舒曼、李斯特、鲁宾斯坦相继为海涅《你像一朵花》谱曲，这些旋律是以怎样的方式构成了对这篇看似单纯的文本的截然不同的评述？沃尔夫的"莫里克歌集"（Mörike Lieder）比文学评论家更早认识到诗人特别的才华，它在何种程度上构成了一种明确的、原创的文学评论行为？萨蒂为《会饮篇》《斐多篇》等篇章所作的音乐中表达了怎样的柏拉图主义思想（它与乔伊特的某些提纯举措有惊人的相似之处）？这些问题的答案与对文学翻译进行分析所得到的结果有紧密的联系。

439

因此，在很多例子中译者就是误读了文本。在对海涅六部作品的作曲中，舒伯特误解了诗人隐蔽而尖刻的反讽。音乐家通常会篡改词语，改变、删减或"改进"诗作,以使它们更符合自己的语汇或设计(译者也会出于自己的目的进行增删)。莫扎特在歌德的《紫罗兰》后加了一句;为了让歌德《众山之巅》的 Vögelein 一词落在高八度的位置上,舒伯特拿掉了词中的 e;在第 90 号作品中,舒曼改动了雷瑙的原文,他改变了一些词,删掉了另一些,还加入了自己的词(而作为最能接受词语的作曲家,胡戈·沃尔夫几乎不会调整歌词)。[1] 音乐翻译与语言翻译一样,都有超越原文的问题。在《美丽的磨坊女》和《冬之旅》中,舒伯特彻底改变了威廉·米勒羸弱诗作的原貌,让它们变成了对人类生存中的悲苦与怀疑的透彻表达。夏米索的诗歌几乎没有舒曼第 42 号作品中那种复杂的感情。是否可以说,《马太受难曲》某些段落中的"变形"(比如福音传道士对骷髅地的叙述,以及耶稣在十字架上的遗言)可以与钦定版《圣经》相媲美——它们甚至超过了**原作**;又或者柏辽兹的变形在某种程度上违背了《罗密欧与朱丽叶》中有关仙姑(Queen Mab)[2] 的那段话?

440

---

[1] 我是从杰克·M. 施泰因, *Poem and Music in the German Lied from Gluck to Hugo Wolf* (Harvard University Press, 1971) 中得知这三个例子的。施泰因教授的著作是少数详细探讨诗歌和音乐相互关系的作品之一。约翰·霍兰德, *The Untuning of the Sky: Ideas of Music in English Poetry 1500–1700* (Princeton University Press, 1961) 也是极具价值的,但它只粗略谈到了对文学作品进行音乐改编的真实案例。文森特·达克斯, "John Jenkins's Settings of Lyrics by George Herbert" (*The Musical Quarterly*, XLVIII, 1962) 进行的细致研究非常优秀。最好的研究来自现代作曲家,他们对词语和音乐的关系有着鲜明的观点。见威尔弗里德·麦勒斯, "Stravinsky's Oedipus as 20th-Century Hero" (*The Musical Quarterly*, XLVIII, 1962);克劳迪奥·斯皮斯, "Some Notes on Stravinsky's Requiem Settings" (*Perspectives of New Music*, V, 1967);沃夫冈·马丁·斯特罗, "Schoenberg's Use of Text: The Text as a Musical Control in the 14th 'Georgelied', opus 15" (*Perspectives of New Music*, VI, 1968)。A. H. 福克斯·斯特兰韦斯, "Song-Translation" (*Music and Letters*, II, 1921) 仍然是迄今为止关于英译外国歌曲最为合理的论述。赫伯特·F. 佩瑟, "Some Observations on Translation" (*The Musical Quarterly*, VIII, 1922) 可以看作是对上文的驳论。在佩瑟环环相扣的论述中,每种语言"独一无二的叮咚声"(尤其是在音乐环境中),让最杰出的翻译大师也无所适从。另可参考两篇关于词语和音乐的通论性文章:诺斯罗普·弗莱, "Introduction: Lexis and Melos" (*English Institute Essays*, New York, 1957); "Music in Poetry" (*University of Toronto Quarterly*, XI, 1941–1942)。

[2] "仙姑"的译法取自梁实秋译本。而辜正坤译本则取典凯尔特传说中的仙后麦布曷 (Mabh),以及雪莱长诗的通行译名,译作"麦布女王"。——编注

歌德具有音乐天赋，他深谙口语和文字中蕴含的音乐之力，了解它在至高的哲学层面，与机体和艺术作品的变形这整个领域都息息相关；他对把自己作品翻译成音乐的人持模糊态度，但被他作品吸引的译者仍如过江之鲫。[1] 玛加蕾特是在非常模糊的氛围下唱出歌谣《图勒有一位国王》（"Es war ein König in Tule"）的（《浮士德》第一部，第 2759-2782 行）。[2] 梅菲斯特把一盒首饰放进了她的衣橱；他和浮士德则在花园里徘徊。玛加蕾特感到空气异常凝重。诗作中充满了与玛加蕾特处境相应的反讽和威胁，但它们也超出她的理解所及。歌德的四行组诗达到了一种 441 矛盾的效果：简短、"压抑"的诗行麻木地罗列着，却营造出一种难以名状、令人担忧的空旷氛围：

Es war ein König in Tule

Gar treu bis an das Grab,

Dem sterbend seine Buhle

Einen goldnen Becher gab.

　Es ging ihm nichts darüber,

Er leert' ihn jeden Schmaus;

Die Augen gingen ihm über,

So oft er trank daraus.

　Und als er kam zu sterben,

Zählt er seine Städt im Reich,

Gönnt' alles seinem Erben,

---

[1] 相关论著十分丰富。三卷本的歌德－泽尔特书信集是重要的一手资料。另可参考弗里德兰德（Max Friedländer）编著的两部作品 *Gedichte von Goethe in Kompositionen seiner Zeitgenossen* (*Schriften der Goethe-Gesellschaft*, XI, 1896); *Gedichte von Goethe in Kompositionen* (*Schriften der Goethe-Gesellschaft*, XXXI, 1916). 通论性研究见 *La Revue musicale*, CXXV, 1932，歌德与音乐特辑。

[2] 《浮士德》（歌德）有关中译均取自钱春绮译本（上海：上海译文出版社，1999 年）。——译注

Den Becher nicht zugleich.

图勒有一位国王，
一世忠贞可佩，
爱妃在临死时光，
给他一只金杯。
他当作无上珍品，
开宴总要干杯；
每逢他举杯痛饮，
不由落下眼泪。
等到他死期将近，
他把全国城市，
都传给他的储君，
只留一只杯子。

在数不胜数的译本中，只有奈瓦尔本的改动在容许范围之内，但该译本对韵律模式的破坏也损伤了原文：

Autrefois un roi de Thulé,

Qui jusqu'au tombeau fut fidèle,

Reçut, à la mort de sa belle,

Une coupe d'or ciselé.

Comme elle ne le quitait guère,

Dans les festins les plus joyeux,

Toujours une larme légère

A sa vue humectait ses yeux.

Ce prince, à la fin de sa vie,

Légua tout, ses villes, son or,

Excepté la coupe chérie,

Qu'à la main il conserve encor...[1]

泽尔特、舒曼、李斯特都为原文谱过曲。古诺和柏辽兹的乐曲则基于法 443
译。每一次作曲都是一种解读性重述，其中语符系统通过拥有高度形式
化句法的非语符系统，得到了批判性的阐明或误读。换言之，为诗歌作
的音乐能让原文及其"译本"（很可能是语言和音乐两种译本）活跃地同
时共存。[2]

　　泽尔特的曲子每段是严格重复的。乐曲以 a 小调写就，辅以简单
的和弦，它十分重视原诗的地位，这也正符合歌德的意思。舒曼则模糊
得多，他的作曲完成于 1849 年，并出版在《浪漫曲与叙事曲》第一卷
中（第 67 号作品）。玛加蕾特忧烦的独唱变成了男生女生均可的独奏伴
唱和五声部合唱。舒曼对文本的处理非常直接。所有诗节都配以简单旋
律，没有重复。虽然有些改动，但并非大胆之举。和声本质上是"垂直
的"（和弦）而不是"平行的"（旋律）。舒曼巧妙地把作品难度限制在
了业余合唱队的能力范围内，这似乎也表现了原诗中的民歌元素。但他
大概并没有领会这个传说的诡异实质和歌者的处境。李斯特的解读则更
为精准（他首次谱曲是在 1843 年，后于 1856 年做了修订）。他的解读以
叙述中的模糊为基础，以肉体与死亡、忠诚与放纵的冲突为基础，它们
构成了歌德文字的框架，也为玛加蕾特不自知的状态带来了戏剧性。该
作由女中音演唱，每段旋律不同；它的结构复杂，精巧的设计旨在重现

[1]　这个段落奈瓦尔翻译了数次。我引用的是他 1828 年版《浮士德》中的译文。在
　　 1877 年的里肖（Richault）版中（*La Damnation de Faust*），第三节的第二句写作
　　 "ses villes et son or"。

[2]　帕特里克·J. 史密斯，*The Tenth Muse: A Historical Study of the Opera Libretto* (New
　　 York, 1970) 是该领域的开山之作；下文的分析也受到了我与作者私下交流的启发。

歌谣中的情节。其中某些诗行得到了重复；在乐曲开始有钢琴伴奏的引导，第四、五节之间有间奏；最后一节被分成了两部分，其后半部分得到了戏剧性的重奏。李斯特的构想是极为形象化的，带有浓厚的浪漫主义色彩。受到后文中场景的启发，作曲者认为女主角唱歌的时候身体在旋转。因此钢琴在开始时模仿了轮子的吱呀声。乐句惟妙惟肖地模仿了不均衡的动作（快—慢—快）。这种乐句构成了整首歌的主题——这也符合李斯特作曲的风格。乐曲主要由 3/4 拍构成，只有一小部分是 4/4 拍；调式以 f 小调为主，在第三诗节的第三、四行处转换成了对应的大调（A♭）。李斯特对歌德的韵律进行了自由处理，韵脚被调整得与音乐契合。单词得到了戏剧化和图画式的表达，因此 *sinken*（沉入）被配以了下行半音阶。叙述中的情绪和事件通过声音和器乐的翻译，得到了发掘和华丽的强化。

443

柏辽兹和古诺对《图勒有一位国王》的编曲更接近李斯特的浪漫 - 戏剧风格，而与泽尔特和舒曼较为疏远。此处出现了两种翻译：从德语到法语，从法语到音乐。此外，这三部作品都来自更大的背景——它们是《浮士德》第一部整体音乐改编的一部分。这意味着出现在我们面前的格蕾辛（Gretchen；玛加蕾特的昵称）是一个戏剧人物（*dramatis persona*）；作曲既涉及歌谣，又要考虑到与更大背景下的人物和主题的关系。

柏辽兹在 1829 年的《〈浮士德〉八景》与 1846 年的《浮士德的天谴》中两次为该诗配乐。第一版旋律是重复式的，第二版则不然。第一版是 G 调，而配器更为复杂的第二版是 F 调。在《浮士德的天谴》中，乐曲不完全符合调式；调式的用处是营造远古和疏离的感觉（柏辽兹认为这个片段是“哥特式歌谣”[chanson gothique]）。旋转的轮子被允当地省略掉了。在第一版中，玛加蕾特像在原剧中一样边唱边宽衣；而第二版中则是边唱边编辫子。在第一版向第二版演进中，柏辽兹对法语译文所产生问题的理解变得更加微妙。两版都是 6/8 拍，1829 年版简单地从强音开始：*Au-tre-fois un roi / de Thu-lé*。而《天谴》中人声在开始的休止符后，始自较弱的第二拍：*Au-tre-fois / un roi de Thu- / lé, Qui jus-qu'au /*
tombeau… 让 *autrefois* 处于弱拍美妙地深化了古老疏远的效果。在两版中
都有中提琴独奏的次主题（obbligato）。这当然是柏辽兹的特点之一，但
它归根结底来自 18 世纪的歌剧，还为十分具有浪漫主义色彩的作品加
入了些许古典美声（*bel canto*）的印记。第二版的结尾远比第一版戏剧
化。玛加蕾特唱了两次，且在乐句中有停顿；截然不同的主题萦绕在她
的脑海中。她的声音止于一个深沉的叹息——单音节的 *ah!*，紧随其后的
是无声的一小节，然后是由大提琴和低音提琴拨奏的 F 音。这个结尾也
出现在 1829 年的版本中；新奇之处在于其重复——强烈地暗示着角色的
心不在焉。这根本上是一种解读。从某种意义上讲，歌德剧中选用《图
勒有一位国王》是出于偶然（它不过是一首来自流行选集或儿歌集的老
歌谣）；而从另外的角度讲，它又反讽地与这个戏剧场景和玛加蕾特岌岌
可危的意识纠缠在一起。在看似毫无关联的与戏剧性反讽的相互作用下，
冲击力产生了。柏辽兹既揣摩了人物心理，又大刀阔斧地进行了简单化
处理：

> 在处理这段歌曲时，演唱者不应随着诗歌的微妙变化改变
> 她的表现方式；她恰恰应该让自己的演唱尽可能一致：很明显
> 在此刻占据玛加蕾特心神的绝不是图勒王的不幸；这不过是一
> 首她孩提时代就知道的老歌，她只是心不在焉地随便哼哼。[1]

这种"心不在焉"感出现在 1829 年版的舞台指导中，又在《天谴》中得
到了进一步强调。虽然既有戏剧合理性又有音乐效果，它还是削平了原

---

[1] 原文：Dans l'exécution de cette Ballade, la chanteuse ne doit pas chercher à varier l'expression
de son chant suivant les différentes nuances de la poésie; elle doit tâcher, au contraire,
de le rendre le plus uniforme possible: il est evident que rien au monde n'occupe moins
Marguerite dans ce moment que les malheurs du Roi de Thulé; c'est une vieille histoire
qu'elle a apprise dans son enfance, et qu'elle fredonne avec distraction。——译注。

文的复杂样貌。

在古诺 1859 年的《浮士德》中，图勒王这个形象完全被边缘化了。管弦乐引子中带附点音的旋律模仿了旋转的轮子。歌曲本身是 a 小调，其作曲旨在传达一种至纯至真的印象。它听起来仿佛像童谣，而玛加蕾特对歌词毫不留意。她的歌声逗留在国宴上的英俊骑士处，对他的惦念反复打断她的歌。每次被打断后，她都会重复第一句以回忆歌词，并找回适当的心境。但她失败了。小调和乐队模仿转轮嗡嗡声的背景音让她的心猿意马得到了夸大。这个思路来自柏辽兹，但古诺简单的旋律和打断－重复的设计给乐曲带来了特别的情愫。然而，歌德的原诗却被简化成了随口而出的短歌。

若让我来评判，这六种变形都不尽如人意。李斯特的最接近均衡；它有自由发挥之处，有过分夸大之处，但也注意到了歌德原旨的限制和秘密。泽尔特不过在用音乐辅助说明。柏辽兹和古诺出于自己灵动而专断、偏颇的意图发掘了原文。舒曼的歌诡异地与原文无关，就像是涂抹在文本空白处模糊而潦草的数笔。"歌德是音乐家的陷阱；音乐也是歌德的陷阱。"[1] 安德烈·苏亚雷斯（André Suarès）如是写道。而此处的问题可以被推而广之。不同语言中能够产生排斥和亲和的对立音调、不同用语习惯、独特联想背景，它们会在用音乐透析语言时得到强化和复杂化。语符系统和音符系统都是编码，它们都有语法、句法，以及丰富多样的民族、个人风格；它们有自己的历史。音乐分析与形式逻辑一样，都是"元语言"。虽然这些类比十分重要，在某些方面甚至是趋同的，但它们刹那间就会沦为比喻。音乐**就是**一种语言，但是在这么说时，"语言"这个词的含义极其不稳定。我们可能用的是它最为专业的符号学层面含义（它们都是"呈序列的，由规则管控的，受到特定制约的符号系统"），我们也可能使用它太过宽泛而无法定义的含义（它们都能"传达人类情绪、

---

[1] 原文：Goethe est un piège pour les musiciens; et la musique un piège pour Goethe。——译注

展现心理状态")。当谈到"音乐的语言"时，我们最有可能是在按照不同的比例同时使用这两层意思。因此，我们缺少合用的批判性语汇，无 446 法分析（甚至不能严格转述）词语语言和音乐语言互动中的现象学问题，这也就不足为奇了。

而事实还是如雨后春笋般发生着。在杰苏阿尔多的《我将在痛苦中死去》中，在舒曼为艾兴多夫《林中对话》所作的音乐中，在沃尔夫为莫里克《火焰骑士》谱写的乐曲中，词语和音乐上演着相互阐发、相互滋养的活动，它的中心既不位于语符系统，也不位于音符系统。伟大的翻译一如伟大的作曲，都为原文添加了什么；而加入的东西则"业已在兹"。这个论断说来既咬文嚼字又自相矛盾，但在实际操作中却完全不是这样。在聆听迪帕克为波德莱尔《邀游》（"Invitation au voyage"）所作的音乐时，听众能够清楚地感觉到作曲家是怎样让作者的词语既超出自身，又因此完全地成为自身。一种变形也就应运而生，它成为一个完整而具有中介性的文艺门类，但我们却没有词语能进行定义。它的中介性质至关重要，同时又是限制条件。保存个性和暂时相融之间的动态关系——借用诺思罗普·弗莱的定名，文（*lexis*）与乐（*melos*）在融合成新形态的同时又保持着自己——复杂而脆弱。因此在真正平等和互动层面的共存恐怕只能是昙花一现。小情歌、咏叹调、抒情曲、艺术歌曲似乎能够标明持续融合的界限；而如我们所见，即便在此完成品也是凤毛麟角。奈瓦尔的名言"只有诗人能为自己编曲"，或者雨果的警告"别在诗行旁边放音乐"[1]常常并非无稽之谈。同样的拒绝理由也适用于大多数狭义翻译。而当变译完成时，人类感觉中的两种主要语法也就得到了融合。

---

[1] 引自勒内·贝特洛，"Défense de la poésie chantée"（*La Revue musicale*, CLXXXVI, 1938)，第 90 页。译者按：原文 Défense de déposer de la musique au long de cette poésie。

二

447　　文本被改编成音乐后，文字虽然进入了一种新型的合成体中，但还是保留了自身的属性。当作曲家使用一个译本时，他对原始字符进行的改动与狭义翻译相同。而当我们向外探索，离开直接转换和直接翻译的例子时，就会发现变化的形式有着无穷的可能性，其细微差异也是千变万化。其范围极其广泛——从最紧密的响应，到最遥远的，通常出自无意识的指涉、内心共鸣、引经据典；从荷马的逐行对照本，到乔伊斯作品的荷马式轮廓。而它们模糊地延展成了极为重要的同心认识空间，远不再对《尤利西斯》和《奥德赛》有明显的依赖。这些空间包括远航的文学和象征地位、前途未卜的还乡、婚姻的忠诚、巧计下的苟存、伪装、命运的反复无常等等。变形可以通过语言、元语言、非语言编码进行。[1]荷马作品的原文或翻译都能被编成音乐。它可以变成说明某个（某些）桥段的题诗，伴在绘画或雕刻左右，而画家、雕刻家、编舞不需要引用原文。他们想象、思考和表现中的保真度可多可少；他们看待作品的视角是无限的，从"摄影式"模仿，到谐仿、讽刺或把它当作最微弱神秘的经典加以援引。如何看待并重建这种特别关系完全取决于我们自己。（一个一般而言比较警醒但没有辅助手段的读者，用多长时间能够察觉到陀思妥耶夫斯基的《群魔》对《大卫·科波菲尔》细致的模仿，或发现李尔王和灰姑娘故事中的相似性——尤其当后者是以芭蕾或舞剧的形式上演？）

---

[1] 卡索（Jean Cassou）在狱中创作的 33 首十四行诗组被皮奥博（Jean Piaubert）做成了同等数量的版画。米约（Darius Milhaud）又为其中 6 首诗作了曲。这形成了一种双重转换和词语、图画、音乐符号系统的三重相互关系。我是从下文中了解到这个例子的：瓦尔特·莫恩希，"Von Sonettstrukturen und deren Uebertragungen"（鲍什与汉斯－马丁·高格尔编，*Interlinguistica: Sprachvergleich und Uebersetzung*）。

词语在最初的演出，与其他语言或非语言形式在日后的再次登台——我们最好把二者关系中的多重转变和重置看作是**拓扑**的。我的意思很简单，拓扑学是数学的一个分支，研究点和图形扭曲变形时保持不变的基本属性之间的关系（把画着三角形的胶皮板弯成锥形或球形）。对这些不变量和不受变形影响的几何、代数关系的研究在现代数学中是极为重要的。它向人们展示了不同函数和空间图形表面的庞杂之下，隐藏着怎样的统一和相似性。与之相似，我们文化的多重表现形式中也有常量和常数。我认为，正是因为它们的存在，用"拓扑的"眼光看待文化的构造才是可行的、有用的。其中的常量可以是特别的词语，可以是主题，也可以是形式。它们的重现和变形已经被很多文学学者研究过 比如奥尔巴赫、库尔提乌斯、利奥·斯皮策、马里奥·普拉茨、R. R. 博加尔。传统主题（*topos*）、原型、母题、门类的历史，是现代比较文学和文体学研究中的常见内容。形象研究（iconology）——它既关乎词语内容，也关乎某些主题、中心、景色、寓言在不同艺术家和学派中的反复重现——是当前艺术史研究中的一个主要关注点。潘诺夫斯基、F. 萨克斯尔、埃德加·温德、E. H. 贡布里希和其他人的研究已经告诉我们，画家眼中有很大一部分都是先前的画作。我们现在知道了，那些我们看来浑然天成的回应中，习惯和传统识别编码的印记有多深。因此，我要说的并不是什么新鲜事，我要引用的例子中也有一些是为人熟知的。

不过，我认为它们应该被看作是某种拓扑过程的一部分。"变形中的恒常性"里的种种关系，或多或少与**翻译**有直接的对应。作如是观，"深层结构""递归""限制因素""重写规则""自由"这些由转换生成语法提出的概念，就有更广阔的意义。而且这种意义与自然语言和文化发展的真实情况间的抵牾也将有所减轻。若用"拓扑"来定义，文化就是对常量的一系列翻译和变形（"翻译"总有成为"变形"的趋势）。这样看问题，我们就能对文化中的语言－语义驱动力，对那些让各种语言及其"拓扑空间"保持不同的因素有更清晰的认识。

词语、形式、主题或调式常量之间的区别注定只能是人为的划分；

在任何实质性的例子中，各种因素都会参与。不过它们能够标明"重写"时的不同策略和理念。德莱顿的《贺拉斯颂歌第三部第 29 首；用品达体改写，献给罗切斯特伯爵劳伦斯阁下》能够发明形式－文化层面的再遣词这个重要机制。[1] 将阿尔凯奥斯体重铸为品达体，其中隐含的基调、格律技法和属性变化，足以在恒常中构造出一个复杂的创新领域。而把罗切斯特伯爵与梅塞纳斯（Gaius Cilnius Maecenas）等同则是另一种创新，其中有很多字面的、中性的或者反讽的考虑。但其基本"重写规则"则是美化，这一点微妙地体现在品达著名的华美诗风上，但它可能同时也造成了些许事与愿违的感觉。德莱顿的第八节和第十节有 23 行之多，它们是贺拉斯原文中的第 41-56 行：

Happy the Man, and happy he alone,

    He, who can call to-day his own:

    He who, secure within, can say,

To-morrow do thy worst, for I have lived to-day.

    Be fair, or foul, or rain, or shine,

The joys I have possest, in spight of fate, are mine.

Not Heav'n it self upon the past has pow'r;

But what has been, has been, and I have had my hour.

    Fortune, that with malicious joy

      Does Man her slave oppress,

    Proud of her Office to destroy,

      Is seldome pleas'd to bless:

    Still various, and unconstant still,

    But with an inclination to be ill,

450

---

[1] 可参考一部优秀的专著：伯恩弗里德·努格尔，*A New English Horace: Die Uebersetzung der horazischen ars poetica in der Restaurationszeit* (Frankfurt, 1971)。

Promotes, degrades, delights in strife,

And makes a Lottery of life.

I can enjoy her while she's kind;

But when she dances in the wind,

And shakes the wings, and will not stay,

I puff the Prostitute away:

The little or the much she gave, is quietly resign'd:

Content with poverty, my Soul I arm;

And Vertue, tho' in rags, will keep me warm.[1]

我们缺乏分析手段。我们能感觉到很多东西，但却无法描述德莱顿文本和拉丁原文中视觉的对比、呼应手段和"形象关联"方法。原文看上去十分严整：

Fortuna saevo laeta negotio et

ludum insolentem ludere pertinax

transmutat incertos honores,

nunc mihi, nunc alii benigna…

每节前三行多出的音节（句首非重读音节；anacrusis）似乎强调了韵律中

---

[1] 参考译文（加粗处与下文中拉丁语引文大致对应）：独处而快乐的人 / 能说今天为自己所有 / 带着内心的安宁，他能说 / 因为我生活在今天，所以明天是最糟的。/ 无论好坏，还是晴雨 / 不管宿命如何，我的快乐总属于我。/ 上天也无力改变过去；/ 已然终成已然，我已经度过。/ **命运总喜欢开恶意的玩笑 / 把人当作她的奴仆欺侮 / 她享受着自己毁灭的职权 / 却不愿轻易给出祝福：/ 总是多变，总是无定 / 总是带着作祟的心 / 进行陟降，乐见冲突，/ 让生活变成赌局。**/ 她心善时我也惬意；/ 但当她随风起舞，/ 摇动双翼，不再安定，/ 我要把这娼妓轰走 / 不管她给我多少，我都静静地退还；/ 我有灵魂作武装，便安于贫穷 / 虽然美德的衣装褴褛，也足以让我御寒。——译注

满载的简洁感。而德莱顿的诗则有种树影婆娑的茂盛感。其标点的断续有如音乐，仿佛是急板（*presto*）和装饰音。当然，贺拉斯原文中没有这些大写；人（*Man*）、上天（*Heav'n*）、命运（*Fortune*）、职权（*Office*）、赌局（*Lottey*）、娼妓（*Prostitute*）、灵魂（*Soul*）、美德（*Vertue*）这一串词仿佛假面戏剧。字幕上的差异会改变眼睛和心灵的关注点：它既把主要词和次要词进行了区分，又展现了拟人和寓言的传统。职权、赌局、娼妓与最后一组词（灵魂、美德）形成了戏剧性的对照。而德莱顿或编辑者没有大写贫穷（"poverty"），很可能就是为了保护这个对比的活力。

451

我们能够感觉到这些变形中的意图和复杂内涵，但却只能做直觉上的评述。此外（这也是问题所在），德莱顿自作主张的转写似乎并不是问题，其中充满自信的感觉，变动中共通的定义才是值得注意的。他的美化无疑是过度的：它们所缺欠的正是"没有嫁妆的贫穷"（*pauperiem sine dote*）。而贺拉斯原文中的个人风格，原文感觉中的思路和分段，却又明显地出现在德莱顿的过度填充中，且构成了他增补内容的核心。构成文章风骨的连续性和方向得到了存留。对自我的掌控、快乐构成了充满活力的现在；命运反复无常，但记忆和接受现实则是人能对抗灾难的明证。这是一种自我克制，一种由记忆和冷漠确保的平和。这是西方人行为习惯和自我表达中的主要选项之一。贺拉斯在《颂歌》中对它的陈述堪称圭臬，而即便是在德莱顿极为肆意的表达中，我们还是能够轻松地认出它的影响和简约。"把这娼妓轰走"（puff the Prostitute away）从某种角度看完全是德莱顿自创的，也无疑具有"时代特色"；这个场景像是变成了讽刺诗的复辟时期抒情歌，但其元素却已经全部出现在了"鄙夷地玩弄着她的玩物"（*ludum insolentem ludere*）中。"我 [曾拥有] 的快乐"（the joys I have possest）似乎出自对"飞逝的时间所带来的"（*quod fugiens semel hora vexit*）[1] 的修饰。但西方感性中的另一个经典——"飞逝的时间"和对快乐的臆想之间的关系，无疑来自贺拉斯的语言。因此，"重写

---

[1] 以上拉丁语均出自贺拉斯原诗。——译注

规则"和变形过程既展现了约束，又显示出了创新。借用莱什曼（J. B. Leishman）极具启发性的话，德莱顿在贺拉斯身上看到了一种"能够得到无限扩展的公式"[1]。我们的文化，我们能够得到确证的记忆和回应能力，几乎完全依赖于对有限几个"公式"的"无限扩展"。翻译（取我们正在探讨的广义），正是扩展这些公式的主要工具。它把词语、主题、形象传统中的"深层结构"变成常在社会中得到称引的"表层结构"。

新古典主义建立在对永恒的假设上。因此，它认为不管在言语还是造型艺术中，人类共通特质和表达形式都是恒常不变的；来自经典的全部翻译、模仿、重述、引用都是同时共存的。在《伊菲革涅亚》序言的论述中，拉辛总结了这种不变中的美学和心理学观念。剧场中上演着他所引进的荷马和欧里庇得斯，而他则对其效果感到满意，"好的感情和理性在所有时代都是一样的。巴黎已表明自己的品位和雅典相谐"。理性和情感观念的规范在两千年中都保持一贯，所以为公众服务的作家、建筑师、画家能够进行具有原创性的模仿；他们对旧日样本的翻译既是忠实的又是新颖的。他们进行的是名副其实的再创造（*re-creations*）——如果我们不停下来紧盯这个词，就无法感觉到它意义中的矛盾和悖谬。新古典主义作者假定，正在被自己所转达的原文和一个直白的、逐字的译本或原文摹本都是读者触手可及的；二者若隐若现般的存在确定了他们作品变动的范围。由这些隐含的常量所产生，围绕它们所展开的外形变化，是西方文学艺术中一个核心模式。它在"经典"和"新经典"之间，在严格意义上的古代原文及其重现（如果它本身足够优秀，如果它的希腊或拉丁原文不再直接被人所知，它也能成为"经典"）之间，生成了一种至关重要的暧昧感。

欧里庇得斯的《希波吕托斯》首次上演于公元前 428 年。在第 1173-

---

[1] 莱什曼为 *Translating Horace* (Oxford, 1956) 所写的带有序言性质的长论文是非常优秀的导论，它介绍了西方文学和感觉中经典形式的影响和传播问题的概貌。在下面的论述中，我还会多次引用该文。

1255 行中，报信人叙述了希波吕托斯与来自"惊涛骇浪"(the swelling, boiling, crashing surf) 的"异常凶猛的怪物——公牛"(the monstrous savage bull) 致命的相遇。它由波塞冬送出，还象征着忒修斯在克里特的功绩 [1]——这也是该悲剧的源头。这个怪物惊吓了希波吕托斯的爱马（他的名字就隐含着这层意思 [2]）。在大卫·格雷钠译本中：

> Then all was in confusion. Axles of wheels,
> and lynch-pins flew up into the air,
> and he the unlucky driver, tangled in the reins,
> was dragged along in an inextricable
> knot, and his dear head pounded on the rocks,
> his body bruised. He cried aloud and terrible
> his voice rang in our ears: "Stand, horses, stand!
> You were fed in my stables. Do not kill me!
> My father's curse! His Curse! Will none of you
> save me? I am innocent. Save me!"
> Many of us had will enough, but all
> were left behind in the race. Getting free of the reins,
> somehow he fell. There was still life in him.
> But the horses vanished and that ill-omened monster,
> somewhere, I know not where, in the rough cliffs.

于是一切全是混乱，车轴和车辖都飞到空中去了。他这不幸的人缠在缰绳的解不开的束缚里被拖了走，他的头被碰在岩石上，皮肉都被撕裂了，发出可怕的叫喊来。"啊，停住了，你

---

[1] 指忒修斯杀死弥诺陶洛斯的传说。——译注
[2] "hippo-"是古希腊语马的词根。——译注

们在我的马槽里养大的 [马] 呵! 不要毁灭了我! 啊, 父亲的不幸的诅咒呵! 有什么人肯来救我这清白的人的么?" 许多人都想 [去救], 但是我们却很落后了。后来他脱出了缰绳的纠缠, 也不知这是怎么搞的, 他倒了下来, 还剩有一点儿呼吸。那些马不见了, 还有那不吉的怪牛, 不知道在那多岩石的地方, 到哪里去了。[1]

我们不知道索福克勒斯的《厄勒克特拉》作于何年。剧中同样讲述了一位年轻英雄如何在战车竞赛中, 受困于车轴、缠绕的缰绳和踏人的马蹄而惨死。傅保 (Paedagogue) 骈俪的言辞 (第 679-764 行) 与剧中其他部分的简略形成了鲜明对比; 这可能是为了造成特别的心理效果而设置的。其中的故事完全是捏造的, 因为俄瑞斯忒斯当时还活在附近。但厄勒克特拉 (显然无助的) 仇恨和报复是戏剧其他部分的主线。傅保捏造了一段挽歌, 它极具画面感的细节在某种意义上杀死了俄瑞斯忒斯。我们的想象不会比这还细致, 我们对他人的信任也莫过于此。我们也不知道在此处 (和其他地方), 欧里庇得斯和索福克勒斯谁借鉴了谁。但他对这个场景的处理直到如今仍是人们想象和图画的来源 (近期上映的一部电影版就把战车变成了跑车)。欧里庇得斯笔下的情绪和动作从最初的冷静到后来的恐惧, 再到最后绝望的冷静; 他所设置的顺序是: 海边的年轻人、希波吕托斯的祷告、野兽的突现、致命的追逐、公牛的消失、马匹离开 454
无助的人远去; 还有拟声词的效果, 仿佛神祇之雷的轰鸣——

ἔνθεν τις ἠχὼ χθόνις ὡς βροντὴ Διὸς,
βαρὺν βρόμον μεθῆκε, Φρικώδη κλύειν

---

[1] 中译取自周作人译本 (《欧里庇得斯悲剧集·中》, 北京: 中国对外翻译出版公司, 2003 年, 第 759 页)。——译注

从那里发出一种像是宙斯的地下雷声似的，

深沉的，听了叫人发抖的音响。

（第 1201-1202 行）

这些都让这段话成为经典。后世的剧作家、道德学者、讽喻画家、修辞学家出于自己的同感和反讽意图，让它变成了一个关于怪力乱神的宝库。

塞内加的悲剧（学者认为它作于公元 50 年后）便是对欧里庇得斯的改编。这种关系是作者有意为之的，也体现在字里行间。塞内加把欧里庇得斯当作修辞学家和演讲师，这也是他辞藻华丽的书斋剧的出发点。塞内加汲取了欧里庇得斯技法中潜在的方面，他把动作完全放在了内心，让自己的剧本成了一连串的吟诵。这些永远暴力或古怪的场景被无处不在的静态朗诵所疏远。塞内加改变了剧中人的（拓扑）关系：淮德拉追悔莫及，自裁抵命，倒在了希波吕托斯的尸体上。不过这只是对既定主题的一个微小变动。第 1000-1113 行是报信人的话，比希腊语原文长了 31 行——这也是再遣词的特点之一。其间也有被打断之处：忒修斯询问怪兽的形貌，把注意力引向了公牛的突现上（"caerulea Taurus colla sublimis gerens"）。[1]

但在所有关键的地方，拉丁语只是对希腊语原文失之偏颇的翻译；而后者则被当作形式和想象的基础，地位十分稳固。只有逐词分析才能说明塞内加参考前文的创新中运用的手法有哪些、它们的性质如何。欧里庇得斯写的是"超自然的"（好大的；unearthly）波浪，他还让地面的风景都被飞沫所遮蔽；而塞内加则采用了夸张的全称描述：*non tantus... nec tamen*——"从来没有"过这样大的骚动，爱奥尼亚海中"从没有过"这样大的波浪。欧里庇得斯笔下的怪物被一个骇人巨浪的浪尖带到了岸上；塞内加则发明了一种 17 世纪歌剧和假面剧中会用到的舞台装置：

455

[1]　意为高扬着深青色脖颈的公牛。——译注

inhorruit concussus undarum globus,

solvitque sese, et litore invexit malum

maius timore.

这个水波之球带着骇人的喧嚣震颤着，

破开了；一个怪兽奔涌而出去向海岸

它比任何东西都更让我们恐惧。

（第 1031-1033 行）

欧里庇得斯没有描述那头出自大海的公牛。喜剧的节奏和成熟艺术中的曲笔让他可以间接提到这个"人眼所无法忍受的恐怖"（more hideous than eyes can bear）异物。而塞内加则停留在恐惧上：

longum rubenti spargitur fuco latus.

tum pone tergus ultima in monstrum coit

facies, et urgens bellua immensam trahit

squamosal partem…

它庞大的侧身点染着猩红的污泥。

身体硕大无朋；大尾瘢痕如鳞

被那怪物拖在身后甩动

卷曲……

（第 1045-1048 行）

他这样做不只是出于自身的意愿。情节、基本事物的分配和感情的顺序都已确定，能创造的只有细节。这一点十分重要。欧里庇得斯笔下的希波吕托斯从战车上跌落时的关键词只有一个：πίπτει（倒）。这个词的韵脚和它在行首的位置已经很有戏剧性。塞内加则进行了扩展，他引用了与驾车而死有关的另一段神话，让文段变得更为复杂：

> talis per auras, non suum agnoscens onus,
>
> solique falso creditum indignans diem,
>
> Phaethonta currus devio excussit polo.

> 就如同：载着太阳的马发现了驾车的并非
>
> 熟悉的御人，它们对这只僭掌天辔的手
>
> 怒不可遏，把法厄同从天空甩下。

（第 1090-1092 行）

456　"就如同"（*talis*）：这个词是通过引用、典故、明喻来旁敲侧击地进行改写的关键。在一段本身就常被援引的文字中，援引法厄同从冒着天火的战车中坠下的传说，这无疑是创新之举。这样做可能是为了用一种微妙的方式让人想起淮德拉有太阳神的血统。不管是否真有这个目的，它无疑都是后人进行再创作时，要使用的模仿和套路"建材"的一部分。

虽然甫一问世就因过长而遭到批评，但"德拉曼尔的叙述"[1]（récit de Théramène）实际上只有 73 行。在忒赛第一次应答之后，这段满载着恶兆恐怖感的话，开始转而叙述阿丽丝抵达惨剧发生现场时的情况。因此拉辛的版本其实比欧里庇得斯的更加简短，更是明显短过塞内加的。他做了重大改动。虽然作者小心翼翼地表明依包利特因爱上阿丽丝而招致的罪过是轻微的，而且这种爱也是崇高的，但他还是进入了纠缠着剧中角色的罪恶链条中。拉辛的这段"叙述"不出自报信人之口，而出自德拉

---

[1]　有关论述及以下引文均参考《拉辛戏剧选》（齐放等译，上海：上海译文出版社，1985 年，第 265-269 页）；其中费德尔即淮德拉，忒赛即忒修斯，依包利特即希波吕托斯。——译注

曼尔，一个与忒赛父子关系都很亲近的人。这让他的话更加酸楚，更有心理蕴意。另外，波塞冬本人似乎也参与了对马匹的袭击，不过整个剧中的超自然元素都被拉辛用理性主义的谨慎所限，在此处他也没有明确表示：

On dit qu'on a vu même, en ce désordre affreux,
Un dieu qui d'aiguillons pressait leur flanc poudreux.

有人说在这可怕的骚乱中，
有一个海神刺着它们的双胁。

这段叙述中文风的魅力，精致的暴力场面，心理冲突经常被人细细品读。[1] 不过，在感受到拉辛精湛的技艺时，也同样应该感觉到他这段"叙述"和原文之间的关系——这完全是一种因果关系：欧里庇得斯和塞内加对希波吕托斯死亡的处理，正是拉辛作品存在的原因。拉辛能够极度精简，能够深度发掘某些感情，正是因为他是后来者。他从欧里庇得斯和塞内加处得到的不只有一般的行为模式，更有具体的手法。

    拉辛进行了融合。他借鉴了欧里庇得斯笔下希波吕托斯的离去中田园诗和列队行进的味道。他对骇人巨浪和怪兽的描绘本身就是对塞内加文章的再遣词。事实上，吸引拉辛进行直接转换的，正是塞内加华丽的语风。"水波之球"（*undarum globus*）变成了

457

---

[1] 在这些研究中，最知名的是利奥·斯皮策，"The 'Récit de Théramène'"（*Linguistics and Literary History*, Princeton University Press, 1948）。虽然对拉辛的技法有独到见解，但这篇文章还是不能令人满意。文中有不精确的地方（这部戏最初的题目并不是《费德尔》）。而且它的主要论点值得怀疑。斯皮策认为这段"叙述"的关键是"'巴洛克'这个带着魔力的词"。他之所以这样认为是因为他忽视了塞内加的原文以及该文在拉辛的重构中扮演的角色。他认为带有"巴洛克"特质的地方，几乎都能在拉丁语原文中被找到。

Cependant, sur le dos de la plaine liquide

S'élève à gros bouillons une montagne humide,—

这时，在这一望无际的海面，

泡沫翻滚，升起一座湿漉漉的山巅。

这个场景在当时的评论家看来多少有些夸张，他们的观点并不为过。文中几乎完全保留了拉丁原文中怪兽青黄的斑纹和惊人的巨大：

Tout son corps est couvert d'écailles jaunissantes;

Indomptable taureau, dragon impétueux,

Sa croupe se recourbe en replies tortueux…

全身上下披着黄色的斑痕；

一只凶恶的野牛，像一条蛟龙，

它的臀部弯弯曲曲地隆起。

拉辛的耳朵明显听到了刺耳的声音，察觉了"如鳞"（*squamosa*）中滑腻和粗糙的奇怪组合。欧里庇得斯对希波吕托斯面目全非的身体避而不谈。而拉辛

De son généreux sang la trace nous conduit:

Les rochers en sont teints; les ronces dégouttantes

Portent de ses cheveux les dépouilles sanglantes

我们沿着他那高贵的血迹，

岩石染成红色，苇丛里血迹斑斑，

那里留着他血淋淋的发绺

大胆地对 *dégouttantes*（令人恶心的）这个词的字面意思和隐含情感进行了文字游戏，转达了塞内加的第 1093-1096 行内容。从比例上看，塞内加对"［德拉曼尔的］叙述"的影响大于欧里庇得斯。 458

但在这个例子中，"影响"的概念是空洞的。我们所面对的是一个有意为之的变形行为及其美学内涵。拉辛的理念和技巧让他也能够接受些许近乎逐字翻译的处理（"神骏们也凝耳竖鬃静听叫喊"[des coursiers attentifs le crin s'est hérissé] 就只对希腊语原文做了微小的改动）。文中另有主题上的变动。欧里庇得斯文中，受惊的马匹消失了；塞内加让它们跑出了视野之外；而拉辛则让它们停

> non loin de ces tombeaux antiques
> Où des rois ses aïeux sont les froides reliques.

> ［停］在古墓的旁边，
> 墓中的王孙公卿就是他的祖先。

这是一种很有灵性的感觉，其中的心理和场景特质是专属于拉辛的。德拉曼尔暗示式赛这些御马也无端惨死了。"古墓"（*tombeaux antiques*）、"冰冷的遗迹"（*froides reliques*）都是冷峻的词，它们的出现旨在与前文激烈而喧嚣的场面做对比。其感觉就像是普桑描绘风暴消退的风景画。但这个主题也表明了创新的界限。

当然，拉辛所追求的并不是创新。他认为欧里庇得斯文本的不朽是毋庸置疑的，它的威力足以确证自己文章中的叙述逻辑和思维高度。他毫无顾忌地援引塞内加，后者和他一样都是从艺之人，即便他们在品味上可能有所区别，但他们的不朽事业和技艺无疑是共通的。拉辛文中的心理蕴意，面对异教神话时短暂而隐含的基督教詹森派立场，不同于前人的戏剧效果——这些都把《费德尔》与其希腊语、拉丁语远亲区别开

来。拉辛的才华是他自己的，但其施展则被有意地限制在传承和当时观念的范围内。哪怕是最不起眼的创新，拉辛都要在序言中为它找到古代依据："我援引这些权威文字，是因为我想亦步亦趋地追述那个故事。"[1]这种谨慎既非迂腐，又非因循。这是一种对高雅艺术和文学中受规律支配的"翻译"特质的坚定信念。对拉辛而言，创造的核心层面就是再创造；自由从限制中生成意义。

假设我们能够全面分析这三部作品的词汇、语法语义、背景环境；假设我们能把欧里庇得斯、塞内加和拉辛的叙述并置，按照衍生、类比、相似、变化或对照将其中的形式和语义元素进行关联——我已试图说明这种全面分析是不可能的，对语言进行详尽的形式化诊断只能是空想，但让我们先假设它是可行的——那么呈现在我们面前的这种工具就能让我们检验并阐明语言、文化、理解和想象中的基本问题。只看这三段叙述，我们足以对希腊语和拉丁语的亲缘和差异形成一些具体的看法，对一位 17 世纪的法语大师如何感受这些亲缘、差异以及它们与法语的关系形成一些明确的见解（变量之间的网状关系已经复杂得让我们应接不暇了，形式化探讨更是天方夜谭）。我们能够对一部基于原文的重构性作品的优劣提出实质性的假设。而我们现在对欧里庇得斯的理解又是如何启发或蒙蔽我们对塞内加和拉辛的认识？

我们至少能对从逐字翻译到模仿、拼接、主题变换的一系列技法和目标进行可证实的分级。我也说过，这个系列是文化的主轴，文化通过对过去经典的翻译螺旋式前进。连接着 1677 年版《费德尔》与公元前428 年版《希波吕托斯》的是一条弧线。拉辛的保留，他对写作手法的淡化，是因为他觉得这种时代距离既是真实的又是虚幻的。其真实确保了他的材料的伟大和信誉，其虚幻让他可以与希腊语原文齐头并进（他说索福克勒斯和欧里庇得斯是他的观众和裁判）。我想再次强调"翻译"的

---

[1] 原文：Je rapporte ces autorités, parce que je me suis très scrupuleusement attachéà suivre la fable。——译注

传达不一定是绝对的，我们可以通过替换保持等式两边的平衡。与"转形"或"转写"一样，"替换"也是有序变形这个大类中的主要概念和技巧之一。如果愿意的话，我们能用替换来描述所有翻译行为。通过用"相等的"语符取代原文中的语符，就能用替换实现对等。不过我想要讨论的是一种更为特殊的方式，虽然它广泛存在于我们的文字传统之下。

贺拉斯为洛留斯（Lollius）写的颂歌（第四部第 9 首）既是西方诗歌中的范本，也树立了诗人贺拉斯在我们心中的形象。他认为只有通过诗人的纪念，人在公共事务中的成就和英勇壮举才能不朽。阿那克里翁在诗中吟诵的爱欲和无足道哉的欢愉都成为永恒。贺拉斯的话已经成为作家的护身符。没有哪种重写能与贺拉斯凝练而宏伟的原文相媲美——

> vixere fortes ante Agamemnona
>
> multi; sed omnes inlacreimabiles…

> 生在阿伽门农前的英雄
>
> 无数；却无人悲戚……

但模仿、转写、变体仍然不胜枚举。蒲柏对第一、二、三、七节的再造很好地说明了我所谓的"替换"是什么：

> Lest you should think that verse shall die,
>
>   Which sounds the Silver Thames along,
>
> Taught, on the wings of Truth to fly
>
>   Above the reach of vulgar song;

> Tho' daring Milton sits sublime,

In Spenser native Muses play;
Nor yet shall Waller yield to time,
　　Nor pensive Cowley's moral lay.

Sages and Chiefs long since had birth
　　Ere Caesar was, or Newton nam'd;
461　　These rais'd new Empires o'er the Earth,
　　And Those, new Heav'ns and Systems fram'd.

Vain was the Chief's, the Sage's pride!
　　They had no Poet, and they died.
In vain they schem'd, in vain they bled!
　　They had no Poet, and are dead.

万不用担心诗作会消亡，
　　它能唱响泰晤士河银波，
传颂中借真理之翼翱翔
　　远非凡俗之歌所能触得；

果敢的弥尔顿崇高依旧，
　　斯宾塞心中自有缪斯奏乐；
沃勒亦不会为时间所囚，
　　沉郁的考利又岂能被忘却。

智者与将军皆是古已有之
　　早于恺撒，或在牛顿之前；
他们让新的帝国拔地而起，
　　勾勒出新的体系和天元。

文武功高盖世，却只能成空！

　　没有诗人，他们只有死亡。

尽心智、洒热血以无用告终！

　　没有诗人，他们已经死亡。

"泰晤士河银波"（Silver Thames）替代了"咆哮的奥菲杜斯河"（resounding Aufidus）；弥尔顿等于荷马，斯宾塞比肩品达，"严肃的斯特西克鲁斯"（grave Stesichorus）变成了沃勒，而考利则是阿乐凯奥斯（Alcaeus）。贺拉斯提到阿伽门农，而蒲柏对此进行了扩展。他特别援引了在治国和智慧方面的无上成就。他也特别提到了自然科学也需要诗人才能获得不朽之名。但这种"加倍"同时也是对对等的尝试：贺拉斯的"[无数]阿伽门农前的"（ante Agamemnona multi）是如此优雅而凝练，只有举出恺撒和牛顿才能让平衡得以保持。同样的替换手法也能见于邦廷对维永的摹写。诗人忽略了时间，同时又穿透了时间。虽然蒲柏的全盛时期语风比拉辛的雅典语风更加理性、精细，但我们还是能够强烈地感觉到他把 18 世纪的伦敦与罗马帝国等同。他的诗句衍生自贺拉斯，但又与原文处于同一个时间维度中；迈欧尼亚的荷马（Maeonius Homerus）与"果敢的弥尔顿"（daring Milton）同时而相应。另外，替换进行并置也是为了实现褒扬或反讽的目的，为了达到震撼或连贯的效果。它将过去和现在拼接在一起，以复杂而动荡的方式进行重新评价。

　　在蒲柏对邓恩第二首讽刺诗的"格律化"（versification）中，替换的过程更加有趣，但也更难分析。"格律化"这个词就饱含修正的意图。年轻的蒲柏或多或少同意沃伯顿（William Warburton）的观点——邓恩的诗句"是按照一定数量的音节构成的，此外乏善可陈"。蒲柏明确表示他要对此进行大改。不过"拔高"和"精炼"都不足以形容他的举动。两个文本之间的互动非常复杂，它产生了既明显又难懂的关联。蒲柏既依赖 462 邓恩的原文，又进行了大胆的处理。来看一下末尾——它经常被用来证明青年蒲柏的才华，文中也展现了他后期作品中不常有的社会意识：

> The lands are bought; but where are to be found
>
> Those ancient woods, that shaded all the ground?
>
> We see no new-built palaces aspire,
>
> No kitchens emulate the vestal fire.
>
> Where are those troops of Poor, that throng'd of yore
>
> The good old landlord's hospitable door?
>
> Well, I could wish, that still in lordly domes
>
> Some beasts were kill'd, tho' not whole hecatombs;
>
> That both extremes were banish'd from their walls,
>
> Carthusian fasts, and fulsome Bacchanals;
>
> And all mankind might that just Mean observe,
>
> In which none e'er could surfeit, none could starve.
>
> These as good works, 'tis true, we all allow;
>
> But oh! these works are not in fashion now:
>
> Like rich old wardrobes, things extremely rare,
>
> Extremely fine, but what no man will wear.[1]

这些诗句以邓恩行数相等的诗句为基础，但在这个例子中"基础"这个词完全没有用处：

---

[1] 参考译文：土地被购得了，但是遮蔽广袤大地的 / 远古森林，又到哪里去了？/ 新筑的宫室不能让人鼓舞，/ 炉灶也不能与自然的纯火相媲美。/ 旧时好客的好地主门庭，聚集的 / 那些熙熙攘攘的穷人又到哪去了？/ 我希望，在朱阁的穹顶下，/ 飨礼仍存，但不用百牲；/ 不管是加尔都西的斋戒，还是恣肆的酒神节宴会，/ 这两种极端都被逐出门墙；/ 所有人类都应唯正当的中庸是从，/ 没有人会过饱，也没有人会挨饿。/ 这都是善举，这是真的，我们都承认；/ 但是，唉！它们却不是现在的潮流；/ 就像华贵的旧长衫，极为稀有，/ 极为精美，但是没人肯穿。——译注

But when he sells or changes land, h'impaires

His writings, and (unwatch'd) leaves out, *ses heires*,

As slily as any Commenter goes by

Hard words, or sense; or in Divinity

As controverters, in vouch'd Texts, leave out

Shrewd words, which might against them cleare the doubt.

Where are those spred woods which cloth'd heretofore

Those bought lands? not built, nor burnt within dore.

Where's th'old landlords troops, and almes? In great hals

Carthusian fasts, and fulsome Bachanalls

Equally I hate; meanes blesse; in rich mens homes

I bid kill some beasts, but no Hecatombs,

None starve, none surfet so; But (Oh) we allow,   463

Good workes as good, but out of fashion now,

Like old rich wardrops; but my words none drawes

Within the vast reach of th'huge statute lawes.[1]

　　那么，两段文字之间有怎样的变动关系？蒲柏进行了词语、韵律和语义上的替换。在一些地方他只是进行了扩展。邓恩简短的 "not built, nor burnt within dore"（没有建设，也没被烧净）被扩充成了两行，在两个方向都得到了详述。"Meanes blesse"（中庸是福）或 "Meane's blest"

---

[1]　参考译文：但当他卖掉或改变这些土地，他就损害了 / 自己的作品，并（自动地）冷落了他的子嗣，/ 就像狡猾的评论家逃避 / 难词或难义；/ 或像争论正典教义的人忽略 / 难以捉摸的词，只因它们可能不能帮他们澄清疑问。/ 原先覆盖那被买下的大地的广袤丛林 / 现在何处？这块地没有建设，也没被烧净。/ 旧时地主的人众和施舍都到哪去了？不管是 / 加尔都西的斋戒，还是恣肆的酒神节宴会，/ 我都不想在厅堂看到；中庸是福；我希望在富人的家中，/ 飨礼仍存，但不用百牲，/ 没有人会过饱，也没有人会挨饿；虽然（唉）我们承认 / 善举之善，但它却不符合现在的潮流，/ 就像华贵的旧长衫；我的话语，/ 也不为广阔的法律所容。——译注

（中庸的福）（这是 1635 年和 1669 年两个版本中的区别），是邓恩最为简练之处。它的大致意思足够清楚，而具体意义则来自上下文和论述的进展，而不是这个短语本身。蒲柏的 "That both extremes were banish'd from their walls...And all mankind might that just Mean observe"（这两种极端都被逐出门墙；所有人类都应唯正当的中庸是从）是解释性的复写。还不止如此。蒲柏把 "the just mean"（正当的中庸）这个带有亚里士多德 – 贺拉斯色彩的主题——在邓恩原文中它无疑已十分重要——放在了广阔的中心地带。但是他为什么要改变邓恩叙述和韵律的顺序？我认为蒲柏是在用一种他独创的四重对称——在下面的两个双行中，进行实际称引和抽象总结的交替——替代邓恩无规律的突进。"some beasts"（[一些] 野兽）对 "whole hecatombs"（[全部] 百牲），"Carthusian fasts"（加尔都西的斋戒）对 "fulsome Baccanals"（恣肆的酒神节宴会）。两个双行中的对比都产生了规训的效果：放弃极端，恪守中庸。它借鉴了英雄双行体的结构——严格采用相应或对比的思路；而邓恩的韵律则看似是对戏剧素体诗的随意改写，没有类似的结构。

　　抽去些筋骨也是无法避免的。邓恩覆盖大地的树林被买下并剥除了。这种具体的意象为 "old rich wardrops"（华贵的旧长衫）做了铺垫；（我猜）它也反讽地为最后一行中的 "vast reach"（广阔）做了铺垫（腐败法律的 "the vast reach" 与为生命提供庇护的 "spred woods" 相对）。蒲柏对材料的处理值得怀疑。他对邓恩讽刺中难以把握而带有恶意的重点的理解有多好，对教会、司法术语和贪婪之间特别的相互作用又有多少了解？[1] "Those ancient woods, that shaded all the ground"（遮蔽广袤大地的远古森林）确是佳句，但其中逝去的田园风光却与邓恩的切入点无关。蒲柏回应中的不稳定在临近末尾处暴露了自己。我们并不清楚蒲柏是领会了邓恩 "we allow Good works as good"（我们承认善举之善）中紧凑的句法，还是认为它不可理喻而加以摒弃。他的替代品 "These as good

---

[1] 见 I. 杰克，"Pope and the Weighty Bullion of Dr. Donne's Satires"（*PMLA*, LXVI, 1951）。

works, 'tis true, we all allow"（这都是善举，这是真的，我们都承认）是模糊的——"These"（这）指的是什么？后面的一个双行的孱弱也是无法避免的，它只是在充行数。为了对邓恩故意做出的晦涩警告进行解释，蒲柏又加了四行，里面提到了朝廷里的马屁精、告密者和叛徒。

我们面对的是相互矛盾的证据。蒲柏的再遣词显然是指手画脚的。它表明作者坚信自己极大地改进了韵律资源的原貌。它强行加入了 18 世纪不言自明的进步标准——修辞应清晰、平衡、齐整。不过我们还是能感觉到在压力之下反复出现的不适，仿佛蒲柏知道邓恩的指涉和感触略在自己的掌握之外。看看他有多少次保留了邓恩的韵律，在邓恩最专注之处做的替换有多么局促，便不禁令人怀疑蒲柏是否真的完全同意沃伯顿对邓恩技巧的嗤之以鼻。不过，或许还存在一个更为复杂的情况。蒲柏是根据自己对贺拉斯的熟知和模仿（尤其是书札第二卷第 2 篇）对邓恩进行了"格律化"。虽然论述的方向相反——这封信奚落了那些以为有钱能使鬼推磨的人——他们在一些地方仍是对称的，也催生了相对应的表达。我们不知道蒲柏在多大程度上认为邓恩本人就在模仿贺拉斯，但在他对邓恩的解读中，贺拉斯清晰可见。其产物是一种"三体问题"——在更为复杂的替换中这个问题也常出现。诗学与经典力学一样，465 都无法为这个问题找到严格的答案。

我们也有必要考察一下替换的其他例子和方式，以说明这个过程在我们的文学中是无处不在的。在德莱顿改编尤维纳利斯的第十首讽刺诗时，后者已成为对政治－都市人空洞的世故进行道德抨击的经典。约翰逊博士的《人类愿望的虚荣》（"Vanity of Human Wishes"）不仅是对拉丁原文的全盛时期式、基督教式解读，其中的替换更成为德莱顿的范本。罗伯特·洛威尔与约翰逊博士同名的译本则是一种 20 世纪的"模仿"，它参考了庞德，还对前面两个版本进行了再次发掘。德莱顿和约翰逊对英语格律的发展，出现在洛威尔技法中的两位作家所反映的英语史，都与原文关联了起来。因此，洛威尔笔下的罗马中所蕴含的对等，相应词语的替换，至少是四重的。第一层是由现代历史分析重构（翻译）出的尤维纳利斯的帝国城市景象。第二、三层是德莱顿和约翰逊想象中的罗马世界，即用复辟时期、全盛时期的伦敦对尤维纳利斯的罗马进行实质上的、象征性的类比（替换）。第四层是洛威尔的大都会和扩张的帝国，其本质是他所认为的囿顾、破坏健全价值观的纽约和美国。这些错综复杂的替换得以完成，有赖于这个模式的稳定性和延续性。每一个后续版本都是对尤维纳利斯的重写。

我们不知道《希腊诗集》（Greek Anthology）中阿斯克勒庇阿得斯（Asclepiades）的名句是否出现在其他更早的作品中，它奉劝女性不要太矜持，因为

> The joys of the Love-Goddess are to be found only among the living,
>
> girl, and we shall lie as no more than bone and dust in the place of Death.

> 只有生者身上才能看到爱之女神的欢愉，
> 姑娘，躺在死亡之地的只有我们的灰与骨。

466 　如果这句话确实是阿斯克勒庇阿得斯的"原创"，那他就是西方诗歌界的一名重要先辈。当塔索把它改编进《阿明塔》（Aminta）时，这句话已是耳熟能详了。考利在自己的诗《吾餐》（"My Diet"）中，不仅改写了其原始形式，还融进了它在詹姆士一世时代戏剧中的变体——"要享用这骄傲肉体的是蛆虫，女士"。考利文中的剧情直接启发了马维尔。当然，《致他矜持的情人》（"To his Coy Mistress"）本身有引人入胜和言简意赅之处，它们决定了这部作品的水平，让它在成百部同类作品中鹤立鸡群。但如果忽略了久远传统中的限制因素所带来的机会，如果无视马维尔文本中替换的成分，这些优点就不能得到公允的评判。"资料"（données）完全是传自他人、众所周知的。

从再遣词到转写再到替换，我认为这些层层向外的同心圆都属于"变换"（permutation）这一类。一个不变的主题清晰可见地主导着不断变化的形式所构成的历史。这里的区别仍然有些武断。"替换"可以这样运作：保留主题的事件和逻辑而改变表达习惯。但认为"替换"与"变换"相比更偏向逐字，更接近直接翻译，也可能是有用的。两者之间的相互影响永不停止，而一个例子能够说明其程度上的区别。

我们已经看到贺拉斯称，能让其他人不朽的只有诗人的作品。因此，诗人——保证了他人的存活而自己会被死亡所劫持的歌者——自己会死这个事实就有了一种特别的酸楚感。威廉·邓巴的《诗人挽歌》（"Lament for the Makers"）被学者认为作于1510—1520年间，它主题中的恐怖可谓直言不讳。神职人员、神学家都无从逃避，诗人也是必死无疑：

I se the makaris among the laif

Playis heir ther pageant, sine gois to graif;

Sparit is nocht ther faculte;

 Timor mortis conturbat me.

He has done petuously devour

The noble Chaucer, of makaris flowr,

The monk of Bery, and Gower, all thre;

 Timor mortis conturbat me.

我发现骚客也在其中

杰出诗人都归于坟冢；

才华不能将死亡挽回；

 伤生惧死，我心如摧。

它吞噬万物贪暴无度：

有伟大的乔叟，诗界尤物，

伯里僧人，和高厄；三位；

伤生惧死，我心如摧。

其后是十段震撼人心的诗节，历数其他逝去的诗人。然后是邓巴自己的死：

Sen he hes all my brether tane,

He will nocht lat me lif alane,

On forse I man his nyxt pray be;

Timor mortis conturbat me.

它带走我所有的兄长，

更不会让我独自徜徉，

它马上就要掳我而归；

伤生惧死，我心如摧。

文艺复兴继承了这个话题，又带来了辩证的否定：诗人必死，但他也会复活，或通过他自己的灵体，或通过他身在其中的诗歌传承。这种复杂化的处理明显在向基督教思想靠拢。俄耳甫斯从阴间回归，一直都在挽歌和仪礼的传统中发挥象征的作用——它又如何与基督教对死亡的理解相调和？[1] 田园牧歌的传统是个明智的折中方案。基督教哀歌作者用忒奥克里托斯和维吉尔的风景和用语变换了自己的作品，实现了两个效果：既让诗人不朽这个概念有了一种寓言式的距离感；又微妙地暗示着阿波罗－俄耳甫斯和好牧人耶稣这两种传统在符号意义上是一致的。虞牧（pastoral）和逾越（paschal）相互影响，每个变体中都出现了很多附

---

[1] 约翰·布洛克·弗里德曼，*Orpheus in the Middle Ages* (Harvard University Press, 1970) 是一部优秀的著述，它说明了古典时代晚期思想、新柏拉图主义、基督教造像是怎样一步步演化出了一种"俄耳甫斯－基督形象"。自 12 世纪以降，这种融合的概念就一直在影响文学和艺术。

庸的主题。某些诗人的死让缪斯的乐艺本身都到了灭亡的边缘。而哀叹的诗人也感到朝不保夕——**他**的时间还有多少？因此，他用以回应的哀歌既属于大众，又属于他自己。但这哀歌也不能唱个没完，毕竟大师还没有真的撒手人寰。正被创作的悼词中的耀眼诗才及其反光可能是惨淡的，但它们产生出一股希望的逆流。悲凉大地又回春——这些主题和对它们的铺叙都已形成格式。这让我们得以把五首重要的英语诗歌一齐观赏，它们都是由明显的变换而成（每个诗人都参考了他的前辈组织这些不变因素的方式）。

468

托马斯·卡鲁（Thomas Carew）的《邓恩博士挽歌》（"Elegy on the Death of Dr Donne"，1640）的引人之处来自调和异教和基督教因素的需求。因为邓恩有宗教职务，而众所周知，他的作品中既有亵渎的又有圣洁的，因此这种需求尤为急迫。这位圣保罗堂教长的去世让诗歌成了"寡妇"。卡鲁担心剩下的才华是否都不足以创造出一篇像样的悼词：

> Have we no voice, no tune? Did'st thou dispense
> Through all our language, both the words and sense?

> 我们没有声音、没有曲调了吗？您有没有
> 把词语和意义散布在了我们的语言中？

邓恩在荒芜之中发现了诗歌：

> So the fire
> That fills with spirit and heat the Delphique quire,
> Which kindled first by the Promethean breath,
> Glow'd here a while, lies quench't now in thy death…

> 故那火焰

充斥着灵魂，温暖德尔斐的和音，

由普罗米修斯的气息初次点亮，

闪耀了片刻，熄灭于您的死亡……

通过邓恩的诗歌，缪斯的花园中除尽了"迂腐的杂草"（pedantique weedes）。邓恩为英语诗歌开启了一座"矿脉，它充满有深意的幻想"（mine of rich and pregnant phansie）。这种地下探险的场景自然让人想起俄耳甫斯，而卡鲁又给俄耳甫斯程式化的存在中带来了重要的转变。这位色雷斯歌手本人（即俄耳甫斯）都可能认为邓恩所发掘的财富和壮美的力量是一座"宝库"（Exchequer），是充满创造力的聚宝盆。考虑到邓恩的丰功伟绩是在"我们僵硬的语言中"（our stubborn language），在经典和模仿者的长期辛劳让这个领域已成"狼藉"（rifled fields）时完成的（普洛塞尔皮娜的主题与俄耳甫斯有许多相近之处，与季节变换的象征场景也相去不远），他的优点就愈显珍贵。虽然邓恩的死和邓恩笔下全世界
469 的堕落见证了"全部艺术的灭亡"（the death of all the Arts），还有一些创造的动力残留着。卡鲁的明喻很精致：轮子还在迅捷地转动着，即便推动它的手已经缩回。在收尾中，卡鲁将古典神话和基督教天命的两条寻常线索绑在了一起。"德尔斐的和音 [圣歌]"（Delphique quire）为这个重要的融合做了铺垫。邓恩是：

Apollo's first, at last, the true God's Priest.
阿波罗的大祭司，终是真上帝的牧师。

这种二重神化和其中的模糊当然是《黎西达斯》（1645）的要点。这首诗对痛苦毫无遮掩的表达，以及弥尔顿用神化 - 牧歌传统表达自己含义中的道德力量和展开逻辑的方式，让约翰逊博士和其他很多读者感到不适。但这就是关键。英语文学中没有哪一首重要诗歌比它更严丝合缝地建立在含蓄引用之上，建立在一整套的用典、效仿、对照之上。开

篇几行中的种种植物让人想起贺拉斯颂歌第一部的第一首，以及斯宾塞《牧人月历》中的九月和一月部分。"严酷的压抑"（hard constraint）（即弥尔顿笔下"痛苦的压抑"[bitter constraint]）曾促使斯宾塞为西德尼的死撰写"田园挽歌"。而黎西达斯是忒奥克里托斯第七首田园诗中牧人的名字，也是维吉尔第九首牧歌中乡村生活的代言人之一。在弥尔顿对黎西达斯这个名字进行三重的重新使用时，其背后是斯宾塞的《爱星者》和一种古已有之的表达悲悯情愫的手法。"谁不愿给黎西达斯唱哀歌"（who would not sing for Lycidas）是维吉尔第十首牧歌中"歌是一定要念的，谁能拒绝伽鲁斯一首歌"[1]（Carmina sunt dicenda; neget quis carmina Gallo）的再遣词（蒲柏日后也会在《温莎森林》中用到这个格式："怎有缪斯不肯为格兰维尔而歌？"[What Muse for Granville can refuse to sing?]）。《黎西达斯》[2]中几乎无一句话不引经据典；鉴于诗作意在产生直接效果，它也假设读者了解相关的古典因素和伊丽莎白时代传统。

弥尔顿对固定和传统元素的使用十分精到，他自信地将自己投射其中，仿佛走在传统，走在原初感觉的贺拉斯、维吉尔、奥维德变体之后。对死亡、荒芜和新生的景象，诗人对他所呼唤的自然的感觉和怀疑——它们是田园诗结构的基础，有时又不在产生了这个结构的历史范围之内——他进行模仿，又让它们承载自己的感觉。弥尔顿做得非常妥帖，因为他合格地、合适地"哀悼"着爱德华·金的死亡。诗作对无法兑现的承诺感到痛苦，对当时的政治-宗教环境感到痛苦，这都明显指向诗人自己。而这种自怜也是传统的一部分；它是诗人对同行的惋惜中的固定元素。弥尔顿材料中成套路的、完全符合期待的特质遍布在他的行文里，成倍地放大了诗作的感情。俄耳甫斯无可避免地进入诗中，但其效果是卓著的：

470

---

[1] 维吉尔《牧歌》中译取自杨宪益译本（《牧歌》，北京：人民文学出版社，1957年）。——译注

[2] 有关译文取自金发燊译本（《弥尔顿抒情诗选》，长沙：湖南文艺出版社，1996年，第215-230页）。——译注

What could the Muse her self that *Orpheus* bore,

The Muse her self, for her inchanting son

Whom Universal nature did lament,

When by the rout that made the hideous roar,

His goary visage down the stream was sent,

Down the swift *Hebrus* to the *Lesbian* shore.

那位生下奥尔甫斯（俄耳甫斯）的缪斯本人

缪斯本人岂有助于有魔力的儿子

宇宙万物确曾哀悼她儿子，

当时有群氓喧嚣骇人听闻，

他头颅鲜血淋漓被抛到河里，

漂下奔腾的海勃拉斯去到列斯博滨岸。

复活的主题也出现在卡鲁的作品中，但弥尔顿让它披上了新的光彩。《黎西达斯》融合了俄耳甫斯和基督教对重生的宣告，实现了对欢乐的隐喻：

Weep no more, woeful Shepherds weep no more,

For *Lycidas* your sorrow is not dead…

别再悲叹，伤心的牧人，别再悲叹，

你们哀悼的黎西达斯没有死……

这是个神学难题，但也是高度程式化的。品达首先说出了它，而贺拉斯以及奥维德的《变形记》进行了转述。用诗哀悼的行为本身就证明了诗艺将永存。

时至 1821 年，田园诗的传统如一潭死水。而《阿童尼》[1]（"Adonais"）带来了生机，这生机远不只来自它丰富的修辞和格律的力量。因为雪莱在处理神话–古典传统时严守字义（当然，这是为了塑造极具他个人特质的寓言式文学形象），其饱满和个性都与弥尔顿不相伯仲，虽然他们的思路是完全相反的。哈罗德·布鲁姆认为，《阿童尼》"无疑是唯物主义者的诗，它出于唯物主义者对自己最深刻信念的绝望；这首诗最终冲出这些信念，成为一种神秘之物，这几乎让实用的唯物主义免受侵扰"[2]。对济慈的死，对死亡所带来的机体的终结，雪莱故意表达了过分的绝望，超过了两位诗人的熟悉程度。这种过分对雪莱的认识——他认识到自己也时日无多，诗人在世界上的存在难以捉摸——是必不可少的；而我们也知道这种认识符合挽歌的套路。在超越了哲学或实际证据的终章里，阿童尼摆脱了大地的束缚，成为柏拉图–天启式的光芒，完全不同于凡人。《黎西达斯》的余音、修辞结构中的相似无处不在。但对传统惯例和弥尔顿专属格式的变换却表明，《阿童尼》是一种严厉的批判。弥尔顿的文本通过刻意的模仿得到展开，因此它更为集中，而雪莱的文本则是对它的驳斥。

在哀悼的开始，已故诗人的名号被一次次叫响，这与弥尔顿完全一样。而雪莱明确提到黎西达斯而非济慈，用来暗示溺水而死：

> Oh, weep for Adonais—he is dead!...
>
> For he is gone, where all things wise and fair
>
> Descend;—oh, dream not that the amorous Deep
>
> Will yet restore him to the vital air;
>
> Death feeds on his mute voice, and laughs at our despair.

---

[1] 有关译文取自穆旦译本（《穆旦译文集·第四卷》，北京：人民文学出版社，2005 年，第 262-288 页）。——译注

[2] 布鲁姆，"The Unpastured Sea: An Introduction to Shelley"，载于布鲁姆编，*Romanticism and Consciousness* (New York, 1970)，第 397 页。

噢，为阿童尼哭泣吧——他已经死了！……
因为他死了，已去到一切美好事物
所去的地方；噢，别以为那贪恋的阴间
还会把他向人生的地界交出；
死亡正饕餮它的静默，讥笑我们的哀哭。

机体和个体的死亡这个惨淡现实在第 19 到 190 行中反复出现："他不会醒来了，哦，永不再醒了！"（He will wake no more, oh, never more）。从第三十九节的开头起，诗作带着对弥尔顿精确的模仿，突然跃向超然：

Peace, peace! he is not dead, he doth not sleep—
He hath awakened from the dream of life…

呵，住口，住口！他没有死，也没有睡，
他不过是从生之迷梦中苏醒……

472　虽然没有指名，但俄耳甫斯也出现了：

He is made one with Nature: there is heard
His voice in all her music, from the moan
Of thunder, to the song of night's sweet bird…

他与自然合一了：在她的音乐中，
从雷的嘶鸣直到夜莺的清曲，
都可以听到他的声音……

但即便尘世因阿童尼的才华而获得了生气，哀悼的人还是抛下了它。人类世界已腐败得无可救药，不配承载着诗歌－玄学图景中的终极力量。最后一节凝聚了自我认识和对传承的驾轻就熟，它是如此优秀，以至于迸发（没有其他合适的词了）成了一种令人失魂落魄的远见。雪莱用柏拉图和彼特拉克式的比喻（这常出现在他的作品中）——灵魂之舟——对《黎西达斯》和爱德华·金的溺死进行了最后的援引，预告了自己的死亡：

> The breath whose might I have invoked in song
> Descends on me; my spirit's bark is driven
> Far from the shore, far from the trembling throng
> Whose sails were never to the tempest given…

> 我用诗歌所呼唤的宇宙之灵气
> 降临到我了；我的精神之舟在飘摇，
> 远远离开海岸，离开胆小的人群——
> 试问：他们的船怎敢去迎受风暴……

雪莱的哀悼否认了田园诗和基督教传统与不朽的联系，又很大程度上汲取了常在两者中发挥作用的程式化因素，它像邓巴的挽歌一样，回到了唱出它的人身上。

在《塞尔西》（"Thyrsis"，1866）中，马修·阿诺德有意对经典元素进行了寄生性的变换。当他唤出塞尔西、柯瑞东、彼翁[1]和他们的西西里"同胞"时，同样的事情已经发生过一两次。这显然是对弥尔顿和雪莱的召唤。而由此产生的拟古效果和自嘲感觉恰如其分。它们营造了学术氛

---

[1] 塞尔西和柯瑞东（Corydon）为维吉尔笔下著名的牧人形象，参见《牧歌》其一、其七。彼翁（Bion）为古希腊田园诗人，其诗作可见于水建馥译《古希腊抒情诗选》（北京：人民文学出版社，1988 年）。——编注

围，增强了阿诺德和克拉夫关系中的学究气。此外，阿诺德的悲伤中有《黎西达斯》和《阿童尼》中所没有的私人原因（这点是关键），这让脆弱的田园诗格式获得了一种诡异的整体感。这首挽歌在着意的哀伤和温和的反讽间保持了微妙的平衡，使二者没有抵消悲痛和怀疑。对俄耳甫斯的处理能够说明阿诺德的方法。西西里牧人随塞尔西进入阴间：

473
And make leap up with joy the beauteous head

Of Proserpine, among whose crowned hair

Are flowers first open'd on Sicilian air,

And flute his friend, like Orpheus, from the dead.

与普洛塞尔皮娜秀美的头颅一起

欢欣雀跃，她的发冠之上

有西西里氤氲中初绽的花香。

用笛声让他的朋友像俄耳甫斯一样，复苏。

如今不可能再有这样的豁免。从克拉夫的早逝中，阿诺德完全程式化地预见了自己的死亡：

Yes, thou art gone! and round me too the night

In ever-nearing circle weaves her shade…

是啊，你已离去！同样的黑夜也围绕着我

她的阴影正在一步步将我环绕……

他继而故意对弥尔顿和雪莱进行了改写，脱离了悲凉：

yet will I not despair.

Despair I will not, while I yet descry

'Neath the mild canopy of English air

    That lonely tree against the western sky.

        但我不会绝望。

我不会绝望，因为我还能眺见

在英格兰穹窿温柔的慢帐

下有孤木倚在西方的天边。

而塞尔西的声音，在此处带有维吉尔式牧歌和景观所具有的地方特色
（*genius loci*）：

Why faintest thou? I wander'd till I died.

Roam on! The light we sought is shining still.

你为何如此虚弱？死前我从未停止漫游。

继续走吧！我们追寻的光芒仍在闪烁。

塞尔西的话中引用了克拉夫诗歌中的名段，这再次展现了阿诺德的独唱
挽歌（monody，弥尔顿也用这个术语称呼自己的《黎西达斯》）中传统和
私密间的平衡。

    这个挽歌"集合"——我认为在某些条件下，史文朋的《致意与诀
别》（"Ave atque Vale"）和丁尼生的《悼念集》（*In memoriam*）也在其
中——既隐晦又明显地出现在了奥登的《悼念叶芝》（"In Memory of W.
B. Yeats"）中（叶芝去世于 1939 年）。[1] 在田园诗体裁的景色和哀悼的相

---

[1] 奥登《悼念叶芝》相关译文引自穆旦译本（《穆旦译文集·第 4 卷》，北京：人民文
     学出版社，2005 年，第 466-469 页）。——译注

互作用中，这种悲伤谬误既是可疑的又是基本的，奥登对此进行了发掘：

> He disappeared in the dead of winter:
> The brooks were frozen, the airports almost deserted,
> And snow disfigured the public statutes;
> The mercury sank in the mouth of the dying day.
> O all the instruments agree
> The day of his death was a dark cold day.

> 他在严寒的冬天消失了：
> 小溪已冻结，飞机场几无人迹，
> 积雪模糊了露天的塑像；
> 水银柱跌进垂死一天的口腔。
> 呵，所有的仪表都同意
> 他死的那天是寒冷而又阴暗。

俄耳甫斯出现了。这并不是复活的俄耳甫斯，而是弥尔顿笔下肢体破碎的歌手："Now he is scattered among a hundred cities"（如今他被播散到一百个城市）。《黎西达斯》中"群氓喧嚣骇人听闻"（the rout which made the hideous roar），市侩的暴民烦扰阿童尼直到他殒命，庸俗的实证主义者侵害着塞尔西和吉卜赛式学者的诗坛——这都变换成了"交易所的掮客像野兽一般咆哮"（brokers roaring like beasts on the floor of the Bourse）。然而诗歌不朽：

>   it flows south
> From ranches of isolation and the busy griefs,
> Raw towns that we believe and die in; it survives,
> A way of happening, a mouth.

"孤立"和热闹的"悲伤"

本是我们信赖并死守的粗野的城

它就从这片牧场流向南方；它存在着，

是现象的一种方式；是一个出口。

奥登的段落是对奥维德和弥尔顿相应主题的变换，它极有个性又恪守传统。游行而南，"到列斯博滨岸"的不是抽象的诗歌，而是俄耳甫斯的头颅。如奥维德告诉我们的那样，没有停止歌唱的正是死去的俄耳甫斯。

> membra iacent diuersa locis, caput, hebre, lyramque
>
> excipis: et (mirum!) medio dum labitur amne,
>
> flebile nescio quid queritur lyra, flebile lingua
>
> murmurat exanimis, respondent flebile ripae.

> 　　诗人的肢体散乱满地，但是他的头和竖琴是由你——赫布洛斯——领去了。说也奇怪，当人头和竖琴在河中漂流的时候，竖琴发出了阵阵的哀怨之声，而僵死的舌头也呜咽着，两岸也发出哀叹的回音。[1]（《变形记》第十一章，第 50-53 行）

最后，奥登对诗人悼念诗人的所有活动进行了反思，审视了它在道德上的模糊性。他对语言不朽这个核心悖论感到担忧。有些古怪的东西让人感到困扰，甚至厌恶：

> Ti me that is intolerant
>
> Of the brave and the innocent,

475

---

[1] 译文取自杨周翰译本（《变形记》，北京：人民文学出版社，2008 年）。——译注

And indifferent in a week

To a beautiful physique,

Worships language and forgives

Everyone by whom it lives;

Pardons cowardice, conceit,

Lays its honours at their feet.

时间对勇敢和天真的人

可以表示不能容忍，

也可以在一个星期里，

漠然对待一个美的躯体。

却崇拜语言，把每个

使语言常活的人都宽赦，

还宽赦懦弱和自负，

把荣耀都向他们献出。

然而，在这种所谓的宽恕中，有着更大的义务和承诺。奥登和他前面的卡鲁、弥尔顿、雪莱、阿诺德一样，给出了一个鼓舞人心的结尾。俄耳甫斯无拘无束的嗓音必然会追随人 "to the bottom of the night"。它必然会让我们在历史的黑夜和寒冬中都能感到欢欣。终句完全是田园诗：

In the deserts of the heart

Let the healing fountain start,

In the prison of his days

Teach the free man how to praise.

从心灵的一片沙漠

让治疗的泉水喷射，

在他的岁月的监狱里

教给自由人如何赞誉。

　　"变换"还创造了西方诗歌和诗剧中的许多其他集合，这个情况与音乐和造像相似。当城市化的元素广阔到能够形成一种文学体裁时，当它们明确到能够为这种特殊的形式生产独立而持久的词语表达时，变换就开始发挥作用。"诗人悼念诗人"这个类别正是如此，从西德尼、斯宾塞到奥登，这一类别一直绵延在英语中。田园场景、自我意识、先抑后扬这些程式化元素来自古典田园景物诗和牧歌。它们形成了极具可塑性和表达力的套路，能够为四百年中禀性和观念都大相径庭的诗人服务。每个哀悼者都会从前人的作品中汲取形式结构和语言细节。不变的语言手法、不变的文学体裁让"变换"比"替换"更加全面而广阔（虽然如我们所见，两者密切相关）。从考利"矜持的情人"这个主题开始，直到邓恩再到赫里克，这种传承一直活跃在语言中；它构成的是一种主题而不 476 是体裁。《悼念叶芝》则是进一步发展（此处强调"发展"这个词所蕴含的有机凝聚力），或是对一种主要形式的总结。

　　让我再来讨论半转型这个大类中的另一个话题。前文已述，这个大类范围很广，从直译到戏仿和曲译，甚至还包括不自觉的模仿或引用。邓恩在《极乐》中展开了这样一个主题：在真心相爱时的精神与肉体的和谐中，两个灵魂会产生一种交融，一种渗透性的汇合：

　　　When love with one another so

　　　　Interinanimates two soules

　　　The abler soule which thence doth flow

　　　　Defects of loneliness controules.

在与另一个人相爱中

　　两个灵魂互化互生

　　强健的灵魂开始流动

　　　　背叛了孤单的掌控。

手稿表明，其中的关键词（"互化 [相互赋予生命]"；interinanimates）有另一个简单写法：我们可以读作"interanimates"；这也是我将用到的读法。"interanimation"指一个完全专注、相互渗透的过程。它描述的是融聚的辩证关系——个性的存在因相互影响而得到改变，但也得到了增强和重新定义。自我会消失在对方的意识中，也会在相对应的流动中得到认识。原则上看，资源、得到确证的存在都会成倍增加。"互化"让两种存在、两种结构、两个语体获得了一种体势，一种意义的力量，这是它们的孤立存在和苍白存续所不能带来的。可以说，这完全是一个向更高层能量提升的过程。

　　如果我们考察这些属性，很快就会发现它们再现了这本书中用以定义和描述翻译时提出的术语。极为专注的理解渗透，通过相互交融所确立的个性，被另一个版本的自己比较或再现时作品所得到的提升——这些都是狭义翻译的结构特征。即便关联起的是在语言、形式习惯和文化背景上都相隔甚远的两部作品，"互化"本身仍由翻译衍生而出，既对翻译有所变形又同翻译有所类似。有人会觉得这一点并不明显，可能是因为这个类别所涵盖的关系在我们文化中无处不在，与文化的接触过于密切。

　　此处还应介绍一下另一个基本信息。邓恩的"背叛孤单"（defects of loneliness）尖锐地指向一种伴随着创造之压力的感觉和心智状态。面对白纸的诗人，面对空画布的画家，面对石材的雕塑家，在可望而不可即的未知领域附近徘徊的思想家——他们几乎成了孤独的代名词。对不可知论者来说，创造意义和形象的行为都带有傲慢渎神这个远古的蕴意。创造者感觉到自己既是在模仿，又是在与更大的创造活动竞技。他只有自己的需求相伴；而无数作家和艺术家业已证明，这种需求并不能带来慰藉（康拉德《秘密的分享者》正是这样一部寓言——它描写了被暴露在拥挤的孤独中的艺术家）。"互化"控制住了特异性的缺失，邓恩说道。"[更]强健的灵魂"出现，新的开端从先前作品、经典范例中汲养，减轻了困扰着新鲜事物的空洞所带来的恶劣影响。这种"灵魂的传递"（即互化）为西方大量文学作品、造型艺术、哲学文本中的形式和场景提供并确立了思路。

我们所知的西方戏剧史，看起来就像是几个希腊家族中，神和人在劫难逃的乱行（"informality"；这个词的字面意思就是不能区分不同形式）的延伸。当埃斯库罗斯、索福克勒斯、欧里庇得斯把阿特柔斯一族所遭遇的纠葛用戏剧形式表达出来时，它们已经是史诗和抒情诗中的固定主题。此后，模仿从未停止。塞内加的《提厄斯忒斯》和《阿伽门农》是文艺复兴时期意大利、法国、英国诗体悲剧的源头。互化的传承能直接延伸到阿尔菲耶里（Vittorio Alfieri）。现代戏剧也浸淫在这个故事里：霍夫曼斯塔尔、克洛岱尔、奥尼尔、T. S. 艾略特、豪普特曼、萨特甚至创作出了一些更为成功的变体。如果再加上音乐和舞蹈改编的话——看看玛莎·葛兰姆极具灵性的《克吕泰涅斯特拉》（Clytemnestra）——这个名单还要扩充一到两倍。从主干发展出的分支也同样丰富。从欧里庇 478 得斯到拉辛再到歌德，伊菲革涅亚的故事被接连不断地写成戏剧。我们知道在索福克勒斯写《俄狄浦斯王》之前，埃斯库罗斯就已把拉俄斯家的悲剧搬上舞台；而《腓尼基妇女》只是欧里庇得斯与忒拜有关作品中的一员（其中当然包括《酒神的伴侣》[TheBacchae]）。塞内加有高乃依和阿尔菲耶里相追随。叶芝改写了《俄狄浦斯在科罗诺斯》。谷克多（Jean Cocteau）笔下，伊俄卡斯忒在她襁褓中的儿子的摇篮边向自己脸上抹冷奶油的场景，是一个从未断绝的序列之延续，它既严肃又是戏仿。在索福克勒斯、欧里庇得斯、拉辛、阿尔菲耶里、荷尔德林、谷克多、阿努伊、布莱希特的剧本中，我们都能看到安提戈涅的故事以及厄特克勒斯和玻吕尼刻斯兄弟相残。如前文所言，安提戈涅的问题在荷尔德林、黑格尔和克尔凯郭尔的思想和作品中的互化，呈现出现代智识史中最为活跃的感情交流和哲学论争。季洛杜把他的戏剧命名为《安菲特律翁38》，他还是低估了先辈的数量。借鉴了荷马、赫西俄德和品达笔下的变体，埃斯库罗斯、索福克勒斯和欧里庇得斯撰写了现已佚失的戏剧，描绘了忒拜将军和他具有神祇血统的配偶的捉摸不定的好运。普劳图斯拾起了这个主题，他似乎还发明了"悲喜剧"这个词来表达自己对它的理解。对普劳图斯的模仿包括奥利瓦（Perez de Oliva）的西班牙语版《安菲特律翁》，贾梅士的葡萄牙语版，多尔切（Ludovico Dolce）的意大利语版。而莫里哀、德莱顿、克莱斯特又对这个主题进行了发掘和调整。季洛杜和凯泽对它进行了现代化的表述，紧扣它在象征层面的模糊和在梦境上古怪的具体感。[1] 欧里庇得斯的《美狄亚》把它"强健的灵魂"借给了塞内加、高乃依、阿努伊、罗宾逊·杰弗斯等数以十计的剧作家、作曲家、编舞家创作的与美狄亚有关的作品。索福克勒斯和欧里庇得斯的赫拉克勒斯启发了塞内加（他常能连接古今文学）、维兰德、魏德金、庞德、迪伦马特。我们已经回顾过欧里庇得斯的《希波吕托斯》与塞内加和拉辛的互化。席勒翻译了《费德尔》，而这个神话又在20世纪被数次改写成小说和电影。从埃斯库罗斯、弥尔顿、歌德，到贝多芬、雪莱、纪德、罗伯特·洛威尔，作为盗火者、革命智者、烈士的普罗米修斯是西方悲剧、艺术、音乐中反复出现的形象。从中世纪的木偶戏和马洛，到歌德、托马斯·曼和瓦莱里的《我的浮士德》，恐怕没人能够数清浮士德究竟有多少个版本。其数量恐怕要以百计。与唐璜有关的主题被莫利纳、莫里哀、达·彭特、格拉贝、普希金、霍瓦特、萧伯纳、马克斯·弗里施、阿努伊写成了剧本——这还只是最为知名的几个例子。再算上流传在抒情诗、戏谑史诗（mock-epic）、小说中的，这个列表恐

479

---

[1] 彼得·斯聪狄，"Fünfmal Amphitryon"为这些版本的互化提供了微妙而有特色的解读，载于 *Lektüren und Lektionen* (Frankfurt, 1973)。

怕要延长百倍。[1]在莎士比亚的《李尔王》中,我们能看到早期戏剧《李尔》(*Leir*)的"抗拒性存在",还能看到西德尼的《阿卡狄亚》、霍林斯赫德的编年史、斯宾塞的《仙后》中情节的变体("抗拒"是因为莎士比亚在关键点上极力避开经典情节)。其后,还有品特的《归家》与《李尔王》的互化。而互化的机制绝不仅限于神话或原始主题。围绕圣女贞德的生平,有不下八十种小说、诗歌、戏剧作品。莎士比亚、席勒、萧伯纳、布莱希特、克洛岱尔、马克斯韦尔·安德森、阿努伊的版本只不过是其中最为人称道的。要进行清点的话,其结果恐怕会让人大跌眼镜。

西方史诗和戏剧中的树形结构和"翻译的"连贯性是文学研究中的共识。若诚如怀特海所说,西方哲学是柏拉图的注脚,那么我们的史诗传统、诗剧、颂歌、哀歌、田园诗中的绝大部分都是荷马、品达和希腊悲剧作家们的注脚。而引人入胜的是,这种由同一个源头,由经典理念吸引力所产生的"互化"还适用于小说领域。我们容易忽略这点,因为用亨利·詹姆斯的话说,虚构性散文容易变成"松散、鼓囊的怪物"。与韵文和戏剧不同,小说所呈现的连贯原则是分散而多面的,这常让我们 480
很难对它们加以归类或进行系统观察。与其他门类大不相同的是,小说极度偶然;它是专设的回应,针对的是每一个叙述中的独特场景,以及叙述发生地的心理、社会、空间环境中的危机。这是一种可以得到无限利用的形式。小说家"反映真实生活";与诗人和剧作家相比,他们更加包容,更尊重经验,更不受成规束缚——在一般情况下,人们都会认可这些说法。当然也有毋庸置疑的例外。詹姆斯在《一位女士的画像》中描绘了伊莎贝尔·阿切尔苍凉的婚姻,让我们想起乔治·爱略特《米德尔马契》中灾难般的婚姻——前者既根植于后者,又是对后者的批判性修订。如果说两部作品完全不同的地位让我们很难理解他们具体的亲缘关系,那么《安娜·卡列尼娜》无疑表明了托尔斯泰非常熟悉并在一定

---

[1] 对这个传统详尽的探讨,见于让达姆·德·毕沃特,*La Légende de Don Juan* (Paris, 1911)。要涵盖最新情况,还需要写第三卷。

程度上反对《包法利夫人》中对通奸的表述和道德评判。这种例子远比看上去的多得多。在现代小说的发展过程中，以一个"强健"或典型的文本为中心，有着成组成群的相互识别和相互影响。

在《新爱洛漪丝》（1761）中，卢梭故意分散了自己的笔力。他用借鉴自理查森的书信体，构建了宏大的、超越现实的戏剧和哲学场景。它有剧烈的冲突，但深埋在散漫的技法中；在卢梭的文章中，这些冲突通常来源于对意识的自由回顾。这本书在如今并没有得到充分的阅读，这让我很难解释其影响的深度和广度。可以说，它在某种程度上改变了整个欧洲，远至高加索的文化界中知识分子的情感模式。男人和女人的自我意识，只要外现在理想化或极端化的场景中，就有卢梭叙述的印记。圣·普栾和于丽成为众所周知的典型，他们所象征的情感和姿态的可能性让每名读者都有身临其境之感（小说的插图是在卢梭的指导下完成的，它们加快、加深了这种共鸣反应）。书中的地理环境——湖泊、果园、高山的画面——为个人心理创造了新颖而看似明确的图景。这幅图景内容多样，它的万千色彩、季节和气象特征，既是社会、哲学和色情风尚的形象的客体化，又是其诱因。如果说"感情的气象"这个短语合理地蕴含着一种实质的场景和对应物；如果说现代人的感情中，个人情绪和自然风貌之间常有互动或讽刺性的冲突，这都要归功于卢梭。空间对我们来说如同画卷，它反映我们的内心——在卢梭把自己的悲情和满溢的孤寂施加在空间上之前，它不具备这样的力量。

从私人生活的篇章，到诸如书信、日志、旅行回忆录、私人日记、家庭中的情感流露等"非文学"作品，对《新爱洛漪丝》的转写无处不在。在这个实例中，我们的证据虽丰富但并不精确。文学史研究者能辨认出的，是通过对卢梭的书进行或直接或宽泛的模仿所得到的小说、自白故事、虚构回忆、戏剧、乡间演出。这些变体有上百例。1774年的《少年维特之烦恼》虽展现了独立的才能，但也属于这个类别。歌德的悲情田园诗巩固了卢梭在法国、英国和意大利浪漫主义的情感和技法中的权威地位。它为《新爱洛漪丝》轻松的、在哲学上谨小慎微的主题增添了更为精简和宿命的感觉；而《新爱洛漪丝》才是滥觞。

从结构上看，我们可以把卢梭的小说看作是一名年轻男子与一名已婚女子的爱情中的挫折和教训。不论在道德和实际经验上，还是在年龄上，爱人都比他要"老"。虽然爱情在需求加深的辩证关系中得到了回报，但通奸仍是被厌弃的。这厌弃既产生于他与爱人的丈夫类似父子亲情的复杂关系，又使这种关系更为复杂。男主人公半出于报复半出于安慰，试图寻求更直接的色情回报——这也是此类作品中的常见行为——其结果是自我厌恶。这种情感继而引起了放弃之时的欢喜和满足。放弃的契机是由多种危机构成的极不明朗的一刻（湖上风暴来袭、病危、现实中的政治危机）。相爱的人分开了，但还有一种寂寥联系着他们——他们的未来已死。伴随这些主要元素的还有女主人公或其弟、妹的孩子。男主角与他们——师长、兄长、同谋——的关系中兼具悲情和背叛。风景及风景中的偏僻感与叙述行为和潜意识的存在状态密切相关。卢梭用《新爱洛漪丝》证明自己对这种对应关系了如指掌、驾轻就熟。它迈出了文学手法中的重要一步，可以与剧作家把史诗情节直接改编成希腊戏剧剧本的壮举相媲美。

《新爱洛漪丝》的影响渗透在 18 世纪晚期和 19 世纪法国小说的发展中。而它的互化之力可能在一个特定的圈子中最易察觉。

圣伯夫（Charles Augustin Sainte-Beuve）本不是小说家，这让他对先前经典的仰赖更加自然。《情欲》（*Volupté*，1834）有着超凡而紧张的智慧。它来自作者"对孤单的"双重"背叛"：在私生活中，他爱慕雨果夫人；在事业上，他感觉自己作为诗人和小说作家是失败的。因此，圣伯夫带着特别的苦楚，投入到了"放弃"这个主题中。作品中沉迷和放弃的景色是一望无际的沼泽，这与《新爱洛漪丝》进行了刻意的对比。圣伯夫挖掘了卢梭文中虽然重要，但旨在抒情且并不教条的宗教情怀。在永远失去了库恩夫人后，阿莫里进了教会。丈夫和孩子、性诱惑、由厌弃产生的升华——这些主题遍布文中，就像卢梭所做的一样。在 1834年 11 月 15 日，圣伯夫发表了对《绝对之探求》略带轻蔑的评论，这惹

482

恼了巴尔扎克，让后者对《情欲》的态度变得复杂。这部作品对巴尔扎克来说十分棘手，因为它具有出人意料的力量，而且还预先写出了巴尔扎克本想探讨的主题。现在他决定把圣伯夫彻底拉下马。1836 年，《幽谷百合》问世。巴尔扎克叙述了费利克斯和莫瑟夫伯爵夫人（Mme de Mortsauf；这个名字与圣·普栾[1]一样，都蕴含着小说情节）之间定无善终的激情，这是现代小说中最有戏剧效果的，也是在心理上最有创造力的。小说场景设在安茹，完美地证实了亨利·詹姆斯在论巴尔扎克的文章中作的评论——《人间喜剧》的作者觉得没有什么"比普罗旺斯……更能让他感受到可以表达的震撼和激荡，感受到知觉中长存的愤怒"。而这部作品却与他的对手——圣伯夫——的表现有千丝万缕的联系。[2] 更进一步讲，这是一种三重关系。巴尔扎克通过圣伯夫对卢梭的解读，"重新思考"了《新爱洛漪丝》这部他知根知底的作品。弗雷德里克·莫罗和阿尔努夫人是第四对这样的冤家（对名字的选择是否体现着微妙的模仿？）。《情感教育》的定本问世于 1869 年。标题本身就表明福楼拜知道它的核心主题来自卢梭，书中很多地方都让我们想起《新爱洛漪丝》。作品对巴尔扎克的反驳是明显的：福楼拜似乎像其他 19 世纪读者一样感觉到，《幽谷百合》虽然很伟大，但它让这个主题心理上的雅致变得庸俗；巴尔扎克独树一帜地为这部关于私人情感的暧昧悲剧注入了些许音乐剧的感觉（杜德莱夫人与她狂暴的坐骑）。因此福楼拜特别注意《情欲》。福楼拜小说中的阴郁色彩，它在政治和家庭两种紧张关系中的巧妙平衡，表明了他的"师承"。圣伯夫死于 1869 年 10 月 13 日，一天后福楼拜写信给他的侄女："我写《情感教育》部分是因为圣伯夫。而他竟还不知道里面任何一句话就死去了！"[3]

---

[1] preux（普栾）意为"勇敢"。——译注

[2] 莫里斯·阿勒姆，*Sainte-Beuve et "Volupté"* (Paris, 1835)，第 265-274 页概括性地探讨了该作与巴尔扎克的关系。M. 勒·姚安编 *Le Lys dans la vallée* (Paris, 1966) 指出了巴尔扎克文中对圣伯夫用词和主题的多处模仿。

[3] 背景材料可见于 R. 迪梅尼编，*L'Éducation sentimentale* (Paris, 1942)。

只有对四部文本进行细致的比较研读，并把相关的草稿、信件、批评都呈现在一起，才能说明这种"互化"关系的程度和活力。（普鲁斯特重演了这两个主题：年轻男子在与年长女性的爱情中受到的情感教育；一个人与之前爱人孩子的复杂关系——这一重演明显属于传统，但不是直接变体。它与卢梭和福楼拜有"旁支"的联系。）《新爱洛漪丝》产生出了一个相互解读和反驳的"拓扑空间"，并位于其中心。只有在这个空间中，我们才能为圣伯夫的《情欲》、巴尔扎克的直接回击、福楼拜的杰作给出最佳的定位，并确定它们与一个共同中心的联系及它们彼此之间的关系。布莱克默曾用过"网状"一词——在新的作品进入到整个系统时，这个网络的线索会染上不同的色彩，呈现不同的纠缠方式，承受不同的应力。另一方面，邓恩的话提醒我们，最伟大的艺术家在草创之时都要受到孤单的烦扰。前人丰碑的"强健灵魂"，同类作品的迫近，共有传统（它既是负担又能带来解脱）的存在，把作者从唯我的困境中解救出来。一个具备真正创造力的思想家或艺术家，能够超量回报他对传统的亏欠。

"替换""变换""互化"不过是抽象、晦涩的蹩脚术语，它们都处在一个变形关系及其可能性的序列中。沙特尔教堂地窖处的导览告诉我们，这个高耸入云的建筑包含着六座先前的教堂，它就是它们的产物；它们每一座都与后继者相互联系着（*imbriquée*）。我们在欣赏苏丁的画作《鳐鱼》（"The Skate"）中奔放的个性时，只会发现它在空间排布和色彩对比上的细节是对夏尔丹同名静物画的故意重复。我们想起奈瓦尔《火的女儿》中的狂想：所有的书籍都是对其他作品隐蔽的重复，而这个轮回，如柏拉图在《伊翁》中所说，可追溯到一个最初的、神圣而神秘的呼唤。每个时代、每个体裁中的"重写原则"大不相同。丁尼生不像蒲柏那样模仿和翻译。毕加索对委拉斯凯兹的变化在美学上与马奈对戈雅的借鉴不同。然而关键在于，这些变形关系的深层结构中蕴含着一种翻译过程。

这个过程，以及它所确立的由互惠性变形、解读构成的连续体，决定了我们文明中传承的规范。

也许有人想赞美这个事实，就像莱什曼在谈到"西欧文化和文明的延续，更大的同一性中个体差异的无尽可能，以及在这种条件中才可能存在的完美自由"[1] 时所做的那样。也许有人会觉得这种"翻译"条件令人窒息、令人疯狂，这是达达诗人的看法，也与 D. H. 劳伦斯在《好人》("The Good Man") 一文中所说的一致："这才是我们真正的束缚，这才是我们人类存在中的苦难——我们只能通过传统的感受模式来感觉事物。当这些感觉模式难堪大任时，当它们不能表现灵魂的酵动时，我们就会遭受折磨。"而不管我们是把它当作力量的源头，还是压抑的发端，这个事实仍是事实。没有陈述是完全新颖的，没有意义是来自虚空的：

> 最伟大的艺术家都需要——也比别人更需要——一套用以工作的习语。只有从传统中，他才能够找到自己所需的意象原材料，并用它来呈现事件或"自然的片段"。他能重塑这个意象，按照自己的任务来调整它，按自己的需求同化它，使它发生超乎想象的变化；如果没有既存的必要意象，他就不能表达出现在自己眼前的东西，这就仿佛调色盘中如果没有既存的色彩，他就不能绘画。[2]

西方艺术是关于先前的艺术；文学是关于先前的文学。"关于"这个词表明的是至关重要的、本体论层面的依赖，它表明先前的作品或一组作品在一定程度上是正在被完成作品存在的原因。如我们所见，这一程度的范围从直接复制到隐蔽用典，其变化也能超乎想象。而依赖始终存在，其结构就是翻译的结构。

---

[1]　J. B. 莱什曼，*Translating Horace*，第 105 页。
[2]　贡布里希，*Meditations on a Hobby Horse and other Essays on the Theory of Art* (London, 1963)，第 126 页。

三

我们几乎是既定感觉模式的产物，西方文化彻底地塑造了我们的感 486
知，让我们认为自己的"传统"是自然而然的。具体而言，我们很少质
疑我们的感情和表达规范的"递归"结构下的历史原因和决定论根源。
起源问题极为难解，因为从过去积攒下来的各种力量嵌入在我们的句法
和思维习惯中，把我们的问题挤压成了环形。我们的哲学、艺术、文学
是一些主题的一系列变形，我们最根本的意义和价值要靠特定表达才能
说清——如果我们仔细观察的话，会发现这些主题和表达数量非常有限。
最初的"集合"生产出了不计其数的特殊变体和形态（即我们的"拓扑
构造"），但它们自己似乎只包含着数量有限的元素。我们如何理解这个
情况？"原型"的概念很诱人。罗伯特·格雷夫斯在《冬至寄胡安》（"To
Juan at the Winter Solstice"）中的宽慰"有且只有一个故事 / 值得你来讲
述"让回声奏响。深入人心的伟大艺术、诗歌中都有即视感，它们能
够点亮我们民族和历史记忆中远古而熟悉的认识空间。我们曾去过那
里；那里有我们传承的意识基因。而时至今日，我们还不知道是何种生
物机制，让原型的持存和复制（尤其是在特定意象、情节、场景的层
面）成为可能。更为幼稚的否定也是存在的：我们的神经生理构造本来
应该能够证明，原初的意象和符号系统是普遍通用的。但我们所观察到
的各种不同的模式和传统却是受文化制约的。我们西方人通过主题发展
得到的感觉模式，是"我们的"，它能够界定希腊 - 拉丁和希伯来文化
圈的范围。

这意味着恒久有其他的源头。地中海地区的成就或许是必然。在
《李尔王》问世后的第六十年，弥尔顿在《力士参孙》的序言中谈到，希 487
腊悲剧是永恒的典范，"没有它物能够比肩"。对文艺复兴，对温克尔曼
来说，整个问题似乎都很明朗。知识洞见和心理状态是有限的，希腊人

已经发现了用形象和词语来表达的方法，它们已臻化境，穷尽了所有可能。后来的表述只能是变体，适用于地方环境的修改，批评（对经典的批评是一种现代的，在本质上处于下等的模式）。马克思的信念发自本能，也明显与他对历史的理解相抵牾——他认为希腊艺术和文学永远不可能被超越。它们源于"民族的童年"和高超的技巧之间那不可复制的和谐共鸣。对尼采而言，在古典城邦灭亡之后，这个种族的记录就一直处在逐步退化中。所有复兴都是怀旧情绪片面的、勉强的喷发，它们追忆着一种已经不复存在的高超的智力和美学表达。西方宗教史都是对犹太－希腊经典的变化和增补，我们的形而上学、视觉艺术、人文学科、科学标准也或多或少在有意地重复着柏拉图、亚里士多德、荷马、索福克勒斯创立的范式。自然科学和技术领域中新颖的内容和经验结论，蒙蔽了传统中命定的始终如一。而新颖在哲学和艺术中是个十分可疑的概念，重复和通过援引进行组织的冲动一直处于主导地位。一段来自意想不到角落的话详尽地证明了这点：梭罗在《瓦尔登湖》第三篇第六段中写道，我们所认识和追寻的文明是转抄：

> 没有学会阅读古典作品原文的人们对于人类史只能有一点很不完备的知识，惊人的是它们并没有一份现代语文的译本，除非说我们的文化本身便可以作为这样的一份文本的话。荷马还从没有用英文印行过，埃斯库罗斯和维吉尔也从没有，——那些作品是这样优美，这样坚实，美丽得如同黎明一样；后来的作者，不管我们如何赞美他们的才能，就有也是极少能够比得上这些古代作家的精美、完整与永生的、英雄的文艺劳动。[1]

这个观点或许不能涵盖全部事实。它可能只适用于某些高级文化和

---

[1] 中译取自徐迟译本（《瓦尔登湖》，上海：上海译文出版社，1982年，第96页）。——译注

保守思想的主要思潮。它可能低估了真正的发现成分，或者低估了看似继承实则是再发现的成分。但在西方人两千多年时间的情感认知中，古典文献和希伯来文献持久的权威感一直是一种（或许是唯一一种）重要力量。它很大程度上决定了西方人对理性和形式的看法。新的设计、新的话语都要与传承的典范进行比较，并在其中得到检验。我们从对经典模式或明或暗的引用出发。D. H. 劳伦斯用以表达自己不循陈规的暗喻，"灵魂的酵动"（The working of the yeasty soul），实际上就是俄耳甫斯和柏拉图式比喻的回响。

但它并不意味着固定不变。如我们所见，历时的语言永远处在变动中。感觉、认知、感知框架的巨大转变诚会出现。卢梭笔下个人情感和自然景观戏剧化的纠葛便是一例。不过语言本质上仍是保守的。词语和语法都根植在过去中：与其他表达方式进行对比能说明这点。文艺复兴时期发现的透视改变了视觉艺术，改变了我们的视觉和触觉与物质环境的关系。和弦理论的发展改变了音乐的结构和惯例。而相比之下，语言，尤其是书面语言，则是稳定的（如我们所见，主要文学手法中的常规自古典时代开始就都来自直接延续）。转换生成句法的模型在这一点上又需要调整。乔姆斯基强调人类言语的创新属性，强调母语使用者正确创造、解读前人未说过、未听过的无穷数量语句的能力——这是他对幼稚行为主义最有力的驳斥。它表明刺激－反应这个巴甫洛夫式的模型有缺陷。另外，乔姆斯基的观察对教育和语言障碍矫正有重大影响。但从语义的角度看，把无限创新当作公理却失之浅薄。我们可以用国际象棋做类比来澄清这个问题。据估算，在受规则限制的前提下，可能盘位的数量在 1043 这个量级，而实现这些布阵的方法则有约 10125 种。据统计，人类迄今为止只下过不到 1015 盘棋。因此，对先前没有被尝试过的走子，对对手的理解和应对模式的数量并不存在实际的限制。虽然新颖事物的潜力是无限的，但真正重要的创新和改变，真正扩展了我们对棋局理解的发明却是寥寥无几。在走过或可以走的步数中，它们只能是沧海一粟。真有新话语要说的人，创新不在于**言语**而在于**意义**的人（借用格莱斯的

489

区分），可谓凤毛麟角。文化和句法、由句法划定的文化基质限制着我们。当然，这是真正的私人语言不可能存在的实质性原因。由纯个人指涉系统构成的编码的存在是鄙陋的。我们说出的词语所携带的知识和情感远比我们所能意识到的更加丰富和密集；它们之间有多重呼应。意义随社会历史先例和共有回应而变动。或借用托马斯·布朗爵士华丽的说法，一个群体的言语对其成员来说"是对整个世界进行象形和投影而得到的范本"。

这种在西方文学中极为显著的"动态的传统"会长存下去吗？有一个征兆表明，我们已经敏锐地意识到了这个问题。我们现在知道，盛行于 20 世纪上半叶的艺术、音乐、文学中的现代主义运动，在某些关键的地方恰是一种保护、监护的举动。斯特拉文斯基的才华通过分阶段的再现而得到发展。他借鉴了马肖、杰苏阿尔多、蒙特威尔第。他模仿了柴可夫斯基和古诺、贝多芬的钢琴奏鸣曲、海顿的交响曲、佩尔戈莱西和格林卡的歌剧。他把德彪西和韦伯恩吸纳进了自己的音乐语言中。在每个例子中，他都希望听众认出来源，领会他完整保留原曲突出部分的变形之意图。毕加索成长的特点就是追溯。他在古典田园主题上的明显变体，他对伦勃朗、戈雅、委拉斯凯兹、马奈的借用和拼合，是他不停回顾的外在产物，是他在技法和文化变动中的"再次观察"。哪怕只有毕加索的雕塑、图形和绘画，我们也能重构从米诺斯文化到塞尚的艺术史中的很大一部分。在 20 世纪文学中泛滥着重现的元素，而那些初看上去最能颠覆传统的作品正是由它们构成的。《荒原》、《尤利西斯》、庞德的《诗章》都是有意为之的杂集，它们聚集起了那些可能面临消散危险的文化传统。罗伯特·洛威尔《历史》中的一系列模仿、翻译、暗引和明显的历史画把这种技巧带到了 20 世纪 70 年代。那些看上去放荡不羁的人实际上却是痛心疾首的监管者，他们冲过文明的博物馆，努力在闭馆之前确保财宝的秩序和安宁。在现代主义中，拼贴成为一种有代表性的手段。最骇人听闻的新奇，都有内涵丰富的传统背景和框架作为衬托。斯特拉文斯基、毕加索、布拉克、艾略特、乔伊斯、庞德——这些"新事

490

物的创造者"——都是新古典主义者，他们就像 17 世纪的先驱一样，注视着经典先例。

第二个征兆在于，我们愈加强烈地意识到传统，意识到汇编入我们文化中的象征性的、表达上的种种限制。现代人对神话和仪式的重视改变了人类学。我们学会了带着完全新颖的理解和进行类比的直觉观察"凝滞"，观察原始社会中被神话所绑定的构造。如果列维－斯特劳斯没有认识到这些限制，不知道内在于我们语言习惯和行为规范中的保守，他就不能发掘美洲印第安文明中言语和神话、神话和社会行为之间的决定论成分和可被当作规范的互动。对西方动态模式的优越性，对活跃在西方科学技术中的反对传统和着眼未来的成分，我们一直深信不疑，但现在我们面临着一股微妙的逆流，我们对束缚着我们心理习惯的远古限制有了新的认识。我们也是由传说和重复的梦境所构成的生物。

对文化传统的反射性使用，对我们的指涉域中有多少"翻译"的认识，会造成真正的危机吗？那些触角最为灵敏的人，用俄罗斯女诗人茨维塔耶娃的话说有着"面向未来的完美状态的人"真能预见语言文化连续体的终结吗？如果答案是肯定的，又有哪些证据能支持他们的恐惧，支持他们向想象博物馆（*musée imaginaire*）逃去？我试图在别处回答这个问题。[1] 在大众教育和大众传媒中次文化和半文化的态势如雨后春笋，十分明显地动摇了文化经典的概念。参考性的认可、引用，共有的符号和句法规范，这些标示传统文化的规则越来越多地成为精英阶层的特权和责任。情况大抵如此；但这精英阶层却不再具有在广阔群体中推行这些理念的经济和政治地位（即便留有进行下去的心理动因）。明确的言语、阅读习惯、重要的语法遗产，这种种规范无疑都处在压力之下。我们很少阅读古文和必读文献；我们的内心愈发贫乏。虽然大众文化的侵入和文化惯例上的唯专家是从愈演愈烈，但这个现象所造成的影响的深

491

---

[1] 见 *In Bluebeard's Castle: Some Notes Towards the Re-definition of Culture* (London, 1971)；以及 "Do Books Matter?"，载于鲍姆菲尔德编，*Do Books Matter?* (London, 1973)。

度和广度却很难得到估量。野蛮——它淡化了学校的意义，降低了我们政治文章的水平，让人的语言变得廉价——的外在表现过于嚣张，让我们几乎无法触及更深层的内容。或许我们句法中的文化传统比我们所想象的要更加牢固而深入；或许不管我们愿意与否，都要继续对我们个人和社会存在的过去进行翻译。

492　　　消散的危险，与语言及其文化内涵的有机一致性中的危机，可能来自另一个更加诡异的方向。这一点尤其适用于英语。

　　　"在地球表面的无数个点上，英语——某种英语——都会是最容易被用到的语言。"[1] 理查兹 1943 年的预测已经得到了证实。英语亘古未有地扩展成了一种世界语言，它让潜在的竞争者难以望其项背。英语在全球扩散的动因显然有很大一部分源于政治和经济。在第二次世界大战和之前的殖民帝国影响下，英语成为美国势力和英美技术、财政所使用的语言。但它的普及也有语言上的原因。有丰富的证据表明，英语在母语为其他语言的人（不管是亚洲人、非洲人还是拉美人）看来，比其他第二语言更易习得。人们普遍感觉到，与汉语、俄语、西班牙语、德语、法语（英语走向世界的天生对手）相比，想要在某种程度上自如使用英语，只要掌握较少或较简单的语音、词汇、语法单位即可。如今，英语已成为现代人生存的一项必要技能，欧洲大陆，乃至苏联和中国都有普遍的英语教育。英语是日本、非洲大部分地区和印度的第二语言。据估计，88% 的科技文献最初是以英语发表的，或在用俄语、德语、法语写成之后不久就被翻译成了英语。不论母语是瑞典语、俄语、希伯来语、匈牙利语，还是意大利语，小说家、剧作者都要靠英译来打开通向世界的窗口。虽然具体数字未详，但使用英语的人大约有三亿，且增长迅速。然而不管统计数字多么惊人，都不是关键。对世界上的男男女女（尤其是年轻人）来说，英语和美式英语似乎以社会语言学家无法精确表述的复杂而多样的方式，象征着希望的"感觉"、物质财富、科学和实证程序。

---

[1]　理查兹，*Basic English and Its Uses* (London, 1943)，第 120 页。

大众消费、国际贸易、流行艺术、代沟问题、技术统治都因英语和美式英语的引用和语言习惯而蔓延。

反抗的趋势无疑存在。其他语言群体自我身份中最为脆弱的一点受到了威胁，他们奋起抵抗盎格鲁－撒克逊大潮——看看法语为了在中东和说法语的非洲地区保全自己而进行的有政治组织的抗争，还有法国本土对英法混用语（*franglais*）的抵制。也有证据表明，由英美模式造成的社会、技术同一化的压力正在引起反作用。瓦隆语和弗莱芒语艰苦的斗争，困扰印度的语言动乱，语言自治在威尔士和布列塔尼的复兴，都指明了自我保护的本能。挪威现在有两种官方语言，而在世纪之交还只有一种。方言和语言变体有独立的趋势。无论如何，英语作为世界语言风靡全球，其广度远超历史中的拉丁语，效力也让世界语之流相形见绌。

其影响不在这本书的讨论范围内，且它们在很多方面都是相互矛盾的。美式英语，印度英语，澳大利亚、新西兰、加拿大英语，西非的各种口头和书面英语变体——它们极大地扩展了这门语言的范围。可以说，创新和语言实验的能量已从中心泄出。在 D. H. 劳伦斯和 J. C. 波伊斯后，还有几个绝对一流的"英国英语"作家？英语文学大师中的代表人物，自詹姆斯、萧伯纳、艾略特、乔伊斯、庞德后，都以爱尔兰人和美国人为主。如今，西印度群岛的英语，美国最优秀诗人和小说家的英语，西非戏剧中的语言可以说具备了伊丽莎白时代的融汇能力，呈现了雅俗共赏的作品。托马斯·品钦和帕特里克·怀特的语言都迸发着活力。大都会的回应在几个方面都恪守节俭的原则。用英语写作的当代诗歌、戏剧、小说中有很大一部分都是节约的、极简的，它们彻底不相信丰富的语言。菲利普·拉金、杰弗里·希尔、品特、戴维·斯托里用深刻的简朴聚积古代的财富。现在下定论还为时过早，但广义英语在未来会对"本土"英语产生何种影响，是语言学家和文化史学家所面临的最有趣的问题之一。

有得必有失。理查兹所说的"某种英语"指的是符合正字规范的基础版本。而这种简化可能造成更多的损害。学习英语皮囊的人对它的历史构造是完全陌生的，也不知道嵌在这门语言中的道德、文化积蓄。给

494

这门语言带来独特力量的经验景观和惯用的、象征的、公共的指涉领域，在传播中扭曲变质或彻底消失了。在遍布地球的过程中，"国际英语"就像一滩浅水，它的流畅令人叹为观止，却没有浑厚的基础。只要与专业英语流利得令人自惭形秽的日本同事或学生交谈一下，就能明白这种脱节的影响有多严重。他们有太多的话正确却不对劲。能够让一种语言的形式和语义元素相互依存，把文化"翻译"成真实生活的，只有时间和土壤。正是因为缺少自然的语义积淀，人工语言才无足轻重或只有特别的用处。

英语的国际化已经在两个方向上造成了损耗。在很多社会中，英语及其不自然的、"打包好的"语义场的引进，侵蚀着本地语言文化的独立性。美式英语和英语弥漫全球，有意无意地成为破坏自然语言多样性的罪魁。这种破坏或许是我们这个时代特有的生态灾难中最难挽救的。更为微妙的是，把英语改造成一种商业、技术、旅游的"世界语"，也削弱了狭义英语的影响。用现在的话说，"无处不在"正在造成消极反馈。不过，在英语成为全世界的通用语和简便表达途径的当今，要评判这门语言所面临的得失之间的辩证对立和相互关系还为时尚早。如果其传播要磨灭这门语言自身的光华，这会是个惨痛的代价。英语文学，独特、连贯、明晰的历史经验在英语的词汇和句法中镌刻的深邃而精妙的印记，英语在未曾断绝的历史中灵动的生命力——这些都是我们境遇中的优势。如果我们对巴别塔的回答是商人的鄙语（pidgin）而非圣灵的玄言（Pentecost），这会是莫大的讽刺。

后 记

　　本书使用了诗学和文学批评的方法，也参考了文化形态史中与自然语言有关的方面。它关注的重点一直都是翻译。在最为基本的交流中，翻译完全是隐性的；它显现在地球上上千种语言的共存和互动中。一方面，人类通过语符系统对意义进行表达和解读；另一方面，人类的语言又极为丰富多样——在这两方面之间都是语言的领土。我已论述过，基础的言语行为和巴别塔的难题这两个端点也是紧密联系的，合理的语言学解释必须对两方面都有所关照。

　　只有专业语言学者和逻辑学者才能够完整地评价，对语言的形式化和元数学分析取得了怎样的成果。其中，转换生成语法是目前最受吹捧的，但它绝不是唯一的。本书见证了当代专业语言学在智识上的引人之处；也承认在形式化方法的推动下，语言研究在哲学、心理学、逻辑学中获得了核心地位。同时，我也表达了这样的信念：乔姆斯基所建立的那种模型极大地简化了其质料，它们忽略、扭曲了社会、文化、历史对人类语言的决定作用。[1] 与诗学的紧密合作让雅各布森、莫斯科和布拉格学派、艾·阿·理查兹的作品充满生气，而形式语言学家不然，他们抽象地对待语言和心灵、语言和社会进程、词语和文化间的关系，甚至淡化这些关系。

496

---

[1]　在最近的论文中，乔姆斯基也修订了自己的标准理论。他现在承认语义解读的规则既运作在表层结构中，又运作在深层结构中。他也准备改变看法，认为形态学现象的关键在于词汇而不是语法形式（后者的力量可能被高估了）。这些调整如果得到进一步发展，会让转换生成语法更加接近社会语言学和比较研究。

在对待语言多样性和普遍元素的本质时，这种简化处理被推向了巅峰。在我着手写这本书时，"科学"语言学家却不怎么重视巴别塔问题，以及这个问题在宗教、哲学、人类学思想中的历史。而四年之后的现在，一位著名的比较语言学家总结道：

> 虽然在语言结构中发现了疑似的普遍元素，但这不能抹杀差异。事实上，越强调普遍性，以及它与个体所具备的有自我发展能力的强大语言机能的关系，真正的语言就愈发神秘。为什么语言不只有一种、两种或三种？如果内在语言机能有很强的限制性，那么社会、历史和人类适应的力量难道不应该具备更强的限制性，才能让现实中产生出如此多样的语言吗？奇努克语（Chinookan）不是萨哈普丁语（Sahaptin）不是克拉马斯语（Klamath）不是塔克马语（Takelma）不是温图语（Wintu）不是迈杜语（Maidu）不是约库特语（Yokuts）不是科斯塔诺语（Costanoan）……各种不同没有消失，相似之处也远不是乔姆斯基所说的普遍元素……大多数语言开始之处都没有抽象普遍因素的存在。[1]

最后这一点很关键，我也一直在论述中强调它。试图通过形式和逻辑方法全面地剖析语言，是否不只是一种在理想化的层面具有启发性的智力活动，这仍是个悬而未决的问题。[2] 本书意在表明其他的方法也很有帮助。

497

---

[1] 戴尔·海姆斯，"Speech and Language: On the Origins and Foundations of Inequality Among Speakers"（*Daedalus*，刊行标题为 *Proceedings of the American Academy of Arts and Sciences*, CII, 1973），第 63 页。

[2] 将形式逻辑用在自然语言的模糊、背景关系、暗喻、多义上的最新研究，见 M. J. 克雷斯维尔，*Logics and Languages* (London, 1973)。维特根斯坦对日常语言中引申出的系统逻辑表示怀疑；塔斯基说过 "足够丰富的语言中没有普适的真值标准"（**所有**自然语言都是 "足够丰富"的）——这个敏锐的研究似乎没有解决这两个问题。

具体而言，我的假设是：不能互通的语言的种类繁多是由语言自身的内在动因引起的。我相信传递信息，传达外在的、可确证的"事实"，只是人类言语的一个部分，且很可能是次要部分。虚构、反事实、未决的未来等潜在可能是语言的起源和本质中的根本特征。它们是语言同动物所使用的其他各种符号系统的本质区别。它们决定了人类意识独特而模糊的基调，让这种意识和"现实"的关系具有创造性。通过语言——它很大一部分都是在向内关注私密的自我——我们拒绝世界中符合经验的必然。通过语言，我们构建了我所谓的"异己的存在"（alternities of being）。鉴于每个个体都使用自己的个人言语，巴别塔的问题可以说就是人类个性的问题。而不同的语言让"他异性"的机制得到了动态的、可传达的具现。它们满足了我们的身份对私密性和区域性的重要需求。每种语言都或多或少给出了自己对生活的解读。在语言之间移动、翻译（哪怕是在整体的界限之内），就是去体验人类精神对自由的令人困惑的偏见。如果我们只栖息于一种或少数几种"语言皮囊"中，躯体终有一死这个事实可能会更容易让我们感到压抑和窒息。

　　贝克特是令人窒息的巨匠，没有文学大师比他更不相信词语的解放之力。哈姆在《终局》中说：

> I once knew a madman who thought that the end of the world had come. He was a painter—and engraver. I had a great fondness for him. I used to go and see him, in the asylum. I'd take him by the hand and drag him to the window. Look! There! All that rising corn! And there! Look! The sails of the herring fleet! All that loveliness! He'd snatch away his hand and go back into his corner. Appalled. All he had seen was ashes. He alone had been spared. Forgotten. It appears the case is... was not so... so unusual.

498

贝克特自己进行了翻译，或者在创作的时候就写下了对照：

J'ai connu un fou qui croyait que la fin du monde était arrivée. Il faisait de la peinture. Je l'aimais bien. J'allais le voir à l'asile. Je le prenais par la main et la traînais devant la fenêtre. Mais regarde! Là! Tout ce blé qui lève! Et là! regarde! Le voile des sardiniers! Toute cette beauté! Il m'arrachait sa main et retournait dans son coin. Épouvanté. Il n'avait vu que des cendres. Lui seul avait été épargné. Oublié. Il paraît que le cas n'est... n'était pas si... si rare.

我认识一个疯子，他以为世界末日已经到了。他画着画。我很喜欢他。我去看他，在收容所。我抓住他的手把他拉到窗口。看啊！那儿！这些小麦全在长着！还有那儿！你看！那些捕沙丁鱼的渔船上的帆！这一切多美啊！他从我手里抽回他的手回到他的那个角落里去了。可怕。他看到的只是灰烬。只有他是被排除在外的。被遗忘的。好像这种情况并不是……并不是那么……那么少。[1]

这个转达是无瑕的（除了对雕刻者 [engraver] 一词令人费解的增添或删节——这取决于哪个版本在前）。而韵律、基调、联想中的区别则相当显著。英语通过长 o 产生了致命的滑落感；法语则盘旋上升，终于紧张的发音。将两段文章并置能产生一种奇妙的效果。它们闭塞的苍凉感得到了保留，而二者之间的距离又足以产生一种自由发挥的感觉，产生一种几乎无法对应的感觉。"玉米长着"（that rising corn）与"小麦长着"（ce blé qui lève）描绘的世界相当不同，足以让人的心灵感到距离和惊异。

卡巴拉信徒一直坚持研究巴别塔和语言本质的问题，他们知道有个

---

[1] 中译取自赵家鹤译本（《贝克特作品选集 7·戏剧集》，长沙：湖南文艺出版社，2014 年）。——译注

让世界不再需要翻译的救赎之日。所有人类语言与原初语言——神和亚当使用的业已失落的语言——间透晰的直接关联都会得到恢复。我们已经看到，在语言单源论和普遍语法理论中，这个观念得到了延续。但卡巴拉信徒还心存一种更为玄奥的可能。这是一种无疑带有异端色彩的设想：有一天，世界不仅不需要翻译，还不可能进行翻译。词语会反抗人类，它们摆脱了意义的奴役，"只做它们自己，像我们嘴里的墓石一样"。无论如何，人类都会从巴别塔的残垣所带来的重担和辉煌中得到永远的解脱。但我们不禁要问，哪一种将成为那更伟大的静寂？

参考书目

对学习翻译的人来说，这份资料清单极为有用。它是按时间顺序排列的，始自施莱尔马赫 1813 年的论文；如我在第四章所说，这篇文章将翻译置于语言和理解的更广阔理论中，开创了现代翻译研究。带 * 的著作本身就含有重要的书目。

THE following is a check-list of material which the student of translation will find of particular use. It is set out chronologically, and begins with Schleiermacher's essay of 1813. As is pointed out in Chapter Four, this text initiates the modern approach to translation as part of a larger theory of language and understanding. Works marked with an * themselves contain important bibliographies.

1813

Friedrich Schleiermacher, 'Ueber die verschiedenen Methoden des Uebersetzens' reprinted in Hans Joachim Störig (ed.), *Das Problem des Übersetzens* (Darmstadt, 1969)

1816

Wilhelm von Humboldt, Preface to *Aeschylos' Agamemnon metrisch übersetzt* (Leipzig, 1816)

Mme de Staël, 'De L'Esprit des traductions', first published in an Italian newspaper, then included in the volume entitled *Mélanges* (Brussels, 1821)

1819

J. W. v. Goethe, 'Uebersetzungen' in 'Noten und Abhandlungen zu besserm Verständnis des west-östlichen Divans', *West-Östlicher Divan* (Stuttgart, 1819)

1861–2

Matthew Arnold, 'On Translating Homer' (Arnold's articles are gathered into a book of this title edited by W. H. D. Rouse, London, 1905)

Francis W. Newman, *Homeric Translation in Theory and Practice* (London, 1861)

1863

É. Littré, *Histoire de la langue française* (Paris, 1863), I, pp. 394–434

1881
Herbert A. Giles, 'The New Testament in Chinese', *The China Review*, X (1881)

1886
Tycho Mommsen, *Die Kunst des Uebersetzens fremdsprachlicher Dichtungen ins Deutsche* (Frankfurt am Main, 1886)

1892
J. Keller, *Die Grenzen der Uebersetzungskunst* (Karlsruhe, 1892)

1904
Ludwig Fulda, 'Die Kunst des Uebersetzens', in *Aus der Werkstatt* (Stuttgart, 1904)

1908
Rudolf Borchardt, 'Dante und deutscher Dante', in *Süddeutsche Monatsheften*, V (1908)

1914
W. Fränzel, *Geschichte des Uebersetzens im 18. Jahrhundert* (Leipzig, 1914)

1917–18
Ezra Pound, 'Notes on Elizabethan Classicists', reprinted in *Literary Essays of Ezra Pound* (London, 1954)
R. L. G. Ritchie and J. M. Moore, *Translation from French* (Cambridge University Press, 1918)

1919
F. Batjuškov, K. Čukovskij, and N. Gumilev, *Principy xudožestvennogo perevoda* (*Principles of Artistic Translation*) (Petrograd, 1919)

1920
F. R. Amos, *Early Theories of Translation* (New York, 1920)
G. Gentile, 'Il torto e il diritto della traduzione' in *Rivista di cultura*, I (1920)
Ezra Pound, 'Translators of Greek: Early Translators of Homer', reprinted in *Literary Essays of Ezra Pound*

1922
Ferdinand Brunot, *La Pensée et la langue. Méthode, principe et plan d'une théorie du langage appliquée au français* (Paris, 1922)
J. B. Postgate, *Translation and Translations, Theory and Practice* (London, 1922)

1923
Walter Benjamin, 'Die Aufgabe des Übersetzers', introduction to a translation of Charles Baudelaire, *Tableaux parisiens* (Heidelberg, 1923)

1925
Ulrich von Wilamowitz-Moellendorff, 'Was ist "Übersetzen"?', in *Reden und Vorträge* (Berlin, 1925)

1926
B. Croce, *Estetica* (Bari, 1926)
Franz Rosenzweig, *Die Schrift und Luther* (Berlin, 1926)
Karl Wolfskehl, 'Richtlinien zur Übersetzung von de Costers "Ulenspiegel"', in

Ein Almanach für Kunst und Dichtung (Munich, 1926)

1927
C. H. Conley, *The First Translators of the Classics* (Yale University Press, 1927)
Eva Fresel, *Die Sprachphilosophie der deutschen Romantik* (Tübingen, 1927)
Franz Rosenzweig, Postscript to *Jehuda Halevi, Zweiundneunzig Hymnen und Gedichte* (Berlin, 1927)

Wolfgang Schadewaldt, 'Das Problem des Uebersetzens' in *Die Antike*, III (1927)

1928
Albert Dubeux, *Les Traductions françaises de Shakespeare* (Paris, 1928)

1929
Hilaire Belloc, 'On Translation' in *A Conversation with an Angel and other Essays* (London, 1929)
A. F. Clements, *Tudor Translations* (Oxford University Press, 1929)
Marcel Granet, *Fêtes et chansons anciennes de la Chine* (Paris, 1929)
Ezra Pound, 'Guido's Relations', *The Dial*, LXXXVI (1929)

1930
Marc Chassaigne, *Étienne Dolet* (Paris, 1930)
Roman Jakobson, 'O překládání veršů' ('The Translation of Verse'), *Plan*, II (Prague, 1930)
Karl Wolfskehl, 'Vom Sinn und Rand des Übersetzens', in *Bild und Gesetz* (Berne, Zürich, 1930)

1931
A. Barthélémy, *Saint-Évremond* (Lyons, 1931)
Hilaire Belloc, *On Translation* (Oxford University Press, 1931)
F. O. Matthiessen, *Translation: An Elizabethan Art* (Harvard University Press, 1931)

1932
I. A. Richards, *Mencius on the Mind: Experiments in Multiple Definition* (London, 1932)
E. Horst von Tscharner, 'Chinesische Gedichte in deutscher Sprache: Probleme der Übersetzungskunst', *Ostasiatische Zeitschrift*, XVIII (1932)
C. B. West, 'La Théorie de la traduction au XVIIIᵉ siècle', *Revue de littérature comparée*, XII (1932)

1933
H. B. Lathrop, *Translations from the Classics into English from Caxton to Chapman 1477–1620** (University of Wisconsin Press, 1933)

1934
André Thérive, *Anthologie non-classique des anciens poètes grecs* (Paris, 1934)
M. Toyouda, 'On Translating Japanese Poetry into English', *Studies in English Literature*, XIV (Tokyo, 1934)
Arthur Waley, Introduction to *The Way and Its Power, A Study of the Tao Tê Ching* (London, 1934)
Frances A. Yates, *John Florio* (Cambridge University Press, 1934)

1935
Georges Bonneau, *Anthologie de la poésie japonnaise* (Paris, 1935)
C. W. Luh, *On Chinese Poetry* (Peiping, 1935)

1936
G. Bianquis, 'Kann man Dichtung übersetzen?', *Dichtung und Volkstum*, XXXVII (1936)
E. R. Dodds (ed.), *Journal and Letters of Stephen MacKenna* (London, 1936)

1937
José Ortega y Gasset, 'Miseria y Esplendor de la Traducción', reprinted in book form in 1940, and included in *Obras completas* (Madrid, 1947)

1939
Jules Legras, *Réflexions sur l'art de traduire* (Paris, 1939)
V. Weidlé, 'L'Art de traduire', *Nouvelles littéraires*, XXX (1939)

1941
David Daiches, *The King James Version of the English Bible* (University of Chicago Press, 1941)
A. Fedorov, *O xudožestvennom perevode (Artistic Translation)* (Leningrad, 1941)
Vladimir Nabokov, 'The Art of Translation', *The New Republic*, CV (1941)

1943
E. S. Bates, *Intertraffic. Studies in Translation* (London, 1943)
J. McG. Boothkol, 'Dryden's Latin Scholarship', *Modern Philology*, XL (1943)
Alexandre Koyré, 'Traduttore—traditore: à propos de Copernic et de Galilée', *Isis*, XXXIV (1943)

1944
Paul Valéry, Preface to a translation of the *Cantiques spirituels de Saint Jean de la Croix*, included in *Variétés*, V (Paris, 1944)

1945
H. Bernard, 'Les Adaptations chinoises d'ouvrages européens', *Monumenta Sinica*, X (1945)
André Gide, 'Lettre-Préface' to the bilingual edition of *Hamlet* in Gide's translation (New York, 1945)
J. Urzidil, 'Language in Exile' in *Life and Letters To-day*, XLVIII (1945)
O. Weissel, *Dolmetsch und Übersetzer* (Geneva, 1945)

1946
Valery Larbaud, *Sous l'invocation de Saint Jérome* (Paris, 1946)
G. Panneton, *La Transposition* (Montreal, 1946)

1947
Eugene A. Nida, *Bible Translating, An Analysis of Principles and Procedures** (New York, 1947)
J. G. Weightman, 'The Technique of Translation', in *On Language and Writing* (London, 1947)

1948
Herbert Grierson, *Verse Translation* (Oxford University Press, 1948)

1949
Ronald Knox, *Trials of a Translator* (New York, 1949)
R. E. Teele, *Through a Glass Darkly: A Study of English Translations of Chinese Poetry* (University of Michigan Press, 1949)

1951
Douglas Knight, *Pope and the Heroic Tradition* (Yale University Press, 1951)
D. D. Paige (ed.), *The Letters of Ezra Pound 1907–1941*, notably the letters to W. H. D. Rouse on Homeric translation (London, 1951)

1952
J. Herbert, *Manuel de l'interprète* (Geneva, 1952)
J. P. Vinay, 'Traductions', in *Mélanges offerts en mémoire de Georges Panneton* (Montreal, 1952)

1953
Yehoshua Bar-Hillel, 'The Present State of Research on Mechanical Translation', *American Documentation*, II (1953)
A. Fedorov, *Vvedenie v teoriju perevoda (Introduction to the Theory of Translation)** (Moscow, 1953; second, revised edition, 1958)
J. W. MacFarlane, 'Modes of Translation', *Durham University Journal*, XLV (1953)
Paul Valéry, 'Variations sur les Bucoliques', in *Traduction en vers des Bucoliques de Virgile* (Paris, 1953)

1954
Yehoshua Bar-Hillel, 'Can Translation be Mechanized?', *The American Scientist*, XLII (1954)
Olaf Blixen, *La traducción literaria y sus problemas* (Montevideo, 1954)
Martin Buber, *Zu einer neuen Verdeutschung der Schrift*, issued as a Supplement to Martin Buber and Franz Rosenzweig, *Die Fünf Bücher der Weisung* (Cologne, 1954)
Jackson Mathews, 'Campbell's Baudelaire', *Sewanee Review*, LXII (1954)

1955
E. Betti, *Teoria generale della interpretazione* (Milan, 1955)
P. Brang, 'Das Problem der Übersetzung in sowjetischer Sicht', *Sprachforum*, I (1955). This paper is reprinted with addenda in H. J. Störig (ed.), *Das Problem des Übersetzens*
Hermann Broch, 'Einige Bemerkungen zur Philosophie und Technik des Übersetzens', in *Essays*, I (Zürich, 1955)
E. Fromaigeat, *Die Technik der praktischen Übersetzung* (Zürich, 1955)
W. Frost, *Dryden and the Art of Translation* (Yale University Press, 1955)
W. N. Locke and A. D. Booth, *Machine Translation of Languages* (New York, 1955)
Georges Mounin, *Les Belles infidèles* (Paris, 1955)
Vladimir Nabokov, 'Problems of Translation: Onegin in English', *Partisan Review*, XXII (1955)
W. Schwarz, *Principles and Problems of Biblical Translation: Some Reformation Controversies and their Background* (Cambridge University Press, 1955)

1956

R. G. Austin, *Some English Translations of Virgil* (Liverpool University Press, 1956)
E. Cary, *La Traduction dans le monde moderne* (Geneva, 1956)
B. Croce, *Critica e Poesia* (Bari, 1956)
J. R. Firth, 'Linguistic Analysis and Translation', in *For Roman Jakobson* (The Hague, 1956)
J. B. Leishman, *Translating Horace* (Oxford, 1956)
G. F. Merkel (ed.), *On Romanticism and the Art of Translation. Studies in Honor of E. H. Zeydel* (Princeton University Press, 1956)
P. Myami, 'General Concepts or Laws in Translation', *Modern Language Journal*, XL (1956)
Allardyce Nicoll, 'Commentaries' to *Chapman's Homer*, edited by Allardyce Nicoll (New York, 1956)
N. Rescher, 'Translation and Philosophic Analysis' in the *Journal of Philosophy*, LIII (1956)
K. Thieme, A. Hermann, and E. Glässer, *Beiträge zur Geschichte des Dolmetschens** (Munich, 1956)

1957

E. Cary, 'Théories soviétiques de la traduction', *Babel*, III (1957)
R. Fertonani, 'A proposito del tradurre', *Il Ponte*, XIII (1957)
Martin Heidegger, *Der Satz vom Grund* (Pfullingen, 1957)
K. Horalek, *Kapitoly z teorie překládání* (*Chapters from a Theory of Translation*) (Prague, 1957)
Ronald Knox, *On English Translation* (Oxford University Press, 1957)
Jiří Levý (ed.), *České teorie překladu* (*Czech Theories of Translation*) (Prague, 1957)
Pierre Leyris, introduction to Gerard Manley Hopkins, *Reliquiae. Vers, proses, dessins* (Paris, 1957)
R. Poncelet, *Cicéron traducteur de Platon* (Paris, 1957)
T. H. Savory, *The Art of Translation* (London, 1957)
Wolfgang Schadewaldt, 'Hölderlins Übersetzung des Sophokles' in Sophokles, *Tragödien, deutsch von Friedrich Hölderlin* (Frankfurt am Main, 1957)
Arno Schmidt, review of George Goyert's translation of James Joyce's *Ulysses* in the *Frankfurter Allgemeine Zeitung*, 26 October 1957
B. Terracini, *Conflitti di lingue e di culture* (Venice, 1957)

1958

É. Benveniste, 'Catégories de pensée et catégories de langue', *Les Études philosophiques*, IV (1958)
Eric Jacobsen, *Translation: A Traditional Craft* (Copenhagen, 1958)
Boris Pasternak, 'Translating Shakespeare', *20th Century*, CLXIV (1958)
Wolfgang Schadewaldt, 'Die Wiedergewinnung antiker Literatur auf dem Wege der nachdichtenden Übersetzung', *Deutsche Universitätszeitung*, XIII (1958)
A. H. Smith (ed.), *Aspects of Translation* (London, 1958)
J.-P. Vinay and J. Darbelnet, *Stylistique comparée du français et de l'anglais* (Paris, 1958)
J. Wirl, *Grundsätzliches zur Problematik des Dolmetschens und des Übersetzens* (Vienna, 1958)

1959

O. Braun and H. Raab, *Beiträge zur Theorie der Übersetzung* (Berlin, 1959)

Reuben A. Brower (ed.), *On Translation** (Harvard University Press, 1959)

F. Flora, 'L'Unità delle lingue e le traduzioni', *Letterature moderne*, IX (1959)

O. Koundzitch, V. Stanevitch, E. Etkind, *et al.*, *Masterstvo perevoda* (*The Art of Translation*) (Moscow, 1959)

W. Widmer, *Fug und Unfug des Übersetzens* (Cologne and Berlin, 1959)

1960

A. G. Oettinger, *Automatic Language Translation** (Harvard University Press, 1960)

Willard V. O. Quine, *Word and Object* (M.I.T. Press, 1960)

1961

William Arrowsmith and Roger Shattuck (eds.), *The Craft and Context of Translation: A Critical Symposium* (University of Texas Press, 1961)

G. Barth, *Recherches sur la fréquence et la valeur des parties du discours en français, en anglais et en espagnol* (Paris, 1961)

Karl Dedecius, 'Slawische Lyrik—übersetzt—übertragen—nachgedichtet', *Osteuropa*, XI (1961)

Dell Hymes, 'On the Typology of Cognitive Styles', *Anthropological Linguistics*, III (1961)

G. Steiner, 'Two Translations', *Kenyon Review*, XXII (1961)

K. D. Uitti, 'Some Linguistic Aspects of Translation', *Romance Philology*, XIV (1961)

1962

W. H. Auden, 'On Goethe: For a New Translation', *Encounter*, XIX (1962)

J. Brooke, 'Translating Proust', *London Magazine*, I (1962)

Die Kunst des Übersetzens, Proceedings of the Bavarian Academy of Fine Arts (no ed.), (Munich, 1962)

Harry Levin, *Refractions* (Oxford University Press, 1962)

1963

L. Bonnerot, *Chemins de la traduction* (Paris, 1963)

C. Chadwick, 'Meaning and Tone', *Essays in Criticism*, XIII (1963)

B. Etkind, *Poezija i perevod* (*Poetry and Translation*) (Moscow and Leningrad, 1963)

Fritz Güttinger, *Zielsprache, Theorie und Technik des Übersetzens* (Zürich, 1963)

Alfred Malblanc, *Stylistique comparée du français et de l'allemand* (Paris, 1963)

Georges Mounin, *Les Problèmes théoriques de la traduction** (Paris, 1963)

1964

Émile Delaveney (ed.), *Traduction automatique et linguistique appliquée* (Paris, 1964)

Georges Mounin, *La Machine à traduire** (The Hague, 1964)

Eugene A. Nida, *Toward a Science of Translation: With Special Reference to Principles and Procedures in Bible Translating** (Leiden, 1964)

Aleksandr Pushkin, *Eugene Onegin. Translated from the Russian, with a Commentary by Vladimir Nabokov* (New York, 1964)

Josef Vachek (ed.), *A Prague School Reader in Linguistics* (University of Indiana Press, 1964)

1965

Anthony Burgess, 'Pushkin and Kinbote', *Encounter*, XXIV (1965)

J. C. Catford, *A Linguistic Theory of Translation* (Oxford University Press, 1965)

H. Friedrich, *Zur Frage der Übersetzungskunst* (Heidelberg, 1965)

Robert Graves, 'Moral Principles in Translation', *Encounter*, XXIV (1965)

Joseph Needham, 'Notes on the Chinese Language', in *Science and Civilisation in China*, I (Cambridge University Press, 1965)

J. P. Sullivan, *Ezra Pound and Sextus Propertius: A Study in Creative Translation* (London, 1965)

W. Tosh, *Syntactic Translation* (The Hague, 1965)

1966

Alexander Gerschenkron, 'A Manufactured Monument', *Modern Philology*, LXIII (1966)

Erica and Alexander Gerschenkron, 'The Illogical Hamlet: A Note on Translatability', *Texas Studies in Literature and Language*, VIII (1966)

Helmut Gipper, *Sprachliche und geistige Metamorphosen bei Gedichtübersetzungen: eine sprachvergleichende Untersuchung zur Erhellung deutsch-französischer Geistesverschiedenheit* (Düsseldorf, 1966)

Paul Selver, *The Art of Translating Poetry* (London, 1966)

G. Steiner, Introduction to *The Penguin Book of Modern Verse Translation* (London, 1966)

1967

Donald Davie, 'The Translatability of Poetry', *The Listener*, LXXVIII (1967)

Rolf Kloepfer, *Die Theorie der literarischen Übersetzung. Romanisch-deutscher Sprachbereich** (Munich, 1967)

Maynard Mack, Introduction to *The Iliad of Homer* in *The Poems of Alexander Pope*, VII (London and Yale University Press, 1967)

W. Sdun, *Probleme und Theorien der Übersetzung in Deutschland vom 18. bis 20. Jahrhundert* (Munich, 1967)

1968

Charles J. Fillmore, 'Lexical Entries for Words', *Foundations of Language*, IV (1968)

H. P. Grice, 'Utterer's Meaning, Sentence-Meaning, and Word-Meaning', *Foundations of Language*, IV (1968)

Jiří Levý, 'Translation as a Decision Process', in *To Honor Roman Jakobson* (The Hague, 1968)

1969

Ward Allen, *Translating for King James. Notes Made by a Translator of King James's Bible* (Vanderbilt University Press, 1969)

K. Čukovski, *Vysokoye iskusstvo* (*The High Art*) (second, revised edition, Moscow, 1969)

Jiří Levý, *Die literarische Übersetzung. Theorie einer Kunstgattung** (Frankfurt am Main, 1969)

A. Ljudskanov, *Traduction humaine et traduction automatique* (Paris, 1969)

Eugene A. Nida and Charles R. Taber, *The Theory and Practice of Translation** (Leiden, 1969)

H. Orlinsky, *Notes on the New Translation of the Torah* (Philadelphia, 1969)

H. J. Störig (ed.), *Das Problem des Übersetzens* (Darmstadt, 1969)

Mario Wandruszka, *Sprachen vergleichbar und unvergleichbar* (Munich, 1969)

Ralph Rainer Wuthenow, *Das fremde Kunstwerk. Aspekte der literarischen Übersetzung* (Göttingen, 1969)

Wai-Lim Yip, *Pound's Cathay* (Princeton University Press, 1969)

J.-M. Zemb, *Les structures logiques de la proposition allemande* (Paris, 1969)

1970

Émile Benveniste, *Le Vocabulaire des institutions indo-européennes* (Paris, 1970)

C. Day-Lewis, *On Translating Poetry* (Abingdon-on-Thames, 1970)

J. S. Holmes (ed.), *The Nature of Translation* (The Hague, 1970)

1971

Karl-Richard Bauch and Hans-Martin Gauger (eds.), *Interlinguistica. Sprachvergleich und Übersetzung* (Tübingen, 1971)

Ernst Leisi, *Der Wortinhalt. Seine Struktur im Deutschen und Englischen* (fourth edition, revised), (Heidelberg, 1971)

Mario Praz, 'Shakespeare Translations in Italy' and 'Sul tradurre Shakespeare', in *Caleidoscopio shakespeariano* (Bari, 1971)

Annelise Senger, *Deutsche Übersetzungstheorie im 18. Jahrhundert 1734–1746*[*] (Bonn, 1971)

1972

Velimir Chlebnikov, *Werke*, edited by P. Urban (Harmburg, 1972). Cf. particularly II, pp. 597–606

A. S. Dil (ed.), *The Ecology of Language: Essays by Einar Haugen* (Stanford University Press, 1972)

H. A. Mason, *To Homer Through Pope* (London, 1972)

Morris Swadesh, *The Origin and Diversification of Languages* (London, 1972)

1973

Robert M. Adams, *Proteus: His Lies, His Truth: Discussions of Literary Translation* (New York, 1973)

Henri Meschonnic, 'Poétique de la traduction', in *Pour la poétique II* (Paris, 1973)

A. C. Partridge, *English Biblical Translation* (London, 1973)

Jacqueline Risset, 'Joyce traduit par Joyce', *Tel Quel*, LV (1973)

F. D. Spark, *On Translations of the Bible* (London, 1973)

1974

C. Allen, *The Greek Chronicles. The Relation of the Septuagint of I and II Chronicles to the Massoretic Text*, part 1. The Translator's Craft (Supplementum to *Vetus Testamentum*) (Leiden, 1974)

M. E. Coindreau, *Mémoires d'un traducteur. Entretiens avec Christian Guidicelli* (Paris, 1974)

A. Fedorov, 'The Problem of Verse Translations', in *Linguistics*, CXXXVII (1974)

La Traduction en jeu (Paris, 1974)

On Language, Culture and Religion: In Honour of E. A. Nida (The Hague and Paris, 1974)

Translators and Translating. Selected Essays of the American translators association. Summer Workshops, 1974 (Binghamton, NY, 1974)

1975

L. S. Baruxadov, *Jazyk i perevod. Voprosy obščej i častnoj teorii perevoda* (*Language and Translation. Problems of general and specific theory of translation*) (Moscow, 1975)

H. Broch, 'Einige Bemerkungen zur Philosophie und Technik des Übersetzens', in *Schriften zur Literaturtheorie*, II (Baden-Baden, 1975)

R. B. Harrison, *Hölderlin and Greek Literature* (Oxford, 1975)

G. Jäger, *Translation und Translationslinguistik* (Halle (Saale), 1975)

A. Lefevere, *Translating Poetry: Seven Strategies and a Blueprint* (Assen and Amsterdam, 1975)

A. Neubert and R. Růžička, *Verständlichkeit, Verstehbarkeit, Übersetzbarkeit. Sprachwissenschaft und Wissenschaftssprache* (East Berlin, 1975)

Modern Language Notes, VI (1975)

E. A. Nida, *Language Structure and Translation. Essays* (with bibliography of E. A. Nida's works) (Stanford University Press, 1975)

A. Popovič, *Teória umeleckého prekladu. Aspekty textu a literárnej metakomunikácie (The Theory of Artistic Translation. Aspects of the Text and of Literary Metacommunication)* (Bratislava, 1975)

A. Popovič, *Dictionary for the Analysis of Literary Translation* (University of Alberta Press, 1975)

T. R. Steiner, *English Translation Theory, 1650–1800* (Assen and Amsterdam, 1975)

1976

R. W. Brislin, *Translation* (New York, 1976)

L. A. Černjaxovskaja, *Perevod i smyslovaja struktura* (*Translation and Meaning-Structure*) (Moscow, 1976)

A. R. Chakraborty, *Translational Linguistics of Ancient India* (Calcutta, 1976)

H. W. Drescher and S. Scheffzek (eds.), *Theorie und Praxis des Übersetzens und Dolmetschens. Referate und Diskussionsbeiträge des internationalen Kolloquiums am Fachbereich Angewandte Sprachwissenschaft der Johannes Gutenberg-Universität Mainz in Germersheim (2.–4. Mai 1975)* (Frankfurt am Main, 1976)

G. Mounin, *Les Problèmes théoriques de la traduction* (Paris, 1976)

Problemas de la traducción (Sur, rev. semestrial, enero-dic.) (Buenos Aires, 1976)

N. Rudd, *Lines of Enquiry: Studies in Latin Poetry* (Cambridge University Press, 1976)

G. Steiner, 'Aspects du langage et de la traduction. Entretien avec Jacques De Decker', in *Cahiers internationaux de Symbolisme*, XXXI (1976)

P. Valesio, 'The Virtues of traducement. Sketch of a Theory of Translation', in *Semiotica*, I (1976)

R. W. Brislin (ed.), *Translation: Applications and Research* (New York, 1976)

J. Vincent, 'On Translation: A First Approximation', in *Annali anglistica* (1976)

T. Webb, *The Violet in the Crucible. Shelley and Translation* (Oxford, 1976)

1977

A. K. France, *Boris Pasternak's Translations of Shakespeare* (University of California Press, 1977)

J. Grayson, *Nabokov Translated: A Comparison of Nabokov's Russian and English Prose* (Oxford University Press, 1977)

A. Lefevere, *Translating Literature. The German Tradition from Luther to Rosenzweig* (Assen and Amsterdam, 1977)

M. G. Rouse (ed.), *Translation in the Humanities* (Binghamton, NY, 1977)

G. Vázquez-Ayora, *Introducción a la traductología: curso básico de traducción* (Georgetown University Press, 1977)

W. Wilss, *Übersetzungswissenschaft. Probleme und Methoden* (Stuttgart, 1977)

1978

R. de Beaugrande, *Factors in a Theory of Translating* (Assen and Amsterdam, 1978)

J. Belitt, *Adam's Dream: A Preface to Translation* (New York, 1978)

Colloque sur la traduction poétique. Sorbonne. Nouvelle Paris III les 8–10 déc. 1972 (Paris, 1978)

D. Constantine, 'Hölderlin's Pindar: The Language of Translation', in *Modern Language Review* (1978)

H. Diller and J. Kornelius, *Linguistische Probleme der Übersetzung* (Tübingen, 1978)

F. Guenther and M. Guenther-Reutter (eds.), *Meaning and Translation: Philosophical and Linguistic Approaches* (London, 1978)

H. Meschonnic, 'Traduction restreinte, traduction généralisée', in *Pour la poétique* (Paris, 1978)

K. Reiss, *Möglichkeiten und Grenzen der Übersetzungkritik: Kategorien und Kriterien für eine sachgerechte Beurteilung von Übersetzungen* (Munich, 1978)

A. Schroeter, *Geschichte der deutschen Homer-Übersetzung im 18. Jahrhundert* (Hildesheim, 1978)

Theory and Practice of Translation. Nobel Symposium 39. Stockholm, Sept. 6–10, 1976 (Berne, 1978)

A. F. Tytler (Lord Woodhouselee), *Essay on the Principles of Translation* (new edition, Amsterdam, 1978)

M. Yassin and F. Aziz, 'Translation between Two Models: The Whorfian Hypothesis and the Chomskyan Paradigm', in *Incorporated Linguist*, XVII (1978)

1979

M. Levin, 'Forcing and the Indeterminacy of Translation', in *Erkenntnis*, XIV (1979)

L. G. Kelly, *The True Interpreter. A History of Translation Theory and Practice in the West* (Oxford, 1979)

J.-R. Ladmiral, *Traduire: Théorèmes pour la traduction* (Paris, 1979)

J.-C. Margot, *Traduire sans trahir. La théorie de la traduction et son application aux textes bibliques* (Lausanne, 1979)

B. M. Snell, *Translating and the Computer. Proceedings of a Seminar, London, 14th November, 1978* (Amsterdam, New York, 1979)

D. West and T. Woodman (eds.), *Creative Imitation and Latin Literature* (Cambridge University Press, 1979)

1980

S. Bassnett-McGuire, *Translation Studies* (London, 1980)

A. Bonino, *Il traduttore. Fondamenti per una scienza della traduzione*. Vol. I (Turin, 1980)

N. Hofmann, *Redundanz und Äquivalenz in der Literarischen Übersetzung, dargestellt an fünf deutschen Übersetzungen des Hamlet* (Tübingen, 1980)

V. N. Komisarov, *Lingvistika perevoda (Linguistics of Translation)* (Moscow, 1980)

Literary Communication and Reception, Communication littéraire et reception, Literarische Kommunikation und Rezeption. Proceedings of the IXth Congress of the International

Comparative Literature Association, Innsbruck 1979 (Innsbruck, 1980)

A. Newman, *Mapping Translation Equivalence* (Leuven, 1980)

S. O. Poulsen and W. Wilss, *Angewandte Übersetzungswissenschaft. Internationales Übersetzungswissenschaftliches Kolloquium an der Wirtschaftsuniversität Århus/ Dänemark, 19.–21. Juni 1980*

D. Stein, *Theoretische Grundlagen der Übersetzungswissenschaft* (Tübingen, 1980)

'Theory Serving Practice/La Théorie au service de la pratique, Colloque, Collège Glendon, York University', in *Meta*, XXV. 4 (1980)

G. Toury, *In Search of A Theory of Translation* (Tel Aviv, 1980)

W. Wilss, *Semiotik und Übersetzen* (Tübingen, 1980)

O. Zuber, *The Languages of Theatre—Problems in the Translation and Transposition of Drama* (Oxford, 1980)

1981

J. House, *A Model for Translation Quality Assessment* (Tübingen, 1981)

G. M. Hyde, *D. H. Lawrence and the Art of Translation* (London, 1981)

Masterstvo perevoda 1979 (The Art of Translation 1979) (Moscow, 1981)

G. T. Kühlwein and W. Wilss (eds.), *Kontrastive Linguistik und Übersetzungswissenschaft. Akten des Internationalen Kolloquiums Trier/Saarbrücken, 25.–30. 9. 1979* (Munich, 1981)

P. Newmark, *Approaches to Translation* (Oxford and New York, 1981)

K. Reiss, 'Type, Kind and Individuality of Text. Decision-Making in Translation', in *Poetics Today: Theory of Analysis of Literature and Communication*, II. 4 (1981)

M. G. Rose (ed.), *Translation Spectrum. Essays in Theory and Practice* (State University of New York Press, 1981)

P. Rónai, *A tradução vívida* (Rio de Janeiro, 1981)

'Translation in the Renaissance/La Traduction à la Renaissance', in *Canadian Review of Comparative Literature*, VIII. 2 (1981)

1982

F. Apel, *Sprachbewegung: eine historisch-poetologische Untersuchung zum Problem des Übersetzens* (Heidelberg, 1982)

E. Etkind, *Un art en crise. essai de poétique de la traduction poétique* (Lausanne, 1982)

W. Frawley (ed.), *Translation: Literary, Linguistic and Philosophical Approaches* (University of Delaware Press, 1982)

V. García Yerba, *Teoría y práctica de la traducción* (Madrid, 1982)

D. Lehmann, *Arbeitsbibliographie des Übersetzens: interdisziplinäre Aspekte der Sprach- und Übersetzungswissenschaft sowie der Übersetzungspraxis* (Trier, 1982)

A. L. Willson, *Übersetzen als Hochstaplerei* (Wiesbaden, 1982)

1983

G. I. Anzilotti, *Four English/Italian Stories: Experiments in Translation* (Lake Bluff, Ill., 1983)

R. Opioli (ed.), *Tradurre poesia* (Brescia, 1983)

N. Briamonte, 'Tradizione, traduzione, traducibilità', in *Paragone*, XXXIV (1983)

V. García Yerba, *En torno a la traducción: teoría, crítica, historia* (Madrid, 1983)

W. Koller, *Einführung in die Übersetzungswissenschaft* (Heidelberg, 1983)

C. Picken (ed.), *The Translator's Handbook* (London, 1983)

B. Terracini and B. Mortara Garavelli (eds.), *Il problema della traduzione* (Milan, 1983)

H. J. Vermeer, *Aufsätze zur Translationstheorie* (Heidelberg, 1983)

1984

R. Apter, *Digging for the Treasure. Translation After Pound* (Berne, 1984)

A. Berman, *L'Épreuve de l'etranger. Culture et traduction dans l'Allemagne romantique* (Paris, 1983)

N. Briamonte, *Saggio di Bibliografia sui problemi storici, teorici e pratici della traduzione* (Naples, 1984)

D. Davidson, *Inquiries into Truth and Interpretation* (Oxford University Press, 1984)

J. Holz-Mänttäri, *Translatorisches Handeln. Theorie und Methode* (Helsinki, 1984)

H. G. Hönig and P. Küssmaul, *Strategie der Übersetzung* (Tübingen, 1984)

Premières assises de la traduction littéraire (Arles 1984)

G. P. Norton, *The Ideology and Language of Translation in Renaissance France and Their Humanist Antecedents* (Geneva, 1984)

K. Reiss and H. J. Vermeer, *Grundlegung einer allgemeinen Translationstheorie* (Tübingen, 1984)

J. Stackelberg, *Übersetzungen aus zweiter Hand: Rezeptionsvorgänge in der europäischen Literatur vom 14. bis zum 18. Jahrhundert* (Berlin and New York, 1984)

G. Steiner *Antigones* (Oxford, 1984)

1985

H. Aris, 'De Bagdad à Tolède: le rôle des traducteurs dans la transmission des patrimoines culturels grec et arabe à l'Occident' (Master's thesis, University of Ottawa)

J. F. Graham (ed.), *Difference in Translation* (Cornell University Press, 1985)

H. Grassegger, *Sprachspiel und Übersetzung: eine Studie anhand der Comics-Serie 'Asterix'* (Tübingen, 1985)

Th. Hermans (ed.), *The Manipulation of Literature. Studies in Literary Translation* (London and Sydney, 1985)

E. Honig, *The Poet's Other Voice. Conversations on Literary Translation* (University of Massachusetts Press, 1985)

I. D. Levin, *Russkie perevodčiki XIX veka i razvitie xudožestvennogo perevoda (Russian Translators of the 19th Century and the Evolution of Artistic Translation)* (Leningrad, 1985)

A. Neubert and G. Jäger, *Text and Translation* (Leipzig, 1985)

1986

E. Cary, *Comment faut-il traduire? Introduction, bibliographie et index de Michel Ballard* (Presses Universitaires de Lille, 1986)

J. Felstiner, 'Mother Tongue: Holy Tongue: On Translating and Not Translating Paul Celan', *Comparative Literature*, XXXVIII. 2 (1986)

Y. Gambier, *Trans* (Turun Yliopisto, Kaantajankoulutus Laitos, 1986)

R. Kirk, *Translation Determined* (Oxford University Press, 1986)

F. Paepke, *Im Übersetzen Leben: Übersetzen und Textvergleich* (Tübingen, 1986)

D. Seleskovitch and M. Lederer, *Interpréter pour traduire* (Publications de la Sorbonne, 1986)

1987

J. Albrecht, H. W. Drescher, H. Göhring, and H. Salnikow (eds.), *Translation und interkulturelle Kommunikation* (Berne, 1987)

Bibliographie du traducteur/Translator's Bibliography (University of Ottawa Press, 1987)

I. D. K. Kelly and D. J. Wigg, *Computer Translation of Natural languages* (Wilmslow, 1987)

S. Nirenburg, *Machine Translation. Theoretical and methodological Issues* (Cambridge University Press, 1987)

W. Radice and B. Reynolds (eds.), *The Translator's Art. Essays in honour of Betty Radice* (Harmondsworth, 1987)

R. V. Schoder, *The Art and Challenge of Translation* (Oak Park, Ill., 1987)

B. Schultze (ed.), *Die literarische Übersetzung. Fallstudien zu ihrer Kulturgeschichte* (Göttingen, 1987)

1988

J. A. Holmes, *Translated! Papers on Literary Translation and Translation Studies* (Amsterdam, 1988)

B. Hollander (ed.), *Translation Tradition: Paul Celan in France (Acts, VIII/IX)* (1988)

H. Kittel (ed.), *Die literarische Übersetzung. Stand und Perspektiven ihrer Erforschung* (Göttingen, 1988)

P. Newmark, *A Textbook of Translation* (New York and London, 1988)

C. Nord, *Textanalyse und Übersetzen. Theoretische Grundlagen, Methode und didaktische Anwendung einer übersetzungsrelevanten Textanalyse* (Heidelberg, 1988)

B. Raffel, *The Art of Translating Poetry* (Pennsylvania State University Press, 1988)

R. M. Rosini, *Questioni traduttive* (Udine, 1988)

M. Shell-Hornby, *Translation Studies: An Integrated Interpretation* (Amsterdam, 1988)

H. Schot, *Linguistics, Literary Analysis, and Literary Translation* (University of Toronto Press, 1988)

J. Slocum (ed.), *Machine Translation Systems* (Cambridge University Press, 1988)

W. Wilss, *Kognition und Übersetzen: zu Theorie und Praxis der menschlichen und der maschinellen Übersetzung* (Tübingen, 1988)

1989

A. Benjamin, *Translation and the Nature of Philosophy* (London and New York, 1989)

J. Biguenet and R. Schulte (ed.), *The Craft of Translation* (University of Chicago Press, 1989)

F. Buffoni (ed.), *La traduzione del testo poetico* (Milan, 1989)

R. Ellis (ed.), *The Medieval Translator. The Theory and Practice of Translation in the Middle Ages* (Cambridge University Press, 1989)

R. Larose, *Théories contemporaines de la traduction* (Presses de l'Université de Québec, 1989)

R. Warren (ed.), *The Art of Translation: Voices from the Field* (Northeastern University Press, 1989)

1990

E. Barilier, *Les Belles fidèles: petit essai sur la traduction* (Lausanne, 1990)

S. Bassnett and A. Lefevere (eds.), *Translation, History, and Culture* (London, 1990)

Masterstvo perevoda 1985 (The Art of Translation 1985) (Moscow, 1990)

S. Olofsson, *God is my Rock: A Study of Translation Technique and Theological Exegesis in the Septuagint* (Stockholm, 1990)

1991

E. Cheyfitz, *The Poetics of Imperialism: Translation and Colonization from The Tempest to Tarzan* (New York, 1991)

R. Copeland, *Rhethoric, Hermeneutics, and Translation in the Middle Ages* (Cambridge University Press, 1991)

G. Folena, *Volgarizzare e tradurre* (Milan, 1991)

E. A. Gutt, *Translation and Relevance. Cognition and Context* (London, 1991)

J. Sailhamer, *The Translational Technique of the Greek Septuagint for the Hebrew Verbs and Participles in Psalms 3–41* (New York, 1991)

Kitty M. van Leuven-Zwart and Ton Naaijkens (eds.), *Translation Studies: The State of the Art; Proceedings of the First James Holmes Symposium on Translation Studies* (Amsterdam and Atlanta, 1991)

Lance Hewson and Jacky Martin, *Redefining Translation: The Variational Approach* (London and New York, 1991)

1992

Michel Ballard, *De Cicéron à Benjamin: traducteurs, traductions, réflexions* (Lille, 1992)

W. John Hutchins and Harold L. Somers, *An Introduction to Machine Translation* (London and San Diego, 1992)

Hiyan Alshawi, *The Core Language Engine* (MIT Press, 1992)

André Lefevere, *Translation, Rewriting and the Manipulation of Literary Fame* (London and New York, 1992)

—— (ed.), *Translation/History/Culture: A Sourcebook* (London and New York, 1992)

John Newton (ed.), *Computers in Translation: A Practical Appraisal* (London and New York, 1992)

1993

Edwin Gentzler, *Contemporary Translation Theories* (London and New York, 1993)

Romy Heylen, *Translation, Poetics, and the Stage: Six French* Hamlets (London and New York, 1993)

1994

Antoine Berman, *Pour une critique de traductions: John Donne* (Paris, 1994)

Aminadav Dykman, 'Homeros shel Tchernichowski', in *Shaul Tchernichowski: Studies and Documents* (Jerusalem, 1994)

Teodoro Sáez Hermosilla, *El sentido de la tradución y crítica: reflexión y crítica* (Salamanca, 1994)

Marianne Lederer, *La traduction aujourd'hui: le modèle interprétatif* (Vanves, 1994)

Mary Snell-Hornby, Franz Pöchhacker, Klaus Raindl (eds.), *Translation Studies: An Interdiscipline* (Amsterdam and Philadelphia, 1994)

1995

Daniel Gill, *Basic Concepts and Models for Interpreter and Translator Training* (Amsterdam and Philadelphia, 1995)

Paul Kussmaul, *Training the Translator* (Amsterdam and Philadelphia, 1995)

Yu. D. Levin (ed.), *Istoriya russkoy perevodnoy khudozhestvennoy literatury: Dzevnyaya Rus'. XVIII vek* (vol. 1: prose; vol. 2: drama and poetry) (Cologne,

Weimar, and Vienna, 1995)

Gideon Toury, *Descriptive Translation Studies: And Beyond* (Amsterdam and Philadelphia, 1995)

Lawrence Venuti, *The Translator's Invisibility: A History of Translation* (New York and London, 1995)

Michael Cronin, *Translating Ireland: Translation, Languages, Cultures* (Cork, 1955)

1996

Ulrich Stadler (ed.), *Zweisprache: Theorie und Geschichte des Übersetzens* (1996)

Horst Weber, *Von Hieronymus bis Schlegel: vom Übersetzen un Übersetzern* (Heidelberg, 1996)

1997

Basil Hatim and Ian Mason, *The Translator as Communicator* (London and New York, 1997)

Douglas R. Hofstadter, *Le Ton beau de Marot* (New York, 1997)

Marbach, Nationales Lit. Archiv, *Celan als Übersetzer* (Marbach, 1997)

学习翻译的人或许还想了解 1953 年成立于巴黎的国际翻译工作者联合会（International Federation of Translators, FIT）的会议出版物，尤其是其中由 E. Cary & R. W. Jumpelt 编的 *Quality in Translation* (Oxford, London, New York, Paris, 1963)，以及 I. J. Citroën 编的 *Ten Years of Translation* (Oxford, London, New York, Paris, 1967)。1932 于巴黎刊行，1947 年由联合国教科文组织接手的年刊《翻译索引》（*Index Translationum*）是不可或缺的导读，介绍了世界翻译的趋势和关注点。*Yearbook of Comparative and General Literature* (1952—) 有关于翻译的年度工作评述。它尤其重视 *General and Comparative Literature* 的书目中没有列入的翻译理论相关著作。

这个领域的期刊越来越多。有一些几乎只在专业和技术层面关注这门技艺。它们包括 *Traducteur* (Montreal, 1939—), *Babel** (1955—), *Journal des traducteurs*，即后来的 *Meta* (Montreal, 1956—), *Der Übersetzer* (Neckarrems, 1964—)。重要的统计信息可见于 1955 年由芝加哥大学首发，后由位于华盛顿特区的商务部接管的 *Translation Monthly*。自 1954 年起，*Mechanical Translation* (Cambridge, Mass.) 成为一个成长迅速的学科的重要刊物。另可参考 *La Traduction automatique* (The Hague, 1960—)。*The*

Bible Translator (London, 1949—) 虽然有明显的研究重心，但也刊载了很多关于翻译理论和实践的论文。

语言学和比较语文学期刊也常会登载关于翻译的文章。尤其是 *Revue des langues vivantes* (Brussels, 1932—)，*Die Sprache* (Vienna, 1949—)，*Sprachforum* (Münster, Cologne, 1955—)，*Langues et styles* (Paris, 1959—)，*Language Research* (Washington, D.C., 1965—)，*Language Sciences* (Bloomington, Indiana, 1968—)，*Sprachkunst* (Vienna, 1970—)。在 1967 年，*Sprache im technischen Zeitalter* (Berlin) 发行了两期 (21, 24) 关于翻译的特刊。

Nine (Venice, 1949—)，*Stand* (London, 1952—)，*Agenda* (London, 1959—)，*L'Éphémère* (Paris, 1967—1972) 是一些活跃于诗歌翻译领域的"小型"文学刊物。问世于 1965 年的 *Modern Poetry in Translation* (London) 一直专注于发表英译外语诗歌。1968—1971 年间的六期 *Delos* (University of Texas at Austin) 只关注翻译的理论、历史和技艺，它在这方面做出了不可磨灭、影响深远的贡献。作为一份专门探讨翻译理论和实践的颇为有趣的新期刊，*Testo a fronte* (Milan) 也值得注意。另可参考 *Translation and Literature* (Edinburgh, 1992—)。虽然苏联学者在研究翻译技艺的各个方面都著述颇丰，但目前似乎没有一份苏联出版物专注于这个学科。对苏联的翻译著作感兴趣的同学可以参考 *Inostrannaja literatura* (Foreign Literature) 和 *Družba narodov* (Fraternity of Nations)，它们会不时刊登有关翻译的短评和文章；*Semiotike* (Tartu) 则是更为学术化的期刊。

索　引

（词条后为原书页码，即本书页边码。）

克鲁乔内赫 Kručenyx, Alexei 194

克鲁索，鲁滨孙 Robinson Crusoe 172

克罗齐 Croce, Benedetto 140, 249, 256 及注，
264

克罗斯，C. B. Kloss, C. B. 373 注

克洛卜施托克 Klopstock, Friedrich Gottlieb
263, 341, 342 注

克洛岱尔，保罗 Claudel, Paul 324, 385, 477,
479

克略普弗，罗尔夫 Kloepfer, Rolf 276 注

克韦多 Quevedo y Villegas, Francisco Gomez
de 73

肯纳，休 Kenner, Hugh 377 注，378 注

孔德，奥古斯特 Comte, Auguste 266

孔特雷拉斯，海伦 Couteras, Helen 与索
尔·萨波尔塔 Sol Saporta 302 注

库蒂拉，L. Couturat, L. 211 注；与 L. 洛
L. Leau 208 注

库尔提乌斯，恩斯特·罗伯特 Curtius,
Ernst Robert 358, 448

库克，雷蒙德 Cook, Raymond 204 注

库里耶，保尔–路易 Courier, Paul-Louis 353

库柏，詹姆斯·费尼莫尔 Cooper, James
Fenimore 285

库萨的尼古拉 Nicholas of Cusa，见"库萨
努斯"

库萨努斯 Cusanus, Nicholas 65, 84

库斯勒，阿瑟 Koestler, Arthur 与 J. R. 斯迈
西斯 J. R. Smythies 119 注

夸美纽斯 Comenius, Johann Amos 209 注

夸西莫多 Quasimodo, Salvatore 413–415

蒯因 Quine, Willard van Ormanix, 125, 212,
217, 221, 249, 283, 291 及注，292, 294,

310 注，371, 372 及注，374

昆体良 Quintilian (Marcus Fabius Quintil-
ianus) 248, 251, 265, 267

—L—

拉·普拉斯 La Place, Pierre-Antoine de 384

拉贝，路易丝 Labé, Louise 314, 423–425

拉比诺维茨，艾萨克 Rabinowitz, Isaac 346
注

拉伯雷 Rabelais, Francois 129, 185, 259, 260,
288, 354, 359, 385, 418

拉博，威廉 Labor, William 保罗·科恩 Paul
Cohen 与克拉伦斯·罗宾斯 Clarence
Robbins 34 注

拉蒂莫尔，里士曼 Lattimore, Richmond
330–331, 420–421

拉丁风 Latinism 276, 334, 415

拉尔博，瓦莱里 Larbaud, Valery 249, 284,
289, 365

拉封丹 La Fontaine, Jean de 67, 368

拉金，菲利普 Larkin, Philip 494

拉康 Lacan, Jacques 140 注

拉马努金，斯里尼瓦瑟 Ramanujan, Srini-
vasa 179

拉梅耐 Lamennais, Hughes Felicite Robert
de 354

《拉摩的侄儿》Neveu de Rameau（狄德罗）
270

拉姆齐，F. P. Ramsey, F. P. 221

拉斯金，约翰 Ruskin, John 335 及注

拉辛 Racine, Jean 28, 46, 287, 384, 385, 390–
391, 452, 456–459, 461, 478, 479

425

里斯，R. Rhees, R. 169 注，172 注

里希特，汉斯 Richter, Hans 201 注

理查森，塞缪尔 Richardson, Samuel 10, 272, 480

理查森，托尼 Richardson, Tonyvii

理查兹，艾·阿 Richards, I. A. vii, 50 及注，92, 113 注，141, 213, 245 注，249, 256 注，376 注，492 及注，494, 497

《理想国》Republic（柏拉图）260, 331

《理智与情感》Sense and Sensibility（简·奥斯汀）8–12

利德尔，H. G. Liddell, H. G. 与 R. 斯科特 R. Scott 282

《力士参孙》Samson Agonistes（弥尔顿）420, 486

《历史》History（罗伯特·洛威尔）490

立夫顿，罗伯特 Lifton, Robert 168

利奥波德，W. Leopold, W. 301 注

利伯曼，菲利普·H. Lieberman, Philip H. 240 注；与埃德蒙·S. 克雷林 Edmund S. Crelin 234 注；与克雷林及丹尼斯·H. 克拉特 Dennis H. Klatt 130 注

利德盖特 Lydgate, John 5

利尔，爱德华 Lear, Edward 196–197, 359, 426–427

利普曼，奥托 Lipmann, Otto 与保罗·布劳特 Paul Blaut 232 注

利科，保罗 Ricœur, Paul 140 注，313 注

利斯，R. B. Lees, R. B. 20 注

利特雷 Littré（Maximilian Paul），Émile 24, 334, 354, 358–359

《利未记》Leviticus 28, 153

利希腾贝格 Lichtenberg, Georg Christoph 222

联合国教科文组织 UNESCO 284

列尔 Leconte de Lisle, Charles Marie Rene 318

列宁 Lenin, Nicolai 287

列维－布留尔 Lévy-Brühl, Lucien 91

列维纳斯 Levinas, Emmanuel 292, 293 注

列维－斯特劳斯 Lévi-Strauss, Claudevii, 30, 47, 52, 80, 86, 95, 107, 137 注，163, 319, 490

林纳克，托马斯 Linacre, Thomas 278

林奈 Linnaeus（Carl von Linne）288

林斯基，L. Linsky, L. 212 注

《灵光集》Illuminations（兰波）186

《领域之外：文学和语言革命论文集》Ex-traterritorial: Papers on Literature and the Language Revolution（乔治·斯坦纳）vii, 186 注

刘若愚 Liu, James J. Y. 376 注

龙萨 Ronsard, Pierre de 383

隆柯尼，亚历山德罗 Ronconi, Alessandro 139 注

卢坎 Lucan（Marcus Annaeus Lucanus）340

卢克莱修 Lucretius（Titus Lucretius Carus）81, 334

卢里亚，A. R. Luria, A. R. 298 注

卢梭 Rousseau, Jean-Jacques 284, 480–484, 488

《鲁拜集》Rubáiyátof Omar Khayyam（菲茨杰拉德）375

鲁宾斯坦，安东 Rubinstein, Anton Grigo-rovich 439

鲁博，雅克 Roubaud, Jacques 198, 247 注

鲁雷，路易 Le Roy, Louis 260

图书在版编目（CIP）数据

巴别塔之后：语言及翻译面面观 /（美）乔治·斯坦纳著；孟醒译. —
杭州：浙江大学出版社，2020.8
书名原文：After Babel: Aspects of Language and Translation
ISBN 978-7-308-19421-1

I.①巴…　Ⅱ.①乔…　①孟…　Ⅲ.①翻译—研究　Ⅳ.① H059

中国版本图书馆 CIP 数据核字（2020）第 104010 号

巴别塔之后：语言及翻译面面观

[美]乔治·斯坦纳　著　孟 醒　译

责任编辑	王志毅
文字编辑	张兴文
责任校对	杨利军　牟杨茜
装帧设计	周伟伟
出版发行	浙江大学出版社
	（杭州天目山路 148 号 邮政编码 310007）
	（网址：http://www.zjupress.com）
排　版	北京大有艺彩图文设计有限公司
印　刷	河北华商印刷有限公司
开　本	635mm×965mm　1/16
印　张	37
字　数	514 千
版 印 次	2020 年 8 月第 1 版　2021 年 5 月第 2 次印刷
书　号	ISBN 978-7-308-19421-1
定　价	138.00 元